民法典
合同编通则司法解释
释评与案例指引

石佳友　付一耀 ◎主编

MINFADIAN HETONGBIAN TONGZE SIFA JIESHI
SHIPING YU ANLI ZHIYIN

中国法制出版社
CHINA LEGAL PUBLISHING HOUSE

缩略语对照表

	全　称	简　称
法　律	《中华人民共和国民法典》	《民法典》
	《中华人民共和国民事诉讼法》	《民事诉讼法》
	《中华人民共和国仲裁法》	《仲裁法》
	《中华人民共和国公司法》	《公司法》
	《中华人民共和国证券法》	《证券法》
	《中华人民共和国保险法》	《保险法》
	《中华人民共和国城市房地产管理法》	《城市房地产管理法》
	《中华人民共和国反不正当竞争法》	《反不正当竞争法》
	《中华人民共和国企业破产法》	《企业破产法》
	《中华人民共和国信托法》	《信托法》
	《中华人民共和国海商法》	《海商法》
	《中华人民共和国价格法》	《价格法》
	《中华人民共和国商业银行法》	《商业银行法》
	《中华人民共和国银行业监督管理法》	《银行业监督管理法》
	《中华人民共和国招标投标法》	《招标投标法》
	《中华人民共和国著作权法》	《著作权法》
	《中华人民共和国票据法》	《票据法》
	《中华人民共和国证券投资基金法》	《证券投资基金法》
	《中华人民共和国企业所得税法实施条例》	《企业所得税法实施条例》
	《中华人民共和国合同法》（已失效）	《合同法》
	《中华人民共和国经济合同法》（已失效）	《经济合同法》
	《中华人民共和国物权法》（已失效）	《物权法》
	《中华人民共和国担保法》（已失效）	《担保法》
	《中华人民共和国民法通则》（已失效）	《民法通则》
	《中华人民共和国民法总则》（已失效）	《民法总则》

续表

	全　称	简　称
司法解释	《最高人民法院关于适用〈中华人民共和国民法典〉合同编通则若干问题的解释》（法释〔2023〕13号）	《合同编通则解释》
	《全国法院民商事审判工作会议纪要》（法〔2019〕254号）	《九民纪要》
	《最高人民法院关于民事诉讼证据的若干规定》（法释〔2019〕19号）	《民事诉讼证据规定（2019）》
	《最高人民法院关于审理买卖合同纠纷案件适用法律问题的解释》（法释〔2020〕17号）	《买卖合同司法解释（2020）》
	《最高人民法院关于适用〈中华人民共和国民法典〉有关担保制度的解释》（法释〔2020〕28号）	《民法典有关担保制度解释》
	《最高人民法院关于审理民间借贷案件适用法律若干问题的规定》（法释〔2020〕17号）	《民间借贷司法解释（2020）》
	《最高人民法院关于适用〈中华人民共和国民事诉讼法〉的解释》（法释〔2022〕11号）	《民事诉讼法解释》
	《最高人民法院关于审理商品房买卖合同纠纷案件适用法律若干问题的解释》（法释〔2020〕17号）	《商品房买卖合同解释》
	《最高人民法院关于审理人身损害赔偿案件适用法律若干问题的解释》（法释〔2022〕14号）	《人身损害赔偿解释》
	《最高人民法院关于审理民事案件适用诉讼时效制度若干问题的规定》（法释〔2020〕17号）	《审理民事案件适用诉讼时效规定》
	《最高人民法院关于适用〈中华人民共和国企业破产法〉若干问题的规定（二）》（法释〔2020〕18号）	《破产法解释（二）》
	《最高人民法院关于审理建设工程施工合同纠纷案件适用法律问题的解释（一）》（法释〔2020〕25号）	《建设工程施工合同解释（一）》
	《最高人民法院关于当前商事审判工作中的若干具体问题》（2015年发布）	《商事审判工作具体问题》
	《最高人民法院关于人民法院执行工作若干问题的规定（试行）》（法释〔2020〕21号）	《人民法院执行工作若干问题的规定》

	全　称	简　称
司法解释	《关于当前形势下审理民商事合同纠纷案件若干问题的指导意见》（法发〔2009〕40号）	《审理民商事合同纠纷案件指导意见》
	《最高人民法院关于适用〈中华人民共和国民法典〉时间效力的若干规定》（法释〔2020〕15号）	《民法典时间效力规定》
	《最高人民法院关于适用〈中华人民共和国合同法〉若干问题的解释（一）》（法释〔1999〕19号，已失效）	《合同法解释（一）》
	《最高人民法院关于适用〈中华人民共和国合同法〉若干问题的解释（二）》（法释〔2009〕5号，已失效）	《合同法解释（二）》
	《最高人民法院关于审理买卖合同纠纷案件适用法律问题的解释》（法释〔2012〕8号，已失效）	《买卖合同司法解释（2012）》
	《最高人民法院关于审理民间借贷案件适用法律若干问题的规定》（法释〔2015〕18号，已失效）	《民间借贷司法解释（2015）》
	《最高人民法院关于民事诉讼证据的若干规定》（法释〔2001〕33号，已失效）	《民事诉讼证据规定（2001）》
	《最高人民法院关于适用〈中华人民共和国担保法〉若干问题的解释》（法释〔2000〕44号，已失效）	《担保法解释》

代序：民法典时代的合同法解释

合同法律制度作为最基础、最重要的市场交易法律制度，重要性毋须多言。不同法系的合同法具有不同的特点，形成各有特色的合同法文化：普通法受唯名论和盎格鲁—撒克逊功利主义哲学的影响，其合同法规则立足于合同自由的经济性视角。德国合同法则更多地受到潘德克顿法学以及康德哲学强调意志角色的理想主义影响。而法国合同法则长期奉行合同的不可触动性，强调合同相当于"当事人之间的法律（loi des parties）"，将客观化的当事人意志作为合同解释的源泉。① 从比较法的一些经验来看，合同法改革被通常认为具有如下三项目标：规则的清晰易懂，确保法律的确定性（法律安全），国际吸引力的增强。② 根据立法机关相关负责人的统计，《民法典》合同编在1999年《合同法》基础上增加了137条，删除了25条，修改了260条（包括文字上的技术性修改和规范意义上的实质性修改，其中，规范意义上的实质性修改有158条），有许多重要的发展和创新。③ 以编纂法典为契机来实现法律的大规模改革从而推动法律的现代化进程，这正是法典化的重要收益之一。④ 当然，如此壮观的法律改革的真正落地，仍然需要相应的细化与解释。《民法典》颁布后，最高人民法院废止了根据1999年《合同法》制定的《合同法解释（一）》和《合同法解释（二）》，在2023年12月初发布《合同编通则解释》。《合同编通则解释》的起草前后历经三年时间，其间自公开征求意见后又历时一年才通过，这些在司法解释的历史上并不多见。由此也可以看出《合同编通则解释》的重要性和起草工作的慎重态度。

一、立法者与阐释者

毋庸置疑，在以《民法典》成功颁行为标志的大规模的立法任务完成之后，

① Frédéric Charlin, 《Introduction historique. L'art de réformer le droit des contrats en France》. in Clotilde Jourdain-Fortier, MarcMignot（dir.）, Analyse comparée du droit français réformé des contrats et des règles matérielles du commerce international, LexisNexis, 2016, pp. 6-7.

② 石佳友：《我们需要一部什么样的合同法？——评"民法典合同编二审稿（草案）"》，载微信公众号"中国民商法律网"2019年1月9日。

③ 石宏：《合同编的重大发展和创新》，载《中国法学》2020年第4期，第45页。

④ 石佳友：《民法典与社会转型》，中国人民大学出版社2018年，第5-6页。

短期已不可能再重新开启大的民事立法任务，由此，民法学的发展进入了所谓解释论的历史新阶段。著名思想家齐格蒙·鲍曼（Zygmunt Bauman）在《立法者与阐释者：论现代性、后现代性与知识分子》一书中指出，"立法者"角色这一隐喻是对典型的现代型知识分子策略的最佳描述；因为立法者角色由对权威性话语的建构活动构成，这些权威性话语对争执不下的意见纠纷作出仲裁与抉择，并最终决定哪些意见是正确的和应该被遵守的。而"阐释者"角色这一隐喻则是对典型的后现代型知识分子策略的最佳描述；阐释者角色由形成解释性话语的活动构成，这些解释性话语以某种共同体传统为基础，它的目的就是让形成于此一共同体传统之中的话语，能被形成于彼一共同体传统之中的知识系统所理解。① 这就是说，立法者的角色在于对存在争议的不同意见作出权威性决断和价值选择，而阐释者则更多地是基于共同体传统形成解释性话语。

就我国而言，基于国情和法律传统，立法者与阐释者之间的关系十分复杂和微妙；司法解释是中国实定法体系中极其重要的组成部分，司法解释的制定同样是法律改革的重要形式和手段。就《民法典》来说，一些重要的合同制度和规则未能写入法典；立法机关亦认为，另有些规则属于司法适用操作层面的问题，《民法典》不适宜作出过细的规定。因此，立法者有意将这些问题预留给未来的司法解释。故此，在《民法典》刚颁行之际，笔者即已预测《民法典》出台后配套的司法解释会陆续出台，形成民法的"第二规范集群"②。从这个意义上来说，本次的《合同编通则解释》的颁行是中国合同法改革的延续，也是对此前碎片化的司法解释规则的某种"再法典化（recodification）"。

不过，《民法典》时代的司法解释也呈现出一些新的特点：为了与立法保持区别，司法解释不再追求大而全的完整性和体系性，而采取化整为零的碎片化形态，针对同一法律部门可能连续制定多部司法解释；更加突出问题导向，强调着力解决司法适用层面的具体问题；在解释内容上更加贴近立法，针对性和解释依据更加突出；司法解释规则的实践导向更为明显，很多规则往往来自于此前的司法判例或者审判工作纪要等实践经验的总结。按照起草人的说法，"在内容上要

---

① 齐格蒙·鲍曼，《立法者与阐释者：论现代性、后现代性与知识分子》，洪涛译，上海人民出版社2000年，第5—6页。

② 石佳友：《解码法典化：基于比较法的全景式观察》，载《比较法研究》2020年第4期，第24页。

求所有条文必须具有针对性，要有场景意识，致力于解决实际问题，所提出的方案要具有可操作性。在形式上不追求大而全，尽可能做到小而精"。① 显然，司法解释所呈现的这些细微变化是积极和可喜的，使其更为贴近和逐渐"回归"司法解释的"本色"和"初心"；这些也都是本次《合同编通则解释》的重要特点。

二、合同编解释的主要内容

从内容上来看，本次的《合同编通则解释》主要包括以下三大方面：第一，对《民法典》条款既有内容具体适用的明确；第二，对《民法典》既有条款空白内容的补充；第三，新增《民法典》所缺乏的全新内容。

首先，对《民法典》现有相关条款的具体适用进行了明确，这是本次《合同编通则解释》的主体内容。譬如，对交易习惯的解释（第 2 条），以招标、拍卖等方式订立合同（第 4 条），预约合同义务违反的认定（第 7 条），格式条款的重复使用特征（第 9 条）及异常条款规则（第 10 条），"缺乏判断能力"的认定（第 11 条），未报批合同的效力（第 12 条），同一交易订立多份合同（第 14 条），不导致合同无效的强制性规范（第 16 条），公序良俗（第 17 条），限权或赋权性规范的效果（第 18 条），职务代表（第 20 条），职务代理（第 21 条），合同印章（第 22 条），合同无效责任与资金占用费（第 24—25 条），利益第三人合同中第三人的权利（第 29 条），第三人代为履行（第 30 条），同时履行抗辩与先履行抗辩（第 31 条），情势变更（第 32 条），合同的保全（第 33—46 条），合同的转让（第 47—49 条），合同解除规则（第 52—54 条），抵销禁止的情形（第 57 条），可得利益的确定（第 60—62 条），可预见性规则与减损义务（第 63 条），定金的类型及罚则（第 67—68 条），等等。这部分内容是对《民法典》现有部分条文的解释，是司法对立法最为"纯正"的解释。当然，这其中亦不乏诸多创新性内容，譬如，关于预约合同的违约责任（第 8 条）中，明确排除了实际履行责任，仅对违反预约合同的损害赔偿进行规定；根据起草小组的解释，主要是考虑到强制执行法仍在起草过程中，现行法并无对意思表示进行强制执行的规定。② 应当

---

① 最高人民法院起草小组：《〈关于适用民法典合同编通则若干问题的解释〉的理解与适用》，载《人民司法》2024 年第 1 期。

② 最高人民法院起草小组：《〈关于适用民法典合同编通则若干问题的解释〉的理解与适用》，载《人民司法》2024 年第 1 期。

说，这一立场是合理的，充分考虑到缔约自由是合同自由的重要内容，强制缔约只限于法律有明文规定的情形（例如，《民法典》第 494 条所规定的强制邀约和强制承诺义务），一般情况下不得强迫他人缔结合同。《合同编通则解释》第 16 条最终舍弃了效力性强制性规范的概念；鉴于这一概念系由 2009 年《合同法解释（二）》所提出，而该解释已被废止，作为其替代的《合同编通则解释》未继续沿用该概念，据此应该可以认为，效力性强制性规范这一范畴已正式退出中国实定法（当然，不排除未来在学理上可能有部分论者继续使用该概念）。根据起草小组的说明，"经过反复研究并征求各方面的意见，《解释》没有继续采用这一表述，而是采取了直接对民法典第一百五十三条第一款规定的'但书'进行解释的思路"①。从内容来看，该条充分体现了比例性原则：第 1 款中，第 1 项影响显著轻微；第 2 项不影响规范目的实现；第 3 项属于违反对当事人一方的要求；第 4 项事后具备补正条件却恶意不予补正；第 5 项其他法定情形；第 2 款规定，如强制性规范系针对履行行为，本身并不涉及合同本身，则强制性规范的违反并不导致合同本身无效，但履行行为必然违反强制性规范的除外。又如，第 57 条规定了禁止抵销之债的类型（因侵害自然人人身权益，或者故意、重大过失侵害他人财产权益产生的损害赔偿债务），这一规定明显是基于维护公共秩序的要求，防止在合同中处于强势地位的一方抵销其人身侵权或故意、重大过失的财产侵权之债。这也是对《民法典》第 568 条根据债务性质不得抵销这一规定的具体阐释。

其次，对《民法典》相关制度部分欠缺内容的补充；这部分解释规则很多属于漏洞填补性质。例如，第三人欺诈的责任（第 5 条），同一交易订立多份合同（第 14 条），无权处分合同与物权变动（第 19 条），清偿型和担保型以物抵债（第 27—28 条），债权表见让与（第 49 条），债务加入人的追偿权（第 51 条），抵销的溯及力（第 55 条）、抵销参照适用抵充规则（第 56 条），时效届满债权的抵销（第 58 条），违约终止合同时间的确定（第 59 条），预先放弃调整违约金条款的效力（64 条），禁止恶意违约的当事人请求减少违约金（第 65 条），惩罚性违约金的容许（第 65 条），定金的按比例适用（第 68 条），等等。譬如，《民法

---

① 最高人民法院起草小组：《〈关于适用民法典合同编通则若干问题的解释〉的理解与适用》，载《人民司法》2024 年第 1 期。

典》第597条规定出卖人无权处分的买卖合同有效，如履行不能则买受人可解除合同并请求承担违约责任。但无权处分合同有效，如双方已完成交付或登记等公示行为，是否就可就此发生物权变动？则不无疑问。如果可以发生物权变动效果，而不必考虑买受人的主观状态，在买受人明知标的物权属存在疑问的恶意情况下亦可取得所有权，则显然与善意取得制度矛盾。有鉴于此，《合同编通则解释》第19条否认了其物权变动的效果，规定真正权利人有权请求认定财产权利未发生变动或者请求返还财产，从而允许所有权人对财产的买受人进行追夺。

最后，新增《民法典》所缺乏的全新规则；这部分规则确立了某些具有一般性的合同法规则。例如，名实不符合同的效力认定规则（第15条），强调应当结合缔约背景、交易目的、交易结构、履行行为以及当事人是否存在虚构交易标的等事实认定当事人之间的实际民事法律关系。又如，撤销权人有权就债务人对相对人享有的权利采取强制执行措施（第46条），由此在一定程度上实现了撤销权与代位权效果的统一。再如，第62条规定综合考虑违约方因违约获得的利益（获利剥夺）、违约方的过错程度、其他违约情节等因素，遵循公平原则和诚信原则确定守约方的可得利益；这就在中国的合同法中引入了违约获利返还（disgorgement）规则——《民法典》第1182条仅在侵权法领域适用这一制度。当然，《合同编通则解释》第62条的最终措辞相比征求意见稿明显更为合理，因为该条仅将违约方因违约获得的利益，与其他因素（违约方的过错程度、其他违约情节等）一起作为确定非违约方的可得利益的考量因素；例如，在美国，合同法原则上也不保护获利返还利益（参见《第二次合同法重述》第344节）；只有在特定类型的某些合同案件中，为了有效预防当事人的违约或不当得利、鼓励当事人履约，法院才例外地会适用获利返还规则。①

值得注意的是，《合同编通则解释》中还包含了一些颇为有趣的人性化规定，

---

① 加州伯克利大学艾森伯格（Melvin A. Eisenberg）教授在一篇引用甚广的权威文献中解释了美国法官在合同法中很少适用获利返还制度的原因：获利返还在合同责任中如同实际履行一样仅处于辅助性地位；在多数情况下，期待利益即足以保护守约方；很多案件中违约方并没有额外获利；很多情况下期待利益与获利返还利益的范围是相同的，因此无必要再额外适用获利返还规则；在适用实际履行责任的情况下，获利返还有时候也无必要适用；还有些情况下，基于道德或政策原因不能适用获利返还，例如雇员为了获得高薪而违约跳槽，如要求其返还获利则无异于等同于强迫其须接受非自愿劳动。Melvin A. Eisenberg, The Disgorgement Interest in Contract Law, 105 MICH. L. REV. 597-598 (2006).

体现了以人为本的人文关怀。譬如，第 17 条规定当事人确因生活需要进行交易，未给社会公共秩序造成重大影响，且不影响国家安全，也不违背善良风俗的，人民法院不应当认定合同无效。这就是说，如果当事人确实因为生活实际需要（如基于居住、工作等需求）规避地方的限购规定，借用他人的名义购车或购房，若并未危害公共秩序，则法院不应认定合同无效。另外，《合同编通则解释》第 42 条规定，债务人与相对人之间存在亲属关系的，交易价格不受百分之七十、百分之三十规则的限制。显然，这一规定是充分考虑到家庭成员之间因为亲情因素，其交易价格可能会偏离一般的市场价格，譬如父母与子女之间的房屋交易价格可能明显低于市场价，当然这不应被认为是父母恶意处分其财产，债权人不得因此主张撤销。另外，《合同编通则解释》的最终版本删除了征求意见稿中一些有争议的条款，譬如，专家责任问题，缔约过失赔偿中的机会损失，违反地方性法规、行政规章的合同效力，违约轻微情况下的约定解除权限制，违约金、损害赔偿金的抵充顺序等；这也充分说明了司法解释起草工作的严谨和科学性。

三、合同编解释的效果

总体来说，《合同编通则解释》进一步提升了合同法规则的科学性和体系性。以该解释第 55 条抵销无溯及力的规定为例，对这一问题的分析须结合《民法典》及司法解释的整体作体系解读。从比较法来看，包括法国法在内等很多外国法是采取抵销具有溯及力的模式；《法国民法典》第 1347 条第 2 款规定："抵销（compensation），在数额较小债权的限度内于其具备各项条件之日发生，但以主张抵销为限。"根据这一规定，抵销虽然须经通知，但其于抵销条件成就（抵销适状）时生效，甚至当时双方对此并不知情。这就是说，一旦抵销条件成就，债权人可在任何时候主张抵销甚至时效届满之后。但为了防止抵销损害其他人的利益，《法国民法典》第 1347-7 条规定："债的抵销，不损害第三人已经取得的权利。"因此，如果债权已经被第三人扣押进入强制执行程序，或债务人进行破产或重整程序，则债权人不得再行主张抵销。① 潘德克顿学派认为，如果抵销缺乏溯及力，被告的抵销主张必须在法院判决后才能发生效力，由此将可能出现债权人不当拖延诉讼从而获得更多利息的情形。为了避免上述不公平情况的发，应当

---

① Muriel Fabre-Magnan, Droit des obligations, 1-Contrat et engagement unilatéral, 4e éd., PUF, 2016, p. 689.

赋予抵销溯及力。① 就我国而言，《民法典》第 568 条第 2 款规定："当事人主张抵销的，应当通知对方。通知自到达对方时生效。"立法机关认为，抵销要求双方当事人要互负有效的债务，互享有效的债权，对于附有抗辩权的债权，不得将之作为主动债权用于抵销，否则将剥夺相对人的抗辩权。② 就时效届满的债权抵销而言，它可能剥夺债务人所享有的时效抗辩权，相当于变相强制债务人履行超过诉讼时效期间的债务，其后果实际上是不当剥夺了债务人的时效利益。③ 如果允许抵销有溯及力，可能会助长债权人拖延主张抵销的倾向，增加法律的不确定性。基于这些考虑，《合同编通则解释》第 58 条规定："当事人互负债务，一方以其诉讼时效期间已经届满的债权通知对方主张抵销，对方提出诉讼时效抗辩的，人民法院对该抗辩应予支持。"这就是说，如主动债权已罹于时效，债权人不得当然主张抵销，对方享有时效抗辩权。显而易见，在抵销是否具有溯及力的问题上，第 55 条应与第 58 条作体系关联，以确保内在逻辑的一致性。由此，《合同编通则解释》第 55 条最终也采取了"通知到达对方时"的抵销无溯及力立场。

不过，也需要看到的是，司法解释念兹在兹的重要目标之一在于实现裁判结果的统一，尽可能做到"同案同判"；毫无疑问，这一目标当然具有合理性，这也是宪法平等原则的重要要求。但是，如果过分强调裁判结果的统一，司法解释有时候可能就难免采取一些一刀切式的统一做法，简便易行，而不留司法裁量余地，避免下级法院的司法实践出现偏差。不过，如此一来，就可能带来一些局限性：一方面，有时候难以充分考虑个案的具体不同场景；另一方面，一些一刀切式的简单做法从法理的科学性和妥当性角度难免存疑。以《合同编通则解释》第59 条就违约司法终止合同的时间确定而言，征求意见稿中曾经提出了两种方案，最终版本以起诉状副本送达对方的时间作为合同终止时间。根据起草小组的说明，这样规定主要是基于以下考虑：第一，起诉状副本送达的时间较为明确，而以其他时点不仅难以确定，增加审理困难，而且易被人为干扰。第二，请求司法终止是法律赋予当事人的权利，以起诉状副本送达的时间终止合同，有利于鼓励当事人及时主张，尽快了结无效率的合同关系。第三，以起诉状副本送达的时间

① 参见张保华：《抵销溯及力质疑》，载《环球法律评论》2019 年第 2 期，第 108 页。
② 参见黄薇主编：《中华人民共和国民法典合同编解读》（上册），中国法制出版社 2020 年版，第 349 页。
③ 王利明：《罹于时效的主动债权可否抵销？》，载《现代法学》2023 年第 1 期，第 6 页。

终止合同不等于保护违约方，因为有权申请终止的当事人既包括违约方，也包括已经丧失解除权的非违约方。第四，根据案件具体情况有其他更好的时点时，也可以按照该时点终止合同，有利于实现原则性与灵活性的统一。① 但是，这一做法似乎并未区分普通形成权（确认之诉）和形成诉权（形成之诉）的不同性质，将违约方通过诉讼申请终止合同的时间，与《民法典》第565条守约方以诉讼方式解除合同的时间，做完全相同的处理，均采取起诉状副本送达时间；也就是说，在合同终止时间这一问题上，司法解释的规定赋予违约方以守约方相同的待遇，实际上是以他们的意志来决定合同终止的时间，这一做法的妥当性值得商榷。② 在合同出现僵局的情形下，违约方起诉要求解除合同，并不当然发生合同终止的效力；因为这一制度的本质是司法终止合同，并非基于当事人的意志而终结合同，这是与法定解除权依通知而结束合同最大的区别。从司法实践来看，在违约方申请解除合同的情况下，此前的法院判例有采取以裁判文书生效之日作为合同解除日期的；③ 亦有以合同不能履行或无需履行之日作为合同解除日期的。④ 相较而言，同样作为司法解除，《合同编通则解释》第32条关于情势变更中合同解除的时间显然更为合理（综合考虑合同基础条件发生重大变化的时间、当事人重新协商的情况以及因合同变更或者解除给当事人造成的损失等因素），并非简单的一刀切式做法。当然，第59条后半句也强调法院在例外情况下也可以其他时间作为合同权利义务关系终止的时间，但明确要求"应当在裁判文书中充分说明理由"；显然，后一替代方案并非司法解释所鼓励或提倡，仅是在前述方案明显有违公平原则和诚信原则时才备用。

　　再如，根据《合同编通则解释》第69条，《民法典》施行后的法律事实引起

①　最高人民法院起草小组：《〈关于适用民法典合同编通则若干问题的解释〉的理解与适用》，载《人民司法》2024年第1期。

②　参见最高人民法院（2020）最高法知民终1911号民事判决书。该判决书认定："关于合同解除的时间，本院认为，本案属于人民法院依照民法典第五百八十条第二款，根据当事人的请求而解除合同的情形，故应依照民法典第五百六十五条第二款的规定，以主张解除合同一方当事人的起诉状副本送达对方的时间作为合同解除的时间。"这里，法院直接适用的是《民法典》第565条第2款法定解除权的条文，似有商榷余地。

③　参见四川省广安市中级人民（2021）川16民终751号民事判决书；四川省成都市中级人民法院（2021）川01民终12883号民事判决书。

④　参见浙江省台州市中级人民法院（2019）浙10民终258号民事判决书；上海市徐汇区人民法院（2021）沪0104民初5427号民事判决书。

的民事案件，本解释施行后尚未终审的，适用本解释；这就是说，《合同编通则解释》在一定范围内具有溯及力，即对于 2021 年 1 月 1 日至 2023 年 12 月 5 日期间的法律事实引发的合同纠纷，如尚未终审则应适用本解释。这一规定突破了"法无溯及力"的一般原理。从内容上说，《合同编通则解释》的对象是《民法典》合同编通则的条文；此外，自《民法典》施行后，原来的《合同法解释（一）》及《合同法解释（二）》即已被废止。按照相关负责人此前关于司法解释溯及力的论述，关于新司法解释的溯及力，应根据司法解释涉及的问题区分两种情况处理：其一，如果新司法解释涉及的是《民法典》没有变化的规则，则新司法解释原则上有溯及力，即溯及该规则施行之时。其二，如果新司法解释涉及的是《民法典》有变化的规则，则新司法解释是否有溯及力，应取决于《民法典》这一规则本身是否有溯及既往的效力，只有在《民法典》这一新规则有溯及力时，新司法解释的相应规定才有溯及力，否则就没有溯及力。① 当然，相关负责人这里所说的溯及力是指司法解释能否溯及至《民法典》实施之前，与我们此处所讨论的《合同编通则解释》溯及适用至《民法典》颁行之后的情况还有所不同，但二者毕竟都涉及司法解释能否溯及适用至解释实施之前这一问题。《合同编通则解释》所针对的大量条文，都属于《民法典》有变化的新规则、新制度。按照前引思路，赋予其有限的溯及力当然也有其合理性，因为《民法典》合同编通则的规范自实施以来一直缺乏配套的司法解释。不过，仍然需要看到的是，司法解释具有溯及力终究是对"不得以新法评价旧行为"原理的突破。同样根据最高人民法院发布的《民法典时间效力规定》第 8 条的精神，若适用旧法导致合同无效而适用新法则合同有效则应适用新法；这也可以被视为是"与其使之无效不若使之有效"规则的适用。如此细究起来，本解释第 17 条公序良俗条款的解释中，经济安全、社会稳定、公平竞争秩序、监管强度等措辞仍然比较抽象模糊，给法官留下了较大的自由裁量空间，法官基于对这些宽泛范畴的不同理解，在未来可能会宣告一些合同无效。这就可能出现在旧法时代合同有效而根据新法合同无效的微妙局面。按照《民法典时间效力规定》第 8 条的规定，此时应适用旧法尽量维持合同效力，但根据《合同编通则解释》第 69 条，则应适用新

---

① 刘贵祥：《关于当前民商事审判工作的几点思考》，载《中国应用法学》2023 年第 6 期，第 17 页。

法确认合同无效。毕竟，第 69 条本身并未规定任何例外，因此未来如发生溯及适用可能出现不合理结果的情况如何缓和，仍然值得进一步观察。类似的需待未来司法实践中进一步观察的条款还有，第 15 条名实不符合同效力认定条款的适用中，是否会进一步强化法官的司法能动主义和穿透式监管思维？如何避免法官以自己的理解来排除当事人之间所签订的合同进而出现"法官替当事人订立合同"的局面？① 第 30 条第 1 款就"对履行债务具有合法利益的第三人"的规定，前六项采取高度明确和限定性的具体式列举，而第 7 项却又属于高度概括抽象的兜底式条款（"其他对履行债务具有合法利益的第三人"），二者之间到底应如何协调？例如，第 5 项列举之外的公司高管甚至债权人，第 6 项的近亲属范围之外的恋人或稳定关系的同居者，如认为也应属于第 7 项的"其他"第三人，则不免让人质疑前述高度限定式的列举实益何在。

从法律解释学的立场和使命出发，很容易理解以下有趣描述，"将法律条文解读成一项'秘密法规（secret code）'，充斥着只有光明会特命祭司（a select priesthood of illuminati）才看得出的隐义（hidden meanings），往往就是一种不成立的解读（unlikely one）。"② 显然，在理性主义的时代，不存在宣扬法律神秘主义和蒙昧主义的空间，立法的公开性、民主性等特征使得我们并不需要等待"特命祭司"一般的诠释者去发现法律的"隐义"。但是，也必须承认的是，现代社会的法律具有高度的复杂性、专业性和专门性，对法律条文的解释已成为一门内容深邃的法律科学；就此而言，专业化的法学研究者们的著述将非常有助于我们理解法律条文的复杂涵义，促进我们发现立法条文的"玄机"和"言外之意"，从而全面掌握法律条文的"话里话外"，指导我们更好地从事法律实践。这些，也正是本书孜孜以求的目标所在。

石佳友

2023 年岁尾于明德法学楼

---

① 石佳友：《融资性贸易中名实不符合同效力认定规则之反思》，载《法学评论》2023 年第 3 期，第 149-150 页。

② ADAM LIPTAK，"Colorado Ruling Knocks Trump Off Ballot：What It Means，What Happens Next"，in New York Times，Dec. 20th 2023.

目　录

Contents

第一章 一般规定

◆ 本章概述

本章是《合同编通则解释》的第一部分，名为"一般规定"，主要是对合同解释相关问题的规定。具体而言，本部分规定的内容包括：（1）合同条款的解释规则（第 1 条）；（2）交易习惯的认定（第 2 条）。

> **第一条 【合同条款的解释规则】**
>
> 人民法院依据民法典第一百四十二条第一款、第四百六十六条第一款的规定解释合同条款时，应当以词句的通常含义为基础，结合相关条款、合同的性质和目的、习惯以及诚信原则，参考缔约背景、磋商过程、履行行为等因素确定争议条款的含义。
>
> 有证据证明当事人之间对合同条款有不同于词句的通常含义的其他共同理解，一方主张按照词句的通常含义理解合同条款的，人民法院不予支持。
>
> 对合同条款有两种以上解释，可能影响该条款效力的，人民法院应当选择有利于该条款有效的解释；属于无偿合同的，应当选择对债务人负担较轻的解释。

◆ 条文主旨

本条第 1 款主要规定了一般情形下合同条款的解释。具体而言，第一，人民法院对合同条款进行解释时的主要规则依据——《民法典》第 142 条第 1 款和第 466 条第 1 款。相较而言，前者更为重要。因为从后者的内容来看，仅仅是强调要按照前者即《民法典》第142条第1款的规定来处理。事实上，由于我国《民法典》上的合同是特定的民事主体之间设立、变更、终止民事法律关系的协议，故而合同条款必然具有相对人。有鉴于此，解释合同条款时当然需要以《民法典》第142条第1款为依据。第二，人民法院对合同条款进行解释时的基础性因素——词句的通常含义。第三，人民法院对合同条款进行解释时的其他应当考虑的因素——相关条款、合同的性质和目的、习惯以及诚信原则，以及缔约背景、磋商过程、履行行为等。其中，前者是《民法典》第142条第1款原本就规定的，而后者是本条第1款新加的。

本条第2款主要规定了在有证据证明当事人之间对合同条款有不同于词句的通常含义的其他共同理解这一特殊情形下的合同条款的解释问题。此时，由于当事人之间对合同条款有不同于词句的通常含义的其他共同理解，并且能够被证据证明，故而，继续按照词句的通常含义理解合同条款并不合理。于此情形，倘若一方主张按照词句的通常含义理解合同条款，人民法院当然不应支持。

本条第3款主要规定了合同条款有两种以上解释并且可能影响该条款的效力以及合同条款有两种以上解释并且该合同属于无偿合同这两种特殊情形下合同条款的解释问题。对于前者，本条第3款认为人民法院应当选择有利于该条款有效的解释；对于后者，本条第3款认为应当选择对债务人负担较轻的解释。

就整体而言，本条之中的三个条款之间的逻辑脉络为"一般情形—例外情形—特殊情形"。其中，第1款为一般情形，于此情形，在解释合同相关条款时，要以通常理解的词句含义为基础；第2款为例外情形，于此情形，在解释合同相关条款时可以不按照词句含义；第3款为特殊情形，于此情形，在解释合同相关条款时尽管仍需以通常理解的词句含义为基础，但需要着重考量何种解释更有利于该合同条款有效、何种解释更有利于无偿给予他人利益者。

◆ 关联规定

《中华人民共和国民法典》

第一百四十二条　有相对人的意思表示的解释，应当按照所使用的词句，结合相关条款、行为的性质和目的、习惯以及诚信原则，确定意思表示的含义。

无相对人的意思表示的解释，不能完全拘泥于所使用的词句，而应当结合相关条款、行为的性质和目的、习惯以及诚信原则，确定行为人的真实意思。

第四百六十六条 当事人对合同条款的理解有争议的，应当依据本法第一百四十二条第一款的规定，确定争议条款的含义。

合同文本采用两种以上文字订立并约定具有同等效力的，对各文本使用的词句推定具有相同含义。各文本使用的词句不一致的，应当根据合同的相关条款、性质、目的以及诚信原则等予以解释。

◆ **案例指引**

1. 以通常理解的词句含义为基础，结合相关条款等因素确定争议条款的含义

▷新疆忠地行企业管理咨询有限公司与霍尔果斯连云丝路房地产开发有限公司服务合同纠纷案[①]

二审法院认为，首先，从合同文义解释的角度看，案涉合同第 6 条约定的"代理服务费"系指销售代理服务费，与第 7 条第 1 款及第 3 款约定的策划代理服务费并不相同。其次，从合同整体解释的角度看，案涉合同约定新疆忠地行企业管理咨询有限公司向霍尔果斯连云丝路房地产开发有限公司提供两项服务且分别约定了代理服务费和策划代理服务费，两项费用属于各自独立的费用。

2. 以通常理解的词句含义为基础，结合合同性质以及诚信原则等因素确定争议条款的含义

▷中国银行股份有限公司长春金域支行与吉林常春律师事务所委托合同纠纷案[②]

吉林省高级人民法院认为，首先，从争议条款看，"实物进账金额"并非含义确定的专业术语。其次，从案涉合同报酬的对价性看，本案是以案件最终处理结果为依据计算受托人报酬的特殊委托代理合同。最后，从合同履行诚信上看，在没有重新磋商合同义务及相关报酬的前提下，中国银行股份有限公司长春金域支行"债转股"的处分行为导致了吉林常春律师事务所的代理行为客观上不能达成与其代理行为相关的清收目标，且破坏了吉林常春律师事务所对合同报酬的期待。二审法院以吉林常春律师事务所前期代理行为相关联的债权数额作为其报酬

---

① 参见新疆维吾尔自治区高级人民法院伊犁哈萨克自治州分院（2023）新 40 民终 202 号民事判决书。
② 参见吉林省高级人民法院（2021）吉民申 4913 号民事裁定书。

的计算依据，符合诚实履行原则。

3. 以通常理解的词句含义为基础，结合合同目的等因素确定争议条款的含义

▷广西现代物流集团有限公司与中铁十八局集团第二工程有限公司买卖合同纠纷案①

最高人民法院认为，从案涉合同第 6.6 条约定看，双方对于货款支付的成就条件约定了三点内容，并且明确在三个条件具备后，中铁十八局第二工程有限公司需承担付款义务。从合同目的来看，广西现代物流集团有限公司向中铁十八局第二工程有限公司提供货品钢筋系为取得相应货款，中铁十八局第二工程有限公司购买货品钢筋系为承揽工程项目所需，其目的是取得工程价款。因此，案涉合同第 6.6.1 条关于"进度款比例一致"的约定不能认定为货款的支付条件。

4. 以通常理解的词句含义为基础，结合习惯等因素确定争议条款的含义

▷王某荣因与吴某龙土地租赁合同纠纷案②

二审法院认为，当地种植周期应当按自然年进行计算。按照常识，当地种植季节一般为春秋两季，上诉人所称一年两季为 4 月至 10 月明显与常识不符。现上诉人主张的涉案收条的租赁期间不符合一般交易习惯，其提交的证据又不足以证明该项主张，一审法院对其主张不予确认正确。

5. 以通常理解的词句含义为基础，结合习惯，参考履行行为等因素确定争议条款的含义

▷徐某与华融建筑工程（集团）有限公司建设工程分包合同纠纷案③

二审法院认为，本案需结合合同条款的约定、实际履行情况、市场行情和交易习惯等因素综合分析，探究当事人的真实意思表示。首先，从案涉合同内容来看，对承包方式、承包价格的约定明确、具体，并无歧义。其次，从合同履行情况来看，上诉人与被上诉人签订了案涉合同后，上诉人便自行采购涉案材料并组织人员进场施工，在长达一年多的施工过程中，上诉人自始未向被上诉人索要过案涉材料价款。再则，从当地的市场行情和交易习惯来分析，根据查明的事实，当地在木工分包施工时约定的包工包料的单价为 140 元/平方米左右，而本案约

---

① 参见最高人民法院（2021）最高法民再 238 号民事判决书。
② 参见山东省青岛市中级人民法院（2022）鲁 02 民终 17341 号民事判决书。
③ 参见湖南省张家界市中级人民法院（2022）湘 08 民终 800 号民事判决书。

定的单价还略高于本地市场价格。同时，从当地同时期、同区域、同规模的商品房开发项目的实施情况看，总包人分包房建工程的木工项目时，合同单价高于100元/平方米的是包工包主、次料，而单价低于100元/平方米的则是包工不包主、次料。因此，认定案涉合同包含主、次料，符合当地的交易习惯。

◆ 理解与适用

从本条第 1 款的规定来看，其延续了《民法典》第 142 条第 1 款重视词句含义的思路。这其实是重申了文义解释的地位。① 从表面上看，这似与更加强调不拘泥于文字的《法国民法典》第 1188 条②与《德国民法典》第 133 条③存在明显不同。但从现实情况来看，这种不同更多停留在理论层面。对比本条第 1 款与《民法典》第 142 条第 1 款就会发现，两者的最大不同在于本条第 1 款在词句含义这一基础性因素之外又增加了参考缔约背景、磋商过程、履行行为等因素。事实上，结合相关条款进行的解释即通常所谓的体系解释，结合合同性质和目的进行的解释即通常所谓的目的解释，结合习惯进行的解释即通常所谓的习惯解释④，结合诚信原则进行的解释即通常所谓的诚信解释，参考缔约背景、磋商过程和履行行为等大致相当于通常所谓的历史解释。

值得注意的是，尽管本条第 1 款在词句含义之外同时又提及了相关条款、合同的性质和目的、习惯、诚信原则、缔约背景、磋商过程、履行行为等因素，但并不意味着在任何情况下都必须同时考虑这些因素。从相关资料来看，主流观点普遍认

---

① 关于文义解释，既有研究已有详细阐述，在此不再赘述。参见梁慧星：《民法解释学》（第四版），法律出版社 2015 年版，第 216-219 页；王利明：《法律解释学》（第二版），中国人民大学出版社 2016 年版，第 131-160 页；杨仁寿：《法学方法论》（第二版），中国政法大学出版社 2016 年版，第 138-143 页；杨代雄：《法律行为论》，北京大学出版社 2021 年版，第 242-245 页。

② 《法国民法典》第 1188 条规定："合同依照诸缔约当事人的共同意图进行解释，不应拘泥于用语的字面意思。"参见罗结珍译：《法国民法典》，北京大学出版社 2023 年版，第 642 页。

③ 《德国民法典》第 133 条规定："在解释意思表示时，必须探究真意，而不得拘泥于词句的字面意义。"参见陈卫佐译：《德国民法典》（第五版），法律出版社 2020 年版，第 50 页。

④ 当然，有学者认为，"习惯解释"这一说法本身并不严谨。参见陈甦主编：《民法典总则评注》（下册），法律出版社 2017 年版，第 1023 页。本部分具体由朱晓喆教授撰写。

为只有在词句含义不清的情况下方可参考其他因素或者使用其他方法进行解释。①

对比《民法典》第 142 条第 1 款和本条第 1 款就会发现，在列举其他因素时，都遵循了"相关条款—合同性质和目的—习惯—诚信原则"的脉络，只不过后者又增加了"参考缔约背景、磋商过程、履行行为等因素"而已。如此一来，文义解释之外的解释方法有无适用顺序就成了必须思考的问题。王利明教授在阐述法律解释的方法②的顺序问题时指出："大体上应当依照文义解释、体系解释、当然解释、反面解释、限缩解释和扩张解释、目的解释、历史解释、合宪性解释的顺序依次进行。"③ 在解释合同之时是否也要采取类似思路呢？我们认为，考虑到《民法典》第 142 条第 1 款与本条第 1 款尤为强调词句含义，故而，应当根据距离词句含义的远近以及解释依据的明确性确定一个适用顺序。具体而言，由于相关条款也是用词句表述的，故而在文义解释之后，应当结合相关条款进行解释，也即使用体系解释的方法进行解释。④ 鉴于合同的性质和目的更容易确定，故而，倘若依照体系解释之后仍无法得出唯一的解释结论，应当结合合同的性质和目的进行解释，也即采用目的解释的方法进行解释。鉴于缔约背景、磋商过程和履行行为一般更易查知也更为明确，故而，倘若采取目的解释之后仍无法得出唯一的解释结论，原则上应当参考缔约背景、磋商过程和履行行为进行解释，也即采用历史解释的方法进行解释。倘若仍无法得出确定唯一的解释结论，再依次结合习惯和诚信原则进行解释。

稍加对比就会发现，在本条第 1 款中，与"相关条款、合同的性质和目的、习惯以及诚信原则"搭配的是"结合"；与"缔约背景、磋商过程、履行行为"

---

① 参见梁慧星：《民法解释学》（第四版），法律出版社 2015 年版，第 218 页；王利明：《法律解释学》（第二版），中国人民大学出版社 2016 年版，第 135 页；杨仁寿：《法学方法论》（第二版），中国政法大学出版社 2016 年版，第 142 页；杨代雄：《法律行为论》，北京大学出版社 2021 年版，第 243 页。

② 鉴于合同解释、意思表示解释与法律解释在方法上高度类似，此处不对三者进行严格区分。当然，这并不意味着三者就是完全相同的，事实上不少学者已经专门阐述过三者的区别。只不过就本书论述的范围内，尚无必要区分三者。参见王文宇：《合同解释三部曲——比较法观点》，载《中国法律评论》2016 年第 1 期，第 64-65 页；耿林：《中国民法典中法律行为解释规则的构建》，载《云南社会科学》2018 年第 1 期，第 119-122 页；崔建远：《合同解释辨》，载《财经法学》2018 年第 4 期，第 60-77 页。

③ 参见王利明：《法律解释学》（第二版），中国人民大学出版社 2016 年版，第 455 页。

④ 在《俄罗斯民法典》第 431 条中，文义解释和体系解释是连在一起表述的，而其他解释方法则是另外单列表述的。参见黄道秀译：《俄罗斯联邦民法典》，北京大学出版社 2007 年版，第 175 页。

搭配的是"参考"。不难发现,"结合"之前似乎省略了情态动词"应当",而"参考"天然隐含着并非必需的含义。换言之,从形式层面看,相关条款、合同的性质和目的、习惯以及诚信原则似乎是解释合同条款时必须考虑的因素,而缔约背景、磋商过程、履行行为等因素似乎只是解释合同条款时可以考虑也可以不考虑的参照性因素。我们认为,只要缔约背景、磋商过程、履行行为等因素可能影响合同条款的含义,在解释时就必须将其考虑在内。

对比本条第 1 款和第 2 款就会发现,两者最为明显的区别就是,第 1 款尤为强调词句的通常含义,而第 2 款却允许排除词句的通常含义。换言之,至少从表面上看,两款之间天然存在张力。如此一来,其他共同理解排除词句的通常含义的合理性问题就必然成为理解与适用本条第 2 款时必须首先考虑的问题。不可否认,解释合同条款时应当以词句的通常含义为基础。但是,这仅仅是通常情况下应当遵循的一般原则,而非在任何情况下都必须无条件坚持的绝对真理。事实上,之所以要强调解释合同时一般应当以词句的通常含义为基础,最主要的原因是词句的通常含义在绝大多数情况下都代表了当事人内心真实的意思表示。在当事人之间对合同条款有不同于词句的通常含义的其他共同理解的情况下,代表当事人内心真实意思表示的是其他共同理解,而非词句的通常含义。倘若此时仍然强调应当以词句的通常含义为基础解释合同条款,无疑是削足适履。因此,此时应当以当事人的共同理解为准。

当然,考虑到词句的通常含义在通常情况下就代表着当事人的真实意思,故而,本条第 2 款在允许其他共同理解排除词句的通常含义的同时也为其设置了较为严格的前提条件。具体而言,其他共同理解排除词句的通常含义的前提条件主要有二:其一为实体条件,即当事人之间对合同条款有不同于词句的通常含义的其他共同理解;其二为程序条件,即有证据证明当事人之间对合同条款有不同于词句的通常含义的其他共同理解。换言之,只有在当事人之间对合同条款确实有不同于词句含义的其他共同理解并且这一共同理解能够被证据证明的情况下,才能排除词句的通常含义。不难发现,从理论的层面看,前者更为本质;但从实践的层面看,后者更为重要。理由十分简单:即便当事人之间对合同条款有不同于词句的通常含义的其他共同理解,但只要无法被证据证明,其他共同理解仍然不会被支持。

　　值得注意的是，合同通常只涉及双方当事人的利益，但也存在涉及第三人利益的情形。倘若当事人之间对合同条款有不同于词句的通常含义的其他共同理解并且这种共同理解与第三人的利益密切相关，是否仍然可以排除词句的通常含义？我们认为，由于该共同理解只是当事人之间的共同理解，故而并不具有对抗善意第三人的效力。

　　如前所述，本条第3款实际上包含两种情形。对于合同条款有两种以上解释并且可能影响该条款的效力这一特殊情形，本条第3款认为人民法院应当选择有利于该条款有效的解释。有学者将此种解释方法称为"推定不违法"。[①] 从主观方面来看，这主要是因为，在绝大多数情况下，民事主体在订立合同条款时都是带着让其生效的目的的。换言之，让合同条款生效往往是民事主体在订立合同时的共同意志。从客观方面来看，这主要是因为，让合同条款生效能够避免民事主体为此所投入的时间、金钱等前期成本变得毫无意义。换言之，让合同条款生效通常更为经济。事实上，域外立法中也有类似规定。如，《法国民法典》第1191条规定："一项条款可能作两种解释时，宁取其可以产生某种效果的解释而舍其不能产生任何效果的解释。"[②] 再如，《意大利民法典》第1367条规定："在有疑问的情况下，不是将契约或个别条款解释为无任何效力，而是在得有一定效力的意思内进行解释。"[③]

　　对于合同条款有两种以上解释并且该合同属于无偿合同这一特殊情形，本条第3款认为应当选择对债务人负担较轻的解释。从正面来看，这更符合公平理念。从反面来看，这能够避免受赠者反而对赠与者提出进一步要求这一不合理现象的发生。事实上，域外立法中也有类似规定。如，《意大利民法典》第1371条规定："尽管适用了本节的规范，但当契约处于模糊不清的状态时，如果契约是无偿的，则应当作出使债务方负担较轻的解释，而如果是有偿的，则应当作出使双方当事人的利益得到公平实现的解释。"[④] 在部分域外立法中，这一解释规则的适用范围不仅仅限于无偿合同。如，《法国民法典》第1190条规定："协商订

① 参见崔建远：《合同解释规则及其中国化》，载《中国法律评论》2019年第1期，第87—90页。
② 罗结珍译：《法国民法典》，北京大学出版社2023年版，第642页。
③ 费安玲、丁玫译：《意大利民法典》，中国政法大学出版社1997年版，第366页。
④ 费安玲、丁玫译：《意大利民法典》，中国政法大学出版社1997年版，第366页。

立的合同存有疑义的情形，作不利于债权人以及有利于债务人的解释；附合合同，对于提出该合同文本的人，作不利解释。"①

对于本条第 3 款的理解适用而言，事实上还面临一个很大的问题，那就是本条第 3 款与第 1 款的关系问题。该问题的实质是，"合同条款有两种以上解释"的认定问题。也即，本款中的"合同条款有两种以上解释"究竟是指按照词句的通常含义合同条款有两种以上解释，还是指在结合某种因素或者使用某种解释方法进行解释之后有两种以上解释，抑或是指按照本条第 1 款进行解释之后合同条款仍有两种以上解释？

对于合同条款有两种以上解释并且可能影响该条款的效力这一特殊情形，由于首先进行效力筛选可以减少解释成本，故而第一种理解更为可取。换言之，只要经过文义解释之后还有多种解释，并且其中的部分解释将会导致合同条款无效，那么就可以直接排除此类解释。倘若经过效力筛选仍有多种解释，可依次采用体系解释、目的解释、历史解释、习惯解释和诚信解释等方法进行进一步解释。

对于合同条款有两种以上解释并且该合同属于无偿合同这一特殊情形，有学者的观点②似乎与第三种理解，即本条第 3 款中的"合同条款有两种以上解释"是指按照本条第 1 款进行解释之后合同条款仍有两种以上解释更为接近。但我们仍然倾向于第一种理解。即，本条第 3 款中的"合同条款有两种以上解释"，具体是指按照词句的通常含义合同条款有两种以上解释。从正面来看，这是因为此种理解似乎更符合将本款单列之本意。从反面来看，这是因为，倘若按照第三种理解，本条第 3 款将几无适用空间；而按照第二种理解，如何确定作为分界点的因素或者解释方法就成了新的问题③。从司法实践的角度来看，无论是将会导致规范几无适用空间的理解，还是将会引发新的问题，尤其是新的难以解决的问题的理解，都不是理想选择。

---

① 罗结珍译：《法国民法典》，北京大学出版社 2023 年版，第 642 页。

② 崔建远教授认为："如果适用其他规则也不能解决疑义，那么，合同必须作不利于特定债的关系中的债权人而有利于债务人的解释。"参见崔建远：《合同解释规则及其中国化》，载《中国法律评论》2019 年第 1 期，第 94 页。

③ 当然，考虑到本条第 3 款所采用的解释规则本身就与诚信原则高度契合，故而，倘若采取第二种理解，似宜将习惯作为分界。详言之，"合同条款有两种以上解释"具体而言指的是在结合习惯因素进行解释之后有两种以上解释的情形。

> **第二条　【交易习惯的认定】**
>
> 　　下列情形，不违反法律、行政法规的强制性规定且不违背公序良俗的，人民法院可以认定为民法典所称的"交易习惯"：
>
> 　　（一）当事人之间在交易活动中的惯常做法；
>
> 　　（二）在交易行为当地或者某一领域、某一行业通常采用并为交易对方订立合同时所知道或者应当知道的做法。
>
> 　　对于交易习惯，由提出主张的当事人一方承担举证责任。

◆ 条文主旨

　　本条第 1 款对交易习惯作出了具体解释。交易习惯必须适法，即"不违反法律、行政法规的强制性规定且不违背公序良俗"。在此前提之下，有两类情形可以被认定为交易习惯：一是特定当事人之间在交易活动中的惯常做法。二是在交易行为当地或者某一领域、某一行业通常采用并为交易对方订立合同时所知道或者应当知道的做法。当事人"知道或者应当知道"是将某地区、某领域、某行业通常采用的做法认定为交易习惯的重要基础，原因在于各地区的交易可能有不同的做法，交易行为当地或者某一领域、某一行业也有可能存在几种通常采用的做法，因此，当事人不知晓的做法不应当认定为交易习惯。

　　本条第 2 款规定了交易习惯的证明规则。在交易的双方当事人之间，主张适用交易习惯的一方应当证明对方知道该交易习惯存在。

◆ 关联规定

《中华人民共和国民法典》

　　第十条　处理民事纠纷，应当依照法律；法律没有规定的，可以适用习惯，但是不得违背公序良俗。

　　《最高人民法院关于适用〈中华人民共和国民法典〉总则编若干问题的解释》（法释〔2022〕6 号）

　　第二条　在一定地域、行业范围内长期为一般人从事民事活动时普遍遵守的民间习俗、惯常做法等，可以认定为民法典第十条规定的习惯。

当事人主张适用习惯的，应当就习惯及其具体内容提供相应证据；必要时，人民法院可以依职权查明。

适用习惯，不得违背社会主义核心价值观，不得违背公序良俗。

◆ 案例指引

1. 当事人之间的特定交易习惯的认定

▷ 北京博瑞泉能源科技有限公司与福建省福能电力燃料有限公司买卖合同纠纷案①

法院认为，北京博瑞泉能源科技有限公司（以下简称博瑞泉公司）若主张本案交易中王某通过 QQ 聊天向博瑞泉公司员工发送合同扫描件即视为承诺生效，且该种承诺方式属于双方的交易习惯，则应提供充分的证据。然而，前两次交易中，福建省福能电力燃料有限公司（以下简称福能公司）都是先完成纸质合同的签订，再支付货款，说明在承诺人福能公司方面，并没有将发送合同扫描件的行为视为正式承诺并基于此开始履行的先例。从双方过往交易过程看，双方签约形式与有签章先后顺序的合同签约形式无异，均需要承诺人提交已签章完毕的合同原件确认承诺有效进而确定合同成立，不存在发送扫描件即可以确认有效承诺的"交易习惯"。由于福能公司并未对博瑞泉公司的要约作出有效承诺，故合同并未成立。

▷ 深圳市盛世万象投资管理有限公司与北京恒昱金鑫投资发展有限公司、陈某彬借款合同纠纷案②

法院认为，从交易习惯上看，北京恒昱金鑫投资发展有限公司（以下简称恒昱公司）向深圳市盛世万象投资管理有限公司（以下简称盛世公司）出借款项时，双方均签订书面《借款合同》并约定利息，而本案所涉 7000 万元转款时双方并未签订书面借款合同，亦未约定利息，汇款时注明为"转款"，转款时间距盛世公司第二次向恒昱公司借款 1.1 亿元不足一个月时间。盛世公司在其欠恒昱公司巨额借款未偿还情况下主张其向恒昱公司转款 7000 万元性质为出借款项不

---

① 参见北京市第三中级人民法院（2022）京 03 民终 12633 号民事判决书。
② 参见辽宁省沈阳市中级人民法院（2022）辽 01 民再 164 号民事判决书。

符合常理，亦不符合双方之间交易习惯。

▷余某军、余某华与黄某惠买卖合同纠纷案①

法院认为，黄某惠与余某军、余某华之间形成了通过电话、微信或短信对接购销煤事宜的交易习惯，并对收货后不用返回收货回执给黄某惠亦形成了交易习惯，该交易习惯不违反法律、行政法规的强制性规定，应予尊重；黄某惠举示了其将货物数量、单价等发送给余某军妻子的信息及记账本，还举示了办理托运的中介协议书，虽然没有余某军确认收货的回执，但该交易行为符合双方的交易习惯，同时，余某军在电话录音中也仅表示对该笔货款的金额不清楚，并未否认收到该笔货物，故足以认定余某军已收到该笔货物。

2. 地区/领域/行业交易习惯的认定

▷安图县明月镇宏盛砂石经销部与安图县春祥砂石经销处、马某祥买卖合同纠纷案②

法院认为，根据《建设用砂》（GB/T 14684—2011）第3.2条的规定，中砂的最低标准应是粒径小于4.75mm。本案中，马某祥与宏盛经销部经营者赵某于2018年6月22日订立的中砂买卖协议第1条"中砂标准及地点"约定："标准：中国铁路敦白铁路混凝土标准执行合格为标准。"案外人周某于一审诉讼时出庭证实，宏盛经销部经营者赵某与其订立的中砂买卖合同约定的砂石规格为0.6cm。2018年8月13日，中国建设股份有限公司新建敦化至白河铁路DBSG-Ⅱ标项目经理部中心试验室出具《细骨料试验报告》1份，试验结论为所检项目含泥量、泥块含量、颗粒级配指标均不符合《铁路混凝土工程施工质量验收标准》TB 10424—2010中C45及以下混凝土用细骨料技术要求。据此，国家标准和双方中砂买卖协议中均明确质量要求为符合项目高速铁路建设的中砂，宏盛经销部经营者赵某作为建材砂石的经销从业者，应当清楚中砂的国家标准和行业惯例，但仍然存在履行中砂买卖协议不符合约定的情形，构成违约。

▷王某奇、白某峰等建设工程施工合同纠纷案③

法院认为，申请人再审主张涉案工程的整体清洗打压工作，虽未在合同中明

---

① 参见贵州省遵义市中级人民法院（2021）黔03民终5805号民事判决书。
② 参见吉林省高级人民法院（2021）吉民申3401号民事裁定书。
③ 参见山东省高级人民法院（2021）鲁民申6270号民事裁定书。

确约定，但按照建筑行业类似工程的惯常做法，该工程费用一般包含在合同约定的工程量和工程总造价内。类似的工程项目包括整体清洗打压是否成为行业惯例，申请人需举证证明上述内容是某一行业通常采用的做法，或者双方经常使用的习惯做法。申请人申请再审虽提供了其他当事人签订的两份消防系统施工合同，但两份合同在履行中是否将整体清洗打压包含在内并未明示，不能证明申请人所主张的内容业已成为行业惯例。涉案工程本身价值不大，在双方订立的合同未明确约定的情况下，申请人主张整体清洗打压工程的费用包含在合同总价中，也缺乏建筑行业规范依据。

3. 交易习惯的证明责任

▷马某国、徐某琴等土地承包经营权转包合同纠纷案①

法院认为，"对于交易习惯，由提出主张的一方当事人承担举证责任"。提出主张的当事人不仅要证明交易习惯的存在，还需证明对方当事人在订立合同时知道或者应当知道该习惯。本案中，马某国、徐某琴并未就交易行为当地存在以现金进行各类经济活动的习惯进行举证，应承担举证不能的法律后果。

▷吴某建、胡某与张某美、吴某杰合同纠纷案②

法院认为，胡某、吴某建在本案中主张当地木材交易市场中存在出卖人收取款项后才向他人交付过磅单的交易习惯，但其所提交的证据不足以证明该主张，应承担举证不利之后果。除本案交易外，双方还有其他的交易往来系银行转款，胡某、吴某建在本案中主张现金交付，有违常理。综合以上，胡某、吴某建主张其以现金方式付清案涉货款不能成立，不予支持。

▷谢某与曹某、黄某民间借贷纠纷案③

法院认为，谢某主张曹某于2014年12月15日出具110万元的借条时，曹某实际累计借款金额为142万元，曹某在出具该借条后，向谢某偿还相应金额的借款本息，也就是说，双方存在先出具借条，再偿还相应款项的交易习惯。但是，从谢某提交的证据来看，双方在2014年12月15日出具涉案借条前后，均未存在先出具借条再还款的情形，且谢某提交的起诉状中亦以上述110万元的借条和另

---

① 参见新疆维吾尔自治区高级人民法院伊犁哈萨克自治州分院（2022）新40民申177号民事裁定书。
② 参见福建省南平市中级人民法院（2022）闽07民终539号民事判决书。
③ 湖南省郴州市中级人民法院（2021）湘10民终1643号民事判决书。

出借的 5 万元主张借款本金 115 万元及相应利息，并未提出该借条的实际借款金额为 142 万元，故谢某主张的"交易习惯"证据不足，亦与其起诉状中的诉讼主张不符，本院不予支持。

◆ **理解与适用**

所谓交易习惯，是指交易中人们反复使用、普遍接纳的做法。《民法典》在诸多条文中提及交易习惯（如《民法典》第 140 条、第 480 条、第 484 条、第 509 条、第 510 条等），将交易习惯作为判断意思表示成立和解释意思表示的基本规则。

从立法沿革上看，《合同法》首次规定交易习惯，主要在合同的解释、填补合同漏洞规则等条款中有所涉猎，《物权法》在孳息的归属和相邻关系上也提到了交易习惯。以此为基础，《合同法解释（二）》第 7 条对交易习惯的内涵作出了规定。本条对《民法典》涉及的交易习惯条文的适用条件作出了进一步细化，并对《合同法解释（二）》第 7 条作出了完善和修订。在具体的理解与适用方面，需注意以下问题：

1. 交易习惯的适用条件

（1）合法性

合法性是认定交易习惯的前提条件，即交易习惯不违反法律、行政法规的强制性规定和公序良俗。这意味着不是所有在实践中反复使用，获得当事人认可和接受的做法都能被认定为交易习惯，交易习惯应当经过合法性标准的过滤。譬如，在走私、赌博、贩毒等违法交易活动中形成的惯常做法，这些做法虽然经历了长期实践，但违反了法律强制性规定，不得作为处理民事纠纷的依据。

（2）惯常性

交易习惯是在反复实践中形成的得到人们普遍遵守的做法。这种反复实践意味着交易当事人多次明示或默示地使用某种做法，已经成为惯常性的行为得到交易当事人的认同。实践中，通过考察当事人交易行为中惯常做法实践的时间是认定形成交易习惯合理性和可行性的重要条件。譬如，对于当事人之间的特定交易习惯的认定，应当以该做法在交易双方之间是否达到多次来认定该做法是否具备惯常性，如果仅仅在交易双方先前的交易中现出过一次，一般不宜认定为交易习惯。

（3）知道或应当知道

"为交易对方订立合同时所知道或者应当知道的做法"是认定交易习惯的主观要件。各地有各地的交易习惯，各行业有各行业的交易习惯。即使合同没有明确排斥该交易习惯的适用，也不表示交易双方都对该交易习惯熟知和认可，否则对不知晓该交易习惯的当事人有失公平。这就是说，纵然某种惯常做法已经被证明在某地区或某领域、某行业得到普遍认同且采用于交易活动中，交易对方也不负担了解和遵守该惯常做法的义务，其只有在"知道或者应当知道"的情况下才受到这种习惯做法的约束。一般来说，交易当事人对交易习惯的知晓状态可以结合双方当事人居所地、合同履行地是否与交易习惯地相同，营业范围与所从事交易的相关性以及当事人在交易中的行为意思是否与该交易习惯一致等因素来考察。此外，交易对方知道或应当知道该习惯做法的时间应当是"订立合同时"，排除了合同成立后交易对方知晓该交易习惯的情形。

2. 不同类型交易习惯的适用顺序

交易习惯一般可以分为当事人之间的特定交易习惯、特别交易习惯（地区性交易习惯或行业性交易习惯）以及一般交易习惯（全国范围内通行的交易习惯）。[1] 在当事人没有明确约定的情况下，如果不同类型的交易习惯发生冲突，应当适用与双方当事人意志最为接近、最易理解的交易习惯，[2] 采取当事人之间的特定交易习惯优先于特别交易习惯，特别交易习惯优先于一般交易习惯的适用顺序。

3. 证明规则

对于交易习惯，由提出主张的当事人一方承担举证责任。这就是说，无论是当事人之间的特定交易习惯还是特别交易习惯，提出主张的当事人不仅要证明交易习惯的存在，还需证明对方当事人在订立合同时知道或者应当知道该交易习惯，否则应承担举证不能的法律后果。[3]

---

[1] 参见胡基：《合同解释的理论与规则研究》，载梁慧星主编：《民商法论丛》，法律出版社1997年版，第44页。

[2] 参见王利明：《合同法研究》，中国人民大学出版社2002年版，第425-428页。

[3] 参见韩世远：《合同法总论》（第四版），法律出版社2018年版，第875-876页。

第二章　合同的订立

◆ **本章概述**

　　本章是《合同编通则解释》的第二部分，名为"合同的订立"，主要是对合同成立的必备要素、合同订立中第三人的责任认定、预约合同、格式条款等合同订立过程中相关问题的规定。具体而言，本章规定的内容包括：（1）合同成立与合同内容（第3条）；（2）以竞价方式订立合同（第4条）；（3）合同订立中的第三人责任（第5条）；（4）预约合同的认定、违反预约合同的认定与违约责任（第6—8条）；（5）格式条款的认定与格式条款订入合同（第9—10条）。

> **第三条　【合同成立与合同内容】**
>
> 　　当事人对合同是否成立存在争议，人民法院能够确定当事人姓名或者名称、标的和数量的，一般应当认定合同成立。但是，法律另有规定或者当事人另有约定的除外。
>
> 　　根据前款规定能够认定合同已经成立的，对合同欠缺的内容，人民法院应当依据民法典第五百一十条、第五百一十一条等规定予以确定。
>
> 　　当事人主张合同无效或者请求撤销、解除合同等，人民法院认为合同不成立的，应当依据《最高人民法院关于民事诉讼证据的若干规定》第五十三条的规定将合同是否成立作为焦点问题进行审理，并可以根据案件的具体情况重新指定举证期限。

◆ **条文主旨**

本条第 1 款首先明确了合同必须具备主体、标的和数量三个要素，通常称之为合同的必要之点。在一般情况下，合同具备前述三个要素即可成立。但在某些特殊情况下，合同无法成立。例如，价款或者报酬虽然不属于合同成立的必要条件，但是部分情况下缺乏合同价款合同不能成立，典型的如二手藏品交易或二手房买卖，此即"一般应当认定合同成立"之义。同时，本款还规定"法律另有规定或者当事人另有约定的"，即使满足前述要件合同也可能不成立。作为引致性规定，这与要式合同、附条件合同规则、典型合同中特殊成立要件规则等相联系。

本条第 2 款指出，在合同具备前述三个要素（主体、标的和数量）且不存在第 1 款规定的例外的情形下，一般合同即可成立。而对于合同欠缺的其他条款例如质量、价款等，则应考察当事人是否达成补充协议，如果未达成补充协议，应依据《民法典》第 510 条和第 511 条合同解释规则和合同推定规则予以确定，即首先按照合同相关条款或者交易习惯解释，仍无法确定的则依据《民法典》第 511 条的相关标准予以确定。

本条第 3 款则是《民事诉讼证据规定（2019）》第 53 条在合同成立与生效情形下的具体规则。合同是否存在是合同是否有效或者能否被撤销、解除的前提。如果当事人主张合同无效或者请求撤销、解除合同，其仍然首先需要证明合同已经成立。因此法院有权对合同是否成立进行审查，如果发现与当事人主张的法律关系不一致，法院有权将合同关系是否成立作为焦点问题进行审理，并根据当事人诉讼请求等重新指定举证期限。

◆ **关联规定**

《中华人民共和国民法典》

第四百七十条 合同的内容由当事人约定，一般包括下列条款：

（一）当事人的姓名或者名称和住所；

（二）标的；

（三）数量；

（四）质量；

（五）价款或者报酬；

（六）履行期限、地点和方式；

（七）违约责任；

（八）解决争议的方法。

当事人可以参照各类合同的示范文本订立合同。

第五百一十条　合同生效后，当事人就质量、价款或者报酬、履行地点等内容没有约定或者约定不明确的，可以协议补充；不能达成补充协议的，按照合同相关条款或者交易习惯确定。

第五百一十一条　当事人就有关合同内容约定不明确，依据前条规定仍不能确定的，适用下列规定：

（一）质量要求不明确的，按照强制性国家标准履行；没有强制性国家标准的，按照推荐性国家标准履行；没有推荐性国家标准的，按照行业标准履行；没有国家标准、行业标准的，按照通常标准或者符合合同目的的特定标准履行。

（二）价款或者报酬不明确的，按照订立合同时履行地的市场价格履行；依法应当执行政府定价或者政府指导价的，依照规定履行。

（三）履行地点不明确，给付货币的，在接受货币一方所在地履行；交付不动产的，在不动产所在地履行；其他标的，在履行义务一方所在地履行。

（四）履行期限不明确的，债务人可以随时履行，债权人也可以随时请求履行，但是应当给对方必要的准备时间。

（五）履行方式不明确的，按照有利于实现合同目的的方式履行。

（六）履行费用的负担不明确的，由履行义务一方负担；因债权人原因增加的履行费用，由债权人负担。

《最高人民法院关于民事诉讼证据的若干规定》（法释〔2019〕19号）

第五十三条　诉讼过程中，当事人主张的法律关系性质或者民事行为效力与人民法院根据案件事实作出的认定不一致的，人民法院应当将法律关系性质或者民事行为效力作为焦点问题进行审理。但法律关系性质对裁判理由及结果没有影响，或者有关问题已经当事人充分辩论的除外。

存在前款情形，当事人根据法庭审理情况变更诉讼请求的，人民法院应当准许并可以根据案件的具体情况重新指定举证期限。

◆ 案例指引

1. 价款不确定，合同有可能成立

▷某科技公司与某经纪公司计算机软件开发合同纠纷案①

合同的成立通常须基于当事人的合意，合意即合同当事人双方相互作出的意思表示达成一致，如果当事人就合同的必要之点达成合意，按照《合同法》"鼓励交易""形式自由"的精神，可以推定合同成立……就唐某和衣某某于某经纪公司承担的职务之重要性和在涉案软件的开发过程中参与程度之深，以及后续双方商讨开发费用等事实，已足以证明某经纪公司与某科技公司之间已就涉案软件开发的内容、质量标准等达成合意，合同的缔约主体、标的等要件能够确定，此种合意可以认定某经纪公司与某科技公司之间的合同已经成立，某科技公司与某经纪公司之间就涉案软件存在事实上委托开发的法律关系……按照相关法律规定，合同价款或者报酬不明确的，可按照订立合同时履行地的市场价格履行。但鉴于软件开发的复杂性，市场价格标准亦具有不确定性等特点，双方亦未提交更为精确的市场价格类参考证据，故本案有关涉案软件开发费用的酌定计算主要考量到如下因素：……本案基于涉案软件开发的工作量、开发周期和使用目的、报价单及相关证人证言等证据，同时参考某科技公司所提交的与案外人签订并履行的技术开发合同及相应价款，认定某科技公司所主张的关于涉案软件的剩余开发费用及相应利息具有合理性，本院予以支持。

▷于某华、杨某聪股权转让纠纷案②

法院认为，关于《股权转让意向书》是否有效的问题。于某华主张《股权转让意向书》中股权转让价格未定，不符合合同成立的基本要素，双方对股权转让价格的约定存在重大误解，《股权转让意向书》中关于京盛公司整体移交以及交付采矿许可证的约定违法无效。然而，第一，《股权转让意向书》中双方约定的支付对价分别是于某华持有的京盛公司100%的股权与9.1亿元支付价款，意向书内容确定，符合成立要件。第二，税务机关最终是以9.1亿元还是以于某华实

---

① 参见北京知识产权法院（2017）京73民初344号一审民事判决书。
② 参见最高人民法院（2019）最高法民申4954号再审民事裁定书。

际获得的价款作为征缴个人所得税税款的依据与本案无关……综上，原审认定《股权转让意向书》为预约合同，对双方当事人均具法律拘束力，并无不当。

2. 价款不确定，合同有可能不成立

▷ 中铁一局集团市政环保工程有限公司、绿地集团兰州新区置业有限公司房屋买卖合同纠纷案①

法院认为，《合同法解释（二）》第 1 条第 1 款规定："当事人对合同是否成立存在争议，人民法院能够确定当事人名称或者姓名、标的和数量的，一般应当认定合同成立。但法律另有规定或者当事人另有约定的除外。"本案中，双方当事人虽然确定购买房屋，中铁一局集团市政环保工程有限公司亦支付了部分款项，但绿地集团兰州新区置业有限公司提交的证据不能证明双方对于购买的房屋的坐落、数量、户型楼层、房屋性质、抵押情况、土地使用状况、成交价款等基本信息达成一致意思表示，现有证据亦不能证明双方通过微信等电子信息方式形成了合同关系，故本院认为，双方的合同关系尚未成立。

3. 不符合当事人约定的其他成立条件，合同不成立

▷ 山西天地煤机装备有限公司、靖远煤业集团有限责任公司合同纠纷民事申请再审审查民事裁定书②

虽然《合同法解释（二）》第 1 条第 1 款规定，"当事人对合同是否成立存在争议，人民法院能够确定当事人名称或者姓名、标的和数量的，一般应当认定合同成立"，本案中双方当事人名称、拟购买的设备亦明确，但该条同时规定"但法律另有规定或者当事人另有约定的除外"。具体到本案，双方签订的合同本身即为设备试验合同，合同约定试验期满评议后，如达到试验合格标准，靖远煤业集团有限责任公司按照大宗设备采购相关程序，优先考虑对该机的购买事宜等，该合同并未约定试用期满则直接视为双方建立正式合同关系……因此，山西天地煤机装备有限公司称其已与靖远煤业集团有限责任公司形成买卖合同关系，依据不足。

---

① 参见甘肃省高级人民法院（2021）甘民终 118 号二审民事判决书。
② 参见最高人民法院（2021）最高法民申 6193 号再审民事裁定书。

4. 法院将合同是否成立作为审理焦点

▷王某华、欧某国等买卖合同纠纷案①

原告向法院起诉确认王某华与欧某国、张某奎之间的买卖合同有效，并判决欧某国、张某奎依法办理车辆变更登记并赔偿损失。法院经审查后认为，《民事诉讼法解释》第 91 条第 1 项规定："主张法律关系存在的当事人，应当对产生该法律关系的基本事实承担举证证明责任。"《民事诉讼证据规定（2019）》第 53 条第 1 款规定："诉讼过程中，当事人主张的法律关系性质或者民事行为效力与人民法院根据案件事实作出的认定不一致的，人民法院应当将法律关系性质或者民事行为效力作为焦点问题进行审理。但法律关系性质对裁判理由及结果没有影响，或者有关问题已经当事人充分辩论的除外。"王某华主张与欧某国、张某奎之间系买卖合同关系，仅凭货币交付行为尚不能证明买卖合同关系成立，王某华所举其他证据以及欧某国、张某奎所举《汽车转让合同》共同证明双方并无买卖合意，王某华应当承担举证不力的法律后果。故王某华无权要求欧某国、张某奎办理案涉车辆的变更登记。王某华以保证金和现金 2000 元向案外人重庆华旭物流有限公司支付所欠费用，继而要求欧某国、张某奎赔偿损失，不能证明王某华拖欠费用的性质以及要求欧某国、张某奎赔偿符合约定或法定条件，亦应由王某华承担举证不力的法律后果。

◆ **理解与适用**

合同条款是合同的核心内容，其有必要条款和非必要条款之分，区分标准为是否是依据合同的性质和当事人的特别约定所必须具备的条款，缺少这些条款是否将影响合同的成立。根据本条规定，合同主体、标的和数量属于合同的必备条款。结合《合同法解释（二）》第 1 条，合同主体是指当事人的姓名或名称，标的则是当事人权利义务的指向对象，如有形财产、无形财产、劳务等，② 标的能够帮助确定合同法律关系的典型特征，如买卖合同、劳务合同等。③ 数量则是对标的的精确描述。

---

① 参见四川省广元市中级人民法院（2021）川 08 民终 1120 号二审民事判决书。
② 黄薇主编：《中华人民共和国民法典合同编释义》，法律出版社 2020 年版，第 28 页。
③ 王洪亮：《论合同的必要之点》，载《清华法学》2019 年第 6 期，第 127 页。

比较法上对于合同必要条款也有规定，如德国、瑞士。基本共识是如果对于合同必要之点未达成合意，合同不成立。但是，对于具体必要之点的范围则有不同观点。我国 1999 年《合同法》仅规定了合同的一般条款，其作为任意性规定可被排除适用，在《合同法解释（二）》中则明确了合同中的必要条款，其主要借鉴《联合国国际货物销售合同公约》第 14 条和第 55 条的规定，确定合同订立中的必要内容是当事人、标的和数量。《民法典》承继了《合同法》一般条款的规定，本条则对合同必要条款及其例外等作出了进一步细化。在具体的理解与适用方面，需注意以下问题：

1. 未约定报酬与价款时的合同成立问题

一般认为，价格不属于合同必备条款。在交易过程中，关于价格是否属于合同必备条款在理论和实践中素有争议，有观点认为应当区分合同性质，价格属于买卖合同的必备条款，而非赠与合同的主要条款。① 有观点则认为价格一般不属于必备条款，但是在商品房买卖、分期付款买卖等合同中必须具备，这与合同类型和内容相关。② 从比较法来看，德国法放宽了对于双方对待给付义务范围的规定，不需要在合同成立时即由当事人明确约定，而只需要其是确定的，以确保债务人负有一定的金钱义务。《联合国国际货物销售合同公约》第 55 条借鉴了德国法规定，指出如果合同已经订立但缺少价格，可推定双方当事人已默示地采用类似情况下销售的通常价格。应当认为，价格并不属于合同必备条款，因为合同必备条款在于确保最低限度的合意，以及帮助法官进行判断合同的性质以进行法律适用与价值判断。相比于主体和标的，价格对于合同性质判断的影响未达到显著程度。因此即使当事人未对价格协商，法院可首先按照合同相关条款或者交易习惯确定价格，仍无法确定的则依据《民法典》第 511 条进行漏洞填补。

但是，价款相较于其他合同条款又有其特殊性。不同于质量、争议解决等具有国家强制性规定兜底的合同内容，合同价格具有非常典型的意思自治特征，是当事人双方相互磋商、谈判和博弈的集中体现，背后可能有复杂的利益交易关

---

① 参见崔建远：《合同法总论》（上卷），中国人民大学出版社 2008 年版，第 50 页；最高人民法院民法典贯彻实施工作小组主编：《中华人民共和国民法典合同编理解与适用》，人民法院出版社 2020 年版，第 56 页。

② 黎璐：《论买卖合同的价格条款及其补价规则之完善》，载《湖北大学学报（哲学社会科学版）》2016 年第 5 期，第 122 页。

系，法律不应也无法进行过多干涉，法官运用解释规则填补价格漏洞也更具有挑战性，因此在许多情况下，如果价格无法确定会导致合同不存在，这需要具体个案的判断。例如，对于二手房的售卖，由于不同房屋折旧情况不同，不同买卖主体对房屋的交易预期也存在差别，且不同当事人的偏好和厌恶亦有不同，在这些情况下，法官难以公平合理地为不同合同主体划定交易价格，合同难以成立。

2. 法律另有规定或当事人约定的理解

本条第 1 款还规定了不符合法律规定或者当事人约定的其他成立条件这一情形，这主要包括以下情形：（1）要式合同。根据《民法典》第 348 条、第 354 条、第 367 条、第 668 条等规定，建设用地使用权出让合同、建设用地使用权转让合同、居住权设立合同、借款合同等应当采取书面形式，因此如果此类合同未采取书面形式，合同一般不成立，但根据《民法典》第 490 条第 2 款当事人已履行主要义务的除外。（2）附成立条件合同。《民法典》第 158 条规定了附生效条件的民事法律行为，与此相关的还存在附成立条件的合同，例如以某一事实发生作为合同成立条件。（3）典型合同中特殊成立要件规则。《民法典》第 586 条规定定金合同还需满足已实际交付定金这一成立要件，类似的还有《民法典》第 890 条规定的保管合同等。（4）当事人约定的其他成立条件。例如，当事人对合同成立特别约定一个月的试用合格条件，但最终试用不合格，则合同不成立。

3. 合同解释规则和合同推定规则的适用顺序

在合同条款约定不明或未予约定时，应优先适用合同解释规则即《民法典》第 510 条予以解释，若合同仍然无法被解释时构成合同漏洞，方可适用合同条款推定进行填补。这既是《民法典》第 511 条明定之要求，亦体现了对当事人自治的尊重。原因在于，《民法典》第 510 条的合同解释规则强调当事人间的补充协议、交易习惯等，法官基于其推断的当事人意思进行漏洞填补。与之不同，《民法典》第 511 条是强制性规范中的任意性规范，对于合同不确定事项有法定的确定方法，体现了立法者事先对于合同当事人的权利义务分配，但也正因如此在特定合同中未必能实现当事人的合同目的，故应当优先适用《民法典》第 510 条。在比较法上，合同落空规则、默示条款规则均体现了此种类似的进路，即合同漏洞的识别应当以合同解释为前提，如果无法解释出合同当事人意思，方可适用默示条款。

4. 合同诉讼中的法院审理范围

本条明确,当事人主张合同无效或者请求撤销、解除合同等,人民法院认为合同不成立的,应当依据《民事诉讼证据规定》第53条的规定将合同是否成立作为焦点问题进行审理,并可以根据案件的具体情况重新指定举证期限。这是因为现实生活中,部分当事人对于合同关系等性质和效力并不清楚,因此法院有必要对其释明并进行审理。这并不会影响当事人处分权,因为如果法律关系对是否支持其诉讼请求没有影响或者经过当事人辩论后当事人作出处分的话,法院自会尊重当事人意愿,无需将其作为焦点进行审理。

第四条　【以竞价方式订立合同】

采取招标方式订立合同,当事人请求确认合同自中标通知书到达中标人时成立的,人民法院应予支持。合同成立后,当事人拒绝签订书面合同的,人民法院应当依据招标文件、投标文件和中标通知书等确定合同内容。

采取现场拍卖、网络拍卖等公开竞价方式订立合同,当事人请求确认合同自拍卖师落槌、电子交易系统确认成交时成立的,人民法院应予支持。合同成立后,当事人拒绝签订成交确认书的,人民法院应当依据拍卖公告、竞买人的报价等确定合同内容。

产权交易所等机构主持拍卖、挂牌交易,其公布的拍卖公告、交易规则等文件公开确定了合同成立需要具备的条件,当事人请求确认合同自该条件具备时成立的,人民法院应予支持。

◆ **条文主旨**

本条明确了多种以竞价方式订立的合同成立时间,并据此明确合同成立后当事人拒绝签订书面合同予以确认的,应当承担违约责任。具体而言:

第一,采取招标方式订立合同时,根据《民法典》第473条,招标公告属于要约邀请,投标行为是要约,中标通知书则为承诺,故合同自中标通知书到达中标方成立。具体的合同内容应根据招标文件、投标文件和中标通知书确定。在中标后如果当事人反悔拒绝签订书面合同，其应当承担违约责任。

第二，采取现场拍卖、网络拍卖等公开竞价方式订立合同时，根据《民法典》第473条，拍卖公告属于要约邀请，竞买人竞价是要约，拍卖师落槌、电子交易系统确认成交则为承诺，此时合同成立。具体的合同内容应根据拍卖公告、竞买人的报价确定。合同成立后如果当事人拒绝签署成交确认书，属于不履行合同义务，应承担违约责任。

第三，产权交易所等采取拍卖、挂牌交易方式订立股权转让、不动产转让等合同时，其可能通过拍卖公告、交易规则公开明确合同成立需要具备的条件（如规定自电子系统确认竞价结果时合同成立），此时当事人可请求法院根据该意思表示确认合同成立的时间。如果后续还需要进行其他程序以满足有关机关备案等要求，不应以其他程序完成时来确定合同的成立。

◆ 关联规定

《中华人民共和国民法典》

第四百七十二条 要约是希望与他人订立合同的意思表示，该意思表示应当符合下列条件：

（一）内容具体确定；

（二）表明经受要约人承诺，要约人即受该意思表示约束。

第四百七十三条 要约邀请是希望他人向自己发出要约的表示。拍卖公告、招标公告、招股说明书、债券募集办法、基金招募说明书、商业广告和宣传、寄送的价目表等为要约邀请。

商业广告和宣传的内容符合要约条件的，构成要约。

第四百八十条 承诺应当以通知的方式作出；但是，根据交易习惯或者要约表明可以通过行为作出承诺的除外。

《中华人民共和国招标投标法》

第四十五条 中标人确定后，招标人应当向中标人发出中标通知书，并同时将中标结果通知所有未中标的投标人。

中标通知书对招标人和中标人具有法律效力。中标通知书发出后，招标人改变中标结果的，或者中标人放弃中标项目的，应当依法承担法律责任。

第四十六条 招标人和中标人应当自中标通知书发出之日起三十日内，按照招标文件和中标人的投标文件订立书面合同。招标人和中标人不得再行订立背离合同实质性内容的其他协议。

招标文件要求中标人提交履约保证金的，中标人应当提交。

《中华人民共和国拍卖法》

第二十四条 拍卖成交后，拍卖人应当按照约定向委托人交付拍卖标的的价款，并按照约定将拍卖标的移交给买受人。

第三十六条 竞买人一经应价，不得撤回，当其他竞买人有更高应价时，其应价即丧失约束力。

第五十一条 竞买人的最高应价经拍卖师落槌或者以其他公开表示买定的方式确认后，拍卖成交。

《中华人民共和国证券法》

第三十八条 证券在证券交易所上市交易，应当采用公开的集中交易方式或者国务院证券监督管理机构批准的其他方式。

第一百零八条 证券公司根据投资者的委托，按照证券交易规则提出交易申报，参与证券交易所场内的集中交易，并根据成交结果承担相应的清算交收责任。证券登记结算机构根据成交结果，按照清算交收规则，与证券公司进行证券和资金的清算交收，并为证券公司客户办理证券的登记过户手续。

《最高人民法院关于审理建设工程施工合同纠纷案件适用法律问题的解释（一）》（法释〔2020〕25号）

第二十二条 当事人签订的建设工程施工合同与招标文件、投标文件、中标通知书载明的工程范围、建设工期、工程质量、工程价款不一致，一方当事人请求将招标文件、投标文件、中标通知书作为结算工程价款的依据的，人民法院应予支持。

《最高人民法院关于人民法院委托评估、拍卖工作的若干规定》（法释〔2011〕21号）

第六条 涉国有资产的司法委托拍卖由省级以上国有产权交易机构实施，拍卖机构负责拍卖环节相关工作，并依照相关监管部门制定的实施细则进行。

《企业国有资产交易监督管理办法》（国务院国有资产监督管理委员会、财政部令第 32 号）

第十三条 产权转让原则上通过产权市场公开进行。转让方可以根据企业实际情况和工作进度安排，采取信息预披露和正式披露相结合的方式，通过产权交易机构网站分阶段对外披露产权转让信息，公开征集受让方。其中正式披露信息时间不得少于 20 个工作日。

因产权转让导致转让标的企业的实际控制权发生转移的，转让方应当在转让行为获批后 10 个工作日内，通过产权交易机构进行信息预披露，时间不得少于 20 个工作日。

第二十二条 产权转让信息披露期满、产生符合条件的意向受让方的，按照披露的竞价方式组织竞价。竞价可以采取拍卖、招投标、网络竞价以及其他竞价方式，且不得违反国家法律法规的规定。

第二十三条 受让方确定后，转让方与受让方应当签订产权交易合同，交易双方不得以交易期间企业经营性损益等理由对已达成的交易条件和交易价格进行调整。

第二十四条 产权转让导致国有股东持有上市公司股份间接转让的，应当同时遵守上市公司国有股权管理以及证券监管相关规定。

《国务院国有资产监督管理委员会关于企业国有资产交易流转有关事项的通知》（国资发产权规〔2022〕39 号）

一、涉及政府或国有资产监督管理机构主导推动的国有资本布局优化和结构调整，以及专业化重组等重大事项，企业产权在不同的国家出资企业及其控股企业之间转让，且对受让方有特殊要求的，可以采取协议方式进行。

六、企业增资可采取信息预披露和正式披露相结合的方式，通过产权交易机构网站分阶段对外披露增资信息，合计披露时间不少于 40 个工作日，其中正式披露时间不少于 20 个工作日。信息预披露应当包括但不限于企业基本情况、产权结构、近 3 年审计报告中的主要财务指标、拟募集资金金额等内容。

七、产权转让可在产权直接持有单位、企业增资可在标的企业履行内部决策程序后进行信息预披露，涉及需要履行最终批准程序的，应当进行相应提示。

八、产权转让、资产转让项目信息披露期满未征集到意向受让方，仅调整转让底价后重新披露信息的，产权转让披露时间不少于 10 个工作日，资产转让披露时间不少于 5 个工作日。

◆ 案例指引

1. 以招标方式订立合同的成立时间

▷北京暖悦丰物业管理有限公司与中国医学科学院基础医学研究所租赁合同提审案①

法院认为，从合同法律关系成立角度，招投标程序中的招标行为应为要约邀请，投标行为应为要约，经评标后招标人向特定投标人发送中标通知书的行为应为承诺，中标通知书送达投标人后承诺生效，合同成立。预约合同是指约定将来订立本约合同的合同，其主要目的在于将来成立本约合同。《招标投标法》第 46 条第 1 款规定："招标人和中标人应当自中标通知书发出之日起三十日内，按照招标文件和中标人的投标文件订立书面合同。招标人和中标人不得再行订立背离合同实质性内容的其他协议。"从该条可以看出，中标通知书发出后签订的书面合同必须按照招投标文件订立。本案中招投标文件对租赁合同内容已有明确记载，故应认为中标通知书到达投标人时双方当事人已就租赁合同内容达成合意。该合意与主要目的为签订本约合同的预约合意存在区别，应认为租赁合同在中标通知书送达时成立。中标通知书送达后签订的书面合同，按照上述法律规定其实质性内容应与招投标文件一致，因此应为租赁合同成立后法律要求的书面确认形式，而非新的合同。由于中标通知书送达后租赁合同法律关系已成立，故研究所不履行合同义务，应承担违约责任。

▷钟某梅、林某忠等房屋租赁合同纠纷案②

法院认为，就案涉 34 号商铺，钟某梅于 2007 年 6 月 11 日通过招投标程序中标，《中标通知书》已确定了租赁物、租金价格以及租赁物面积，已具备合同成立的必要条款，对双方均具有法律效力。且钟某梅于 2007 年 6 月 22 日向赣研所交付了店面押金以及预付租金，故可以认定双方以《中标通知书》为基础就 34 号商铺成立租赁合同关系。双方均应按照合同约定全面履行各自义务，不得擅自

---

① 参见北京市第二中级人民法院（2022）京 02 民辖 30 号判决书。
② 参见最高人民法院（2021）最高法民申 1258 号再审民事裁定书。

变更或解除合同。

▷江苏中南建筑产业集团有限责任公司与潜江市兴城投资开发有限公司建设工程施工合同纠纷案①

法院认为，招标人发布招标公告是要约邀请，投标人投标是要约，招标人向中标人发出中标通知书是承诺。中标通知书到达中标人时承诺生效，合同成立。招标文件、中标人的投标文件和中标通知书构成建设工程施工合同的文本。《招标投标法》第 46 条第 1 款规定："招标人和中标人应当自中标通知书发出之日起三十日内，按照招标文件和中标人的投标文件订立书面合同。招标人和中标人不得再行订立背离合同实质性内容的其他协议。"从实践情况看，招标人和中标人依据本条规定自中标通知书发出之日起三十日内按照招标文件和中标人的投标文件订立的书面合同，实际是根据招标文件和中标人的投标文件订立的合同书。因此，在当事人通过招标投标方式订立建设工程施工合同的情况下，招标文件、中标人的投标文件以及中标通知书，本身就是合同文本的组成部分。

2. 以拍卖方式订立合同的成立时间

▷茂名市金墩房地产开发有限公司、茂名市自然资源局建设用地使用权出让合同纠纷案②

法院认为，根据《拍卖法》第 51 条规定，竞买人的最高应价经拍卖师落槌或者以其他公开表示买定的方式确认后，拍卖成交。从合同成立要件而言，拍卖人发布拍卖公告为要约邀请，竞买人应价为要约，拍卖师对竞买人的最高应价落槌或者以其他公开表示买定的方式确认是承诺，故当拍卖师落槌或以其他公开表示买定方式确认竞买人的应价时，拍卖成交，合同即告成立。根据《合同法》第 44 条第 1 款规定，依法成立的合同，自成立时生效。因此，本案中虽然茂名市金墩房地产开发有限公司与茂名市自然资源局尚未签订书面的土地使用权出让合同，但双方之间的土地用地使用权出让合同关系已经成立并生效。

---

① 参见最高人民法院（2019）最高法民终 1996 号二审民事判决书。
② 参见广东省高级人民法院（2019）粤民终 584 号二审民事判决书。

3. 以挂牌交易等公开方式订立合同的成立时间

▷青海红鼎房地产有限公司与青海省国有资产投资管理有限公司、青海省产权交易市场确认合同有效纠纷案①

一审法院认为，出让人青海省国有资产投资管理有限公司（以下简称国投公司）、竞买人西宁伟业房地产开发有限公司（以下简称伟业公司）、青海红鼎房地产有限公司（以下简称红鼎公司）和竞价组织方产权市场均按照《金马甲竞价大厅使用规则》《金马甲网络竞价操作须知》等有关网络竞价操作文件，完成了竞价公告、金马甲注册账户、网上竞价等竞价过程，整个竞价过程并不存在违法违规情形。国投公司以《产权转让服务协议》委托产权市场对 69 号标的物转让事项发出要约邀请，竞买人伟业公司、红鼎公司对该标的物的价款通过网络竞价发出要约，国投公司通过金马甲交易系统这一特定交易方式作出承诺，金马甲系统最终自动生成的红鼎公司报价 2893.78 万元竞价结果作为国投公司的承诺，该承诺合法有效，合同成立。并且从本案网络竞价公告结果的内容来看，有当事人的名称、标的、数量和价款，是当事人应当签订《产权交易合同》的主要内容。二审法院予以认可。

▷湖南绿点普惠物业管理有限公司、岳阳市国土资源局资源土地行政管理纠纷案②

法院认为，岳阳市国土资源局和岳阳市国资委通过网上挂牌交易公告对涉案资产进行公开处置。网上挂牌交易公告和交易须知等文件合法有效。网上挂牌交易公告明确要求竞买申请人须全面阅读有关挂牌文件，并到现场踏勘。申请一经受理确认后，即视为竞买人对挂牌文件及标的现状无异议并全部接受，对有关承诺承担法律责任。二审认定湖南绿点普惠物业管理有限公司在申请成为竞买人后，表明其对本次挂牌文件的要求和条件均作出了实质性响应，对挂牌文件及标的物现状无异议并全部接受，在拍卖成交后对标的物提出异议，已超过挂牌公告中提示的竞买人现场踏勘标的物的权利期限，并无不当。

---

① 参见最高人民法院（2015）民二终字第 351 号二审民事判决书。
② 参见最高人民法院（2017）最高法行申 4124 号再审行政裁定书。

◆ **理解与适用**

实践中，很多交易采取招投标、拍卖、集中竞价交易等方式进行，在中标或者竞买成功后双方往往会签订书面确认合同。问题在于，如果投标人或出价人在交易成交后基于自身考虑拒绝签订书面确认合同，其需向相对方承担何种责任？这一问题的关键在于明确合同成立的时间及性质。对此，《民法典》第473条虽然明确拍卖公告、招标公告属于要约邀请，但究竟中标通知书、拍卖师落槌以及后续签订书面合同属于何种性质并未明确规定，因而实践中对于合同成立时间出现了不同观点。本条对这一问题作出了统一解释。

1. **当事人交易行为性质**

在司法实践中，有法院对于交易过程中的要约承诺判断不准确。例如在"唐某某、桂林市临桂区自然资源局合同纠纷案"中，法院认为竞拍完成后，由于未签订书面的买卖合同，双方仍处于缔约阶段，合同未成立。[①] 再如在"武汉剑强人和置业有限公司、武汉亘星资源有限公司执行异议之诉"中，一审法院认为，土地使用权出让合同为要式合同，而武汉亘星资源有限公司未与行政机关签订书面的《国有土地使用权出让合同》，不能单以竞买程序中的报价与落槌行为认定构成要约与承诺，进而成立国有土地使用权出让的口头合同。二审对此予以确认，最高人民法院予以认可。[②]

应当认为，根据《民法典》第472条和第473条，在拍卖过程中的竞拍报价行为应为要约，落槌或者成交通知书即是承诺，因为这表明了双方当事人愿意受合同拘束的意思，不能因为未签订书面合同而混淆行为性质。对此，《招标投标法》第45条和《拍卖法》第51条也予以确认。进而根据《民法典》第483条的规定，如无法定或者约定事由，合同自承诺生效时即成立。

2. **拍卖和招投标情形下书面形式的理解**

之所以对于合同成立时点产生如此大的争议，关键在于对于交易完成后签订书面合同这一行为性质的理解。有的法院将招投标和拍卖合同等要式合同狭义地

---

① 参见广西壮族自治区高级人民法院（2020）桂民申1096号再审民事裁定书。类似的案例参见山东省高级人民法院（2020）鲁民申2991号再审民事裁定书。

② 参见最高人民法院（2018）最高法民再400号再审民事判决书。

理解为应采取合同书形式签订合同，因此若未签订书面合同则否认合同成立。例如，在"北京汇丰兆达科技有限公司松原分公司与中国石油天然气股份有限公司吉林油田分公司技术服务合同纠纷案"中，法院认为《招标投标法》规定，在中标通知书发出后，招标人和中标人应按照招标文件和中标人的投标文件订立书面合同。《合同法》第32条规定："当事人采用合同书形式订立合同的，自双方当事人签字或者盖章时合同成立。"可见，中标时，北京汇丰兆达科技有限公司松原分公司与中国石油天然气股份有限公司吉林油田分公司之间的合同尚未成立。在中标后，双方签订的《技术服务合同》方为有效合同。①

　　显然，这不利于保护相对人的合理信赖，但许多法院往往延续合同书规则或者引入预约合同辩驳。例如，有的法院提出应适用《民法典》第490条第2款（《合同法》第36条）"履行行为治愈形式瑕疵"的规则。例如在"德庆领汇房地产有限公司、德庆信和房地产有限公司建设用地使用权出让合同纠纷案"中，法院认为，本案《挂牌交易确认书》签订后，双方未能签订《国有土地使用权出让合同》，但德庆领汇房地产有限公司（以下简称领汇公司）、德庆信和房地产有限公司（以下简称信和公司）已经履行了合同主要义务，且德庆自然资源局接受并履行了部分合同义务，因此，根据上述规定，领汇公司、信和公司与德庆资源局之间成立建设用地使用权出让合同关系。② 有的法院从要式合同未满足书面形式后果的角度予以反驳，认为不采用书面形式并不意味着合同不成立。③ 还有的法院引入了预约合同规则，认为中标通知书到达中标人后，当事人之间已经成立预约合同关系，应承担违反预约的违约责任，④ 但通常体现为信赖利益赔偿，如缔约过程中的差旅费等，基本未见要求强制继续履行的判决，与前述认定违反本约的缔约过失责任在赔偿范围上具有类似之处。

　　这三种论证方式虽然有所创新，但仍存在问题。如果当事人一方未履行合同主要义务而已经履行从给付义务如何解决？要式合同本就是未采用书面形式不得成立或生效的合同，强调其不影响合同成立失之偏颇。此外，预约合同是当事人

---

① 参见吉林省高级人民法院（2020）吉民终255号二审民事判决书。
② 参见广东省高级人民法院（2020）粤民终2060号、2061号二审民事裁定书。
③ 参见广东省高级人民法院（2019）粤民终584号二审民事判决书。
④ 参见江苏省高级人民法院（2015）苏审二商申字第00200号再审民事裁定书；江苏省高级人民法院（2015）苏商终字第00047号二审民事判决书。

约定将来一定期限内订立本约合同，而非法律规定当事人在一定期限内订立书面合同，且从实践来看，当事人在招投标环节已经明确了合同主要条款，如当事人、价款、履行方式、履行期限等，这并不符合预约合同以订立本约为合同内容的特征，而应属于典型的本约。

因此，《合同编通则解释》提供了一个解释路径，招投标和竞买过程中的招标公告、中标通知书或成交确认书等本身即构成书面形式，无需另行签订书面合同。《民法典》第469条第2款规定："书面形式是合同书、信件、电报、电传、传真等可以有形地表现所载内容的形式。"其不仅限于书面合同，还包括双方的书面交易文件。从内容上来看这两者也并不存在区别，多份交易文件相叠加便是对合同主要条款的书面呈现。实践中也有法院对书面形式作出了正确理解。例如在"华泰建设工程有限公司与赣州开发区建设投资（集团）有限公司建设工程施工合同纠纷上诉案"中，法院认为，投标人发出的投标文件（要约）和招标人发出的中标通知书（承诺）显然均已符合书面形式的要求，招投标双方当事人未签订书面合同并不影响双方之间成立建设工程施工合同的法律关系，任何一方拒绝履行都应承担违约责任。[1] 此外，以邮件方式进行招投标也属于书面形式。[2]

从规范目的来看，在拍卖和招投标过程中，之所以在签订拍卖成交确认书或者中标通知书后还要签订书面合同，是因为需要进一步确认和细化双方文件的内容以便履行。[3] 但在交易成交时双方已经达成互受约束的合意，合同即已成立。即使签订书面合同是招标或者拍卖公告所要求的内容，其也仅属于双方合同成立后应履行的义务，而非合同成立的条件。当事人若不履行签订书面合同的义务，构成违约责任，而非承担缔约过失责任。德国法院也认为："如果在订立了具有拘束力的合同之后为了以书面形式确认合同的订立和基于该合同所产生的权利和义务而发出一项通知，那么，当事人基于诚实信用负有不迟延地对其予以回复的义务。"[4]

---

[1] 参见江西省高级人民法院（2017）赣民终325号二审民事判决书。
[2] 参见贵州省高级人民法院（2018）黔民初99号一审民事判决书。
[3] 参见崔建远：《合同成立探微》，载《交大法学》2022年第1期，第18页。
[4] 参见［德］维尔纳·弗卢梅：《法律行为论》，迟颖译，法律出版社2013年版，第789-790页。

同时，将合同成立时间明确为中标通知书到达等时间，有利于尽快明晰法律关系，便于当事人提前做好履行合同的准备工作，营造规范有序健康的市场。因为在实践中，采用招投标或者拍卖方式的多为土地使用权等不动产买卖合同或者建设工程建设合同，涉及平整土地、安置村民等大量履行前置性工作，明确合同成立时间能够为双方提供稳定的交易预期，积极开展合同履行工作。如果一方拒绝签订书面合同仅需承担缔约过失责任，将会对另一方的履行利益造成难以弥补的损失，长此以往不利于营造诚信、规范的招投标和拍卖市场。

3. 产权交易所的公开交易规则

根据《企业国有资产交易监督管理办法》第 22 条，竞价可以采取拍卖、招投标、网络竞价以及其他竞价方式。目前，我国国有产权交易机构较多选择网络竞价的形式进行交易，其中不乏大量的不动产交易。网络竞价交易具有即时性和公开性的特点，产权人、竞买人、竞买组织方均应严格遵守相关交易规则。一般而言，在网络竞价中，电子承诺到达竞买者使用的计算机系统时，双方的买卖合同即告成立。竞买组织方、产权人也可以提前在交易规则中公开明确合同成立的条件，以便所有竞买人知晓，一旦满足成立条件则双方可主张合同成立，不以签署书面合同为必要，因为网络竞价交易中的交易规则以及当事人的承诺文件即构成一种书面形式。

在证券交易中亦是如此。《上海证券交易所债券交易规则》第 63 条即明确："交易申报经交易系统确认成交后，交易即告成立。符合本规则各项规定达成的债券交易于成立时生效，成交结果以交易系统记录的成交数据为准。交易双方应当承认交易结果，履行清算交收义务。本所另有规定的除外。"根据该交易规则，交易系统确认成交后，债券买卖合同即成立生效，当事人应当履行合同义务，否则应承担违约责任。

> **第五条 【合同订立中的第三人责任】**
> 第三人实施欺诈、胁迫行为，使当事人在违背真实意思的情况下订立合同，受到损失的当事人请求第三人承担赔偿责任的，人民法院依法予以支持；当事人亦有违背诚信原则的行为的，人民法院应当根据各自的过错确定相应的责任。但是，法律、司法解释对当事人与第三人的民事责任另有规定的，依照其规定。

◆ 条文主旨

本条第 1 句的前半部分规定了第三人实施欺诈、胁迫行为致使他人因订立合同而遭受损失的赔偿问题。依照该规定，遭受损失的当事人能够请求第三人承担赔偿责任的前提有二：其一为，第三人实施了欺诈、胁迫行为；其二为，当事人在违背真实意思的情况下订立了合同。

本条第 1 句后半部分规定了当事人亦有违背诚信原则的行为的情况下，人民法院应当根据各自的过错确定相应的责任。换言之，在当事人亦有违背诚信原则的行为的情况下，第三人对合同的当事人承担赔偿责任可以更轻。

本条第 2 句规定，在法律、司法解释对当事人与第三人的民事责任另有规定的情况下，应当依照其规定确定赔偿范围。

就整体而言，本条各个部分之间的逻辑脉络为"只有第三人存在过错的情形—当事人也有违反诚信原则的情形—引致规定"。其中，第 1 句前半部分为只有第三人存在过错，也即受第三人欺诈或者胁迫的当事人并无过错的情形；第 1 句后半部分为，受第三人欺诈或者胁迫的当事人亦有违背诚信原则的行为，也即当事人也有过错的情形。第 2 句为引致规定，对于法律、司法解释对当事人与第三人的民事责任另有规定情况，应当依照相关规定处理。

◆ 关联规定

《中华人民共和国民法典》

第一百四十九条 第三人实施欺诈行为，使一方在违背真实意思的情况下实施的民事法律行为，对方知道或者应当知道该欺诈行为的，受欺诈方有权请求人民法院或者仲裁机构予以撤销。

第一百五十条 一方或者第三人以胁迫手段，使对方在违背真实意思的情况下实施的民事法律行为，受胁迫方有权请求人民法院或者仲裁机构予以撤销。

第一百五十七条 民事法律行为无效、被撤销或者确定不发生效力后，行为人因该行为取得的财产，应当予以返还；不能返还或者没有必要返还的，应当折价补偿。有过错的一方应当赔偿对方由此所受到的损失；各方都有过错的，应当各自承担相应的责任。法律另有规定的，依照其规定。

《最高人民法院关于审理证券市场虚假陈述侵权民事赔偿案件的若干规定》
（法释〔2022〕2 号）

第四条 信息披露义务人违反法律、行政法规、监管部门制定的规章和规范性文件关于信息披露的规定，在披露的信息中存在虚假记载、误导性陈述或者重大遗漏的，人民法院应当认定为虚假陈述。

虚假记载，是指信息披露义务人披露的信息中对相关财务数据进行重大不实记载，或者对其他重要信息作出与真实情况不符的描述。

误导性陈述，是指信息披露义务人披露的信息隐瞒了与之相关的部分重要事实，或者未及时披露相关更正、确认信息，致使已经披露的信息因不完整、不准确而具有误导性。

重大遗漏，是指信息披露义务人违反关于信息披露的规定，对重大事件或者重要事项等应当披露的信息未予披露。

◆ **案例指引**

1. 因证据不足无法证明第三人构成欺诈的情形

▷杨某与宋某麟、刘某彤买卖合同纠纷案①

北京市高级人民法院认为，杨某以刘某彤存在欺诈为由要求撤销双方之间的买卖合同，并要求宋某麟对刘某彤返还货款和赔偿损失承担连带责任，但杨某提交的证据材料不足以证明刘某彤的行为构成欺诈、宋某麟的行为构成第三人欺

---

① 参见北京市高级人民法院（2021）京民申 774 号民事裁定书。

诈。因此，原判决驳回其诉讼请求，并无不当。

▷重庆骐特资产管理有限公司与重庆携港实业集团有限公司及原审第三人重庆西南中小企业融资担保有限公司股权转让纠纷案①

重庆市高级人民法院认为，本案中，重庆携港实业集团有限公司举示的证据均不足以证明其主张的欺诈事实，尚无法认定重庆西南中小企业融资担保有限公司在重庆携港实业集团有限公司与重庆骐特资产管理有限公司的股权转让交易中实施了第三人欺诈行为，因此，其要求撤销涉案《股权转让协议》以及返还股权的诉讼请求，缺乏事实和法律依据，本院不予支持。

▷黄某发与蒋某雄、黄某新、翁某宇买卖合同纠纷案②

广东省深圳市中级人民法院认为，从交易过程来看，黄某发自行取样委托自己的工程师检测后指示何某霞联系订货，看不出蒋某雄、翁某宇、黄某新对黄某发存在故意告知虚假信息或者故意隐瞒真实情况，诱使黄某发陷入错误判断的行为。因此，黄某发主张本案构成第三人欺诈的理由不能成立，本院不予采纳。

2. 人民法院认定第三人构成欺诈的情形

▷王某等487人与某建设公司、陈某樟、某证券公司、某会计师事务所、某律师事务所、某资信评估公司证券虚假陈述责任纠纷代表人诉讼案③

杭州市中级人民法院认为，某建设公司作为发行人，不符合发行条件，仍以虚假财务数据骗取债券公开发行核准，已构成欺诈发行，因此，应就其欺诈行为对从一级市场购入债券的原告承担赔偿责任；陈某樟系某建设公司的法定代表人和实际控制人，在公司报表利润与实际情况存在重大差异的情况下，仍积极推进公司债券的发行，且不能证明自己没有过错，应当与某建设公司承担连带赔偿责任；某证券公司作为承销商核查不足，未勤勉尽职，存在重大过错，应当与某建设公司承担连带赔偿责任；某会计师事务所作为审计机构出具存在虚假记载的审计报告，未勤勉尽职，存在重大过错，应当与某建设公司承担连带赔偿责任；某资信评估公司系本次债券发行的资信评级机构，其对项目核查中提出的修改意见未进一步核实关注并合理评定信用等级，存在过错，酌情确定其对某建设公司应

---

① 参见重庆市高级人民法院（2020）渝民终160号民事判决书。
② 参见广东省深圳市中级人民法院（2022）粤03民终6677号民事判决书。
③ 参见浙江省杭州市中级人民法院（2020）浙01民初1691号民事判决书。

负的民事责任在 10%范围内承担连带责任；某律师事务所为本案债券发行出具法律意见书，在既有材料已提示某建设公司控股子公司出售投资性房产事项的情况下，未对该重大合同及所涉重大资产变化事项关注核查，未能发现占比较高的重大资产减少情况对某建设公司偿债能力带来的法律风险，未勤勉尽职，存在过错，酌情确定其对某建设公司应负的民事责任在 5%范围内承担连带责任。

◆ **理解与适用**

从本条第 1 句前半句的规定来看，第三人实施欺诈、胁迫行为与当事人在违背真实意思的情况下订立合同这两个事实之间必须存在因果关系。我们认为，只要第三人所实施的欺诈、胁迫行为通常能够误导或者迫使一个正常的自然人在违背真实意思的情况下订立合同，就可以推定第三人实施的欺诈、胁迫行为与当事人在违背真实意思的情况下订立合同的行为之间具有因果关系；除非第三人能够提出充分的证据证明当事人订立合同的行为并未受欺诈、胁迫行为的影响。

从本条第 1 句后半句的规定来看，在受第三人欺诈或者胁迫的当事人亦有违背诚信原则的行为（譬如当事人企图规避法律或者追求法律允许限度之外的利益），也即当事人也有过错的情况下，第三人对当事人承担赔偿责任可以更轻。但是，倘若法律、司法解释对当事人与第三人的民事责任另有规定，应当依照其规定。至于当事人是否也有违背诚信原则的行为，显然需要第三人进行主张并且证明。

> **第六条　【预约合同的认定】**
>
> 当事人以认购书、订购书、预订书等形式约定在将来一定期限内订立合同，或者为担保在将来一定期限内订立合同交付了定金，能够确定将来所要订立合同的主体、标的等内容的，人民法院应当认定预约合同成立。
>
> 当事人通过签订意向书或者备忘录等方式，仅表达交易的意向，未约定在将来一定期限内订立合同，或者虽然有约定但是难

以确定将来所要订立合同的主体、标的等内容，一方主张预约合同成立的，人民法院不予支持。

当事人订立的认购书、订购书、预订书等已就合同标的、数量、价款或者报酬等主要内容达成合意，符合本解释第三条第一款规定的合同成立条件，未明确约定在将来一定期限内另行订立合同，或者虽然有约定但是当事人一方已实施履行行为且对方接受的，人民法院应当认定本约合同成立。

◆ 条文主旨

本条第 1 款主要规定了预约合同的认定标准。依照该款，预约合同需要具备以下条件：第一，合意性。即，双方当事人已经明确约定在将来一定期限内订立合同，或者为担保在将来一定期限内订立合同交付了定金。第二，期限性。[①] 即，约定在将来一定期限内订立合同，而非立即订立本约合同；或者为担保将来一定期限内订立的本约合同交付了定金，而非为既有的本约合同交付了定金。第三，完整性。即，能够确定将来所要订立合同的主体、标的等内容。此外，本款还列举了预约合同的几种典型形式，即认购书、订购书、预订书等。

本条第 2 款规定了意向书和备忘录等的通常定性与特殊定性。不难发现，意向书和备忘录与认购书、订购书和预订书并不相同。因为前者通常仅代表交易的意向，而后者往往代表相当程度的确定。因此，后者为预约的典型形式，而前者通常无法构成预约。

本条第 3 款规定了认购书、订购书和预订书等预约合同可以被认定为本约的具体条件。条件包括：第一，已就主要内容形成合意。即，已就合同标的、数量、价款或者报酬等主要内容达成合意。第二，符合合同成立的一般条件。即，符合《合同编通则解释》第 3 条第 1 款规定的合同成立条件。第三，当事人不排

[①] 《俄罗斯联邦民法典》尤为强调预约合同的期限。《俄罗斯联邦民法典》第 429 条第 4 款规定："预约合同中应当规定当事人必须签订主合同的期限。如果在预约合同中没有确定该期限，则主合同应当在预约合同签订之日的 1 年内签订。"参见黄道秀译：《俄罗斯联邦民法典》，北京大学出版社 2007 年版，第 175 页。

斥。即，当事人未明确约定将来一定期限内另行订立合同，或者虽有约定但当事人一方已实施履行行为且对方接受的。

就整体而言，本条的三个条款之间的逻辑脉络为"预约的典型形式以及认定条件—不能被认定为预约的典型情形—预约合同被认定为本约的条件"。

◆ 关联规定

《中华人民共和国民法典》

第四百九十五条　当事人约定在将来一定期限内订立合同的认购书、订购书、预订书等，构成预约合同。

当事人一方不履行预约合同约定的订立合同义务的，对方可以请求其承担预约合同的违约责任。

《最高人民法院关于审理商品房买卖合同纠纷案件适用法律若干问题的解释》（法释〔2020〕17号）

第四条　出卖人通过认购、订购、预订等方式向买受人收受定金作为订立商品房买卖合同担保的，如果因当事人一方原因未能订立商品房买卖合同，应当按照法律关于定金的规定处理；因不可归责于当事人双方的事由，导致商品房买卖合同未能订立的，出卖人应当将定金返还买受人。

第五条　商品房的认购、订购、预订等协议具备《商品房销售管理办法》第十六条规定的商品房买卖合同的主要内容，并且出卖人已经按照约定收受购房款的，该协议应当认定为商品房买卖合同。

◆ 案例指引

1. 认定为预约合同的情形之一：双方明确约定将来订立新合同以确定双方权利义务关系

▷深圳市凡谷大地股份有限公司与深圳市宝华森实业有限公司房屋租赁合同纠纷案①

最高人民法院认为，判断合同系本约还是预约的根本标准应当是当事人的意

---

① 参见最高人民法院（2020）最高法民申2164号民事裁定书。

思表示，即当事人是否有意在将来订立一个新的合同，以最终明确某种法律关系的具体内容。本案中，双方明确约定将来订立新合同以确定双方权利义务关系，且对不履行订立新合同的违约责任进行了明确约定，二审判决认定《协议书》属预约合同性质的合同并无不妥。

▷北京中安恒鑫科技发展有限公司与广州窝趣公寓管理有限公司、北京翡翠绿洲物业管理有限公司房屋租赁合同纠纷案①

一审法院认为，当事人就订立预约形成的合意具有相对独立性，可与本约相区分，为独立的合同，本约合同无效不导致预约合同无效。二审法院认为，广州窝趣公寓管理有限公司与北京中安恒鑫科技有限公司明确约定"正式合同应在一个月内（30 天）签署完成"，并约定了违约责任。一审法院据此确认该协议属预约合同，依据充分。

▷佛山市时代冠恒房地产开发有限公司与邹某义、蔡某商品房预约合同纠纷案②

二审法院认为，第一，从案涉文件名称看，其并非就案涉车位订立的正式合同；第二，从案涉文件约定内容看，其明确载明双方当事人应在将来一定期限内订立正式合同的约定，符合预约合同的特征；第三，案涉文件虽有一定程度的确定性、约束性，但与正式合同相比，仍欠缺完整性。综上，应当认定案涉文件属于预约合同。虽然邹某义、蔡某明确表示不再履行案涉文件中约定的签约义务，但其亦仅承担该预约合同的违约责任，佛山市时代冠恒房地产开发有限公司（以下简称冠恒公司）无权要求邹某义、蔡某继续履行订立正式合同的责任，故本院对冠恒公司的该项主张不予支持。但案涉文件约定的违约金标准明显过高，一审法院在结合案情以及冠恒公司的损失后，酌定冠恒公司没收定金 10000 元作为违约金，处理得当，本院予以维持。

---

① 参见北京市第二中级人民法院（2022）京 02 民终 11888 号民事判决书。
② 参见广东省佛山市中级人民法院（2023）粤 06 民终 242 号民事判决书。

2. 认定为预约合同的情形之二：案涉合同内容虽较为详尽，但双方签订之时，案涉房屋尚未取得预售许可证，且付款时间具有不确定性

▷承德宽广超市集团有限公司与承德县中泰房地产开发有限公司、华时金服项目管理有限公司房屋买卖合同纠纷案①

最高人民法院认为，判断预约合同的关键是当事人是否有签订新合同的意思表示。案涉合同内容虽然较为详尽，但是双方签订合同之时，案涉房屋尚未取得预售许可证，付款时间取决于房屋取得预售许可证和签订正式合同的时间，具有不确定性。二审判决认定案涉合同为预约合同，并无不当。

3. 认定为预约合同的情形之三：双方并未明确是否需要另行订立合同，仍然存在继续磋商的空间，且另行签订合同更符合交易实践

▷恒大地产集团上海盛建置业有限公司、湖州诺德置业有限公司与融创鑫恒投资集团有限公司、原审第三人湖州天泰地产有限公司股权转让合同纠纷案②

最高人民法院认为，案涉合同对于是否需要另行订立合同并未明确约定，而是使用了"按照本协议约定事宜开展实际操作""以书面形式确认继续履行本协议"等容易滋生歧义的语言，因此需要综合考虑交易的合同标的及合同内容加以判断。首先，在当事人缔结合同之时，案涉合同所约定的交易是否能够实际完成，双方均无非常确定的把握。其次，从合同约定来看，即便湖州诺德置业有限公司完成了协议约定的先决条件，交易是否能够完成也存在不确定性。再则，因价款等并未确定，双方仍然存在继续磋商的空间。最后，从商业交易实践来看，即便双方的交易最终能够完成，双方仍然存在另行签订合同的实际需要。综合上述因素，本院认为，案涉合同应当认定为预约合同。

4. 认定为本约合同的情形之一：约定事项完整、权利义务具体明确，且无再行订立合同之约定

▷四川铁瑞建筑工程有限公司与四川大川压缩机有限责任公司、罗某忠合同纠纷案③

最高人民法院认为，案涉协议书以及补充协议书中明确了转让财产概况、转

---

① 参见最高人民法院（2019）最高法民申 3595 号民事裁定书。
② 参见最高人民法院（2018）最高法民终 813 号民事判决书。
③ 参见最高人民法院（2019）最高法民终 1964 号民事判决书。

让价款、转让方式、违约责任、争议解决方式以及其他约定事项，形式完整、权利义务具体明确，且无再行订立合同之约定，应属本约。四川大川压缩机有限责任公司辩称因协议的主体、对象、标的不确定，应认定为预约的主张，无事实和法律依据，不予支持。

5. 认定为本约合同的情形之二：虽名为"认购协议"，但并无"将来一定期限内订立合同"的意思表示；商品房交易的主要内容明确，且一方已经接受结付

▷吉林工商学院与刘某君合同纠纷案①

二审法院认为，双方签订的《认购协议》虽名为"认购协议"，但其中并无"将来一定期限内订立合同"的意思表示；不仅对交易的具体房屋、价款、付款方式、交付使用条件等商品房交易的主要内容进行了明确约定，而且吉林工商学院已经向刘某君收取了全部房款，故应当认定其为商品房买卖合同。吉林工商学院主张该合同性质为预约合同，不能成立，本院不予支持。

6. 不认定为预约合同的情形：双方当事人实质上并未就合同标的、合同价款等主要条款达成合意

▷广东星创众谱仪器有限公司与广州蓝鑫物业管理有限责任公司计算机软件开发合同纠纷案②

最高人民法院认为，涉案合同属于磋商性文件，对当事人不具有法律约束力。因为双方当事人实质上并未就合同标的、合同价款等主要条款达成合意，涉案合同未成立，对当事人不产生法律约束力。星创众谱公司主张涉案合同成立且生效，蓝鑫公司应承担违约责任的上诉主张不能成立，本院不予支持。

◆ 理解与适用

《民法典》第 495 条第 1 款规定："当事人约定在将来一定期限内订立合同的认购书、订购书、预订书等，构成预约合同。"不可否认，这一规定为预约合同的认定提供了重要法律依据。但同样不可否认的是，由于其过于简略，故而在可操作性方面还存在不足。换言之，对于预约合同的认定，《民法典》第 495 条第 1 款所提供的标准并不明确。而本条则能在很大程度上弥补《民法典》第 495 条第

---

① 参见吉林省长春市中级人民法院（2023）吉 01 民终 167 号民事判决书。
② 参见最高人民法院（2022）最高法知民终 1572 号民事判决书。

1 款的不足。

从本条第 1 款的规定来看，其为预约合同认定所提供的标准既包括形式层面上的标准，也包括实质层面上的标准。其中，形式层面上的标准只有一个，即以认购书、订购书、预订书等形式约定。而实质层面上的标准有两个：其一为，存在在将来一定期限内订立合同的明确约定，或者为将来一定期限内订立合同提供了担保即定金；其二为，能够确定将来订立合同的主体和标的等。

值得注意的是，不少域外法典都尤为强调预约合同的形式。如，《意大利民法典》第 1351 条规定："如果未以法律规定的契约最终形式（参阅第 1350 条、第 2932 条）缔结，则预约性契约无效。"① 再如，《俄罗斯联邦民法典》第 429 条第 2 款规定："预约合同的形式应采取对主合同规定的形式而签订，如果没有规定主合同的形式时，则以书面形式签订。预约合同不按规定形式的，自始无效。"② 我国也有学者认为，预约合同应当以书面形式签订。③ 我们认为，此种观点与契约自由的理念不符，并不可取。当然，由于书面方式更为正式，并且更易保存证据，故而，在现实交易中，绝大多数预约合同都是书面形式。

从本条第 2 款的规定来看，意向书或者备忘录等方式通常不会被认定为预约合同。这主要是因为，意向书或者备忘录等方式，通常只表达交易的意向，而不会约定在将来一定期限内订立合同；或者虽然有约定但是难以确定将来所要订立合同的主体、标的等内容。

从本条第 3 款的规定来看，即便是认购书、订购书和预订书等通常只能被认定为预约合同的典型文件，在特定的情况下也可以被认定为本约合同。一般而言，除非当事人已经明确约定在将来一定期限内另行订立合同，只要当事人已就合同标的、数量、价款或者报酬等主要内容达成合意，并且符合《合同编通则解释》第 3 条第 1 款规定的合同成立条件，就可以将预约合同认定为本约合同。显然，其中透露出的也是实质优于形式的理念。当然，由于私法尤为推崇自治理念，故而，在当事人已经明确约定将来一定期限内另行订立合同的情况下，原则

---

① 参见费安玲、丁玫译：《意大利民法典》，中国政法大学出版社 1997 年版，第 363-364 页。

② 参见黄道秀译：《俄罗斯联邦民法典》，北京大学出版社 2007 年版，第 175 页。

③ 参见张素华、张雨晨：《〈民法典合同编〉预约合同制度的规范构造》，载《社会科学》2020 年第 1 期，第 118-119 页。

上应尊重当事人的特别约定。但是，即便存在特别约定，在当事人一方已实施履行行为且对方接受的情况下，人民法院还是应当认定本约合同成立。从表面上看，这一规定似乎与私法自治理念存在张力；但稍加分析就会发现，两者不仅不存在张力，反而高度契合。因为当事人一方已实施履行行为且对方接受的情形实质上是当事人双方以新的约定推翻原有约定的情形。只不过这一约定是以行为而非语言的形式表达的而已。毫无疑问，在当事人有新的约定的情况下，当然应当以新的约定为准。

可以预见，尽管本条就预约合同给出了较为详细的认定规则，但由于社会生活极为复杂，故而仍难免会出现难以完全确定究竟是本约合同还是预约合同的情形。有学者认为："订立预约在交易上系属例外，有疑义，宜认为系属本约。"[1]但有学者对此提出了质疑。[2] 我们认为，倘若疑约为格式条款（合同），理应作出不利于提供方的解释；倘若疑约并非格式条款（合同），可进一步分析产生疑约的根源，并作出对疑约的产生责任更大的一方不利的解释。

第七条　【违反预约合同的认定】

预约合同生效后，当事人一方拒绝订立本约合同或者在磋商订立本约合同时违背诚信原则导致未能订立本约合同的，人民法院应当认定该当事人不履行预约合同约定的义务。

人民法院认定当事人一方在磋商订立本约合同时是否违背诚信原则，应当综合考虑该当事人在磋商时提出的条件是否明显背离预约合同约定的内容以及是否已尽合理努力进行协商等因素。

◆条文主旨

本条第 1 款规定了可以认定当事人违反预约合同义务的两种情形。其一为，

---

[1] 参见王泽鉴：《债法原理》（第二版），北京大学出版社 2013 年版，第 168 页。

[2] 参见王瑞玲：《预约、本约区分和衔接的主观解释论——兼对客观解释论商榷》，载《政治与法律》2016 年第 10 期，第 152-155 页。

当事人一方拒绝订立本约合同；其二为，当事人一方在磋商订立本约合同时违背诚信原则导致未能订立本约合同。

本条第2款规定了人民法院在认定当事人一方在磋商订立本约合同时是否违背诚信原则时应当考虑的因素。鉴于诚信原则过于宽泛，故而，本款给出了认定当事人一方在磋商时是否违背诚信原则时应该考虑的两个因素，即，当事人在磋商订立本约合同时提出的条件是否明显背离预约合同约定的内容以及是否已尽合理努力进行协商等。

就整体而言，本条的两个条款之间为递进关系。其中，第1款从整体上规定了可以认定当事人违反预约合同义务的两种情形，第2款又专门针对当事人一方在磋商订立本约合同时违背诚信原则导致未能订立本约合同的这一情形，对其中最为关键的有无违背诚信原则的认定问题作了进一步阐释。

◆ 关联规定

《中华人民共和国民法典》

第七条　民事主体从事民事活动，应当遵循诚信原则，秉持诚实，恪守承诺。

第一百八十条　因不可抗力不能履行民事义务的，不承担民事责任。法律另有规定的，依照其规定。

不可抗力是不能预见、不能避免且不能克服的客观情况。

第五百三十三条　合同成立后，合同的基础条件发生了当事人在订立合同时无法预见的、不属于商业风险的重大变化，继续履行合同对于当事人一方明显不公平的，受不利影响的当事人可以与对方重新协商；在合理期限内协商不成的，当事人可以请求人民法院或者仲裁机构变更或者解除合同。

人民法院或者仲裁机构应当结合案件的实际情况，根据公平原则变更或者解除合同。

◆ 案例指引

1. 因不可归责于双方当事人的原因致使本约合同未签订均不构成违约

▷金鹰国际商贸集团（中国）有限公司与常州凯悦房地产有限公司定金合同纠纷案①

江苏省高级人民法院认为，常州凯悦房地产有限公司（以下简称凯悦公司）在与金鹰国际商贸集团（中国）有限公司（以下简称金鹰公司）签订框架协议后，多次将拆迁情况及规划调整方案函告金鹰公司，并与其磋商，金鹰公司亦作出了积极的回复，但多次磋商后仍无法达成一致意见。后经常州市钟楼区人民政府召集双方协商，双方达成一致意见同意继续按照《合作框架协议》约定执行，可见双方均有履行协议的诚意。双方就本合同的内容及条款经多次协商后，仍不能达成一致意见，应认定为系不可归责于双方当事人的原因致使本约合同未签订。原审法院认定双方均未违约，并无不当。凯悦公司应将收到的定金返还，并支付相应的利息。金鹰公司要求双倍返还定金的理由不能成立，本院不予支持。

2. 未曾就促成本约合同作出相应努力被认定为违反预约合同

▷常州泰隆房地产开发有限公司与施某荧房屋买卖合同纠纷案②

二审法院认为，施某荧与常州泰隆房地产开发有限公司（以下简称泰隆公司）以及常州市延陵物业服务有限公司三方签订的《地下泊车位有偿使用协议》系双方当事人的真实意思表示，其内容未违反法律法规的强制性规定，合法有效。双方在协议中约定，泰隆公司承诺最迟于2019年12月31日与施某荧签订正式合同，逾期按违约处理。虽然双方未就车位（车库）买卖合同的具体内容予以明确，但泰隆公司并无证据证明其曾就促成双方签订车位（车库）买卖合同作出过相应的努力，亦无证据证明未签订的原因系施某荧造成。故原审法院认定泰隆公司违约，并支持了施某荧要求泰隆公司承担违约责任的主张并无不当。

---

① 参见江苏省高级人民法院（2015）苏民终字第0642号民事判决书。
② 参见江苏省常州市中级人民法院（2022）苏04民终4639号民事判决书。

3. 以尚未发生或不存在的情形作为拒绝签订本约合同的情形

▷ 汪某英因与佛山市顺德区中维房地产开发有限公司商品房预约合同纠纷案①

二审法院认为，预约以订立本约义务为内容，在不存在订立本约不能的情况下，双方当事人均应按照约定订立本约。签订认购书后，涉案房屋有关因素未发生重大变化。汪某英以装修质量差、交楼延期、改变规划等尚未发生或不存在的情形作为拒绝签订商品房买卖合同的理由不成立，其所主张的双方未能签订《商品房买卖合同》过错在于佛山市顺德区中维房地产开发有限公司缺乏依据，本院不予采纳。

4. 双方均违反预约合同义务的情形

▷ 恒大地产集团上海盛建置业有限公司、湖州诺德置业有限公司与融创鑫恒投资集团有限公司、原审第三人湖州天泰地产有限公司股权转让合同纠纷案②

最高人民法院认为，湖州诺德置业有限公司（以下简称诺德公司）虽然于2016年12月30日函告恒大地产集团上海盛建置业有限公司（以下简称恒大公司）终止合同的意向，但并未得到回应；在2017年2月20日收到收购协议纠纷案的一审判决后，亦未向恒大公司告知审理结果；在与融创鑫恒投资集团有限公司（以下简称融创鑫恒公司）签订转让协议前，亦未就其拟将案涉项目再行转让相关事宜通知恒大公司。在已收到恒大公司不同意终止协议的回函的情况下，诺德公司未向恒大公司报告其已经于2017年6月21日收到生效法律文书的事实，并征询恒大公司有无继续履行的意愿，而是继续与融创鑫恒公司签订股权转让协议。因此，就违约行为而言，诺德公司应当承担主要责任，恒大公司应当承担次要责任。

5. 双方对无法履行预约合同都具有过错的情形

▷ 武汉世茂锦绣长江房地产开发有限公司与钱某曼房屋买卖合同纠纷案③

二审法院认为，武汉世茂锦绣长江房地产开发有限公司（以下简称世茂公司）与钱某曼双方签订的《商品房认购书》应为有效。但因钱某曼不具备购房资格，故请求解除合同，世茂公司同意解除，一审判决解除《商品房认购书》并无

---

① 参见广东省佛山市中级人民法院（2022）粤06民终11241号民事判决书。
② 参见最高人民法院（2018）最高法民终813号民事判决书。
③ 参见湖北省武汉市中级人民法院（2022）鄂01民终14614号民事判决书。

不当。世茂公司上诉认为，钱某曼保证其本人不属于禁止性、限制性政策法规不允许或限制购买的情形，钱某曼应对合同无法继续履行承担全部违约责任。但相关条款均为格式条款，世茂公司并未提供充分证据证明其履行了提示和说明义务。本案中，钱某曼在签订《商品房认购书》时不具备购房资格，而世茂公司在签订《商品房认购书》时并未尽到审核义务，故双方对案涉《商品房认购书》无法继续履行均存在过错。

◆ **理解与适用**

关于预约合同的效力，学理上历来存在磋商说和缔约说等不同观点。[①] 如前所述，本条第 1 款指出了违反预约合同的典型情形。其一为，当事人一方拒绝订立本约合同；这是针对预约在未来缔结本约合同的类型，这里强调最终缔约是一种结果义务，采取严格责任的归责原则，如一方拒绝缔约则应承担违反预约合同的违约责任。其二为，当事人在磋商订立本约合同时违背诚信原则导致未能订立本约合同；这是针对预约在未来就缔结本约继续进行磋商的类型，这里是将诚信磋商作为一种手段义务，只要当事人尽到了主观上的善意勤勉，即使最终未能缔约亦不必承担责任，因此这里采取的是过错责任的归责原则。另外，由于缔约磋商过程中违背诚信原则这一标准本身非常抽象，故而本条第 2 款又专门对有无违背诚信原则的认定作了进一步阐释。

从本条第 2 款的规定来看，对于可能由于违背诚信原则而未能订立本约合同的情形，在判断当事人有无违背诚信原则之时，要重点考虑当事人在磋商订立本约合同时提出的条件是否明显背离预约合同约定的内容以及是否已尽合理努力进行协商等因素。考虑到前者更容易判断，再加上提出的条件明显背离预约合同约定的内容这一客观事实本身就在很大程度上反映出提出方未尽合理努力进行协商，故而，两者之中应当首先审查前者。换言之，只有在已经认定提出的条件并未明显背离预约合同约定的内容的情况下，才需要进一步审查当事人是否已尽合理努力进行协商等因素。

在审查当事人在磋商订立本约合同时提出的条件是否明显背离预约合同约定

[①] 鉴于既有研究已详细阐述关于预约合同的效力的不同学说，此处不再赘述。参见谭启平主编：《中国民法学》（第三版），法律出版社 2021 年版，第 444-445 页。

的内容之时，应当以预约合同为标准进行判断。值得注意的是，由于当事人选择订立预约合同而非本约合同的重要原因就是尚未最终确定或者是尚无法最终确定①，故而，理应允许当事人在磋商订立本约合同时提出与预约合同约定的内容存在一定差别的条件。换言之，只有在当事人磋商订立本约合同时提出的条件与预约合同约定的内容显著不同并且这种不同会对本约合同的订立产生重大消极影响的，才能认定其明显背离预约合同约定的内容。

在判断当事人是否已尽合理努力进行协商之时，可能需要参考协商次数、协商时长、协商间隔等因素进行判断。至于协商时间、协商次数与协商间隔是否合理，可参考当时当地同类交易的情况进行判断。倘若当事人已经进行了合理次数的协商，每次协商时间也较长，并且协商间隔也较为合理，即便最终没有订立本约合同，原则上也应当认为当事人已尽合理努力进行协商，除非存在相反证据。尽管这确实可能会对某一方更为不利，但由于订立预约合同而非本约合同是双方当事人共同选择的结果，故而，实际遭受更多不利的一方也只能接受。

> **第八条　【违反预约合同的违约责任】**
>
> 预约合同生效后，当事人一方不履行订立本约合同的义务，对方请求其赔偿因此造成的损失的，人民法院依法予以支持。
>
> 前款规定的损失赔偿，当事人有约定的，按照约定；没有约定的，人民法院应当综合考虑预约合同在内容上的完备程度以及订立本约合同的条件的成就程度等因素酌定。

◆ 条文主旨

本条第 1 款规定了预约合同生效后因当事人一方不履行订立本约合同的义务造成另一方损失的处理问题。依照该款，当事人一方请求另一方赔偿此种损失的，人民法院依法予以支持。

---

① 有研究在分析预约合同的形成原因与动机时，将其分为主观方面的情形与客观方面的情形两类。参见张华：《预约合同的违约救济》，载《法律适用》2019 年第 2 期，第 69–70 页。

本条第 2 款规定了一般情形下的赔偿数额之确定。依照该款，倘若当事人就此种损失的赔偿问题存在约定，应当按照约定进行处理。这无疑完全契合私法自治理念。对于没有约定的情形，该款不仅给出了考量因素，即预约合同在内容上的完备程度以及订立本约合同的条件的成就程度等。

就整体而言，本条的两个条款之间为递进关系。其中，第 1 款从整体上规定了定性问题，即，预约合同生效后，倘若当事人一方不履行订立本约合同的义务，另一方有权请求其赔偿因此造成的损失；第 2 款在第 1 款的基础上又进一步规定了定性之后的定量问题即赔偿数额的确定问题。

◆ 关联规定

《中华人民共和国民法典》

第四百九十五条 当事人约定在将来一定期限内订立合同的认购书、订购书、预订书等，构成预约合同。

当事人一方不履行预约合同约定的订立合同义务的，对方可以请求其承担预约合同的违约责任。

第五百八十四条 当事人一方不履行合同义务或者履行合同义务不符合约定，造成对方损失的，损失赔偿额应当相当于因违约所造成的损失，包括合同履行后可以获得的利益；但是，不得超过违约一方订立合同时预见到或者应当预见到的因违约可能造成的损失。

第五百八十五条 当事人可以约定一方违约时应当根据违约情况向对方支付一定数额的违约金，也可以约定因违约产生的损失赔偿额的计算方法。

约定的违约金低于造成的损失的，人民法院或者仲裁机构可以根据当事人的请求予以增加；约定的违约金过分高于造成的损失的，人民法院或者仲裁机构可以根据当事人的请求予以适当减少。

当事人就迟延履行约定违约金的，违约方支付违约金后，还应当履行债务。

第五百八十六条 当事人可以约定一方向对方给付定金作为债权的担保。定金合同自实际交付定金时成立。

定金的数额由当事人约定；但是，不得超过主合同标的额的百分之二十，超过部分不产生定金的效力。实际交付的定金数额多于或者少于约定数额的，视为变更约定的定金数额。

第五百八十七条 债务人履行债务的，定金应当抵作价款或者收回。给付定金的一方不履行债务或者履行债务不符合约定，致使不能实现合同目的的，无权请求返还定金；收受定金的一方不履行债务或者履行债务不符合约定，致使不能实现合同目的的，应当双倍返还定金。

第五百八十八条 当事人既约定违约金，又约定定金的，一方违约时，对方可以选择适用违约金或者定金条款。

定金不足以弥补一方违约造成的损失的，对方可以请求赔偿超过定金数额的损失。

《最高人民法院关于审理商品房买卖合同纠纷案件适用法律若干问题的解释》（法释〔2020〕17号）

第四条 出卖人通过认购、订购、预订等方式向买受人收受定金作为订立商品房买卖合同担保的，如果因当事人一方原因未能订立商品房买卖合同，应当按照法律关于定金的规定处理；因不可归责于当事人双方的事由，导致商品房买卖合同未能订立的，出卖人应当将定金返还买受人。

第五条 商品房的认购、订购、预订等协议具备《商品房销售管理办法》第十六条规定的商品房买卖合同的主要内容，并且出卖人已经按照约定收受购房款的，该协议应当认定为商品房买卖合同。

◆ 案例指引

1. 以双方约定为依据计算赔偿数额

▷金昌成音投资管理有限公司与上海电气风电集团股份有限公司、上海电气风电设备甘肃有限公司合同纠纷案①

最高人民法院认为，虽然双方就厂房回购的方式未形成明确约定，但明确约定了签订回购合同和支付回购款的具体时限，并且明确，违反前述约定，上海电气风电设备甘肃有限公司（以下简称上海电气甘肃公司）应按照实际审价结算金额的30%赔偿金昌成音投资管理有限公司（以下简称金昌成音公司），并继续履

① 参见最高人民法院（2021）最高法民终344号民事判决书。

行厂房收购义务。该约定具有预约合同的性质，对双方均具有约束力。但上海电气甘肃公司未能举证证明金昌成音公司恶意拖延、拒不配合收购工作，其不应承担违约责任的理由无事实及法律依据，不予支持。双方至今未签署厂房收购合同，上海电气甘肃公司已构成违约，应按照实际审价结算金额的30%支付金昌成音公司违约金 38583150.86 元×30% = 11574945.26 元。

2. 违反预约合同的赔偿范围不超过本约合同成立并履行可以获得的利益

▷深圳市凡谷大地股份有限公司与深圳市宝华森实业有限公司房屋租赁合同纠纷案[①]

最高人民法院认为，双方未签订本约的情况下，如一方违反预约合同，另一方可以请求违约方承担预约合同的违约责任，但不得请求对方履行本约的合同义务。深圳市宝华森实业有限公司（以下简称宝华森公司）与深圳市凡谷大地股份有限公司（以下简称凡谷大地公司）并未另行签订本约，凡谷大地公司起诉请求宝华森公司将《协议书》项下物业移交，并赔偿其可得利益损失，实际系要求宝华森公司履行本约的合同义务并承担本约的违约责任。这不符合《协议书》属预约合同的性质，也没有法律依据。

▷中国工商银行股份有限公司成都盐市口支行因与成都中强实业有限公司财产损害赔偿纠纷案[②]

最高人民法院认为，预约合同的履行利益是签订本约合同，而非履行本约合同。对于不能签订本约合同的风险，双方当事人在签订预约合同时已有预见，并对违约责任作出明确约定。之后，双方无法签订本约合同，且属于成都中强实业有限公司方原因，符合《补充约定书》约定的应由成都中强实业有限公司承担违约责任的情形。原审法院采用双方约定的方法计算违约金，符合法律规定。中国工商银行股份有限公司成都盐市口支行主张的实际损失，实为假设本约合同签订并履行后可获得的利益，这并非预约合同违约责任赔偿的范围。此项主张缺乏法律依据，本院不予支持。

---

① 参见最高人民法院（2020）最高法民申 2164 号民事裁定书。
② 参见最高人民法院（2019）最高法民申 2730 号民事裁定书。

3. 综合各方面因素确定赔偿数额的情形

▷黄某贵因与北京宁科置业有限责任公司及一审第三人唐某兰房屋买卖合同纠纷案①

最高人民法院认为，二审依据北京宁科置业有限责任公司（以下简称宁科置业公司）向原审法院提交的相关文件，认定案涉项目的公建部分以其自行持有为原则，只有得到昌平区政府的同意才能对外转让；因此，宁科置业公司房屋销售行为除受法律调整之外，还受其他客观条件制约。宁科置业公司未与唐某兰签订预售合同，应承担《定制开发协议》的违约责任，但没有充分的证据证明其缺乏签订本约合同的主观意愿，亦没有证据证明其在相同时期曾将涉案商业园区内的类似物业售予个人。二审综合考虑各方面因素进行裁量，并无明显不当。黄某贵关于二审判决的赔偿数额无法填补其损失的再审申请理由，缺乏事实依据，本院不予支持。

4. 适用定金罚则确定赔偿数额

▷左某波因与江西银行股份有限公司合同纠纷案②

最高人民法院认为，本案中，《债权购买意向书》明确约定了违约责任承担条款，即左某波不履行签订正式合同的义务，则1000万元定金不予返还。按照权利义务对等原则，出卖人江西银行股份有限公司如不履行该合同义务，则应承担双倍返还定金的责任。左某波主张案涉债权的抵押土地使用权网上竞拍价与《债权购买意向书》中约定价格之差即为可得利益损失缺乏事实与法律依据，该项再审申请事由不能成立。

▷尤某与霞浦世邦房地产开发有限公司因商品房预售合同纠纷案③

二审法院认为，因双方当事人所举证据均不足以证实系因对方当事人违反认购协议书导致商品房买卖合同及其附件不能签订，故双方要求对方当事人承担违约责任的主张均无法予以支持。一审法院对尤某关于双倍返还定金的诉请和霞浦世邦房地产开发有限公司关于没收定金的意见均不予采纳，并判令霞浦世邦房地

---

① 参见最高人民法院（2019）最高法民申2826号民事裁定书。
② 参见最高人民法院（2019）最高法民申1344号民事裁定书。
③ 参见福建省宁德市中级人民法院（2022）闽09民终1828号民事判决书。另有类似案例参见福建省宁德市中级人民法院（2022）闽09民终1829号民事判决书。

产开发有限公司返还尤某定金 50000 元，并无明显不当。

▷张某与保利（长春）恒富房地产开发有限公司合同纠纷案①

二审法院认为，虽保利（长春）恒富房地产开发有限公司向张某出具的收款收据中使用了"预约金"的字样，但张某与保利（长春）恒富房地产开发有限公司签订的两份合同均明确约定上述款项性质为定金，现因张某违约解除，其要求返还 10 万元定金的诉讼请求，无事实及法律依据，本院不予支持。

◆ **理解与适用**

从正面来看，本条第 1 款规定了因当事人一方不履行订立本约合同的义务造成另一方损失的处理问题。即，可以请求违约的一方赔偿损失。从反面来看，本条第 1 款作出了如下规定：即便当事人一方在预约合同生效后不履行订立本约合同的义务，另一方也无权要求违约的一方与之缔结本约合同；即排除了继续履行这一责任形式的适用。这一处理模式一方面考虑了合同自由原则，不得强迫当事人签订合同；另一方面，因此遭受损失一方有权要求拒绝缔约方赔偿损失，这一做法较为科学合理。

从本条第 2 款的规定来看，对于赔偿数额的确定问题，一般而言，只要当事人之间有约定，就应该按照约定处理。这一方面是为了尊重当事人的意志，另一方面是为了减轻计算负担。值得注意的是，由于本款并未强调约定必须是事先的约定，故而可以作为赔偿数额确定依据的约定既可以是事先约定，也可以是事后约定。从相关案例来看，在存在订约定金的情况下，若当事人未订立本约，直接适用定金罚则的案例较多。在当事人事先没有约定的情况下，如何确定赔偿数额的问题就成了人民法院必须面对的问题。本条专门给出了两个主要考量因素，即综合考虑预约合同在内容上的完备程度以及订立本约合同的条件的成就程度。

---

① 参见吉林省长春市中级人民法院（2022）吉 01 民终 7258 号民事判决书。

> **第九条　【格式条款的认定】**
>
> 合同条款符合民法典第四百九十六条第一款规定的情形,当事人仅以合同系依据合同示范文本制作或者双方已经明确约定合同条款不属于格式条款为由主张该条款不是格式条款的,人民法院不予支持。
>
> 从事经营活动的当事人一方仅以未实际重复使用为由主张其预先拟定且未与对方协商的合同条款不是格式条款的,人民法院不予支持。但是,有证据证明该条款不是为了重复使用而预先拟定的除外。

◆ 条文主旨

本条第 1 款规定了合同示范文本和事先特别约定对于格式条款认定的影响。依照该款,即便合同系依据合同示范文本制作,也不能因此就必然否定其为格式条款。换言之,合同示范文本本身并不具有单独排除格式条款的效力。同时,即便当事人事先明确约定合同条款不属于格式条款,也不能因此就否定其为格式条款。换言之,事先特别约定也不具有单独排除格式条款的效力。

本条第 2 款规定了并未实际重复使用对于格式合同认定的影响。依照该款,对于预先拟定且未与对方协商的合同条款,即便从事经营活动的当事人一方主张尚未实际重复使用,仍可将其认定为格式条款。但是,倘若从事经营活动的当事人一方能够证明其并无重复使用目的,就不能将预先拟定且未与对方协商的合同条款认定为格式条款。换言之,客观上的并未重复使用本身并不具有排除格式条款的效力,但与主观上的重复使用目的结合在一起便具有了共同排除格式条款的效力。

就整体而言,本条的两个条款之间为并列关系。

◆ 关联规定

《中华人民共和国民法典》

第四百九十六条　格式条款是当事人为了重复使用而预先拟定,并在订立合同时未与对方协商的条款。

采用格式条款订立合同的，提供格式条款的一方应当遵循公平原则确定当事人之间的权利和义务，并采取合理的方式提示对方注意免除或者减轻其责任等与对方有重大利害关系的条款，按照对方的要求，对该条款予以说明。提供格式条款的一方未履行提示或者说明义务，致使对方没有注意或者理解与其有重大利害关系的条款的，对方可以主张该条款不成为合同的内容。

◆ 案例指引

1. 因不具有为重复使用而预先拟定的特征且主要条款可以协商，故而案涉合同条款未被认定为格式条款

▷中国人民财产保险股份有限公司航运保险运营中心与新华船务（香港）有限公司海上保险合同纠纷案[1]

最高人民法院认为，首先，本案中包括"付费条款"和"原木条款"在内的主要续保条件均经双方当事人通过邮件往来协商。其次，连续三年的保险合同中双方关于"付费条款""原木条款"的文字约定并不相同，不具有"为重复使用而预先拟定"的特征。再者，上述两条款被列入投保单和保险单"特别约定"中，与本案投保险种相对应的《船舶保险条款（2009 版）》则作为格式条款印刷在保险单的背面。因此，原审判决认定案涉"付费条款""原木条款"系格式条款，与事实不符，本院予以纠正。

2. 因当事人双方可就相关条款进行协商且一方当事人并无优势地位，故而案涉合同条款未被认定为格式条款

▷沧州渤投担保股份有限公司与兴业银行股份有限公司沧州分行合同纠纷案[2]

最高人民法院认为，从合同的文本形式看，虽然合同系兴业银行股份有限公司沧州分行预先拟定，但签约重要提示载明仅为示范文本，合同相关条款后均留有空白行。这表明，双方当事人可以协商变更约定。从签约双方地位看，不公平格式条款的认定须以提供合同的一方当事人利用其优势地位强势要求对方当事人签订为前提；而本案中，兴业银行股份有限公司沧州分行对沧州渤投担保股份有

---

[1] 参见最高人民法院（2021）最高法民再 24 号民事判决书。
[2] 参见最高人民法院（2017）最高法民申 4646 号民事裁定书。

限公司并无优势地位。因此，沧州渤投担保股份有限公司主张相关条款为格式条款并应认定无效的理由不成立，本院不予支持。

3. 因当事人双方地位平等且相关条款并无不可协商性，故而案涉合同条款未被认定为格式条款

▷北京京东世纪贸易有限公司与中国邮电器材北京有限公司买卖合同纠纷案①

一审法院认为，中国邮电器材北京有限公司与北京京东世纪贸易有限公司是平等的商事主体，中国邮电器材北京有限公司并未证明案涉条款具有不可协商性，其主张该条款系格式条款的依据不足，故其确认该条款无效的理由不能成立。二审法院认为，格式条款的认定需满足两个基本特征：一是一方为反复适用而预先制定，二是内容不容协商。现并无证据表明双方在订立合同的过程中，案涉协议第 4.3.1.1 条款不容协商，难以认定构成格式条款。

4. 案涉合同条款虽是为了重复使用而预先拟定的，但双方可就合同款项内容协商也未被认定为格式条款

▷杨某与新疆广汇房地产开发有限公司、新疆广汇信邦房地产开发有限公司商品房预售合同纠纷案②

新疆维吾尔自治区高级人民法院认为，本案中涉案合同系商品房预售合同示范合同文本，虽是为了重复使用而预先拟定，但对合同款项内容双方可以协商；且涉案合同并未免除新疆广汇房地产开发有限公司的违约责任，或者排除杨某办理房屋产权证的主要权利，杨某亦未提供证据证明该条款存在其他应认定为无效的情形。因此，原审法院认定该约定不属于无效格式条款并无不当。

◆ **理解与适用**

本条主要规定了部分常见的主张对于格式条款认定的影响。其中，第 1 款规定了合同系依据合同示范文本制作和双方已明确约定合同条款不属于格式条款两种主张，第 2 款规定了未实际重复使用这种特殊主张。其中，位于第 1 款中的前两种主张不存在例外，而位于第 2 款的最后一种主张存在例外。

---

① 参见北京市高级人民法院（2021）京民终 181 号民事判决书。另有类似案例参见北京市高级人民法院（2021）京民终 180 号民事判决书。
② 参见新疆维吾尔自治区高级人民法院（2022）新民申 91 号民事裁定书。

从本条第 1 款的规定来看，只要合同条款符合《民法典》第 496 条第 1 款所规定的条件，即便合同确系依据合同示范文本制作，也不能单单因此就推翻合同条款属于格式条款的认定结论。一方面，这是因为依据合同示范文本制作并不意味着提供格式条款的一方并未进行任何修改或者选择。事实上，能否协商修改正是格式条款与示范合同的重要区别之一。① 换言之，即便是依据合同示范文本制作，提供格式条款的一方往往也有修改或者选择的空间。显然，其将会利用此种空间维护自身的利益。另一方面，即便特定的合同条款完全照搬甚至是复制了合同示范文本，也并不意味着其就可以确保双方利益的均衡。因为合同示范文本既可以是政府部门提供的，也可以是行业协会提供的。不难想象，行业协会往往会偏向于维护包括提供者在内的整个行业的利益。显然，这种以行业协会提供的示范合同文本为基础制作的合同条款对于接受格式条款的一方而言，更为不利。不可否认，与行业协会相比，相关部门往往会兼顾双方的利益，甚至会倾斜保护接受方的利益。但是，这终究只是假定，并不等同于现实。事实上，即便是在法治健全的今天，地方利益和部门利益仍然在个别地方或者个别行业存在。有鉴于此，即便合同条款是由政府部门提供，并且一字未改，也不能单单因此就直接得出合同条款并不属于格式条款的认定结论。

值得注意的是，有观点认为，在格式条款系政府部门制定并强制要求使用的情况下，不宜对经营者作不利解释。② 这种观点尽管并未彻底否定此类条款为格式条款，但同时又排除了《民法典》第 498 条明文规定的不利于提供方解释规则的适用。是否合理，颇值商榷。

与之类似，从本条第 1 款的规定来看，只要合同条款符合《民法典》第 496 条第 1 款所规定的条件，即便当事人之间确实存在合同条款不属于格式条款的明确约定，也不能单单因此就推翻合同条款属于格式条款的认定结论。一方面，这是因为，由于关于格式条款认定相关规定涉及公共利益，故而属于强行性规定。既然是强行性规定，当然不允许当事人通过约定的方式排除适用。另一方面，这是因为，涉及格式条款的场合当事人之间的地位往往都不平等。在这样的情况

---

① 参见《民法学》编写组主编：《民法学》（第二版）（上册），高等教育出版社 2022 年版，第 376 页。

② 参见朱广新、谢鸿飞主编：《民法典评注：合同编　通则（1）》，中国法制出版社 2020 年版，第 270-271 页。

下，即便当事人双方确实有过约定，也很难说该约定就代表了当事人双方的真实意思表示。

从本条第2款的规定来看，认定格式条款时所要求的重复使用更强调目的而非现实。具体而言，即便从事经营活动的当事人一方尚未实际重复使用合同条款，也不能主张其预先拟定且未与对方协商的合同条款不是格式条款；但是，倘若从事经营活动的当事人一方有证据证明合同条款并非为了重复使用而预先拟定，就可以主张其预先拟定且未与对方协商的合同条款不是格式条款。这与《民法典》第496条第1款的规定是高度契合的。但问题是，由于目的本身就非常抽象，再加上当事人一方需要证明的是消极事实即不存在某种特定的目的，故而，当事人如何举证就成了不得不考虑的问题。具体而言，一方面，当事人一方如何用证据证明合同条款并非为了重复使用而预先拟定本身就是一个值得思考的问题；另一方面，当事人一方在举证到什么程度之后才可以认定其并无此种目的同样是值得思考的问题。①

> **第十条　【格式条款订入合同】**
>
> 　　提供格式条款的一方在合同订立时采用通常足以引起对方注意的文字、符号、字体等明显标识，提示对方注意免除或者减轻其责任、排除或者限制对方权利等与对方有重大利害关系的异常条款的，人民法院可以认定其已经履行民法典第四百九十六条第二款规定的提示义务。
>
> 　　提供格式条款的一方按照对方的要求，就与对方有重大利害关系的异常条款的概念、内容及其法律后果以书面或者口头形式向对方作出通常能够理解的解释说明的，人民法院可以认定其已经履行民法典第四百九十六条第二款规定的说明义务。

---

① 事实上，对于"重复使用"是否适合作为认定格式条款的条件，学界就有不同看法。参见朱广新、谢鸿飞主编：《民法典评注：合同编　通则（1）》，中国法制出版社2020年版，第246-247页。

> 提供格式条款的一方对其已经尽到提示义务或者说明义务承担举证责任。对于通过互联网等信息网络订立的电子合同，提供格式条款的一方仅以采取了设置勾选、弹窗等方式为由主张其已经履行提示义务或者说明义务的，人民法院不予支持，但是其举证符合前两款规定的除外。

◆条文主旨

本条第 1 款规定了提示义务的条款范围与履行提示义务的典型方式。依照该款，只有对于免除或者减轻其责任、排除或者限制对方权利等与对方有重大利害关系的异常条款，提供格式条款的一方才有义务提示对方注意。换言之，提供格式条款的一方仅就免除或者减轻其责任、排除或者限制对方权利等与对方有重大利害关系的异常条款才负有提示义务。对于上述条款，只要提供格式条款的一方采用了通常足以引起对方注意的文字、符号、字体等明显标识提示对方注意，就可以认定其已经履行了提示义务。

本条第 2 款规定了说明义务的内容范围与履行说明义务的主要方式。依照该款，只有与对方有重大利害关系的异常条款的概念、内容及其法律后果等事项，提供格式条款的一方才有义务进行解释说明。换言之，只有与对方有重大利害关系的异常条款的概念、内容及其法律后果等事项，提供格式条款的一方才负担有说明义务。对于前述事项，只要提供格式条款的一方以书面或者口头形式向对方作出解释并且此种解释已经达到了通常能够理解的程度，就可以认定其已经履行了说明义务。

本条第 3 款规定了履行提示义务以及说明义务的举证责任。依照该款，提供格式条款一方需要就其已经尽到提示义务或者说明义务等事项承担举证责任。相较而言，对于通过互联网等信息网络订立的电子合同，其举证责任更重。

就整体而言，本条的三个条款之间为递进关系。三者之间的逻辑脉络为"提示义务—说明义务—举证责任"。其中，第 1 款所规定的提示义务为第一层级的实体法义务，第 2 款所规定的说明义务为建立在前者之上的第二层级的实体法义务，第 3 款所规定的举证责任为程序法上的义务。

◆ 关联规定

《中华人民共和国民法典》

第四百九十六条　格式条款是当事人为了重复使用而预先拟定，并在订立合同时未与对方协商的条款。

采用格式条款订立合同的，提供格式条款的一方应当遵循公平原则确定当事人之间的权利和义务，并采取合理的方式提示对方注意免除或者减轻其责任等与对方有重大利害关系的条款，按照对方的要求，对该条款予以说明。提供格式条款的一方未履行提示或者说明义务，致使对方没有注意或者理解与其有重大利害关系的条款的，对方可以主张该条款不成为合同的内容。

第四百九十七条　有下列情形之一的，该格式条款无效：

（一）具有本法第一编第六章第三节和本法第五百零六条规定的无效情形；

（二）提供格式条款一方不合理地免除或者减轻其责任、加重对方责任、限制对方主要权利；

（三）提供格式条款一方排除对方主要权利。

第四百九十八条　对格式条款的理解发生争议的，应当按照通常理解予以解释。对格式条款有两种以上解释的，应当作出不利于提供格式条款一方的解释。格式条款和非格式条款不一致的，应当采用非格式条款。

《中华人民共和国保险法》

第十七条　订立保险合同，采用保险人提供的格式条款的，保险人向投保人提供的投保单应当附格式条款，保险人应当向投保人说明合同的内容。

对保险合同中免除保险人责任的条款，保险人在订立合同时应当在投保单、保险单或者其他保险凭证上作出足以引起投保人注意的提示，并对该条款的内容以书面或者口头形式向投保人作出明确说明；未作提示或者明确说明的，该条款不产生效力。

《最高人民法院关于适用〈中华人民共和国保险法〉若干问题的解释（二）》（法释〔2020〕18号）

第十一条　保险合同订立时，保险人在投保单或者保险单等其他保险凭证上，对保险合同中免除保险人责任的条款，以足以引起投保人注意的文字、字体、符号或者其他明显标志作出提示的，人民法院应当认定其履行了保险法第十七条第二款规定的提示义务。

保险人对保险合同中有关免除保险人责任条款的概念、内容及其法律后果以书面或者口头形式向投保人作出常人能够理解的解释说明的，人民法院应当认定保险人履行了保险法第十七条第二款规定的明确说明义务。

◆ **案例指引**

1. **格式合同接受方已经签署确认提供方已经履行了提示说明义务的文件且没有证据证明提供方没有履行前述义务，应当视为提供方已经履行义务**

▷冯某六与中国大地财产保险股份有限公司北海中心支公司、一审第三人中国农业银行股份有限公司北海分行海上、通海水域保险合同纠纷案①

最高人民法院认为，投保人声明中载明：本人已经仔细阅读保险条款，并就保险公司就保险条款内容的说明和提示完全理解。冯某六在投保单的投保人签章处签名。在冯某六没有提供相反证据的情况下，原判决认为保险单据的签署交付情况应当视为中国大地财产保险股份有限公司北海中心支公司已向冯某六交付了案涉保险条款，并就责任范围等保险条款作了说明及提示，理据充分。

▷闵某荣等人与中国农业银行股份有限公司三峡宜昌支行等金融借款合同纠纷案②

最高人民法院认为，虽然案涉《最高额保证合同》和《借款展期协议》均是由农行三峡支行提供的格式合同，但首页均明确了闵某荣等人保证人或担保人的身份，有关保证的合同条款还用加粗字体着重提示，尾部均有黑体字载明的债权人或贷款人已依法"向我方提示了相关条款（特别是黑体字条款），应我方要求对相关条款概念、内容及法律效果作了说明，我方已经知悉并理解上述条款"的声明。因此，闵某荣等人再审关于中国农业银行股份有限公司三峡宜昌支行未履行告知义务以及原判决认定闵某荣等人在合同上的签字为其真实意思表示属事实不清、证据不足的再审理由不能成立。

---

① 参见最高人民法院（2020）最高法民申 5460 号民事裁定书。
② 参见最高人民法院（2022）最高法民申 529 号民事裁定书。

2. 格式合同提供方通过加黑字体以及具体说明等方式履行提示说明义务

▷南平市建阳区华恒贸易有限公司与中国华融资产管理股份有限公司福建省分公司及第三人上海浦东发展银行股份有限公司厦门分行债权转让合同纠纷案①

最高人民法院认为，首先，案涉协议约定"受让方对标的债权享有所有权，标的债权的风险概由受让方承担"，符合公平原则及交易习惯。其次，该协议第3条"风险提示及决策"字体已加黑处理，其中第3.1条款约定"乙方（南平市建阳区华恒贸易有限公司）对以下风险表示完全知晓并自愿承担由此可能发生的不利法律或者其他后果"，第3.1.1条款已对风险作出具体描述。最后，该协议载明"标的债权存在着部分或者全部不能回收的风险特性以及清偿的困难性"，且做了加黑处理。可见，案涉协议对风险内容具有明显、合理的提示，符合规定。南平市建阳区华恒贸易有限公司作为债权受让人和商事主体，主张上述格式条款因未进行合理提示和解释说明而无效，依据不足。

3. 格式合同提供方通过加黑字体的方式履行提示说明义务并且签署确认提供方已经履行了提示说明义务的文件

▷厦门福斯物流有限公司与中国人民财产保险股份有限公司厦门市分公司、林某水及张某明机动车交通事故责任纠纷案②

福建省高级人民法院认为，本案中，案涉免责条款在合同文本中以字体加黑的方式被提醒注意，并且投保人盖章确认保险人对上述免责条款、免责事由已尽提示和说明义务。这表明，保险人已向投保人作了明确说明，免责条款对双方发生法律效力。厦门福斯物流有限公司主张本案投保单系在保险合同生效之后形成，保险人对案涉免责条款未尽明确说明义务，缺乏依据，二审法院不予支持并无不当。

◆ **理解与适用**

从本条第1款的规定来看，提供格式条款的一方并非就全部条款承担提示义务，而是仅就免除或者减轻其责任、排除或者限制对方权利等与对方有重大利害关系的异常条款承担提示义务。换言之，提供格式条款的一方承担提示义务的条

---

① 参见最高人民法院（2021）最高法民申4347号民事裁定书。
② 参见福建省高级人民法院（2021）闽民申2695号民事裁定书。

款范围是相当有限的。从表面上看，这似乎不利于接受格式条款的一方。但稍加分析就会发现，事实未必如此。一方面，倘若提示的对象范围过大，真正需要特别提示的条款反而难以引起接受格式条款一方的注意。在合同条款较多并且大部分条款都进行了标黑或加粗的情况下，甚至可以考虑认为提供格式条款的一方并未履行提示义务。另一方面，限定提示的范围不仅更能引起接受格式条款一方的注意，而且更有利于其将主要精力放在与其利益更为相关的条款之上。可见，限制提示义务的条款范围，不仅必要而且合理。

同时，从本条第 1 款的规定来看，提供格式条款的一方进行提示的方式为采用通常足以引起对方注意的文字、符号、字体等明显标识。选择采用标识方式进行提示的，必须采用通常足以引起对方注意的文字、符号、字体等明显标识。值得注意的是，由于提示的方式与主体的知识水平和理解能力关涉不大，故而判断是否属于通常足以引起对方注意的明显标识时，原则上采用一般人标准即可。但是，如果交易较为特殊，如，主要客户为老年人或者高度近视群体，似宜采特殊群体标准。

从本条第 2 款的规定来看，提供格式条款的一方承担说明义务的前提是对方提出了要求。[1] 换言之，倘若接受格式条款一方并未提出要求，提供格式条款的一方就没有说明义务。[2] 一方面，这是因为不同主体的知识水平和理解能力并不相同。在客户自身的知识水平和理解能力较高的情况下，仍然要求提供格式合同的一方进行说明显然毫无必要。另一方面，这是为了通过控制交易成本的方式确保格式条款固有的便捷性。不难想象，倘若要求提供格式条款的一方就同样的条款对每一个客户都逐一进行解释说明，那么格式条款本身的便捷性优势将会大打折扣。但是，倘若法律明确规定提供格式条款的一方应当主动说明的，当然无需以接受格式条款的一方提出要求为前提。[3]《保险法》第 17 条第 1 款[4]即为典型例证。

---

[1] 参见朱广新、谢鸿飞主编：《民法典评注：合同编　通则（1）》，中国法制出版社 2020 年版，第 251 页。

[2] 参见《民法学》编写组主编：《民法学》（第二版）（上册），高等教育出版社 2022 年版，第 376 页。

[3] 参见谭启平主编：《中国民法学》（第三版），法律出版社 2021 年版，第 451 页。

[4] 《保险法》（2015 年修正）第 17 条第 1 款规定："订立保险合同，采用保险人提供的格式条款的，保险人向投保人提供的投保单应当附格式条款，保险人应当向投保人说明合同的内容。"

同时，从本条第 2 款的规定来看，在接受格式条款的一方要求提供格式条款的一方就与之有重大利害关系的异常条款的概念、内容及其法律后果进行解释说明时，提供格式条款的一方既可以书面方式进行解释说明，也可以口头的方式进行解释说明。

对比两款的表述就会发现，与提示义务只需对条款本身进行提示不同，说明义务需要同时对条款的概念、内容及其法律后果进行说明。尽管如此，也并不意味着说明义务就必然比提示义务更重。因为提示义务是提供格式条款的一方必须无条件履行的义务，而说明义务只有在对方提出要求的情况下才需要实际履行。

与提示义务不同，由于说明的必要性与难度与主体的专业和理解能力高度相关，故而，在判断是否属于通常能够理解的解释说明时，通常应以一般客户的知识水平和理解能力为标准。但是，倘若接受格式条款的一方在知识结构和理解能力等方面明显更低，应当以该群体为标准进行判断。

值得注意的是，既然说明义务本身就是一种在对方要求的情况下才需要承担的义务，那么与之对应的条款范围、具体指向、解释方式和解释程度就更不是不容商议的。换言之，以上阐释主要针对的是接受格式条款的一方仅仅提出了抽象的说明要求，而没有特别限定条款范围、具体指向、解释方式和解释程度的情形。倘若接受格式条款的一方明确表示提供格式条款的一方只需就某个条款或者某个概念进行口头说明即可，只要提供格式条款的一方按照其要求进行了说明并且达到了接受格式条款的一方自认为能够理解的程度，就应当认为提供格式条款的一方已经履行了说明义务。

从本条第 3 款的规定来看，提供格式条款的一方需要对其已经尽到提示义务或者说明义务承担举证责任。这一方面是因为提示义务和说明义务本身就是由提供格式条款的一方承担的义务，另一方面是因为提供格式条款的一方就此类事宜在举证能力方面更强。事实上，从接受格式条款的一方的角度来看，要求其证明提供格式条款的一方并未承担提示或者说明义务本身就是不可能的。对于通过互联网等信息网络订立的电子合同，提供格式条款的一方不仅需要证明其采取了设置勾选、弹窗等方式进行了提示或者说明，而且需要举证这种提示或者说明已经达到符合前两款规定的程度，即提示对方注意到免除或者减轻其责任、排除或者限制对方权利等与对方有重大利害关系的异常条款。显然，这种举证责任相对更重，但这是完全有必要的。因为在通过互联网等方式所订立电子合同时，面对经营者五花八门的复杂勾选、弹窗设计或者信息轰炸，接受格式条款的一方很容易眼花缭乱，难以注意到真正对其权益有重大影响的异常条款。

第三章　合同的效力

◆ **本章概述**

　　本章是《合同编通则解释》的第三部分，名为"合同的效力"，主要是对特定情况下合同效力的认定，以及合同不成立、无效、被撤销的法律效果等予以了规定。具体而言，本部分规定的内容包括：（1）"缺乏判断能力"的认定（第11条）；（2）批准生效合同的法律适用（第12条）；（3）备案合同或者已批准合同等的效力认定（第13条）；（4）多份合同的效力认定（第14条）；（5）名实不符与合同效力（第15条）；（6）《民法典》第153条的适用（第16—18条）；（7）无权处分的合同效力（第19条）；（8）越权代表与职务代理的合同效力（第20—21条）；（9）印章与合同效力（第22条）；（10）代表人或者代理人与相对人恶意串通的合同效力（第23条）；（11）合同不成立、无效、被撤销或者确定不发生效力的返还（第24—25条）。

　　第十一条　【"缺乏判断能力"的认定】

　　当事人一方是自然人，根据该当事人的年龄、智力、知识、经验并结合交易的复杂程度，能够认定其对合同的性质、合同订立的法律后果或者交易中存在的特定风险缺乏应有的认知能力的，人民法院可以认定该情形构成民法典第一百五十一条规定的"缺乏判断能力"。

◆ **条文主旨**

　　本条是对于《民法典》第151条中"缺乏判断能力"的认定。于主体层面而言,《民法典》第 151 条规定的缺乏判断能力的主体应仅限于自然人,法人、非法人组织不能以其缺乏判断能力为由主张显失公平。于结果层面而言,自然人缺乏判断能力导致的是对于合同的性质、合同订立的法律后果以及交易中存在的特定风险的认识不足或认知错误。本条将当事人的年龄、智力、知识、经验以及交易的复杂程度等作为人民法院判断自然人是否缺乏判断能力的考量因素。

◆ **关联规定**

《中华人民共和国民法典》

第一百五十一条 一方利用对方处于危困状态、缺乏判断能力等情形,致使民事法律行为成立时显失公平的,受损害方有权请求人民法院或者仲裁机构予以撤销。

◆ **案例指引**

1. 根据当事人年龄因素考量其是否缺乏判断能力

▷宋某与王某某确认合同效力纠纷案①

本案被上诉人签约时已处高龄多年,对房屋交易特别是涉及具体履行义务及其对价的判断,不仅远逊于专业交易人员,其精力、判断识别能力也明显弱于普通人,维持本案双方协议的效力,以 100 万元换取其长期监护、抚养的孙子户口迁离显非公平。

2. 根据当事人的知识背景及交易复杂程度等因素考量其是否缺乏判断能力

▷洪某某诉广西钱盆科技股份有限公司委托合同纠纷案②

广西钱盆科技股份有限公司(以下简称钱盆科技公司)作为平台方,理应确保投资人能够在实质性地、充分地了解相关协议设置的实际交易过程、交易结构和性质风险的基础上,自主作出与其自身风险承担能力及认知能力相匹配的授权决定。钱盆科技公司作为高风险复杂交易模式的设计一方和完成"自动匹配"交易系统的控制一方,较之于普通注册用户明显处于优势地位,上述证据不足以证实其已经履行充分、适当的解释说明义务,不足以证实经其解释说明或经其投资

---

① 参见上海市第一中级人民法院(2017)沪 01 民终 921 号民事判决书。
② 参见广东省广州市中级人民法院(2020)粤 01 民终 12365 号民事判决书。

者调查评估可知，洪某某已经具有与涉案协议交易结构和风险相应的认知和判断能力。

3. 根据当事人学历背景因素考量其是否缺乏判断能力

▷潘某某诉钱某某民间借贷纠纷案①

作为一个具有较高学历水平的理性行为人，潘某某在处分自身金额高达 30 万元的债权时，理应有所认知。本案中，如果仅由于行为人对收藏品的价格存有异议或出现错误判断，就赋予其变更或撤销民事行为的权利，就会使交易相对方陷于极为不利的境地，从而影响收藏品市场的交易安全。

4. 根据当事人的一般生活经验及交易经验等因素考量其是否缺乏判断能力

▷霍某红与盖某金商品房买卖合同纠纷案②

盖某金系美国公民，长期在美国生活，其对于涉案房屋的出租管理系委托霍某红进行，其对于涉案房屋的相关信息也主要来自霍某红的陈述。从双方邮件往来看，盖某金决定出售房屋的背景认识是租赁市场并不乐观，大量高档公寓建成，房地产市场已成买方市场。其在提出不低于 20 万美元的售价时，明确向霍某红询问价格是否合适并对价格下降提出了疑问。而霍某红在回复表示愿意以 20 万美元购买房屋的同时并未向盖某金披露涉案房屋价格的真实情况，而是继续表示房地产市场不乐观。故霍某红于此利用了双方在信息掌握上的不对称，属于利用盖某金对北京房地产市场缺乏了解以及其信息掌握主要来源于霍某红介绍的劣势地位，明显违背了合同交易过程中的诚实信用原则，故涉案合同构成显失公平。

5. 根据当事人具有的特定交易经验和交易身份等因素考量其是否缺乏判断能力

▷刘某与七台河市金港湾洗浴有限责任公司等房屋买卖合同纠纷案③

显失公平是指一方当事人利用优势地位或者利用对方没有经验，致使双方签订合同约定权利义务明显违反公平、等价有偿原则。而在本案中，刘某是房地产开发商，其对于案涉房屋的数量、面积是清楚的，对于当时当地房地产市场行

---

① 参见浙江省高级人民法院（2016）浙民申 1941 号民事裁定书。
② 参见北京市第二中级人民法院（2012）二中民终字第 4783 号民事判决书。
③ 参见最高人民法院（2016）最高法民申 1084 号民事裁定书。

情、价格走势等应该有着比较清醒的认识和判断，显然不属于没有经验或者处于弱势地位的情况。

◆ 理解与适用

传统民法中的显失公平，通常需要同时具备客观和主观两项要件：客观上，双方的权利义务要达到显失均衡的状态；主观上，这种权利义务失衡的状态系由于一方利用对方缺乏经验和判断能力、急迫、轻率等不利的情境所最终达成的结果。① 这种主客观条件须同时具备的显失公平也被称为暴利行为。《德国民法典》第 138 条第 2 款就规定："某人据以在利用他人处于急迫情势、无经验、欠缺判断力或意志显著薄弱的情况下，使之就某项给付向该人自己或向第三人许诺或给予与该项给付明显的不相当的财产利益的法律行为，尤其无效。"② 我国台湾地区"民法"第 74 条也规定："法律行为，系乘他人之急迫、轻率或无经验，使其为财产上之给付或为给付之约定，依当时情形显失公平者，法院得因利害关系人之声请，撤销其法律行为或减轻其给付。前项声明，应于法律行为后一年内为之。"

我国《民法通则》第 59 条第 1 款与《合同法》第 54 条第 1 款均对显失公平作出了规定，但与前述主客观条件同时具备的显失公平制度不同，《民法通则》与《合同法》规定的显失公平仅从后果角度界定，并不强调主观要件或产生显失公平后果的原因。③ 与此同时，《民法通则》第 58 条第 1 款第 3 项以及《合同法》第 54 条第 2 款对乘人之危的民事法律行为予以规定。有学者指出，我国法上乘人之危和显失公平乃是传统民法中暴利行为一拆为二的结果。④ 乘人之危与显失公平分别规定的立法模式，在一定程度上导致了司法实践中对于乘人之危的构成要件过严，主张乘人之危而获得法院支持的可能性相对较小，而对于显失公平的构成要件过宽，主张显失公平获得法院支持的可能性相对较大。⑤《民法典》编纂过程中，立法机关经过研究认为，显失公平与乘人之危虽各有侧重，但二者

---

① 参见李适时主编：《中华人民共和国民法总则释义》，法律出版社 2017 年版，第 472 页。

② 陈卫佐译注：《德国民法典》（第五版），法律出版社 2020 年版，第 51-51 页。

③ 参见李适时主编：《中华人民共和国民法总则释义》，法律出版社 2017 年版，第 473 页。

④ 参见朱庆育：《民法总论》，北京大学出版社 2016 年版，第 289 页。

⑤ 参见梁慧星：《民法总论》（第六版），法律出版社 2021 年版，第 215 页。

均在主观和客观两方面有类似要求，遂将二者合并规定，赋予显失公平以新的内涵，这既与通行立法例一致，同时也便于司法实践从严把握，防止这一制度被滥用。[1] 最终，《民法典》第151条规定，一方利用对方处于危困状态、缺乏判断能力等情形，致使民事法律行为成立时显失公平的，受损害方有权请求人民法院或者仲裁机构予以撤销。该条规定是关于显失公平的民事法律行为的效力的规定。

根据《民法典》第151条，显失公平包含主客观两方面的构成要件：于客观上而言，当事人之间的给付与对待给付之间失衡或造成利益不平衡；于主观上而言，一方具有利用优势地位或利用对方轻率、无经验等故意。[2] 对于主观要件，《民法典》第151条列举了"一方利用对方处于危困状态、缺乏判断能力"两种情形。本条司法解释对于人民法院如何认定当事人缺乏判断能力予以了明确。

首先，缺乏判断能力针对的是自然人。所谓缺乏判断能力，是指缺少基于理性考虑而实施民事法律行为或对民事法律行为的后果予以评估的能力。[3] 这通常是针对自然人而言的，因为若交易发生在商事主体等法人层面，由于商事主体应当具有必要的知识和技能，因此不能以缺乏判断能力主张显失公平。[4] 司法实践中人民法院也大都持此观点。例如，对于企业之间常见的对赌协议，人民法院就认为，"本案中增资协议以及对赌关系中各方均非传统的自然人主体，在交易能力、信息获取能力等方面与普通民事主体不同，属于典型的商事行为……补偿金额与企业估值、企业经营预期等相关，取决于当事人的风险预测和风险偏好，应属于意思自治和可自我控制的范围"。[5]

其次，当事人缺乏判断能力的对象是合同的性质、合同订立的法律后果以及交易中存在的特定风险。如前所述，自然人缺乏判断能力是指其缺少基于理性考虑而实施民事法律行为或对民事法律行为的后果予以评估的能力。换言之，自然人缺乏判断能力，通常表现为其对于民事法律行为的性质、后果等缺乏足够的认识或预期。同样，在实施民事法律行为前，该行为可能引发的特定风险通常也是行为人所需要重点考量的，其需要利用自己的知识、经验等预判风险，从而作出

---

[1]　参见李适时主编：《中华人民共和国民法总则释义》，法律出版社2017年版，第475页。
[2]　参见王利明：《民法总则》，中国人民大学出版社2017年版，第332-333页。
[3]　参见李适时主编：《中华人民共和国民法总则释义》，法律出版社2017年版，第474页。
[4]　参见王利明主编：《中国民法典释评·总则编》，中国人民大学出版社2020年版，第366页。
[5]　参见浙江省高级人民法院（2015）浙商终字第84号民事判决书。

最有利于自身利益的决定。有鉴于此，本条明确将合同的性质、合同订立的法律后果以及交易中存在的特定风险具备相应的认知能力作为判断当事人是否缺乏判断能力的对象。

最后，对于自然人缺乏判断能力的判定，需要综合考量其年龄、智力、知识、经验，以及交易的复杂程度等因素。由于《民法典》第151条规定的显失公平的主客观要件均具有一定的概括性与弹性，有学者提出了以动态体系论整体且弹性化评价显失公平的构成要件。[①] 动态体系论通过抽取一些因素或因子，引导法官考虑该因素或因子的权重，在个案中通过裁判不同变量的强弱效果，并结合因素之间的互补性，最终得出裁判结果。[②] 本条采纳了动态体系论的基本方法，通过总结司法实践，[③] 明确将当事人的年龄、智力、知识、经验以及交易的复杂程度等因素作为考量自然人是否缺乏判断能力的因素。需要指出的是，《民法典》第151条规定的缺乏判断能力是指对于一般的生活事务缺乏判断能力，[④] 故在对于前述因素的考量过程中，原则上应遵循社会生活的一般标准。故而，对于某个特定的商业领域或行业领域的事务缺乏判断能力不构成《民法典》第151条的缺乏判断能力。[⑤] 若突破社会生活的一般标准，必然会对正常的交易安全造成极大的风险。[⑥]

第十二条　【批准生效合同的法律适用】

合同依法成立后，负有报批义务的当事人不履行报批义务或者履行报批义务不符合合同的约定或者法律、行政法规的规定，对方请求其继续履行报批义务的，人民法院应予支持；对方主张解除合同并请求其承担违反报批义务的赔偿责任的，人民法院应予支持。

---

① 参见王文军：《意思瑕疵定位下显失公平制度的动态体系论适用》，载《政治与法律》2023年第2期，第77—89页。

② 参见王利明：《民法典人格权编中动态系统论的采纳与运用》，载《法学家》2020年第4期，第2页。

③ 参见本条"案例指引"部分。

④ 参见张新宝：《中华人民共和国民法总则释义》，中国人民大学出版社2017年版，第314页。

⑤ 参见［德］迪特尔·施瓦布：《民法导论》，郑冲译，法律出版社2006年版，第480页。

⑥ 参见蔡睿：《显失公平制度的动态体系论》，载《法治社会》2021年第6期，第52页。

人民法院判决当事人一方履行报批义务后，其仍不履行，对方主张解除合同并参照违反合同的违约责任请求其承担赔偿责任的，人民法院应予支持。

合同获得批准前，当事人一方起诉请求对方履行合同约定的主要义务，经释明后拒绝变更诉讼请求的，人民法院应当判决驳回其诉讼请求，但是不影响其另行提起诉讼。

负有报批义务的当事人已经办理申请批准等手续或者已经履行生效判决确定的报批义务，批准机关决定不予批准，对方请求其承担赔偿责任的，人民法院不予支持。但是，因迟延履行报批义务等可归责于当事人的原因导致合同未获批准，对方请求赔偿因此受到的损失的，人民法院应当依据民法典第一百五十七条的规定处理。

◆**条文主旨**

本条系对《民法典》第 502 条第 2 款经批准生效合同的法律适用问题作出的规定。①

根据本条第 1 款，报批义务人不履行报批义务或者履行报批义务不符合合同约定或者法律、行政法规的规定时，另一方当事人既可以请求其继续履行报批义务，也可以直接主张解除合同并请求其承担因违反报批义务而造成的损失。

本条第 2 款系针对第 1 款规定中当事人提出继续履行报批义务之请求而言。也即，如果法院判决报批义务人继续履行报批义务，但其仍拒绝履行时，当事人可以主张解除合同并请求其承担损害赔偿责任。须注意的是，根据本条第 2 款规定，此处损害赔偿责任的确定不同于第 1 款第 1 句后半段违反报批义务之损害赔偿责任，而是应参照违反整个合同时的违约责任确定损害赔偿数额。

---

① 需要说明的是，并非所有行政审批手续均会影响合同效力。我们系在狭义上使用"未经审批合同"这一概念，也即该行政审批手续影响合同效力。参见谭佐财：《未经批准合同的效力认定与责任配置——〈民法典〉第 502 条第 2 款解释论》，载《法学》2022 年第 4 期，第 119–130 页。

由于批准生效合同仅报批义务条款及相关条款独立生效，所以一方当事人无权请求另一方当事人履行合同约定的主要义务。根据本条第3款，如果当事人在诉讼中提出此等请求，则将面临被法院驳回诉讼请求之结果。当然，当事人仍可根据本条第1款第1句之规定就报批义务条款另行提起诉讼。

本条第4款就报批义务人虽已履行报批义务但相关主管部门未予批准时的法律适用问题作出了规定。在这种情形下，合同已确定不发生当事人所追求的法律效力，此时继续维持合同的效力已无必要，应允许当事人解除合同。就损害赔偿责任而言，如果合同因不可归责于报批义务人的原因而未获批准，则报批义务人不应承担赔偿责任；反之，则应根据《民法典》第157条之规定，由报批义务人承担缔约过失责任。

◆ 关联规定

《中华人民共和国民法典》

第一百三十六条 民事法律行为自成立时生效，但是法律另有规定或者当事人另有约定的除外。

行为人非依法律规定或者未经对方同意，不得擅自变更或者解除民事法律行为。

第五百零二条 依法成立的合同，自成立时生效，但是法律另有规定或者当事人另有约定的除外。

依照法律、行政法规的规定，合同应当办理批准等手续的，依照其规定。未办理批准等手续影响合同生效的，不影响合同中履行报批等义务条款以及相关条款的效力。应当办理申请批准等手续的当事人未履行义务的，对方可以请求其承担违反该义务的责任。

依照法律、行政法规的规定，合同的变更、转让、解除等情形应当办理批准等手续的，适用前款规定。

《第二次全国涉外商事海事审判工作会议纪要》（法发〔2005〕26号）

88. 外商投资企业的股权转让合同，应当报经有关审查批准机关审查批准，在一审法庭辩论终结前当事人未能办理批准手续的，人民法院应当认定该合同未生效。由于合同未生效造成的损失，应当判令有过错的一方向另一方承担损害赔偿责任；双方都有过错的，应当根据过错大小判令双方承担相应的民事责任。

《全国法院民商事审判工作会议纪要》（法〔2019〕254号）

37.【未经批准合同的效力】法律、行政法规规定某类合同应当办理批准手续生效的，如商业银行法、证券法、保险法等法律规定购买商业银行、证券公司、保险公司5%以上股权须经相关主管部门批准，依据《合同法》第44条第2款的规定，批准是合同的法定生效条件，未经批准的合同因欠缺法律规定的特别生效条件而未生效。实践中的一个突出问题是，把未生效合同认定为无效合同，或者虽认定为未生效，却按无效合同处理。无效合同从本质上来说是欠缺合同的有效要件，或者具有合同无效的法定事由，自始不发生法律效力。而未生效合同已具备合同的有效要件，对双方具有一定的拘束力，任何一方不得擅自撤回、解除、变更，但因欠缺法律、行政法规规定或当事人约定的特别生效条件，在该生效条件成就前，不能产生请求对方履行合同主要权利义务的法律效力。

38.【报批义务及相关违约条款独立生效】须经行政机关批准生效的合同，对报批义务及未履行报批义务的违约责任等相关内容作出专门约定的，该约定独立生效。一方因另一方不履行报批义务，请求解除合同并请求其承担合同约定的相应违约责任的，人民法院依法予以支持。

《最高人民法院关于审理外商投资企业纠纷案件若干问题的规定（一）》（法释〔2020〕18号）

第一条　当事人在外商投资企业设立、变更等过程中订立的合同，依法律、行政法规的规定应当经外商投资企业审批机关批准后才生效的，自批准之日起生效；未经批准的，人民法院应当认定该合同未生效。当事人请求确认该合同无效的，人民法院不予支持。

前款所述合同因未经批准而被认定未生效的，不影响合同中当事人履行报批义务条款及因该报批义务而设定的相关条款的效力。

第五条　外商投资企业股权转让合同成立后，转让方和外商投资企业不履行报批义务，经受让方催告后在合理的期限内仍未履行，受让方请求解除合同并由转让方返还其已支付的转让款、赔偿因未履行报批义务而造成的实际损失的，人民法院应予支持。

第六条　外商投资企业股权转让合同成立后，转让方和外商投资企业不履行报批义务，受让方以转让方为被告、以外商投资企业为第三人提起诉讼，请求转让方与外商投资企业在一定期限内共同履行报批义务的，人民法院应予支持。受让方同时请求在转让方和外商投资企业于生效判决确定的期限内不履行报批义务时自行报批的，人民法院应予支持。

转让方和外商投资企业拒不根据人民法院生效判决确定的期限履行报批义务，受让方另行起诉，请求解除合同并赔偿损失的，人民法院应予支持。赔偿损失的范围可以包括股权的差价损失、股权收益及其他合理损失。

第七条 转让方、外商投资企业或者受让方根据本规定第六条第一款的规定就外商投资企业股权转让合同报批，未获外商投资企业审批机关批准，受让方另行起诉，请求转让方返还其已支付的转让款的，人民法院应予支持。受让方请求转让方赔偿因此造成的损失的，人民法院应根据转让方是否存在过错以及过错大小认定其是否承担赔偿责任及具体赔偿数额。

◆ 案例指引

1. 报批义务已不可能实际履行，当事人不得再诉请履行报批义务

▷谢某诉岳某某企业出售合同纠纷案①

案涉企业资产涉及采矿权的转让，而采矿权转让依法需经国土资源主管部门批准，办理矿业权变更登记，受让人才能依法取得采矿权。本案双方一直未办理采矿权转让手续，之后因政策变化，采石场被政府强令关闭，案涉采矿权转让事实上已不具备获得相关主管部门报批的可能。原告谢某在法院对其予以释明后，仍不变更其诉讼请求，坚持要求对方当事人履行合同并承担相应的违约责任，缺乏事实基础和法律依据，对此一请求法院应依法不予支持。

2. 批准生效合同中当事人解除权的行使及其后果

▷西安沃斯特机械设备制造有限公司诉西安航空发动机集团天鼎有限公司等公司股权转让纠纷案②

最高人民法院认为，外商投资企业股权转让合同成立后，转让方和外商投资企业不履行报批义务，经受让方催告后在合理的期限内仍未履行，受让方请求解

---

① 参见湖南省衡阳市中级人民法院（2022）湘04民终715号民事判决书。
② 参见最高人民法院（2016）最高法民申3524号民事裁定书。

除合同并由转让方返还其已支付的转让款、赔偿因未履行报批义务而造成的实际损失的，人民法院应予支持。

▷湖北人信房地产开发有限公司、武汉人信汇置业有限公司等合资、合作开发房地产合同纠纷案①

最高人民法院认为，《民法典》第 502 条第 2 款规定，依照法律、行政法规的规定，合同应当办理批准等手续的，依照其规定。未办理批准等手续影响合同生效的，不影响合同中履行报批等义务条款以及相关条款的效力。应当办理申请批准等手续的当事人未履行义务的，对方可以请求其承担违反该义务的责任。第 597 条第 1 款规定，因出卖人未取得处分权致使标的物所有权不能转移的，买受人可以解除合同并请求出卖人承担违约责任。综合本案情况，本院认为，当事人之间的《合作开发协议》系双方当事人真实意思表示，不存在无效情形。

3. 报批义务人的赔偿责任

▷西安沃斯特机械设备制造有限公司诉西安航空发动机集团天鼎有限公司等公司股权转让纠纷案

一般而言，外商投资企业股权转让合同报批义务主体为转让方与外商投资企业，但就本案而言，《股权转让协议》约定由受让方办理股权转让登记手续，此种约定具有法律效力。此时，股权转让人没有办理外资企业股权转让报批手续的法定或约定义务，不存在缔约过失或怠于履行合同义务的行为，也不应承担赔偿责任。

▷深圳市标榜投资发展有限公司与鞍山市财政局股权转让纠纷案②

最高人民法院认为，合同中关于股权转让的相关约定虽然需经有权机关批准方可产生法律效力，但合同中关于报批义务的约定自合同成立后即对当事人具有法律约束力。当事人应按约履行报批义务，积极促成合同生效。本案中，报批义务人未履行报批义务，亦未按照有权机关的要求补充报送相关材料，其行为属于"其他违背诚实信用原则的行为"，应承担缔约过失责任。

---

① 参见最高人民法院（2021）最高法民申 7071 号民事裁定书。
② 参见最高人民法院（2016）最高法民终 802 号民事判决书。

◆ **理解与适用**

当法律、行政法规规定合同须经相关行政主管部门批准方可生效，而该合同未经批准或者未获得批准时的效力如何，向来是困扰理论界和实务部门的难题。《合同法》第 44 条第 2 款规定："法律、行政法规规定应当办理批准、登记等手续生效的，依照其规定。"从规范目的来看，该款规定仅在于指引注意对于合同效力的特别法定限制，而其本身并不具有规范功能。① 由此，未经批准合同之效力以及违反该合同应当承担何种责任，实际上处于一种"悬而未决"的状态。针对此现象，《合同法解释（一）》第 9 条明确将行政审批作为合同的生效要件，并首次提出了"合同未生效"的法律概念。《合同法解释（二）》第 8 条确认报批义务人违反报批义务属于《合同法》第 42 条第 3 项规定的"其他违背诚实信用原则的行为"，法官可根据具体情况判决相对人自己办理有关手续，并由报批义务人承担相应的损失。《九民纪要》则进一步强调要注意区分合同未生效与合同无效，以及合同中报批义务条款及其相关条款的独立性。《民法典》第 502 条第 2 款吸收了相关司法解释和纪要的精神，对《合同法》第 44 条第 2 款进行了修改，明确规定未生效合同中的报批义务条款及相关条款具有独立性，负有报批义务的一方当事人未履行报批义务的，另一方可以请求其承担"违反该义务的责任"。不过，从《民法典》第 502 条的文字表述来看，何谓"违反该义务的责任"并不清晰，本条则对其具体适用问题进行了明确。

1. 批准生效合同的效力状态

自《合同法解释（一）》首次提出"合同未生效"的概念后，未生效合同作为一种独立的合同效力形态正式嵌入我国民法上的合同效力体系。尽管如此，在《民法典》实施前，实务中仍有一些观点不能有效区分合同有效、无效、效力待定以及合同未生效。既有观点认为，批准生效的合同在未经批准之前不发生法律效力，任何一方当事人都无权主张合同约定的权利，也有观点认为，该合同虽未生效但可因其已成立而具有法律拘束力，当事人有权主张合同约定的权利。②

---

① 参见韩世远：《合同法总论》（第四版），法律出版社 2018 年版，第 197 页。
② 参见吴光荣：《行政审批对合同效力的影响：理论与实践》，载《法学家》2013 年第 1 期，第 98 页。

显然，前一种观点混淆了合同无效与合同未生效，后一种观点则未能准确区分合同未生效与合同有效。

首先，合同未生效不等于合同有效。理论上认为，合同的拘束力与合同的效力应有所区别，前者是指合同一经成立即具有形式上的拘束力，除当事人同意或者具有解除原因外，任何一方当事人不得单方面解除或者撤销合同；后者则是指基于合同本身所生的权利义务关系，也即合同具有实质上的效力。[1] 由此，未生效合同实际上处于具有形式拘束力但不产生实质效力的状态。这一点使其与有效合同区别开来。具体而言，一方面，当合同处于未生效状态时，非经双方之合意或者法定事由，任何一方不得随意变更、撤销或者解除合同；另一方面，也正因该合同尚未生效，一方当事人无权请求另一方当事人履行合同约定的主要义务。

其次，合同未生效不等于合同无效。在《民法典》制定前，实务中的一种常见做法就是将未生效合同直接等同于无效合同，或者虽然认定合同处于"未生效"之状态，但按合同无效处理。然而，"合同无效是因合同具有法律规定的无效事由而确定的自始不具有约束力，不具有可履行性、可补救性，即使已经履行的也要恢复到原来的状态"，[2] 典型情形如《民法典》第 153 条所规定之违反法律、行政法规的强制性规定以及违背公序良俗的民事法律行为。但是，未生效合同并不必然触及相关的强制性规定或者公序良俗。简言之，合同无效是自始无效、确定无效、全部无效，不存在使之"复活"的可能性。而合同未生效仅仅意味着合同不具有履行效力，当事人可以通过履行报批义务促成合同的生效。

最后，合同未生效不等于合同效力待定。未生效合同与效力待定合同的相似之处在于，两者都已成立且暂时缺乏某一合同生效要件，而该要件都可以进行补正从而使之成为有效合同。正因如此，实务界一度有观点认为应当将未生效合同纳入效力待定合同的范畴之内，[3] 但两者实际上存在显著区别。《民法典》规定的效力待定合同主要包括限制民事行为能力人实施的特定民事法律行为（第 145 条），以及无权代理人实施的代理行为（第 171 条第 1 款）等，此类行为只需法

---

[1] 参见王泽鉴：《债法原理》（第二版），北京大学出版社 2013 年版，第 204 页。

[2] 刘贵祥：《论行政审批与合同效力——以外商投资企业股权转让为线索》，载《中国法学》2011 年第 2 期，第 147 页。

[3] 参见杨永清：《批准生效合同若干问题探讨》，载《中国法学》2013 年第 6 期，第 169-170 页。

定代理人同意或者追认，又或者本人追认即可径直转为有效合同，否则应认定其为无效合同。相比较之下，未生效合同若未获得行政机关批准则确定不生效，而不是直接归于无效；若该合同获得行政机关之批准，也只是使该合同脱离未生效的状态，其最终是否有效仍须交由法院根据合同的效力规则作出具体判断。

2. 报批义务的法律性质

在须经审批的合同中，如果当事人之间事先就报批义务事项进行了约定，那么此时该报批义务属于合同义务当无疑问。但是，如果当事人未就报批义务事先作出约定，是否可以认为该报批义务属于随合同成立而产生的一项法定义务？对此，有学者认为，如果将特别生效条件视为一种法定义务，则缔约当事人一旦同意订立一项须经批准的合同，即进入不得不报请批准，并积极促成合同生效的枷锁之中，这显然会对缔约当事人形成一种缔约强制。① 并且，考察《民法典》第502 条第 2 款以及《合同编通则解释》第 12 条的文义，似乎也未必能得出合同成立后生效前产生法定报批义务的结论。但需要指出的是，合同须经批准方能生效原本就是来自法律或者行政法规的直接规定，合同中的理性当事人在缔约时理应对此事实给予充分的关注。如果仅因当事人未就报批义务作出约定便否认报批义务的存在，则显然不符合当事人订立此类合同的本来目的。因此，我们认为，即便当事人在缔约时未就报批义务作出约定，基于诚信原则，当事人也应当负有报批义务。

3. 违反报批义务的法律后果

关于违反报批义务的法律后果，《民法典》第 502 条采取了"承担违反该义务的责任"的模糊表述。本条对此一问题的具体适用作出了进一步的说明。具体而言，根据《合同编通则解释》第 12 条第 1 款的规定，如果报批义务人不履行报批义务，可先由另一方当事人请求其履行报批义务。在报批义务人拒不履行法院生效判决的前提下，该另一方当事人可以根据本条第 2 款另行提起诉讼，主张解除合同并要求报批义务人承担违反整个合同的违约责任。需要指出的是，该第 2 款应当是借鉴了《民法典》第 159 条拟制条件成就或者不成就的做法，也即，在附条件的民事法律行为中，若当事人为自己的利益不正当地阻止条件成就的，

---

① 参见朱广新：《论不履行报批义务的法律后果》，载《法治研究》2022 年第 2 期，第 58 页。

视为条件已成就；不正当地促成条件成就的，视为条件不成就。具体到须经审批的合同中来，如果报批义务人拒不履行法院的生效判决，在当事人解除合同后，其还应当承担相当于合同生效时的违约责任。

还需要讨论的问题是，当事人行使解除权是否应有所限制？在"王某某与刘某某采矿权转让合同纠纷案"① 中，法院认为，合法成立的合同仍然对双方当事人具有法律拘束力，即当事人应当积极履行各自的义务，促使合同生效，以维护交易各方的合法权益。如果一方提起诉讼要求解除合同，法院不应当支持其主张，而是应当判令双方按照各自义务办理相应报批手续，积极促使合同生效，以符合合同法鼓励交易、创造财富的原则。可见，此前的实务并不支持当事人直接解除合同，而是应当先请求当事人继续履行报批义务。而最高人民法院在其编写的民法典释义书中则认为，只有经催告后在合理期限内仍未履行报批义务时，另一方才能解除合同。② 然而，《民法典》第502条以及《合同编通则解释》第12条的文义表述实际上都无法得出上述结论。《民法典》第563条也仅规定债务人迟延履行主要债务时，才存在催告解除的情形，除此之外，当事人均可直接解除合同。因此，根据《合同编通则解释》第12条第1款的规定，在报批义务人不履行报批义务时，当事人可以选择不起诉请求当事人继续履行报批义务，而直接请求解除合同，并要求赔偿损失。当然，如果当事人在此时选择解除合同，由于此时合同尚未生效，报批义务人的损害赔偿责任应当参酌缔约过失责任进行确定。

> **第十三条　【备案合同或者已批准合同等的效力认定】**
>
> 合同存在无效或者可撤销的情形，当事人以该合同已在有关行政管理部门办理备案、已经批准机关批准或者已依据该合同办理财产权利的变更登记、移转登记等为由主张合同有效的，人民法院不予支持。

---

① 参见《最高人民法院公报》2014年第11期（总第217期）。
② 最高人民法院民法典贯彻实施工作领导小组主编：《中华人民共和国民法典合同编理解与适用（一）》，人民法院出版社2020年版，第302页。

◆ **条文主旨**

本条对备案合同、须经批准生效的合同以及权利变更、移转须登记之合同的效力认定作出了具体解释。根据本条之规定，在该三类合同中，即便合同已经备案，或者已经行政机关批准，或者当事人已依据该合同办理财产权利的变更、移转登记，但如果该合同存在法定的无效或者可撤销情形，则法院仍应当根据《民法典》的相关规则对合同的效力进行认定。备案、批准以及登记等行政行为原则上对合同的效力不发生影响。

◆ **关联规定**

《中华人民共和国民法典》

第二百一十五条 当事人之间订立有关设立、变更、转让和消灭不动产物权的合同，除法律另有规定或者当事人另有约定外，自合同成立时生效；未办理物权登记的，不影响合同效力。

第七百零六条 当事人未依照法律、行政法规规定办理租赁合同登记备案手续的，不影响合同的效力。

《中华人民共和国城市房地产管理法》

第四十五条第二款 商品房预售人应当按照国家有关规定将预售合同报县级以上人民政府房产管理部门和土地管理部门登记备案。

第五十四条 房屋租赁，出租人和承租人应当签订书面租赁合同，约定租赁期限、租赁用途、租赁价格、修缮责任等条款，以及双方的其他权利和义务，并向房产管理部门登记备案。

《最高人民法院关于审理建设工程施工合同纠纷案件适用法律问题的解释（一）》（法释〔2020〕25号）

第三条 当事人以发包人未取得建设工程规划许可证等规划审批手续为由，请求确认建设工程施工合同无效的，人民法院应予支持，但发包人在起诉前取得建设工程规划许可证等规划审批手续的除外。

发包人能够办理审批手续而未办理，并以未办理审批手续为由请求确认建设工程施工合同无效的，人民法院不予支持。

◆ 案例指引

1. 合同备案作为行政管理行为原则上不影响合同效力

▷姜某某诉长顺县住房和城乡建设局行政赔偿案①

最高人民法院认为，根据《城市房地产管理法》第 45 条、《城市房地产开发经营管理条例》第 27 条和《城市商品房预售管理办法》第 10 条等有关商品房预售合同登记备案管理的规定，商品房预售合同备案制度属于公法调整的范畴，是行政机关对商品房预售的一种行政管理手段，是商品房预售方必须履行的具有行政意义的义务，相关行政主管部门亦负有相应的监督管理法定职责。《城市房地产开发经营管理条例》第 4 条第 1 款、第 2 款规定，"国务院建设行政主管部门负责全国房地产开发经营活动的监督管理工作。县级以上地方人民政府房地产开发主管部门负责本行政区域内房地产开发经营活动的监督管理工作"。《城市商品房预售管理办法》第 4 条第 3 款规定，市、县人民政府建设行政主管部门或房地产行政主管部门负责本行政区域内城市商品房预售管理。商品房预售合同登记备案管理制度固然只是确认、记录合同的存在，对合同本身的民事效力不产生任何影响，也不具有公示公信力，但是，这并不否定市、县人民政府建设行政主管部门或房地产行政主管部门须履行法定职责，通过对商品房预售合同的管理，对房地产开发商预售商品房行为的合法性进行审查，进而防止预售期间"一房二卖"行为的发生，以保护购房者的合法权益，维护不动产交易安全。

2. 已备案合同违反法律、行政法规的效力性强制性规定无效

▷通州建总集团有限公司诉南京华光房地产开发有限公司建设工程施工合同纠纷案②

南京市中级人民法院认为，投标人与招标人串通投标的，中标无效。通州建总集团有限公司（以下简称通州公司）在诉状中陈述《补充协议》中有关工程价款和工程范围变更的内容，通州公司与南京华光房地产开发有限公司（以下简称华光公司）在涉案工程招投标前就已经商定，并在二审中提交了《承诺书》予以证明。虽然华光公司否认这份《承诺书》，但双方合同中明确提到了《承诺书》

---

① 参见最高人民法院（2021）最高法行赔再 5 号民事裁定书。
② 参见江苏省南京市中级人民法院（2011）宁民终字第 643 号民事判决书。

是合同的重要组成部分，故应认定通州公司与华光公司存在串通投标行为，双方经招投标所签订的合同即备案合同无效，本案应以双方当事人实际履行的合同作为结算工程价款的根据。而双方就工程款结算实际履行的协议即为双方事前和事后签订的《承诺书》《补充协议》等，该协议亦为无效，但应作为双方工程价款结算的依据。

3. 合同应当备案而未备案不当然导致合同无效

▷周某某诉杨某某私募基金产品合同效力纠纷案①

广州市中级人民法院认为，虽然《证券投资基金法》规定，非公开募集基金募集完毕，应当向基金行业协会备案，但该规定并非效力性强制性规定，并不能当然导致相应的民事行为无效，即周某某与大元公司、大元合伙之间的合同关系并不因此而无效。杨某某对于周某某与大元公司签订的《深圳大元新鑫捌号投资合伙企业（有限合伙）入伙协议》及大元合伙向周某某出具的《出资确认书》中，个人投资者投资金额低于100万元，投资回报方式不合法等所提出的异议，本院认为，《私募投资基金监督管理暂行办法》关于私募基金管理人、私募基金销售机构不得向投资者承诺投资本金不受损失或者承诺最低收益的规定，以及《创业投资企业管理暂行办法》关于单个投资者对创业投资企业的投资不得低于100万元人民币的规定，均属于部门规章的效力级别，不属于法律、行政法规的强制性规定，杨某某据此主张周某某与内蒙古学院、大元公司、大元合伙之间合同关系因违法违规而无效缺乏依据，本院不予采信。因此，在周某某与大元公司签订的《深圳大元新鑫捌号投资合伙企业（有限合伙）入伙协议》及大元合伙向周某某出具的《出资确认书》，周某某、内蒙古学院、大元公司、大元合伙、蔡某、崔某某和杨某某签订的《股权投资还款协议书》中，杨某某关于向周某某返还本金及收益的约定无效的主张理据不足，各方当事人均应按照协议约定履行各自义务。

4. 不动产办理登记与否不影响合同效力的认定

▷王某1与王某2、陈某某确认合同效力纠纷案②

原告王某1与被告王某2、陈某某（二人系夫妻关系）签订《房屋出售协议

---

① 参见广东省广州市中级人民法院（2018）粤01民终8367号民事判决书。
② 参见湖北省荆州市中级人民法院（2022）鄂10民终2810号民事判决书。

书》，约定王某 1 将自有房屋出售给王某 2、陈某某，双方已按照合同约定腾空房屋及支付购房款，但未办理不动产过户登记手续。后因涉案房屋被划为征收范围，原告遂以房屋未办理登记为由主张合同无效，并请求被告返还房屋。本案一审法院认为，原告主动请求确认合同无效，如支持其诉求，意味着体现双方真实意愿的合同约定不仅对其没有约束力，甚至可能使其获得不正当利益，这将违背合同无效制度设立的宗旨，使合同无效制度沦为违法行为人追求不正当甚至非法利益的手段。二审法院则进一步指出，根据建设用地规划许可证、建设工程规划许可证，涉案房屋用地显然属于征用划拨性质的城市建设用地。房产登记与否亦不影响合同效力。涉案房屋出售协议书未违反法律、行政法规的效力性强制性规定，系属有效。

◆ 理解与适用

本条理解与适用的重点在于准确认定行政机关备案、批准以及登记等行为的法律性质。在前文关于批准生效的合同中已经述及，未生效合同与合同有效、无效等效力形态存在重要区别，在批准生效的合同中，行政审批只是合同生效的特别要件。换言之，合同未经批准不生效不意味着获得行政审批的合同必然有效。因为除特别生效要件外，合同生效还必须具备一般生效要件，即有效要件（《民法典》第 143 条）。这一法理同样适用于行政机关备案的合同以及已依据合同办理财产权利变更、移转登记等情形。

进言之，合同已经在行政机关备案或者已依据合同办理财产权利的变更、移转登记，并不意味着合同必然有效；反之，合同应当备案而未备案或者未办理权利变更、移转登记，也不意味着合同无效。这是因为，无论是合同备案制度、审批制度抑或是权利登记制度，其本质上都属于行政机关对市场交易行为进行管理和监督的一种手段，原则上并非专门针对合同效力这一私人自治领域而设。在这一过程中，行政机关并不对合同的效力进行全面的审查。举例而言，根据《民法典》第 341 条之规定，流转期限在 5 年以上的土地经营权自流转合同生效时设立，未经登记不得对抗善意第三人。显然，当事人办理登记与否并不影响合同的效力，甚至也不影响权利的变动，而只是对抗善意第三人之要件。正因如此，即使合同已经备案、已被批准或者权利移转已办理登记，但如果合同本身存在法定的无效或者可撤销事由，法院仍应当根据合同的效力规则对其进行判断。总之，行政机关的备案、批准和登记针对的是交易行为，合同效力的审查应交由法院按照《民法典》的有关规定进行处理。

第十四条 【多份合同的效力认定】

当事人之间就同一交易订立多份合同，人民法院应当认定其中以虚假意思表示订立的合同无效。当事人为规避法律、行政法规的强制性规定，以虚假意思表示隐藏真实意思表示的，人民法院应当依据民法典第一百五十三条第一款的规定认定被隐藏合同的效力；当事人为规避法律、行政法规关于合同应当办理批准等手续的规定，以虚假意思表示隐藏真实意思表示的，人民法院应当依据民法典第五百零二条第二款的规定认定被隐藏合同的效力。

依据前款规定认定被隐藏合同无效或者确定不发生效力的，人民法院应当以被隐藏合同为事实基础，依据民法典第一百五十七条的规定确定当事人的民事责任。但是，法律另有规定的除外。

当事人就同一交易订立的多份合同均系真实意思表示，且不存在其他影响合同效力情形的，人民法院应当在查明各合同成立先后顺序和实际履行情况的基础上，认定合同内容是否发生变更。法律、行政法规禁止变更合同内容的，人民法院应当认定合同的相应变更无效。

◆ **条文主旨**

本条就当事人之间就同一交易签订多份合同时的法律效力及后果作出了规定。根据本条第 1 款，若多份合同系针对同一交易而订立，并且同时存在虚假的意思表示与真实的意思表示时，基于虚假的意思表示而订立的合同应直接依据《民法典》第 146 条之规定认定为无效。对于其中隐藏的真实意思表示，则需要根据具体情况进行判断。具体而言，如果当事人规避的是法律、行政法规的强制性规定，则应当依据《民法典》第 153 条第 1 款之规定认定被隐藏行为的法律效力；如果当事人规避的是法律、行政法规关于合同须经批准的规定，则应当依据《民法典》第 502 条第 2 款的规定认定被隐藏行为的法律效力。

由此可见，被隐藏的法律行为既可能有效，也可能无效。据此，本条第 2 款进一步明确，在被隐藏的法律行为被确认为无效或者确定不发生效力时，原则上应当以体现当事人真实意思的隐藏行为作为处理当事人权利义务关系的事实基础。当然，在法律另有规定的情况下，则应当根据该法律规定处理当事人之间的权利义务关系。

根据本条第 3 款，倘若多份合同均系出于当事人的真实意思表示而订立，此时便不存在以虚假意思表示隐藏真实意思表示的情形。此时，应严格考察是否属于合同变更的情形。不过合同变更虽遵从当事人之意思自治，但法律、行政法规禁止合同变更时，法院则应认定该变更无效。此时应当以变更前的合同处理当事人之间的权利义务关系。

◆ 关联规定

《中华人民共和国民法典》

第一百四十六条 行为人与相对人以虚假的意思表示实施的民事法律行为无效。

以虚假的意思表示隐藏的民事法律行为的效力，依照有关法律规定处理。

第一百五十三条 违反法律、行政法规的强制性规定的民事法律行为无效。但是，该强制性规定不导致该民事法律行为无效的除外。

违背公序良俗的民事法律行为无效。

第一百五十四条 行为人与相对人恶意串通，损害他人合法权益的民事法律行为无效。

第一百五十七条 民事法律行为无效、被撤销或者确定不发生效力后，行为人因该行为取得的财产，应当予以返还；不能返还或者没有必要返还的，应当折价补偿。有过错的一方应当赔偿对方由此所受到的损失；各方都有过错的，应当各自承担相应的责任。法律另有规定的，依照其规定。

第五百零二条 依法成立的合同，自成立时生效，但是法律另有规定或者当事人另有约定的除外。

依照法律、行政法规的规定，合同应当办理批准等手续的，依照其规定。未办理批准等手续影响合同生效的，不影响合同中履行报批等义务条款以及相关条款的效力。应当办理申请批准等手续的当事人未履行义务的，对方可以请求其承担违反该义务的责任。

依照法律、行政法规的规定，合同的变更、转让、解除等情形应当办理批准等手续的，适用前款规定。

《最高人民法院关于适用〈中华人民共和国民法典〉有关担保制度的解释》（法释〔2020〕28号）

第六十八条 债务人或者第三人与债权人约定将财产形式上转移至债权人名下，债务人不履行到期债务，债权人有权对财产折价或者以拍卖、变卖该财产所得价款偿还债务的，人民法院应当认定该约定有效。当事人已经完成财产权利变动的公示，债务人不履行到期债务，债权人请求参照民法典关于担保物权的有关规定就该财产优先受偿的，人民法院应予支持。

债务人或者第三人与债权人约定将财产形式上转移至债权人名下，债务人不履行到期债务，财产归债权人所有的，人民法院应当认定该约定无效，但是不影响当事人有关提供担保的意思表示的效力。当事人已经完成财产权利变动的公示，债务人不履行到期债务，债权人请求对该财产享有所有权的，人民法院不予支持；债权人请求参照民法典关于担保物权的规定对财产折价或者以拍卖、变卖该财产所得的价款优先受偿的，人民法院应予支持；债务人履行债务后请求返还财产，或者请求对财产折价或者以拍卖、变卖所得的价款清偿债务的，人民法院应予支持。

债务人与债权人约定将财产转移至债权人名下，在一定期间后再由债务人或者其指定的第三人以交易本金加上溢价款回购，债务人到期不履行回购义务，财产归债权人所有的，人民法院应当参照第二款规定处理。回购对象自始不存在的，人民法院应当依照民法典第一百四十六条第二款的规定，按照其实际构成的法律关系处理。

《最高人民法院关于审理建设工程施工合同纠纷案件适用法律问题的解释（一）》（法释〔2020〕25号）

第二条 招标人和中标人另行签订的建设工程施工合同约定的工程范围、建设工期、工程质量、工程价款等实质性内容，与中标合同不一致，一方当事人请求按照中标合同确定权利义务的，人民法院应予支持。

招标人和中标人在中标合同之外就明显高于市场价格购买承建房产、无偿建设住房配套设施、让利、向建设单位捐赠财物等另行签订合同，变相降低工程价款，一方当事人以该合同背离中标合同实质性内容为由请求确认无效的，人民法院应予支持。

◆ 案例指引

1. 应以当事人真实的意思表示为基础处理合同权利义务关系

▷彭某某与深圳天下汇智控股有限公司、鲜某某股权转让纠纷案①

彭某某拟将其持有的股权转让给深圳天下汇智控股有限公司（以下简称天下汇智公司），双方于 2017 年 2 月 22 日签订了《公司内部股权转让协议》和《股权转让协议书》两份协议，并分别约定了管辖条款。其中，《公司内部股权转让协议》约定：如因履行本协议发生争议协商不成，则通过诉讼解决；《股权转让协议书》约定：如因履行本协议发生争议协商不成，向深圳仲裁委员会申请仲裁，此份协议经公证机关公证。后双方因股权转让发生争议。天下汇智公司认为，双方约定了仲裁协议，请求将案件移送深圳仲裁委员会仲裁。

深圳市中级人民法院在查明事实的基础上认为，《公司内部股权转让协议》约定了案涉股权的转让价格、支付期限、税费承担等内容，鲜某某亦对《公司内部股权转让协议》出具了《担保函》，与此同时，天下汇智公司法定代表人张某某已按该协议向彭某某划转了约定的 10 万元股权转让款。而《股权转让协议书》未约定税费的承担。因此，《公司内部股权转让协议》为当事人隐藏的真实意思表示，应当有效。而《股权转让协议书》为虚假意思表示，应为无效。该两份协议约定的管辖条款存在冲突，应当按照当事人真实意思表示所签订的合同，即《公司内部股权转让协议》约定的管辖条款确定管辖。但该协议仅约定双方争端通过诉讼解决，属于约定不明，故依照《民事诉讼法》的相关规定确定管辖，也即由被告住所地或者合同履行地人民法院管辖。

---

① 参见广东省深圳市中级人民法院（2018）粤 03 民辖终 2440 号民事裁定书。类似案例可参见深圳市中级人民法院（2015）深中法商终字第 545 号民事判决书。

2. 应结合合同签订的时间、背景、实际履行情况等因素，综合确定当事人的真实意思表示

▷宁夏庆丰投资有限公司、海南中石实业有限公司股权转让纠纷案①

海南中石实业有限公司（以下简称中石公司）持有四季鲜公司的部分股权。2015 年 10 月 31 日，中石公司、四季鲜公司及宁夏庆丰投资有限公司（以下简称庆丰公司）签订《协议一》，约定中石公司将持有的四季鲜公司全部股份及定额分红 1200 万元以 2400 万元的价格转让给庆丰公司，在 2015 年 12 月 31 日之前、2016 年 3 月 30 日之前分别支付 1200 万元，逾期需支付违约利息。2016 年 4 月 13 日，中石公司与庆丰公司签订《协议二》，约定中石公司将持有的四季鲜公司全部股权以 1303.45 万元的价格转让给庆丰公司，协议签订后 15 日内中石公司应协助四季鲜公司办理股权变更登记。《协议二》签订后，四季鲜公司完成了股权变更登记。庆丰公司分别于 2016 年 7 月 19 日、20 日向中石公司支付了股权转让款合计 1303.45 万元。2018 年 7 月 10 日，中石公司要求庆丰公司按照《协议一》的约定支付剩余价款及利益，庆丰公司拒绝。中石公司遂向海口市中院提起诉讼，请求判令庆丰公司支付剩余价款及违约利息。

最高人民法院认为，首先，从《协议一》的整体约定内容来看，协议中关于定额分红 1200 万元的约定系确认股权转让价款的一个因素，且案涉 2400 万元的付款义务人为庆丰公司。一审据此认定《协议一》不存在违反《公司法》（2018 年修正）第 35 条和第 37 条规定的情形，并无不当。其次，本案中，原审已查明，《协议二》签订于 2016 年 4 月 13 日，该协议约定"本协议签署时，庆丰公司已将全部的股权转让价款 1303.45 万元向中石公司支付完毕"，但庆丰公司直至 2016 年 7 月 19 日、20 日才分两笔支付完毕，该协议约定与实际情况不符。在此情形下，难以直接确定该协议体现了当事人的真实意思表示。原判决根据《协议二》约定的股权转让款金额、支付时间，以及案涉股权变更登记时间，并结合各方当事人实际支付股权转让款的具体情况，认定《协议二》应系用于办理股权变更登记手续而签订的合同，于理有据。同时，因《协议一》系三方当事人签订，该协议对股权转让的份额、价款以及支付方式和违约责任等均进行了约定，且其内容

① 参见最高人民法院（2020）最高法民申 2279 号民事裁定书。

亦未违反法律、行政法规的强制性规定，故原判决认定《协议一》系本案当事人转让股权的真实意思表示，并以《协议一》确定双方的权利义务关系，并无不当。

3. 隐藏行为中的真实意思表示的效力应依相关法律规定具体进行判断

▷李某某、别某某等买卖合同纠纷案①

2021 年 4 月，李某某委托武某某帮其介绍购买车辆的人，武某某作为中介人找到欲购买车辆的别某某，并向其介绍车型和价款等，口头协商车辆买卖事宜，2021 年 5 月 8 日别某某应武某某要求于当日 22 点 20 分及 22 点 35 分向武某某微信转账共计 40000 元用于购买车辆。后别某某表示不愿购买武某某介绍的车辆，要求武某某退还 40000 元，武某某以自己只是中介人，别某某所支付价款已转交给车辆实际出卖人即李某某为由拒绝退还。车辆实际出售人李某某亦未向别某某交付车辆，而是自行将欲转让的车辆于 2021 年 7 月 26 日自行报废处理，报废残值亦由李某某收取（该车法定强制报废期为 2021 年 9 月）。另查明，别某某当时为新疆泰运运输（集团）有限公司青河县分公司（以下简称青河泰运公司）聘用驾驶员，武某某当时为青河泰运公司安全经理，李某某欲出售的车辆为挂靠青河泰运公司青河至阿勒泰市的线路车，车辆所有权归李某某所有，青河至阿勒泰市客运班线运营权属青河泰运公司管理，客运班线运营权武某某、李某某无权转让，武某某亦无权指定该客运班线驾驶员。

本案中，阿勒泰地区中级人民法院认为，本案双方当事人在车辆买卖过程中明确所买卖车辆是青河至阿勒泰市线路车，这说明车辆经营权是买卖成立的决定性条件。因此，本案双方之间买卖合同并非单纯的车辆买卖合同，而是名为买卖车辆，实为挂靠经营车辆的转让合同。存在通过虚假意思表示即双方买卖车辆的虚假意思表示，隐藏客运班线运输资质转让行为。按照《民法典》第 146 条的规定，当事人买卖车辆的意思表示属于虚假意思表示，应归于无效，至于该虚假的意思表示所隐藏的客运班线运输资质转让行为的效力问题，由于该车是挂靠车辆，本身具有特殊性，案涉车辆已临近法定强制报废期，因此转让协议转让的并不是车辆的所有权，而是经营权。在转让方不具有经营权的情况下，转让协议自然无效。

---

① 参见新疆维吾尔自治区伊犁哈萨克自治州阿勒泰地区中级人民法院（2022）新 43 民终 523 号民事判决书。

◆ 理解与适用

在实践中，当事人为规避行政监管等可能就同一交易同时订立两份以上内容不同的合同。在这些合同中，当事人首先以虚假意思表示订立一份合同用于备案、批准或者办理财产权利的变更、移转登记等，再私底下以真实意思表示订立一份合同用于实际履行。此类合同在理论上也称为"阴阳合同""黑白合同"或者"抽屉协议"等。鉴于《民法通则》《合同法》等原有立法未对此类情形作出规定，《民法典》第146条对此一问题进行了明确："行为人与相对人以虚假的意思表示实施的民事法律行为无效。以虚假的意思表示隐藏的民事法律行为的效力，依照有关法律规定处理。"本条即是对《民法典》第146条的具体适用问题所作的进一步解释。本条的适用过程中应注意如下两个问题：

1. 准确认定"阴阳合同"中的"阴合同"与"阳合同"

在"阴阳合同"中，当事人以虚假意思表示订立的"阳合同"通常应认为无效，关键在于如何判断"阴合同"的效力及其后续处理问题。需要注意的是，所谓当事人虚假的意思表示可包含两种情形，其一是单独虚伪表示，又称真意保留，它是指表意人故意隐瞒其内心真实意思，而表示与其真实意思不一致之其他意思的意思表示。[1] 我国《民法典》对真意保留的效力并未作出明确规定，理论上一般认为，在真意保留中，表意人对外之意思表示原则上有效，但如果表意人之非真意为相对人所明知时则归于无效。[2] 其二，与单独虚伪表示形成对比的是通谋的虚伪表示，也即行为人与相对人都明知自己所表示的意思非真实意思，通谋作出与真实意思不一致的意思表示。《民法典》第146条第2款以及《合同编通则解释》第14条所称之虚假意思表示应仅适用于后一种情形，也即通谋的虚伪表示。也即，如果仅一方当事人作出虚假意思表示，而另一方当事人为真实意思表示，则不适用《民法典》第146条第2款以及《合同编通则解释》第14条之规定。在通谋的虚伪表示中，当事人之间的民事法律行为本身就欠缺效果意思，故而原则上应属于无效。

当事人之间订立"阴阳合同"的目的往往是通过"阳合同"规避备案、审批

---

① 参见王利明：《民法总则研究》（第三版），中国人民大学出版社2018年版，第544页。

② 参见郑玉波：《民法总则》，中国政法大学出版社2003年版，第339页。

以及登记等行政监管，又或者是偷逃税费等。基于此，当事人通常不会实际履行"阳合同"，而是会按照"阴合同"的约定履行相关的权利义务，故而，对于体现当事人真实意思表示的"阴合同"，需要按照有关该行为的规定进行判断。本条具体列举了两种情形，也即，如果"阴合同"规避的是法律、行政法规的强制性规定，则需要适用《民法典》第153条的规定来确定其效力；如果其规避的是法律、行政法规关于合同应当办理批准等手续的规定，则应适用《民法典》第502条第2款的规定确定其效力。需要说明的是，本条之所以作此种列举，是因为以上两种乃实务中多发情形。换言之，当"阴合同"存在其他法律行为效力瑕疵的情形时，如欺诈、胁迫等，同样得适用该其他规定确定其效力。简言之，合同在性质上属于"阴合同"这一事实并不导致合同的无效。当能够根据《民法典》第153条或者第502条第2款等规定确定"阳合同"无效或者确定不发生效力时，此时原则上应当以体现当事人真实意思表示的"阴合同"作为处理当事人之间权利义务关系的事实基础，以避免发生不诚信的行为，但是法律另有规定时，应依据法律的规定处理当事人之间的权利义务关系。

最后，关于如何辨别"阴合同"和"阳合同"，我们认为，不宜直接根据当事人的主张确定何者为其真实意思表示，而是应当结合该系列合同签订的时间和背景、合同记载的内容、合同之间的关系、当事人实际履行情况等客观事实综合确定。

2. 注意区分"阴阳合同"与合同变更

"阴阳合同"与合同变更存在一定的相似之处。实践中，随着交易的深入或者基于客观情况的变更等因素，当事人就交易过程中的具体问题再次签订补充、变更协议属于普遍情形。对此，《民法典》第136条第2款规定："行为人非依法律规定或者未经对方同意，不得擅自变更或者解除民事法律行为。"第543条规定："当事人协商一致，可以变更合同。"可见，无论是"阴阳合同"抑或合同变更，都是合同当事人协商一致的行为。

对于如何区分两者，从《合同编通则解释》第14条的规定来看，应结合各合同成立的先后顺序以及实际履行情况综合判定。但应当看到的是，"阴阳合同"同样可能存在签订的先后顺序，"只要当事人一开始就一致同意订立阴阳合同，那么，秘密附约也可以等到后来再另行制作"。① 因此，"先后顺序"仅能作为区分两者的形式判断标准。实质判断标准应系指合同的实际履行情况。具体而言，"阴阳合同"通常是两份以上的实质性内容不一样的合同，当事人只履行体现其真实意思表示的"阴合同"。而合同变更则是由一系列真实的意思表示所组成。一般而言，在后的意思表示不会构成对在先的意思表示的实质性修正，也即不会背离原合同的本来目的。譬如，在"惠元（厦门）房地产发展有限公司、中铁二局集团有限公司等建设工程施工合同纠纷案"② 中，最高人民法院认为，确定是否对中标合同实质性内容进行变更，应考虑以下两个方面：第一，是否足以影响其他竞标人能够中标或者以何种条件中标。发包人与承包人的补充或变更协议的内容排除其他竞标人中标的可能或其他竞标人中标条件的，构成对中标合同实质性内容的变更。第二，是否对招标人与中标人的权利义务产生较大影响。发包人与承包人另行订立的补充或变更协议较大地改变了双方的权利义务关系，导致双方利益严重失衡的，则背离了中标合同的实质性内容。

当事人在变更合同时，可能出现约定内容不明确或者变更合同的证据毁损的情形，导致法院难以对当事人是否形成一致的意思表示作出准确判断。③ 对此，《民法典》第544条规定："当事人对合同变更的内容约定不明确的，推定为未变更。"此类情形与"阴阳合同"存在显著不同。前者实际上可认为当事人未就合同变更形成一致的意思表示，而后者无论是"阴合同"还是"阳合同"，都是当事人在协商一致的情况下签订的。在法律效果方面，若合同变更不明，则应执行原合同的有关约定。

最后，虽然《民法典》规定合同自由变更为原则，但也不排除特别法上存在例外情形。例如，《招标投标法》第46条第1款规定："招标人和中标人应当自中标通知书发出之日起三十日内，按照招标文件和中标人的投标文件订立书面合同。招标人和中标人不得再行订立背离合同实质性内容的其他协议。"该款规定属于法律的强制性规定，故违背该款之规定而进行的合同变更自始无效。

---

① ［法］弗朗索瓦·泰雷等：《法国债法：契约篇》，罗结珍译，中国法制出版社2018年版，第1046页。
② 参见最高人民法院（2022）最高法民申262号民事裁定书。
③ 参见最高人民法院民法典贯彻实施工作领导小组主编：《中华人民共和国民法典合同编理解与适用（一）》，人民法院出版社2020年版，第560页。

> **第十五条　【名实不符与合同效力】**
>
> 　　人民法院认定当事人之间的权利义务关系，不应当拘泥于合同使用的名称，而应当根据合同约定的内容。当事人主张的权利义务关系与根据合同内容认定的权利义务关系不一致的，人民法院应当结合缔约背景、交易目的、交易结构、履行行为以及当事人是否存在虚构交易标的等事实认定当事人之间的实际民事法律关系。

◆ 条文主旨

　　本条规定针对的是名实不符合同的效力认定问题。本条采取了一种实质主义的方法论，强调认定当事人之间的权利义务关系不应拘泥于合同使用的名称，而应当根据合同约定的内容；人民法院不必受当事人所主张的权利义务关系的限制，而应从客观真实的角度综合考量，来认定争议法律关系的性质及合同的成立与效力。

◆ 关联规定

《全国法院民商事审判工作会议纪要》（法〔2019〕254 号）

　　69.【无真实贸易背景的保兑仓交易】保兑仓交易以买卖双方有真实买卖关系为前提。双方无真实买卖关系的，该交易属于名为保兑仓交易实为借款合同，保兑仓交易因构成虚伪意思表示而无效，被隐藏的借款合同是当事人的真实意思表示，如不存在其他合同无效情形，应当认定有效。保兑仓交易认定为借款合同关系的，不影响卖方和银行之间担保关系的效力，卖方仍应当承担担保责任。

◆ 案例指引

名实不符合同的认定

　　▷ 四川交投国储商贸有限公司、四川省工业品电子商务有限公司等买卖合同纠纷案①

　　案涉三份买卖合同条款除单价外高度一致，该等合同显示的案涉货物交易流

---

① 参见四川省高级人民法院（2021）川民终 770 号民事判决书。

程为中商公司供货给四川省工业品电子商务有限公司（以下简称工业品公司）、工业品公司加价供货给四川交投国储商贸有限公司（以下简称交投公司）、交投公司再加价供货给顺卓公司。与此同时，顺卓公司为中商公司的全资子公司，中商公司对顺卓公司具有高度控制权，该等由母公司中商公司低价卖出后又由子公司顺卓公司高价买入的交易方式，与正常买卖交易特征不符。对此，交投公司主张其与工业品公司之间存在真实买卖合同关系，中商公司存在上游卖家，顺卓公司存在下游买家，中商公司、顺卓公司与工业品公司和交投公司一样，只是整个交易链条的两个环节。本院认为，交投公司举示的证据不能证明案涉交易还存在其他上下游交易对手或是存在真实货物流转，交投公司与工业品公司之间并不存在真实买卖货物交易，不构成真实买卖合同关系……本院认为，是否存在真实交易要以法院查明事实为依据，而非当事人的另案主张。且工业品公司已撤回对中商公司的起诉，相关事实并未经法院查明，仅以此认定存在真实交易证据不足，且与本案查明事实不符，本院不予支持。综上，当事人之间通过银行转账、单证签订进行闭合型循环"买卖"。本案当事人之间并不存在真实的买卖意图，货物并未实际交付流转，工业品公司对于交投公司并非合同卖方地位。

▷谌某、四川省琨宇实业集团有限公司、西昌市市场建设开发有限公司等买卖合同纠纷案①

案涉《钢筋产品购销合同》名为买卖合同，实为借贷合同，双方之间的买卖合同应属无效，但双方之间的真实意思行为即借贷法律行为除违反法律、行政法规强制性规定的部分无效外，其余条款应属有效。在此情况下，对于谌某提供之保证合同效力的影响，取决于谌某的真实意思表示是否仅限于为名义上的主合同提供担保。具体而言，在签订保证合同时，若谌某对于主合同之名实不符明知或应知，则视为保证担保意思涵盖被转性认定后的主合同所生债权，保证责任不受影响。但若谌某能够证明自己对此不知道且不应当知道，则需进一步考察谌某是否受到欺诈或发生重大误解而作出保证的意思表示，如其提供保证意思表示确实存在瑕疵，则可以免除保证责任。

---

① 参见四川省高级人民法院（2019）川民终 1185 号民事判决书。

▷邢某某与戴某、陈某某确认合同无效纠纷案①

关于涉案房屋是否戴某与邢某某夫妻共同财产的问题。《房产转让合同》约定陈某某按戴某规定的时间和数额交付购房款，收款收据原件由陈某某取得，说明此时戴某并未取得房屋所有权，也未实际占有，因此戴某处分的不是房屋所有权而是其享有的单位集资建房请求权。《房产转让合同》名为房产转让，实为集资建房请求权的转让，该集资建房请求权并非夫妻共同财产。涉案房屋是陈某某从戴某处受让集资建房请求权并向田独卫生院交纳集资建房款后而取得，对戴某与邢某某而言，因戴某转让集资建房请求权而丧失了取得涉案房屋的可能，因此涉案房屋并非戴某与邢某某的夫妻共同财产，邢某某主张涉案房屋属夫妻共同财产与事实不符，不予支持。

▷黄某某、十一冶建设集团有限责任公司合同纠纷案②

本案中，双方当事人签订《技术咨询服务协议书》，黄某某为提供技术咨询服务一方，十一冶建设集团有限责任公司（以下简称十一冶）为接受一方。依据上述法律规定，双方既签订"技术咨询服务"为名的合同，则约定内容应当围绕：黄某某或为十一冶提供可行性论证、技术预测、专题技术调查、分析评价报告，或以技术知识为十一冶解决特定技术问题，十一冶则支付相应的报酬。案涉合同内容显示，双方签订合同的目的系"确保甲方工程中标，顺利签订工程合同"，黄某某的主要合同义务为协调与业主方面的关系、协助甲方做好该工程投标工作等；黄某某需向十一冶支付750万元诚信履约保证金，若本项目未中标，黄某某需付投标制作费及相关费用40万元；黄某某取得报酬的条件为十一冶中标案涉工程等。从上述合同约定看，案涉合同约定的双方权利义务与技术咨询服务相去甚远。若为咨询服务合同，则无论十一冶是否中标，黄某某为其提供的服务咨询费用十一冶均应支付；而本案合同中，除非十一冶中标，否则，其不但不承担费用，相反，投标制作费及相关费用还应由黄某某承担。另外，黄某某的合同义务主要为确保十一冶中标提供协调服务，并非技术咨询服务。据此，可以认定，黄某某与十一冶签订的合同名义上为技术咨询服务合同，实质为具有居间性质的合同，确属名实不符。

---

① 参见海南省三亚市中级人民法院（2017）琼02民终1485号民事判决书。
② 参见安徽省合肥市中级人民法院（2020）皖01民终1261号民事判决书。

▷淮北市亿佳房地产开发有限公司宿州分公司与宿州市家具厂确认合同效力纠纷、所有权确认纠纷案①

涉案的《联建协议》主要内容为，"家具厂提供土地，淮北市亿佳房地产开发有限公司宿州分公司提供资金，双方约定建成房屋后按照约定分成"，从形式上审查，宿州市家具厂提供的土地原为"国有划拨土地"。根据《最高人民法院关于审理涉及国有土地使用权合同纠纷案件适用法律问题的解释》第14条规定，本解释所称的合作开发合同，是指当事人订立的以提供土地使用权、资金等作为共同出资，共享利润、共担风险合作开发房地产为基本内容的协议。因此，合作开发合同应当具备共同出资、共享利润和共担风险三大法律特征。但在实践中，冠名"合作开发合同"的开发形式多样，有的当事人不愿承担过多的房地产开发风险，该司法解释归纳了"名为合作实为土地使用权转让、名为合作实为房屋买卖、名为合作实为借款和名为合作实为租赁"等名实不符的四种情况，均缺乏合作各方"共担风险"这个重要的法律特征，实质上已经不属于合作开发合同。根据该司法解释第24条规定"合作开发房地产合同约定提供土地使用权的当事人不承担经营风险，只收取固定利益的，应当认定为土地使用权转让合同"。涉案的联建协议约定宿州市家具厂提供土地作为投资，分成33%比例的房屋。因此，《联建协议》应实为"土地使用权转让合同"。

▷仲利国际贸易（上海）有限公司、青岛森逸国际船舶服务有限公司买卖合同纠纷案②

仲利国际贸易（上海）有限公司先后与力勃公司和青岛森逸国际船舶服务有限公司签订《买卖合同》，上述合同具备买卖合同的基本属性，合同中载明了买卖货物的具体内容、数量、价款等基本要素，从仲利国际贸易（上海）有限公司提供的合同履行证据看，表面上也符合买卖合同履行的基本特征，但本案所涉买卖行为存在以下不具有商业合理性的行为……上述行为均表明案涉三方不存在货物买卖的真实意思，一审法院认定上述连环买卖合同名为买卖、实为借贷是正确的。

① 参见安徽省宿州市中级人民法院（2013）宿中民二终字第00388号民事判决书。
② 参见山东省高级人民法院（2020）鲁民终968号民事判决书。

▷四川展飞实业发展有限责任公司、四川林辰实业集团有限公司买卖合同纠纷案①

正是基于四川林辰实业集团有限公司（以下简称林辰公司）与帝业公司存在事实上的关联关系，帝业公司本可以直接与林辰公司发生交易，减少流通环节，降低营销成本，从而获得更多的利益，没有必要通过四川展飞实业发展有限责任公司（以下简称展飞公司）加价销售给帝业公司这种方式来进行交易。此外，林辰公司在向展飞公司出售黄磷的同时，又为帝业公司向展飞公司购买同一批黄磷提供担保，这种循环采购行为不但会带来多次烦琐的行政审批，也会耗费超过公司正常经营所需要的包括人力、时间在内的成本，显然有悖于商业常理。因此，一审认定三方当事人在本案中这种交易方式明显不合常理依据充分，本院予以支持。展飞公司上诉称帝业公司与林辰公司并非《公司法》意义上的关联关系，对本案无任何实际意义，并以此为由，认为三方当事人建立的购销关系正常的上诉理由不能成立，本院不予支持。

▷中铁物资集团北京有限公司与五矿浙江国际贸易有限公司等买卖合同纠纷案②

三方当事人之间的民事关系的表象为周贯公司与五矿浙江国际贸易有限公司之间系委托代理合同关系，五矿浙江国际贸易有限公司与中铁物资集团北京有限公司之间、中铁物资集团北京有限公司与周贯公司之间分别系买卖合同关系，但综合本案的具体情形，本案三方当事人之间的民事关系系名为买卖实为借款关系……本案虽在外在表现形式上具有买卖合同关系的特征，但本案三方当事人之间的真实意思表示实为借贷，系三方当事人为了规避当时的法律和有关企业之间不得借款的政策规定而以买卖关系掩盖借款关系的循环贸易。因此，本案三方当事人之间实际发生的民事关系应认定为借款关系。在该借款关系中，五矿浙江国际贸易公司为出借人，周贯公司为借款人，中铁物资集团北京有限公司系为促成本案借贷合同成立并得以实际履行提供帮助的辅助人。本案案由应当认定为企业借贷纠纷。

---

① 参见四川省高级人民法院（2017）川民终第 1191 号民事判决书。
② 参见浙江省高级人民法院（2016）浙民终 500 号民事判决书。

◆ 理解与适用

本条可谓对此前碎片化的名实不符合同裁判规则的系统总结和提炼，[①] 以司法解释的形式发布意味着其已不仅是一项司法政策导向，而是作为一项实定法的一般规则，因此，其一般性的造法价值不言自明。根据本条规定，认定名实不符合同的效力，首先牵涉对案件的定性和对当事人意图的识别，这在本质上涉及法官对当事人意思表示的解释。当事人之间法律关系的性质，须依据法律行为的整体内容而非当事人所使用的称谓或部分当事人的事后陈述来加以判断。因此，在本质上，这涉及意思表示解释规则的适用；在比较法上，这属于事实问题而非法律问题。法官对合同的定性，显然必须受到意思表示和合同解释规则的限制，不能脱离这些规则的制约，游离于合同文本之外，天马行空地任意解释。

就此而言，值得注意的是，本条第 1 句中"不应当拘泥于"的措辞是鼓励法官不必受当事人合同名称的限制，而应以自由的心态准确界定合同的内容；这可以视为对法官在某些情形下可以撇开当事人合同的一般性授权条款。但本条若无法正确审慎适用，也容易助长法官随意排除和否定当事人所签订的合同的倾向，这就会鼓励更多地出现"法官比当事人更懂他们自己""法官认为自己比当事人更清楚他们真正想要的是什么"的微妙局面，这无疑与"当事人是合同的主人"以及"每个人是自己利益的最佳法官"的私法自由主义方法论背离过远。本条第 2 句则列出了法官认定真实法律关系的各种考量因素：缔约背景、交易目的、交易结构、履行行为及标的是否虚构等，用以解决"当事人主张的权利义务关系与根据合同内容确立的权利义务关系不一致"的名实不符问题。不过，问题在于，这里往往只是个别当事人的主张，并不是所有当事人的一致主张。而"根据合同内容确立的权利义务关系"则显然是法官对合同关系的定性；不过，法官得出名实不符的不一致定性本身的依据和标准为何、定性过程是否具有必要的透明度、定性结论是否准确客观、有异议的当事人如何获得救济等，这些都有待于在未来的司法适用中加以进一步明确。

[①] 譬如，最高人民法院 2014 年发布的《关于审理融资租赁合同纠纷案件适用法律问题的解释》第 1 条第 2 款规定："对名为融资租赁合同，但实际不构成融资租赁法律关系的，人民法院应按照其实际构成的法律关系处理。"在 2020 年修正后的新版司法解释中，该条仍得以保留。

首先，对当事人的约定和交易行为是否符合交易常理的认定，必须立足于合同文本和当事人的真实意图，应坚持以文本主义为原则、以语境主义为补充的解释规则。就合同解释而言，普通法的方法论有语境主义（contextualism）与形式主义（formalism）两大分野①。语境主义是从法律文本的外部来解释合同；与之相对立，形式主义则是"严格根据法律的内在逻辑理由来决定案件"，此种方法论"采取一种极度规则约束的决策模式"②。与形式主义经常相联系的文义主义就是一种极为重要的解释方法，其将合同文本视为理解当事人真意的最佳方式，并认为赋予文本通常含义是实施当事人意图的最好手段。形式主义往往坚持比较严格的解释方法，但其局限性在于"将法律与生活割裂，将文本的意义与其语境割裂"③。形式主义方法将合同文本作为解释当事人真意的最高证据，优先于其他一些模糊或间接的证据如商业惯例、当事人之间的先前交易等，并强调对合同文本必须以通常的含义去理解。而"合同的语境解释"规则的外延则是法院需要考量的外部证据的种类，这些外部证据主要包括以下种类：（1）合同的主旨和目的；（2）合同产生的周遭环境；（3）合同当事人订立合同之后的后续行为；（4）合同当事人各方合理的解释；（5）合同当事人在订立合同之前的陈述；（6）行业惯例；（7）合同当事人之间的交易过程。④

其次，在存在确定和最终性的书面合同文本的情况下，不应根据口头文件或陈述来轻易否认书面合同的效力。《魁北克民法典》第 2863 条即有类似规定："一项书面法律行为的当事人不得通过证言方式否认或更改其条款，除非确有证据。"言辞证据规则的主要功能在于：（1）通过赋予书面协议以当事人所预期的效力来落实当事人的真意；（2）确立合同交易的稳定性；（3）保护书面协议的完整性和确定性；（4）保护书面协议的效力，因为其比当事人事后的回忆更为可

---

① 在合同解释方法论上，大陆法系则是主观主义（意思理论 intention thoery）和客观主义（表示理论 expression thoery）作为两大基本流派。参见 Hein Kötz, European Contract Law, 2nd ed., Oxford, 2017, pp. 92-93。

② Stone, M., "Formalism", in J. Coleman and S. Shapiro（eds）, The Oxford Handbook of Jurisprudence and Philosophy of Law, Oxford：OUP, 2002, pp. 166, 173.

③ Ben-Shahar, O., "The Tentative Case Against Flexibility in Commercial Law"（1999）66 Univ Chi L R 781, 781.

④ 卢志强：《英美法合同解释制度的历史变迁及发展革新》，载《深圳大学学报（人文社会科学版）》2020 年第 5 期，第 100 页。

信。在这些功能之中，首要的是贯彻实施当事人的真实意图。① 言辞证据规则应用的一个具体制度即为所谓的合并条款（Merger Clause），它也被称为纳入条款，其典型表述如下："本协议是当事人之间的完整协议。它取代了任何此前或同时期的、口头或书面的协议。无其他协议或陈述——无论是口头或书面形式——来作为当事人之间的协议。"② 《国际商事合同通则》第 2.1.17 条即为合并条款，根据该条，若一项书面合同中载有的一项条款表明该合同包含各方当事人已达成一致的全部条款，则此前的陈述或协议均不能作为证据来抵触或补充该合同。但是，该等陈述或协议可用于解释该书面合同。就名实不符的融资性贸易合同而言，如果存在书面的合同，而且合同本身并不存在无效事由，那么，法院就应该尽量避免依据部分当事人事后的陈述来否定书面合同的效力。恰如有论者所指出的，"在涉及融资性贸易时……法院尽量不要越俎代庖，不要轻易去推翻这份买卖合同的效力；反之以另一份不同法律关系、不同约定内容的非书面合同进行替代，除非有充分证据证明当事人都认可买卖合同之外其他真实意思的存在或者合意作出了新的意思表示，否则反而会导致某些当事人利用诉讼进行投机行为"。③ 由此，不难理解的是，在（2017）最高法民终 345 号民事判决书中，最高人民法院指出：认定当事人的主观意思在诉讼当事人之间形成合意，或者至少在原被告、原告上下游之间就融资设计形成合意，即要看整个贸易链条上相关方的整体意思，需要相关当事人均认为当事人的真实意思是借贷或者知晓真实意思是借贷，不能只看某一个或者几个特殊当事人的意思。④

最后，突破合同相对性的所谓"穿透式审查"须有其边界和限度。我国司法传统历来重视实质正义，强调裁判结果须符合公平正义原则。与之一脉相承的是，"我国法律对行为标准的设定多采取比较严格和趋于探究内心真意的规定，而不过于强调行为外观的效力。此盖因我国法律采民商合一体制，《合同法》《物权法》等规制市场经济活动的重要法律既规范商事行为也规范民事行为，故其标

---

① Steven J. Burton, Elements of Contract Interpretation, Oxford University Press, 2009, p. 69.

② Bank Julius Baer & Co. v. Waxfield Ltd., 424 F. 3d 278, 283 (2d Cir. 2005).

③ 吕冰心：《融资性贸易的实证研究及裁判建议》，载《人民司法》2020 年第 31 期，第 87 页。

④ 参见最高人民法院（2017）最高法民终 345 号民事判决书。

准设定多以民事主体和行为为依据而非以专业要求更高的商主体和商行为为依据"。① 因此，法官对于融资性贸易这类典型的名实不符合同纠纷仍然习惯于秉持民法的实质主义思维，民法的实质主义很多时候凌驾于商法的外观主义之上，最终，法官以"穿透式审查"来突破商法外观主义、信赖保护和合同相对性等底层逻辑。在这样的背景下，就不难理解法院就"名为、实为"发展出一整套成体系的裁判原则。如同有论者在此前所指出的，法官在解释所谓名实不符的行为时，"往往会陷入以结果定目的，以目的定效力的论证逻辑。此种解释逻辑显然不符合法的安定性和尊重当事人意思自治的要求……一穿到底式的审查，难免有任性和扒皮之嫌，且对市场创新造成困扰。穿透必须有标准和尺度"。② 因此，法官排除当事人所签订的合同实施穿透式监管，应该秉持审慎立场，将其作为一种例外的方法论，始终维护合同自由作为合同法的基础性原则，尊重当事人合法的市场创新。

第十六条　【合同不因违反强制性规定无效】

合同违反法律、行政法规的强制性规定，有下列情形之一，由行为人承担行政责任或者刑事责任能够实现强制性规定的立法目的的，人民法院可以依据民法典第一百五十三条第一款关于"该强制性规定不导致该民事法律行为无效的除外"的规定认定该合同不因违反强制性规定无效：

（一）强制性规定虽然旨在维护社会公共秩序，但是合同的实际履行对社会公共秩序造成的影响显著轻微，认定合同无效将导致案件处理结果有失公平公正；

（二）强制性规定旨在维护政府的税收、土地出让金等国家利益或者其他民事主体的合法利益而非合同当事人的民事权益，认定

---

① 吴智永、徐劲草：《融资租赁案件中名实不符的表现形态及法律分析》，载《人民司法·应用》2017 年第 25 期，第 62 页。

② 吴智永：《结构化交易行为中的虚伪表示："名实不符"法律行为的理解与认定——兼论〈民法总则〉第 146 条的效力评析》，载《山东法官培训学院学报》2018 年第 2 期，第 35 页。

合同有效不会影响该规范目的的实现；

（三）强制性规定旨在要求当事人一方加强风险控制、内部管理等，对方无能力或者无义务审查合同是否违反强制性规定，认定合同无效将使其承担不利后果；

（四）当事人一方虽然在订立合同时违反强制性规定，但是在合同订立后其已经具备补正违反强制性规定的条件却违背诚信原则不予补正；

（五）法律、司法解释规定的其他情形。

法律、行政法规的强制性规定旨在规制合同订立后的履行行为，当事人以合同违反强制性规定为由请求认定合同无效的，人民法院不予支持。但是，合同履行必然导致违反强制性规定或者法律、司法解释另有规定的除外。

依据前两款认定合同有效，但是当事人的违法行为未经处理的，人民法院应当向有关行政管理部门提出司法建议。当事人的行为涉嫌犯罪的，应当将案件线索移送刑事侦查机关；属于刑事自诉案件的，应当告知当事人可以向有管辖权的人民法院另行提起诉讼。

◆条文主旨

本条第 1 款列举了由行为人承担行政责任或者刑事责任能够实现立法目的而无需认定合同无效的具体情形。其理由在于如果已经有其他手段能够弥补对于公共利益的损害，则无需判定合同无效，这也是比例原则在合同无效领域的适用。本条列举了合同违法后果显著轻微且无效导致不公平、强制性规定旨在维护国家利益等且合同有效不影响该利益实现、强制性规定旨在维护内部管理等且对方无法审查、当事人一方违法却主张无效、法律和司法解释规定的其他情形等 5 种情形，但具体个案中究竟是否会导致合同无效仍需具体判断。

本条第 2 款强调需考虑所涉交易是否落入强制性规定的规范情形，如果该强制性规定仅意在规制合同订立后的履行行为，则无需认定合同无效。这是精细化区分合同效力与合同履行的应有之义。

本条第 3 款承接第 1 款规定，规定了法院对合同效力认定与行政机关和刑事机关公法处理行为的衔接，以确保行为人依法承担行政责任或者刑事责任，实现规范的立法目的，而无需认定合同无效。之所以强调法院需提出司法建议或移送案件线索，是希望将法院通过民事诉讼发现的部分违法行为进行高效处理，通过司法机关、行政机关和刑事机关协同提升违法案件处理效率，达到更加公平的结果。

◆ 关联规定

《中华人民共和国民法典》

第一百五十三条 违反法律、行政法规的强制性规定的民事法律行为无效。但是，该强制性规定不导致该民事法律行为无效的除外。

违背公序良俗的民事法律行为无效。

第七百零六条 当事人未依照法律、行政法规规定办理租赁合同登记备案手续的，不影响合同的效力。

《关于当前形势下审理民商事合同纠纷案件若干问题的指导意见》（法发〔2009〕40 号）

16. 人民法院应当综合法律法规的意旨，权衡相互冲突的权益，诸如权益的种类、交易安全以及其所规制的对象等，综合认定强制性规定的类型。如果强制性规范规制的是合同行为本身即只要该合同行为发生即绝对地损害国家利益或者社会公共利益的，人民法院应当认定合同无效。如果强制性规定规制的是当事人的"市场准入"资格而非某种类型的合同行为，或者规制的是某种合同的履行行为而非某类合同行为，人民法院对于此类合同效力的认定，应当慎重把握，必要时应当征求相关立法部门的意见或者请示上级人民法院。

《全国法院民商事审判工作会议纪要》（法〔2019〕254 号）

30.【强制性规定的识别】合同法施行后，针对一些人民法院动辄以违反法律、行政法规的强制性规定为由认定合同无效，不当扩大无效合同范围的情形，合同法司法解释（二）第 14 条将《合同法》第 52 条第 5 项规定的"强制性规定"明确限于"效力性强制性规定"。此后，《最高人民法院关于当前形势下审理民商事合同纠纷案件若干问题的指导意见》进一步提出了"管理性强制性规定"

的概念，指出违反管理性强制性规定的，人民法院应当根据具体情形认定合同效力。随着这一概念的提出，审判实践中又出现了另一种倾向，有的人民法院认为凡是行政管理性质的强制性规定都属于"管理性强制性规定"，不影响合同效力。这种望文生义的认定方法，应予纠正。

人民法院在审理合同纠纷案件时，要依据《民法总则》第 153 条第 1 款和合同法司法解释（二）第 14 条的规定慎重判断"强制性规定"的性质，特别是要在考量强制性规定所保护的法益类型、违法行为的法律后果以及交易安全保护等因素的基础上认定其性质，并在裁判文书中充分说明理由。下列强制性规定，应当认定为"效力性强制性规定"：强制性规定涉及金融安全、市场秩序、国家宏观政策等公序良俗的；交易标的禁止买卖的，如禁止人体器官、毒品、枪支等买卖；违反特许经营规定的，如场外配资合同；交易方式严重违法的，如违反招投标等竞争性缔约方式订立的合同；交易场所违法的，如在批准的交易场所之外进行期货交易。关于经营范围、交易时间、交易数量等行政管理性质的强制性规定，一般应当认定为"管理性强制性规定"。

《最高人民法院关于审理商品房买卖合同纠纷案件适用法律若干问题的解释》（法释〔2020〕17 号）

第二条 出卖人未取得商品房预售许可证明，与买受人订立的商品房预售合同，应当认定无效，但是在起诉前取得商品房预售许可证明的，可以认定有效。

第六条第一款 当事人以商品房预售合同未按照法律、行政法规规定办理登记备案手续为由，请求确认合同无效的，不予支持。

《最高人民法院关于适用〈中华人民共和国民法典〉有关担保制度的解释》（法释〔2020〕28 号）

第三十七条 当事人以所有权、使用权不明或者有争议的财产抵押，经审查构成无权处分的，人民法院应当依照民法典第三百一十一条的规定处理。

当事人以依法被查封或者扣押的财产抵押，抵押权人请求行使抵押权，经审查查封或者扣押措施已经解除的，人民法院应予支持。抵押人以抵押权设立时财产被查封或者扣押为由主张抵押合同无效的，人民法院不予支持。

以依法被监管的财产抵押的，适用前款规定。

《最高人民法院关于审理建设工程施工合同纠纷案件适用法律问题的解释
(一)》(法释〔2020〕25号)

第三条　当事人以发包人未取得建设工程规划许可证等规划审批手续为由,
请求确认建设工程施工合同无效的,人民法院应予支持,但发包人在起诉前取得
建设工程规划许可证等规划审批手续的除外。

发包人能够办理审批手续而未办理,并以未办理审批手续为由请求确认建设
工程施工合同无效的,人民法院不予支持。

◆ 案例指引

1. 合同违法后果显著轻微且无效导致不公平,行政法足以规制

▷北海银河生物产业投资股份有限公司、四川永星电子有限公司企业借贷纠
纷案[1]

法院认为,针对北海银河生物产业投资股份有限公司(以下简称银河生物)、
四川永星电子有限公司(以下简称永星公司)提出卓舶公司不具备银行业金融机
构的资格且案涉行为不符合企业间借贷的规定,借贷关系应属无效的理由,《民
间借贷司法解释(2020)》第13条第3项规定"未依法取得放贷资格的出借人,
以营利为目的向社会不特定对象提供借款的",民间借贷合同无效,而根据银河
生物、永星公司在二审中提供的银河天成与复娣公司、洹天公司等公司借款的银
行凭证,仅能认定银河天成自2015年至2017年间多次向卓舶公司、复娣公司、
洹天公司等公司借款,并多于当日向长春贵之恒支付名为"代周泉借款"的款
项,但无法认定陈某良多次通过上述公司为银河天成提供高息贷款,并以此为
业。职业放贷人一般是指同一出借人在一定期间内多次反复从事有偿民间借贷行
为的人,因无法认定陈某良与为银河天成提供借款的上述公司的关联关系,故无
法认定是陈某良个人在上述期间内多次反复从事有偿民间借贷行为,故案涉《借
款合同》效力不受此影响,一审判决对此认定正确。

---

[1]　参见最高人民法院(2020)最高法民终935号二审民事判决书。

▷浙江国泰建设集团有限公司、泰州开泰汽车城发展有限公司建设工程施工合同纠纷案①

法院认为，本案双方在签订合同之前，签订《框架协议》对工程范围、取费标准以及履约保证金、垫资施工等进行了约定，并约定该项目采用邀标方式招标，泰州开泰汽车城发展有限公司承诺采取适当措施保证浙江国泰建设集团有限公司中标，存在《招标投标法》第43条规定的情形。《招标投标法》是规范建筑市场招投标活动的具有公法性质的一部法律，目的是通过规范建筑项目的招投标活动，进而保护国家利益和社会公共利益及公共安全。本案无证据证明双方当事人的招投标行为损害了国家利益、社会公共利益及公共安全。如上所述，案涉工程并非必须进行招投标的项目，而《招标投标法》第55条关于因招标人和投标人就实质性内容进行谈判导致中标无效的规定是针对"依法必须进行招标的项目"。本案不属于因违反《建设工程施工合同解释》第1条第3项规定而应认定无效的情形。

2. 强制性规定旨在维护土地出让金等国家利益等且合同有效不影响该利益实现，行政法足以规制

▷李某雄、刘某华房屋买卖合同纠纷案②

法院认为，《城市房地产管理法》第38条规定："下列房地产，不得转让：（一）以出让方式取得土地使用权的，不符合本法第三十九条规定的条件的……；（六）未依法登记领取权属证书的……"第40条第1款规定："以划拨方式取得土地使用权的，转让房地产时，应当按照国务院规定，报有批准权的人民政府审批。有批准权的人民政府准予转让的，应当由受让方办理土地使用权出让手续，并依照国家有关规定缴纳土地使用权出让金。"从条文内容看，第38条、第40条均未直接规定违反后的行为无效。而且在此类纠纷中，认定划拨土地上的房屋买卖合同有效，继续履行合同，也不会侵害国家利益和社会公共利益。

▷赵某国、青岛腾程伟业餐饮实业连锁有限公司特许经营合同纠纷案③

法院认为，《商业特许经营管理条例》关于特许人从事特许经营活动应当拥

---

① 参见最高人民法院（2019）最高法民终314号二审民事判决书。
② 参见最高人民法院（2017）最高法民再87号再审民事判决书。
③ 参见最高人民法院（2021）最高法民申5613号再审裁定书。

有至少两个直营店，并且经营时间超过一年以及是否备案等规定，属于行政法规的管理性强制性规定，特许人不具备上述条件，不会导致特许经营合同无效。关于特许经营活动的直营店及其备案要求并不属于对主体资质的效力性强制性规定，并不影响合同效力。

3. 强制性规定旨在进行风险控制、维护内部管理等且对方无法审查，且行政法足以规制

▷江苏金涛投资控股有限公司、江西省科特投资有限公司借款合同纠纷案①

一审法院认为，合同中约定了江西省科特投资有限公司（以下简称科特公司）出借资金注入万某良、涂某明、袁某星证券账户，并将证券账户一并出借给亿舟公司用于证券交易。该出借账户的行为违反了《证券法》（2014 年修正）第80 条关于"禁止法人非法利用他人账户从事证券交易"以及中国证券监督管理委员会《关于清理整顿违法从事证券业务活动的意见》第 5 条："任何机构和个人不得出借自己的证券账户，不得借用他人证券账户买卖证券"的规定，合同中万某良、涂某明、袁某星出借证券账户的行为违反了法律、行政法规的禁止性规定，该行为应由相关行政管理部门予以规制，出借证券账户的违法行为并不必然导致《借款合同》无效的法律后果。对此二审时最高人民法院亦予以认可。

此外，二审时最高人民法院认为，案涉《借款合同》落款处加盖了亿舟公司法定代表人名章，江苏金涛投资控股有限公司主张该法定代表人名章是伪造的，亦未能提供证据证实。从本案现有证据和各方陈述看，案涉《借款合同》上亿舟公司的印章系在亿舟公司时任董事长陈某指示下，由持有亿舟公司 20% 股权的股东合鑫创盈供应链管理（上海）有限公司（以下简称合鑫公司）的工作人员王某某实际加盖。亿舟公司明知陈某有使用其公司印章的可能，但在本案诉讼发生后仍未积极予以核实，实际放任其公司印章由陈某进行使用……综合本案情况，一审判决认定亿舟公司内部对公章的管理使用不影响对外使用公章所签订合同的效力，案涉《借款合同》依法成立，并无不当。

---

① 参见最高人民法院（2020）最高法民终 295 号二审民事判决书。

▷江苏金桥市场发展有限公司、河北邢台农村商业银行股份有限公司借款合同纠纷案①

江苏金桥市场发展有限公司主张根据《商业银行法》第 39 条第 3 项规定，对同一借款人的贷款余额与商业银行资本余额的比例不得超过 10%案涉关联案件总计借款金额 3.27 亿元，发放贷款时河北邢台农村商业银行股份有限公司的注册资本为 81421.56 万元，河北邢台农村商业银行股份有限公司违反《商业银行法》第 39 条规定，借款合同无效。法院认为，本案借款金额并未超过上述法律条文规定限制且案涉有关的六个案件的借款人亦非同一借款人，因上述法律规定并非效力性强制性规范，本案不应适用上述法律条文否认合同效力。

4. 当事人一方违法却主张无效，违反诚实信用原则

▷北京城建集团有限责任公司、沈阳世茂新世纪房地产开发有限公司建设工程施工合同纠纷案②

关于案涉合同是否无效问题。沈阳世茂新世纪房地产开发有限公司（以下简称沈阳世茂公司）主张案涉合同无效的主要理由是案涉工程未取得建设工程规划许可。案涉工程确实未办理建设工程规划许可证，但办理该许可证是作为发包人的沈阳世茂公司的法定义务，沈阳世茂公司以其自己未履行法定义务为由主张案涉合同无效，违反诚实信用原则。且原《最高人民法院关于审理建设工程施工合同纠纷案件适用法律问题的解释（二）》第 2 条第 2 款规定："发包人能够办理审批手续而未办理，并以未办理审批手续为由请求确认建设工程施工合同无效的，人民法院不予支持。"据此，沈阳世茂公司的该项主张缺乏法律依据。

5. 区分合同效力与合同履行

▷河南恒昌房地产开发有限公司、李某红合同纠纷案③

法院认为，《最高人民法院关于审理涉及国有土地使用权合同纠纷案件适用法律问题的解释》（2005 年）第 9 条规定，转让方未取得出让土地使用权证书与受让方订立合同转让土地使用权，起诉前转让方已经取得出让土地使用权证书或

---

① 参见河北省高级人民法院（2020）冀民终 687 号二审民事判决书；河北省高级人民法院（2020）冀民终 625 号二审民事判决书。
② 参见最高人民法院（2021）最高法民终 695 号二审民事判决书。
③ 参见最高人民法院（2019）最高法民再 379 号再审民事判决书。

者有批准权的人民政府同意转让的，应当认定合同有效。河南恒昌房地产开发有限公司虽主张根据该条解释应认定案涉协议无效，但该条解释仅就"转让方未取得出让土地使用权证书与受让方订立合同转让土地使用权，起诉前转让方已经取得出让土地使用权证书或者有批准权的人民政府同意转让"的合同效力作了规定，并未对"起诉前转让方未取得出让土地使用权证书或者未经有批准权的人民政府同意转让"情形下的合同效力作出规定。具体到本案，案涉协议中，土地使用权转让作为物权变动的一种形态，其转让行为适用《物权法》规定的物权变动原则，河南恒昌房地产开发有限公司能否取得案涉土地使用权证书或经有批准权的政府同意转让，属于合同履行问题，并非合同的生效要件。此外，原审已查明案涉相关协议均系当事人之间的真实意思表示，亦无《合同法》第52条规定的合同无效情形，故原审认定案涉《联合开发协议》《补充协议》及《补充协议二》有效，适用法律并无不当。

◆ **理解与适用**

强制性规定是指当事人不得约定排除适用的规范，其与任意性规定相对，包括要求当事人必须采用特定行为模式的规范、禁止当事人采用特定行为模式的规范①以及形成性强制性规范等法律另有规定的规范（形成性强制性规范详见《合同编通则解释》第18条适用，此处讨论前两种）。强制性规定对民事法律行为效力的影响一直以来是民事立法和实践的重点，其本质体现着国家公权力对经济社会秩序的干预程度。

从比较法上来看，各国立法多采取区分强制性规定类型的方法，认为只有部分强制性规定违反之将导致合同无效，而对于这些强制性规定的判定，则发展出了规范性质说、规范对象说、规范重心说、规范目的说、② 综合判断说、履行阶段说③等多种理论，目前理论上多强调规范目的及综合考虑各类因素。

我国经历了《经济合同法》《合同法》（包括《合同法》相关司法解释）以

---

① 参见王轶：《民法典的规范类型及其配置关系》，载《清华法学》2014年第6期，第62页。

② 参见刘玉杰：《论违反强制性规定的法律行为效力——来自德国法的实践与启示》，载《兰州学刊》2008年第11期，第132页。

③ ［日］加藤雅信等编，牟宪魁等译：《日本民法学说百年史》，商务印书馆2017年版，第140-142页。

及《民法典》的变化，最终亦采取了部分强制性规定导致合同无效、部分强制性规定不导致合同无效的规则。本条以问题为导向，进一步对如何判断后种强制性规定以及这种强制性规定通常有哪些类型作出了系统解释。在具体的理解与适用方面，需注意以下问题：

1. 不再沿用效力性强制性规定的表述

过去很长一段时间，我国对于违反强制性规定是否导致法律行为无效主要是区分效力性规定和管理性规定来判断法律行为效力。自《合同法解释（二）》第14 条和《审理民商事合同纠纷案件指导意见》第 15 条将导致合同无效的强制性规定限制在效力性强制性规定后，司法实践中也多采取判断某一规范究竟是管理性强制性规定还是效力性强制性规定的裁判思路。但是此种分类以违反强制性规定的后果作为区分标准，具有明显的同义反复和循环论证等缺陷。① 同时，易产生望文生义等误导，误认为只要与行政管理有关的强制性规定均属于管理性强制性规定。实际上，所有的强制性规定均具有行政管理色彩，只是由于其管理程度的强弱不同，对私人自治干预的后果亦有不同。②

因此，《民法典》没有将效力性强制性规定的表述上升为立法，而是借鉴《德国民法典》第 134 条，规定"违反法律、行政法规的强制性规定的民事法律行为无效。但是，该强制性规定不导致该民事法律行为无效的除外"。对此有学者认为仍有必要继续使用效力性强制性规定这一分类，③ 也有学者反对。此种实践中法院有所犹疑，有继续采用的，也有不继续采用的。

本次司法解释明确不再在司法审判中沿用效力性强制性规定的表述。④ 需要注意的是，是否沿用效力性强制性规定仅仅是一个法律技术问题，并不涉及价值判断。根据目前司法解释规则，与能够导致法律行为无效的强制性规定相对的，是不能导致法律行为无效的强制性规定，两者主要是强制性规定的类型区分，这

---

① 石佳友：《民法典的立法技术：关于〈民法总则〉的批判性解读》，载《比较法研究》2017 年第 4 期，第 128 页。
② 参见朱庆育：《〈合同法〉第 52 条第 5 项评注》，载《法学家》2016 年第 3 期，第 158 页。
③ 参见王轶：《民法规范论视野下的合同效力》，载《法律适用》2023 年第 12 期，第 7 页。
④ 参见《最高人民法院民二庭、研究室负责人就民法典合同编通则司法解释答记者问》，载最高人民法院网站，https://www.court.gov.cn/zixun/xiangqing/419402.html，2023 年 12 月 11 日访问。

有利于明确合同效力评价的依据，保护当事人合理信赖和预期。①

2. 不导致合同无效的强制性规定的具体类型

本条是对强制性规定类型化的一大创新。以往对于违法导致法律行为无效的讨论，主要集中在需要考虑强制性规定的各类因素以及对导致合同无效的强制性规定的类型的总结。原因在于，合同严守是合同法的基本原则，应尽量降低确认合同无效的可能，避免行政法、刑法等公法规则对私法规则的过度干预。本条创新性地对不会导致法律行为无效的强制性规定进行了归纳，总结为四种具体情形并辅以引致条款，系对强制性规定类型化的一大创新。必须注意，此种对不导致合同等法律行为无效的情形列举必然是不周延的，会随着实践发展而不断完善。

本条主要针对的情形是"由行为人承担行政责任或者刑事责任能够实现强制性规定的立法目的的"，即公法责任足以规制时的合同效力问题。公法责任和私法责任的成立和范围具有独立性，但是这两种责任又互相影响。法律行为是否因违反强制性规定而无效可被理解为一个公私利益的权衡过程，判断是否需通过否定合同效力来平衡强制性规定蕴含的公共利益和合同所代表的个人利益。这可引入比例原则这一衡量方法加以判断。比例原则发轫于宪法和行政法，处理的是个人基本权利限制问题，这与合同违法无效问题中涉及的公共利益和个人利益衡量相似，故比例原则在私法领域仍然存在适用价值。比较法上对于无效合同的判断亦使用了比例原则的方法，我国理论上也多认为该原则可予适用。② 具体而言，如果合同违反法律、行政法规的强制性规定，但是行为人已经或将要承担行政责任，而此种行政上的处罚处分等已经能够实现法律法规的规范目的，即公法手段对于公共利益的保护目的的实现是充分的，③ 那么原则上就不必再行认定合同无效，以避免对公民交易自由造成不合理的侵害。

那么，公法责任足以规制的范围有哪些呢？本条列举了五种情形。其一，强

---

① 参见王利明：《论效力性和非效力性强制性规定的区分——以〈民法典〉第 153 条为中心》，载《法学评论》2023 年第 2 期，第 22、24—25 页。

② 参见郑成良、牛安琪：《强制性规定类型识别的辨伪与存真》，载《社会科学战线》2021 年第 5 期，第 224 页；郑晓剑：《比例原则在民法上的适用及展开》，载《中国法学》2016 年第 2 期，第 163 页；黄忠：《比例原则下的无效合同判定之展开》，载《法制与社会发展》2012 年第 4 期，第 46 页。

③ 参见黄忠：《比例原则下的无效合同判定之展开》，载《法制与社会发展》2012 年第 4 期，第 52 页。

制性规定虽然旨在维护社会公共秩序，但是合同的实际履行对社会公共秩序造成的影响显著轻微，且认定合同无效将导致案件处理结果有失公平公正。这是比例原则的均衡性原则在合同无效场景的适用。合同无效的均衡性是指需要综合衡量合同无效所需保护的社会利益与让合同无效带来的不利影响，如果两者比例失当，便无需对合同效力进行限制。本条第1款第1项即为此种情形。如果合同的实际履行对社会公共秩序造成的影响显著轻微，与此同时，认定合同无效将导致案件处理结果有失公平公正，则不应认定合同无效。换言之，需要考察违反强制性规定的社会后果是否严重，以及是否应当通过否定合同效力来避免或减轻不良后果影响。在实践中，往往需要考察当事人违法行为的持续性与普遍性，肯定或者否定某一类交易行为的效力对整个行业有何影响。[1] 例如，在"郑某兴、张某等民间借贷纠纷案"中，法院仅审查认为，郑某兴举出的七笔借贷案件中，张某仅涉及部分案件，其余系与案外人四川省金周融资担保有限公司、奉某华相关的借款案件。虽郑某兴认为张某、四川省金周融资担保有限公司、奉某华均是借款人或出借人，但并无相关证据证明，且在奉某华非法吸收公众存款罪的刑事判决书中也未确认张某系职业放贷人。故二审法院确认案涉借款合同、确认书、还款计划系当事人的真实意思表示，合法有效并无不当。[2] 由此可见，只要不是经常性地以放贷为职业，就无需否定合同效力。

其二，强制性规定旨在维护政府的税收、土地出让金等国家利益或者其他民事主体的合法利益而非合同当事人的民事权益，认定合同有效不会影响该规范目的的实现。例如，根据《城镇国有土地使用权出让和转让暂行条例》第44条规定，划拨土地使用权，除该条例第45条规定的情况外，不得转让、出租、抵押。第45条规定，签订土地使用权出让合同，补交土地使用权出让金或者以转让、出租、抵押所获收益抵交土地使用权出让金，经市、县人民政府土地管理部门和房产管理部门批准，其划拨土地使用权和地上建筑物、其他附着物所有权可以转让、出租、抵押。原《划拨土地使用权管理暂行办法》第5条规定，未经市、县人民政府土地管理部门批准并办理土地使用权出让手续，交付土地使用权出让金的土地使用者，不得转让、出租、抵押土地使用权。如当事人就划拨土地签订抵

---

[1] 参见江西省高级人民法院（2020）赣民终276号二审民事判决书。
[2] 最高人民法院（2021）最高法民申4769号再审民事裁定书。

押合同并办理了抵押登记，抵押合同应当有效，未补缴土地出让金不能影响抵押的设立以及抵押合同的效力。如拍卖划拨国有土地使用权，所得的价款首先依法缴纳相当于应缴纳的土地使用权出让金。再以企业间借贷为例，《商业银行法》第 11 条及《银行业监督管理法》第 19 条规定未经国务院银行业监督管理机构批准，企业不得从事银行业金融机构的业务活动。其规范目的主要是维护资金融通的市场秩序，与当事人的民事权益无涉，由国务院银行业监督管理机构对银行业主体准入进行审查。因为未经批准进行借贷，往往存在借贷流程审核不严、借款来源违法（如吸收公众存款）、借款利率虚高等问题。但是，如果企业之间出于生产经营的真实交易需要进行资金融通，一般不易产生经济泡沫。从后果来看，企业之间的相互借款往往具有特定性和偶然性，[1] 往往是不同企业间因需要临时向其他企业借款以周转资金，其并不会冲击银行业金融机构的经营秩序。认定企业偶然性的借贷合同有效不会影响该规范目的的实现。

其三，强制性规定旨在要求当事人一方加强风险控制、内部管理等，对方无能力或者无义务就合同是否违反强制性规定进行审查，认定合同无效将使其承担不利后果。这是因为，从强制性规定的规范目的和规范对象角度而言，此种强制性规定目的在于保障合同一方当事人的风险控制与组织管理，虽然可能涉及金融等社会公共利益的确认、保障和维护，但其规范对象并非当事人交易而是当事人一方的内部管理行为，此时通过行政管理规范即可达致规范目的。从当事人权利义务公平而言，此种强制性规定仅关涉合同一方当事人的内部管理，对方当事人在交易时难以审查，若认定合同无效对对方当事人而言风险过大，实际上将一方当事人的违法行为不合理地分摊至双方承担，不符合公平原则。例如，《商业银行法》第 39 条规定银行应当在自身资产负债比例符合金融监管要求时方可发放贷款，其规范目的在于加强银行资金风险控制和管理。如果银行违反该条发放贷款，借款人没有办法审查银行是否违反该规定，[2] 因此不能仅因银行违反该规定就认定合同无效，否则借款人的交易安全将无法获得有效保障。对于该条的执行

---

① 龙翼飞、杨建文：《企业间借贷合同的效力认定及责任承担》，载《现代法学》2008 年第 2 期，第 57 页。

② 吴光荣：《违反强制性规定的合同效力——以〈民法典合同编通则解释〉的相关规定为中心》，载《法律适用》2023 年第 12 期，第 33 页。

应当交由金融管理部门通过行政处罚等手段予以规制。

其四，当事人一方虽然在订立合同时违反强制性规定，但是在合同订立后其已经具备补正违反强制性规定的条件却违背诚信原则不予补正。这是因为，第一，如果一方自身违法并主张无效，此时法院需要考虑合同能否补正及合同无效的正当性，以避免当事人利用违法无效制度攫取不正当利益。特别还需要考虑，如果某一强制性规定规制的仅是一方当事人，在认定法律行为效力时要避免其通过违法无效将责任转嫁给双方当事人。第二，这也是诚实信用原则的应有之义。合同一方违法又诉诸无效规则且拒不补正有违诚实信用原则，这与《建设工程施工合同解释（一）》第 3 条第 2 款规定的"发包人能够办理审批手续而未办理，并以未办理审批手续为由请求确认建设工程施工合同无效的，人民法院不予支持"的规则是一致的，也与《合同编通则解释》第 12 条第 2 款规定的如果法院判决一方履行报批义务后仍不履行的应参照违反合同的违约责任承担赔偿责任一脉相承。例如，在一商品房预售合同纠纷中，尽管根据《城市房地产管理法》第 45 条第 1 款第 4 项和《商品房买卖合同解释》，未办理商品房预售许可证签订的预售合同一般无效。由于该案中开发商自身违反相关管理规定，不积极履行应尽的合同义务，面对房地产市场出现价格大幅上涨，反而主张合同无效，显然违背诚实信用原则。且该案系开发商未办理预售许可证，购房者并无任何违法行为，其不能因为非属自身之违法事由丧失合同履行请求权。故法院没有否认该合同效力。①

其五，法律、司法解释规定的其他情形。本项属于引致性规定，其可引致至民法典等法律规定，也为将来司法解释归纳不导致合同无效的司法共识情形留下空间。例如，《民法典》第 706 条明确规定："当事人未依照法律、行政法规规定办理租赁合同登记备案手续的，不影响合同的效力"，因此如果当事人签订房屋租赁合同但未依法办理备案登记，不影响房屋租赁合同的效力。又如《民法典有关担保制度解释》第 37 条第 2 款明确规定："抵押人以抵押权设立时财产被查封或者扣押为由主张抵押合同无效的，人民法院不予支持。"因此当事人如果以查封扣押财产订立抵押合同，抵押合同不因此无效。类似的司法解释规定还包括

---

① 参见陕西省西安市中级人民法院（2018）陕 01 民终 8145 号二审民事判决书。

《商品房买卖合同解释》第 6 条，其规定"当事人以商品房预售合同未按照法律、行政法规规定办理登记备案手续为由，请求确认合同无效的，不予支持"。

3. 合同效力与合同履行行为的区分

本条第 2 款明确需要区分强制性规定规范的对象是合同本身还是合同履行行为，如果强制性规定旨在规制合同订立后的履行行为，一般不会导致法律行为无效。原因在于，作为国家公权力对私人自治的干涉，强制性规定可能从法律行为的主体、目的、内容、履行方式等不同角度切入进行规定，因此需要判断法律行为是否落入强制性规定的规范情形。通常而言，如果强制性规定仅针对法律行为履行，一般不会导致法律行为无效，除非已经形成立法或者司法共识，或者合同履行必然导致违反强制性规定，这从合同流程观察合同法与其他部门法之间的法域介面，是区隔论的必然要求。[1] 举例而言，在民间借贷合同中，除了合同内容是为犯罪提供借款等情形外，其他出借资金违法、合同履行中违法等情形，因不涉及合同本身而不应影响合同效力，即使构成非法吸收公众存款罪或者合同诈骗罪。又如，在"林某贵等与苏某买卖合同纠纷案"中，法院指出，对安置面积的转让系对拆迁相关权益的转让，并非针对特定房屋的买卖合同。该权益转让行为系各方真实意思表示，且未违反法律、行政法规的强制性规定，应属合法有效。合同效力与合同履行分属合同的不同要素和阶段，合同履行问题不影响本案关于合同效力的认定。[2]

但是如果合同履行必然导致违反强制性规定，则合同无效。例如，根据《民间借贷司法解释（2020）》，一旦当事人违反刑法规则构成高利转贷罪，那么以银行借贷资金出借而签订的民间借贷合同即无效，因为如果允许此种合同有效实际上会使得无法实现高利转贷罪规范金融市场的目的。

4. 合同有效后的违法行为处理

本条是对司法裁判与公法处理衔接的创新性规定。对于公法足以规制时并无必要认定合同无效的一个质疑是，此时很多公法规范是缺位的，而只有当事人因合同纠纷诉至法院才使得法院发现这一违法行为。如果法院认定合同有效可能会

---

[1] 陈醇：《跨法域合同纠纷中强制性规范的类型及认定规则》，载《法学研究》2021 年第 3 期，第 107 页。

[2] 参见北京市高级人民法院（2020）京民申 4556 号再审民事裁定书。

导致这一类行为得不到任何惩处。① 本条对此作出了创新性回答，人民法院应当向有关行政监管部门提出司法建议。当事人的行为涉嫌犯罪的，应当将案件线索移送刑事侦查机关；属于刑事自诉案件的，应当告知当事人可以向有管辖权的人民法院另行提起诉讼。例如，在前述开发商未办理预售许可证即要求消费者签订房屋预售合同的案件中，虽然法院认定合同有效，但法院也应当向有关住房和城乡建设部门等提出司法建议。又如在前述民事借贷案件中，如果可能涉及非法吸收公众存款等犯罪行为，应当将案件线索移送刑事侦查机关。

> **第十七条　【公序良俗条款的适用】**
>
> 合同虽然不违反法律、行政法规的强制性规定，但是有下列情形之一，人民法院应当依据民法典第一百五十三条第二款的规定认定合同无效：
>
> （一）合同影响政治安全、经济安全、军事安全等国家安全的；
>
> （二）合同影响社会稳定、公平竞争秩序或者损害社会公共利益等违背社会公共秩序的；
>
> （三）合同背离社会公德、家庭伦理或者有损人格尊严等违背善良风俗的。
>
> 人民法院在认定合同是否违背公序良俗时，应当以社会主义核心价值观为导向，综合考虑当事人的主观动机和交易目的、政府部门的监管强度、一定期限内当事人从事类似交易的频次、行为的社会后果等因素，并在裁判文书中充分说理。当事人确因生活需要进行交易，未给社会公共秩序造成重大影响，且不影响国家安全，也不违背善良风俗的，人民法院不应当认定合同无效。

---

① Bingwan Xiong & Mateja Durovic, The enforcement of mandatory rules against illegal contracts, 29 Asia Pacific Law Review 306, 318-319（2021）.

◆ 条文主旨

本条第 1 款明确《民法典》第 153 条第 2 款（公序良俗条款）的兜底作用，并列举了违反公序良俗的具体情形。在缺乏法律和行政法规的强制性规定时，如果需要否定合同效力则需援引公序良俗这一兜底条款。具体违反情形主要包括影响国家安全、违背社会公共秩序以及违背善良风俗。这是因为，理论上一般认为公序良俗包括公共秩序和善良风俗。前者主要指社会之存在及其发展所必要之一般秩序，① 主要体现为国家安全、社会公共秩序。而后者主要指秩序之外的社会道德，以不同对象为划分标准，可包括社会公德、家庭伦理和个体尊严要求。

本条第 2 款规定了适用公序良俗条款时应考虑的因素。首先，应以社会主义核心价值观为导向，这是因为《民法典》第 1 条将"弘扬社会主义核心价值观"作为制定该法的基本目的，② 故《民法典》第 153 条的适用自应以其为规范目的。其次，需考虑当事人的行为方式、后果与目的，以及相关监管强度。最后，与《合同编通则解释》第 17 条类似，尽管当事人可能损害社会公共利益，但未严重影响公序良俗的，基于必要性和均衡性考虑，不必认定合同无效。

◆ 关联规定

《中华人民共和国民法典》

第八条　民事主体从事民事活动，不得违反法律，不得违背公序良俗。

第一百五十三条　违反法律、行政法规的强制性规定的民事法律行为无效。但是，该强制性规定不导致该民事法律行为无效的除外。

违背公序良俗的民事法律行为无效。

《全国法院民商事审判工作会议纪要》（法〔2019〕254 号）

31.【违反规章的合同效力】违反规章一般情况下不影响合同效力，但该规章的内容涉及金融安全、市场秩序、国家宏观政策等公序良俗的，应当认定合同无效。人民法院在认定规章是否涉及公序良俗时，要在考察规范对象基础上，兼顾监管强度、交易安全保护以及社会影响等方面进行慎重考量，并在裁判文书中

---

① 参见史尚宽：《民法总论》，中国政法大学出版社 2000 年版，第 334-335 页。
② 孙光宁：《社会主义核心价值观的法源地位及其作用提升》，载《中国法学》2022 年第 2 期，第 207 页。

进行充分说理。

《最高人民法院关于审理民间借贷案件适用法律若干问题的规定》（法释〔2020〕17 号）

第十三条　具有下列情形之一的，人民法院应当认定民间借贷合同无效：

（一）套取金融机构贷款转贷的；

（二）以向其他营利法人借贷、向本单位职工集资，或者以向公众非法吸收存款等方式取得的资金转贷的；

（三）未依法取得放贷资格的出借人，以营利为目的向社会不特定对象提供借款的；

（四）出借人事先知道或者应当知道借款人借款用于违法犯罪活动仍然提供借款的；

（五）违反法律、行政法规强制性规定的；

（六）违背公序良俗的。

《最高人民法院关于人民法院司法拍卖房产竞买人资格若干问题的规定》（法释〔2021〕18 号）

第四条　买受人虚构购房资格参与司法拍卖房产活动且拍卖成交，当事人、利害关系人以违背公序良俗为由主张该拍卖行为无效的，人民法院应予支持。

依据前款规定，买受人虚构购房资格导致拍卖行为无效的，应当依法承担赔偿责任。

《关于进一步防范和处置虚拟货币交易炒作风险的通知》（银发〔2021〕237 号）

一、明确虚拟货币和相关业务活动本质属性

（四）参与虚拟货币投资交易活动存在法律风险。任何法人、非法人组织和自然人投资虚拟货币及相关衍生品，违背公序良俗的，相关民事法律行为无效，由此引发的损失由其自行承担；涉嫌破坏金融秩序、危害金融安全的，由相关部门依法查处。

《最高人民法院关于深入开展虚假诉讼整治工作的意见》（法〔2021〕281 号）

十五、严审合同效力，整治虚假房屋买卖诉讼。为逃废债务、逃避执行、获得非法拆迁利益、规避宏观调控政策等非法目的，虚构房屋买卖合同关系提起诉讼的，应当认定合同无效。买受人虚构购房资格参与司法拍卖房产活动且竞拍成功，当事人、利害关系人以违背公序良俗为由主张该拍卖行为无效的，应予支持。买受人虚构购房资格导致拍卖行为无效的，应当依法承担赔偿责任。

◆ 案例指引

1. 违反国家安全的合同无效

▷北京丰复久信营销科技有限公司与中研智创区块链技术有限公司服务合同纠纷案①

关于北京丰复久信营销科技有限公司主张双方合同签订时并无明确的法律规范禁止比特币"挖矿"活动，故应保障当事人的信赖利益，认定涉案合同有效，法院认为，当事人之间基于投资目的进行"挖矿"，并通过电子方式转让、储存以及交易的行为，实际经济追求是为了通过比特币与法定货币的兑换直接获取法定货币体系下的利益。在监管机构禁止了比特币在我国相关平台的兑付、交易，且数次提示比特币投资风险的情况下，双方为获取高额利润，仍从事"挖矿"行为，现北京丰复久信营销科技有限公司以保障其信赖利益主张合同有效依据不足。综上，相关部门整治虚拟货币"挖矿"活动、认定虚拟货币相关业务活动属于非法金融活动，有利于保障我国发展利益和金融安全。从"挖矿"行为的高能耗以及比特币交易活动对国家金融秩序和社会秩序的影响来看，一审法院认定涉案合同无效是正确的。双方作为社会主义市场经济主体，既应遵守市场经济规则，亦应承担起相应的社会责任，推动经济社会高质量发展、可持续发展。

2. 违反社会公共秩序的合同无效

▷赵某锁等与马某明等合同纠纷案②

法院认为，在申请"新三板"挂牌过程中，根据《非上市公众公司监督管理办法》和相关配套规定，应涤除各种对赌条款或协议；"新三板"挂牌之后，更不允许存在对赌条款或协议。因对赌条款或协议不仅涉及公司内部股权关系的调整，更关系到整个证券监管要求以及证券市场交易秩序、公共利益及公序良俗，亦非当事人的意思自治范畴。信达恒业公司对此亦属明知，故于2016年6月同时签署《确认函》《确认协议》，故意以"抽屉协议"的形式隐瞒对赌协议的存在，

---

① 参见北京市第三中级人民法院（2022）京03民终3852号二审民事判决书。
② 参见北京市高级人民法院（2022）京民终330号二审民事判决书。

2020年5月坚持以《会议纪要》方式重新要求继续履行《协议书》。本院认为，依据《合同法》《民法总则》《民法典》等相关规定，因存在违反涉及金融安全、市场秩序、国家宏观政策等公序良俗之情形，《协议书》《确认协议》《会议纪要》均属无效。

3. 违背善良风俗的合同无效

▷张某等与孙某雷确认合同效力纠纷案①

法院认为，结合款项的发生时间以及张某与关某晶之间的特殊关系，一审法院认定上述55500元系关某晶向张某的赠与这一事实存在高度盖然性，双方之间形成赠与合同关系，处理亦无不当，本院予以确认。因前述款项属于关某晶与孙某雷的夫妻共同财产，关某晶与张某之间于婚外情期间内发生的赠与合同关系有悖公序良俗，该合同当属无效。合同无效后，因无效合同取得的财产应予返还。

4. 适用公序良俗条款应综合考虑交易目的、监管强度、违反后果等个案分析

▷鞍山中联置业有限公司、鞍山中大房地产开发有限公司债权转让合同纠纷案②

法院认为，营口银行鞍山分行通过资金"过桥"方式，履行了合同约定的贷款义务。在从整体上评价本案鞍山中联置业有限公司与营口银行鞍山分行之间的交易行为时，既要考虑双方实际采用的交易模式是否为法律所允许，同时也要考虑如何公平地处理双方当事人之间的权利义务关系。首先，在本案当事人实施融资行为的2013年时，银行采用"受益权转让嵌套委托贷款"的交易模式为企业提供融资较为常见，当时并无任何法律、行政法规乃至部门规章等加以禁止或限制。其次，对于作为商事主体的营口银行鞍山分行而言，追求较高的利息收入本身并不违法，只要合同约定收取的利息没有超过法律规定的上限，即应受到保护。在本案"受益权转让嵌套委托贷款"的交易模式在当时未受禁止的情况下，亦不存在规避垫资的问题……同时，不能简单地将违反部门规章或国家政策等行为等同于损害社会公共利益，否则合同法保护合同效力的立法目的将落空。某种交易行为是否损害社会公共利益，必须具体分析……需要特别说明的是，本院认定案涉《委托贷款借款合同》及补充协议有效，是综合考量本案具体案情后针对

① 参见北京市第二中级人民法院（2023）京02民终2949号二审民事判决书。
② 参见最高人民法院（2018）最高法民再467号再审民事判决书。

此个案作出的判断，并不意味着凡是未直接违反法律和行政法规强制性规定的合同均必然认定有效。本院认定案涉《委托贷款借款合同》及补充协议有效，并不意味着对营口银行鞍山分行的经营行为是否符合监管部门的监管要求作出了司法确认。营口银行鞍山分行的经营行为是否合规，应由行政监管部门另行处理。

◆ **理解与适用**

公序良俗原则是民法中的一项重要原则，其沟通了社会伦理道德与民事法律，使得法律与道德这一经典的关系命题以一种更明确的方式得到了部分回答，即部分道德应进入民事规范体系，发挥法律的作用，成为否定法律行为规范效力的依据。① 法国、德国、日本等大陆法系国家的民法典通常规定，违背公序良俗（善良风俗）的法律行为无效。② 我国以往的民事立法中并没有关于公序良俗的直接规定，《民法通则》第 7 条仅提及民事活动应当尊重社会公德、社会公共利益和社会经济秩序，但并未明确违反社会公德与经济秩序法律行为的效力。《合同法》第 52 条则主要关注国家和社会公共利益。因此，《民法典》首次明确在第 8 条规定了公序良俗原则，并在第 153 条第 2 款将其纳入法律行为效力规范体系，意义不可谓不重大。本条对《民法典》第 153 条第 2 款的适用进行了类型化等细化规定，在具体的理解与适用方面，需注意以下问题：

1. **适用公序良俗须以穷尽其他规则为前提**

公序良俗原则的规范功能决定了其适用的谦抑性和补充性，其属性类似于法律行为效力控制的"兜底条款"。只有目前的法律规则存在公开或封闭漏洞时，在穷尽效力待定和无效行为规范而无法救济之后再予以适用，③ 由此避免向一般条款的逃逸。这是因为，一方面，根据原则与规则的关系，只有规则存在漏洞或者冲突时方可适用原则。在判断法律行为效力时，如果法律和行政法规已有具体、明确的法律规范，则应适用《民法典》第 153 条第 1 款判断其是否为效力性强制性规定，若是则法律行为无效，若否则法律行为有效。只有法律和行政法规

---

① 参见于飞：《论公序良俗原则研究——以基本原则的具体化为中心》，北京大学出版社 2006 年版，第 101 页。
② 戴孟勇：《法律行为与公序良俗》，载《法学家》2020 年第 1 期，第 17 页。
③ 李岩：《公序良俗原则的司法乱象与本相——兼论公序良俗原则适用的类型化》，载《法学》2015年第 11 期，第 54 页。

没有规定时，且不属于其他效力待定、可撤销情形时，方可援引《民法典》第153条第2款判断法律行为效力。另一方面，公序良俗作为基本法律原则，意在强调某一道德或秩序价值内化于法律的过程，这些价值往往因尚未形成共识而未能成为明确的法律规定，因而需要在个案中综合裁量，这对于法律适用具有一定的不稳定性。因此对于公序良俗原则的适用需要保持谨慎、谦抑的态度，一旦适用需要法官充分说理。

对于实践中出现的公序良俗原则滥用现象应予反思。有案例在论证合同效力时，以损害社会公共利益作为否认合同效力依据，但同时论及其违背金融安全、市场秩序、国家宏观政策等公序良俗。[1] 有案例在论及不良债权转让合同效力时，同时以"损害社会公共利益"以及"违反法律、行政法规强制性规定而无效"作为论证合同无效的理由。[2] 应当认为，《民法典》第153条在《合同法》第52条的基础上区分为违反强制性规定和违背公序良俗的行为，将公序良俗原则定位为一种劣后的、需要法外价值填补的适用方式，[3] 更为科学合理。

2. 适用公序良俗判断效力时的考虑因素

首先，应当明确，本条对于公序良俗的类型化主要是基于目前理论和实践的经验总结，未来仍有可能进一步发展。目前的分类主要是基于"公共秩序"和"善良风俗"的基本分类，进一步在"公序"中强调国家安全以及其他社会公共秩序。这是贯彻落实总体国家安全观的重要体现。此处社会公共利益是指未明确为法律和行政法规但又存在一定监管或社会共识的价值，例如全国首例"暗刷流量"合同无效案中否定刷单合同的效力的原因即在于损害规范、健康的市场秩序

---

[1] 参见北京市高级人民法院（2022）京民终278号二审民事判决书。法院认为，实施办法、管理办法虽为部门规章，但本案当事人有意规避国家有关金融部门对商业银行不允许委托投资及股权代持的监管监督制约所实施的行为，涉及违背金融安全、市场秩序、国家宏观政策等公序良俗，有损于社会公共利益。故本案《借款合同》与《股份代持协议书》均应为无效合同。

[2] 参见最高人民法院（2020）最高法民申2756号再审民事裁定书。法院认为，根据《海南会议纪要》规定，在审理不良债权转让合同效力的诉讼中，人民法院应当根据合同法和《金融资产管理公司条例》等法律法规，并参照国家相关政策规定，重点审查不良债权的可转让性、受让人的适格性以及转让程序的公正性和合法性。金融资产管理公司转让不良债权存在转让不良债权公告违反《金融资产管理公司资产处置公告管理办法（修订）》规定，对依照公开、公平、公正和竞争、择优原则处置不良资产造成实质性影响的情形，人民法院应当认定转让合同损害国家利益或社会公共利益或者违反法律、行政法规强制性规定而无效。故二审判决认定案涉债权转让协无效并无不当。

[3] 参见王吉中：《公序良俗条款的适用方法——以法内评价的规则续造为核心》，载《甘肃政法大学学报》2021年第1期，第37页。

这一社会公共利益。① 这一社会公共利益是市场经济的基础性利益，且具有较强的监管共识。此外，在善良风俗中尤其强调个人尊严，以回应当前个人信息保护的严峻现实。

其次，在适用公序良俗应综合衡量规范和个案因素予以判断。如何判断某一法外价值是否能够否认合同效力，一方面需要考虑该价值在规范层面是否有一定的监管共识，另一方面则需要考虑该价值在具体个案中的强弱，这也是法律适用过程中以小前提涵摄大前提所暗含之理。具体而言，一是需要考虑政府部门的监管强度，例如是否属于全国性、连续性的监管规范，是否发布系列相关规范性文件表明监管态度，是否在行政等其他领域明确作出了处罚处分等否定性评价等。有法院即指出，党中央的政策和国家政策涉及全社会的公共利益，违反上述政策的合同，可以认定违反公序良俗。而违反部门政策和地方政策的合同，不宜认定为违反公序良俗。② 这一判断标准较为合理。二是需考虑当事人的主观动机和交易目的、客观社会后果及频率大小，以判断当事人行为对于此种价值的影响程度。为避免公序良俗成为限制合同效力的口袋条款，在适用公序良俗条款否定合同效力时，其对社会公共利益造成的后果往往要达到非常严重的程度。③ 在三类公序良俗违反后果方面，国家安全、善良风俗因涉及根本的安全性、道德性问题，违反此两者的后果往往重于社会公共秩序。因此如果当事人行为违反国家安全或善良风俗，则合同往往无效，例如在"覃某、李某等赠与合同纠纷案"中，法院指出，民事主体从事民事活动，不得违反法律，不得违背公序良俗。在婚姻关系存续期间，夫或妻非因正常生活需要处分夫妻共同财产时，应当协商一致，任何一方无权单独处分夫妻共同财产。根据本案的证据反映，梁某在与李某婚姻关系存续期间，与覃某建立不正当的男女朋友关系，未经配偶即李某的同意，擅自向覃某转款合计 445282 元，梁某的转款行为事实上处分了其与李某的夫妻共同财产，侵犯了李某的财产权益，梁某的赠与行为无效。但如果当事人的交易目

---

① 参见"暗刷流量"合同无效案——人民法院大力弘扬社会主义核心价值观十大典型民事案例之六，常某某与许某、第三人马某某网络服务合同纠纷案，北京互联网法院（2019）京 0491 民初 2547 号一审民事判决书。

② 参见海南省高级人民法院（2022）琼民终 329 号二审民事判决书。

③ 贺小荣：《意思自治与公共秩序——公共秩序对合同效力的影响及其限度》，载《法律适用》2021年第 2 期，第 5 页。

的确实系因生活需要，且仅对社会公共秩序造成一定影响，不影响涉及根本的底线性秩序，未造成严重后果，法院可认定合同有效。①

> ### 第十八条 【违反命令性规范的法律后果】
>
> 法律、行政法规的规定虽然有"应当""必须"或者"不得"等表述，但是该规定旨在限制或者赋予民事权利，行为人违反该规定将构成无权处分、无权代理、越权代表等，或者导致合同相对人、第三人因此获得撤销权、解除权等民事权利的，人民法院应当依据法律、行政法规规定的关于违反该规定的民事法律后果认定合同效力。

◆ **条文主旨**

本条明确了违反强制性规定但应适用具体规定的情形，这一类强制性规定往往并不会导致法律行为无效，而应根据民法内部规则明确法律效果。

具体而言，这些规定虽然采用了"应当""必须"或者"不得"等命令性表述，但其并非基于公共秩序的考虑从外部给予效力上的否定评价，而是因为某种行为要作为法律行为而发生效力，须具备一定的内在构成要件。如果行为人违反此类规定，其民事法律行为的效力会受到限制，或者相对人取得相应的救济性的民事权利。例如，无权代理、越权代表、无权处分，民法典已然规定此类情形下法律行为的效力及相对人的权利，人民法院自应根据这些规则来认定合同效力。这些规则属于民法体系内部自给自足之规范，不应纳入违法无效的范围，否则公权私权的界限或将因此消融。②

---

① 参见广东省佛山市中级人民法院（2022）粤06民终15099号二审民事判决书。
② 参见朱庆育：《〈合同法〉第52条第5项评注》，载《法学家》2016年第3期，第163页。

◆关联规定

《中华人民共和国民法典》

第一百五十三条　违反法律、行政法规的强制性规定的民事法律行为无效。但是，该强制性规定不导致该民事法律行为无效的除外。

违背公序良俗的民事法律行为无效。

第一百七十一条　行为人没有代理权、超越代理权或者代理权终止后，仍然实施代理行为，未经被代理人追认的，对被代理人不发生效力。

相对人可以催告被代理人自收到通知之日起三十日内予以追认。被代理人未作表示的，视为拒绝追认。行为人实施的行为被追认前，善意相对人有撤销的权利。撤销应当以通知的方式作出。

行为人实施的行为未被追认的，善意相对人有权请求行为人履行债务或者就其受到的损害请求行为人赔偿。但是，赔偿的范围不得超过被代理人追认时相对人所能获得的利益。

相对人知道或者应当知道行为人无权代理的，相对人和行为人按照各自的过错承担责任。

第五百零四条　法人的法定代表人或者非法人组织的负责人超越权限订立的合同，除相对人知道或者应当知道其超越权限外，该代表行为有效，订立的合同对法人或者非法人组织发生效力。

第五百九十七条第一款　因出卖人未取得处分权致使标的物所有权不能转移的，买受人可以解除合同并请求出卖人承担违约责任。

《中华人民共和国公司法》

第十五条　公司向其他企业投资或者为他人提供担保，按照公司章程的规定，由董事会或者股东会决议；公司章程对投资或者担保的总额及单项投资或者担保的数额有限额规定的，不得超过规定的限额。

公司为公司股东或者实际控制人提供担保的，应当经股东会决议。

前款规定的股东或者受前款规定的实际控制人支配的股东，不得参加前款规定事项的表决。该项表决由出席会议的其他股东所持表决权的过半数通过。

◈ 案例指引

1. 越权担保应考虑相对人善意而非违反管理性强制性规范

▷通联资本管理有限公司、成都新方向科技发展有限公司与公司有关的纠纷案①

久远公司、成都新方向科技发展有限公司（以下简称新方向公司）二审上诉中称，通联资本管理有限公司（以下简称通联公司）明知未经股东会批准，而约定由久远公司对新方向公司提供担保，有违我国《公司法》（2013 年修正）第 16 条第 2 款的规定，其请求亦不应得到支持。通联公司亦抗辩称，我国《公司法》（2013 年修正）第 16 条第 2 款属于管理性强制性规定，即使久远公司所提供的该担保未经股东会议决议，也不影响担保的有效性。法院认为，《公司法》（2013 年修正）第 16 条第 2 款明确规定"公司为公司股东或者实际控制人提供担保的，必须经股东会或者股东大会决议"，该条规定的目的是防止公司股东或实际控制人利用控股地位，损害公司、其他股东或公司债权人的利益。对于合同相对人在接受公司为其股东或实际控制人提供担保时，是否对担保事宜经过公司股东会决议负有审查义务及未尽该审查义务是否影响担保合同效力，《公司法》及其司法解释未作明确规定。二审法院认为，虽然久远公司在《增资扩股协议》中承诺对新方向公司进行股权回购义务承担连带责任，但并未向通联公司提供相关的股东会决议，亦未得到股东会决议追认，而通联公司未能尽到基本的形式审查义务，从而认定久远公司法定代表人向生建代表公司在《增资扩股协议》上签字、盖章行为，对通联公司不发生法律效力，适用法律并无不当。

2. 无权处分和无权代理与管理性强制性规定无涉

▷海南陵水宝玉有限公司、李某龙股权转让纠纷案②

法院认为，马某国和陈某琦签署《协议书》之前，并未获得徐某和王某的授权。公司股权属于公司法上的财产性权益，对其处分应由登记的股东本人或其授权的人行使。虽然马某国和徐某、陈某琦和王某为夫妻关系，但在得到股东徐某和王某授权之前，马某国和陈某琦转让徐某和王某名下的公司股权，仍属于无权处分。同理，陈某琦处分李某宇的股份，必须获得李某宇的授权或追认。虽然陈

---

① 参见最高人民法院（2017）最高法民再 258 号再审民事判决书。
② 参见最高人民法院（2019）最高法民终 424 号二审民事判决书。

某琦在代表李某宇签署《协议书》时取得了李某宇的父亲李某明的授权，但李某宇与李某明是独立民事主体，没有证据证明李某明是涉案股权的实际所有人，也没有证据证明电子授权经过了李某宇的认可，在李某宇对陈某琦的签字行为明确不予认可的情况下，陈某琦处分李某宇的股权行为属于无权代理。虽然陈某琦、马某国的代签行为属于无权代理，但还应考察该行为是否构成表见代理……合同约定除贷款以外，还可以采用合伙人放款的方式获得相应款项。不管合伙人具体指谁，现李某龙、千某花同意以自筹方式一次性支付股权转让款，该方式不违反公司法的强制性规定，而且既保障了志成公司三股东的权益，也未损害志成公司利益，同时使交易周期缩短，更利于交易目的的实现。

◆ 理解与适用

在法律、行政法规的强制性规定中，有一类较为特殊的权能性规定。其共同点在于规范目的不是禁止或者要求行为人实施特定行为，而是在行为人不具有法律行为要求的权能时，限制其权利或者赋予相对人某种民事权利。如果行为人违反此类规定，可能会构成无权处分、无权代理、越权代表等，相应导致合同相对人、第三人据此获得撤销权、追认权等权利，合同可能有效但无法继续履行，或者合同有效对被代理人、被代表人不发生效力。此类规定虽然采用了"应当""必须"或者"不得"等表述，但不能望文生义，[①] 而应当根据《民法典》第171条、第504条、第597条等认定合同效力及其效力归属。

这一现象在越权代表案例中体现得尤为明显。以往司法实践中，很多法院通过判断原《公司法》第16条（对应2023年修订后的《公司法》第15条）是否是效力性强制性规定或管理性强制性规定来确定合同效力，大多数案例往往以公司内部控制程序规则、交易相对人利益保障等认为其属于管理性或非效力性强制性规定而判定合同有效，公司应对外承担担保责任。[②] 然而正是因为《公司法》第15条系对公司法律行为的内部决议规范，其不应简单地以《合同法》第52条或者《民法

---

① 参见王利明：《论效力性和非效力性强制性规定的区分——以〈民法典〉第153条为中心》，载《法学评论》2023年第2期，第26页。
② 高圣平、范佳慧：《公司法定代表人越权担保效力判断的解释基础——基于最高人民法院裁判分歧的分析和展开》，载《比较法研究》2019年第1期，第72页。

典》第 153 条作为效力判断依据，而应根据超越代表权限订立合同的民事规则，结合公司决议法律行为有效要件，判断法定代表人越权代表签订的合同是否对公司发生效力，继而根据法律行为有效要件判断合同是否有效。如果仅以《公司法》第 15 条的规范性质予以判断，会导致混淆法律行为效果归属规范与法律行为效力规范，使得公司大多数情形下均需要承担担保责任，难以实现规范公司内部程序的目的。

究其本质，《民法典》第 153 条第 1 款对导致法律行为无效的强制性规定和导致法律行为有效的强制性规定的二分并不构成对强制性规定的封闭式分类，① 民事行为能力规范、处分权能规范、代理代表权能规范等亦属强制性规定，但与违法无效的判断体系泾渭分明。在理论上对此类规范有不同称谓，如形成性强制性规范②、权能规范和其他有关自治的门槛规范③、单纯强行规范④等，表述不同但核心一致。具体到司法适用中，需明确《民法典》第 153 条第 1 款区分法律行为有效和无效的强制性规定的判断在法律适用顺序上属于后位判断，在此之前需首先结合民法内部的既有权能性规范予以判断，如其并不涉及行政管理色彩，即应适用民法内部规范，而不能援引《民法典》第 153 条否认其法律效力。

> **第十九条 【无权处分的合同效力】**
> 以转让或者设定财产权利为目的订立的合同，当事人或者真正权利人仅以让与人在订立合同时对标的物没有所有权或者处分权为由主张合同无效的，人民法院不予支持；因未取得真正权利人事后同意或者让与人事后未取得处分权导致合同不能履行，受让人主张解除合同并请求让与人承担违反合同的赔偿责任的，人民法院依法予以支持。

① 参见姚明斌：《效力性强制规范裁判之考察与检讨——以〈合同法解释二〉第 14 条的实务进展为中心》，载《中外法学》2016 年第 5 期，第 1268 页。

② 参见李宇：《民法总则要义——规范释论与判解集注》，法律出版社 2017 年版，第 644-659 页。

③ 参见苏永钦：《寻找新民法》，北京大学出版社 2012 年版，第 370-373 页。

④ 参见金可可：《强行规定与禁止规定——论〈合同法〉第 52 条第（五）项之适用范围》，载王洪亮、张双根、张谷、田士永、朱庆育主编：《中德私法研究（13）——合同因违法而无效》，北京大学出版社 2016 年版，第 3 页。

前款规定的合同被认定有效，且让与人已经将财产交付或者移转登记至受让人，真正权利人请求认定财产权利未发生变动或者请求返还财产的，人民法院应予支持。但是，受让人依据民法典第三百一十一条等规定善意取得财产权利的除外。

◆条文主旨

本条是关于无权处分合同效力、违约责任承担、权利变动等的规定。无权处分是指行为人在缺乏处分权的情况下以自己的名义就权利人的财产权利进行处分的法律行为。无权处分的效力涉及物权、合同等诸多领域，是较为复杂且备受争议的问题。对于无权处分的合同效力，一直以来存在无效说、效力待定说、有效说等理论观点[1]，法律规定也从最初的否认无权处分合同效力进行了较大转向，最终立法选择了有效说立场。2007 年《物权法》施行以来，无权处分合同效力与物权变动效力相区分已经逐步为理论与司法实践所接受和认可，认为无权处分合同无效或效力待定的观点逐渐为立法和司法实践所否定。《民法典》删除了《合同法》第 51 条，并在吸收《买卖合同司法解释（2012）》第 3 条的基础上，于合同编分则部分"买卖合同"一章增设第 597 条，规定出卖人无权处分订立买卖合同导致不能履行合同时，出卖人应当承担违约责任。由此可见，买卖合同不因出卖人欠缺处分权而无效。

值得注意的是，《买卖合同司法解释（2012）》第 3 条仅规定当事人不能以出卖人无处分权为由主张合同无效，导致实践中就真正权利人能否主张合同无效发生争议，《合同编通则解释》第 19 条第 1 款明确不仅当事人，且真正权利人也不得以让与人在订立合同时对标的物没有所有权或者处分权为由主张合同无效。此外，相较《买卖合同司法解释（2012）》与《民法典》，本条除了对无权处分

---

[1] 参见王利明：《合同法研究（第一卷）》，中国人民大学出版社 2002 年版，第 601 页；崔建远：《无权处分辨——合同法第 51 条规定的解释与适用》，载《法学研究》2003 年第 1 期，第 3-24 页；王轶：《物权变动论》，中国人民大学出版社 2001 年版，第 214 页；韩鹂友：《无权处分合同效力略探——以〈物权法〉为背景》，载《法学杂志》2010 年第 6 期，第 75-77 页；肖立梅：《从物权变动的角度析无权处分合同的效力》，载《东岳论丛》2008 年第 1 期，第 182-186 页。

订立的买卖合同作了规定，还规定了以设定财产权利为目的订立的合同，如抵押合同、质押合同等，也不因无权处分而无效。

◆ **关联规定**

《中华人民共和国民法典》

第二百一十五条 当事人之间订立有关设立、变更、转让和消灭不动产物权的合同，除法律另有规定或者当事人另有约定外，自合同成立时生效；未办理物权登记的，不影响合同效力。

第五百九十七条 因出卖人未取得处分权致使标的物所有权不能转移的，买受人可以解除合同并请求出卖人承担违约责任。

法律、行政法规禁止或者限制转让的标的物，依照其规定。

◆ **案例指引**

1. 未经其他房屋共有人同意签订的房屋拆迁货币补偿安置协议有效

▷ 李某镇、李某花等诉李某琴、李某梅等物权保护纠纷案[①]

房屋房产证和宅基地使用权证登记人未经其他共有人同意，与诉争房屋所在区管理委员会签订了拆迁补偿协议。其他家庭成员诉请法院确认系争房屋为家庭共有房屋；确认李某与管理委员会签订的拆迁补偿协议无效。再审裁判结果确认原被告对系争房屋享有共有权，驳回再审申请人其他诉讼请求。裁判理由认为，关于《房屋拆迁货币补偿安置协议书》的效力，《物权法》第15条规定："当事人之间订立有关设立、变更、转让和消灭不动产物权的合同，除法律另有规定或者合同另有约定外，自合同成立时生效；未办理物权登记的，不影响合同效力。"可见，《物权法》对于不动产物权变动的原因与结果进行了区分，判断物权变动合同是否生效，应该依照合同法来判断。《买卖合同司法解释（2012）》第3条第1款规定："当事人一方以出卖人在缔约时对标的物没有所有权或者处分权为由主张合同无效的，人民法院不予支持。"该条是对无权处分情形下买卖合同的效力的规定，即在买卖合同法律关系中，买卖合同是物权变动的原因行为，所有

---

① 参见辽宁省沈阳市中级人民法院（2014）沈中审民终再字第92号民事判决书。

权转移是物权变动的结果。出卖人在缔约时对标的物没有所有权或者处分权，并不影响作为原因行为的买卖合同效力。通过分析上述《物权法》以及司法解释的规定可知，无权处分的合同并不当然无效，只要合同系双方当事人真实意思表示，不违反法律、法规强制性规定即为有效，但此时卖方向买方移转标的物所有权的物权行为处于效力待定状态，在经权利人追认或者事后取得处分权时，物权行为生效。即合同有效，物权尚处于效力待定状态。本案中，李某未经作为争议房屋其他共同共有人的同意，擅自与管理委员会签订《房屋拆迁货币补偿安置协议书》，将本案争议房屋进行处分，属于无权处分，该无权处分的合同行为虽不是买卖合同，但其处分争议房屋行为与买卖合同行为性质相同，该无权处分合同的效力应当参照上述司法解释关于无权处分合同效力的规定处理。因此，在李某与管理委员会签订《房屋拆迁货币补偿安置协议书》不违反法律、法规强制性规定的情况下，该协议应当按照有效合同处理。

2. 房屋部分共有人未经其他共有人同意擅自与征收部门签订的补偿协议因损害他人合法权益而无效

▷任某英等与浙江省杭州市江干区人民政府房屋征收纠纷上诉案①

房屋部分共有人未经其他共有人同意擅自与征收部门签订的补偿协议及补充协议的效力应当如何认定。法院认为，根据《合同法》第52条第2项规定，恶意串通，损害国家、集体或者第三人利益的，合同无效。本案中，被上诉人任某英与原审第三人邹某当时已经离婚并分家析产，生效民事判决判定邹某、任某英、邹小某对案涉房屋合法部分各享有五分之一的所有权。上诉人某区政府在经调查明知案涉房屋权属状况的情况下，因与任某英多次协商不成，转而委托某公司单独与邹某签订补偿协议和补充协议，主观存在恶意，行政目的不当。同时，邹某亦明知其无权就案涉房屋整体进行处分，仍与某公司签订协议，对损害他人权益持放任态度。故案涉协议双方构成恶意串通，损害第三人利益，该协议应认定无效。本案裁判要旨为，在行政征收过程中，房屋的部分共有人未经其他共有人同意，擅自与征收部门签订补偿协议的，构成无权处分。对于无权处分的行政协议效力判定，虽无行政法上的明确规定，但不宜适用相关民事法律规范认定协

---

① 参见浙江省高级人民法院（2020）浙行终821号民事判决书。

议有效，而应以损害他人合法权益为由，认定协议无效。

3. 无权转租合同效力参照买卖合同

▷刘某某、卫某等租赁合同纠纷①

承租人与次承租人签订的租赁（转租）合同有效。根据《最高人民法院关于适用〈中华人民共和国民法典〉时间效力的若干规定》第8条"民法典施行前成立的合同，适用当时的法律、司法解释的规定合同无效而适用民法典的规定合同有效的，适用民法典的相关规定"的规定，本案应当适用《民法典》关于无权处分合同效力认定的相关规定。《民法典》第597条第1款规定："因出卖人未取得处分权致使标的物所有权不能转移的，买受人可以解除合同并请求出卖人承担违约责任。"第646条规定："法律对其他有偿合同有规定的，依照其规定；没有规定的，参照适用买卖合同的有关规定。"根据本案业已查明的事实可知，卫某承租蚕种场土地的合同于2013年3月31日到期，其与刘某某签订的转租合同期间为2008年8月1日至2018年8月1日（每年租金4万元）。自2013年4月1日起卫某转租案涉土地系无权处分，因卫某与李某某签订的租赁（转租）合同属于有偿合同，依照上述规定，并不影响卫某与刘某某之间签订的租赁（转租）合同的效力。

◆ **理解与适用**

1. 合同与物权移转的效力区分

本条规定对合同订立和物权移转作了区分，两者具有各自效力评价体系。我国学界对于是否认可物权行为的独立性和无因性一直存在争议，但无论是物权行为与债权行为的区分、负担行为与处分行为的区分、物权变动的原因与结果的区分、合同效力与合同履行的区分或是物权变动与其基础关系的区分，② 均认可无权处分合同的效力不受处分人是否有处分权的影响，是否具有处分权仅影响物权的移转。无权处分合同不因处分人无处分权而无效，当处分人因无权处分而无法履行合同时，应承担违约责任；如果真正权利人对此予以追认或者处分人事后取得处分权，无权处分合同相对人也可以主张继续履行合同。将无权处分合同认定

---

① 参见甘肃省陇南市（地区）中级人民法院（2022）甘12民申34号民事裁定书。
② 参见翟云岭：《再论无权处分合同的效力》，载《法商研究》2015年第6期，第93页。

为有效更有利于保护相对人的利益。当无权处分人不能取得处分权，又不符合善意取得的构成要件时，相对人得向处分人主张承担违约责任。而如果无权处分合同无效或者效力待定，处分人应向相对人承担缔约过失责任。如果合同有效，相对人可以请求处分人继续履行合同，使得相对人具有实现交易目的的可能。即使处分人无法继续履行，处分人承担违约责任比承担缔约过失责任也更有利于保护相对人的利益。无权处分合同有效能够保护相对人的信赖利益，避免相对人交易时耗费大量成本调查标的的权属状态，且即使投入调查成本也未必能够获悉真实权利状态。因此，无权处分合同有效有利于提高交易效率、降低交易成本，加快财产流转，符合现代民法鼓励交易的理念。

2. 无权处分合同效力与善意取得

处分权的欠缺虽然不影响合同效力，但会影响物权的变动。无权处分合同有效不意味着受让人在完成交付或者登记等公示手续后必然可以取得标的物的权利，受让人能否取得标的物的所有权，仍取决于是否满足善意取得的条件。《民法典》第311条关于善意取得的规定确立了在善意受让人已经支付价款并且交付或办理登记手续的情况下，受让人基于善意取得可以取得标的物所有权。虽然真实权利人因善意取得制度丧失物权，但维护了整体社会交易环境，在安全和效率等价值和利益之间进行了适当的平衡。

善意取得制度的立法目的在于保护善意买受人的利益进而保护交易安全，因此该制度的要件只考虑买受人的善意，而不考量出卖人的善意或恶意，认定合同有效对买受人的保护更加有利。在买受人为恶意的情形下，只要其与出卖人达成合意，意思表示真实，仍然认定无权处分合同有效。无权处分合同的双方当事人是无权处分人和受让人，真正权利人并非合同主体，在合同效力与物权移转相分离的法律框架下，无权处分合同有效或是无效并不影响真正权利人的利益。受让人明知处分人无处分权，却依然与处分人达成合意，即使无权处分合同之后无法得到履行，物权无法移转给受让人，也没有必要认定合同无效。而应尊重当事人的意思自治，认可合同有效，避免国家公权力的过多介入和干预。且考虑到处分人无权处分的状态可能随时发生变化，无权处分人在合同订立之时没有处分权，但可在合同订立之后取得处分权。如果处分人在合同订立之后未取得处分权，受让人则可请求其承担违约责任。《国际商事合同通则》第3.3条也规定："合同订立时一方当事人无权处置与该合同相关联的财产的事实本身不影响合同的效力。"善意和恶意受让人的不同之处在于，符合善意取得条件的善意受让人不仅可以得到合同债权保障，也可以基于善意取得规则获得物权，而恶意买受人只享有债权，无法获得权利移转的效果。

值得注意的是，无权处分合同仅不因无权处分而无效，但不代表不会因为其他原因而无效。合同无效情形由法律明确规定，法律规定以外的情形不成为合同无效的事由。买受人的恶意不属于《民法典》第一编第六章规定的确认合同无效之任一情形。但如果买受人为恶意且其构成与无权处分人的恶意串通行为，损害了他人合法利益的，则因无权处分而订立的合同应属于《民法典》第 154 条认定的无效合同。

3. **本条的适用范围**

无权处分行为在买卖关系中较为普遍，但同时也会存在于无权处分其他财产权利等情形中。出卖他人之物，是无权处分的常见类型。出租他人之物、抵押他人之物、出让他人权利，亦属无权处分。按照《民法典》《买卖合同司法解释（2012）》之规定，没有所有权或者处分权而出卖他人之物，当事人所签订的买卖合同不因此而无效。按照相同事务相同处理原则，无权买卖和无权设立他物权的行为同属于无权处分行为，那么，欠缺处分权而在他人之物上设立他物权，当事人为此而订立的合同同样不应该因为无权处分而无效。《民法典》与《买卖合同司法解释（2012）》之规定，应该类推适用于无处分权而在他人之物上设立他物权的合同。无权处分的客体除了所有权，也包括用益物权、担保物权、知识产权、债权、股权等。可能的无权处分情形包括无权抵押、质押，无权出租、转租，无权许可使用知识产权，无权转让股权、债权等。

> **第二十条 【越权代表的合同效力】**
> 法律、行政法规为限制法人的法定代表人或者非法人组织的负责人的代表权，规定合同所涉事项应当由法人、非法人组织的权力机构或者决策机构决议，或者应当由法人、非法人组织的执行

机构决定，法定代表人、负责人未取得授权而以法人、非法人组织的名义订立合同，未尽到合理审查义务的相对人主张该合同对法人、非法人组织发生效力并由其承担违约责任的，人民法院不予支持，但是法人、非法人组织有过错的，可以参照民法典第一百五十七条的规定判决其承担相应的赔偿责任。相对人已尽到合理审查义务，构成表见代表的，人民法院应当依据民法典第五百零四条的规定处理。

合同所涉事项未超越法律、行政法规规定的法定代表人或者负责人的代表权限，但是超越法人、非法人组织的章程或者权力机构等对代表权的限制，相对人主张该合同对法人、非法人组织发生效力并由其承担违约责任的，人民法院依法予以支持。但是，法人、非法人组织举证证明相对人知道或者应当知道该限制的除外。

法人、非法人组织承担民事责任后，向有过错的法定代表人、负责人追偿因越权代表行为造成的损失的，人民法院依法予以支持。法律、司法解释对法定代表人、负责人的民事责任另有规定的，依照其规定。

◆条文主旨

本条第 1 款明确了法定限制下越权代表的合同效力。法定限制系法律明确规定对法定代表人或负责人的代表权进行限制，即法律、行政法规明确规定合同所涉事项应当由法人、非法人组织的权力机构或者决策机构决议，或者应当由法人、非法人组织的执行机构决定。由于法律具有公开性，法谚有云"任何人不得假定不知法"；相对人若忽视法律的明文限制，则不能被认为尽到善意审查义务。如果法定代表人或负责人超越法定限制实施代表行为，相对人未尽到合理审查义务，则合同对法人、非法人组织不发生效力。但是法人、非法人组织有过错的，可以参照《民法典》第 157 条的规定判决其承担相应的赔偿责任。相对人已尽到合理审查义务，构成表见代表的，依据《民法典》第 504 条的规定处理。

本条第 2 款规定了约定限制下越权代表的合同效力。即当法定代表人、负责人超越法人、非法人组织的章程或者权力机构对代表权进行的限制，但未超越法律、行政法规规定法定代表人或者负责人的代表权限时，合同对法人、非法人组织发生效力。如果相对人知道或应当知道该限制，则合同对法人、非法人组织不发生效力。法人、非法人组织对相对人为"恶意"负证明责任。

本条第 3 款是越权代表的内部追偿规则。在内部效力上，法人、非法人组织可以向越权的法定代表人或负责人追偿因越权代表行为造成的损失。法律、司法解释对法定代表人、负责人的责任另有规定的，依照其规定。

◆ 关联规定

《中华人民共和国民法典》

第六十一条 依照法律或者法人章程的规定，代表法人从事民事活动的负责人，为法人的法定代表人。

法定代表人以法人名义从事的民事活动，其法律后果由法人承受。

法人章程或者法人权力机构对法定代表人代表权的限制，不得对抗善意相对人。

第五百零四条 法人的法定代表人或者非法人组织的负责人超越权限订立的合同，除相对人知道或者应当知道其超越权限外，该代表行为有效，订立的合同对法人或者非法人组织发生效力。

《全国法院民商事审判工作会议纪要》（法〔2019〕254 号）

17.【违反《公司法》第 16 条构成越权代表】为防止法定代表人随意代表公司为他人提供担保给公司造成损失，损害中小股东利益，《公司法》第 16 条对法定代表人的代表权进行了限制。根据该条规定，担保行为不是法定代表人所能单独决定的事项，而必须以公司股东（大）会、董事会等公司机关的决议作为授权的基础和来源。法定代表人未经授权擅自为他人提供担保的，构成越权代表，人民法院应当根据《合同法》第 50 条关于法定代表人越权代表的规定，区分订立合同时债权人是否善意分别认定合同效力：债权人善意的，合同有效；反之，合同无效。

21.【权利救济】法定代表人的越权担保行为给公司造成损失，公司请求法定代表人承担赔偿责任的，人民法院依法予以支持。公司没有提起诉讼，股东依据《公司法》第151条的规定请求法定代表人承担赔偿责任的，人民法院依法予以支持。

《最高人民法院关于适用〈中华人民共和国民法典〉有关担保制度的解释》（法释〔2020〕28号）

第七条 公司的法定代表人违反公司法关于公司对外担保决议程序的规定，超越权限代表公司与相对人订立担保合同，人民法院应当依照民法典第六十一条和第五百零四条等规定处理：

（一）相对人善意的，担保合同对公司发生效力；相对人请求公司承担担保责任的，人民法院应予支持。

（二）相对人非善意的，担保合同对公司不发生效力；相对人请求公司承担赔偿责任的，参照适用本解释第十七条的有关规定。

法定代表人超越权限提供担保造成公司损失，公司请求法定代表人承担赔偿责任的，人民法院应予支持。

第一款所称善意，是指相对人在订立担保合同时不知道且不应当知道法定代表人超越权限。相对人有证据证明已对公司决议进行了合理审查，人民法院应当认定其构成善意，但是公司有证据证明相对人知道或者应当知道决议系伪造、变造的除外。

◆ 案例指引

1. 对法定代表人或负责人的限制

▷宁夏金格润花卉有限公司、宁夏回族自治区吴忠市利通区古城镇朝阳村村民委员会租赁合同纠纷案①

法院认为，案涉展厅系宁夏回族自治区吴忠市利通区古城镇朝阳村村民委员会的村集体资产，杨某国、杨某林个人对外承诺以装修费用抵顶租金，系处分村集体财产，因涉及村民重大利益，不是村民委员会或其负责人能够单独决定的事

---

① 参见宁夏回族自治区吴忠市中级人民法院（2022）宁03民终861号民事判决书。

项，依法应当由村民会议或村民会议授权村民代表会讨论决定，未经法定程序擅自决定处分，构成越权代表。

▷ 抚州和美贸易有限责任公司、匡某喜等合同纠纷案①

法院认为，《公司法》（2018 年修正）第 16 条第 1 款规定："公司向其他企业投资或者为他人提供担保，依照公司章程的规定，由董事会或者股东会、股东大会决议。"本案王某林作为抚州和美贸易有限责任公司（以下简称和美公司）法定代表人，其在案涉《股东入股补充协议书》签字并确保"乙方成员首期投资收益率不低于 10%/年，低于 10% 时，由甲方按 10% 补足"，系对外提供担保行为，依法应经和美公司董事会或者股东会、股东大会决议。本案并无证据证明王某林代表公司对外提供担保的行为通过和美公司董事会或者股东会、股东大会同意，属于越权代表行为。

2. 相对人善意的认定

▷ 潼关县富源工业有限责任公司与李某勇、朱某西民间借贷纠纷案②

法院认为，绝不能仅凭章程的记载就认定第三人应当知道法定代表人超越职权，进而断言第三人恶意，从举证责任的角度，第三人的善意是法律所推定的，第三人无须就自己善意进行举证，相反，如果公司主张第三人恶意，应对此负举证责任。本案中，被告潼关县富源工业有限责任公司并未提交原告朱某西系恶意第三人的证据，据此可推定原告朱某西系善意第三人，即被告潼关县富源工业有限责任公司就借款承担连带保证责任成立。

▷ 张某杰、青岛华世洁环保科技有限公司等借款合同纠纷案③

法院认为，青岛华世洁环保科技有限公司提交的证据能够证明担保人青岛华世洁环保科技有限公司与借款人青岛美光机械有限公司之间自 2016 年起即存在多笔互相担保的事实。虽然青岛华世洁环保科技有限公司未出具股东会决议，但基于保证人青岛华世洁环保科技有限公司与主债务人青岛美光机械有限公司之间存在相互担保等商业合作关系的情况，应推定张某杰在签订案涉合同时不知道或者不应当知道法定代表人郅某鹏超越权限订立担保合同，案涉保证合同合法有

---

① 参见江西省吉安市中级人民法院（2022）赣 08 民终 647 号民事判决书。
② 参见陕西省渭南市中级人民法院（2022）陕 05 民终 907 号民事判决书。
③ 参见山东省青岛市中级人民法院（2022）鲁 02 民终 11979 号民事判决书。

效，青岛华世洁环保科技有限公司应承担保证责任。

▷於某诉南通昕泰会计师事务所等民间借贷纠纷案①

法院认为，法律一经公布并生效，即对任何人产生效力，任何人不得以其不知法律而提出免责或减责抗辩。《合伙企业法》对合伙企业负责人代表权的法定限制，相对人应当知悉并尽到注意义务。本案中，於某知道或者应当知道孙某亮以南通昕泰会计师事务所名义为其个人借款提供担保，该担保行为并不符合南通昕泰会计师事务所的利益，然而其接受担保时未要求孙某亮提供全体合伙人一致同意的文件，未对担保资料尽到基本的审查义务，其行为存在重大过失，据此可推定其应当知道孙某亮代表行为越权。於某在未尽形式审查义务的情形下，以不知晓、不熟悉法律规定、借贷事务为由，主张其不受前述法律规定约束，不存在知道或应当知道孙某亮超越权限的情形，不存在故意或重大过失，该主张缺乏事实与法律依据，不能成立。

3. 越权代表的合同效力

▷浙江万盾资产管理有限公司、天津市天地汇铭达供应链管理有限公司等融资租赁合同纠纷案②

天津市天地汇铭达供应链管理有限公司法定代表人未经公司决议程序越权代表对浙江万盾资产管理有限公司债权提供担保，浙江万盾资产管理有限公司在与天津市天地汇铭达供应链管理有限公司订立担保合同时，没有对是否经公司决议程序进行合理审查构成非善意，由此导致担保合同对公司不发生效力。

▷沙县鸿鑫弃土运输有限公司、陈某生等租赁合同纠纷案③

法院认为，沙县鸿鑫弃土运输有限公司并未提供证据证明同益公司法定代表人杨某宝以公司名义为陈某生提供担保的行为经过同益公司股东会或董事会决议同意，其在接受担保时亦未尽到审查同益公司股东会或董事会决议的注意义务。因此，同益公司为陈某生与沙县鸿鑫弃土运输有限公司案涉租赁合同提供的担保行为应属无效，案涉担保合同条款对同益公司不发生法律效力，不承担保证责任。

---

① 参见江苏省高级人民法院（2017）苏民申 2176 号民事裁定书。
② 参见浙江省衢州市中级人民法院（2022）浙 08 民终 1260 号民事判决书。
③ 参见福建省三明市中级人民法院（2022）闽 04 民终 1126 号民事判决书。

▷中亚建业建设工程有限公司、江苏平恒供应链管理有限公司等买卖合同纠纷案①

法院认为，本案李某应是正航公司的法定代表人，其签名并加盖公司公章的行为足以使江苏平恒供应链管理有限公司产生信赖，正航公司并未举证证明江苏平恒供应链管理有限公司知道或者应当知道李某应超越了权限，李某应的代表行为对正航公司产生法律约束力，正航公司应当对外承担保证责任。

▷上海信舟融资租赁有限公司、悦达商业保理（江苏）有限公司等保理合同纠纷案②

法院认为，上海信舟融资租赁有限公司（以下简称信舟融资租赁公司）章程明确规定公司借贷及融资需由出席董事会会议的董事一致通过方可作出决议。而信舟融资租赁公司与悦达商业保理（江苏）有限公司（以下简称悦达保理江苏公司）签订涉案《保理合同》，已获得有公司董事一致签字的董事会决议，悦达保理江苏公司也做到了形式审查，不存在过错。因此，信舟融资租赁公司主张其法定代表人刘某某超越权限签订涉案《保理合同》，《保理合同》应属无效的上诉理由缺乏事实和法律依据，不能成立。

◆ **理解与适用**

所谓越权代表，是指法定代表人或者负责人超越法律、行政法规对代表权的限制，或者超越法人、非法人组织的章程或者权力机构的限制规定所实施的代表行为。越权代表订立的合同是否对法人、非法人组织发生效力，不是一概而论的，需要结合代表权限类型和相对人是否知情来判断。

《合同法》第 50 条对法定代表人、负责人超越权限订立的合同的法律效力作出了规定。《民法典》第 504 条在《合同法》第 50 条的基础上增加了"订立的合同对法人或者非法人组织发生效力"，明确越权代表的效果归属，并与《民法典》第 61 条共同构成了法定代表人、负责人越权代表的规范体系。立足于维护交易安全和保护善意相对人的利益，《民法典》第 504 条在规定法定代表人、负责人超越权限订立的合同一般对法人或者非法人组织发生效力的同时，排除了相对人

---

① 参见江苏省徐州市中级人民法院（2022）苏 03 民终 2620 号民事判决书。
② 参见江苏省盐城市中级人民法院（2021）苏 09 民终 7378 号民事判决书。

知道或者应当知道其超越权限的情形。① 本条对《民法典》第 61 条、第 504 条的适用条件作出了进一步细化。在具体的理解与适用方面，需注意以下问题：

1. 相对人知道或应当知道的认定

善意相对人情形下的越权代表行为的法律效果仍由法人、非法人组织承受，非善意相对人情形下的越权代表行为对法人、非法人组织不发生效力。可见，判断相对人的善意是认定越权代表合同效力的关键。对于法律、行政法规明确规定合同所涉事项应当由法人、非法人组织的权力机构或者决策机构决议，或者应当由法人、非法人组织的执行机构决定等法定限制情形，法定代表人、负责人未取得授权而以法人、非法人组织的名义订立合同，相对人善意的标准是尽到合理审查义务。相对人已尽到合理审查义务，构成表见代表的，应当依据《民法典》第504 条的规定处理。对于法人、非法人组织的章程或者权力机构对代表权进行限制的约定限制情形，一般推定相对人为善意，除非法人、非法人组织举证证明相对人知道或者应当知道该限制。就具体审查形式而言，《九民纪要》针对越权担保的善意认定，规定："债权人对公司机关决议内容的审查一般限于形式审查，只要求尽到必要的注意义务即可，标准不宜太过严苛。公司以机关决议系法定代表人伪造或者变造、决议程序违法、签章（名）不实、担保金额超过法定限额等事由抗辩债权人非善意的，人民法院一般不予支持。但是，公司有证据证明债权人明知决议系伪造或者变造的除外。"这就是说，在约定限制的情形下，相对人的善意与非善意取决于其是否对法定代表人、负责人的代表权尽合理的形式审查义务，以此对"知道或应当知道"作出判断。

2. 证明责任分配

在相对人知道或者应当知道法定代表人、负责人超越代表权的情形下，合同对法人或者非法人组织不发生效力。对于"相对人知道或者应当知道其超越权限"这一事实，证明责任分配因代表权限制类型有所不同。具体来说，一方面，如果法律、行政法规为限制法人的法定代表人或者非法人组织的负责人的代表权，明确规定合同所涉事项应当由法人、非法人组织的权力机构或者决策机构决议，或者应当由法人、非法人组织的执行机构决定，法定代表人、负责人越权代

---

① 黄薇主编：《中华人民共和国民法典合同编解读》（上册），中国法制出版社 2020 年版，第 149 页。

表即属于超越法定限制的情形，任何人不得以不知道法律规定为由免除注意义务并以此加以抗辩，因为法律一经公布即对所有人产生效力。[①] 因此，在法定限制的情形下，应当由相对人举证证明其不知道或不应当知道法定代表人、负责人超越代表权，即证明已尽到合理审查义务，不能证明的，合同对法人、非法人组织不发生效力。另一方面，法定代表人、负责人超越法人、非法人组织的章程或者权力机构对代表权作出的限制属于超越约定限制的情形。这种限制一般具有内部性，相对人知晓难度较大，应由法人、非法人组织举证证明相对人知道或者应当知道法定代表人、负责人超越权限，而仍与其交易，如相对人在签订合同时即拿到对方关于法定代表人代表权限限制的公司章程或者股东会决议等文件。不能证明的，合同对法人、非法人组织发生效力。

第二十一条　【职务代理的合同效力】

　　法人、非法人组织的工作人员就超越其职权范围的事项以法人、非法人组织的名义订立合同，相对人主张该合同对法人、非法人组织发生效力并由其承担违约责任的，人民法院不予支持。但是，法人、非法人组织有过错的，人民法院可以参照民法典第一百五十七条的规定判决其承担相应的赔偿责任。前述情形，构成表见代理的，人民法院应当依据民法典第一百七十二条的规定处理。

　　合同所涉事项有下列情形之一的，人民法院应当认定法人、非法人组织的工作人员在订立合同时超越其职权范围：

　　（一）依法应当由法人、非法人组织的权力机构或者决策机构决议的事项；

　　（二）依法应当由法人、非法人组织的执行机构决定的事项；

[①] 参见高圣平：《再论公司法定代表人越权担保的法律效力》，载《现代法学》2021年第6期，第22-23页；王刚、要亚玲：《证明责任视角下越权代表的规范适用问题研究——以〈民法典〉第504条为中心展开》，载《河北法学》2022年第12期，第195-196页。

> （三）依法应当由法定代表人、负责人代表法人、非法人组织
> 实施的事项；
>
> （四）不属于通常情形下依其职权可以处理的事项。
>
> 合同所涉事项未超越依据前款确定的职权范围，但是超越法
> 人、非法人组织对工作人员职权范围的限制，相对人主张该合同
> 对法人、非法人组织发生效力并由其承担违约责任的，人民法院
> 应予支持。但是，法人、非法人组织举证证明相对人知道或者应
> 当知道该限制的除外。
>
> 法人、非法人组织承担民事责任后，向故意或者有重大过失
> 的工作人员追偿的，人民法院依法予以支持。

◆条文主旨

本条第 1 款规定了越权职务代理的合同效力。法人、非法人组织的工作人员就超越其职权范围的事项以法人、非法人组织的名义订立合同，对法人、非法人组织不发生效力。但是，法人、非法人组织有过错的，人民法院可以参照《民法典》第 157 条的规定判决其承担相应的赔偿责任。前述情形若根据《民法典》第 172 条构成表见代理，其效果直接归属于法人或者非法人组织。

本条第 2 款界定了职权范围。首先，对于非日常的重大交易以法律、行政法规之规定作为职权范围的评价标准，包括应当由法人、非法人组织的权力机构或者决策机构决议的事项；应当由法人、非法人组织的执行机构决定的事项以及应当由法人的法定代表人或者非法人组织的负责人代表法人或者非法人组织实施的事项。其次，规定了不属于法人、非法人组织的工作人员通常情形下依职权可以处理的事项也应认定为超越职权范围，譬如，相对人应从工作人员的具体职位判断该交易是否为通常情形下其可以处理的事项。

本条第 3 款明确了组织内部的职权限制不能对抗善意相对人。具体而言，当法人、非法人组织的工作人员超越组织内部对职权范围作出的限制，但其越权行为仍在法律、行政法规所列举或习惯所认可的职权范围内时，如果交易相对人对

该限制不知道或不应当知道，合同对法人、非法人组织发生效力。

本条第 4 款确立了内部追偿原则，即法人、非法人组织承担责任后可以向故意或者有重大过失的工作人员追偿。

◆ 关联规定

《中华人民共和国民法典》

第一百七十条 执行法人或者非法人组织工作任务的人员，就其职权范围内的事项，以法人或者非法人组织的名义实施的民事法律行为，对法人或者非法人组织发生效力。

法人或者非法人组织对执行其工作任务的人员职权范围的限制，不得对抗善意相对人。

第一百七十二条 行为人没有代理权、超越代理权或者代理权终止后，仍然实施代理行为，相对人有理由相信行为人有代理权的，代理行为有效。

《关于当前形势下审理民商事合同纠纷案件若干问题的指导意见》 （法发〔2009〕40 号）

13. 合同法第四十九条规定的表见代理制度不仅要求代理人的无权代理行为在客观上形成具有代理权的表象，而且要求相对人在主观上善意且无过失地相信行为人有代理权。合同相对人主张构成表见代理的，应当承担举证责任，不仅应当举证证明代理行为存在诸如合同书、公章、印鉴等有权代理的客观表象形式要素，而且应当证明其善意且无过失地相信行为人具有代理权。

◆ 案例指引

1. 法人、非法人组织的工作人员

▷杨某溪、韶山市人民政府建设工程施工合同纠纷案①

法院认为，杨某溪签订《目标责任制协议书》并组织案涉工程施工的行为不属于代表金房集团的职务行为。金房集团没有提供劳动合同证明其与杨某溪之间存在劳动合同关系。因此，本案无法适用职务代理的规定，直接认定杨某溪的行

---

① 参见湖南省高级人民法院（2020）湘民终 35 号民事判决书。

为属于执行公司工作任务的职务行为。

▷四川省彭州市天彭建筑工程有限公司、杨某买卖合同纠纷案①

法院认为，四川省彭州市天彭建筑工程有限公司（以下简称天彭建筑公司）与万某彬签订的《转承包合同》约定，该公司只收取2%的管理费，工程全部由万某彬出资，独立自主经营，自负盈亏，证明天彭建筑公司系将案涉工程全部违法转包给万某彬。万某彬与天彭建筑公司不具有劳动关系，不属于天彭建筑公司的工作人员，天彭建筑公司也未任命万某彬担任案涉工程的项目经理，因此，万某彬的行为也不属于职务代理中履行法定职责的行为。

▷广西建工集团第一建筑工程有限责任公司、吴某建买卖合同纠纷案②

法院认为，在送货单及结算单上签名的是广西建工集团第一建筑工程有限责任公司（以下简称广西一建）项目部工作人员，广西一建未能举证证明签名工作人员的职务范围，这些工作人员在送货单及结算单上签名行为属于职务代理行为。故上述工作人员的代理法律后果应由广西一建承担。至于在送货单及结算单上签名的工作人员是否与广西一建签订劳动合同，不影响这些工作人员与广西一建事实上建立劳动关系，亦不能否认其是广西一建的工作人员。

2. 超越职权范围

▷上海立钧置业开发有限公司与上海深港混凝土有限公司买卖合同纠纷案③

法院认为，杭某是上海立钧置业开发有限公司（以下简称立钧公司）项目工作人员，立钧公司未向上海深港混凝土有限公司（以下简称深港公司）明确过杭某的职权范围，现杭某持有立钧公司真实的项目章，以立钧公司项目负责人的身份以与深港公司进行总体对账结算，所结算方量、金额亦可与胡某签收的阶段性对账情况相印证，结合立钧公司在合同履行过程中持续付款并接收深港公司开具的发票行为，付款及发票金额均达到交易金额的大部分，且立钧公司从未对发货数量、单价、供货及付款金额等提出过异议的情况，可以认定杭某代立钧公司与深港公司进行数量、单价、交易总额及欠款方面的对账，构成职务代理，其行为的法律后果应由立钧公司承担。而即便胡某、杭某作为立钧公司工作人员，存在

---

① 参见四川省高级人民法院（2019）川民再563号民事判决书。
② 参见广西壮族自治区河池市中级人民法院（2020）桂12民终291号民事判决书。
③ 参见上海市第一中级人民法院（2020）沪01民终5057号民事判决书。

越权职务代理的情形，深港公司作为善意相对人在交易过程中亦已尽到审查义务，也应受到法律保护。

▷通号建设集团有限公司、通号建设集团有限公司第三分公司等建设工程施工合同纠纷案①

法院认为，首先，合同履行中，通号建设集团有限公司第三分公司（以下简称通号公司第三分公司）将吴某阳确定为山河大厦项目物资设备部工作人员，将包含吴某阳在内的其他前期管理人员名单，以函件形式向备昊公司备案。其次，结合吴某阳代表通号公司与备昊公司工作人员及云志禾公司负责人对接工作参数、沟通施工事宜等，云志禾公司有理由相信吴某阳在案涉《结算单》上签字，是代表通号公司的意思表示。即使吴某阳代表通号公司确认案涉工程价款的行为超出了通号公司第三分公司的授权范围，但有关吴某阳的岗位职责规定系通号公司第三分公司与吴某阳内部约定，在没有证据证明云志禾公司事前对此明知的情况下，对云志禾公司并不产生拘束力。最后，吴某阳虽不具有代表公司结算的权利，但通号公司山河大厦项目副经理以通号公司名义向备昊公司报送的案涉项目施工费用明细中围挡单价与案涉《结算单》中单价相同，表明通号公司知晓并认可案涉结算单计价标准。综上，吴某阳系通号公司第三分公司工作人员，在案涉工程中代表通号公司开展业务，因此在案涉围挡工程《结算单》上签字的行为，应视为履行通号公司职务的行为，对通号公司、通号公司第三分公司发生效力。

3. 职务代理与表见代理

▷张某帮与新疆启程建设工程有限公司、丁某藩承揽合同纠纷案②

法院认为，张某帮提供的从塔什库尔干县交通运输局调取的《委托书》，因该《委托书》是新疆启程建设工程有限公司（以下简称启程公司）向塔什库尔干县交通运输局所供，且启程公司明确的委托范围为工程款结算事宜，因此该授权范围不能进行扩大到委托加工沥青摊铺料事项。张某帮与启程公司无书面承揽合同，张某帮不能提供丁某藩的委托加工事宜得到了启程公司的授权，且启程公司事后也不予追认，因此，丁某藩向原告加工沥青的行为不符合行使职务的外观。关于丁某藩的行为是否构成表见代理问题，本案中，启程公司确实向塔什库

---

① 参见新疆维吾尔自治区高级人民法院（2022）新民申 2182 号民事裁定书。
② 参见新疆维吾尔自治区喀什地区中级人民法院（2022）新 31 民终 1534 号民事判决书。

尔干县交通运输局出具了两份授权委托书，但该两份授权委托书系向塔什库尔干县交通运输局出示，授权事项为工程款结算，并不包含对外签订合同购买材料等委托事项，张某帮作为完全民事行为能力人应当具有相应的认知，不可能仅凭该委托书即相信丁某藩具有对外签订承揽合同的权利。且启程公司与塔什库尔干县交通运输局签订的公路工程施工合同中也未载明丁某藩为涉案工程的项目经理或现场负责人，丁某藩也认可其与张某帮达成的口头承揽协议属个人行为，与启程公司无关，自愿对涉案款项承担支付责任。张某帮亦未提供证据证实其与丁某藩达成口头承揽协议时丁某藩提交了其为启程公司项目经理或员工的任命手续，足以使其相信丁某藩具有代理权。故丁某藩的行为不符合表见代理的构成要件。

▷平山区忠信批发超市与中粮可口可乐辽宁（北）饮料有限公司本溪第一分公司、中粮可口可乐辽宁（北）饮料有限公司买卖合同纠纷案①

法院认为，刘某飞、王某原系中粮可口可乐辽宁（北）饮料有限公司（以下简称可口可乐辽宁公司）的工作人员，其在职期间长期与平山区忠信批发超市（以下简称忠信超市）存在订购和供货关系。根据可口可乐辽宁公司提交的行为准则、承诺函等公司内部规定，该公司对刘某飞、王某的职权范围是有限制的，刘某飞、王某收取忠信超市货款、出具欠条的行为均超越其职权范围，是超越代理权。本案中，忠信超市在 2020 年 10 月与可口可乐辽宁公司签订的书面合同中明确对刘某飞、王某的职权范围进行了告知的情况下仍向刘某飞、王某付款，忠信超市未尽到审慎的注意义务，忠信超市具有明显过失，故忠信超市仅以刘某飞、王某系可口可乐辽宁公司、可口可乐本溪公司的工作人员而向刘某飞、王某订货的行为不构成表见代理。

◆ 理解与适用

所谓职务代理，是指法人、非法人组织的工作人员在其工作职责范围内，以法人或者非法人组织的名义实施的民事法律行为，无须法人或者非法人组织的特别授权，其效果直接归属于法人或者非法人组织。职务代理能够弥补商事交易中法定代表人制度的不足，满足法人对外交易的需求，也能够增强交易结果的确定

① 参见辽宁省本溪市中级人民法院（2022）辽 05 民终 1939 号民事判决书。

性和可预见性，使交易相对人能够迅速、准确地判断代理人是否有代理权，以维护正常的交易秩序、降低交易成本、提高交易效率。①

职务代理制度是我国《民法典》中的一项制度创新，具有重要的理论和实践价值。本条对《民法典》第170条的适用条件作出了进一步细化。在具体的理解与适用方面，需注意以下问题：

1. 越权职务代理的认定

职务代理的构成须满足以下要件：一是代理人是法人、非法人组织的工作人员，如基于劳动、雇佣关系而产生的工作人员，劳务派遣单位派到用工单位的工作人员等。② 这意味着职务代理的主体应当排除法人的法定代表人或非法人组织的负责人。根据《民法典》的规定，法人的法定代表人或非法人组织的负责人以法人或非法人组织的名义从事民事活动的，在性质上属于代表行为，不应适用职务代理的规定。二是法律行为需以法人或非法人组织的名义作出。三是代理人在职权范围内为法律行为。

准确认定代理人在职权范围是区分职务代理和越权职务代理的核心。一方面，对于非日常的重大交易，法律、行政法规的规定是评价代理人职权范围的重要标准，代理人的权限范围可以通过法律、行政法规的公示性规定予以体现。如果根据相关法律、行政法规，不属于代理人职权范围的事项，且未取得法人或者非法人组织的特别授权，则属于超越职权。譬如，依法应当由法人、非法人组织的权力机构或者决策机构决议的事项；依法应当由法人、非法人组织的执行机构决定的事项；依法应当由法人的法定代表人或者非法人组织的负责人代表法人或者非法人组织实施的事项。另一方面，即便是日常交易，相对人也应结合工作人员的职位判断该交易是否为通常情形下其可以处理的事项，如果不属于通常情形下依代理人职权可以处理的事项，也构成超越职权。

2. 越权职务代理的法律后果

法人、非法人组织的工作人员就超越其职权范围的事项以法人、非法人组织的名义订立合同，对法人、非法人组织不发生效力。不过，若根据《民法典》第

---

① 黄薇主编：《中华人民共和国民法典总则编解读》，中国法制出版社2020年版，第550页。
② 参见杨秋宇：《融贯民商：职务代理的构造逻辑与规范表达——〈民法总则〉第170条释评》，载《法律科学（西北政法大学学报）》2020年第1期，第105页。

172 条构成表见代理,其效果直接归属于法人或者非法人组织。即行为人没有代理权、超越代理权或者代理权终止后,仍然实施代理行为,相对人有理由相信行为人有代理权的,代理行为有效。

除了法律、行政法规外,法人或非法人组织的内部规定也可能对代理人的职权范围作出特别限制。如果合同所涉事项未超越依据法律、行政法规确定的职权范围,但属于超越内部规定的情形,则视交易相对人是否知情来判断合同效力。若交易相对人对内部限制不知道也不应当知道,那么超越内部规定限制的代理行为与职务代理一样,其订立的合同对法人或非法人组织发生效力。内部限制的形式包括公司内部决议、章程、劳动协议等。外部交易相对人对法人或非法人组织作出的内部规定限制的了解,一般是通过合同中列明的事项或法人、非法人组织对相对人的直接通知等途径获知。交易相对人是否知道或应当知道代理人职权限制,由法人、非法人组织证明。经证明,如果交易相对人知道或应当知道该内部规定和限制,则合同对法人、非法人组织不发生效力。值得注意的是,即便越权职务代理所订立的合同对法人、非法人组织不发生效力,法人、非法人组织有过错的,也可能根据《民法典》第 157 条的规定承担相应的赔偿责任。法人、非法人组织承担民事责任后,可以向故意或者有重大过失的工作人员追偿。

第二十二条 【印章与合同效力】

法定代表人、负责人或者工作人员以法人、非法人组织的名义订立合同且未超越权限,法人、非法人组织仅以合同加盖的印章不是备案印章或者系伪造的印章为由主张该合同对其不发生效力的,人民法院不予支持。

合同系以法人、非法人组织的名义订立,但是仅有法定代表人、负责人或者工作人员签名或者按指印而未加盖法人、非法人组织的印章,相对人能够证明法定代表人、负责人或者工作人员在订立合同时未超越权限的,人民法院应当认定合同对法人、非法人组织发生效力。但是,当事人约定以加盖印章作为合同成立条件的除外。合同仅加盖法人、非法人组织的印章而无人员签名或者按指印，相对人能够证明合同系法定代表人、负责人或者工作人员在其权限范围内订立的，人民法院应当认定该合同对法人、非法人组织发生效力。

在前三款规定的情形下，法定代表人、负责人或者工作人员在订立合同时虽然超越代表或者代理权限，但是依据民法典第五百零四条的规定构成表见代表，或者依据民法典第一百七十二条的规定构成表见代理的，人民法院应当认定合同对法人、非法人组织发生效力。

◆ 条文主旨

本条第1款为假章、所盖公章与备案公章不一致对合同效力的影响确立了裁判规则，明确人民法院在审理案件时，应当主要审查签约人于盖章之时有无代表权或者代理权，从而根据代表或者代理的相关规则来确定合同的效力；所谓"认人不认章"。具体而言，法人的法定代表人、非法人组织的负责人或者工作人员使用非备案公章或伪造的公章代表法人或非法人组织订立合同，该合同是否对法人、非法人组织发生效力，不能仅取决于合同加盖的公章是否为法人、非法人组织承认的真实公章，还应当结合行为人在订立合同时是否超越其职权范围。法人的法定代表人、非法人组织的负责人或者其授权之人在合同上加盖公章的行为，表明其是以法人名义签订合同。如果法定代表人、负责人或者工作人员在其代表权或代理权范围从事民事活动，即便合同加盖的公章不是备案公章或者系伪造的公章，仍然对法人、非法人组织发生效力。

本条第2款对"有人无章"的情形作出了规定，即除了当事人约定以加盖印章作为合同成立条件外，法定代表人、负责人或者其工作人员以法人或者非法人组织的名义订立合同，但是仅有法定代表人、负责人或者其工作人员的签名而没有加盖印章，相对人能证明法定代表人、负责人或者工作人员在订立合同时未超越代表权限或者职权范围的，应当认定合同对法人、非法人组织发生效力。

本条第 3 款对"有章无人"的情形作出了规定，即合同仅加盖法人或者非法人组织的印章而无人员签字，相对人能证明法定代表人、负责人或者工作人员在订立合同时未超越代表权限或者职权范围的，应当认定合同对法人、非法人组织发生效力。

本条第 4 款规定了认定合同是否对法人、非法人组织发生效力时，不仅应审查法定代表人或者负责人是否超越权限，或工作人员是否存在无权代理的情形，还应审查其是否构成表见代表或表见代理。

◆ 关联规定

《中华人民共和国民法典》

第一百七十条 执行法人或者非法人组织工作任务的人员，就其职权范围内的事项，以法人或者非法人组织的名义实施的民事法律行为，对法人或者非法人组织发生效力。

法人或者非法人组织对执行其工作任务的人员职权范围的限制，不得对抗善意相对人。

第五百零四条 法人的法定代表人或者非法人组织的负责人超越权限订立的合同，除相对人知道或者应当知道其超越权限外，该代表行为有效，订立的合同对法人或者非法人组织发生效力。

《全国法院民商事审判工作会议纪要》（法〔2019〕254 号）

41.【盖章行为的法律效力】司法实践中，有些公司有意刻制两套甚至多套公章，有的法定代表人或者代理人甚至私刻公章，订立合同时恶意加盖非备案的公章或者假公章，发生纠纷后法人以加盖的是假公章为由否定合同效力的情形并不鲜见。人民法院在审理案件时，应当主要审查签约人于盖章之时有无代表权或者代理权，从而根据代表或者代理的相关规则来确定合同的效力。

法定代表人或者其授权之人在合同上加盖法人公章的行为，表明其是以法人名义签订合同，除《公司法》第 16 条等法律对其职权有特别规定的情形外，应当由法人承担相应的法律后果。法人以法定代表人事后已无代表权、加盖的是假章、所盖之章与备案公章不一致等为由否定合同效力的，人民法院不予支持。

代理人以被代理人名义签订合同，要取得合法授权。代理人取得合法授权后，以被代理人名义签订的合同，应当由被代理人承担责任。被代理人以代理人事后已无代理权、加盖的是假章、所盖之章与备案公章不一致等为由否定合同效力的，人民法院不予支持。

◆ 案例指引

1. 非备案公章与合同效力

▷陕西三朋松野置业有限公司等诉咸阳市工业资产经营有限责任公司借款合同纠纷案①

法院认为，王某利代表陕西三朋松野置业有限公司（以下简称三朋公司）与咸阳市工业资产经营有限责任公司（以下简称工业公司）签订《借款协议》，协议加盖三朋公司公章及法定代表人名章。虽经鉴定，王某利向工业公司提交的《申请归还借款函》《授权委托书》上加盖的三朋公司公章及法定代表人名章与三朋公司备案的公章不一致，与《借款协议》上的亦不一致，但已经发生法律效力的咸阳市渭城区人民法院（2014）渭城刑初字00422号刑事判决书载明"不能证明王某利申请还款使用印章系伪造"，即生效判决已经确认，不能认定本案存在认定事实的主要证据系伪造的情形。三朋公司在注册成立后，并未废止使用未经备案的公章。尤其是王某利代表三朋公司在与工业公司签订协议及提交材料中，确实存在多枚公章同时使用的情形。从本案已查明事实可以看出，在三朋公司与工业公司洽谈涉案土地竞买事宜的整个过程中，均系王某利代表三朋公司与工业公司签订协议以及提交资料。工业公司有理由相信王某利有权代理三朋公司向工业公司提交《申请归还借款函》《授权委托书》及《申请》，并要求工业公司按照三朋公司指示将1000万元借款归还至星脉公司，工业公司按照指示将1000万元转给星脉公司并无过错，王某利的行为构成对三朋公司的表见代理。

▷陇南华晨建设工程有限公司、崔某伟等借款合同纠纷案②

法院认为，陇南华晨建设工程有限公司（以下简称华晨公司）主张崔某伟在借款合同中所加盖的印章不是其公司的备案印章，但案涉借款合同成立时，崔某伟时任华晨公司的法定代表人，恒信公司有理由相信崔某伟作为华晨公司的法定

---

① 参见最高人民法院（2017）最高法民申2244号民事裁定书。
② 参见甘肃省陇南市中级人民法院（2022）甘12民终100号民事判决书。

代表人，亲自持其公司印章并签名符合其法定代表人履行职务的行为，且涉案借款也实际用于华晨公司承包的建设工程，故华晨公司以借款合同加盖的印章与其公司备案印章不符而不承担还款责任的理由不能成立，也不影响案涉借款合同的效力。

▷阳朔一尺水实业投资开发有限公司等诉王某民间借贷纠纷案①

法院认为，虽然阳朔一尺水实业投资开发有限公司（以下简称一尺水公司）提交的广西司法鉴定中心《文书司法检验鉴定意见书》表明，案涉《借款合同》《借款担保合同》《委托担保合同》中一尺水公司的印章与一尺水公司现在使用的印章样本不一致，但其法定代表人丁某的签字是真实的，丁某时任该公司的法定代表人的身份是真实的，王某有理由相信作为一尺水公司法定代表人的丁某履行职务行为的真实性，丁某的行为代表了一尺水公司的行为。法定代表人任职期间持有的公司印章与任职前、免职后的公章是否一致，必须经过鉴定机关的鉴定方能识别，若将此全部归属于贷款人的审查义务范围，则已超出贷款人合理审查范围，亦有违合同法保护交易安全和交易稳定的立法初衷。

▷中国石油天然气股份有限公司河北石家庄销售分公司诉李某红借款合同纠纷案②

法院认为，满某凯时任第七加油站经理，是第七加油站的负责人，具备表见代表的身份特点，也满足表见代表适用于法人或者其他组织的负责人的要求。在集资的过程中，满某凯为李某红及其名下四人出具的借据均加盖了"中国石油天然气股份有限公司华北销售河北石家庄第七加油站"的印章，具备表见代表的表象特征。虽然该公章属于过期公章，但作为李某红个人而言，其无法辨别、识别公章的真伪，该公章具有公信力，并且，原一、二审法院也查明该过期公章在2010年年检时候还在使用。满某凯的行为从外观上完全具备履行职务的表象，已经构成表见代表。

2. 伪造公章与合同效力

▷重庆群洲实业（集团）有限公司与汪某雄等建设工程施工合同纠纷案③

法院认为，编号为"50010218011375"的公章在重庆群洲实业（集团）有限

---

① 参见最高人民法院（2016）最高法民申206号民事裁定书。
② 参见最高人民法院（2016）最高法民申136号民事裁定书。
③ 参见最高人民法院（2016）最高法民申255号民事裁定书。

公司（以下简称重庆群洲公司）的经营活动及诉讼活动中均曾使用过。重庆群洲公司使用该编号的公章与云南省大理州漾濞县普坪发电有限公司签订工程施工合同，云南省大理洲漾濞县普坪发电有限公司随后支付给重庆群洲公司的工程款均进入重庆群洲公司云南分公司的账户，工程款的收款收据上均盖有该编号的公章，重庆群洲公司并未提出异议。云南省大理市人民法院受理的（2014）大民二初字第188号案件中，重庆群洲公司作为被告参加诉讼，其提供的《企业法人营业执照》《组织机构代码证》《授权委托书》复印件上，均盖有该公章，重庆群洲公司对该公章的使用亦未提出异议。上述证据表明，重庆群洲公司对该公章的存在、使用是知晓的。尽管其主张公章伪造，但其在明知该公章存在并使用的情况下，未采取措施防止相对人的利益损害，朱某德使用编号为"50010218011375"的重庆群洲公司印章签订履行合同的行为应当认定为重庆群洲公司的行为。

▷云南盘龙云海药业有限公司、中国东方资产管理股份有限公司金融借款合同纠纷案①

法院认为，云南盘龙云海药业有限公司（以下简称盘龙药业公司）与富滇银行营业部签订《担保保证合同》可以认定为双方当事人的真实意思表示，且内容不违反法律、行政法规的强制性规定，应当认定合法有效。盘龙药业公司应当根据合同约定承担连带保证责任。即使盘龙药业公司的法定代表人存在私刻或伪造公章的行为，构成犯罪，亦不影响其行为产生的民事责任承担。本案合同加盖公章的真实性，并不影响《担保保证合同》的成立和生效。

▷东北金城建设股份有限公司、梁某崇等建设工程施工合同纠纷案②

法院认为，被上诉人刘某华是工地主管，其以上诉人东北金城建设股份有限公司（以下简称东北金城公司）的名义与被上诉人梁某崇签订《消防暖通工程施工合同》并加盖上诉人东北金城公司公章，被上诉人梁某崇已尽到合理注意义务，仍有正当理由相信被上诉人刘某华能够代表上诉人东北金城公司与其签订分包合同。被上诉人刘某华与被上诉人梁某崇签订《消防暖通工程施工合同》的行为构成表见代理，公章是否伪造不影响上诉人东北金城公司对欠付工程款承担连带责任。

---

① 参见云南省高级人民法院（2019）云民终243号民事判决书。
② 参见广西壮族自治区河池市中级人民法院（2022）桂12民终2388号民事判决书。

▷韩某侪与南通市鑫海液化气服务有限公司保证合同纠纷案①

法院认为，南通市鑫海液化气服务有限公司（以下简称鑫海公司）作为商事主体，陈某娟作为公司法定代表人，常理而言必然自行妥善保管使用公章、私章，但历年涉公司事务中却出现如此之多本案认可之外的涉印章书证，其中不乏已经实际履行的案件，或者在诉讼中自行提交的身份及委托材料等。鑫海公司、陈某娟、江某兴虽称不知情，系他人伪造、偷盖，获取真实签章材料后故意又加盖伪造印章等，但除自述外未有任何证据证实。有鉴于此，二者对于《执行担保承诺书》所涉印章真实性的异议，不足以否定担保效力。《执行担保承诺书》对于鑫海公司具有约束力。

◆ 理解与适用

公章具有表征能力和证明能力，是主体作出意思表示的工具，一定程度上显示着用章之人的身份。公章的意义在于使特定的意思表示与特定的主体相联结，是书面法律行为的重要标识方式。② 明确盖章行为对合同效力的影响有利于统一司法适用，维护交易安全。

《民法典》并未规定公章对合同效力的影响。《九民纪要》第41条首次明确了盖章行为的法律效力，为法院审查与印章有关的案件指明了裁判思路。以此为基础，本条对该纪要作出了进一步完善。在具体的理解与适用方面，需注意以下问题：

1. 盖章行为对合同效力的影响

盖章行为所代表的不仅是法人、非法人组织的意思表示和信用，也是交易相对人的信赖保障。法人、非法人组织的意思表示既可以由其法定代表人、负责人作出，也可以由公司的经理、职员等执行工作任务的人员作出。譬如，商场工作人员在其职权范围内开具发票、加盖公章的行为，即属于代表公司作出意思表示，当然对公司发生效力。《民法典》明确了法定代表和职务代理的法律效果归属。《民法典》第61条第2款规定："法定代表人以法人名义从事的民事活动，其法律后果由法人承受。"第170条第1款规定："执行法人或者非法人组织工作

---

① 参见江苏省南通市中级人民法院（2020）苏06民终1188号民事判决书。
② 陈甦：《公章抗辩的类型与处理》，载《法学研究》2020年第3期，第39页。

任务的人员，就其职权范围内的事项，以法人或者非法人组织的名义实施的民事法律行为，对法人或者非法人组织发生效力。"因此，法人的法定代表人、非法人组织的负责人、执行法人、非法人组织工作任务的人员在其代表权或代理权范围从事民事活动，即便合同加盖的公章不是备案公章或者系伪造的公章，仍然对法人、非法人组织发生效力。

对于"有人无章"的情形，除了当事人约定以加盖印章作为合同成立条件外，法定代表人、负责人或者其工作人员以法人或者非法人组织的名义订立合同，但是仅有法定代表人、负责人或者其工作人员的签名而没有加盖印章，相对人能证明法定代表人、负责人或者工作人员在订立合同时未超越代表权限或者职权范围的，应当认定合同对法人、非法人组织发生效力。

对于"有章无人"的情形，合同仅加盖法人或者非法人组织的印章而无人员签字，相对人能证明法定代表人、负责人或者工作人员在订立合同时未超越代表权限或者职权范围的，应当认定合同对法人、非法人组织发生效力。

2. 盖章行为与表见代理或表见代表的关系

法院在审理案件时，应当注意审查法定代表人、负责人或者工作人员于盖章之时有无代表权或者代理权，从而根据代表或者代理的相关规则来确定合同的效力。如果使用非备案公章或伪造印章的法定代表人、负责人或者工作人员无权限或超越其权限，其订立的合同是否约束法人、非法人组织需要具体判断。在使用非备案章或伪造印章的行为人无代理权或代表权但构成表见代表或代理的情形下，合同对法人、非法人组织发生效力。也就是说，若行为人不具有行为权限，还需考察盖章行为是否构成表象，从而更进一步判断行为效果。

第二十三条　【代表人或者代理人与相对人恶意串通的合同效力】

法定代表人、负责人或者代理人与相对人恶意串通，以法人、非法人组织的名义订立合同，损害法人、非法人组织的合法权益，法人、非法人组织主张不承担民事责任的，人民法院应予支持。

法人、非法人组织请求法定代表人、负责人或者代理人与相对人对因此受到的损失承担连带赔偿责任的，人民法院应予支持。

根据法人、非法人组织的举证，综合考虑当事人之间的交易习惯、合同在订立时是否显失公平、相关人员是否获取了不正当利益、合同的履行情况等因素，人民法院能够认定法定代表人、负责人或者代理人与相对人存在恶意串通的高度可能性的，可以要求前述人员就合同订立、履行的过程等相关事实作出陈述或者提供相应的证据。其无正当理由拒绝作出陈述，或者所作陈述不具合理性又不能提供相应证据的，人民法院可以认定恶意串通的事实成立。

◆**条文主旨**

本条是关于法人的法定代表人、非法人组织的负责人或者法人、非法人组织的代理人与相对人恶意串通订立合同效力的规定。与《民法典》第154条"行为人与相对人恶意串通，损害他人合法权益的民事法律行为无效"的规定相比，本条特殊之处在于法定代表人、负责人或者代理人系以法人或者非法人组织的名义订立合同，且损害的是法人或者非法人组织的利益，而非"他人"合法权益，导致人民法院无法依据《民法典》第154条认定合同无效。《民法典》第164条第2款仅规定了责任承担方式，即"代理人和相对人恶意串通，损害被代理人合法权益的，代理人和相对人应当承担连带责任"，但未就恶意串通的合同效力问题作出明确规定。本条则是针对法人的法定代表人、非法人组织的负责人或者法人、非法人组织的代理人与相对人恶意串通，以法人、非法人组织的名义订立合同，损害法人、非法人组织的合法权益时所订立合同的效力问题作出明确规定。本条规定旨在通过对恶意串通合同效力的否定，来体现对法定代表人、负责人、代理人与相对人恶意串通损害法人、非法人组织合法权益行为的负面评价。

此外，《民事诉讼法解释》第109条规定："当事人对欺诈、胁迫、恶意串通事实的证明，以及对口头遗嘱或者赠与事实的证明，人民法院确信该待证事实存在的可能性能够排除合理怀疑的，应当认定该事实存在。"该条规定要求对恶意串通的证明应达到排除合理怀疑的标准，导致实践中常常因恶意串通证明责任标准较高，当事人无法完成证明责任而不得不承担败诉的风险。本条规定严格区分客观证明责任和主观证明责任，在负有客观证明责任的当事人提出初步证据，人民法院根据法人、非法人组织的举证，综合考虑当事人之间的交易习惯、合同在订立时是否显失公平、相关人员是否获取了不正当利益、合同的履行情况等因素，能够认定法人、非法人组织的法定代表人或者负责人、代理人与相对人存在恶意串通的高度可能性后，即可将主观证明责任转移至对方，法院可以要求法定代表人或者负责人、代理人与相对人就合同订立、履行的过程等相关事实作出陈述或者提供相应的证据。法定代表人或者负责人、代理人与相对人无正当理由拒绝作出陈述，或者所作陈述不具合理性又不能提供相应证据的，人民法院可以认定恶意串通的事实成立。

◆ **关联规定**

《中华人民共和国民法典》

第一百五十四条 行为人与相对人恶意串通，损害他人合法权益的民事法律行为无效。

第一百六十四条 代理人不履行或者不完全履行职责，造成被代理人损害的，应当承担民事责任。

代理人和相对人恶意串通，损害被代理人合法权益的，代理人和相对人应当承担连带责任。

第五百零四条 法人的法定代表人或者非法人组织的负责人超越权限订立的合同，除相对人知道或者应当知道其超越权限外，该代表行为有效，订立的合同对法人或者非法人组织发生效力。

《最高人民法院关于适用〈中华人民共和国民事诉讼法〉的解释》（法释〔2022〕11 号）

第一百零九条 当事人对欺诈、胁迫、恶意串通事实的证明，以及对口头遗嘱或者赠与事实的证明，人民法院确信该待证事实存在的可能性能够排除合理怀疑的，应当认定该事实存在。

◆ **案例指引**

公司法定代表人越权对外提供担保可能构成恶意串通

▷国药药材股份有限公司等与周某平民间借贷纠纷①

国药药材股份有限公司（以下简称国药公司）和文某共同作为担保人为本草利华公司的借款债务向出借人承担连带责任保证担保。本草利华公司为国药公司的股东。文某是本草利华公司的股东，且负责该公司的日常经营管理；同时也是国药公司的法定代表人，负责该公司的日常经营管理。明知没有国药公司对案涉借款协议担保进行股东大会决议，文某作为国药公司的法定代表人依旧利用职权职务在案涉借款协议上签字盖章。案涉借款流向文某个人账户。

关于国药公司是否承担连带保证责任问题，一审法院认为，签订涉案《借款合同》时，本草利华公司系国药公司股东，依照《公司法》（2018 年修正）第 16 条第 2 款规定，公司为公司股东或者实际控制人提供担保的，必须经股东会或股东大会决议。根据该规定，公司为公司股东对外担保必须以公司股东（大）会等公司机关的决议作为授权的基础和来源。反之，构成越权代表，应当根据《合同法》第 50 条关于法定代表人越权代表的规定，区分订立合同时债权人是否善意分别认定合同效力。即债权人善意的，合同有效；反之，合同无效。本案中，国药公司对涉案借款提供的担保，属于为股东提供担保的情形，应当由股东会决议。未经上述公司机构决议，则构成越权代表。据此，周某平主张担保条款有效，应当提供证据证明其在订立合同时审查过国药公司同意提供担保的股东会决议，并且符合《公司法》（2018 年修正）第 16 条的规定。从本案证据看，国药公司在签署案涉《借款协议》时，未出具同意对外提供担保的股东会决议等文件。周某平亦未审查国药公司股东会等公司机构同意对外担保的相关决议。故周某平依据无效的保证条款请求国药公司承担保证责任，一审法院不予支持。但是，《担保法解释》第 7 条规定，主合同有效而担保合同无效，债权人无过错的，担保人与债务人对主合同债权人的经济损失，承担连带赔偿责任；债权人、担保人有过错的，担保人承担民事责任的部分，不应超过债务人不能清偿部分的二分

---

① 参见北京市第三中级人民法院（2022）京 03 民终 13721 号民事判决书。

之一。依据上述司法解释规定，周某平和国药公司对担保条款无效均存在过错，一审法院酌定国药公司对本草利华公司不能清偿部分债务的二分之一承担连带赔偿责任，国药公司有权在承担责任后向本草利华公司追偿。

二审法院认为，《公司法》（2018年修正）第16条第2款规定："公司为公司股东或者实际控制人提供担保的，必须经股东会或者股东大会决议。"根据该条规定，公司为其股东提供担保必须以公司股东（大）会的决议作为授权的基础和来源。法定代表人未经授权擅自为他人提供担保的，构成越权代表，应当根据《合同法》第50条关于法定代表人越权代表的规定，区分订立合同时债权人是否善意分别认定合同效力：债权人善意的，合同有效；反之，合同无效。本案中，签订《借款协议》时，本草利华公司系国药公司股东，国药公司对涉案借款提供担保，属于公司为股东提供担保的情形，依法必须由股东（大）会决议。在此情况下，债权人周某平主张担保合同有效，应当提供证据证明其在订立合同时对股东（大）会决议进行了审查，决议的表决程序符合《公司法》（2018年修正）第16条第2款的规定。因国药公司在签署案涉《借款协议》时，未出具同意对外提供担保的股东会决议等文件，周某平亦未审查国药公司股东会等公司机关同意对外担保的相关决议，故债权人周某平在订立《借款协议》时非善意，国药公司的担保条款无效，一审法院未支持周某平请求国药公司承担保证责任的诉讼请求正确。

◈ 理解与适用

1. 本条与恶意串通相关规定的协调

根据《民法典》第154条的规定，当事人恶意串通、损害他人合法权益的合同是无效合同。当事人相互勾结，共同实施损害他人合法权益的行为，违反了订立合同应当遵守法律、诚实信用的基本原则，因而应当被确认为无效。在恶意串通情形下，合同双方当事人的意思表示是真实的，恶意串通的当事人双方出于故意且具有共同目的，即具有希望通过订立合同损害他人合法权益的意图。

恶意串通未必一定使合同无效，除了恶意串通，还需同时具备损害他人合法权益的要件。因恶意串通而成立的合同不以已经实际导致了损害为必要条件，只要有导致损害的现实可能性即可。例如，合同一方向另一方的法定代表人、负责人或者代理人员行贿，是否必然构成恶意串通损害他人合法利益，导致合同无效，需要区分不同情形。如果相对人实际上符合缔约条件，但为了获得竞争优势，向法人的法定代表人、非法人组织的负责人或者代理人行贿，这种情况未必一定会损害法人、非法人组织的合法权益，则没有必要认定合同无效。相反，如果相对人本不符合缔约条件，却通过贿赂法定代表人、负责人等获得缔约机会，则其串通行为损害了法人、非法人组织的合法权益，合同应被认定为无效。

即使是在法人或者非法人组织的法定代表人、负责人或者代理人与相对人恶意串通并损害法人、非法人组织利益的情况下，所订立的合同根据现行法规定也未必当然无效。虽然《民法典》第 164 条第 2 款规定"代理人和相对人恶意串通，损害被代理人合法权益的，代理人和相对人应当承担连带责任"，但未对所订立的合同效力作出规定。《民法典》第 154 条针对的是合同双方恶意串通损害"他人"的合法权益，但在上述情形下，尽管法人或者非法人组织的合法权益受到损害，但是否构成《民法典》第 154 条规定的"他人"存在争议。司法解释对此规定，法人、非法人组织主张不承担民事责任的，人民法院应予支持。根据本条表述，应认为法人、非法人组织对此具有选择权，即其既可以主张不承担民事责任，并请求法定代表人、负责人或者代理人与相对人对其因此受到的损失承担连带赔偿责任；也可以在可从合同中获利的情况下认可合同效力。如果法人、非法人组织未主张不承担民事责任，而将恶意串通合同认定为绝对无效，可能反而符合实施恶意串通行为的法定代表人、负责人、代理人等的利益，而使法人或非法人组织利益受损。是否承担合同责任的选择权应归属于法人和非法人组织。

2. 关于恶意串通的证明标准问题

法人、非法人组织不仅要证明法定代表人、负责人、代理人有损害其利益的行为，而且要证明法定代表人、负责人、代理人与相对人恶意串通，即法定代表人、负责人、代理人与相对人主观上具有恶意，客观上具有串通损害其利益的行为。《民事诉讼法解释》第 109 规定："当事人对欺诈、胁迫、恶意串通事实的证明，以及对口头遗嘱或者赠与事实的证明，人民法院确信该待证事实存在的可能性能够排除合理怀疑的，应当认定该事实存在。"该条解释明确提高了恶意串通的证明标准需要达到排除合理怀疑的程度，高于民事诉讼中的高度盖然性的一般证明标准。本条为了避免法人、非法人组织证明标准过高，从而使得恶意串通规定在实践中难以适用，受害人难以获得救济，降低了法人、非法人组织的证明标准，即只要法人、非法人组织能证明法定代表人、负责人或者代理人与相对人存在恶意串通的高度可能性，举证责任即转向法定代表人、负责人、代理人和相对人，由他们就合同订立、履行的过程等相关事实作出陈述或者提供相应的证据。法定代表人或者负责人、代理人与相对人无正当理由拒绝作出陈述，或者所作陈述不具合理性又不能提供相应证据的，人民法院可以认定恶意串通的事实成立。

> **第二十四条　【合同不成立、无效、被撤销或者确定不发生效力的法律后果】**
>
> 　　合同不成立、无效、被撤销或者确定不发生效力，当事人请求返还财产，经审查财产能够返还的，人民法院应当根据案件具体情况，单独或者合并适用返还占有的标的物、更正登记簿册记载等方式；经审查财产不能返还或者没有必要返还的，人民法院应当以认定合同不成立、无效、被撤销或者确定不发生效力之日该财产的市场价值或者以其他合理方式计算的价值为基准判决折价补偿。
>
> 　　除前款规定的情形外，当事人还请求赔偿损失的，人民法院应当结合财产返还或者折价补偿的情况，综合考虑财产增值收益和贬值损失、交易成本的支出等事实，按照双方当事人的过错程度及原因力大小，根据诚信原则和公平原则，合理确定损失赔偿额。
>
> 　　合同不成立、无效、被撤销或者确定不发生效力，当事人的行为涉嫌违法且未经处理，可能导致一方或者双方通过违法行为获得不当利益的，人民法院应当向有关行政管理部门提出司法建议。当事人的行为涉嫌犯罪的，应当将案件线索移送刑事侦查机关；属于刑事自诉案件的，应当告知当事人可以向有管辖权的人民法院另行提起诉讼。

◆ 条文主旨

本条是关于合同不成立、无效、被撤销或者确定不发生效力后如何返还财产等法律后果的规定。

本条第 1 款对《民法典》第 157 条第 1 句规定的返还财产的方式以及折价补偿的标准予以明确。如果相关财产能够返还，人民法院应根据案件的具体情况，单独或者合并适用返还占有的标的物、更正登记簿册记载等方式实现相关财产的返还。如果相关财产不能返还或者没有必要返还，则应当折价补偿，折价补偿的标准原则上应是认定合同不成立、无效、被撤销或者确定不发生效力之日该财产的市场价值，但若存在其他合理计算财产价值的方式，也可以其他合理方式计算的价值为标准。

本条第 2 款对《民法典》第 157 条第 2 句规定的赔偿损失的计算标准予以明确。人民法院应以诚信原则和公平原则为基础，结合财产返还或者折价补偿的情况，综合考虑财产增值收益和贬值损失、交易成本的支出等事实，合理确定损失赔偿额。

本条第 3 款对当事人违法行为的非民法上的法律后果予以明确。当事人的违法行为导致合同不成立、无效、被撤销或者确定不发生效力，且当事人因此获得不当利益，若当事人的行为未经有关行政部门处理，人民法院应当向有关行政管理部门发出司法建议。若违法行为涉嫌犯罪的，应当将犯罪线索移送刑事侦查机关；属于刑事自诉案件的，应当告知当事人向有管辖权的人民法院另行提起诉讼。

◆ 关联规定

《中华人民共和国民法典》

第一百五十七条　民事法律行为无效、被撤销或者确定不发生效力后，行为人因该行为取得的财产，应当予以返还；不能返还或者没有必要返还的，应当折价补偿。有过错的一方应当赔偿对方由此所受到的损失；各方都有过错的，应当各自承担相应的责任。法律另有规定的，依照其规定。

《全国法院民商事审判工作会议纪要》（法〔2019〕254 号）

32.【合同不成立、无效或者被撤销的法律后果】《合同法》第 58 条就合同无效或者被撤销时的财产返还责任和损害赔偿责任作了规定，但未规定合同不成立的法律后果。考虑到合同不成立时也可能发生财产返还和损害赔偿责任问题，故应当参照适用该条的规定。

在确定合同不成立、无效或者被撤销后财产返还或者折价补偿范围时，要根据诚实信用原则的要求，在当事人之间合理分配，不能使不诚信的当事人因合同不成立、无效或者被撤销而获益。合同不成立、无效或者被撤销情况下，当事人所承担的缔约过失责任不应超过合同履行利益。比如，依据《最高人民法院关于审理建设工程施工合同纠纷案件适用法律问题的解释》第2条规定，建设工程施工合同无效，在建设工程经竣工验收合格情况下，可以参照合同约定支付工程款，但除非增加了合同约定之外新的工程项目，一般不应超出合同约定支付工程款。

33.【财产返还与折价补偿】合同不成立、无效或者被撤销后，在确定财产返还时，要充分考虑财产增值或者贬值的因素。双务合同不成立、无效或者被撤销后，双方因该合同取得财产的，应当相互返还。应予返还的股权、房屋等财产相对于合同约定价款出现增值或者贬值的，人民法院要综合考虑市场因素、受让人的经营或者添附等行为与财产增值或者贬值之间的关联性，在当事人之间合理分配或者分担，避免一方因合同不成立、无效或者被撤销而获益。在标的物已经灭失、转售他人或者其他无法返还的情况下，当事人主张返还原物的，人民法院不予支持，但其主张折价补偿的，人民法院依法予以支持。折价时，应当以当事人交易时约定的价款为基础，同时考虑当事人在标的物灭失或者转售时的获益情况综合确定补偿标准。标的物灭失时当事人获得的保险金或者其他赔偿金，转售时取得的对价，均属于当事人因标的物而获得的利益。对获益高于或者低于价款的部分，也应当在当事人之间合理分配或者分担。

35.【损害赔偿】合同不成立、无效或者被撤销时，仅返还财产或者折价补偿不足以弥补损失，一方还可以向有过错的另一方请求损害赔偿。在确定损害赔偿范围时，既要根据当事人的过错程度合理确定责任，又要考虑在确定财产返还范围时已经考虑过的财产增值或者贬值因素，避免双重获利或者双重受损的现象发生。

◆ **案例指引**

1. 返还财产的方式

▷陶某英、迟某一等与陶某生所有权纠纷案①

案外人迟某某、陶某英虽与被告陶某生签订了涉案房屋的房屋买卖契约，但相关证据可证明双方签订该房屋买卖契约系为了套取银行贷款，且涉案房屋一直由迟某某、陶某英（二人为夫妻关系）一家居住，房屋按揭贷款亦由迟某某一家负责偿还，故该房屋买卖契约应属无效合同。因房屋买卖契约无效，陶某生基于该无效合同取得的涉案房屋应归还迟某某、陶某英。因迟某某已去世，陶某英、迟某一、迟某二、迟某三作为迟某某的第一顺位继承人，有权要求陶某生返还涉案房屋。江苏省南京市中级人民法院遂判决将该房屋的房屋所有权证及国有土地使用权证变更登记至陶某英、迟某一、迟某二、迟某三名下。

▷苏某某、陈某某合同纠纷案②

苏某某与陈某某在双方不具有真实交易和债权债务关系的情况下，双方买卖银行承兑汇票的行为违反了《票据法》的强制性规定，应认定合同无效。基于买卖承兑汇票合同无效应发生双方返还承兑汇票及相应价款的后果。福建省泉州市中级人民法院判决买受人返还承兑汇票，出卖人返还相应价款。

2. 折价补偿的标准

▷某建筑设计咨询有限公司与某投资实业公司建设工程设计合同纠纷案③

合同被确认无效后，已经履行的内容不适用返还方式使合同恢复到签约前的状态，而只能按照折价补偿的方式处理。就案涉工作成果的价值问题，鉴于当事人争议较大，而且工作成果的价值与付款节点的付款金额之间并不匹配，加之设计成果未能全部完成，故法院依申请对设计成果价值委托鉴定单位进行评估。

---

① 参见江苏省南京市中级人民法院（2017）苏01民终4742号民事判决书。
② 参见福建省泉州市中级人民法院（2016）闽05民终891号民事判决书。
③ 参见上海市松江区人民法院（2016）沪0117民初5100号民事判决书。

3. 基于合同无效产生的信赖损失的赔偿原则

▷青岛金庭圣和国际贸易有限公司与中国科学院海洋研究所海洋开发利用纠纷申诉、申请民事纠纷案①

青岛金庭圣和国际贸易有限公司主张的收益损失属于合同有效时的履行利益损失，而涉案合同为无效合同，赔偿原则应是恢复到合同没有订立时的状态。青岛金庭圣和国际贸易有限公司主张应赔偿其收益损失，没有法律依据。

4. 赔偿损失数额计算的考量因素

▷湖北省东安工贸有限公司、武汉汽车零部件股份有限公司缔约过失责任纠纷再审审查与审判监督民事纠纷案②

缔约过失责任以当事人在订立合同过程中存在违背诚实信用原则的行为为前提，致使合同不成立、无效、被撤销或未生效的，应对给对方造成的信赖利益损失予以赔偿。存在过错，违反法定附随义务或先合同义务，造成对方的信赖利益损失，行为与损失之间存在因果关系。在双方均有过错的情形下，应分清双方过错程度，按比例划分，对损失各自承担相应的责任。

◆ 理解与适用

合同不成立、无效、被撤销或者确定不发生效力后，即发生双方返还的后果。对于如何返还的问题，《民法典》第157条规定得较为简单，不足以给司法裁判提供有效的指引，须进行充实与重构。③《九民纪要》第32条至第36条对于《民法典》第157条的具体适用作出了一定程度的明确，本条在《九民纪要》的基础上，结合《民法典》第157条的立法目的，对合同不成立、无效、被撤销或者确定不发生效力后如何返还的问题进行了进一步细化与完善。在具体的理解和适用方面，需注意以下问题。

1. 返还财产的方式

对于合同不成立、无效、被撤销或者确定不发生效力后的返还，根据《民法典》第157条第1句的规定，在标的物能够返还的情况下，应返还原物；在标的

---

① 参见最高人民法院（2016）最高法民申251号民事裁定书。
② 参见最高人民法院（2018）最高法民申6041号民事裁定书。
③ 参见汤文平：《法律行为解消清算规则之体系整合》，载《中国法学》2016年第5期，第154页。

物不能返还或者没有必要返还的情况下，则折价补偿。本条第 1 款对于返还原物与折价补偿的方式作出了进一步明确。

对于返还原物而言，由于我国采用"债权形式主义"的物权变动模式，① 合同不成立、无效、被撤销或者确定不发生效力将导致标的物所有权的当然复归。就此而言，《民法典》第 157 条中的"返还财产"是指"物权性的回复原状"，主要体现为占有返还和权利记载更正。② 具体而言，若标的物为动产，人民法院应判决返还义务人返还其占有的标的物。若标的物为不动产，人民法院应判决更正登记簿册记载；当然，若返还义务人同时占有了不动产，人民法院还应判决其返还不动产。若标的物为无记名股票、提单或其他权利证书（如债权凭证），人民法院应判决相关凭证的返还。总之，在原物能够返还的情况下，人民法院应单独或合并适用各种返还原物的方式，从而实现合同不成立、无效、被撤销或者确定不发生效力后的返还效果——使当事人的财产状态回复到合同订立前的状态。有鉴于此，本条第 1 款明确规定，人民法院应当根据案件具体情况，单独或者合并适用返还占有的标的物、更正登记簿册记载等方式实现原物返还。

2. 折价补偿的标准

对于折价补偿而言，最为关键的问题是确立折价补偿的标准。目前主要存在客观标准与主观标准两种不同的意见。客观标准认为，折价补偿应以标的物的市场价格为标准。主观标准则认为，折价补偿应以当事人在合同中约定的标的物的价格为标准，或以标的物转售价格为标准。《九民纪要》第 33 条采取主观标准，规定：折价时，应当以当事人交易时约定的价款为基础，同时考虑当事人在标的物灭失或者转售时的获益情况综合确定补偿标准。本条第 1 款改变了《九民纪要》第 33 条确立的认定标准，对于折价补偿主要采取客观标准，以"认定合同不成立、无效、被撤销或者确定不发生效力之日该财产的市场价值"为重要参考标准。

相较于《九民纪要》第 33 条，本条确立的折价补偿标准更有助于实现《民法典》第 157 条的立法目的。《民法典》第 157 条第 1 句所规定的折价补偿，是

---

① 参见王利明：《论债权形式主义下的区分原则——以〈民法典〉第 215 条为中心》，载《清华法学》2022 年第 3 期，第 6—7 页。

② 参见叶名怡：《〈民法典〉第 157 条（法律行为无效之法律后果）评注》，载《法学家》2022 年第 1 期，第 179 页。

标的物不能返还或者没有必要返还的替代方式，折价补偿标准的确定应尽可能保证当事人能以折价补偿的价款购买到不能返还或没有必要返还的标的物。换言之，折价补偿承载合理评价功能，裁判者应尽可能对利益的价值作客观评价。[①]显然，客观标准所持有的标的物市场价标准显然更能实现这一目的。相较之下，主观标准所确立的两种标准都存在一定的不足。一方面，合同不成立、无效、被撤销或者确定不发生效力当然导致合同约定的价格条款无效，在折价补偿时仍适用该标准，"将使得合同无效制度目的（否定私人安排）落空"。[②] 另一方面，约定价格以及转售价格可能反映了当事人的议价能力、谈判技巧、一方的其他特殊因素等，[③] 若约定的价格或转售价格低于市场价，这可能导致折价补偿方式不能实现对于返还原物方式的有效替代。若约定的价格或转售价格高于市场价，由于《民法典》第 157 条第 1 句所规定的折价补偿只承担返还原物的替代功能，如何分配高于市场价部分的利益，也并非折价补偿所承载的功能与任务。

由于标的物的价格会随着市场因素出现波动，故客观标准的确定还需就其时间节点予以明确，即应以什么时间点的该标的物价格作为折价补偿的数额。从理论层面而言，该时间点越靠近折价补偿款支付之日，越能实现折价补偿的功能，2016 年修订的《法国民法典》就采纳了这一标准。《法国民法典》第 1352 条规定：除钱款外，物的返还以实物为之；不可能实物返还的，按返还之日物的评估价值返还。[④] 然而，从实践层面而言，以实际返还之日的价值确定折价补偿的标准可能难以实现。因为通常情况下相关纠纷需要通过法院判决的形式作出，若以实际返还之日标的物的价值作为标准，人民法院就无从在判决书中明确折价补偿的具体数额，从而导致判决的"不确定性"。有鉴于此，本条第 1 款以"人民法院应当以认定合同不成立、无效、被撤销或者确定不发生效力之日该财产的市场价值"作为折价补偿的标准。一般而言，人民法院认定合同不成立、无效、被撤销或者确定不发生效力之日通常是作出判决之日。从实际效果而言，通常情况下

---

① 参见韩世远：《合同法总论》（第四版），法律出版社 2018 年版，第 322 页。

② 参见叶名怡：《〈民法典〉第 157 条（法律行为无效之法律后果）评注》，载《法学家》2022 年第 1 期，第 183 页。

③ 参见 ［德］克里斯蒂安·冯·巴尔、［英］埃里克·克莱夫主编：《欧洲私法的原则、定义与示范规则：欧洲示范民法典草案》（第 5—7 卷），王文胜等译，法律出版社 2014 年版，第 1074 页。

④ 参见罗结珍译：《法国民法典》，法律出版社 2023 年版，第 714 页。

作出判决之日与实际履行之日的时间间隔不会太久，这在一定程度上能够保障折价补偿目的的实现。

需要指出的是，对于折价补偿的标准，本条第 1 款还规定了人民法院可"以其他合理方式计算的价值为基准"。该标准是对于认定合同不成立、无效、被撤销或者确定不发生效力之日该财产的市场价值标准的补充，当采纳后者不能有效实现折价补偿功能时，人民法院可以其他合理的方式计算折价补偿的数额。对于其他合理的方式的范围，本条未作明确规定，而是交由人民法院根据案件的实际情况予以自由裁量。

3. 赔偿损失数额计算的考量因素

《民法典》第 157 条第 2 句明确了在返还财产之外的损害赔偿责任。通说认为，该损害赔偿责任属于缔约过失责任。[1] 从《民法典》第 157 条第 2 句的表述来看，只要存在缔约过错，并导致他方信赖利益损失，即成立该赔偿责任。[2] 缔约过失责任的赔偿范围为"由此产生的费用和给相对人造成的实际损失"，大多为信赖利益的损失。[3] 对于合同法上信赖保护的效果，主要可划分为两种，其一是使值得信赖保护的人处于如同其所信赖的对象确实存在时的状态，其二是使值得信赖保护的人处于如同未曾信赖的状态。[4] 由于合同不成立、无效、被撤销或者确定不发生效力即发生双方返还，故上述情形下信赖保护的目的应是使值得信赖保护的人处于如同未曾信赖的状态。正因如此，本条第 2 款规定，对于损害赔偿额的确定，需要考量财产返还或者折价补偿的情况，以及财产增值收益和贬值损失、交易成本的支出等事实。该事实的考量主要是确定双方当事人的利益得失，此乃确定损害赔偿数额的基础。在此基础之上，本条第 2 款还规定需要考量双方当事人的过错程度及原因力大小，以诚信原则和公平原则为价值取向，最终确定损害赔偿的数额。一般而言，对于合同不成立、无效、被撤销或者确定不发生效力情况下有过错一方当事人需承担的损害赔偿责任的数额，不应超过合同履行利益，《九民纪要》第 32 条对此予以明确。

---

[1]　参见韩世远：《合同法总论》（第四版），法律出版社 2018 年版，第 322 页。

[2]　参见叶名怡：《〈民法典〉第 157 条（法律行为无效之法律后果）评注》，载《法学家》2022 年第 1 期，第 185 页。

[3]　参见崔建远主编：《合同法》（第七版），法律出版社 2021 年版，第 92 页。

[4]　参见朱广新：《合同法总则研究》（上册），中国人民大学出版社 2018 年版，第 59-60 页。

4. 当事人违法行为非民法上的法律后果

若合同不成立、无效、被撤销或者确定不发生效力是因为当事人的违法行为导致，当事人的违法行为还可能需要接受行政机关甚至司法机关的处理，引发非民法上的法律后果。合同不成立、无效、被撤销或者确定不发生效力所产生的非民法上的后果，一般可分为财产性质和无财产性质的，前者如收缴、罚款等，后者如吊销营业执照、吊销生产许可、责令停产停业等。[①]

若人民法院在相关民事案件的审理过程中，发现当事人违法行为可能引发的非民法上的法律后果，应当向有关部门及时反映。具体而言，本条第 3 款规定，若当事人的行为涉嫌违法且未经处理，可能导致一方或者双方通过违法行为获得不当利益的，人民法院应当向有关行政管理部门发出司法建议。所谓司法建议，是指人民法院行使审判权时，对与案件有关但不属于人民法院审判工作所能解决的一些问题，向有关单位和个人提出的合理化建议。[②] 对于当事人违法行为可能引发的非民法上的法律后果，显然不是人民法院的审判工作所能解决的问题，故人民法院应及时向有关行政管理部门发出司法建议，有关行政管理部门对违法当事人的行为予以处罚。同理，若当事人的行为涉嫌犯罪的，应当将案件线索移送刑事侦查机关；属于刑事自诉案件的，应当告知当事人向有管辖权的人民法院另行提起诉讼。

> ### 第二十五条 【价款返还及其利息计算】
>
> 合同不成立、无效、被撤销或者确定不发生效力，有权请求返还价款或者报酬的当事人一方请求对方支付资金占用费的，人民法院应当在当事人请求的范围内按照中国人民银行授权全国银行间同业拆借中心公布的一年期贷款市场报价利率（LPR）计算。但是，占用资金的当事人对于合同不成立、无效、被撤销或者确定不发生效力没有过错的，应当以中国人民银行公布的同期同类存款基准利率计算。

[①] 参见韩世远：《合同法总论》（第四版），法律出版社 2018 年版，第 323 页。
[②] 参见林莉红：《行政诉讼法学》，武汉大学出版社 2009 年版，第 245 页。

> 双方互负返还义务，当事人主张同时履行的，人民法院应予支持；占有标的物的一方对标的物存在使用或者依法可以使用的情形，对方请求将其应支付的资金占用费与应收取的标的物使用费相互抵销的，人民法院应予支持，但是法律另有规定的除外。

◆ 条文主旨

本条对于合同不成立、无效、被撤销或者确定不发生效力后的价款返还与利息计算作出了规定。

本条第 1 款对于资金占用费的计算标准予以明确。如果占有资金一方对合同不成立、无效、被撤销或者确定不发生效力存在过错，应当按照中国人民银行授权全国银行间同业拆借中心公布的一年期贷款市场报价利率（LPR）计算。如果占用资金的当事人对于合同不成立、无效、被撤销或者确定不发生效力没有过错，则应当按照中国人民银行公布的同期同类存款基准利率计算。

本条第 2 款规定合同不成立、无效、被撤销或者确定不发生效力发生相互返还时，当事人之间的返还义务构成对待履行，双方可以主张同时履行抗辩权；占有标的物的一方对标的物存在使用的情形，如果对方请求将其应支付的资金占用费与应收取的标的物使用费进行抵销，人民法院原则上应当依法予以支持。

◆ 关联规定

《中华人民共和国民法典》

第一百五十七条 民事法律行为无效、被撤销或者确定不发生效力后，行为人因该行为取得的财产，应当予以返还；不能返还或者没有必要返还的，应当折价补偿。有过错的一方应当赔偿对方由此所受到的损失；各方都有过错的，应当各自承担相应的责任。法律另有规定的，依照其规定。

《全国法院民商事审判工作会议纪要》（法〔2019〕254 号）

34.【价款返还】双务合同不成立、无效或者被撤销时，标的物返还与价款返还互为对待给付，双方应当同时返还。关于应否支付利息问题，只要一方对标的物有使用情形的，一般应当支付使用费，该费用可与占有价款一方应当支付的资金占用费相互抵销，故在一方返还原物前，另一方仅须支付本金，而无须支付利息。

36.【合同无效时的释明问题】在双务合同中，原告起诉请求确认合同有效并请求继续履行合同，被告主张合同无效的，或者原告起诉请求确认合同无效并返还财产，而被告主张合同有效的，都要防止机械适用"不告不理"原则，仅就当事人的诉讼请求进行审理，而应向原告释明变更或者增加诉讼请求，或者向被告释明提出同时履行抗辩，尽可能一次性解决纠纷。例如，基于合同有给付行为的原告请求确认合同无效，但并未提出返还原物或者折价补偿、赔偿损失等请求的，人民法院应当向其释明，告知其一并提出相应诉讼请求；原告请求确认合同无效并要求被告返还原物或者赔偿损失，被告基于合同也有给付行为的，人民法院同样应当向被告释明，告知其也可以提出返还请求；人民法院经审理认定合同无效的，除了要在判决书"本院认为"部分对同时返还作出认定外，还应当在判项中作出明确表述，避免因判令单方返还而出现不公平的结果。

第一审人民法院未予释明，第二审人民法院认为应当对合同不成立、无效或者被撤销的法律后果作出判决的，可以直接释明并改判。当然，如果返还财产或者赔偿损失的范围确实难以确定或者双方争议较大的，也可以告知当事人通过另行起诉等方式解决，并在裁判文书中予以明确。

当事人按照释明变更诉讼请求或者提出抗辩的，人民法院应当将其归纳为案件争议焦点，组织当事人充分举证、质证、辩论。

◆ 案例指引

1. 双务合同确认无效后双方返还构成对待给付，应同时返还

▷某汽车技术服务公司与某农电公司、某电力公司股权转让纠纷案①

民事法律行为被确认无效后，行为人因该行为取得的财产应当予以返还。本案中，某汽车技术服务公司与某农电公司签订的《股权转让协议》已被生效判决确认无效，故某汽车技术服务公司与某农电公司之间就标的物的返还与价款返还

---

① 参见甘肃省兰州市城关区人民法院（2020）甘0102民初3119号民事判决书。

互为对待给付，双方应同时返还。

▷黄某某与北京金色凯盛投资管理有限公司确认合同无效纠纷案①

黄某某与北京金色凯盛投资管理有限公司签订的《房屋经营使用权转让协议书》因违反法律、行政法规的强制性规定而无效。北京市第二中级人民法院认为，双务合同无效，标的物返还与价款返还互为对待给付，双方应当同时返还，遂作出了同时返还价款与房屋的判决。

2. 根据当事人的过错程度确定资金占用费的计算标准

▷中冶天工集团有限公司、贵州清水江城投集团有限公司等建设工程施工合同纠纷民事申请再审案②

本案中，贵州清水江城投集团有限公司（以下简称清水江城投公司）作为发包人，宝冶公司、中冶天工集团有限公司（以下简称中冶公司）作为施工企业，应当知道法律禁止转让中标项目，仍将中标的 11 号工程项目转让给中冶公司，三方均存在过错，各自应按过错大小承担相应的责任。原审法院判决清水江城投公司从中冶公司移交案涉项目之日起按银行同期同类贷款利率或全国银行业间同业拆借中心公布的贷款市场报价利率支付资金占用费，是综合各方过错大小划分责任的结果，责任比例合理，并无不当。

3. 双务合同无效后资金占用费与标的物使用费可予以抵销

▷中国广电甘肃网络股份有限公司、兰州银晟房地产开发有限公司等买卖合同纠纷案③

基于案涉《不动产销售合同》无效，卖方兰州银晟房地产开发有限公司（以下简称银晟公司）应当返还中国广电甘肃网络股份有限公司（以下简称广电公司）购房款及利息，买方广电公司应当返还案涉房屋给银晟公司并支付使用费，银晟公司应当支付的购房款利息可与广电公司应当支付的案涉房屋使用费相互抵销。

---

① 参见北京市第二中级人民法院（2021）京 02 民终 15370 号民事判决书。
② 参见最高人民法院（2021）最高法民申 5080 号民事裁定书。
③ 参见最高人民法院（2021）最高法民再 345 号民事判决书。

▷王某某、李某房屋买卖合同纠纷案①

王某某与李某之间订立的《房屋买卖合同》已经生效判决认定为无效合同。在该合同中，价款给付和房屋交付系互为对待给付义务。该合同被认定无效后，双方负有的返还义务仍然构成对待给付，一方对标的物有使用情形的，一般应当支付使用费；另一方占有价款的，一般也应支付资金占用费。两笔费用互为给付义务，应予以抵销。

◆理解与适用

合同不成立、无效、被撤销或者确定不发生效力后，即发生双方返还的后果。通常而言，在合同被认定不成立、无效、被撤销或者确定不发生效力时，如果一方占有对方的资金，则在返还该资金时还应支付资金占用费。对此，《九民纪要》第34条对于双方返还时标的物使用费与资金占用费的抵销进行了规定。本条在《九民纪要》第34条的基础上，结合《民法典》第157条的立法目的，对合同不成立、无效、被撤销或者确定不发生效力后的价款返还与利息计算作出了进一步细化与完善。在具体的理解和适用方面，需注意以下问题。

1. 区分资金占用费的不同计算标准

本条第1款对于资金占用费的计算标准作出了明确。具体而言，本条第1款以占用资金的当事人对于合同不成立、无效、被撤销或者确定不发生效力有无过错为基点，区分资金占用费的不同计算标准：若占用资金的当事人对于合同不成立、无效、被撤销或者确定不发生效力没有过错，则资金占用费以中国人民银行公布的同期同类存款基准利率为标准予以计算；相反，若占用资金的当事人对于合同不成立、无效、被撤销或者确定不发生效力有过错，则资金占用费按照中国人民银行授权全国银行间同业拆借中心公布的同期贷款市场报价利率（LPR）计算。

通常情况下，贷款市场报价利率（LPR）比存款基准利率高。这就意味着，在占有资金的当事人对于合同不成立、无效、被撤销或者确定不发生效力存在过错的情况下，占有资金的当事人需返还的价款总额更高。这一规定在一定程度上

---

① 参见天津市第三中级人民法院（2020）津03民终3874号民事判决书。

也契合不当得利返还中根据返还义务人善意或恶意的不同而施以不同返还义务的基本原则。

需要指出的是，本条针对的情形，应是专以金钱为标的的合同（如借贷合同）不成立、无效、被撤销或者确定不发生效力时资金占用费的计算。① 因为根据本条第 2 款的规定，占有标的物的一方对标的物存在使用或者能够使用的情形，对方请求将其应支付的资金占用费与应收取的标的物使用费进行抵销的，人民法院依法予以支持。换言之，在双方返还的情况下，资金占用费与标的物使用费可以进行抵销。因而，也就无计算资金占用费的必要。

2. 明确双方返还中的同时履行抗辩权

在双务合同中，若合同双方均履行了合同约定的给付，合同不成立、无效、被撤销或者确定不发生效力后，即发生双方返还。本条第 2 款第 1 分句规定，双方互负返还义务，当事人主张同时履行的，人民法院应予支持。根据规定，在当事人未就返还事宜作出特别规定的情况下，应当同时履行，故在一方未提出给付前，另一方可以拒绝对方要求返还的请求。② 换言之，双务合同不成立、无效、被撤销或者确定不发生效力后，返还当事人享有同时履行抗辩权。

本条第 2 款第 1 分句规定的同时履行抗辩权的规范基础，应是《民法典》第525 条。需要指出的是，《民法典》第 525 条规定的同时履行抗辩权原则上只能适用于双务合同，而合同不成立、无效、被撤销或者确定不发生效力具有溯及力，从逻辑上而言当事人之间难谓存在双务合同关系，故不能适用《民法典》第 525条。然而，虽然合同不成立、无效、被撤销或者确定不发生效力，但订立合同时所体现的当事人意思的牵连性，应延续到回复原状的关系上。③ 故而，若当事人因合同无效等原因产生的返还义务基于对价关系，可适用同时履行抗辩权，④ 否

---

① 关于是否返还资金占用费，应当根据不同的合同类型具体确定。除借款合同之外的买卖、租赁等双务合同，金钱往往是以对价的形式出现的，此类合同无效情况下资金占用费与标的物使用费抵销。而在专以金钱为标的的合同如借贷合同无效时，资金占用原则上应当支付资金占用费。参见最高人民法院民事审判第二庭编著：《〈全国法院民商事审判工作会议纪要〉理解与适用》，人民法院出版社 2019 年版，第 267 页。

② 参见最高人民法院民事审判第二庭编著：《〈全国法院民商事审判工作会议纪要〉理解与适用》，人民法院出版社 2019 年版，第 267 页。

③ 参见陈自强：《契约违反与履行请求》，元照出版有限公司 2015 年版，第 263-264 页。

④ 参见崔建远：《合同法》（第七版），法律出版社 2021 年版，第 110 页。

则难谓公平。① 事实上，《民法典》第 157 条所表述的"行为人因该行为取得的财产"，正是对当事人之间存在对价关系的确认。②

3. 双方返还的释明问题与判决方式

基于双务合同的牵连性，合同不成立、无效、被撤销或者确定不发生效力后双方应同时返还。然而，在司法实践中，存在原告请求确认合同无效并请求被告返还财产，被告却主张合同有效而未请求原告返还相应财产，或者原告起诉请求确认合同有效并请求继续履行合同，被告主张合同无效的情况。在上述情况下，如果严格适用"不告不理"原则仅对当事人的诉讼请求进行审理，将可能导致只能判决单方返还的情形。

有鉴于此，《九民纪要》第 36 条明确规定，上述案件的审理过程中，要防止机械适用"不告不理"原则，仅就当事人的诉讼请求进行审理，而应向原告释明变更或者增加诉讼请求，或者向被告释明提出同时履行抗辩，尽可能一次性解决纠纷。换言之，在上述案件的审理过程中，即便当事人未主张基于合同不成立、无效、被撤销或者确定不发生效力后的返还，人民法院仍应本着节约司法资源、一次性解决纠纷的原则，向当事人就返还事宜作出释明。同时，若合同不成立、无效、被撤销或者确定不发生效力后应发生双方返还，人民法院还应在判项中对双方同时履行事项作出表述，③ 如此，"既解决了单方返还面临的利益失衡问题，又为执行阶段的双方返还提供了依据，是一种两全其美的做法，应予提倡和鼓励"。④

---

① 参见朱广新：《合同法总则研究》（下册），中国人民大学出版社 2018 年版，第 566 页。
② 参见付一耀：《论合同无效或被撤销后的拒绝返还抗辩权——基于〈民法典〉第 157 条与第 525 条的解释论》，载《社会科学研究》2021 年第 2 期，第 86 页。
③ 事实上，本解释第 31 条就对同时履行抗辩成立时法院的判决方式进行了规定。
④ 参见最高人民法院民事审判第二庭编著：《〈全国法院民商事审判工作会议纪要〉理解与适用》，人民法院出版社 2019 年版，第 273 页。

第四章　合同的履行

◆本章概述

　　本章是《合同编通则解释》的第四部分，名为"合同的履行"，主要对从给付义务的履行与救济、以物抵债协议的效力、涉及第三人合同以及履行抗辩权、情势变更制度的适用等合同履行过程中相关问题的规定。具体而言，本部分规定的内容包括：（1）从给付义务的履行与救济（第26条）；（2）债务履行期限届满后以及债务履行期届满前达成的以物抵债协议（第27条至第28条）；（3）向第三人履行的合同（第29条）；（4）第三人代为清偿规则的适用（第30条）；（5）同时履行抗辩权与先履行抗辩权（第31条）；（6）情势变更制度的适用（第32条）。

> ### 第二十六条　【从给付义务的履行与救济】
>
> 　　当事人一方未根据法律规定或者合同约定履行开具发票、提供证明文件等非主要债务，对方请求继续履行该债务并赔偿因怠于履行该债务造成的损失的，人民法院依法予以支持；对方请求解除合同的，人民法院不予支持，但是不履行该债务致使不能实现合同目的或者当事人另有约定的除外。

◆条文主旨

　　本条规定了从给付义务的履行与救济，旨在明确违反从给付义务的法律效果。一是继续履行并赔偿损失。即当事人一方未根据合同约定或者法律规定履行开具发票、提供证明文件等非主要义务，对方当事人可以请求继续履行该债务并赔偿因怠于履行该债务给自己造成的损失。二是解除合同。即当事人一方不履行该义务致使不能实现合同目的或者当事人另有约定的，对方当事人可以解除合同。这就是说，违反从给付义务通常产生违约责任，而不能据此解除合同。只有在使对方当事人合同目的落空的情况下，才能产生解除权。

◆ 关联规定

《中华人民共和国民法典》

第五百六十三条　有下列情形之一的，当事人可以解除合同：

（一）因不可抗力致使不能实现合同目的；

（二）在履行期限届满前，当事人一方明确表示或者以自己的行为表明不履行主要债务；

（三）当事人一方迟延履行主要债务，经催告后在合理期限内仍未履行；

（四）当事人一方迟延履行债务或者有其他违约行为致使不能实现合同目的；

（五）法律规定的其他情形。

以持续履行的债务为内容的不定期合同，当事人可以随时解除合同，但是应当在合理期限之前通知对方。

《最高人民法院关于审理买卖合同纠纷案件适用法律问题的解释》（法释〔2020〕17号）

第十九条　出卖人没有履行或者不当履行从给付义务，致使买受人不能实现合同目的，买受人主张解除合同的，人民法院应当根据民法典第五百六十三条第一款第四项的规定，予以支持。

◆ 案例指引

1. **开具发票**

▷西宁新华联房地产有限公司与湖北航天电缆有限公司、中国建筑第二工程局有限公司买卖合同纠纷案①

法院认为，购销合同约定的提供发票和《委托付款函》系买卖合同的从合同义务。湖北航天电缆有限公司（以下简称电缆公司）已完成供货主合同义务的情

---

① 参见青海省西宁市中级人民法院（2020）青01民终3239号民事判决书。

况下，从合同义务并不能导致买卖合同目的不能实现，且电缆公司已提交证据证明电缆增值税普通发票已向中国建筑第二工程局有限公司（以下简称中建二局）提供，西宁新华联房地产有限公司（以下简称新华联公司）关于电缆公司未提交由中建二局出具的正式建安发票和委托付款函的主张不能对抗供货方电缆公司要求其支付货款的主张，故新华联公司应当继续履行支付剩余货款的义务。

▷广州柏睿光电科技有限公司、天津市拓达伟业技术工程有限公司等买卖合同纠纷案①

法院认为，双方虽对先开具发票后付款进行了约定，但发票只是出卖人向买受人交付提取标的物单证以外的其他单证和资料，是债权债务关系的一种凭证，不属于主合同义务，开具发票与支付货款不属于对价的给付。根据本案查明的事实，广州柏睿光电科技有限公司（以下简称柏睿公司）现明确表示不具备开票能力，天津市拓达伟业技术工程有限公司（以下简称拓达公司）仅以开具发票对抗支付货款的主要义务，有失公平。由于柏睿公司未履行开具增值税专用发票的义务，导致拓达公司无法抵减相应进项税额，从而承担了更重的增值税缴纳负担。该损失应由柏睿公司向拓达公司进行赔偿。

▷泰安鲁岳房地产开发有限公司、泰安市合力得利电气有限公司买卖合同纠纷案②

法院认为，被执行人在异议人处的债权已经到期，被执行人在收到货款后，应向付款人出具发票，这是合同的附随义务，但被执行人没有履行附随义务时，异议人不能以合同相对方没有履行附随义务为由，拒绝履行合同主义务。异议人履行完付款义务后，如果被执行人仍未向其出具发票，异议人可向被执行人另行主张权利或向有关税务机关投诉。

2. 提供证明文件

▷直抓科技（深圳）有限公司、力得机械科技（东莞）有限公司买卖合同纠纷案③

法院认为，直抓科技（深圳）有限公司（以下简称直抓公司）向力得机械科

---

① 参见天津市第二中级人民法院（2022）津02民终5942号民事判决书。
② 参见山东省泰安市泰山区人民法院（2019）鲁0902执异15号执行裁定书。
③ 参见广东省东莞市中级人民法院（2021）粤19民终5144号民事判决书。

技（东莞）有限公司（以下简称力得公司）购买二手口罩机，直抓公司已将口罩机取回使用。直抓公司主张力得公司交付设备时，没有履行交付设备相关的产品合格证、使用说明书等从给付义务，其有权解除合同并要求违约方承担损害赔偿责任。但双方对上述资料并无约定，且上述资料交付并不是合同主要目的，即使力得公司未交付上述资料，也未导致合同目的无法实现。

▷深圳市名匠医护用品开发有限公司、青岛汉帛工贸有限公司买卖合同纠纷案①

法院认为，深圳市名匠医护用品开发有限公司（以下简称名匠公司）虽主张青岛汉帛工贸有限公司（以下简称汉帛公司）未在合同约定的履行期内提供涉案口罩的《质量检测报告》构成违约，但因涉案采购单并未约定汉帛公司须向名匠公司交付涉案口罩的《质量检测报告》，且名匠公司既未举证证明国家法律法规或强制性标准规定生产销售涉案 KN95 口罩须由生产者或销售者向购买者交付《质量检测报告》，也未举证证明其曾在签订涉案《采购单》时曾要求汉帛公司提供《质量检测报告》或在其收到汉帛公司的首批供货时曾就汉帛公司未提供《质量检测报告》而向汉帛公司提出过异议，故名匠公司关于汉帛公司未在合同约定的履行期内提供涉案口罩的《质量检测报告》系构成违约的主张，既无合同依据，也无事实和法律依据。

▷东方汽轮机公司与大丰建安公司等买卖合同纠纷案②

法院认为，大丰建安公司未提供证据证明其或业主方新龙顺德公司曾经对东方汽轮机公司未交付风机的技术资料提出过异议，风机亦未出现因缺少技术资料而无法运行或者其他不能实现合同目的的情况。从性质上看，交付技术材料是卖方负有的从给付义务，卖方违反该从给付义务，买方可以主张相应的违约责任。除非卖方违反该从给付义务导致买方对所买货物无法正常使用，影响合同目的实现，否则买方不能基于从给付义务的不履行而拒绝履行给付货款的主给付义务。故即使东方汽轮机公司确未交付风机的技术资料，大丰建安公司也不能仅凭此理由而拒付货款。

---

① 参见山东省青岛市中级人民法院（2021）鲁02民终9903号民事判决书。
② 参见最高人民法院（2019）最高法民终185号民事判决书。

▷中铿建设集团有限公司、温州市鸿发门窗安装有限公司等买卖合同纠纷案①

法院认为，温州市鸿发门窗安装有限公司（以下简称鸿发公司）依照合同约定向中铿建设集团有限公司（以下简称中铿公司）提供并安装各类防火门及不锈钢门的行为系履行主合同义务，而鸿发公司还应向买受人中铿公司交付合格的防火门认证证书、消防防伪标签（A、B签）及检验报告等消防验收所需的必备材料亦是其应履行的从合同义务。虽然鸿发公司已经完成案涉合同项下各类门的门框、门扇安装，但经中铿公司发律师函催告后仍一直未完成防火门的闭门器安装及灌浆，同时，部分门把手亦尚未安装，即鸿发公司尚未完全履行防火门安装的主合同义务，而鸿发公司经中铿公司发律师函催告后仍拒不向中铿公司交付合格的防火门认证证书、消防防伪标签（A、B签）及检验报告等消防验收所需的必备材料，客观上也导致中铿公司施工的相关建设工程无法通过消防验收，也致使作为买受人的中铿公司不能实现合同目的，故针对案涉合同中涉及各类防火门部分的，中铿公司可依法行使解除权。

3. 其他非主要义务

▷北京中进物流有限公司与新疆中远国铁物流有限公司租赁合同纠纷案②

法院认为，《战略合作协议》约定新疆中远国铁物流有限公司（以下简称国铁公司）负责办理双方合作项下的商品车运输专用车的涉外资质，虽然《租赁合同》中对此未作约定，但双方当事人在预约合同中协商一致的、确定性的条款，应视为本约的一部分而订入本约。国铁公司未予办理涉外资质构成违约，北京中进物流有限公司（以下简称中进公司）可以主张相应的违约责任。但在本案争议的租赁合同法律关系中，双方主给付义务分别为交付租赁车辆和支付租金，为车辆办理涉外资质作为出租车辆一方的从给付义务，与支付租金不能形成对待给付关系。国铁公司已经履行了《租赁合同》中的主给付义务，虽然租赁车辆因未取得涉外资质而不能从事国际运输，但并未妨碍中进公司实际将承租车辆用于国内运输并获取收益，租赁合同的根本目的并未落空，其理应履行因实际占有和使用

---

① 参见浙江省温州市中级人民法院（2022）浙03民终1450号民事判决书。
② 参见最高人民法院（2014）民申字第709号民事裁定书。

承租车辆而产生的对待给付义务，支付租金。

▷孙某军、张某艳等房屋买卖合同纠纷案①

法院认为，孙某军、张某艳将房屋所有权转移给左某春、郭某兰，除了履行向其交付房屋的义务外，还应当履行交付办理房屋所有权转移登记必要材料的从给付义务。本案孙某军、张某艳未能向左某春、郭某兰交付土地使用权证致使左某春、郭某兰购买的房屋不能转移登记，属于孙某军、张某艳不当履行从给付义务。左某春、郭某兰购买房屋目的系取得房屋所有权，而房屋所有权以登记为生效要件。现案涉房屋自始没有办理土地使用权证，导致左某春、郭某兰购买房屋取得所有权目的无法实现，有权解除合同。

▷邱某伟、周某买卖合同纠纷案②

法院认为，根据《二手车买卖合同范本》的约定，邱某伟向周某支付购车款后，周某则应将案涉车牌号为沪DK××××的牵引车和川F××××挂的挂车交付给邱某伟，并保证手续齐全及履行协助案涉车辆的审车、过户等义务，以使邱某伟能够实现其合同目的。根据双方微信聊天记录及周某在二审中陈述的板子（挂车）能够过户，牵引车可以进行年审，但是不能办理过户手续的内容，案涉牵引车辆已无法办理过户手续。且周某至今未履行向邱某伟提供案涉车辆的道路运输经营许可证的义务。因此，邱某伟无法正常运营案涉车辆，其购车目的不能实现。

◆ **理解与适用**

根据在合同关系中所具有的地位和所起的作用，合同义务可以分为主给付义务、从给付义务和附随义务。从给付义务是指不具有独立意义，仅具有保障给付利益功能的义务。合同义务的完全履行不仅在于主给付义务，从给付义务和附随义务的适当履行也具有重要意义。规定违反从给付义务的认定和法律后果，有助于明确当事人在合同不能履行或不适当履行时可选择的救济措施，保护交易安全。

《民法典》未直接规定从给付义务的履行及救济。《买卖合同司法解释（2020）》第19条明确了违反从给付义务的法律后果。以此为基础，本条作出了

---

① 参见吉林省延边朝鲜族自治州中级人民法院（2022）吉24民终815号民事判决书。
② 参见四川省内江市中级人民法院（2021）川10民终757号民事判决书。

进一步完善。在具体的理解与适用方面，需注意以下问题。

1. 从给付义务的认定

从给付义务从属于主给付义务，其本身不能决定合同类型，但能确保最大化实现债权人的利益。① 从给付义务包括：一是开具发票。在市场交易中，开具发票与支付货款不属于对价的给付。但发票能够为企业税款抵减、会计记账等提供凭证，在促进合同条款的正常履行方面起到重要作用，属于合同的从给付义务。二是提供证明文件。实践中，证明文件有很多种类，如产品合格证、质量保证书、质量鉴定书、品质检验证书、产品进出口检疫书、原产地证明书等，一般是辅助主给付义务实现的事项。

2. 违反从给付义务的法律效果

（1）继续履行并赔偿损失。即当事人一方未根据合同约定或者法律规定履行开具发票、提供证明文件等非主要义务，对方当事人可以请求继续履行该债务并赔偿因怠于履行该债务给自己造成的损失。譬如，在一起买卖合同纠纷案②中，法院认为，交付标的物技术资料是买卖合同中卖方所负有的从给付义务，与买方支付货款义务是两种不同性质的义务，二者不具有对等关系。卖方违反从给付义务，买方可以主张相应的违约责任。卖方违反从给付义务但并未影响买方对所购买货物的正常使用，不影响合同目的实现的，买方不能基于卖方违反从给付义务而拒绝履行给付货款的主给付义务。

（2）解除合同。通常而言，只有不履行或者不适当履行主给付义务才可能导致合同目的落空。从给付义务的效用在于补充主给付义务，这是由主给付义务和从给付义务的非对等性决定的。但在例外情形下，从给付义务也会与实现合同目的有关。譬如，在房屋买卖合同中，当事人约定合同从给付义务包括迁出户口、迁出公司注册地，其订立合同的目的就是落户或者办理工商执照，如果合同约定的从给付义务不能履行，则会导致合同目的不能实现。当违反从给付义务给实现合同目的造成根本性阻碍时，如果仍固守合同拘束力，不但对当事人无益处，对

---

① 参见李虎、张新：《主从给付义务关系可以产生后履行抗辩权》，载《法学》2007年第8期，第129页。
② 参见上海市第一中级人民法院（2022）沪01民终12803号民事判决书。

社会整体的经济效益也没有增益。① 因此，要判断违反某种从给付义务是否能产生合同解除权，应当考察从给付义务对合同履行的影响程度，即该合同目的与从给付义务之间是否具有牵连性。如果当事人一方不履行该从给付义务致使不能实现合同目的或者当事人另有约定的，对方当事人可以解除合同。

第二十七条 【债务履行期限届满后达成的以物抵债协议】

债务人或者第三人与债权人在债务履行期限届满后达成以物抵债协议，不存在影响合同效力情形的，人民法院应当认定该协议自当事人意思表示一致时生效。

债务人或者第三人履行以物抵债协议后，人民法院应当认定相应的原债务同时消灭；债务人或者第三人未按照约定履行以物抵债协议，经催告后在合理期限内仍不履行，债权人选择请求履行原债务或者以物抵债协议的，人民法院应予支持，但是法律另有规定或者当事人另有约定的除外。

前款规定的以物抵债协议经人民法院确认或者人民法院根据当事人达成的以物抵债协议制作成调解书，债权人主张财产权利自确认书、调解书生效时发生变动或者具有对抗善意第三人效力的，人民法院不予支持。

债务人或者第三人以自己不享有所有权或者处分权的财产权利订立以物抵债协议的，依据本解释第十九条的规定处理。

◆条文主旨

以物抵债的法律性质和法律适用长期以来在理论界和实务界争论颇多。本条总结了理论与实践逐渐形成的主流观点并加以确认。一是本条明确以物抵债协议是诺成合同而非实践合同。二是本条对以物抵债与原债权债务之间的关系进行了

---

① 参见韩世远：《合同法总论》（第四版），法律出版社 2018 年版，第 648 页。

界定，认定履行期届满后达成的以物抵债协议构成"新债清偿"，如果债务人或者第三人不履行以物抵债协议，经债权人催告在合理期间仍不履行，则债权人可以选择履行原债务或者以物抵债协议。但是法律另有规定或者当事人另有约定的除外，比如当事人就以物抵债协议的性质作出其他约定，如债的更改。三是本条指出，以物抵债协议即使经人民法院确认或者人民法院根据当事人达成的以物抵债协议制作成调解书，也不具有物权转移的效果，债权人无法据此取得标的物的所有权，也不具有对抗善意第三人的效力。《民法典》第 229 条仅规定如果物权变动是基于法律文书而发生，则物权变动自该文书生效时发生，但该条并未指出何种法律文书能够引起物权变动。无论是人民法院出具的司法确认书还是调解书，均是对以物抵债协议的确认，并不能直接使物权发生变动。本条如此规定的考量在于，防止当事人通过虚假诉讼实现排除第三人对标的物的强制执行或者在其他诉讼中主张优先保护的目的。

◆ 关联规定

《中华人民共和国民法典》

第二百二十九条　因人民法院、仲裁机构的法律文书或者人民政府的征收决定等，导致物权设立、变更、转让或者消灭的，自法律文书或者征收决定等生效时发生效力。

《全国法院民商事审判工作会议纪要》（法〔2019〕254 号）

44.【履行期届满后达成的以物抵债协议】当事人在债务履行期限届满后达成以物抵债协议，抵债物尚未交付债权人，债权人请求债务人交付的，人民法院要着重审查以物抵债协议是否存在恶意损害第三人合法权益等情形，避免虚假诉讼的发生。经审查，不存在以上情况，且无其他无效事由的，人民法院依法予以支持。

当事人在一审程序中因达成以物抵债协议申请撤回起诉的，人民法院可予准许。当事人在二审程序中申请撤回上诉的，人民法院应当告知其申请撤回起诉。当事人申请撤回起诉，经审查不损害国家利益、社会公共利益、他人合法权益的，人民法院可予准许。当事人不申请撤回起诉，请求人民法院出具调解书对以物抵债协议予以确认的，因债务人完全可以立即履行该协议，没有必要由人民法院出具调解书，故人民法院不应准许，同时应当继续对原债权债务关系进行审理。

《最高人民法院关于当前商事审判工作中的若干具体问题》（2015 年发布）

九、关于以物抵债合同纠纷案件的审理问题

……

第二，关于债务履行期届满后约定的以物抵债。

债务履行期届满后，债权的数额就得以确定，在此基础上达成的以物抵债协议，一般不会存在显失公平的问题。在以物抵债行为不存在违反法律、行政法规禁止性规定的情形下，应当尊重当事人的意思自治。在后果的处理上：

1. 如果此时抵债物尚未交付给债权人，债务人反悔但未能提供证据证明有能力继续履行原债务，债权人请求债务人履行以物抵债约定的，应予支持。

此时，对法院是否还应就该物履行清算程序的问题，一种意见认为应当履行，债权人不能就超过债权部分受偿。另一种意见则认为，此时因以物抵债约定系事后达成，所以不会对债务人造成不公平，故无需履行上述程序，债权人可以就抵债物直接受偿。当然，如果该抵债行为损害第三人利益，第三人可以参照《物权法》第一百九十五条第一款的规定主张撤销。这两种意见中，我们倾向于后一种意见。

2. 如果抵债物已交付给债权人，债务人反悔的，不予支持。

但为防止一方当事人利用以物抵债协议损害对方的合法权益，当存在《合同法》第五十四条规定的情形时，债权人、债务人均可请求变更或撤销以物抵债行为。对当事人利用以物抵债恶意逃债，第三人既可依据《合同法》第五十二条的规定主张抵债行为无效，也可依据《合同法》第七十四条的规定行使撤销权。

◆ 案例指引

1. 以物抵债协议的性质与效力

▷通州建总集团有限公司与内蒙古兴华房地产有限责任公司建设工程施工合同纠纷案①

第一，以物抵债，系债务清偿的方式之一，是当事人之间对于如何清偿债务

---

① 参见最高人民法院（2016）最高法民终字第 484 号民事判决书。

作出的安排，故对以物抵债协议的效力、履行等问题的认定，应以尊重当事人的意思自治为基本原则。一般而言，除当事人明确约定外，当事人于债务清偿期届满后签订的以物抵债协议，并不以债权人现实地受领抵债物，或取得抵债物所有权、使用权等财产权利，为成立或生效要件。只要双方当事人的意思表示真实，合同内容不违反法律、行政法规的强制性规定，合同即为有效。本案中，内蒙古兴华房地产有限责任公司与通州建总集团有限公司于2012年1月13日签订的《房屋抵顶工程款协议书》，是双方当事人的真实意思表示，不存在违反法律、行政法规规定的情形，故该协议书有效。

第二，当事人于债务清偿期届满后达成的以物抵债协议，可能构成债的更改，即成立新债务，同时消灭旧债务；亦可能属于新债清偿，即成立新债务，与旧债务并存。基于保护债权的理念，债的更改一般需有当事人明确消灭旧债的合意，否则，当事人于债务清偿期届满后达成的以物抵债协议，性质一般应为新债清偿。换言之，债务清偿期届满后，债权人与债务人所签订的以物抵债协议，如未约定消灭原有的金钱给付债务，应认定系双方当事人另行增加一种清偿债务的履行方式，而非原金钱给付债务的消灭。本案中，双方当事人签订了《房屋抵顶工程款协议书》，但并未约定因此而消灭相应金额的工程款债务，故该协议在性质上应属于新债清偿协议。

第三，所谓清偿，是指依照债之本旨实现债务内容的给付行为，其本意在于按约履行。若债务人未实际履行以物抵债协议，则债权人与债务人之间的旧债务并未消灭。也就是说，在新债清偿，旧债务于新债务履行之前不消灭，旧债务和新债务处于衔接并存的状态；在新债务合法有效并得以履行完毕后，因完成了债务清偿义务，旧债务才归于消灭。

第四，当事人应当遵循诚实信用原则，按照约定全面履行自己的义务，这是合同履行所应遵循的基本原则，也是人民法院处理合同履行纠纷时所应秉承的基本理念。据此，债务人于债务已届清偿期时，应依约按时足额清偿债务。在债权人与债务人达成以物抵债协议、新债务与旧债务并存时，确定债权人应通过主张新债务抑或旧债务履行以实现债权，亦应以此作为出发点和立足点。若新债务届期不履行，致使以物抵债协议目的不能实现的，债权人有权请求债务人履行旧债务；而且，该请求权的行使，并不以以物抵债协议无效、被撤销或者被解除为前提。

2. 以物抵债与虚假诉讼

▷广州乙置业公司等骗取支付令执行虚假诉讼监督案①

2016 年 4 月，广东省人民检察院在办理甲农工商公司经理张某贪污、受贿刑事案件的过程中，发现广州乙置业公司可能存在骗取支付令、侵吞国有资产的行为，遂将案件线索移交广州市人民检察院办理。广州市人民检察院依职权启动监督程序，与白云区人民检察院组成办案组共同办理该案。法院重点围绕捏造事实行为进行审查，虚构债务骗取支付令成为民事虚假诉讼的一种表现形式。本案广州乙置业公司与丙实业公司、丁果园场恶意串通、虚构债务，骗取法院支付令，并在执行过程中通谋达成和解协议，通过以物抵债的方式侵占国有资产，损害司法秩序，构成虚假诉讼。

◆ 理解与适用

1. 以物抵债协议的性质

以物抵债协议是当事人达成的以他种给付替代原定给付的协议。以物抵债协议并非我国《民法典》合同编所规定的典型合同，现行法律对其法律性质与效力未明确规定。关于以物抵债的性质，几个典型案例表现出法院对于以物抵债协议性质认定的改变：在 2012 年最高人民法院公报案例"成都武侯国土局与成都招商局等债权人代位权纠纷案"中，法院明确了以债务人履行和债权人受领为以物抵债协议的生效要件，认定以物抵债协议为要物合同；② 在 2014 年最高人民法院公报案例"朱某芳与山西嘉和泰房地产开发有限公司商品房买卖合同纠纷案"中，最高人民法院认为以物抵债协议具有担保债务的功能，即以商品房买卖合同为借款合同提供担保；③ 在 2017 年最高人民法院公报案例"通州建总集团有限公司与内蒙古兴华房地产有限责任公司建设工程施工合同纠纷案"中，最高人民法院认为应以尊重当事人的意思自治为基本原则，除当事人明确约定外，当事人达成的以物抵债协议，并不以债权人现实地受领抵债物或取得抵债物所有权、使用权

---

① 参见广东省广州市白云区人民法院（2018）粤 0111 民督监 1、2 号民事裁定书。
② 参见最高人民法院（2011）民提字第 210 号民事判决书，载《最高人民法院公报》2012 年第 6 期。
③ 参见最高人民法院（2011）民提字第 344 号民事判决书，载《最高人民法院公报》2014 年第 12 期。

等财产权利为成立或生效要件。这在实质上明确了以物抵债协议系属诺成性合同。①

理论上对此也是争议颇多，有观点认为以物抵债是一个独立的协议，② 是一种互易或买卖；③ 也有观点认为以物抵债并非独立存在的协议，而是一种处分行为，是一种以替代清偿消灭债的方式。④ 我们认为，替代清偿处分行为并不影响当事人之间以物抵债的协议性质，替代清偿可认为是以物抵债协议的履行行为。关于以物抵债协议的另一大争议则是其属于实践合同还是诺成合同。前者主张以物抵债协议的生效需现实完成他种给付，否则为债务标的之更新。⑤ 此种观点的理由在于：以物抵债清偿原债务、消灭原债权债务关系的目的具有实践性；⑥ 防止虚假诉讼。⑦ 但以物抵债实践性合同说有违意思自治，与合同自由和鼓励交易理念不相符合，存在当事人随意反悔的诚信风险问题。⑧ 随着"通州建总集团案"中最高人民法院裁判的转变，以及 2019 年最高人民法院《九民纪要》的发布，以物抵债协议诺成性的观点逐渐成为学术界的主流观点。

本司法解释的规定系对长期以来逐渐形成的理论与实践观点的确认与固定，将以物抵债协议认定为诺成性合同具有合理性，已被案例和一些规范性文件所认可。以物抵债协议的目的是替代清偿，而非担保。在双方当事人意思表示真实一致，没有违反法律、行政法规的效力性、强制性规定的情况下，合同即应成立并生效。法院不能以将以物抵债合同作为诺成合同加大虚假诉讼风险为由否认当事人意思自治的效力。诺成性也更有利于维护交易安全及鼓励交易，避免当事人随意反悔。

---

① 参见最高人民法院（2016）最高法民终字第 484 号民事判决书，载《最高人民法院公报》2017 年第 9 期。

② 参见崔建远：《以物抵债的理论与实践》，载《河北法学》2012 年第 3 期，第 23-28 页。

③ 参见 [德] 迪特尔·梅迪库斯：《德国债法总论》，杜景林、卢谌译，法律出版社 2004 年版，第 248 页。

④ 参见陈永强：《以物抵债之处分行为论》，载《法学》2014 年第 11 期，第 106-115 页。

⑤ 参见史尚宽：《债法总论》，中国政法大学出版社 2000 年版，第 814-815 页。

⑥ 参见周江洪：《债权人代位权与未现实受领之"代物清偿"——"武侯国土局与招商局公司、成都港招公司、海南民丰公司债权人代位权纠纷案"评释》，载《交大法学》2013 年第 1 期，第 166-176 页。

⑦ 参见姚辉、阚梓冰：《从逻辑到价值：以物抵债协议性质的探究》，载《学术研究》2020 年第 8 期，第 71-74 页。

⑧ 参见袁文全、卢亚雄：《检视与规范：以物抵债的适用路径》，载《西南大学学报（社会科学版）》2022 年第 2 期，第 29 页。

2. 以物抵债协议的效力

本条认定履行期届满后达成的以物抵债协议构成"新债清偿",是一种以清偿旧债为目的的替代履行旧债的清偿方式。这要求存在真实有效的旧债,双方达成替代给付的合意,新的替代给付与原给付不同。以物抵债协议的目的是替代清偿,而非担保。同时,以物抵债协议有效成立后,旧债并未消灭,原债关系仍为有效,一旦替代清偿被认定为无效,债权人仍可以原债务请求履行债权。因为如果以物抵债的协议没有履行,则消灭债权的实质目的就没有实现。只有当替代给付完全履行,原债权债务关系才归于消灭。在原债权债务关系被确认无效的情形下,以物抵债协议也不具有存在的必要性,无须继续履行。

以物抵债不同于债的更新,债的更新是指成立新债务,同时消灭旧债务。变更后的新合同是对原债权债务关系的主体、客体或者内容进行变更,因此旧的债权债务关系消灭。司法实践中也存在将债的更新与以物抵债相混淆的情况,例如最高人民法院发布的指导案例 72 号,认为以物抵债协议属于当事人之间达成的债务更改或者更新的协议,当其成立生效后,原债权债务关系即告消灭。[①] 而以物抵债协议成立后,原债权债务关系并不当然消灭,这是两个制度之间最重要的不同。

第二十八条 　【债务履行期届满前达成的以物抵债协议】

债务人或者第三人与债权人在债务履行期限届满前达成以物抵债协议的,人民法院应当在审理债权债务关系的基础上认定该协议的效力。

当事人约定债务人到期没有清偿债务,债权人可以对抵债财产拍卖、变卖、折价以实现债权的,人民法院应当认定该约定有效。当事人约定债务人到期没有清偿债务,抵债财产归债权人所有的,人民法院应当认定该约定无效,但是不影响其他部分的效力;

[①] 参见最高人民法院（2015）民一终字第 180 号民事判决书,载《最高人民法院关于发布第 15 批指导性案例的通知》。

债权人请求对抵债财产拍卖、变卖、折价以实现债权的，人民法院应予支持。

当事人订立前款规定的以物抵债协议后，债务人或者第三人未将财产权利转移至债权人名下，债权人主张优先受偿的，人民法院不予支持；债务人或者第三人已将财产权利转移至债权人名下的，依据《最高人民法院关于适用〈中华人民共和国民法典〉有关担保制度的解释》第六十八条的规定处理。

◆条文主旨

债务人或者第三人与债权人在债务履行期届满前达成以物抵债协议，一般是为了担保债务的履行，在目的、性质以及法律构造上与让与担保合同存在诸多相似之处，因此又被称为担保型以物抵债。对于此种以物抵债协议的性质和效力，实践中也存在较大的争议，原因在于理论和立法对流担保一贯持否定态度。在抵债财产的价值远高于债权额的情况下，如果不经清算而直接归于债权人所有，可能导致不公平的结果。本条认为，如果当事人在以物抵债协议中约定当债务人到期没有清偿债务时，债权人可以对财产拍卖、变卖、折价以实现债权，则该约定不会带来不公平的结果，故人民法院应当认定该以物抵债协议有效；如果当事人约定债务人到期没有清偿债务，抵债财产即归债权人所有，因该约定可能导致不公平的结果，故人民法院应当认定该部分约定无效，但是不影响其他部分的效力，即债权人可以请求对财产拍卖、变卖、折价以实现债权。在当事人仅达成以物抵债协议但未将标的物的财产权利转移至债权人名下时，因未对此进行公示，债权人主张优先受偿的，人民法院不予以支持；如果当事人已经将财产权利转移至债权人名下，则构成实质上的让与担保，此情形下债权人可根据《民法典有关担保制度解释》第 68 条的规定主张优先受偿。还需要考虑实践中可能发生的一种情况是，债务人或者第三人与债权人在债务履行期届满前达成的以物抵债协议，目的可能是想通过以物抵债协议来掩盖借贷关系。因此，当事人之间可能仅订立了以物抵债协议，并没有签订书面借贷合同。对此，本条第 1 款规定当事人之间即使没有签订书面借贷合同，也只有先审查被担保的债权债务关系，才能对以物抵债协议的效力作出正确判断。

◆ 关联规定

《最高人民法院关于适用〈中华人民共和国民法典〉有关担保制度的解释》（法释〔2020〕28号）

第六十八条 债务人或者第三人与债权人约定将财产形式上转移至债权人名下，债务人不履行到期债务，债权人有权对财产折价或者以拍卖、变卖该财产所得价款偿还债务的，人民法院应当认定该约定有效。当事人已经完成财产权利变动的公示，债务人不履行到期债务，债权人请求参照民法典关于担保物权的有关规定就该财产优先受偿的，人民法院应予支持。

债务人或者第三人与债权人约定将财产形式上转移至债权人名下，债务人不履行到期债务，财产归债权人所有的，人民法院应当认定该约定无效，但是不影响当事人有关提供担保的意思表示的效力。当事人已经完成财产权利变动的公示，债务人不履行到期债务，债权人请求对该财产享有所有权的，人民法院不予支持；债权人请求参照民法典关于担保物权的规定对财产折价或者以拍卖、变卖该财产所得的价款优先受偿的，人民法院应予支持；债务人履行债务后请求返还财产，或者请求对财产折价或者以拍卖、变卖所得的价款清偿债务的，人民法院应予支持。

债务人与债权人约定将财产转移至债权人名下，在一定期间后再由债务人或者其指定的第三人以交易本金加上溢价款回购，债务人到期不履行回购义务，财产归债权人所有的，人民法院应当参照第二款规定处理。回购对象自始不存在的，人民法院应当依照民法典第一百四十六条第二款的规定，按照其实际构成的法律关系处理。

《全国法院民商事审判工作会议纪要》（法〔2019〕254号）

45.【履行期届满前达成的以物抵债协议】当事人在债务履行期届满前达成以物抵债协议，抵债物尚未交付债权人，债权人请求债务人交付的，因此种情况不同于本纪要第71条规定的让与担保，人民法院应当向其释明，其应当根据原债权债务关系提起诉讼。经释明后当事人仍拒绝变更诉讼请求的，应当驳回其诉讼请求，但不影响其根据原债权债务关系另行提起诉讼。

《最高人民法院关于当前商事审判工作中的若干具体问题》（2015 年发布）

九、关于以物抵债合同纠纷案件的审理问题

······

第一，关于债务履行期届满前约定的以物抵债。

债权人与债务人在债务履行期届满前就作出以物抵债的约定，由于债权尚未到期，债权数额与抵债物的价值可能存在较大差距。如果此时直接认定该约定有效，可能会导致双方利益显失公平。所以在处理上一般认为应参照《物权法》关于禁止流押、流质的相关规定，不确认该种情形下签订的以物抵债协议的效力。在后果处理上：

1. 如果此时抵债物尚未交付给债权人，而债权人请求确认享有抵债物所有权并要求债务人交付的，不予支持。今年最高人民法院颁布的民间借贷司法解释第二十四条规定：当事人以签订买卖合同作为民间借贷合同的担保，应当按照民间借贷法律关系审理。债务人不履行生效判决确定的金钱债务，债权人可以申请拍卖买卖合同标的物以偿还债务。上述处理思路与该司法解释规定是一致的。

2. 如果此时抵债物已交付给债权人，参照《物权法》中质押的有关规定，债务人请求债权人履行清算义务或主张回赎的，法院应予支持。

◆ 案例指引

1. 人民法院在审理债权债务关系的基础上认定以物抵债协议效力

▷烟建集团有限公司、青岛惠能建筑装饰工程有限公司等建设工程施工合同纠纷①

一审法院认为，合同中约定的工程款支付方式：无预付款，过程付款按照建设单位所支付的保温专项工程款项支付；工程款抵建设单位指定固定资产，抵资比例占工程款的 50%。其中的工程款抵建设单位指定固定资产，抵资比例占工程款的 50%，该约定实际为以房屋抵顶工程款的以物抵债协议。因双方签订该合同时，工程款尚未结算，参照《九民纪要》第 44 条、第 45 条的规定，因抵债房屋

---

① 参见山东省青岛市中级人民法院（2022）鲁 02 民终 12575 号民事判决书。

尚未办理转让手续、未交付青岛惠能建筑装饰工程有限公司（以下简称惠能公司），即以物抵债协议未履行，因此惠能公司不同意以房屋抵债并要求烟建集团有限公司（以下简称烟建公司）支付工程款，符合上述规定精神，有事实依据，法院予以支持，烟建公司应支付惠能公司工程款。

二审法院认为，根据当事人合同约定，烟建公司支付工程款的方式为，50%的工程款通过货币方式支付，另50%部分通过宏程公司指定的房屋进行抵顶。在工程竣工验收之后，惠能公司与宏程公司就房屋抵顶工程款进行多次协商，并于2020年4月13日为宏程公司出具《确认函》。在《确认函》履行完毕之后，惠能公司和烟建公司之间的建设工程债权债务关系消灭，惠能公司不能再要求烟建公司支付工程款。但在惠能公司为宏程公司出具《确认函》之后，宏程公司并未将《确认函》涉及的9套房屋向惠能公司交付或者办理相关产权转移手续，涉案房屋仍在宏泰公司名下，故涉案《确认函》并未履行，惠能公司和烟建公司之间原有的债权债务关系并未消灭。涉案工程已经竣工验收长达四年多的时间，惠能公司与宏程公司多次协商抵顶房屋但均未实现，现涉案房屋仍登记在宏泰公司名下并办理了抵押登记手续，抵押期间为2021年9月18日至2024年9月17日。宏程公司、宏泰公司为涉案9套房屋设定抵押的行为违反了当事人关于以房屋抵顶工程款的约定，并为《确认函》的履行造成障碍，损害了惠能公司的合法权益，故一审按照原有债权债务关系进行处理并无不妥。

2. 债务履行期届满前达成的买卖型以房抵债合同实质为非典型担保合同

▷罗某与上海 XM 房地产开发有限公司商品房预售合同纠纷案[①]

法院结合双方的实际履行行为以及补充协议载明的内容，认定补充协议中双方之间就3000万元款项的真实意思表示系借贷关系，双方就系争房屋签订的预售合同实质是为了担保双方借贷关系的履行。至于上述合同的效力问题，罗某与上海 XM 房地产开发有限公司（以下简称 XM 公司）签订预售合同并办理备案登记，仅是 XM 公司提供借款担保的方式，即双方补充协议 1 约定的通过 XM 公司退款并解除预售合同的方式实现借款的偿还。作为一种非典型的担保方式，上述合同的约定并未违反法律、法规的强制性规定，因此，上述合同应为有效，只是

---

① 参见上海市第一中级人民法院（2015）沪一中民二（民）终字第1283号民事判决书。

债务到期后未经清算，XM 公司不得据此直接取得用于担保的房屋抵偿债务。裁判要旨为，买卖型以房抵债合同订立于债务履行期届满前，其实质为非典型担保合同，一般认定为担保有效，但债务人不得基于该合同主张移转房屋所有权。若该合同订立于债务履行期届满后，则其实质为债务履行方式变更协议，一般亦认定为有效，债权人可以基于该合同主张移转房屋所有权；如债务人认为房屋价值远超欠款，可主张合同撤销权。

3. 以物抵债协议不宜直接认定为流质契约

▷山西羽硕房地产开发有限公司与山西智海房地产开发有限公司买卖合同纠纷再审案①

山西智海房地产开发有限公司（以下简称智海公司）与山西羽硕房地产开发有限公司（以下简称羽硕公司）于 2003 年 5 月 6 日和 2004 年 4 月 8 日签订两份商品砼供应合同，由智海公司向羽硕公司供应商品砼，以实际供应的砼方量办理结算，并对付款方式和付款时间、违约金进行了约定。双方均认可羽硕公司尚欠砼款 274.7578 万元。在智海公司的督促下，羽硕公司与工程建设方五峰公司于 2004 年 7 月 10 日为智海公司出具还款承诺书，承诺如不按承诺付款，将以羽硕公司的写字楼以每平方米 3000 元作价折抵智海公司款项。最高人民法院经审查认为，羽硕公司于 2004 年 7 月 10 日向智海公司出具还款承诺，承诺书第四条载明："若不能按上述约定支付款项时，以羽硕房地产名下的羽硕写字楼，作价 3000 元/平方米折抵给贵公司。"该条款属于以房屋折价抵偿债务条款，并无抵押担保的意思表示，不属于抵押担保条款，不违反法律的禁止性规定，应认定有效。裁判要旨为，债务清偿期限届满前，债务人与债权人对某特定物进行协商作价，达成如到期不能清偿债务，则以相当价值的该标的物抵销债务的以物抵债协议，不属流质契约，但合法有效。

◆ 理解与适用

2015 年《商事审判工作具体问题》和 2019 年《九民纪要》对以物抵债进行了较为详细完整的规定，均以履行期届满前/后来区分以物抵债协议的效力。一

---

① 参见最高人民法院（2009）民申字第 1600 号民事裁定书。

般认为，履行期届满后达成的以物抵债协议一般不会发生债权人利用优势地位与债务人拟定获取暴利的合同，进而导致不公平的结果，故仅规定履行期届满前达成的以物抵债协议因可能涉及双方利益显失公平问题而无效，反之如果在履行期届满后达成的以物抵债协议则有效。《商事审判工作具体问题》和《九民纪要》虽不能作为裁判依据，但可作为人民法院裁判的说理依据。《九民纪要》第 45 条规定："当事人在债务履行期届满前达成以物抵债协议，抵债物尚未交付债权人，债权人请求债务人交付的，因此种情况不同于本纪要第 71 条规定的让与担保，人民法院应当向其释明，其应当根据原债权债务关系提起诉讼。"该规定否认了履行期届满前以物抵债协议的效力，债权人只能根据原债权债务关系提起诉讼而不能主张债务人交付抵偿物。它吸收了《商事审判工作具体问题》的规定模式，对"履行期届满前/后"的以物抵债协议效力进行了区分，并且否认了履行期届满前的以物抵债协议的效力，并指明履行期届满前的以物抵债协议不同于让与担保合同，明确将以物抵债与担保合同二者进行区分。对于双方在履行期届满之前达成以物抵债协议，并且债务人已经实际交付了抵债物的，债权人能否直接获得抵债物以及是否需要清算，《九民纪要》草案先是规定抵债物交付需要按照抵押合同的清算条款处理，但最终删除了这一规定，并且明确指出"此种情况不同于本纪要第 71 条规定的让与担保"。虽然《九民纪要》明确将履行期届满前的以物抵债协议与让与担保合同进行了区分，但无法否认的是，履行期届满前达成的以物抵债协议，在形式上与担保合同具有非常大的相似之处，往往也以买卖合同作为外在表现形式。履行期届满前的以物抵债协议与主债权债务关系并存，本质上也具有担保性质，目的可能更多地体现在担保债务的履行上。在这种情形下，履行期届满前达成的以物抵债协议的法律适用存在究竟应当适用《民法典》物权编的规定还是合同编的规定以及是否违反禁止流担保相关规定的问题。

在我国《民法典》出台前，无论是《物权法》还是《担保法》都明确否认流担保契约的效力。原因在于，借债人在现实生活中往往处于经济上的劣势地位，债权人则依赖其强势经济地位与债务人签订能获得暴利的协议。在债务履行期届满时债务人无力偿还债务，由债权人直接取得担保物的所有权，若是担保物价值远超过债务人所负债务数额，那么流担保条款就成为变相的高利贷条款，造成双方当事人之间权利义务关系的不公平。流担保契约不发生担保物直接归属于债权人的效力，是对未来债务人届期无法履行债务，债权人获得价值远高于债权额的抵债物从而获得暴利的预防。但为促进融资，流担保契约虽不发生担保物在债务人届期无法清偿债务时直接归属债权人的效果，但通过引入清算义务使得债权人可就担保物的拍卖、变卖、折价等方式实现受偿。《民法典》第 401 条规定的"只能依法就抵押财产优先受偿"，要求流担保债权人要在实现担保物权时进行清算，有效平衡了当事人之间的利益。

流担保契约与履行期届满前达成的以物抵债协议的最大不同在于合同目的，前者是担保债务的履行，而后者则是清偿债务；前者具有使担保权人优先受偿的效力，后者具有清算效力，但不具有优先受偿效力。但往往在实践中，履行期届满前达成的以物抵债协议带有担保债务的性质，偏离了以物抵债协议的合同目的初衷，如果构成让与担保，则应当比照担保契约处理，否则适用本条规定。即债务履行期届满前达成的以物抵债协议，在履行期届满时债权人就抵债物进行受偿，因以物抵债协议在履行期届满前达成，处于经济优势方的债权人与经济劣势方的债务人之间权利义务失衡的风险较大，先履行清算程序是必要的，债权人不得就担保物超出债务的部分受偿。在当事人在履行期届满前订立以物抵债协议后，债务人或者第三人未将财产权利转移至债权人名下，因为此时并未进行相应的公示，为保护潜在交易第三人的利益，债权人主张优先受偿的，人民法院不予支持；债务人或者第三人已将财产权利转移至债权人名下的，债权人可对财产折价或者以拍卖、变卖该财产所得的价款优先受偿。

第二十九条　【向第三人履行的合同】

民法典第五百二十二条第二款规定的第三人请求债务人向自己履行债务的，人民法院应予支持；请求行使撤销权、解除权等民事权利的，人民法院不予支持，但是法律另有规定的除外。

合同依法被撤销或者被解除，债务人请求债权人返还财产的，人民法院应予支持。

债务人按照约定向第三人履行债务，第三人拒绝受领，债权人请求债务人向自己履行债务的，人民法院应予支持，但是债务人已经采取提存等方式消灭债务的除外。第三人拒绝受领或者受领迟延，债务人请求债权人赔偿因此造成的损失的，人民法院依法予以支持。

◆ **条文主旨**

本条第 1 款规定了真正利益第三人合同中第三人取得的权利范围。根据《民法典》第 522 条第 2 款的规定，如果法律规定或者当事人约定第三人可以直接请求债务人向其履行债务，第三人在合理期限内未拒绝的，第三人获得对债务人的履行请求权和违约责任请求权。但是，撤销权、解除权等决定合同是否存续的权利不应由第三人取得，仍应由债权人行使。

本条第 2 款规定合同被撤销、解除后的财产返还问题。如果债权人或债务人行使撤销权、解除权后，债务人可依据《民法典》第 157 条或第 566 条请求债权人返还相应财产，但不得请求第三人返还。因为第三人无法决定合同是否存续，且其并不负有对债务人的义务。至于债权人在承担责任后是否有权向第三人请求返还，则取决于双方之间的约定。

本条第 3 款规定了第三人拒绝受领和受领迟延时债权人和债务人的救济。如果第三人拒绝受领，债务并不消灭，债权人可以请求债务人向自己履行债务。例外情况是债务人已经采取提存等方式消灭债务，此时债权人只能向提存部门领取提存物。如果第三人受领迟延，由于第三人并不向债务人负有义务，债务人只能请求债权人承担因此造成的损失。

◆ **关联规定**

《中华人民共和国民法典》

第五百二十二条 当事人约定由债务人向第三人履行债务，债务人未向第三人履行债务或者履行债务不符合约定的，应当向债权人承担违约责任。

法律规定或者当事人约定第三人可以直接请求债务人向其履行债务，第三人未在合理期限内明确拒绝，债务人未向第三人履行债务或者履行债务不符合约定的，第三人可以请求债务人承担违约责任；债务人对债权人的抗辩，可以向第三人主张。

《中华人民共和国信托法》

第三十四条　受托人以信托财产为限向受益人承担支付信托利益的义务。

第四十四条　受益人自信托生效之日起享有信托受益权。信托文件另有规定的，从其规定。

第四十六条　受益人可以放弃信托受益权。

全体受益人放弃信托受益权的，信托终止。

部分受益人放弃信托受益权的，被放弃的信托受益权按下列顺序确定归属：

（一）信托文件规定的人；

（二）其他受益人；

（三）委托人或者其继承人。

《中华人民共和国保险法》

第十八条第三款　受益人是指人身保险合同中由被保险人或者投保人指定的享有保险金请求权的人。投保人、被保险人可以为受益人。

《中华人民共和国海商法》

第八十三条　收货人在目的港提取货物前或者承运人在目的港交付货物前，可以要求检验机构对货物状况进行检验；要求检验的一方应当支付检验费用，但是有权向造成货物损失的责任方追偿。

◆ 案例指引

1. 第三人起诉资格

▷内蒙古名都房地产开发有限责任公司与呼和浩特市土地收购储备拍卖中心申请确认仲裁协议效力案①

法院认为，根据《出让合同》补充条款中第6条的约定，由第三方呼和浩特

———————————

① 参见北京市第四中级人民法院（2020）京04民特59号民事裁定书。

市土地收购储备拍卖中心（以下简称收储中心）按相关规定负责收取合同约定的地价款、利息、违约金及因容积率变化需要受让人补缴的地价款等，如受让人内蒙古名都房地产开发有限责任公司迟延履行交款义务时，收储中心有权直接作为地价款收缴的权利主体（原告或仲裁申请人）按照相关规定进行追缴。

▷某物业管理公司天津分公司与某品牌管理公司物业服务合同纠纷案①

某房地产开发公司与某品牌管理公司约定，由某物业管理公司天津分公司作为物业管理方对涉诉铺位天津市红桥区大丰路25-29（单）号陆家嘴中心（L+MALL）的商场内第1层第L103号进行物业管理。合同第9-1条约定，某品牌管理公司应当在每个历月25日之前向物业管理方交纳下一个历月的含税物业管理费。合同附表三中载明物业管理方、注册地址、负责人、营业执照、税务登记、开户银行及银行账号信息。因此，某物业管理公司天津分公司有权作为诉讼主体提起诉讼。

2. 第三人不享有解除权

▷烟台市中盛房地产开发有限公司、何某芳商品房销售合同纠纷案②

一审法院认为，何某芳作为债权债务关系中的第三人与作为债务人的烟台市中盛房地产开发有限公司（以下简称中盛公司）直接签订房屋买卖合同，视为何某芳取得向中盛公司直接请求履行债务的权利，何某芳与中盛公司双方签订的房屋买卖合同对双方有约束力。因中盛公司未按合同约定履行房屋交付义务，故按照合同约定，何某芳享有合同解除权。二审法院也认定何某芳能够解除其作为当事人签订的合同，但原利益第三人合同并未解除。

◆ 理解与适用

所谓真正利益第三人合同，是指使合同当事人之外的第三人享有清偿和给付利益的合同。真正利益第三人合同是对于合同相对性的突破，其意义在于满足实践中的多样需求，缩短债务履行进程，保障第三人利益。常见的真正利益第三人合同如：保险合同中受益人取得保险金请求权、货运合同中收货人取得提货权利。

---

① 参见天津市红桥区人民法院（2021）津0106民初1291号一审民事判决书。
② 参见山东省烟台市中级人民法院（2022）鲁06民终7398号二审民事判决书。

罗马法认为，"无论何人不得为他人为约定"，因此原则上不承认向第三人履行的合同。随着经济发展，自然法时代拒绝了对于利他合同的严格限制，但此时第三人权利的取得需要第三人同意。现代以来，利他合同的有效性得到广泛承认，产生了第三人同意模式和直接取得模式。① 前者要求第三人表示受益意思才可成立真正利益第三人合同，以《日本民法典》和《荷兰民法典》为典型；后者则规定第三人直接取得权利，除非其明确拒绝，以《德国民法典》《瑞士债法典》、美国《合同法第二次重述》、我国台湾地区"民法"为典型。

我国 1999 年《合同法》并未明确规定真正利益第三人合同制度，司法实践和理论上对《合同法》第 64 条关于是否规定该制度争论颇多，第三人能否依约定享有请求债务人向其履行的权利存在不同观点。对此，《民法典》第 522 条明确规定在法律规定或合同约定的情况下，除非第三人在合理期限内明确拒绝，第三人可以直接请求债务人向其履行债务，如其不履行，第三人可请求其承担违约责任。从条文表述来看，我国《民法典》采取的是直接取得模式。本条对《民法典》第 522 条中第三人、债权人和债务人的权利义务作出了进一步细化。在具体的理解与适用方面，需注意以下问题。

1. 第三人行使权利的范围

真正利益第三人合同中，合同的缔约主体与效果归属主体分别为当事人和第三人，由此引发了第三人能否享有合同解除权的争议。理论上通常认为解除权系合同本身的权利，基于对价关系产生，第三人并非合同当事人，且不负有对价给付义务，故不能决定合同的存续与否。② 这一解释虽然阐明了合同对价的重要性，但可能忽视了存在第三人重复受偿的风险。

应当认为，第三人在个别情形下享有解除利益，但不需要通过赋予其解除权来实现，第三人可以通过放弃权利脱身。由于第三人是接受合同履行的主体，故在某些情况下也可能存在解除利益。一种情况是第三人最了解合同的履行状况，若债务人根本违约，赋予第三人以解除权可以最快和最有效地避免损失的扩大。

---

① 参见崔建远：《论为第三人利益的合同》，载《吉林大学社会科学学报》2022 年第 1 期，第 153 页；薛军：《合同涉他效力的逻辑基础和模式选择——兼评〈民法典合同编（草案）〉（二审稿）相关规定》，载《法商研究》2019 年第 3 期，第 24 页；石佳友、李晶晶：《论真正利益第三人合同中的第三人权利》，载《湖南科技大学学报（社会科学版）》2022 年第 5 期，第 67 页。

② 参见王泽鉴：《民法学说与判例研究》（第 7 册），北京大学出版社 2009 年版，第 116 页。

另一种情况是在多方连环买卖时，债权人不愿意解除合同，但第三人希望从中脱身找寻其他卖家，如果不脱身，第三人签订新的买卖合同后会面临债务人再次履行的尴尬局面，第三人仍负有及时受领的附随义务。① 然而，第三人虽然享有一定的解除利益，但其需要受到可预见性等原则的限制，且债权人负担了向债务人的给付，其解除利益的实现需受到债权人的限制。进一步而言，如果债权人的解除权需要受到第三人的限制，则对于债权人过于不公。因此，应当使第三人通过弃权方式退出合同，并通过与债权人的原因关系寻求救济，② 且此种弃权应受到债权撤销权等限制。③

关于第三人的撤销权，由于其主要针对合同订立阶段的意思表示问题，但第三人通常不参与缔约过程，由其决定合同的撤销并不合适，若由第三人和债权人共同决定，则会对债权人造成不合理的限制。更为合适的方式或许是，第三人可以先通知债权人，告知合同效力瑕疵事由，由债权人选择是否撤销合同。如果债权人不予撤销，第三人可以直接拒绝受领债务人的给付，之后依据与债权人的原因关系直接向债权人再次请求履行。

2. 债权人对债务人的责任

（1）债务人应向债权人请求不当得利返还

真正利益第三人合同履行期间，如果第三人已经受领债务人的履行，但债务人或债权人行使了撤销权或解除权导致合同关系归于无效或消灭，此时债务人能否直接向第三人请求返还财产？对此理论上存在不同观点。有观点认为债务人能够直接向第三人请求不当得利返还，因为其享受了合同的履行利益，且此种做法更为经济；也有观点认为债务人只能向债权人请求返还，因为第三人纯获利益，不应使其负有义务。应当认为，如果使第三人负有返还义务，第三人的地位较不真正利益第三人合同中的地位更弱，这种结论并不合理，故此时债务人对第三人

---

① 石佳友、李晶晶：《论真正利益第三人合同中的第三人权利》，载《湖南科技大学学报（社会科学版）》2022 年第 5 期，第 76-77 页。

② 在真正利益第三人合同中有三对关系，债权人和债务人的关系理论上通常称为补偿关系；债权人和第三人的关系理论上通常称为原因关系、对价关系，因其往往是前述合同的发生原因；债务人和第三人的关系理论上通常称为执行关系、履行关系或第三人关系，因其通常涉及利益第三人合同的履行。

③ 参见薛军：《合同涉他效力的逻辑基础和模式选择——兼评〈民法典合同编（草案）〉（二审稿）相关规定》，载《法商研究》2019 年第 3 期，第 25 页。

并不享有不当得利请求权，而应请求债权人返还。

（2）债务人应向债权人请求赔偿受领迟延和拒绝受领损失

在合同履行过程中，第三人若拒绝受领或者受领迟延，是否应向债务人承担未履行及时受领义务的赔偿？对此理论上亦存在不同观点。有观点认为第三人作为接受履行的一方，负有附随义务，债务人可直接向第三人主张受领迟延的责任。也有观点认为，第三人作为纯获利益的主体，对债务人不负有任何义务，其受领迟延或拒绝受领行为应当在第三人与债权人的原因关系中处理。如前所述，为使真正利益第三人合同中的第三人地位不弱于不真正利益第三人合同，应使债务人向债权人主张损失。债权人此时也不能请求债务人向自己履行债务。

3. 第三人拒绝受领时债权债务归属

理论上一般认为第三人拒绝受领后，债务人的给付义务通常并不消灭，给付为债权人的利益而保留。[1] 第三人拒绝受领时合同并不消灭，相应权利的归属问题成为合同漏洞，由于债权人是合同当事人，根据《民法典》第 510 条的规定，按照合同条款和交易习惯，债务人就应当向债权人履行其债务。例如，我国《保险法》第 42 条第 1 款第 3 项规定："被保险人死亡后，有下列情形之一的，保险金作为被保险人的遗产，由保险人依照《中华人民共和国继承法》的规定履行给付保险金的义务：……（三）受益人依法丧失受益权或者放弃受益权，没有其他受益人的。"该条即认可在受益人（第三人）拒绝享有利益时，给付利益作为遗产归属于被保险人（债权人）。比较法上亦有此种立法例，《意大利民法典》第 1411 条第 3 款即规定："在契约被撤销或者被第三人拒绝时，给付为缔约人利益而保留……"[2] 例外情况是债务人已经采取提存等方式消灭债务，此时债权人只能向提存部门领取提存物。

---

[1]　参见朱岩：《利于第三人合同研究》，载《法律科学》2005 年第 5 期，第 59 页；参见张家勇：《为第三人利益的合同的制度构造》，法律出版社 2007 年版，第 283 页。

[2]　参见费安玲、丁玫译：《意大利民法典》，中国政法大学出版社 1997 年版，第 374 页。

第三十条 【第三人代为清偿规则的适用】

下列民事主体，人民法院可以认定为民法典第五百二十四条第一款规定的对履行债务具有合法利益的第三人：

（一）保证人或者提供物的担保的第三人；

（二）担保财产的受让人、用益物权人、合法占有人；

（三）担保财产上的后顺位担保权人；

（四）对债务人的财产享有合法权益且该权益将因财产被强制执行而丧失的第三人；

（五）债务人为法人或者非法人组织的，其出资人或者设立人；

（六）债务人为自然人的，其近亲属；

（七）其他对履行债务具有合法利益的第三人。

第三人在其已经代为履行的范围内取得对债务人的债权，但是不得损害债权人的利益。

担保人代为履行债务取得债权后，向其他担保人主张担保权利的，依据《最高人民法院关于适用〈中华人民共和国民法典〉有关担保制度的解释》第十三条、第十四条、第十八条第二款等规定处理。

◆条文主旨

本条第1款对可以认定为《民法典》第524条第1款规定的对履行债务具有合法利益的第三人的民事主体进行了列举。本条第1款的列举较为宽泛，除了担保财产的受让人以及担保财产上的后顺位担保权人等，考虑到实践中用益物权人、承租人等合法占有人也有类似利益需要保护，法人或者非法人组织的出资人或者设立人、债务人的近亲属也都有代为清偿的现实需求，存在争议的保证人或者提供物的担保的第三人、仅具有单纯亲属关系的第三人等也在列。本条第1款同时规定了兜底条款，从而将非典型的难以一一列举完全的具有合法利益的第三人也涵盖在内，减少列举的封闭性弊端。

本条第 3 款指出，虽然《民法典》第 524 条规定的第三人包括担保人，但担保人代为清偿后，其向债务人的追偿问题已由《民法典》第 700 条所规定，而其向其他担保人的追偿问题，则应适用《民法典有关担保制度解释》的相关规定，而不能直接根据《民法典》第 524 条得出第三人可以向其他担保人追偿的结论，否则就可能导致司法解释之间的衔接不畅。另外，根据《民法典》第 700 条的规定，担保人向债务人追偿时，不能损害债权人的利益。这同样适用于《民法典》第 524 条，例如第三人仅代为清偿部分债务，就以所取得的债权向债务人的破产管理人申报债权，就可能损害到债权人的利益。因此，本条第 2 款也作出了第三人在其已代为履行的范围内取得对债务人的债权，但是不得损害债权人的利益的规定。

◆ 关联规定

《中华人民共和国民法典》

第五百二十四条　债务人不履行债务，第三人对履行该债务具有合法利益的，第三人有权向债权人代为履行；但是，根据债务性质、按照当事人约定或者依照法律规定只能由债务人履行的除外。

债权人接受第三人履行后，其对债务人的债权转让给第三人，但是债务人和第三人另有约定的除外。

第七百条　保证人承担保证责任后，除当事人另有约定外，有权在其承担保证责任的范围内向债务人追偿，享有债权人对债务人的权利，但是不得损害债权人的利益。

《最高人民法院关于适用〈中华人民共和国民法典〉有关担保制度的解释》（法释〔2020〕28 号）

第十三条　同一债务有两个以上第三人提供担保，担保人之间约定相互追偿及分担份额，承担了担保责任的担保人请求其他担保人按照约定分担份额的，人民法院应予支持；担保人之间约定承担连带共同担保，或者约定相互追偿但是未约定分担份额的，各担保人按照比例分担向债务人不能追偿的部分。

同一债务有两个以上第三人提供担保，担保人之间未对相互追偿作出约定且未约定承担连带共同担保，但是各担保人在同一份合同书上签字、盖章或者按指印，承担了担保责任的担保人请求其他担保人按照比例分担向债务人不能追偿部分的，人民法院应予支持。

除前两款规定的情形外，承担了担保责任的担保人请求其他担保人分担向债务人不能追偿部分的，人民法院不予支持。

第十四条 同一债务有两个以上第三人提供担保，担保人受让债权的，人民法院应当认定该行为系承担担保责任。受让债权的担保人作为债权人请求其他担保人承担担保责任的，人民法院不予支持；该担保人请求其他担保人分担相应份额的，依照本解释第十三条的规定处理。

第十八条 承担了担保责任或者赔偿责任的担保人，在其承担责任的范围内向债务人追偿的，人民法院应予支持。

同一债权既有债务人自己提供的物的担保，又有第三人提供的担保，承担了担保责任或者赔偿责任的第三人，主张行使债权人对债务人享有的担保物权的，人民法院应予支持。

◆ 案例指引

1. 对履行债务具有合法利益的第三人

▷某物流有限公司诉吴某运输合同纠纷案①

某物流有限公司（甲方）与吴某（乙方）于 2020 年签订《货物运输合同》，约定该公司的郑州运输业务由吴某承接。合同还约定调运车辆、雇用运输司机的费用由吴某结算，与某物流有限公司无关。某物流有限公司与吴某之间已结清大部分运费，但因吴某未及时向承运司机结清运费，2020 年 11 月某日，承运司机在承运货物时对货物进行扣留。基于运输货物的时效性，某物流有限公司向承运司机垫付了吴某欠付的 46 万元，并通知吴某，吴某当时对此无异议。后吴某仅向某物流有限公司支付了 6 万元。某物流有限公司向吴某追偿余款未果，遂提起诉讼。生效裁判认为，某物流有限公司与吴某存在运输合同关系，在吴某未及时向货物承运司机结清费用，致使货物被扣留时，某物流有限公司对履行该债务具有合法利益，有权代吴某向承运司机履行。某物流有限公司代为履行后，承运司

---

① 参见最高人民法院发布 13 件人民法院贯彻实施民法典典型案例（第一批）之六：某物流有限公司诉吴某运输合同纠纷案。

机对吴某的债权即转让给该公司，故法院依照《民法典》第524条的规定，判决支持某物流有限公司请求吴某支付剩余运费的诉讼请求。

2. 对债务人的财产权益将因财产被强制执行而丧失的第三人

▷ 某银行与张某、天津某科技公司金融借款纠纷案①

张某与某银行签订《个人购房按揭贷款借款及抵押合同》，约定张某向某银行借款，并将所购房屋向银行抵押。合同签订后，某银行依约发放了贷款，张某为某银行办理了抵押登记。借款合同履行过程中，因张某未按约偿还借款本息，某银行根据合同约定，向张某宣布借款提前到期，并起诉至法院，要求张某偿还借款本息共计550余万元，同时主张就张某所抵押房屋的价款优先受偿。张某认可逾期还款的事实，表示之所以逾期还款是因为其所经营的公司出现问题，遇到资金困难。天津市和平区人民法院受理案件后，审判人员及时开展庭前调解工作，知悉张某逾期还款系因公司经营遇到困难，并了解到张某将案涉抵押房屋长期租给天津某科技公司，租期20年，而天津某科技公司实力雄厚，有意长期使用或者购买抵押房屋作为经营场所。在某银行、张某双方共同申请下，参照《民法典》第524条关于第三人代为履行的相关规定，将天津某科技公司追加为案件第三人。最终某银行、张某及天津某科技公司达成调解意见：天津某科技公司自愿代张某清偿全部借款本息；天津某科技公司取得银行对张某的债权及对案涉房屋的抵押权。调解后天津某科技公司如约清偿完毕。

3. 第三人单方承诺代替债务人承担债务是债务承担而非第三人代为履行

▷ 胡某1诉胡某2、杨某担保追偿权纠纷案②

原告胡某1代胡某2偿还了王某借款本息，已经承担了保证责任，有权向债务人胡某2进行追偿。本案的争议焦点是，被告杨某出具的承诺在原告与两被告间产生何种法律关系，被告杨某应承担何种责任，是债务转移，还是第三人代为履行。根据被告杨某出具的承诺，并未明确被告胡某2退出债务关系，原告也无同意该债务转移的明确表示。根据债的发生原因分析杨某的承诺行为，结合当时被告杨某知晓该借款用于该工程，而该工程又实际由杨某继续在建的情形，应当

---

① 参见天津市高级人民法院发布12起金融审判服务保障实体经济发展典型案例之十二：某银行与张某、天津某科技公司金融借款纠纷案。

② 参见江苏省大丰区人民法院（2009）大民二初字第0041号民事判决书。

认为被告杨某的"在其工程款全部到本人账户后，结算时考虑该本息由本人一起偿还"承诺行为，属于单方允诺，是自愿加入债的关系中成为承担债务的并存债务人。根据法理，并存的债务承担，是指债务人并不脱离合同关系，而由第三人加入合同关系中，与债务人连带承担合同义务的债务承担方式，引起的后果是与原债务人共同担责。在原告向被告杨某主张权利时，双方之间即形成了债权债务关系，被告杨某愿意受合同约束，应当按约履行义务。作为具有完全民事行为能力的人，应当对自己作出的具有法律效力的民事法律行为承担相应的民事责任。《民法通则》第 57 条规定："民事法律行为从成立时起具有法律约束力。行为人非依法律规定或者取得对方同意，不得擅自变更或者解除。"因此原告要求被告胡某 2 与被告杨某共同担责的诉讼请求应当得到支持，由于被告胡某 2 与被告杨某对债务的承担没有约定，双方对该债务应承担连带偿还责任。

◆ **理解与适用**

我国《民法典》第 524 条首次正式规定了第三人代为清偿制度，该条将能够代为清偿的第三人限制在"对履行该债务具有合法利益的"第三人，是因为第三人在代为清偿后，原债权人的债权即法定移转给代为清偿的第三人，如果不对第三人的范围进行限制，就有可能导致第三人借助这一制度获得不当利益或者损害债权人的利益。对于"具有合法利益"的第三人的具体范围，理论和实践中一直存在较多争议，各个国家和地区的立法规定也存在不同，对第三人的列举在范围上存在差异。对于第三人的具体范围，主要争议在于保证人、物上担保人等是否属于具有合法权益的第三人。虽然《民法典》第 524 条规定"具有合法利益"的第三人有权代为清偿，但该条并未对"合法利益"作出说明，或者对第三人范围进行列举。

1. **具有合法利益第三人的类型**

根据清偿主体是否为债务人，清偿可分为债务人的清偿和第三人的清偿。第三人代为清偿，是债务人以外之第三人所为之清偿，指第三人以自己的名义有意识地清偿他人的债务。[①]《民法典》颁布之前，我国并无关于这一制度的正式规

----

① 参见史尚宽：《债法总论》，中国政法大学出版社 2000 年版，第 776 页。

定。《民法典》第 524 条为具有合法利益的第三人可代为履行及履行后债权法定移转之法律效果的首次法律规定。"对履行该债务具有合法利益"的第三人享有清偿权,对第三人的类型进行了限制,要求其具有合法利益,这为第三人介入他人的债权债务关系提供了正当性基础,因此债权人对于第三人的履行不得予以拒绝,即使债务人对第三人的代偿行为表示异议,债权人也负有必须受领给付的义务。如果第三人对债务的履行不具有合法利益,那么债权人就有权拒绝其清偿行为,即使债权人同意受领债权,第三人也不能因此享有法定代位权。是否具有合法利益,判断的时间节点是第三人进行代为清偿时。

《民法典》第 524 条规定的有权代为履行的主体仅限于对债的履行有合法利益的第三人,但是具体哪些主体属于这种享有代为履行权的第三人,该条未进行明确说明或者列举,仅仅将其表述为"具有合法利益"。理论上将具有合法利益的第三人概括为在财产关系上具有合法利益的第三人和在人身关系上具有合法利益的第三人。在财产关系上具有合法利益的第三人代为履行原债务可使其和债权人同时获益,或者若其不履行,其自身的财产利益可能发生减损;在人身关系上具有合法利益的第三人,如本条第 1 款第 6 项所列举的自然人债务人的近亲属。

2. 在财产关系上具有合法利益的第三人

有观点认为,第三人不是合同的当事人,这也就是称其为第三人的应有之义,故债务人、连带债务人、不可分债务人、保证人、物上保证人等以及共有人均不应当被包含在第三人的范围之内,因为他们均属于合同的当事人。第三人应当具备代他人履行的主观意志,对于所履行的债务是否为自己本身的债务要有清晰的主观认识。[①] 在保证合同的情况下,保证人向债权人作出的清偿本质上也不是为了债务人进行清偿,而是履行自身基于保证合同产生的债务。[②] 德国民法理论中也认为,既然称作第三人给付,必然表示此债务不属于提供给付的第三人,该第三人清偿的是他人的债务,那么连带债务人、保证人则显然不属于代为清偿的第三人,因为他们向债务人提供的给付只是履行自身债务的要求。[③]《德国民

---

① 参见孙森焱:《民法债编总论》,法律出版社 2006 年版,第 836 页。
② 参见王利明:《债法总则研究》,中国人民大学出版社 2018 年版,第 569 页。
③ 参见 [德] 迪尔克·罗歇尔德斯:《德国债法总论》,沈小军、张金海译,中国人民大学出版社 2014 年版,第 97-98 页。

法典》第 268 条第 1 款规定:"债权人对属于债务人的某一标的实施强制执行的,因强制执行而有失去该标的上的某项权利之危险的任何人,均有权使债权人受清偿。某物的占有人因强制执行而有失去占有之危险的,享有同一权利。"① 该条仅列举了"有因强制执行而丧失对该标的物权利之虞之人"和"因强制执行而丧失占有之虞者"才属于具有特别利益可享有清偿权的有利害关系第三人。

另一种观点则认为,具有合法利益第三人包含共同债务人及保证人。② 如日本立法明确规定了连带债务人、保证人等属于第三人范围。德国民法、我国台湾地区"民法"虽没有明确规定,但也在涉及连带债务人和保证人的部分分别规定了二者清偿后债权人的债权法定移转给第三人,不同的是德国认为这不是第三人代为清偿,而我国台湾地区"民法"则将其归入第三人代为清偿。最高人民法院有观点认为:无合同约定情形下,第三人代履行,属于法无禁止即可为。因此,只要第三人履行该债务目的合法或不违反法律法规的禁止性规定,即认为具有合法利益。③

也有学者对合伙人、连带债务人、保证人、物上保证人等是否构成具有合法利益的第三人根据不同情形作了区分:若合伙人、连带债务人清偿债务超出自身应负担的对内份额,对超出部分实际上也属于为他人履行债务,则属于第三人代为清偿的范畴;保证合同未约定保证份额而承担连带责任的共同保证人,也属于具有合法利益的第三人。④ 物上担保人是否属于第三人范围需要分情形讨论。如果债务人届期无法清偿债务,物上保证人提供的担保物被折价、变价或拍卖,此种情形属于担保人履行其在担保合同中应负的债务,不属于第三人代为清偿。而如果物上担保人不希望自己的担保物被拍卖,故向债权人进行清偿以留下自己的担保物,这种情形下的清偿应属于第三人代为清偿的范畴。此类观点界定具有合法利益第三人范围的标准是,该代债务人履行的第三人是不是该债务或债务份额的最终承担者。只要第三人履行的份额包含了最终债务人的份额,则其属于代为

---

① 陈卫佐译注:《德国民法典》(第五版),法律出版社 2020 年版,第 97 页。

② 参见郑玉波:《民法债编总论》,中国政法大学出版社 2004 年版,第 478 页。

③ 参见最高人民法院民法典贯彻实施工作领导小组主编:《中华人民共和国民法典合同编理解与适用(一)》,人民法院出版社 2020 年版,第 422 页。

④ 参见冉克平:《民法典编纂视野中的第三人清偿制度》,载《法商研究》2015 年第 2 期,第 36-37 页。

履行第三人。

3. 在人身关系上具有合法利益的第三人

关于具有合法利益的第三人是否应该包括具有单纯亲属关系的第三人，理论上也存在争议。如有学者指出，如仅单纯有亲属关系，不能认定为是具有合法利益的第三人。① 利害关系仅指法律上的利害关系，而不包括事实上的利害关系。② 即会产生法律上的权利义务变动，才属于可代为清偿的第三人。例如父母就子女某抵押房屋上享有居住权，其清偿则属于具有合法利益的第三人清偿。

由此可见，司法解释的规定对第三人范围进行了较为广泛的列举，不仅包括担保财产的受让人、担保财产上的后顺位担保权人等、用益物权人、承租人、法人或者非法人组织的出资人或者设立人，对保证人或者提供物的担保的第三人也未进行限制，仅具有单纯亲属关系的第三人也被涵盖在内，而未区分存在的是法律上还是事实上的合法利益。第三人清偿使得债权人的债权得到满足，从宽解释合法利益，让原债权法定移转至第三人是合理的。司法解释将"具有合法利益的第三人"的类型进行了明确列举，降低了第三人范围的不确定性。从宽界定具有合法利益第三人的范围对债权人和第三人的保护效果更强，应适当兼顾债务人的意愿。例如比较法上规定对于无利害关系的第三人的代为履行，若债务人提出了异议，或者违反了债务人的意思，无利害关系第三人则不能代为清偿。③ 司法解释本条规定人民法院"可以"认定所列举的民事主体为《民法典》第 524 条第 1 款规定的对履行债务具有合法利益的第三人，也在一定程度上赋予了人民法院裁量的权力。

---

① 参见 [日] 我妻荣：《新订债法总论》，王燚译，中国法制出版社 2008 年版，第 218 页。
② 参见孙森焱：《民法债编总论》，法律出版社 2006 年版，第 840 页。
③ 《德国民法典》第 267 条："债务人无须亲自给付的，第三人也可以履行给付。债务人的允许是不必要的。债务人提出异议的，债权人可以拒绝受领该项给付。"《日本民法典》第 474 条："（一）债务的清偿，可以由第三人进行。（二）对清偿不享有正当利益的第三人，不得违反债务人的意思进行清偿。但是，债权人不知道其清偿违反债务人的意思时，不在此限。"

第三十一条 【同时履行抗辩权与先履行抗辩权】

当事人互负债务，一方以对方没有履行非主要债务为由拒绝履行自己的主要债务的，人民法院不予支持。但是，对方不履行非主要债务致使不能实现合同目的或者当事人另有约定的除外。

当事人一方起诉请求对方履行债务，被告依据民法典第五百二十五条的规定主张双方同时履行的抗辩且抗辩成立，被告未提起反诉的，人民法院应当判决被告在原告履行债务的同时履行自己的债务，并在判项中明确原告申请强制执行的，人民法院应当在原告履行自己的债务后对被告采取执行行为；被告提起反诉的，人民法院应当判决双方同时履行自己的债务，并在判项中明确任何一方申请强制执行的，人民法院应当在该当事人履行自己的债务后对对方采取执行行为。

当事人一方起诉请求对方履行债务，被告依据民法典第五百二十六条的规定主张原告应先履行的抗辩且抗辩成立的，人民法院应当驳回原告的诉讼请求，但是不影响原告履行债务后另行提起诉讼。

◆ **条文主旨**

本条对履行抗辩权的行使条件，以及履行抗辩成立时的法院判决方式进行了规定。履行抗辩权的行使以当事人形成对待给付为必要条件，因此，仅在当事人一方未履行主要义务时，对方才能行使履行抗辩权。如果仅仅是非主要义务没有履行，除非影响合同目的的实现，否则对方不能行使履行抗辩权。在被告主张同时履行抗辩权且抗辩权成立的情形下，一些法院简单地驳回原告的诉讼请求，但此种做法无助于纠纷的解决。本条认为，如果被告未提起反诉的，则应当判决被告在原告履行债务的同时履行自己的债务，并在判项中明确原告申请强制执行的，人民法院应当在原告履行自己的债务后对被告采取执行行为；如果被告提起反诉的，则应当判决双方同时履行自己的债务，并在判项中明确任何一方申请强制执行的，人民法院应当在该当事人履行自己的债务后对对方采取执行行为。同时履行的判决与附条件的判决不同之处在于：前者并未将原告履行自己的义务作为申请执行的条件，而是作为人民法院采取执行行为的条件；后者则是将符合一定条件作为原告申请强制执行的条件。在被告主张先履行抗辩权且抗辩权成立的情形下，为体现履行的先后顺序，人民法院应驳回原告的诉讼请求，但应明确原告在履行债务后可以另行提起诉讼。

◆ 关联规定

《中华人民共和国民法典》

第五百二十五条 当事人互负债务，没有先后履行顺序的，应当同时履行。一方在对方履行之前有权拒绝其履行请求。一方在对方履行债务不符合约定时，有权拒绝其相应的履行请求。

第五百二十六条 当事人互负债务，有先后履行顺序，应当先履行债务一方未履行的，后履行一方有权拒绝其履行请求。先履行一方履行债务不符合约定的，后履行一方有权拒绝其相应的履行请求。

《最高人民法院关于人民法院立案、审判与执行工作协调运行的意见》（法发〔2018〕9号）

11. 法律文书主文应当明确具体：

（1）给付金钱的，应当明确数额。需要计算利息、违约金数额的，应当有明确的计算基数、标准、起止时间等；

（2）交付特定标的物的，应当明确特定物的名称、数量、具体特征等特定信息，以及交付时间、方式等；

（3）确定继承的，应当明确遗产的名称、数量、数额等；

（4）离婚案件分割财产的，应当明确财产名称、数量、数额等；

（5）继续履行合同的，应当明确当事人继续履行合同的内容、方式等；

（6）排除妨碍、恢复原状的，应当明确排除妨碍、恢复原状的标准、时间等；

（7）停止侵害的，应当明确停止侵害行为的具体方式，以及被侵害权利的具体内容或者范围等；

（8）确定子女探视权的，应当明确探视的方式、具体时间和地点，以及交接办法等；

（9）当事人之间互负给付义务的，应当明确履行顺序。

对前款规定中财产数量较多的，可以在法律文书后另附清单。

◆ 案例指引

1. 同时履行抗辩权的行使条件

▷李某与江苏省盐城市亭湖区人民政府五星街道办事处房屋拆迁行政协议纠纷案①

原告李某作为被拆迁人与被告江苏省盐城市亭湖区人民政府五星街道办事处（以下简称街道办）作为拆迁人签订了一份房屋拆迁协议书（产权调换），后李某将案涉房屋交被告验收并拆除，但是没有配合街道办注销其持有的房产证，因此街道办拒绝将剩余的108万元款项支付给李某。一审法院经审理认为：涉案房屋拆迁协议书（产权调换）是依法成立的行政协议。原告已经履行合同约定义务，按约将案涉房屋交付给被告拆除，被告应按约支付相应的拆迁补偿款。因此，法院判决被告支付扣除调换房产后的价款和相应利息给原告。二审法院经审理认为：李某选择的是产权调换，街道办应当支付李某拆迁补偿余款。但是李某选择的安置房面积并不确定，需等安置房选定后才能确定实际面积，进而确定准确的拆迁补偿款余款。因此街道办支付李某拆迁补偿款余款的时机尚未成就，李某要求街道办支付迟延付款利息的诉求不能成立。此外，经估算，街道办应支付李某拆迁补偿款余款108万元左右，鉴于案涉安置房迟迟未能交付，李某应获余款数额又较高，继续等待有损其实际利益，基于公平合理的基本原则，街道办可以先行支付李某一定数量的余款，待安置房选定后，再根据安置房实际面积计算差价实行多退少补。

2. 没有对履行顺序作出约定应理解为双方应同时履行

▷李某诉谢某房屋买卖合同纠纷案②

李某与谢某签订的"协议"是双方当事人的真实意思表示，双方应按约履

---

① 参见江苏省盐城市中级人民法院（2021）苏09行终49号民事判决书。
② 参见福建省厦门市海沧区人民法院（2013）海民初字第1112号民事判决书。

行。谢某 2012 年 8 月 15 日支付的 163 万元（含定金）虽有延迟，但李某已经接受该款项并用此款办理了房产解押，且谢某已支付了大部分房款，谢某的行为属于履行瑕疵，不构成根本违约。双方约定讼争房产办理解押注销手续后 5 个工作日内签订"存量房买卖合同"并办理过户交易，支付余款，该项并没有对双方的履行顺序作出约定，应理解为双方应同时履行，即李某在签订正式的买卖合同、办理过户交易之前无权要求谢某支付余款，谢某亦在支付余款之前无权要求对方办理过户手续。李某主张谢某未支付余款、办理过户交易构成根本违约，系对合同履行的误解，该理由不能成立，故李某以此为由要求解除合同并没收定金无法律依据。

3. 执行程序中可以适用同时履行抗辩权

▷三亚志成彩色印刷有限公司、徐某等与公司有关的纠纷执行监督执行案①

执行依据判决互负义务的案件，双方当事人分别申请执行，应当如何处理。对于同一执行依据的双方当事人分别申请执行，应当如何立案，以及执行条件不成立时应当如何处理已立案案件，目前并无明确规定。一般情况下，双方当事人均有权申请执行，如果执行法院分别立案，亦可合并执行，统一办理，均需审查执行条件是否成立。双方当事人需同时履行的，如一方当事人尚未履行或者无法履行，则可驳回执行申请，待条件具备后再予执行。就本案来说，与（2020）琼 02 执 114 号案件系同一依据而分别立案的两个案件。宝玉公司等买受人与三亚志成彩色印刷有限公司（以下简称志成公司）等出让人均有权申请执行。宝玉公司等可以在未履行判决义务的情形下，向法院申请强制执行，在进入执行程序后履行相关义务，进而由法院强制执行志成公司的股权。而志成公司亦可申请强制执行，如宝玉公司等未支付转让款，法院可以变价宝玉公司等的财产支付转让款。本案在进入执行程序后，根据 115 号之二裁定、（2020）琼 02 执 114 号执行裁定查明的事实，在相关股权被查封的情况下，宝玉公司等未将股权转让款 1.09 亿元支付给被执行人，也未支付至三亚中院代管款账户，故该院裁定驳回其执行申请并无不当。三亚中院基于此事实，在处理（2020）琼 02 执 114 号案件时，亦以此为由驳回了对方当事人的执行申请，符合本案实际。

---

① 参见最高人民法院（2021）最高法执监 533 号执行监督裁定书。

◆ 理解与适用

同时履行抗辩和先履行抗辩是诉讼过程中较为常见的实体抗辩方式，其中交织着实体与程序适用问题，具体的程序规则构造深受实体法理论基础的影响。对于未约定履行顺序的双务合同，法律只能规定双方同时履行，以保证双方当事人之间的公平。以此为基础产生的同时履行抗辩权，具有督促对方履行义务，担保自己债权实现的功能。① 为实现上述双重目的，比较法上就同时履行抗辩制度制定了较为详细的程序法配套规则。例如德国、日本和我国台湾地区均明确了同时履行判决（又称对待给付判决）的采用。而我国长期以来缺乏关于同时履行抗辩权的程序法配套规定，由此制约了实体法的适用，限制了同时履行抗辩制度应有功能的发挥。同时履行抗辩权在程序上的具体适用方式影响着同时履行抗辩权制度功能和效力的发挥，与实体制度是不可偏废的两个同等重要的方面。本条正是为应对我国长期以来存在的当事人行使同时履行抗辩权缺乏程序规则指引，导致现实中抗辩权人权利行使混乱，法院判决方式的选择也不一等情形而订立。在被告同时履行抗辩权成立的案例中，法院的判决方式包括直接驳回原告的诉讼请求②、支持原告部分诉讼请求③、判决原被告同时履行④以及判决原被告先后履行⑤等裁判方式，司法实践的混乱导致同时履行抗辩权制度的运用存在困难。因我国法律上对同时履行抗辩的裁判规定不足和实践中法院对同时履行抗辩裁判的不一致，同时履行制度在实践中未能发挥应有的功能。

判决驳回原告的诉讼请求是实践中最常见的裁判方式，但其无法实现同时履行抗辩权制度的实体法目标，与同时履行抗辩权之规范功能相违背，也没有实质解决当事人之间的纠纷，合同仍然处于双方当事人均不履行合同上给付义务的僵持状态，当事人的履行请求未得到满足，司法机关也需要继续解决当事人之间的纠纷，因此无论是当事人还是法院都要投入更多成本。尽管双方实际上的履行必

---

① 参见韩世远：《构造与出路：中国法上的同时履行抗辩权》，载《中国社会科学》2005 年第 3 期，第 108 页。
② 参见河南省开封市鼓楼区人民法院（2019）豫 0204 民初 1377 号民事判决书。
③ 参见新疆生产建设兵团阿拉尔垦区人民法院（2019）兵 0103 民初 318 号民事判决书。
④ 参见辽宁省海城市人民法院（2020）辽 0381 民初 71 号民事判决书。
⑤ 参见山东省荣成市人民法院（2019）鲁 1082 民初 5691 号民事判决书。

然存在先后顺序，但法院作出的判决应当强调合同义务履行之同时性，以平衡双方当事人的利益，保障诉讼公平。本条对同时履行判决的形式予以确立和说明，能够满足同时履行抗辩权制度的设立意旨，符合纠纷一次性解决和节约诉讼成本的理念。合同当事人请求对方履行之时，无须证明自己已经履行，如果对方行使同时履行抗辩权，且同时履行抗辩权成立，原告即使无法证明其已履行债务，也不能认定原告的请求无理由，而是应作出被告于受领对待给付的同时，履行其债务的判决，即对待给付判决。原告为对待给付后，被告依然不履行，原告通过强制执行方式实现其权利。申请人应向执行机构提供证据证明执行条件已经成就。在债务人拒绝受领的情况下，应允许债权人提供对待给付的履行之后，即可申请强制执行，保障积极履行一方的权利。此外，如果执行债务人拒绝受领对待给付，应允许债权人进行提存。

同时履行判决的程序设计，具有诉讼经济优势，可以只通过一次审判就做到纠纷的彻底解决，避免了程序空转，减少了当事人的讼累，也节约了司法资源，充分发挥了同时履行抗辩实体制度的功能。对待给付判决把原告的履行作为被告履行的条件，平衡了原被告双方的权利义务，打破了双方在履行上僵持的局面，维护了交易安全。原告欲实现债权只能自己先作出对待给付，被告在原告向其给付后必须也履行自己的义务，如果不履行义务，原告就可以申请强制执行，获得国家公权力保障，因而这一程序设计对原被告双方都能起到督促履行的作用。

履行抗辩权的行使以当事人形成对待给付为必要条件，因此，仅在当事人一方未履行主要义务时，对方才能行使履行抗辩权。如果仅仅是非主要义务没有履行，除非影响合同目的的实现，否则对方不能行使履行抗辩权。因此，一方以对方没有履行非主要债务为由拒绝履行自己的主要债务的，人民法院不予支持，对方不履行非主要债务致使不能实现合同目的或者当事人另有约定的除外。当事人一方起诉请求对方履行债务，在被告主张先履行抗辩权且抗辩权成立的情形下，被告具有履行顺序利益，人民法院应驳回原告的诉讼请求，但是不影响原告履行债务后另行提起诉讼。

第三十二条　【情势变更制度的适用】

合同成立后，因政策调整或者市场供求关系异常变动等原因导致价格发生当事人在订立合同时无法预见的、不属于商业风险的涨跌，继续履行合同对于当事人一方明显不公平的，人民法院应当认定合同的基础条件发生了民法典第五百三十三条第一款规定的"重大变化"。但是，合同涉及市场属性活跃、长期以来价格波动较大的大宗商品以及股票、期货等风险投资型金融产品的除外。

合同的基础条件发生了民法典第五百三十三条第一款规定的重大变化，当事人请求变更合同的，人民法院不得解除合同；当事人一方请求变更合同，对方请求解除合同的，或者当事人一方请求解除合同，对方请求变更合同的，人民法院应当结合案件的实际情况，根据公平原则判决变更或者解除合同。

人民法院依据民法典第五百三十三条的规定判决变更或者解除合同的，应当综合考虑合同基础条件发生重大变化的时间、当事人重新协商的情况以及因合同变更或者解除给当事人造成的损失等因素，在判项中明确合同变更或者解除的时间。

当事人事先约定排除民法典第五百三十三条适用的，人民法院应当认定该约定无效。

◆条文主旨

本条第 1 款规定了《民法典》第 533 条情势变更制度的具体适用，对"基础条件"的重大变化作出了解释。具体说来，在原因上，是由于政策调整或者市场供求关系的异常变动，导致合同标的物的价格发生了常人所无法合理预见的涨跌幅度；在后果上，若当事人一方要求继续履行合同，会发生对另一方明显不公平的效果。不过，需排除市场属性活泼、长期以来价格波动较大的大宗商品以及股票、期货等风险投资型金融产品，原因在于大宗商品及投资型金融产品本身就具有价格经常发生大幅变动的特点，因此，其价格涨跌并不具有不可预见的性质。

本条第 2 款具体规定了情势变更的法律后果。发生情势变更后，如果当事人请求变更合同（一般情况是受不利影响的一方，而未受影响的对方主张继续履行合同），则人民法院不能解除合同。如果双方当事人对于变更合同或解除合同存在不同意见（一方请求变更合同，对方请求解除合同的，或者一方请求解除合同，对方请求变更合同），人民法院可以根据案件的具体情况（譬如合同履行的实际情况、价格涨跌的幅度、不利影响的范围和程度、损失的具体情况、双方协商的情况等），判决变更或解除合同。

本条第 3 款列明了人民法院判决变更或解除合同时，应综合考虑相关因素，包括：合同基础条件发生重大变化的时间、当事人重新协商的情况以及因合同变更或者解除给当事人造成的损失等，以具体明确合同变更或解除的时间。这就是说，法官可根据实际情况自主决定合同变更的时间，而并不必然以情势变更发生的时间或判决作出的时间为准。

本条第 4 款禁止当事人事前以约定排除情势变更的适用，其理由在于，与不可抗力一样，情势变更属于非因当事人主观原因所发生的客观履行不能事由，不可归责于当事人；情势变更的适用是基于维护公平原则和合同正义，具有公共秩序属性，因此，当事人不得以私人协议的方式予以事先排除。

◆ 关联规定

《中华人民共和国民法典》

第五百三十三条　合同成立后，合同的基础条件发生了当事人在订立合同时无法预见的、不属于商业风险的重大变化，继续履行合同对于当事人一方明显不公平的，受不利影响的当事人可以与对方重新协商；在合理期限内协商不成的，当事人可以请求人民法院或者仲裁机构变更或者解除合同。

人民法院或者仲裁机构应当结合案件的实际情况，根据公平原则变更或者解除合同。

《最高人民法院关于当前形势下审理民商事合同纠纷案件若干问题的指导意见》（法发〔2009〕40 号）

一、慎重适用情势变更原则，合理调整双方利益关系

……

3. 人民法院要合理区分情势变更与商业风险。商业风险属于从事商业活动的固有风险，诸如尚未达到异常变动程度的供求关系变化、价格涨跌等。情势变更是当事人在缔约时无法预见的非市场系统固有的风险。人民法院在判断某种重大客观变化是否属于情势变更时，应当注意衡量风险类型是否属于社会一般观念上的事先无法预见、风险程度是否远远超出正常人的合理预期、风险是否可以防范和控制、交易性质是否属于通常的"高风险高收益"范围等因素，并结合市场的具体情况，在个案中识别情势变更和商业风险。

《最高人民法院关于依法妥善审理涉新冠肺炎疫情民事案件若干问题的指导意见（一）》（法发〔2020〕12号）

三、……

（一）疫情或者疫情防控措施直接导致合同不能履行的，依法适用不可抗力的规定，根据疫情或者疫情防控措施的影响程度部分或者全部免除责任。当事人对于合同不能履行或者损失扩大有可归责事由的，应当依法承担相应责任。因疫情或者疫情防控措施不能履行合同义务，当事人主张其尽到及时通知义务的，应当承担相应举证责任。

（二）疫情或者疫情防控措施仅导致合同履行困难的，当事人可以重新协商；能够继续履行的，人民法院应当切实加强调解工作，积极引导当事人继续履行。当事人以合同履行困难为由请求解除合同的，人民法院不予支持。继续履行合同对于一方当事人明显不公平，其请求变更合同履行期限、履行方式、价款数额等的，人民法院应当结合案件实际情况决定是否予以支持。合同依法变更后，当事人仍然主张部分或者全部免除责任的，人民法院不予支持。因疫情或者疫情防控措施导致合同目的不能实现，当事人请求解除合同的，人民法院应予支持。

……

《最高人民法院关于依法妥善审理涉新冠肺炎疫情民事案件若干问题的指导意见（二）》（法发〔2020〕17号）

一、关于合同案件的审理

……

2. 买卖合同能够继续履行，但疫情或者疫情防控措施导致人工、原材料、物流等履约成本显著增加，或者导致产品大幅降价，继续履行合同对一方当事人明显不公平，受不利影响的当事人请求调整价款的，人民法院应当结合案件的实际情况，根据公平原则调整价款。疫情或者疫情防控措施导致出卖人不能按照约定的期限交货，或者导致买受人不能按照约定的期限付款，当事人请求变更履行期限的，人民法院应当结合案件的实际情况，根据公平原则变更履行期限。

已经通过调整价款、变更履行期限等方式变更合同，当事人请求对方承担违约责任的，人民法院不予支持。

◆ 案例指引

1. 价格涨跌是否导致情势变更

▷某实业投资公司、杨某某合资、合作开发房地产合同纠纷案①

双方当事人签订《合作协议》属正常市场交易行为，各方都有可能预见到市场行为存在的诸多变数和不确定性。某实业投资公司主张涉案土地成本大幅度增加、涉案《合作协议》不具有可行性，应属于商事主体从事商事行为的风险，不属于与协议约定有关的不可预见风险。

▷某建设公司、某房地产开发公司股东出资纠纷案②

一审法院认为，政策变更并非法律所规定的情势变更，也不构成解除合同的合法事由。二审法院认为，根据某建设公司提交的一系列证据，即使确如其主张的须补缴 7 亿元以上的土地出让金，但其证据不足以证明继续履行合同会造成其一方产生亏损、无履行利益，不符合"对于当事人一方明显不公平"的法定情形。在某房地产开发公司不存在重大违约的实际情况下，解除案涉合同不符合公平原则和情势变更的适用原则，某建设公司以情势变更为由主张解除合同，本院不予支持。

▷某国际货运代理公司与某电梯公司海上货物运输合同纠纷案③

一审法院认为，某国际货运代理公司与某电梯公司签订固定运价协议的商业行为本身具有高风险性，价格的波动正是某国际货运代理公司的研究对象及利润来源。具体在本案中，区分情势变更与商业风险的关键在于价格上涨的幅度和上

---

① 参见最高人民法院（2020）最高法民申 3282 号民事裁定书。
② 参见最高人民法院（2020）最高法民终 629 号民事判决书。
③ 参见上海市高级人民法院（2022）沪民终 525 号民事判决书。

涨的速度。二审法院认为，涉案协议签订时国际航运市场已出现价格波动，且某国际货运代理公司作为从事国际航运业务的企业，对国际航运市场价格的变化应具有一定的敏感度和预见性，本案所涉运价波动情况不属于订立合同时无法预见的情况。

▷某煤业集团公司、某商贸公司买卖合同纠纷案①

本案合同订立以后履行期间，受国家环保、去产能等政策影响，煤炭价格短期内急速上涨，以致国家高层干预抑制煤炭价格，以煤电为主要成本的水泥价格大幅上涨，明显超过了正常的价格波动幅度，超出了某商贸公司订立合同时的预见能力，继续履行涉案合同将会出现对某商贸公司显失公平的后果。

▷某建工集团公司、某环保产业发展公司建设工程施工合同纠纷案②

涉案《建设工程施工合同》专用条款约定，市场价格波动不调整合同价格，即市场价格上涨的风险由某建工集团公司承担。建筑材料价格上涨，应属于某建工集团公司在投标和签订合同时应合理预见的商业风险，且上涨幅度并未超过市场价峰值，因此不应适用情势变更调整工程价款。

2. 政策调整导致情势变更

▷某置业公司、朱某某房屋租赁合同纠纷案③

因双减政策出台，导致被告无法取得办学许可，不能进行合法办学的后果亦不属于商业风险，符合情势变更原则的有关规定。被告以此为由解除合同，并不构成违约。二审法院亦认定，中办、国办向社会下发双减政策的行为属于政府行为，属于当事人在订立合同时无法预见的、不属于商业风险的重大变化，本案合同解除属于情势变更事由。

▷某教育科技发展公司等与支某合同纠纷案④

受双减政策影响，涉案协议的履行条件发生了变化，属于发生了不可归责于双方当事人的情势变更的情形，双方未能重新协商变更合同涉及的华语作文课程、高分速读课程、幼教课程系学科类课程等内容，故法院在双减政策导致合同

---

① 参见甘肃省平凉市中级人民法院（2022）甘08民终1238号民事判决书。
② 参见最高人民法院（2019）最高法民申5829号民事裁定书。
③ 参见湖南省株洲市中级人民法院（2022）湘02民终1978号民事判决书。
④ 参见北京市第二中级人民法院（2022）京02民终11538号民事判决书。

目的不能实现的范围内，基于公平原则，确认协议解除。

▷吴某与某教育咨询公司房屋租赁合同纠纷案①

某教育咨询公司利用涉案房屋从事学科类教育培训，因"双减政策"多次受到检查并被要求停止经营，该情况属于情势变更的相关要件。

▷某投资公司、某置业公司房屋租赁合同纠纷案②

"双减"作为国家新近出台的政策，其施行力度较大、准备期较短，确系双方在租赁合同签订时无法预见的重大变化，已经超过了一般商业风险的范畴。案涉租赁合同的解除并不基于任何一方的违约或过错，故某置业公司应全额退还相应的租房保证金。

3. 疫情防控导致情势变更

▷梁某某、某商贸有限公司等、某房地产开发公司房屋租赁合同纠纷案③

疫情系当事人在订立合同时无法预见的、不属于商业风险的重大变化；疫情防控措施的实施，尤其是人们对疫情认知的局限性以及疫情对人们造成的恐惧、防范心理极大程度地影响了人们对消费行为的自我约束和对消费方式的审慎选择。疫情对商业行为的直接、间接影响，使得合同双方订立之初的权利义务关系失衡，继续按照原合同明显不公平，并且存在合同目的不能实现的风险。为权衡双方权利义务关系，维护经济社会持续稳定发展，应根据公平原则对合同约定进行变更。

4. 情势变更的其他客观事由

▷某交通服务有限公司、某市公安局交警支队保安服务合同纠纷案④

某市相关政策的实施，使某市公安局交警支队（以下简称交警支队）失去了城区道路停车泊位的管理权和收费权，涉案合作协议客观上没有了履行基础。政策的变化非当事人意志所能控制，属于情势变更，交警支队对此没有过错，某交通服务有限公司要求交警支队、安保中心承担全部赔偿责任没有法律依据。

---

① 参见北京市第二中级人民法院（2022）京 02 民终 9849 号民事判决书。
② 参见浙江省宁波市中级人民法院（2022）浙 02 民终 3095 号民事判决书。
③ 参见甘肃省庆阳市西峰区人民法院（2020）甘 1002 民初 5140 号民事判决书。
④ 参见最高人民法院（2018）最高法民申 6232 号民事裁定书。

▷某村村民委员会诉刘某某合同纠纷案①

国家对土地进行复耕，既是双方当事人在订立合同时无法预见的事情，也非不可抗力造成的不属于商业风险的重大变化。由于上诉人刘某某不愿增加承包费，而继续履行合同会对相对方被上诉人某村村民委员会显失公平，因此被上诉人某村村民委员会要求解除合同的诉讼请求，符合法律规定，应予支持。

5. 可预见性的判断

▷某市土地储备中心、高某民事主体间房屋拆迁补偿合同纠纷案②

某市土地储备中心根据建设需要及拆迁户意见，将原设计方案进行调整，不属于订立合同时无法预见的商业风险，也不属于履行《房屋拆迁安置补偿协议》过程中发生的情势变更的情形，其也没有重新与高某达成新的房屋拆迁安置补偿协议。故对其提出因情势变更导致的安置房面积缩小，不应承担面积减少折价款赔偿的上诉请求，法院不予支持。

▷王某昌、海某·哈山土地承包经营权纠纷案③

随着承包期的时间变化，土地承包费随着市场行情发生差异属于正常的经营风险，是签订合同时可以预期的风险，不属于民法中情势变更原则的适用范围，上诉人、被上诉人作为完全民事行为能力人，在签订完承包合同后应当具有"契约精神"，遵守合同约定。

▷郑某某诉某能源有限责任公司股权转让合同案④

案涉《股权转让协议》不存在情势变更或约定解除的情形。一是作为专业的矿产公司，某能源公司在签订协议时对案涉矿区位于风景名胜区的事实是明知的。即使如某能源公司所称当地环保政策宽松，但在行政法规明令禁止在风景名胜区采矿的情况下，其对政策走向应当有所预见。二是某能源公司仍然持有某商贸公司51%的股权，并享有股东权益，案涉《股权转让协议》的基础没有丧失，虽然因政策变化可能导致探矿权无法延续，但目前探矿权仍然存在。三是某能源公司已于2010年取得郑某某交付的某商贸公司51%的股权，案涉《股权转让协

---

① 参见河南省漯河市中级人民法院（2013）漯民二终字第60号民事判决书。
② 参见安徽省淮南市中级人民法院（2022）皖04民终1750号民事判决书。
③ 参见新疆维吾尔自治区伊犁哈萨克自治州塔城地区中级人民法院（2022）新42民终1276号民事判决书。
④ 参见最高人民法院（2020）最高法民申800号民事裁定书。

议》的合同目的已经实现，探矿权并未灭失，对于政策调整导致的探矿权不能延续是该公司在经营过程中遇到的经营风险。

▷某饮食服务公司诉某房地产公司房屋租赁合同纠纷案①

城市为提升社会整体福祉而进行的市政建设，在当前社会发展中实属正常和必要，也当然会给社会生活包括商业活动带来暂时的不利影响。这一风险自始存在于双方当事人同处的大环境中。同时，也无证据证明原告继续履行合同存在明显不公平或者不能实现合同目的的情形。原告所主张的情况变化，不符合人民法院可以根据公平原则变更合同的条件。

▷某公路养护公司、庄某1等房屋租赁合同纠纷案②

庄某1、庄某2承租涉案房产，在与某公路养护公司签订的租赁合同中明确约定为商业用途。自2015年起，涉案房产周边开始修建地铁8号线，周边部分道路封闭。地铁施工符合《民法典》中"合同成立后，合同的基础条件发生了当事人在订立合同时无法预见的、不属于商业风险的重大变化"的规定情形。由于庄某1、庄某2将租赁房产用于商业目的，地铁施工导致道路封闭，必然影响到其收益。如果继续按照合同履行，庄某1、庄某2的合同目的势必不能实现。

▷某置业公司与某市国土资源局土地出让协议上诉案③

房地产行情变化属于正常的市场风险，不属于司法解释规定的可以变更或解除合同的法定情形，故某市国土局关于因房地产行情发生巨大变化要求按照现行评估价格重新确定涉案土地出让价格的主张没有法律依据。

▷安某、邵某某房屋买卖合同纠纷案④

买卖关系约定于合同签订四年后履行，其间房屋市场价格出现较大幅度上涨，约定到期，市场价格高出约定价格近三倍，属于合同订立后出现的重大变化。本案中，房屋价格较大幅度上涨虽然可能超出当事人预见，但仍属于正常的商业风险，故以房屋价格出现较大幅度上涨、继续履行显失公平为由主张调整交易价格缺乏充分的法律依据，不应予以支持。

---

① 参见重庆市沙坪坝区人民法院（2010）沙法民初字第6152号民事判决书。
② 参见广东省深圳市中级人民法院（2020）粤03民终22969号民事判决书。
③ 参见河南省高级人民法院（2017）豫行终2263号行政判决书。
④ 参见最高人民法院（2017）最高法民再26号民事判决书。

▷某有限合伙企业诉骆某、某科技公司增资纠纷案①

所谓"双反"系当进口产品以倾销价格或在接受出口国政府补贴的情况下低价进入国内市场，并对生产同类产品的国内产业造成实质损害或实质损害威胁时，世界贸易组织允许成员方使用反倾销、反补贴等贸易救济措施，恢复正常的进口秩序和公平的贸易环境，保护国内产业的合法利益。作为一国的贸易保护措施，进口国对出口国产品进行"双反"调查并非不可预见的情形，属于正常的商业风险。因此，被告关于遭受"双反"构成情势变更的理由不能成立。

▷陈某诉张某山等房屋买卖合同纠纷案②

当地政府限购政策仅规定购房人购房资格，未规定卖房人卖房条件，且双方买卖合同签订于当地政府出台限购政策前，陈某支付房款，张某山已交付房屋，作为房屋出卖人，张某山不应以对签订合同之后地方政府对购房人的限制而作为其不履行合同的理由，其应本着诚实信用原则积极履行合同义务。

▷某能源公司、王某加工合同纠纷案③

某能源公司在生产过程中因环保违法违规，如污染物超标排放、未通过消防设计审核验收、未能在规定时间完成整改等被相关部门责令停产整顿或行政处罚，但相关部门的处罚依据并非《环境保护法》，而是《大气污染防治法》《建设项目竣工环境保护验收管理办法》等法律法规，在涉案生产线正式投产时，《环境保护法》已经颁布并实施，某能源公司应当能够预见法律规定的相关标准或环保督查力度，故原审法院认定《环境保护法》的出台并非当事人不能预见的客观情况，不适用情势变更原则，并无不当。

6. 排除情势变更的情形

▷某人民政府、洪某某合同纠纷案④

涉案土地规划调整，并非当事人在订立合同时无法预见，该情形不具备情势变更的适用前提。某地国土部门违反约定不交付土地在先，土地规划调整在后，且涉案土地规划变更属于协议当事人一方的行政行为，不属于非因当事人原因发

---

① 参见福建省厦门市中级人民法院（2014）厦民初字第137号民事判决书。
② 参见云南省昆明市中级人民法院（2014）昆民一终字第85号民事判决书。
③ 参见最高人民法院（2019）最高法民申555号民事裁定书。
④ 参见最高人民法院（2019）最高法民终1902号民事判决书。

生的客观情况变化，故不构成情势变更。

▷某救助局与某投资公司、某公司某代表处海难救助合同纠纷案①

本案救助方案的调整并非基于客观情况的重大变化，而是包括当事人在内的相关方协商讨论的结果，且合同的继续履行对于某投资公司并非明显不公平或者不能实现合同目的，救助方案的调整并不属于法律意义上的情势变更。某投资公司以此主张降低约定的费率和费用，缺乏事实和法律依据，本院不予支持。

◆理解与适用

所谓情势变更，是指合同有效成立后，因不可归责于双方当事人的原因发生情势变更，致合同基础条件丧失或发生根本性变化，若继续维持合同原有效力则明显违反公平原则，因此法院或仲裁机构允许变更合同内容或者解除合同。情势变更原则的意义在于通过司法权力的介入，强行变更合同已经确定的条款或解除合同，在合同双方当事人订约意志之外，重新分配交易双方在交易中应当获得的利益和风险，其所追求的价值目标是公平和公正。

众所周知，"契约应当严守"是合同法的基石，在罗马法及中世纪漫长的教会法时期，这一原则被视为忠诚价值的重要体现。但是，对于非即时清结的合同来说，从合同的订立到履行完毕之前需要历经一段时期，而在这段时期内，合同的履行条件可能发生根本性的改变，这就使得合同履行的背景与订立时的背景相差巨大，与当事人当初的设想场景大相径庭。因此，欧洲大陆的法学家们发展出了"情势不变条款"理论，以此为基础潘德克顿学派的温德莎德等人提出了"交易基础丧失"学说，这一理论的核心是：如合同基础发生根本变化，则当事人可拒绝履行原先所签订的合同②。大陆法系的德国、意大利、瑞士、法国、罗马尼亚等国家的民法典均规定了情势变更原则。

普通法上也存在类似的制度即合同受挫。英国法将合同受挫与双方当事人共同错误进行区分（前者是情势变更发生在合同订立之后，后者是情势变更发生在

---

① 参见最高人民法院（2016）最高法民再61号民事判决书。

② Johanna Szekrényes，"Unforeseeable Changes in Circumstances in Contracts in the New Romanian Civil Code"，in Attila Menyhárd，Emöd Veress（eds.,），New Civil Codes in Hungary and Romania，Springer，2017，pp. 146-148.

合同订立之前），但两者均属于对造成履行艰难甚至履行不能的不可预见的事件带来的风险进行公平分担的规则。由于法院不愿意允许一方当事人以该原则为借口逃避亏本的交易；难以在合同受挫案件和严格的违约责任案件之间划清界限；商人倾向于通过对合同履行障碍作出明确约定来"排除"可能的合同受挫的原因；其他一些实际困难，包括并非解除合同而是进行合同调整也许是更加合适的和并非将自担损失而是进行损失分担更加合适（但是在英国法中法院的这项调整的权限是很有限的），英国法中的合同受挫规则适用的范围相当狭窄。就美国法而言，由于履行不能是建立在既有技术和履行费用上的一个相对的概念，因此美国法放弃了履行不能的概念转而采用了"履行艰难"的概念，这一概念的适用使得在美国法中因合同受挫而解除合同的规则（合同受挫规则）的范围被拓宽。在英国法中，价格完全非正常的上涨或跌落不构成合同受挫，但是在美国法上可能构成履行艰难。尽管有些案件看似是建立在履行艰难的基础之上，但其实是建立在其他基础之上，例如履行艰难+履行不能、合同的约定、不定期合同、政府控制的行为等。

我国 1999 年《合同法》并未规定情势变更制度；2009 年《合同法解释（二）》首次引入了这一制度。以此为基础，并参考《法国民法典》等比较法的经验，2020 年《民法典》第 533 条对情势变更作出了重要的完善和规定。譬如，《民法典》第 533 条的规定与 2009 年《合同法解释（二）》不同，删除了后者中"不能实现合同目的"这一要件；因此，情势变更并不要求合同的继续履行不能实现合同目的。而值得注意的是，在《民法典》颁布实施之后，一些法院并未注意到这一重要变化，在其认定构成情势变更的判决中仍然出现了"不能实现合同目的"表述。① 《合同编通则解释》本条文对《民法典》第 533 条的适用条件作出了进一步细化。在具体的理解与适用方面，需注意以下问题。

1. **正确区分情势变更与不可抗力**

情势变更与不可抗力都属于客观的履行不能，是造成合同无法履行的客观障碍；而且二者均可能导致合同解除的后果，因此，实践中二者有时候难以准确区分。《国际商事合同通则》在关于情势变更（艰难情形）条文的官方注释中阐释

---

① 参见北京市第二中级人民法院（2022）京 02 民终 11538 号民事判决书。

了情势变更与不可抗力之间的关系。根据该条对艰难情形和第 7.1.7 条对不可抗力所作的定义，实践中可能会出现同时被视为艰难情形和不可抗力的事实情况。如果出现这种情形，应当由受到影响的一方当事人决定采取何种救济措施。如果该当事人援引不可抗力，那么其目的是为不履行合同免责；而如果该当事人援引的是艰难情形，其目的首先是要对合同条款作重新谈判，以便使合同按修改后的条款继续有效。因此，是根据当事人的所希望达到的目的来选择适用情势变更或不可抗力。

就我国而言，如同有论者所指出的，作为一种严格依法构造的法律制度的情势变更，与作为一种被法律严格界定的客观情况的不可抗力，在规范意义上不属于同一层次。① 按照有论者形象的说法，比较不可抗力规则与情势变更制度，就是在驱使"关公"去战"秦琼"，二者不是一个维度上的问题。② 从民法典体系的角度来说，不可抗力是民事责任的法定免责事由，不仅适用于合同法，也适用于侵权法，属于总则层面的制度，而情势变更只是合同履行过程中关于履行障碍的特殊制度，二者并非同一逻辑层次。即使就合同法领域来说，二者的目标、适用标准和方式、后果等并不相同。不可抗力制度适用的主要目的是免除受不利影响的一方不能履行合同义务的违约责任，而情势变更则强调合同履行的环境已经发生根本改观，继续按原合同履行将违反公平原则。另外，二者尽管都可能导致合同解除，但不可抗力解除合同属于法定解除权，依通知方式而解除；而情势变更属于司法解除，须由法院或仲裁机构宣告解除。就具体的判断标准而言，不可抗力解除须是导致合同履行不能的后果，而情势变更则须导致合同履行艰难，影响后果并不相同。③ 根据最高人民法院 2020 年发布的《关于依法妥善审理涉新冠肺炎疫情民事案件若干问题的指导意见（一）》，如果疫情或者疫情防控措施直接导致合同不能履行的，依法适用不可抗力的规定，根据疫情或者疫情防控措施的影响程度部分或者全部免除责任。疫情或者疫情防控措施仅导致合同履行困难的，当事人可以重新协商；继续履行合同对于一方当事人明显不公平，当事人可

---

① 朱广新：《情势变更制度的体系性思考》，载《法学杂志》2022 年第 2 期，第 7 页。
② 王轶：《新冠肺炎疫情、不可抗力与情势变更》，载《法学》2020 年第 3 期，第 45 页。
③ 周恒宇：《关于〈民法典〉情势变更制度的若干重要问题》，载《中国应用法学》2022 年第 6 期，第 202 页。

以请求人民法院变更合同履行期限、履行方式、价款数额等条件。如因疫情或者疫情防控措施导致合同目的不能实现，当事人请求解除合同的，人民法院应予支持。在 2022 年 1 月最高人民法院印发《关于充分发挥司法职能作用助力中小微企业发展的指导意见》，指出："对于受疫情等因素影响直接导致中小微企业合同履行不能或者继续履行合同对其明显不公的，依照民法典第五百九十条或者第五百三十三条的规定适用不可抗力或者情势变更规则妥善处理。"有观点指出，继续履行合同对于当事人一方明显不公平其实隐含了另一个前提条件，即合同是可以继续履行的。这就是说，情势变更的情况下，合同仍然可以履行，只是其履行成本极其高昂有违公平原则，当事人仍然可以通过重新协商达成新的公平交易条件；而在不可抗力的情况下，合同履行不能，其后果只能是合同解除。另外，在发生情势变更后，双方还有所谓的再协商义务，旨在鼓励双方在新的环境下达成新的交易条件；而不可抗力制度则没有这样的内容。

就此而言，值得注意的是，个别法院的司法判决对此未能进行精准的厘清。例如，在"辽宁同宏达国际经济技术合作有限公司（以下简称宏达公司）与王某行委托合同纠纷案"中[①]，一审法院认为，因疫情，日本限制入境导致原告赴日入境延后达两年情形，非被告所致，属于情势变更。二审法院则认为，王某行未能出行并非同宏达公司违约造成的，而是疫情造成的，疫情属于不能预见、不能避免并不能克服的不可抗力，符合《民法典》第 563 条第 1 款第 1 项规定的因不可抗力致使不能实现合同目的当事人可以解除合同的情形。这里，二审法院的认定显然是准确的。在储某与倪某珂劳务合同纠纷中[②]，法院认定，倪某珂作为一般自然人，无法预见到埃博拉病毒的发展趋势，后该病毒一直持续并扩大，世界卫生组织及中国政府均发布了紧急通知，这种情况属于双方当事人均无法预见的客观情况。法院指出，原告坚持要求被告履行合同显然有失公平，故本院认为该种情形构成法律上的"情势变更"，双方均依法享有合同解除权。但突发疫情致使出国劳务合同无法履行，应属于不可抗力情形。

在"赵某银与中国电信连云港分公司（以下简称电信公司）解除电信服务合

---

① 参见辽宁省大连市中级人民法院（2022）辽 02 民终 7911 号民事判决书。
② 参见江苏省南京市玄武区人民法院（2015）玄民初字第 1960 号民事判决书。

同纠纷案"中①，法院认为，赵某银与电信公司在订立案涉电信服务合同时，无法预见到之后因科技进步人民政府会出台小灵通清频退网政策，该客观情况变化使得案涉合同丧失履行基础，电信公司继续履行合同已经明显不公平，合同目的已经无法实现，且双方当事人均主张本案应适用情势变更原则，案涉合同已符合因情势变更而解除的法定条件，故电信公司依据国家政策解除案涉合同并无不当。至于不可抗力事由，因小灵通清频退网政策并非不可预见、不能避免并不能克服的客观情况，且适用该事由将导致双方当事人出现明显利益失衡，故本院对此辩解不予采纳。这里，法院解除合同是基于情势变更，但由于政策变化致使合同不能履行，应属于不可抗力事由。

2. 准确认定基础条件发生重大变化

（1）变化须发生于合同订立后、履行完毕之前。如果发生于合同订立之前，则显然可以被预见到，不发生无法预见的问题。如果发生于合同履行完毕之后，则对合同履行未产生任何影响，不存在所谓继续履行显失公平的问题。显然，在上述两种情形下，均不发生情势变更的问题。

（2）因政策调整或者市场供求关系异常变动导致价格发生常人无法合理预见的涨跌。这里，政策调整应作广义理解，既包括狭义上的监管政策，也包括法律环境。就监管政策而言，近年来已有多项司法判决确认其可以构成情势变更的事由。譬如，疫情防控政策导致局部区域的人流物流封控（如限制人流、上座率、入住率等措施），由此发生客流锐减，经营业绩受到严重冲击，因此，商业店铺的租约难以继续履行。再如，国家针对学科类培训所出台的"双减"措施，给教培行业带来严重影响。在不少司法判决中，法院都有这样的表述：国家双减政策明确规定不再审批新的面向义务教育阶段学生学科类的校外培训机构等，使得这一类校外培训机构外部制度环境发生了根本性变化，没有资质的不再审批，具备资质的校外培训机构也因为政策限制等，为其业务与前景带来战略性影响；对于政策的根本性变化，当事人无法预知。由此，法院认为构成情势变更，允许当事人请求变更或解除合同。监管政策还包括限楼市购限贷政策的临时出台，导致合同的履行环境发生重大变化。譬如，由于限贷政策的变化导致买方丧失贷款资

---

① 参见江苏省连云港市中级人民法院（2016）苏07民终272号民事判决书。

格，或者贷款额度大幅减少，使其筹资发生严重困难，从而在按照房屋买卖合同的约定如期支付房款方面面临重大障碍。另外，市场供求关系异常变动也可能构成情势变更的事由。譬如，进出口管制措施导致特定商品的供给或需求的数量发生大幅变化，或者由于特定事件的发生导致特定商品的市场需求发生大幅变化，如疫情暴发导致防疫物资（如口罩）、药品及其原材料变得极为紧俏。

（3）继续履行合同对于当事人一方明显不公平。基础条件的重大变化导致价格发生常人无法合理预见的涨跌，其结果是合同的继续履行会对一方当事人发生明显不公平的效果。情势变更与商业风险的本质区别，就在于客观事由的可预见性；构成情势变更，须要求价格涨跌超出平常可以正常预见到的幅度。也就是说，如果从以往的交易历史来看，价格的涨跌幅度并非完全意料不到，那么，就不能成立情势变更。作为价格异常涨跌的结果，合同的图景发生了根本的改观，合同的继续履行对于一方当事人来说构成无法承受的沉重负担，甚至会面临"生存毁灭"的灾难性后果。在这样的背景下，本来是合作共赢的合同本质已经发生了蜕变，成为一方获取利益的工具，而其代价是对方要付出巨大的成本甚至濒临破产。由此，合同的权利义务平衡被打破，合同的继续履行对于一方当事人将产生明显不公平的后果。在这样的情况下，合同的继续履行违反了公平、诚实信用等民法的基本原则。因此，法律允许法院或仲裁机构对合同进行变更或解除。

（4）合同涉及市场属性活跃、长期以来价格波动较大的大宗商品以及股票、期货等风险投资型金融产品的除外。最高人民法院早在2009年《审理民商事合同纠纷案件指导意见》中，即已要求："人民法院应当依法把握情势变更原则的适用条件，严格审查当事人提出的'无法预见'的主张，对于涉及石油、焦炭、有色金属等市场属性活泼、长期以来价格波动较大的大宗商品标的物以及股票、期货等风险投资型金融产品标的物的合同，更要慎重适用情势变更原则。"其原因在于，大宗商品交易因为受国际国内等多种因素的复杂影响，本身就具有价格变动大的特点。这些特殊商品的价格涨跌，本身就是其交易的内在逻辑和利润来源，当事人不得主张其涨跌幅度的不可预见性。同理，对于股票、期货等风险投资型金融产品，其价格涨跌风险属于正常的商业风险，此类风险应由当事人自行负担，而不得主张构成不可归责于当事人的情势变更。

3. 适用效果及方式

《民法典》第 533 条规定："……受不利影响的当事人可以与对方重新协商；在合理期限内协商不成的，当事人可以请求人民法院或者仲裁机构变更或者解除合同。人民法院或者仲裁机构应当结合案件的实际情况，根据公平原则变更或者解除合同。"可见，主张情势变更须通过诉讼或仲裁方式行使，依情势变更解除合同属于司法解除，与当事人依单方通知的法定解除不同；也正因为如此，主张情势变更被称为"形成诉权"[①]。根据前述规定，情势变更的法律效果通常表现在以下三个方面。

一是，双方当事人进行重新协商，又称"再交涉义务"，即一方当事人可以要求对方就合同的内容重新协商；此非一项真正的法定义务，因为基于合同自由原则，若对方拒绝重新协商，并无相应的法律责任，因为合同自由包括不缔约的自由。如同有论者所指出的，"对重新协商所进行的任何'义务化'的做法都是违背私法自治的，因为以限制意思自治作为手段无法导向保护意思自治的目的，手段与目的二者之间存在内在矛盾"[②]。另外，再交涉期间不应中止合同义务的履行，因为在双方协商一致之前合同仍然存续，其效力也处于持续状态（参见《法国民法典》第 1195 条）。

二是，诉请人民法院或仲裁机构变更或解除合同，后者应当结合案件的实际情况，根据公平原则作出裁决。其中，变更合同就是在原合同的基础上，仅就合同不公正之处予以变更，使其双方的权利义务趋于平衡；如增减给付、延期或分期履行、拒绝先为履行、变更标的物等。而解除合同则是使合同关系归于消灭，合同发生终止效力。

值得讨论的问题是，如果当事人仅请求变更或解除合同但未明确主张情势变更作为其请求权基础，法官或仲裁机构是否可以直接适用情势变更？在此情况

[①]　徐冰：《情势变更原则的具体化构建——规范审判权行使视角下〈民法典〉第 533 条的准确适用》，载《法律适用》2022 年第 2 期，第 103 页。

[②]　尚连杰：《风险分配视角下情事变更法效果的重塑——对〈民法典〉第 533 条的解读》，载《法制与社会发展》2021 年第 1 期，第 176 页。但是，亦有观点认为：再交涉为一项形成权，双方均可享有，内容是要求对方进行实质性交涉。参见张素华、宁园：《论情势变更原则中的再交涉权利》，载《清华法学》2019 年第 3 期，第 151 页。另有法官提出："重新协商当然成为当事人的一项义务，而且不仅仅是基于诚信原则的附随义务。"参见周恒宇：《关于〈民法典〉情势变更制度的若干重要问题》，载《中国应用法学》2022 年第 6 期，第 204 页。

下，法官或仲裁机构应进行必要的释明或提示，询问当事人的真实意图，确认其提出变更或解除合同请求的事实和法律依据；在当事人明确以情势变更作为依据后，法官即可以加以援引适用。

三是，变更与请求的适用顺序与提出方式。在比较法上，若成立情势变更，当事人可主张变更或解除合同，在变更与解除之间并无适用的先后顺序，甚至合同解除应被视为优先于合同变更，因为立法充分尊重当事人的意愿和选择。以意大利法为例，"从立法者的角度来说，交由当事人来决定是否继续维持合同的效力这样的制度设计是尊重意思自治的结果。如果允许法官对当事人之间合同项下的权利义务径直进行调整，则有允许法官过度干预当事人意思之嫌。因此，情势变更在制度设计之初，并不当然包含合同变更的法律效果，甚至为了限制法官过度干预当事人之间的意思自治，而将法官的权力仅限制在对当事人之间的合同是否解除进行裁决的限度内"。① 我国《民法典》第 533 条也采取了这样的做法。不过，值得注意的是，在司法实践中，有主张认为，从鼓励交易而非消灭交易的角度来说，若当事人之间能通过变更合同实现合同目的，则不应解除合同，因为解除合同毕竟是消灭交易。譬如，有观点提出："如果可以通过变更合同解决权利义务严重失衡问题，当事人请求主张解除合同的，人民法院应主动向当事人释明变更诉讼请求，否则对其解除合同主张一般不予支持。"②

此类观点亦有相关的司法判例支持。例如，在厦门滕王阁房地产开发有限公司与中铁二局集团有限公司（以下简称中铁二局）股东出资纠纷二审民事判决书中③，最高人民法院指出，依照适用情势变更制度的相关法律规定，符合情势变更法定情形的，人民法院应结合案件的实际情况，根据公平原则变更或者解除合同。若中铁二局能够提交证据证明订立合同时确实无法预见政策调整、继续履行对其一方明显不公平，按照合同严守原则，人民法院应先予考虑变更合同，调整双方权利义务，非达到必要程度，应慎重对待解除合同。正是基于这样的考虑，司法解释本条规定："当事人请求变更合同的，人民法院不得解除合同；当事人

① 陈洁蕾：《〈民法典〉情势变更规则的教义学解释》，载《中国政法大学学报》2022 年第 3 期，第207 页。
② 周恒宇：《关于〈民法典〉情势变更制度的若干重要问题》，载《中国应用法学》2022 年第 6 期，第 205 页。
③ 最高人民法院（2020）最高法民终 629 号民事判决书。

一方请求变更合同，对方请求解除合同的，或者当事人一方请求解除合同，对方请求变更合同的，人民法院应当结合案件的实际情况，根据公平原则判决变更或者解除合同。"据此，若当事人仅请求变更合同，则法院不得解除合同；若当事人双方对于解除合同与变更合同主张不一致时，法院可以根据实际情况判决变更合同或者解除合同。我们认为，在当事人双方就变更合同与解除合同主张不一致时，变更合同被列为优先考虑的选项，仅有无法变更合同时才应考虑解除合同。就此而言，可参考《法国民法典》第 1195 条的规定："如双方在合理期限内未能达成协议，基于一方当事人的请求法官可依据所确定的条件和日期变更或终止合同。"按照法国学者的解释，这一规定实际上创设了一种法官倒逼当事人达成协议的机制；如当事人无法协商变更合同，则法官可依职权变更合同；由此，"情势变更有预防作用，合同被法官终止或修订的风险必然促使当事人重新协商"。①在这个意义上，法官是以"合同的共同起草者"或至少是"合同事后的修订者"的身份介入合同纠纷中；这是新法赋予法官的"全新角色"②。就我国的情况而言，结合本条司法解释的表述，似可认为该条暗含法官可依职权变更合同，授权法官可以超越当事人请求的范围（解除合同）。参考法国法的经验，司法解释的规定确有其合理性。不过，对于仲裁机构则可能需要更谨慎，尽量将仲裁裁决限定于当事人请求的范围以避免超裁风险。

发生情势变更后，默认的适用场景为：未受影响的一方请求履行合同，而受不利影响的一方以情势变更为由主张变更或解除合同。就变更或解除合同主张的提出方式（反诉或抗辩）而言，有观点认为，为避免裁判结果超出当事人请求范围的超裁问题，当事人变更及解除都必须以反诉（反请求）方式提出。还有观点指出，《民法典》已废除了可变更的法律行为，因此法官不得依职权主动变更合同；要避免"法官替当事人订立合同"。也有观点认为，变更可以抗辩形式提出，法官可以基于被告的变更抗辩作出变更裁决。我们认为，应区分不同情况予以区别处理。首先，根据《民事诉讼法》的法理，变更合同或解除合同的主张均可以反诉（仲裁中为反请求）方式提出，此点应无问题，因为这是当事人行使其诉权

---

① 李颖轶：《作为规则的合同情势变更》，载《探索与争鸣》2020 年第 5 期，第 153 页。

② François Terré, Philippe Simler, Yves Lequette et François Chénedé, Droit civil, Les obligations, 12ᵉ éd., Dalloz, 2019, p. 721.

的表现。其次，此类主张是否可以抗辩形式提出，值得探讨。就解除合同而言，因其后果为消灭合同，终结当事人之间的合同关系，宜以反诉方式提出。若当事人未明确以反诉方式提出解除合同，根据"不告不理"的民事处分原则，法官似不宜主动宣告合同解除。若被告方坚持解除合同但拒绝提起反诉的，法官应先向被告方进行释明，建议以反诉方式提出解除合同的请求，若释明后当事人拒绝变更提起反诉，则基于"不告不理"原则对其解除请求不予审理。若法院在双方当事人均未主张适用情势变更原则的情况下，适用情势变更原则判决解除合同，即对当事人的权利性质认定有误。① 至于变更合同的主张，若当事人以抗辩形式提出，基于法官在情势变更适用中必要的职权主义，法官可以对该主张进行审理。另外，如一概要求当事人就变更合同的请求必须采取反诉方式，似对当事人形成过重的负担。同时，基于民法典的体系化效应，对情势变更的处理须与不可抗力的处理尽量保持体系的一致性，因为考虑到二者均属于合同履行的客观障碍。

综上，对于被告解除合同的请求，宜要求其以反诉的方式提出；若原告起诉要求履行合同，受不利影响的被告则以反诉方式要求解除合同，法官在审理后根据实际情况可以判决解除合同。对于变更合同的请求，可允许被告以抗辩方式提出；法官在审理后，根据情况如认为必要可以对合同进行变更调整。如双方均要求变更合同，但对具体变更的条件或幅度不能达成一致，则法官可以裁量决定以合适的条件来变更合同，此种情况下法官不得判决解除合同。当然，发生情势变更后，受不利影响的一方也可以主动起诉变更或解除合同。在此情况下，法官的处理方法与该方作为被告的情形有相通之处：对于变更合同的请求，法官在审理后可判决变更合同或者驳回起诉。对于解除合同的请求，法官在审理后，根据实际情况可以判决解除合同或者驳回起诉。另外，还有可能出现的情况是，当一方提出变更或解除合同的主张后，另一方则提出解除或变更合同的主张，此种情况下，人民法院应当结合案件的实际情况，根据公平原则判决变更或者解除合同。

4. 依情势变更而变更或解除合同的具体时间确定

与一方当事人依单方通知而解除合同不同，情势变更是一种司法解除权，其本质是法官行使司法权介入当事人之间的私人协议，以重新恢复情势变更事由所

---

① 徐冰：《情势变更原则的具体化构建——规范审判权行使视角下〈民法典〉第533条的准确适用》，载《法律适用》2022年第2期，第104页。

扭曲的合同关系的平衡。因此，在比较法中，均普遍规定若法官依据情势变更裁决合同解除，则合同依据法官所确定的日期和条件发生终止。这显然区别于法定解除权之中解除通知到达的时间为合同解除时间的做法。基于比较法的经验，司法解释本条也规定，法官可以在判决中具体明确合同变更或解除的时间。为此，法官需要考虑的因素有：合同基础条件发生重大变化的时间、当事人重新协商的情况以及因合同变更或者解除给当事人造成的损失等。

第五章　合同的保全

◆ **本章概述**

　　本章是《合同编通则解释》的第五部分，名为"合同的保全"，主要是对债权人代位权与债权人撤销权相关问题的规定。具体而言，本部分规定的内容包括：（1）债权人代位权的行使及其法律效果（第33条至第41条）；（2）债权人撤销权的行使及其法律效果（第42条至第46条）。

> **第三十三条　【怠于行使权利影响到期债权实现的认定】**
>
> 　　债务人不履行其对债权人的到期债务，又不以诉讼或者仲裁方式向相对人主张其享有的债权或者与该债权有关的从权利，致使债权人的到期债权未能实现的，人民法院可以认定为民法典第五百三十五条规定的"债务人怠于行使其债权或者与该债权有关的从权利，影响债权人的到期债权实现"。

◆ **条文主旨**

　　本条对于《民法典》第535条规定的债权人代位权的行使条件"债务人怠于行使其债权或者与该债权有关的从权利，影响债权人的到期债权实现"的认定进行了明确。从客体上而言，债务人怠于行使的权利包括其享有的债权以及与该债权有关的从权利。从债务人对相对人主张权利的方式上而言，本条采取"客观说"，且封闭列举了债务人不以诉讼或者仲裁方式向相对人主张权利这两种方式，只要债务人未以上述两种方式向相对人主张权利，致使债权人的到期债权未能实现的，债权人可以行使债权人代位权。

◆ 关联规定

《中华人民共和国民法典》

第五百三十五条　因债务人怠于行使其债权或者与该债权有关的从权利，影响债权人的到期债权实现的，债权人可以向人民法院请求以自己的名义代位行使债务人对相对人的权利，但是该权利专属于债务人自身的除外。

代位权的行使范围以债权人的到期债权为限。债权人行使代位权的必要费用，由债务人负担。

相对人对债务人的抗辩，可以向债权人主张。

◆ 案例指引

1. 债务人采取其他私力救济方式主张债权属于债务人怠于行使权利的行为

▷芜湖金隆置地有限公司、交通银行股份有限公司宁波分行债权人代位权纠纷案①

债务人是否构成"怠于行使到期债权"的判断标准为其是否向次债务人采取诉讼或仲裁方式主张债权，只有采取诉讼或仲裁方式才能成为其对债权人行使代位权的法定抗辩事由，债务人采取其他私力救济方式向次债务人主张债权仍可视为怠于行使债权。本案中，芜湖金隆置地有限公司（以下简称芜湖金隆公司）与芜湖国土局之间的《国有土地使用权出让合同》解除后，虽然多次磋商，但自双方确定相关债权至 2010 年 12 月交通银行股份有限公司宁波分行提起本案诉讼时，芜湖金隆公司未对芜湖国土局到期债权提起诉讼或者仲裁，符合司法解释规定的关于主债务人怠于行使到期债权的情形。

▷某投资公司与某置业公司、某银行分行金融借款纠纷案②

债务人某基金公司和某投资中心虽然多次向相对人某置业公司协商还款事宜，并发出书面催收函，但其并未对某置业公司提起诉讼或仲裁，不属于法定主张权利的方式。债务人某投资中心及某基金公司怠于行使到期债权的行为，导致了债权人收回投资款项和投资收益的合同目的未能实现，已经对债权人的利益造

---

① 参见最高人民法院（2018）最高法民终 917 号民事判决书。
② 参见河北省石家庄市中级人民法院（2018）冀 01 民初 296 号民事判决书。

成了损害。因此，债权人某投资公司行使代位权符合法律规定，是适格的原告主体。

▷莫某某与某局房产管理处债权人代位权纠纷案①

某中心及其股东，虽然一直向有关部门反映拆迁补偿问题，但既不履行其对原告的到期债务，又不以诉讼方式或者仲裁方式向被告主张债权，致使原告的到期债权未能实现，故法院认为，某中心确实怠于行使其债权，并对债权人造成损害。

2. 债权人起诉后又撤诉构成怠于主张债权

▷朱某某等诉张某某等债权人代位权纠纷案②

在彭某某欠张某某 50 万元借款未还，朱某某、马某某欠彭某某 50 万元合伙债务且彭某某已经在城固法院申请撤诉的前提下，张某某依据《合同法》第 73 条的规定，以自己的名义代位行使彭某某对朱某某、马某某的 50 万元债权，符合法律规定。

3. 债务人与相对人债权数额及给付期限尚未确定，不应认定其怠于主张债权

▷刘某某与吉林市中海海华房地产开发有限公司及第三人吉林金岩建筑安装工程有限公司债权人代位权纠纷案③

关于吉林金岩建筑安装工程有限公司（以下简称金岩公司）是否怠于行使其到期债权。怠于行使债权一般指能够通过诉讼或者仲裁的方式主张权利却一直未主张。但本案中，金岩公司与吉林市中海海华房地产开发有限公司没有进行决算，债权数额及给付期限均未确定，刘某某主张金岩公司怠于行使其到期债权，二审法院不予支持，并无明显不当。本案二审判决生效后，刘某某可在条件成熟时，另行依法主张权利。

◆ **理解与适用**

所谓债权人代位权，是指债务人怠于行使权利，债权人为保全债权，以自己的名义代位行使债务人对相对人的权利。债权人代位权是债权保全的重要方式之

---

① 参见河南省濮阳市华龙区人民法院（2010）华法民初字第 303 号民事判决书。
② 参见陕西省高级人民法院（2013）陕民二申字第 01949 号民事裁定书。
③ 参见最高人民法院（2021）最高法民申 6165 号民事裁定书。

一，是对"债的相对性原则"的突破，其目的是通过保全债务人责任财产进而保障债权人债权的实现。① 1999 年《合同法》第 73 条对债权人代位权作出了规定，1999 年《合同法解释（一）》第 13 条对于《合同法》第 73 条中"债务人怠于行使其到期债权，对债权人造成损害"的认定进行了明确。该条规定，债务人不履行其对债权人的到期债务，又不以诉讼方式或者仲裁方式向其债务人主张其享有的具有金钱给付内容的到期债权，致使债权人的到期债权未能实现，即可认定为债务人怠于行使其到期债权对债权人造成损害。本条结合司法实践的具体情况，在《合同法解释（一）》第 13 条的基础上对于《民法典》第 535 条规定的"因债务人怠于行使其债权或者与该债权有关的从权利，影响债权人的到期债权实现"的认定作出了进一步细化与完善。在具体的理解和适用方面，需注意以下问题。

1. 债权人代位权的客体

《合同法》第 73 条将债权人代位权的客体限定为到期债权，《合同法解释（一）》第 13 条将债权人代位权的客体进一步限定为具有金钱给付内容的到期债权，这主要是因为最高人民法院考虑到对非金钱给付内容的权利行使代位权对于债权的保障意义不大而且程序复杂，并有过多干预债务人权利之嫌。② 然而，将债权人代位权的客体限定为具有金钱给付内容的到期债权使得该制度设立目的与功能难以实现，③ 不利于保护债权人的债权。事实上，司法实践中就有法院突破了《合同法解释（一）》第 13 条的规定，将代位权客体的范围扩张至特定物债权、担保物权、形成权等非金钱债权。④ 比较法上，规定了代位权制度的法国、日本、意大利等国的民法典中，均没有将代位权的客体限定为债务人的债权，只要债务人怠于行使影响其责任财产的权利，一般都可以由债权人代位行使。⑤

结合司法实践的需求，《民法典》第 535 条改变了《合同法》第 73 条以及《合同法解释（一）》第 13 条对于债权人代位权客体的规定，明确债权人代位权

---

① 参见韩世远：《合同法总论》（第四版），法律出版社 2018 年版，第 432 页。

② 参见曹守晔等：《〈关于适用合同法若干问题的解释（一）〉的理解与适用》，载《人民司法》2000 年第 3 期，第 9 页。

③ 参见崔建远：《论中国〈民法典〉上的债权人代位权》，载《社会科学》2020 年第 11 期，第 92 页。

④ 参见龙俊：《民法典中的债之保全体系》，载《比较法研究》2020 年第 4 期，第 122-124 页。

⑤ 参见黄薇主编：《中华人民共和国民法典合同编解读》（上册），中国法制出版社 2020 年版，第 251 页。

的客体是"债权或者与该债权有关的从权利"。本条对于债权人代位权客体的认定与《民法典》第535条高度契合。

需要指出的是，本条中规定的"又不以诉讼或者仲裁方式向相对人主张其享有的债权或者与该债权有关的从权利"，使用的是"相对人"而非"次债务人"的表述，也正是与扩大代位权的客体范围有关，因为"次债务人"指的是债务人的债务人，不能包括为债务人的债权提供担保的抵押人、质押人、保证人等担保人，而使用"相对人"的概念则涵盖范围更广。①

2. 债务人怠于行使权利的标准

代位权的行使需在债权人债权保护与债务人诉权自由之间找到平衡点，如何认定"怠于"尤为关键。② 对于债务人怠于行使权利的标准，《合同法解释（一）》第13条采取"客观说"，债务人只有以诉讼或者仲裁的方式向相对人主张权利，才可能不构成怠于行使权利。否则，债权人均可行使代位权。"客观说"简洁明快，易于认定，能够使债权人较为容易地确定债务人是否怠于行使权利，③且可以避免诉讼和仲裁外行使权利的方式难以查明、债务人及相对人恶意串通等弊端。④ 关于债务人怠于行使权利的认定标准，本条对《合同法解释（一）》第13条规定的"客观说"进行了承继，明确"不以诉讼或者仲裁方式向相对人主张其享有的债权或者与该债权有关的从权利"，致使债权人的到期债权未能实现的，即构成怠于行使权利。因此，诉讼或仲裁之外的任何主张权利的形式，包括债务人直接向相对人主张权利、债务人向民间调解委员会或行政机关请求处理等，都属于债务人怠于行使权利。本条规定中"不以诉讼或者仲裁方式"中的"诉讼"，应作广义理解，即《民事诉讼法》中规定的所有通过法院审判方式实现的纠纷解决程序，包括诉讼程序以及特别程序。

需要指出的是，债务人不以诉讼或者仲裁方式向相对人主张其享有的债权或

---

① 参见黄薇主编：《中华人民共和国民法典合同编解读》（上册），中国法制出版社2020年版，第252页。

② 参见最高人民法院民法典贯彻实施工作领导小组主编：《中华人民共和国民法典合同编理解与适用（一）》，人民法院出版社2020年版，第502页。

③ 参见朱广新、谢鸿飞主编：《民法典评注：合同编 通则》（2），中国法制出版社2020年版，第11页。

④ 参见申卫星：《论债权人代位权的构成要件与法律效果》，载《吉林大学社会科学学报》2022年第4期，第127页。

者与该债权有关的从权利，可以认定债务人构成《民法典》第535条规定的怠于行使权利。但这并不能表明，只要债务人以诉讼或仲裁方式主张了权利，就能一概认定债务人未怠于行使权利，仍应结合债务的履行情况、债务人的主观意图等认定其是否怠于行使权利。例如，在"某房地产公司与某集团公司代位权纠纷上诉案"中，债务人某房地产公司虽通过诉讼方式向相对人某地经委主张了债权并得到生效判决的支持，但在执行过程中，债务人与相对人达成和解协议，在此之后的数年时间里，债务人在能够主张债权的情况下未向相对人主张债权，人民法院认定债务人的行为构成怠于行使权利，从而支持了债权人行使代位权的主张。①又如，在"陈某某、游某某债权人代位权纠纷案"中，债务人粘某某虽然通过诉讼方式向相对人游某某、郑某某、陈某某、易某某、某公司主张了债权并申请了强制执行，但其后又撤回了强制执行。人民法院认为，粘某某撤回强制执行并无实现任何权益或将要实现权益的内容，故虽然粘某某对到期债权提起了诉讼，但对于其强制执行申请和撤回的行为应认定为怠于行使其到期债权，对债权人造成损害。债权人向粘某某提起代位权诉讼，符合最高人民法院《合同法解释（一）》第13条的精神，应予支持。②

有鉴于此，在具体案件的审理过程中，并不能因为本条将"不以诉讼或者仲裁方式向相对人主张其享有的债权或者与该债权有关的从权利"这一种怠于行使权利的表现形式规定为怠于行使权利的标准，便当然地认为凡是债务人提起了诉讼或仲裁就不能认定债务人有怠于行使权利的状况，仍应结合主观因素、外在表现以及客观结果综合考虑债务人是否怠于行使权利。③

3. 债务人怠于行使权利的举证责任

《合同法解释（一）》第13条第2款规定："次债务人（即债务人的债务人）不认为债务人有怠于行使其到期债权情况的，应当承担举证责任。"本条并未承继该规定，究其原因，在于债务人怠于行使权利的举证责任的确定，并未违反举证责任承担的一般规则，无须专门规定。具体而言，债权人提起代位权诉

---

① 参见上海市高级人民法院（2009）沪高民一（民）终字第21号民事判决书。
② 参见福建省龙岩市中级人民法院（2019）闽08民终1226号民事判决书。
③ 参见王伟、卢薇薇：《债务人怠于行使到期债权之司法认定》，载《人民司法》2009年第20期，第93页。

讼，需要就其代位权成立的要件之一——债务人怠于行使其债权或者与该债权有关的从权利承担举证责任。由于本条采"客观说"，债权人只需举证证明债务人不以诉讼或者仲裁方式向相对人主张其享有的债权或者与该债权有关的从权利即可。若相对人主张债务人未怠于行使权利，当然应由相对人承担举证责任，无须专门予以规定。事实上，由于本条封闭列举了债务人怠于行使权利的标准，在债权人能够举证证明债务人不以诉讼或者仲裁方式向相对人主张其享有的债权或者与该债权有关的从权利时，相对人主张债务人未怠于行使相关权利的主张很难得到支持，故《合同法解释（一）》第 13 条第 2 款的规定也并无太多存在意义。

第三十四条　【专属于债务人自身的权利】

下列权利，人民法院可以认定为民法典第五百三十五条第一款规定的专属于债务人自身的权利：

（一）抚养费、赡养费或者扶养费请求权；

（二）人身损害赔偿请求权；

（三）劳动报酬请求权，但是超过债务人及其所扶养家属的生活必需费用的部分除外；

（四）请求支付基本养老保险金、失业保险金、最低生活保障金等保障当事人基本生活的权利；

（五）其他专属于债务人自身的权利。

◆条文主旨

本条对《民法典》第 535 条第 1 款规定的"专属于债务人自身的"权利进行了列举。本条采取的是具体规定与兜底条款结合的列举模式。因而，对于本条前 4 项所具体列举的专属于债务人自身的权利，债权人不能行使债权人代位权。对于未被本条前 4 项所具体列举的其他专属于债务人自身的权利，司法实践中可根据案件实际情况通过援引本条第 5 项予以认定，从而排除债权人代位权的行使。

◆ **关联规定**

《中华人民共和国民法典》

第五百三十五条　因债务人怠于行使其债权或者与该债权有关的从权利，影响债权人的到期债权实现的，债权人可以向人民法院请求以自己的名义代位行使债务人对相对人的权利，但是该权利专属于债务人自身的除外。

代位权的行使范围以债权人的到期债权为限。债权人行使代位权的必要费用，由债务人负担。

相对人对债务人的抗辩，可以向债权人主张。

《中华人民共和国民事诉讼法》

第二百五十四条　被执行人未按执行通知履行法律文书确定的义务，人民法院有权扣留、提取被执行人应当履行义务部分的收入。但应当保留被执行人及其所扶养家属的生活必需费用。

人民法院扣留、提取收入时，应当作出裁定，并发出协助执行通知书，被执行人所在单位、银行、信用合作社和其他有储蓄业务的单位必须办理。

◆ **案例指引**

1. 抚养费请求权为专属于债务人自身的权利

▷贺某与邹某某、吴某代位权纠纷案①

代位权的客体范围一般为债务人的责任财产，但对于专属于债务人自身的权利，如人身损害赔偿请求权以及生活必需费用，不属于代位权的客体范围。本案中，债务人育有一女，该女有智力障碍，为二级残疾，不能独立生活仍需扶养，贺某的债务人对邹某某享有的 112826.72 元债权应作为抚养债务人之女（尚未成年的二级残疾人，成年后不能独立生活仍需扶养）的生活费用，故债权人贺某不能行使债权人代位权。

---

① 参见江西省景德镇市中级人民法院（2021）赣 02 民终 185 号民事判决书。

2. 赡养费请求权为专属于债务人自身的权利

▷某医院与周某某、祝某某医疗服务合同纠纷案①

要求成年子女对父母进行赡养、扶助和保护的诉讼权利人为父母本人，且该项权利具有人身专属性，因此，原告某医院并无代位求偿权，其无权直接向债务人的子女代位行使赡养费请求权。

3. 具有生活保障性质的安置费为专属于债务人自身的权利

▷张某某、雷某某债权人代位权纠纷案②

债务人郑某某因征地拆迁享有货币化补偿安置费 160000 元，按照郑某某与凤鸣街道办事处签订的《货币化补偿安置协议书》的约定，该款系征地拆迁后政府对郑某某以货币化补偿的形式安置房屋的安置费，用于郑某某未来之生活保障，是专属于郑某某的权利，其债权人对此款不享有代位请求的权利。

4. 遗产为专属于债务人自身的债权

▷王某琴债权人代位权纠纷案③

一审法院认为，起诉人要求代位析产继承王某艺父亲的遗产，该遗产是专属于债务人自身的债权，因继承关系产生给付请求权之诉不符合《合同法》第73条、《合同法解释（一）》第11条、第12条关于提起代位权诉讼的规定，对王某琴的起诉，本院不予受理。二审法院认为，本案原审起诉人诉请指向被起诉人待继承遗产，根据《合同法解释（一）》第12条的规定，该遗产系专属于债务人自身的债权，并非债务人的共有财产，因此本案不符合代位权诉讼的规定，原审法院裁定不予受理，符合法律规定，应予维持。

◆理解与适用

《民法典》第535条第1款规定了专属于债务人自身的权利不能作为债权人代位权的客体。该条规定的目的，在于保障债务人的利益，实现债权保全和维护债务人基本利益的平衡。④ 因为专属于债务人自身的权利以个人信任关系或特定

① 参见浙江省金华市婺城区人民法院（2020）浙0702民初10529号民事判决书。
② 参见四川省眉山市中级人民法院（2021）川14民终258号民事判决书。
③ 参见辽宁省大连市中级人民法院（2019）辽02民终4321号民事裁定书。
④ 参见申卫星、傅雪婷：《论债权人代位权的构成要件与法律效果》，载《吉林大学社会科学学报》2022年第4期，第128页。

身份为基础，与人身密切相关，此等权利的行使取决于权利人本人的意志，他人不得代位行使。①

在大陆法系国家或地区，通常也在规定债权人代位权的同时，就专属于债务人自身的权利不得作为债权人撤销权的客体作出了规定。《法国民法典》第1341-1条规定："债务人怠于行使其财产性质的权利与诉权，损害债权人权利的，债权人可以为其债务人利益行使这些权利，但专与（债务人）人身相关的权利除外。"②《日本民法典》第423条第1项规定："债权人有必要保全自己的债权时，可以行使债务人的权利。但是，专属于债务本身的权利及禁止扣押的权利，不在此限。"③《意大利民法典》第2900条规定："为保障债权人的债权得以实现或者保持其权利，债权人得行使其债务人对第三人享有的权利和诉权，但是以这些权利和诉权包括财产内容并且不涉及根据权利的性质或法律的规定只能由权利人行使的权利或诉权为限。"④ 我国台湾地区"民法"第242条规定："债务人怠于行使其权利时，债权人因保全债权，得以自己之名义，行使其权利。但专属于债务人本身者，不在此限。"

我国《合同法》第73条第1款在规定债权人代位权的同时，明确规定专属于债务人自身的权利不能作为债权人代位权的客体。《合同法解释（一）》第12条对于《合同法》第73条第1款规定的专属于债务人自身的债权作出了进一步明确。根据《合同法解释（一）》第12条的规定，专属于债务人自身的权利主要包括基于扶养关系、抚养关系、赡养关系、继承关系产生的给付请求权和劳动报酬、退休金、养老金、抚恤金、安置费、人寿保险、人身伤害赔偿请求权等权利。在《合同法解释（一）》第12条的基础上，结合社会发展的新变化以及司法实践中的新情况，本条对专属于债务人自身的权利的类型进行了进一步细化与完善。

1. 对抚养费、赡养费或者扶养费请求权以及人身损害赔偿请求权的保留

本条保留了《合同法解释（一）》第12条中规定的抚养费、赡养费或者扶

---

① 参见申卫星：《合同保全制度三论》，载《中国法学》2000年第2期，第112-113页。
② 罗结珍译：《法国民法典》，北京大学出版社2023年版，第699页。
③ 刘士国、牟宪魁、杨瑞贺译：《日本民法典》，中国法制出版社2018年版，第92页。
④ 费安玲、丁玫译：《意大利民法典》，中国政法大学出版社1997年版，第760页。

养费请求权以及人身伤害赔偿请求权（本条在文字表述上修改为"人身损害赔偿请求权"），分别规定在本条第 1 项和第 2 项。究其原因，在于抚养费、赡养费或者扶养费只发生在特定关系的主体之间，抚养费、赡养费或者扶养费请求权具有高度的人身专属性；而且，上述费用往往涉及被抚养人、被赡养人、被扶养人的基本生活的保障，若成为债权人代位权的客体，可能影响债务人的基本生活。至于人身损害赔偿请求权，是基于债务人生命、健康、身体等遭受侵害而产生，直接关系债务人人身损害的救济，当然也应专属于债务人，从而不能作为债权人代位权的客体。

需要指出的是，根据《人身损害赔偿解释》第 1 条的规定可知，人身损害赔偿案件是赔偿权利人因生命、身体、健康遭受侵害，赔偿权利人起诉请求赔偿义务人赔偿物质损害和精神损害的案件。换言之，人身损害赔偿请求权，包括物质损害赔偿请求权与精神损害赔偿请求权，故债务人基于其生命、身体、健康遭受损害而对侵权人产生的精神损害赔偿请求权，同样属于本条第 2 项规定的"人身损害赔偿请求权"，不能作为债权人代位权的客体。事实上，精神损害赔偿请求权不能作为债权人代位权的客体，同样符合本条的立法目的。因为精神损害赔偿是对于被侵权人或其近亲属严重精神损害的救济，精神损害赔偿请求权只能由被侵权人或其近亲属向侵权人行使，是专属于被侵权人或其近亲属的权利。

2. 限定劳动报酬请求权以及相关保险金的范围

对于《合同法解释（一）》第 12 条中规定的劳动报酬请求权，本条第 2 项在予以保留的同时，增加了但书条款，即超过债务人及其所扶养家属的生活必需费用的部分不是专属于债务人自身的债务。究其原因，在于社会中不少人都是以其劳动报酬作为生活来源的同时也以此作为社会交往、经济交易的资金来源，如果不允许行使代位权，债务人很容易出现怠于行使权利的问题。而且，对于拥有高额报酬的人员，如不允许对其劳动报酬行使代位权，也难谓公平。故而，本条第 2 项不再简单地将劳动报酬请求权一概排除在代位权行使的对象之外，而是结合民事诉讼中有关涉及基本生活保障方面的规定，明确债务人及其所扶养家属的生活必需费用的劳动报酬请求权才属于专属于债务人自身的权利，债权人不得行使代位权。①

同理，本条第 3 项将《合同法解释（一）》第 12 条中规定的退休金、养老金、人寿保险请求权修改为"请求支付基本养老保险金、失业保险金、最低生活保障金等保障当事人基本生活的权利"。养老保险金、失业保险金、最低生活保障金均是保障当事人基本生活性质的保险金，具有人身专属性，不能作为代位权的对象。

3. 兜底条款的正确适用

本条第 5 项设置了兜底条款，对于未被本条前 4 项所明确列举的权利，只要其能够被认定为专属于债务人自身的权利，就不能作为债权人代位权的客体。因而，正确适用本条规定的兜底条款，是正确适用本条的关键。这首先需要明确本条的立法目的。对于本条前 4 项所列举的专属于债务人自身的权利，主要应从两个方面予以理解：其一，此类权利具有特定的人身属性，只能在特定主体之间产生，且只能由特定主体行使；其二，此类权利对于债务人的生命、身体健康等具有重要意义，该权利的实现往往直接关系债权人基本生活保障或特殊救济。②

需要指出的是，相较于《合同法解释（一）》第 12 条，本条删除了《合同法解释（一）》第 12 条列举的基于继承关系产生的给付请求权、抚恤金请求权、安置费请求权以及人寿保险请求权等权利，但这并不代表上述权利一概不能作为债权人代位权的客体。事实上，本条之所以将上述请求权删除，是考虑到经济社会发展的进步，上述权利类型所承载的功能价值日趋多元，"一刀切"式地排除在代位权行使对象之外可能会导致债权人与债务人之间利益明显失衡，③ 需要结合实际情况判断其是不是专属于债务人自身的权利。

例如，对于基于继承关系产生的给付请求权而言，其虽然是基于继承这种强烈的人身关系而产生，但若将大额财富继承请求权排除出债权人代位权的客体，显然难谓公平与合理。当然，若继承的遗产主要是为了保障被继承人的基本生活，则该给付请求权不应作为债权人代位权的客体。对于安置费请求权而言，我国目前存在多种形式的安置费，包括拆迁安置费、退伍军人安置费、伤残职工安

---

① 参见陈龙业：《代位权规则的细化完善与司法适用》，载《法律适用》2023 年第 12 期，第 14 页。

② 参见唐力：《〈民法典〉上代位权实现的程序规制》，载《政法论丛》2023 年第 1 期，第 30 页。

③ 参见陈龙业：《代位权规则的细化完善与司法适用》，载《法律适用》2023 年第 12 期，第 15 页。

置费、留学生安置费等，并不能一概认定为专属于债务人自身的权利，[1] 只有具有人身性质的、保障被安置人基本生活的安置费请求权才能够作为专属于债务人自身的权利。对于人寿保险请求权而言，目前我国人寿保险类型较为复杂，不能一概认定为专属于债务人自身的权利。例如，对于投资型人寿保险而言，债务人主要用其进行投资营利，显然不满足构成专属于债务人自身的权利的条件。而且，若将投资型人寿保险认定为专属于债务人自身的权利，极有可能导致债务人利用大额投资型人寿保险逃避债务。

因而，对于基于继承关系产生的给付请求权、抚恤金请求权、安置费请求权以及人寿保险请求权等权利而言，本条不再明确列举为专属于债务人自身的债务，但并不意味着将上述权利完全排除，需要结合具体情况予以认定。若人民法院认定其为专属于债务人自身的权利，可援引本条第 5 项予以解决。

第三十五条　【代位权诉讼的管辖】

债权人依据民法典第五百三十五条的规定对债务人的相对人提起代位权诉讼的，由被告住所地人民法院管辖，但是依法应当适用专属管辖规定的除外。

债务人或者相对人以双方之间的债权债务关系订有管辖协议为由提出异议的，人民法院不予支持。

◆**条文主旨**

本条对代位权诉讼的管辖作出了规定。

本条第 1 款明确了代位权诉讼管辖和专属管辖之间的关系，即代位权诉讼原则上由被告住所地人民法院管辖，但是依法应当适用专属管辖规定的，应由相应的专属管辖法院管辖。

本条第 2 款明确代位权诉讼管辖不受债务人与相对人之间管辖协议的约束，

---

[1]　参见石佳友、刘欢、曾佳：《〈民法典〉合同编司法解释规则的优化和完善——"〈民法典合同编司法解释（草案）〉学术研讨会"综述》，载《法律适用》2021 年第 12 期，第 180 页。

若债务人或者相对人以双方之间的债权债务关系订有管辖协议为由提出管辖权异议的，人民法院不予支持。

◆ **关联规定**

《中华人民共和国民法典》

第五百三十五条　因债务人怠于行使其债权或者与该债权有关的从权利，影响债权人的到期债权实现的，债权人可以向人民法院请求以自己的名义代位行使债务人对相对人的权利，但是该权利专属于债务人自身的除外。

代位权的行使范围以债权人的到期债权为限。债权人行使代位权的必要费用，由债务人负担。

相对人对债务人的抗辩，可以向债权人主张。

《中华人民共和国民事诉讼法》

第二十二条　对公民提起的民事诉讼，由被告住所地人民法院管辖；被告住所地与经常居住地不一致的，由经常居住地人民法院管辖。

对法人或者其他组织提起的民事诉讼，由被告住所地人民法院管辖。

同一诉讼的几个被告住所地、经常居住地在两个以上人民法院辖区的，各该人民法院都有管辖权。

第三十四条　下列案件，由本条规定的人民法院专属管辖：

（一）因不动产纠纷提起的诉讼，由不动产所在地人民法院管辖；

（二）因港口作业中发生纠纷提起的诉讼，由港口所在地人民法院管辖；

（三）因继承遗产纠纷提起的诉讼，由被继承人死亡时住所地或者主要遗产所在地人民法院管辖。

第三十五条　合同或者其他财产权益纠纷的当事人可以书面协议选择被告住所地、合同履行地、合同签订地、原告住所地、标的物所在地等与争议有实际联系的地点的人民法院管辖，但不得违反本法对级别管辖和专属管辖的规定。

《最高人民法院关于适用〈中华人民共和国民事诉讼法〉的解释》（法释〔2022〕11号）

第二十八条　民事诉讼法第三十四条第一项规定的不动产纠纷是指因不动产的权利确认、分割、相邻关系等引起的物权纠纷。

农村土地承包经营合同纠纷、房屋租赁合同纠纷、建设工程施工合同纠纷、政策性房屋买卖合同纠纷，按照不动产纠纷确定管辖。

不动产已登记的，以不动产登记簿记载的所在地为不动产所在地；不动产未登记的，以不动产实际所在地为不动产所在地。

◆ 案例指引

1. 代位权诉讼由被告住所地人民法院管辖

▷某小额贷款公司、许某某等债权人代位权纠纷案①

本院经审查认为，本案系原告某小额贷款公司提起的债权人代位权诉讼案件，代位权诉讼管辖适用一般地域管辖，由作为被告某水利水电建设开发公司的次债务人住所地确定地域管辖，本案次债务人住所地为某省某市某工业园区。因此，本院对本案没有管辖权。

▷郴州希典科技有限公司、惠州市永隆电路有限公司债权人代位权纠纷管辖民事案②

惠州市永隆电路有限公司与郴州希典科技有限公司没有直接的债权债务关系，故本案系债权人代位权纠纷。现在被上诉人惠州市永隆电路有限公司于2016年1月28日以债权人身份向惠阳区人民法院提起诉讼，起诉债务人金峰电路公司后，又于2016年7月7日向惠阳区人民法院对次债务人郴州希典科技有限公司提起代位权诉讼。根据《合同法解释（一）》第15条之规定，债权人向人民法院起诉债务人以后，又向同一人民法院对次债务人提起代位权诉讼，符合本解释第13条的规定和《民事诉讼法》（2007年修正）第108条规定的起诉条件的，应当立案受理。因此该法条仅对案件受理进行规定，对代位权诉讼的管辖仍应当根据《合同法解释（一）》第14条"债权人依照合同法第七十三条的规定提起代位权诉讼的，由被告住所地人民法院管辖"的规定确定管辖，根据工商登记显示原审被告郴州希典科技有限公司的住所地不在惠州市惠阳区，本案应由原审被告郴州希典科技有限公司的住所地法院即郴州市苏仙区人民法院管辖。

---

① 参见青海省海东市乐都区人民法院（2022）青0202民初3565号民事裁定书。
② 参见广东省惠州市中级人民法院（2016）粤13民辖终495号民事裁定书。

▷陈某霞、福建省东辰建设工程集团有限公司债权人代位权纠纷管辖案①

原审原告陈某霞的诉讼请求是请求代位行使原审第三人陈某对福建省东辰建设工程集团有限公司等原审被告的到期债权，故本案系因债权人代位权纠纷（而非建设工程施工合同纠纷）引起的管辖权争议，应适用代位权诉讼管辖的特别规定。《合同法解释（一）》第14条规定："债权人依照合同法第七十三条的规定提起代位权诉讼的，由被告住所地人民法院管辖。"原审被告福建省东辰建设工程集团有限公司的住所地位于福州市鼓楼区，福州市鼓楼区人民法院依法享有管辖权。

2. 代位权诉讼管辖应受专属管辖限制

▷北京国电华厦机电设备工程有限公司等债权人代位权纠纷管辖案②

北京国电华厦机电设备工程有限公司以债权人代位权纠纷提起本案诉讼，依据代位权诉讼管辖的一般原则应由被告住所地人民法院管辖，但如果被告住所地管辖与法律规定的专属管辖发生冲突时，因专属管辖是强制性规定，则应按照专属管辖确定代位权诉讼的管辖。

▷北京索利特新型建筑材料有限公司债权人代位析产纠纷案③

当事人向人民法院提起民事诉讼，应当符合民事起诉的受理条件，应当属于受诉人民法院管辖。《民事诉讼法》第34条第1项规定："因不动产纠纷提起的诉讼，由不动产所在地人民法院管辖。"本案系债权人代位析产纠纷，北京索利特新型建筑材料公司作为债权人要求对位于江苏省泰州市姜堰区×室和江苏省泰州市姜堰区×室进行析产，系因不动产分割引起的物权纠纷，应由不动产所在地人民法院专属管辖。本案所涉房屋不在北京市朝阳区，故北京市朝阳区人民法院对本案没有管辖权。

▷黄某某债权人代位权纠纷案④

本案系债权人代位提起的要求对上诉人与第三人郭某飞共有的房产进行分割的析产纠纷，因析产的对象为不动产，应当由不动产所在地人民法院专属管辖。

---

① 参见福建省福州市中级人民法院（2020）闽01民辖终274号民事裁定书。
② 参见北京市第二中级人民法院（2022）京02民辖12号民事裁定书。
③ 参见北京市第三中级人民法院（2022）京03民终2650号民事裁定书。
④ 参见台州市中级人民法院（2018）浙10民辖终8号民事裁定书。

因涉案房产位于台州市椒江区，故台州市椒江区人民法院依法对本案享有管辖权。上诉人要求将本案移送至上海市静安区人民法院审理，本院不予支持。

▷四川凯天建筑工程有限公司与张某某等债权人代位权纠纷案①

本案系代位权纠纷，债务人与此债务的债务人与次债务人之间系建设工程施工合同关系，依法属于专属管辖范围，根据《民事诉讼法》第 33 条"因不动产纠纷提起的诉讼，由不动产所在地人民法院管辖"和《民事诉讼法解释》第 28 条第 2 款"农村土地承包经营合同纠纷、房屋租赁合同纠纷、建设工程施工合同纠纷、政策性房屋买卖合同纠纷，按照不动产纠纷确定管辖"之规定，本案涉及的建设工程项目位于重庆市涪陵区，故重庆市涪陵区人民法院对本案具有管辖权。上诉人四川凯天建筑工程有限公司提出将本案移送至四川省成都市武侯区人民法院审理的理由不能成立。

3. 代位权管辖不受债务人与相对人之间的约定管辖条款约束

▷上海城开集团合肥置业有限公司、珠海华润银行股份有限公司债权人代位权纠纷案②

关于债权人代位权之诉的法院管辖是由司法解释规定的一种特殊地域管辖，其效力高于当事人间的约定，上海城开集团合肥置业有限公司（以下简称城开集团）主张珠海华润银行股份有限公司（以下简称华润银行）行使代位权应该受振戎能源公司与城开集团等之间《还款及债务加入协议》第五条的约定管辖条款约束与《合同法解释（一）》第 14 条规定相冲突，《还款及债务加入协议》第五条不能作为债权人华润银行对振戎能源公司等次债务人提起代位权诉讼的管辖依据，因此，原审法院认为本案管辖法院应为城开集团的住所地法院有法律依据。

▷某公司诉某建设公司等债权人代位权纠纷案③

关于相对人某建设公司提出其与债务人某建材公司就供货合同约定由怀柔区人民法院管辖的意见，该约定系供货合同相对方之间的约定，并不足以对抗某建材公司的债权人某公司，故该项意见不应采纳。

---

① 参见重庆市第三中级人民法院（2020）渝 03 民辖终 3 号民事裁定书。
② 参见最高人民法院（2018）最高法民辖终 107 号民事裁定书。
③ 参见北京市大兴区人民法院（2016）京 0115 民初 16188 号民事判决书。

◆ 理解与适用

明确债权人代位权的管辖是实现债权人代位权的根本前提与重要保障。《合同法解释（一）》第 14 条明确代位权诉讼由被告住所地人民法院管辖。本条在合并《合同法解释（一）》第 14 条的基础上，对债权人代位权的管辖规则作出了进一步的完善。在具体理解与适用方面，需注意以下问题。

1. 债权人代位权诉讼原则上依据被告住所地确定地域管辖

本条第 1 款就债权人代位权的地域管辖作出了规定。所谓地域管辖，是指同级人民法院之间受理第一审民事案件的分工和权限，它是按照法院辖区和民事案件的隶属关系来划分的管辖。[①] 地域管辖主要包括一般地域管辖、特殊地域管辖与专属管辖。

所谓一般地域管辖，是指以当事人所在地为根据确定的管辖，一般地域管辖遵从"原告就被告"的基本原则，《民事诉讼法》第 22 条对此予以明确规定。实行"原告就被告"原则的理由，一方面在于抑制原告滥诉，使被告免受原告不当诉讼的侵扰；另一方面也有利于人民法院传唤被告参与诉讼，对诉讼标的物进行保全或勘验，有利于判决的执行。[②] 所谓特殊地域管辖，是指以诉讼标的物所在地或者引起民事法律关系发生、变更、消灭的法律事实所在地为标准确定的管辖。《民事诉讼法》第 24 条至第 33 条分别规定了一般合同纠纷、保险合同纠纷、票据纠纷、公司设立、确认股东资格、分配利润、解散等纠纷、运输合同纠纷、侵权纠纷、交通事故损害赔偿纠纷以及海事、海商纠纷等特殊地域管辖。在特殊地域管辖中，《民事诉讼法》除在依诉讼标的的相关要素确定有管辖权的法院外，也规定了被告住所地的法院同样拥有管辖权，原告可以选择上述任一法院提起诉讼。所谓专属管辖，是指法律规定某些特殊类型的案件专门由特定的人民法院管辖。专属管辖具有极强的排他性，既不适用一般地域管辖和特殊地域管辖的规定，当事人也不能通过协议变更。《民事诉讼法》第 34 条分别就因不动产纠纷提起的诉讼、因港口作业中发生纠纷提起的诉讼、因继承遗产纠纷提起的诉讼适用专属管辖进行了规定。

---

① 参见张卫平：《民事诉讼法》（第五版），法律出版社 2019 年版，第 109 页。
② 参见江伟、肖建国：《民事诉讼法》（第八版），中国人民大学出版社 2018 年版，第 100 页。

本条第 1 款前半句延续了《合同法解释（一）》第 14 条的规定，确定被告住所地人民法院为债权人代位权诉讼的管辖法院。换言之，债权人代位权的管辖原则上遵从一般地域管辖"原告就被告"的基本原则。需要指出的是，本条未明确若债务人与相对人之间的基础法律关系满足特殊地域管辖时，能否适用特殊地域管辖的规定。我们认为，基于本条的表述，债权人代位权诉讼的地域管辖只能适用"原告就被告"的一般地域管辖以及专属管辖（本条第 1 款但书，具体参见下文），不能适用相关特殊地域管辖的规定。

2. 债权人代位权诉讼的管辖应受专属管辖的限制

《合同法解释（一）》第 14 条只规定了债权人代位权诉讼"原告就被告"的一般地域管辖原则，引发了司法实践中关于"债权人代位权诉讼的管辖是否受专属管辖限制"的不同认识。一种观点认为，债权人代位权诉讼的提起，依据的不是合同，而是法律规定，故不受专属管辖的限制，应由被告所在地人民法院管辖。① 另一种观点则认为，代位权诉讼管辖仍应受专属管辖的限制。②

本条第 1 款但书明确了债权人代位权诉讼的管辖仍应受专属管辖的限制。换言之，存在专属管辖情形时，不再适用"原告就被告"的管辖方式。我们认为，其原因在于，专属管辖具有极强的排他性，凡法律规定为专属管辖的诉讼，均应适用专属管辖，司法解释自然不能对其予以突破。更为重要的是，专属管辖规定的立法目的，是方便人民法院查明案件事实以及便于执行，这也更能契合债权人代位权制度保护债权人利益的立法目的。

需要指出的是，债权人代位权诉讼是债权人代债务人行使债务人对相对人的权利，因而，在判断是否存在专属管辖时，应就债务人与相对人之间的基础法律关系予以考察，若属于因不动产纠纷提起的诉讼、因港口作业中发生纠纷提起的诉讼、因继承遗产纠纷提起的诉讼等，应适用专属管辖的规定。

3. 债权人代位权诉讼的管辖不受债务人与相对人之间约定管辖条款约束

债务人与相对人之间可能存在约定管辖协议，若债权人提起代位权诉讼，是否需要受到该约定管辖协议的约束？由于《合同法》相关司法解释并未对上述问

---

① 参见宁夏回族自治区银川市中级人民法院（2017）宁 01 民辖 2 号民事裁定书。

② 参见台州市中级人民法院（2018）浙 10 民辖终 8 号民事裁定书、广州市中级人民法院（2018）粤 01 民辖终 2429 号民事裁定书。

题明确规定，引发了司法实践中的不同认识。一种观点认为，债权人行使代位权是基于债务人对相对人享有的债权，债权人是代债务人向相对人主张债权，其诉请所基于的系债务人与相对人之间的法律关系，故代位权诉讼应当根据债务人与相对人之间的管辖约定来确定管辖法院。[1] 另一种观点认为，债权人代位权诉讼的管辖不受债务人与相对人之间约定管辖协议的约束，因为管辖协议仅存在于债务人与相对人之间，不能约束债权人。[2]

本条第 2 款明确规定，债务人或者相对人以双方之间的债权债务关系订有管辖协议为由提出异议的，人民法院不予支持。这也就意味着，债权人代位权诉讼的管辖不受债务人与相对人之间约定管辖协议的约束。究其原因，除债务人与相对人之间的约定管辖协议具有相对性，不能约束管辖协议之外的债权人外，债务人与相对人均存在的"可责难性"也是不再保护二者管辖利益的重要理由。于债务人而言，正是其怠于向约定管辖的法院行使对相对人的权利，债权人才提起代位权诉讼，故债权人提起代位权诉讼就已经排除了其他法院的管辖；于相对人而言，在其没有履行债务的情况下，其本身的已经具有明显的可责难性，不宜对其进行过度保护，而且，由相对人住所地法院管辖通常情况下也更有利于债务人。[3]

第三十六条 【代位权诉讼与仲裁协议】

债权人提起代位权诉讼后，债务人或者相对人以双方之间的债权债务关系订有仲裁协议为由对法院主管提出异议的，人民法院不予支持。但是，债务人或者相对人在首次开庭前就债务人与相对人之间的债权债务关系申请仲裁的，人民法院可以依法中止代位权诉讼。

◆ 条文主旨

本条是关于代位权诉讼主管与仲裁协议关系的规定。

---

[1] 参见重庆市渝北区人民法院（2017）渝 0112 民初 19168 号民事裁定书。
[2] 参见最高人民法院（2016）最高法民辖终 62 号民事裁定书。
[3] 参见陈龙业：《代位权规则的细化完善与司法适用》，载《法律适用》2023 年第 12 期，第 12 页。

本条第 1 句明确了代位权诉讼不受仲裁协议的约束。因而，在债权人提起代位权诉讼后，若债务人或相对人以双方之间的债权债务关系订有仲裁协议为由对法院主管提出异议的，人民法院不予支持。代位权诉讼不受仲裁协议的约束，并不意味着完全否定债务人与相对人之间的仲裁协议。本条第 2 句为保障债务人及其相对人的仲裁利益，规定在代位权诉讼首次开庭前，若债务人或者其相对人就二者之间的债权债务关系争议申请仲裁，审理代位权诉讼的人民法院可以依法中止审理代位权诉讼，待债务人与其相对人的债权债务纠纷解决后，再恢复代位权诉讼的审理。

◆ 关联规定

《中华人民共和国民法典》

第五百三十五条 因债务人怠于行使其债权或者与该债权有关的从权利，影响债权人的到期债权实现的，债权人可以向人民法院请求以自己的名义代位行使债务人对相对人的权利，但是该权利专属于债务人自身的除外。

代位权的行使范围以债权人的到期债权为限。债权人行使代位权的必要费用，由债务人负担。

相对人对债务人的抗辩，可以向债权人主张。

《中华人民共和国仲裁法》

第二十六条 当事人达成仲裁协议，一方向人民法院起诉未声明有仲裁协议，人民法院受理后，另一方在首次开庭前提交仲裁协议的，人民法院应当驳回起诉，但仲裁协议无效的除外；另一方在首次开庭前未对人民法院受理该案提出异议的，视为放弃仲裁协议，人民法院应当继续审理。

◆ 案例指引

代位权管辖不受债务人与相对人之间的仲裁条款约束

▷湘电风能有限公司、弈成新材料科技（上海）有限公司债权人代位权纠纷案①

虽然债务人与相对人之间约定了仲裁条款，但代位权人既非该仲裁条款所涉

---

① 参见最高人民法院（2019）最高法民辖终 73 号民事裁定书。

合同的一方当事人，亦非该仲裁条款所涉合同权利义务的受让人，且该约定管辖与《合同法解释（一）》第14条规定的债权人代位权诉讼特殊地域管辖规定相冲突，故代位权人不受仲裁条款约束。

▷中铁十五局集团第二工程有限公司与中铁十五局集团第二工程有限公司昆明分公司、林某某债权人代位权纠纷案①

代位权诉讼的管辖只能由次债务人所在地法院管辖，这是法律规定的代位权诉讼适用一般地域管辖，排除了其他法院的管辖，也排除了上述债权人与债务人之间、债务人与次债务人之间的管辖协议和仲裁协议。

◆ 理解与适用

债权人代位权诉讼实质上是债权人代债务人行使债务人对相对人的权利。在债务人与相对人之间，可能存在仲裁协议，对于债权人行使代位权是否需要受到仲裁协议约束的问题，《民法典》及之前的相关司法解释都未明确规定，导致了司法实践中的不同观点。一种观点认为，在债权人代位权诉讼中，相对人对债务人的抗辩，可以向债权人主张，这种抗辩既包括实体上的抗辩，也包括程序上的抗辩，如果债务人与相对人于代位权诉讼之前订有仲裁条款，基于保护相对人管辖利益的立场，代位权诉讼应受该仲裁协议的拘束。② 另一种观点认为，债权人代位权是基于债权的保全功能而产生的一项法定权利，不是当事人因合同权利义务而直接产生的权利，因此，起诉的依据是法律规定而非合同，故代位权诉讼不受该仲裁协议的拘束。③

对于上述问题，最高人民法院以及部分地方人民法院也出台了相关指导意见，基本认同代位权诉讼不受债务人与相对人之间仲裁协议的拘束。《最高人民法院关于原告交通银行股份有限公司宁波分行与被告芜湖市国土资源局、第三人芜湖金隆置地有限公司债权人代位权纠纷一案法律适用问题的请示报告的答复》（〔2013〕民二他字第19号）指出："债权人提起的代位权诉讼与债务人、次债务人之间的合同纠纷属于不同的法律关系，债务人和次债务人之间事先订有仲裁条

---

① 参见上海市第二中级人民法院（2018）沪02民辖终617号民事裁定书。
② 参见上海市第二中级人民法院（2014）沪二中民四（商）终字第914号民事裁定书。
③ 参见广东省高级人民法院（2019）粤民辖终207号民事裁定书。

款的，债务人或次债务人有权依据仲裁条款就双方之间的合同争议申请仲裁，债权人并非该合同法律关系的一方当事人，无权对此提出异议。审理代位权诉讼的人民法院可依照民事诉讼法的相关规定中止代位权诉讼，待仲裁裁决发生法律效力后再恢复审理。"《重庆市高级人民法院关于民事诉讼管辖若干问题的解答》（渝高法〔2017〕256号）第16条指出："代位权诉讼的提起系基于法律的特别规定。债权人提起代位权诉讼不受债务人与次债务人之间仲裁约定或者管辖约定的约束，由被告即次债务人住所地法院管辖。"

本条规定明确了债权人代位权诉讼不受债务人与相对人之间仲裁协议的约束，维护了债权人代位权诉讼管辖的法定性。同时，本条也明确了债务人或者相对人在代位权诉讼首次开庭前就债务人与相对人之间的债权债务关系申请仲裁的，人民法院可以依法中止代位权诉讼，从而维护债务人及其相对人的仲裁利益。

1. 债权人代位权诉讼管辖的法定性

债权人代位权诉讼管辖不受债务人与相对人之间仲裁协议约束的根本原因，在于债权人代位权诉讼的法定性。这主要体现在以下几个方面：其一，债权人代位权诉讼管辖的法定性。本解释第35条明文规定了除适用专属管辖外，债权人代位权诉讼管辖法院为被告住所地人民法院，若债权人代位权诉讼管辖受到债务人与相对人之间仲裁协议或约定管辖协议的约束，将"架空"本解释第35条的规定。其二，债权人代位权诉讼行使方式的法定性。债权人代位权来自《民法典》第535条的直接规定，该条明确了债权人行使代位权只能通过诉讼的方式。换言之，债权人行使代位权不能通过仲裁的方式。若债务人与相对人的仲裁协议能够约束债权人，将直接导致债权人不能行使代位权的后果。

明确债权人代位权诉讼管辖不受债务人与相对人之间仲裁协议约束，也符合利益平衡的考量。对于债务人而言，债权人代位权诉讼的提起，是因为债务人怠于行使其对相对人的债权，债务人本就存在一定过错，[1] 故债务人仲裁利益未受到保护是其自身原因造成的。于相对人而言，代位权诉讼由被告即相对人住所地人民法院管辖，通常也不会给此相对人造成不便。[2] 更为重要的是，债权人代位

---

[1] 有观点指出，债务人与相对人之间有仲裁协议而不通过仲裁协议主张权利，则表明其是具有过错的。参见王利明：《仲裁协议效力的若干问题》，载《法律适用》2023年第11期，第8页。

[2] 参见王静：《代位权诉讼若干问题研究》，载《法律适用》2001年第4期，第17-21页。

权诉讼是债权人代债务人行使债务人对相对人的权利，故债务人与其相对人之间的法律关系，是人民法院所要重点审理的内容之一。这也意味着，即便相对人不针对其与债务人之间法律关系存在的争议提起诉讼，代位权诉讼中也会就相对人与债务人之间法律关系进行审理，若相对人与债务人之间并不存在有效的债权债务，债权人请求行使代位权的主张同样得不到支持。综上，债权人代位权诉讼管辖不受债务人与相对人之间仲裁协议约束，是平衡各方利益的最优选择。

2. 债务人及其相对人的仲裁利益应予以保护

本条第 2 句规定，债务人或相对人在代位权诉讼首次开庭前申请仲裁，人民法院可以依法中止代位权诉讼。之所以如此规定，也是在最大程度上尊重债务人与相对人之间的意思自治，保障债务人及其相对人的仲裁利益。① 换言之，只要在代位权诉讼首次开庭前，债务人或相对人申请仲裁，为尊重债务人与相对人之间的意思自治，仍应允许债务人与相对人通过仲裁的方式明确二者之间的债权债务关系，待仲裁裁决作出后，人民法院再根据仲裁裁决继续就代位权诉讼展开审理。

本条对于债务人及其相对人的仲裁利益的保护限定了一定的条件，即申请仲裁的时间点应是在代位权诉讼首次开庭前。将代位权诉讼"首次开庭前"作为时间点，主要是防止代位权诉讼陷入过度不确定，以及避免债务人或相对人假借仲裁协议恶意拖延代位权诉讼。"首次开庭前"时间点的设置，参考了《仲裁法》第 26 条，② 该条规定：当事人达成仲裁协议，一方向人民法院起诉未声明有仲裁协议，人民法院受理后，另一方在首次开庭前提交仲裁协议的，人民法院应当驳回起诉，但仲裁协议无效的除外；另一方在首次开庭前未对人民法院受理该案提出异议的，视为放弃仲裁协议，人民法院应当继续审理。

需要指出的是，本解释征求意见稿第 38 条曾规定，债务人或相对人在代位权诉讼一审法庭辩论终结前申请仲裁的，人民法院可以依法中止代位权诉讼，但是仲裁协议系债权人提起代位权诉讼后才达成的除外。相较于本解释征求意见稿第 38 条，本条规定更为合理。首先，代位权诉讼第一审法庭辩论终结前这一时间点过于靠后，给债务人或相对人恶意拖延诉讼的空间过大。其次，若允许债务人或相对人在代位权诉讼第一审法庭辩论终结前申请仲裁，就意味着代位权诉讼

中关于债务人与相对人债权债务关系的审理将可能失去意义，因为仲裁中将会对此重新展开审理，这无疑会造成司法资源的浪费。最后，本解释征求意见稿第 38 条对于债务人与相对人之间仲裁协议达成的时间点也作出了限制，只有在债权人提起代位权诉讼前达成的仲裁协议，债务人或相对人申请仲裁才可能导致代位权诉讼的中止。该规定的本意，是防止债务人与相对人利用仲裁协议恶意拖延代位权诉讼，但债务人与相对人完全可以倒签仲裁协议规避上述规定。因而，本条不再规定债务人与相对人达成仲裁协议的时间点，只规定债务人或相对人申请仲裁的时间点应是在代位权诉讼首次开庭前，这既保障了债务人与相对人的仲裁利益，也能更好防止债务人与相对人利用仲裁协议恶意拖延代位权诉讼、浪费司法资源。

3. 仲裁裁决作出后代位权诉讼的审理

若债务人或相对人在代位权诉讼首次开庭前就二者之间的债权债务关系申请仲裁，代位权诉讼中止审理。仲裁裁决作出后，代位权诉讼应当恢复审理：若仲裁裁决认定债务人对相对人享有权利，代位权诉讼应恢复审理，债权人可以要求债务人的相对人向其履行债务；若仲裁裁决认定债务人对相对人不享有权利，则债权人无法行使代位权，人民法院应判决驳回债权人的诉讼请求。[①]

第三十七条 　【代位权诉讼中债务人、相对人的诉讼地位及合并审理】

债权人以债务人的相对人为被告向人民法院提起代位权诉讼，未将债务人列为第三人的，人民法院应当追加债务人为第三人。

两个以上债权人以债务人的同一相对人为被告提起代位权诉讼的，人民法院可以合并审理。债务人对相对人享有的债权不足以清偿其对两个以上债权人负担的债务的，人民法院应当按照债权人享有的债权比例确定相对人的履行份额，但是法律另有规定的除外。

---

① 参见王利明：《仲裁协议效力的若干问题》，载《法律适用》2023 年第 11 期，第 9–10 页。

◆ 条文主旨

本条对于债权人代位权诉讼中债务人的诉讼地位、两个以上债权人以债务人的同一相对人为被告提起代位权诉讼的审理方式，以及债务人对相对人享有的债权不足以清偿其对两个以上债权人负担的债务时的清偿方式作出了规定。

本条第1款明确债权人代位权诉讼中债务人应作为第三人参加诉讼。因此，若债权人起诉时未将债务人列为第三人，人民法院应当依职权追加债务人为第三人，以方便查明案件事实。

本条第2款明确两个以上债权人对债务人的同一相对人提起代位权诉讼的，人民法院可以合并审理。对于多个债权人提起代位权诉讼，但债务人的债权不足以全部清偿所有债务时，除法律另有规定外，人民法院应当按照上述债权人享有的债权比例确定债务人的相对人的相应履行份额。换言之，此种情况下，代位权人之间享有平等的受偿权。

◆ 关联规定

《中华人民共和国民法典》

第五百三十七条 人民法院认定代位权成立的，由债务人的相对人向债权人履行义务，债权人接受履行后，债权人与债务人、债务人与相对人之间相应的权利义务终止。债务人对相对人的债权或者与该债权有关的从权利被采取保全、执行措施，或者债务人破产的，依照相关法律的规定处理。

《最高人民法院关于人民法院执行工作若干问题的规定（试行）》（法释〔2020〕21号）

55.多份生效法律文书确定金钱给付内容的多个债权人分别对同一被执行人申请执行，各债权人对执行标的物均无担保物权的，按照执行法院采取执行措施的先后顺序受偿。

多个债权人的债权种类不同的，基于所有权和担保物权而享有的债权，优先于金钱债权受偿。有多个担保物权的，按照各担保物权成立的先后顺序清偿。

一份生效法律文书确定金钱给付内容的多个债权人对同一被执行人申请执行，执行的财产不足清偿全部债务的，各债权人对执行标的物均无担保物权的，按照各债权比例受偿。

◆ 案例指引

1. 代位权诉讼中追加债务人为第三人

▷ 张某某与诺德投资股份有限公司债权人代位权纠纷案①

为平等保护代位权法律关系中各方主体的利益，避免当事人讼累且节省司法资源的目的，在主债务不明且债务人未申请参加代位权诉讼的情况下，人民法院应通知债务人以无独立请求权第三人的身份参加代位权诉讼，以查明主债务这一代位权诉讼的基本事实。

▷ 兴业银行股份有限公司广州中环支行与泉州船舶工业有限公司债权人代位权纠纷案②

债务人振戎公司对泉州船舶工业有限公司（以下简称船舶公司）享有的债权请求权已被债权人兴业银行股份有限公司广州中环支行所代位行使，在本案中债务人振戎公司已不能对相对人船舶公司行使诉权，故债务人振戎公司在本案代位权诉讼中应为无独立请求权的第三人。

▷ 中铁二十五局集团第五工程有限公司、唐某某债权人代位权纠纷案③

代位权的行使应当以债务人对次债务人享有到期债权为前提。一审法院应当审查债务人邸某对中铁二十五局集团第五工程有限公司（以下简称中铁五公司）是否享有合法到期债权。此外，《合同法解释（一）》第 16 条第 1 款规定："债权人以次债务人为被告向人民法院提起代位权诉讼，未将债务人列为第三人的，人民法院可以追加债务人为第三人。"本案中，可以追加邸某、沈阳博泰建筑劳务工程有限公司为第三人，查清邸某是否对中铁五公司享有到期债权以及邸某与沈阳博泰建筑劳务工程有限公司之间是否存在挂靠关系。

▷ 刘某某、陈某某债权人代位权纠纷案④

参照《合同法解释（一）》第 16 条第 1 款"债权人以次债务人为被告向人

① 参见广东省高级人民法院（2017）粤民终 1872 号民事判决书。
② 参见最高人民法院（2016）民辖终 62 号民事裁定书。
③ 参见辽宁省铁岭市中级人民法院（2022）辽 12 民再 6 号民事裁定书。
④ 参见辽宁省沈阳市中级人民法院（2023）辽 01 民终 6085 号民事裁定书。

民法院提起代位权诉讼，未将债务人列为第三人的，人民法院可以追加债务人为第三人"的规定，本案一审法院追加债务人李某某为第三人为宜。

▷郑某某、翟某某债权人代位权纠纷案①

本案系债权人代位权纠纷，郑某某系基于生效刑事判决对万某某享有合法债权，在刑事案件无法追缴或追缴不能弥补被害人郑某某损失的情况下，法律并未限制债权人郑某某以自己的名义向次债务人翟某某代位主张相关的债权。由于债务人是债权人与债务人之间的法律关系、债务人与次债务人之间的法律关系的联结枢纽，对于查证两个法律关系的事实和代位权诉讼能否成立，均具有重要意义。根据《合同法解释（一）》第16条第1款的规定，债务人万某某在本案中属于必须参加诉讼的第三人，原审判决遗漏当事人属于严重违反法定程序的情形，故本案应发回原审法院重审。

▷曲某某、于某某债权人代位权纠纷案②

本院认为，《合同法解释（一）》第16条规定，债权人以次债务人为被告向人民法院提起代位权诉讼，未将债务人列为第三人的，人民法院可以追加债务人为第三人。两个或者两个以上债权人以同一次债务人为被告提起代位诉讼的，人民法院可以合并审理。本案中，于某某对兴海合作社是否享有债权的事实仅凭未出庭的证人李某出具的情况说明依据不足。同时，兴海合作社对曲某某是否享有到期债权的事实不清，原审法院应追加兴海合作社为第三人参与诉讼。综上，原判决认定基本事实不清，遗漏当事人。

2. 两个以上债权人对债务人的同一相对人提起代位权诉讼可合并审理

▷程某某、田某某等债权人代位权纠纷案③

原告程某某、田某某、郭某某、陈某某、岑某某、黄某某、毛某某、汪某、谢某某九人与被告张某某、冯某某、第三人乔某某债权人代位权纠纷一案，因案情一致，由广东省中山市第二人民法院合并审理。

◆**理解与适用**

债权人代位权诉讼是债权人代债务人行使债务人对相对人的权利，因而，代

---

① 参见广东省深圳市中级人民法院（2020）粤03民终19956号民事裁定书。
② 参见辽宁省丹东市中级人民法院（2021）辽06民终1595号民事裁定书。
③ 参见广东省中山市第二人民法院（2021）粤2072民初14987号民事判决书。

位权诉讼中原告、被告分别是债权人与相对人，但由于债权人代位行使的权利是债务人对于相对人的权利，故债务人参加诉讼更能查清案件事实。有鉴于此，《合同法解释（一）》第16条第1款规定债权人代位权诉讼中人民法院可以追加债务人为第三人。同时，债务人可能存在多个债权人，当多个债权人以同一次债务人为被告提起代位权诉讼的，《合同法解释（一）》第16条第2款规定人民法院可以合并审理。本条是在《合同法解释（一）》第16条的基础上修改完善而成，在具体理解与适用方面，需注意以下问题。

1. 代位权诉讼中应当追加债务人为第三人

债权人代位权诉讼中，存在债权人只起诉债务人的相对人而未将债务人列为第三人的情况。《合同法解释（一）》第16条规定，在债权人代位权诉讼中，若债权人未将债务人列为第三人，人民法院可以追加债务人为第三人。从文义上而言，"可以追加"意味着可以追加，也可以不追加，这就引发了司法实践中的不同观点。有观点认为，债权人代位权纠纷系债权人以自己的名义行使权利，而非以代理债务人名义行使权利，是债权本身所具有的法定权能，并非一定要求同时将债务人列为第三人。① 也有观点认为，为平等保护代位权法律关系中各方主体的利益、避免当事人讼累且节省司法资源，在主债务不明且债务人未申请参加代位权诉讼的情况下，人民法院应通知债务人以无独立请求权第三人的身份参加代位权诉讼。②

本条改变了《合同法解释（一）》第16条可以追加债务人为第三人的规定，明确在债权人未将债务人列为第三人时，人民法院应当追加债务人为第三人。究其原因，我们认为主要在于以下几点：首先，债务人参加诉讼有利于查明案件事实。债权人代位权诉讼是债权人代债务人行使债务人对相对人的权利，故代位权诉讼涉及债权人与债务人以及债务人与相对人之间的两种法律关系，而债务人均是上述两种法律关系的主体。换言之，债务人是债权人与债务人之间的法律关系、债务人与相对人之间的法律关系的联结枢纽。③ 故而，若债务人参与代位权

---

① 参见江苏省徐州市铜山区人民法院（2021）苏0312民初3411号民事判决书。
② 参见广东省高级人民法院（2017）粤民终1872号民事判决书。
③ 参见曹守晔等：《〈关于适用合同法若干问题的解释（一）〉的理解和适用》，载《人民司法》2000年第3期，第10页。

诉讼，将更有利于查明案件事实，从而作出公正的判决。其次，债务人参加诉讼能够节约司法资源，避免增加诉累。根据《民法典》第535条第2款的规定，债权人行使代位权的必要费用，由债务人负担。若债务人不参加诉讼，债权人向债务人主张行使代位权必要费用需要另行提起诉讼，这必然造成司法资源的浪费。最后，明确债务人必须参加代位权诉讼，可以为人民法院审理代位权诉讼提供统一标准。否则，基于各级人民法院对于《合同法解释（一）》第16条"可以追加"的不同理解，可能造成上级法院否定下级法院追加或不追加债务人为第三人的决定，从而以程序错误为由发回重审。

2. 代位权诉讼中债务人为无独立请求权第三人

本条第1款明确代位权诉讼中债务人第三人的诉讼地位。民事诉讼中的第三人可分为有独立请求权的第三人与无独立请求权的第三人。有独立请求权的第三人，是指对原告和被告争议的诉讼标的有独立的请求权而参加诉讼的人。无独立请求权的第三人，是指对当事人双方的诉讼标的没有独立请求权，但案件处理结果同他有法律上的利害关系的人。对于代位权诉讼中债务人究竟是有独立请求权的第三人还是无独立请求权的第三人，存在不同的观点。一种观点认为，债务人的诉讼地位为有独立请求权的第三人。因为债务人参加诉讼后，有权在对债权合法性及期限问题提出异议的同时，诉求次债务人向其本人履行全部债务。[①] 另一种观点则认为，债务人的诉讼地位为无独立请求权的第三人。因为债权人代位权是法律赋予债权人的一项权利，债权人在法定的条件下代债务人提起诉讼有着正当法律根据，不存在债务人对该诉讼标的的独立请求权。[②]

我们认为，代位权诉讼中债务人为无独立请求权第三人。一方面，债务人对相对人的请求权已由债权人代位行使，债务人不能再对相对人行使诉权。[③] 若承认债务人对于债权人代位权诉讼标的仍存在独立请求权，代位权诉讼就无存在基础。而且，承认债务人对于债权人代位权诉讼标的仍存在独立请求权，意味着相对人可对债务人进行清偿，这在一定程度上可能违反了《民法典》第537条确立的相对人直接向债权人履行义务的规定。另一方面，有独立请求权第三人既可参

---

① 参见贾玉平：《论债权人代位权》，载《法学评论》2001年第4期，第25页。
② 参见王静：《代位权诉讼若干问题研究》，载《法律适用》2021年第4期，第21页。
③ 参见最高人民法院（2016）民辖终62号民事裁定书。

与到本诉中，也可在本诉审理终结后另行起诉，但本条第1款明确了债务人应当作为第三人参与诉讼，故从参加诉讼的强制性层面而言，债务人也只能是无独立请求权第三人。

3. 两个以上债权人对债务人的同一相对人提起代位权诉讼时可合并审理

债务人的债权人可能不止一个，司法实践中存在债务人的多个债权人对债务人的同一相对人提起代位权诉讼的情况。《合同法解释（一）》第16条第2款规定上述情况下人民法院可以合并审理，本条对该规定予以承继。究其原因，是在两个以上债权人对债务人的同一相对人提起代位权诉讼的情况下，被告、管辖法院以及诉讼标的（债务人对相对人的债权）均相同，人民法院合并审理可以节约司法资源，减轻当事人（主要是债务人与相对人）和法院的诉累。更为重要的是，合并审理更有利于解决债务人的各债权人公平受偿的问题。根据本条第2款第2句，对于多个债权人提起代位权诉讼，但债务人的债权不足以清偿所有债务时，除法律另有规定外，人民法院应当按照上述债权人享有的债权比例确定债务人的相对人的相应履行份额。在合并审理情况下，债务人的各债权人诉讼进程相同，人民法院可以直接根据各债权人享有的债权比例确定债务人的相对人对各债权人分别应当履行的债务，从而更有利于实现各债权人的公平受偿。

4. 代位权人之间享有平等受偿权

在两个以上债权人对债务人的同一相对人提起代位权诉讼时，若债务人对相对人的债权不足以清偿所有债务，债权人之间如何分配相对人的履行份额？《合同法解释（一）》第16条对此未予以明确规定，本条第2款第2句明确了按照债权人享有的债权比例予以分配的原则。换言之，就债务人对相对人的债权而言，两个以上代位权人之间原则上享有平等受偿权。究其原因，在于债务人的各债权人地位平等，且均提出了代位权诉讼，在债务人对相对人的债权不足以清偿所有债务时，按照债权人享有的债权比例确定相对人的履行份额才符合公平原则。

需要指出的是，根据本条第2款第2句的表述，代位权人之间享有平等受偿权的前提是法律未另有规定。因而，在法律另有规定的情况下，代位权人之间可能并不享有平等受偿权。例如，根据《人民法院执行工作若干问题的规定》第55条的规定，普通债权人"按照执行法院采取执行措施的先后顺序受偿"。因而，若有代位权人先行申请查封等执行措施，该代位权人可能优先受偿。这事实上也与《民法典》第537条的立法目的契合。《民法典》第537条第1句明确了债务人的相对人直接向债权人履行义务的规则，但该条第2句同时规定，债务人对相对人的债务或者与该债权有关的从权利被采取保全、执行措施，或者债务人破产的，依照相关法律的规定处理。《民法典》第537条第2句的立法目的在于提醒法律适用者在判定代位权行使效果时，不仅应适用《民法典》"合同的保全"一章的内容，还应适用包括民事保全法、民事执行法以及破产法等在内的整个法律体系中有关债务人责任财产分配的规范。① 同理，对于两个以上债权人对债务人的同一相对人提起代位权诉讼时的法律效果，除本条第2款的规定外，民事保全法、民事执行法等法律中有关债务人责任财产分配的规范同样需要纳入法律适用者的考量范围，故本条第2款第2句设置了但书条款。

第三十八条　【起诉债务人后又提起代位权诉讼】

债权人向人民法院起诉债务人后，又向同一人民法院对债务人的相对人提起代位权诉讼，属于该人民法院管辖的，可以合并审理。不属于该人民法院管辖的，应当告知其向有管辖权的人民法院另行起诉；在起诉债务人的诉讼终结前，代位权诉讼应当中止。

◆**条文主旨**

本条是关于债权人起诉债务人后又向同一法院提起代位权诉讼，人民法院应如何处理的规定。首先，若债权人代位权诉讼属于先诉（债权人起诉债务人的诉讼）法院管辖的，先诉法院应当依法受理，并且可以合并审理。如果不属于先诉法院管辖，则债权人应当向有管辖权的人民法院提起代位权诉讼。其次，在债权人起诉债务人的诉讼与债权人代位权诉讼并存时，为避免两诉出现矛盾的裁判，受理债权人代位权诉讼的法院应中止代位权诉讼的审理，待债权人起诉债务人的诉讼终结后，再进行债权人代位权诉讼的审理。

---

① 参见金印：《债权人代位权行使的法律效果——以〈民法典〉第537条的体系适用为中心》，载《法学》2021年第7期，第89页。

◆ **关联规定**

《中华人民共和国民事诉讼法》

第一百二十二条 起诉必须符合下列条件：

（一）原告是与本案有直接利害关系的公民、法人和其他组织；

（二）有明确的被告；

（三）有具体的诉讼请求和事实、理由；

（四）属于人民法院受理民事诉讼的范围和受诉人民法院管辖。

第一百五十三条 有下列情形之一的，中止诉讼：

（一）一方当事人死亡，需要等待继承人表明是否参加诉讼的；

（二）一方当事人丧失诉讼行为能力，尚未确定法定代理人的；

（三）作为一方当事人的法人或者其他组织终止，尚未确定权利义务承受人的；

（四）一方当事人因不可抗拒的事由，不能参加诉讼的；

（五）本案必须以另一案的审理结果为依据，而另一案尚未审结的；

（六）其他应当中止诉讼的情形。

中止诉讼的原因消除后，恢复诉讼。

《最高人民法院关于适用〈中华人民共和国民事诉讼法〉的解释》（法释〔2022〕11 号）

第二百二十一条 基于同一事实发生的纠纷，当事人分别向同一人民法院起诉的，人民法院可以合并审理。

◆ **案例指引**

1. 债权人起诉债务人后又向同一法院提起代位权诉讼，符合立案条件的，人民法院应当受理

▷平安银行股份有限公司青岛分行、河南省国有资产控股运营集团有限公司债权人代位权纠纷案①

债权人平安银行股份有限公司青岛分行（以下简称平安银行青岛分行）向山

_____

① 参见最高人民法院（2017）最高法民辖终 25 号民事裁定书。

东省高级人民法院起诉债务人山西普大煤业集团有限公司及担保人平顶山煤机公司金融借款合同纠纷一案后，再向山东省高级人民法院对相对人河南省国有资产控股运营集团有限公司（以下简称河南国资控股集团）提起代位权诉讼。最高人民法院认为，本案系由债权人平安银行青岛分行提起的代位权诉讼，应由被告即次债务人河南国资控股集团住所地人民法院管辖。次债务人河南国资控股集团住所地位于河南省郑州市，本案诉讼标的额达到河南省高级人民法院级别管辖标准，河南省高级人民法院对案件有管辖权。山东省高级人民法院在立案受理平安银行青岛分行提起的债权人代位权诉讼后，发现案件不属于山东省高级人民法院管辖，将案件移送有管辖权的河南省高级人民法院，并无不当。

▷中国邮政集团公司石家庄运输分公司、河北集通快运有限公司债权人代位权纠纷案①

债权人河北集通快运有限公司向河北省辛集市人民法院起诉债务人后，又向同一法院对债务人的相对人中国邮政集团公司石家庄运输分公司提起代位权诉讼。河北省石家庄市中级人民法院认为，本案应由相对人中国邮政集团公司石家庄运输分公司所在地河北省石家庄市长安区人民法院管辖，河北省辛集市人民法院无管辖权。

▷胡某某与严某某债权人代位权纠纷案②

胡某某作为丁某某的合法债权人，在丁某某无力全额清偿债务的情况下，提起代位权诉讼符合法律规定。债权人向人民法院起诉债务人以后，又对次债务人提起代位权诉讼的，符合立案条件的，人民法院应当立案受理，并对债权人的诉讼请求进行审理。原审以债权人参与执行分配、不能单独受偿为由驳回起诉，适用法律错误，本院依法予以纠正。

2. 债权人起诉债务人的诉讼终结前，代位权诉讼应当中止审理

▷泸州瑞山商贸有限公司、茂县新纪元电冶有限公司诉郭某某债权人代位权纠纷案③

本院在审理茂县新纪元电冶有限公司、泸州瑞山商贸有限公司与郭某某债权

---

① 参见河北省石家庄市中级人民法院（2020）冀01民辖终169号民事裁定书。
② 参见浙江省舟山市中级人民法院（2014）浙舟商终字第86号民事裁定书。
③ 参见陕西省渭南市中级人民法院（2014）渭中民二初字第00027号民事裁定书。

人代位权纠纷一案中，因二原告起诉债务人澄城县顺昌焦化有限公司的诉讼尚未作出裁决。依照《合同法解释（一）》第15条第2款及《民事诉讼法》（2012年修正）第150条第5项的规定，裁定如下：本案中止审理。

◆ **理解与适用**

在司法实践中，债权人提起代位权诉讼主要存在两种情形。第一种情形是债权人先起诉债务人并获得胜诉生效裁判后再对债务人的相对人提起代位权诉讼。此种情况下，由于债权人起诉债务人的诉讼已获得了胜诉生效判决，故两诉之间不存在合并审理和中止审理等问题。第二种情形是债权人先起诉债务人，在该诉讼未获得胜诉生效判决时，又向债务人的相对人提起代位权诉讼。此种情况下，需要明确代位权诉讼的受理问题，以及债权人起诉债务人的诉讼与代位权诉讼的审理顺序问题。《合同法解释（一）》第15条对此予以了规定："债权人向人民法院起诉债务人以后，又向同一人民法院对次债务人提起代位权诉讼，符合本解释第十四条的规定和《中华人民共和国民事诉讼法》第一百零八条规定的起诉条件的，应当立案受理；不符合本解释第十四条规定的，告知债权人向次债务人住所地人民法院另行起诉。受理代位权诉讼的人民法院在债权人起诉债务人的诉讼裁决发生法律效力以前，应当依照《中华人民共和国民事诉讼法》第一百三十六条第（五）项的规定中止代位权诉讼。"本条在《合同法解释（一）》第15条的基础上修改而成。在具体理解与适用方面，需注意以下问题。

1. 债权人起诉债务人后又向同一人民法院提起代位权诉讼的处理办法

债权人先起诉债务人，在该诉讼尚未获得胜诉生效判决时，又向同一人民法院对债务人的相对人提起代位权诉讼，此时人民法院应审查代位权诉讼是否符合民事诉讼的起诉条件，这主要体现在是否符合《民事诉讼法》第122条的规定。根据《民事诉讼法》第122条的规定，起诉必须符合下列条件：（1）原告是与本案被告有直接利害关系的公民、法人和其他组织；（2）有明确的被告；（3）有具体的诉讼请求和事实、理由；（4）属于人民法院受理民事诉讼的范围和受诉人民法院管辖。上述四个起诉条件中，前三个条件以及第四个条件中的"属于人民法院受理民事诉讼的范围"需要人民法院结合具体情况予以判定，第四个条件中的"属于受诉人民法院管辖"则存在明确的规定。对于代位权诉讼的管辖法院，本解释第 35 条作出了明确规定，人民法院应根据该条规定予以判断。若代位权诉讼符合起诉条件，人民法院应当受理。在此种情况下，债权人起诉债务人的诉讼与代位权诉讼的管辖法院为同一法院，发生管辖竞合。根据《民事诉讼法解释》第 221 条的规定，人民法院可对两个诉讼合并审理。这既有助于节约司法资源，降低当事人诉累，也可以有效避免相互矛盾的裁判出现。① 若代位权诉讼不属于该法院管辖，则应当告知债权人向有管辖权的人民法院另行起诉。

2. 债权人起诉债务人的诉讼终结前应中止审理代位权诉讼

虽然债权人代位权又称为间接诉权或代位诉权，但其并非诉讼法上的权利，而是实体法上的权利，它是债权的效力或是从属于债权的特别权利。② 换言之，债权人代位权的存在基础之一便是债权人对债务人享有债权。因而，在债权人对债务人的诉讼尚在进行过程中，债权人又向债务人的相对人提起代位权诉讼时，受理代位权诉讼的人民法院在债权人起诉债务人的诉讼终结前，应当中止代位权诉讼的审理。因为代位权诉讼的结果在一定程度上依赖于债权人对债务人的诉讼的结果，若人民法院判决债权人与债务人之间不存在债权债务关系，债权人行使代位权的主张自然也得不到支持；若人民法院判决债权人与债务人之间存在债权债务关系，人民法院认定的债权的数额、范围等也能对代位权诉讼产生既判力。若不中止代位权诉讼的审理，两诉还可能产生相互矛盾的裁判。因而，债权人起诉债务人的诉讼终结前，应当中止代位权诉讼的审理，待债权人起诉债务人的诉讼终结后，再恢复代位权诉讼的审理。

第三十九条　【代位权诉讼中债务人起诉相对人】

在代位权诉讼中，债务人对超过债权人代位请求数额的债权部分起诉相对人，属于同一人民法院管辖的，可以合并审理。不属于同一人民法院管辖的，应当告知其向有管辖权的人民法院另行起诉；在代位权诉讼终结前，债务人对相对人的诉讼应当中止。

---

① 参见陈龙业：《代位权规则的细化完善与司法适用》，载《法律适用》2023 年第 12 期，第 19 页。
② 参见谭启平主编：《中国民法学》（第三版），法律出版社 2021 年版，第 506 页。

◆ **条文主旨**

本条系程序性条款，规定了代位权诉讼中债务人就超过债权人代位请求数额的债权部分起诉相对人时，人民法院应如何处理。为保护当事人的诉讼便利，避免矛盾判决，在符合起诉条件的前提下，若债务人对相对人提起的诉讼属于本院管辖，人民法院可将该诉与代位权诉讼合并审理；若不属于本院管辖，则应告知债务人向有管辖权的人民法院另行起诉。若两诉并非由同一人民法院受理，由于债务人对相对人所提起诉讼的审理会受到代位权诉讼判决结果的影响，故在代位权诉讼终结前，债务人对相对人的诉讼应当中止。

◆ **关联规定**

《中华人民共和国民事诉讼法》

第一百四十三条 原告增加诉讼请求，被告提出反诉，第三人提出与本案有关的诉讼请求，可以合并审理。

第一百五十三条 有下列情形之一的，中止诉讼：

（一）一方当事人死亡，需要等待继承人表明是否参加诉讼的；

（二）一方当事人丧失诉讼行为能力，尚未确定法定代理人的；

（三）作为一方当事人的法人或者其他组织终止，尚未确定权利义务承受人的；

（四）一方当事人因不可抗拒的事由，不能参加诉讼的；

（五）本案必须以另一案的审理结果为依据，而另一案尚未审结的；

（六）其他应当中止诉讼的情形。

中止诉讼的原因消除后，恢复诉讼。

《最高人民法院关于适用〈中华人民共和国民事诉讼法〉的解释》（法释〔2022〕11号）

第二百三十二条 在案件受理后，法庭辩论结束前，原告增加诉讼请求，被告提出反诉，第三人提出与本案有关的诉讼请求，可以合并审理的，人民法院应当合并审理。

◆ **案例指引**

1. 债务人对超过债权人代位请求数额的债权部分起诉次债务人，符合法定起诉条件的，人民法院应当受理

▷某投资集团公司与褚某强、熊某琳民间借贷纠纷案①

该案中，原告在某投资集团公司行使代位权后就超过某投资集团公司代位请求数额的债权部分对被告褚某强、熊某琳另行起诉，法院认为当事人之间合法的借贷关系受国家法律保护，并援引《合同法解释（一）》第22条的规定，认定原告的起诉有事实和法律依据，故依法予以受理。

2. 债务人对债权人未在代位权诉讼中向相对人（次债务人）请求的债务数额提起诉讼，不构成重复起诉

▷某融资租赁有限公司与夏某明夏某籍等合同纠纷案②

某银行在代位权诉讼中请求的数额低于某生物科技公司所负债务额，根据《合同法解释（一）》第22条之规定，某融资租赁公司可以就超过某银行代位请求数额的债权起诉某生物科技公司。某融资租赁公司对某银行未请求的债务数额提起诉讼，不构成重复起诉。故被告关于构成重复起诉的抗辩不成立。

◆ **理解与适用**

本条系程序性条款，由《合同法解释（一）》第22条③修改而来，应注意其将"次债务人"修改为"相对人"，将"代位权诉讼裁决发生法律效力以前"修改为"代位权诉讼终结前"等表述上的改进与完善。另需注意该条新增了关于合并审理的规定。

通说认为，当债权人付出成本提起代位权诉讼后，不应允许债务人在该诉中对相对人（次债务人）提起诉讼或申请仲裁，以避免恶意拖延时间等有违诚信原

---

① 参见江西省南昌市中级人民法院（2019）赣01民初185号民事判决书。
② 参见重庆市第三中级人民法院（2019）渝03民初1381号民事判决书。
③ 《合同法解释（一）》第22条规定："债务人在代位权诉讼中，对超过债权人代位请求数额的债权部分起诉次债务人的，人民法院应当告知其向有管辖权的人民法院另行起诉。债务人的起诉符合法定条件的，人民法院应当受理；受理债务人起诉的人民法院在代位权诉讼裁决发生法律效力以前，应当依法中止。"

则的行为。然而，若债务人是针对超出债权人在代位权诉讼中请求相对人履行数额的那部分债务而对相对人提起诉讼，则在符合法定起诉条件的前提下，有管辖权的人民法院应当受理。本条在具体的理解与适用方面，需注意以下问题。

1. 正确理解新增的"合并审理"规定

若代位权诉讼和债务人对相对人提起的诉讼属于同一人民法院管辖，依本条规定，该人民法院可将两诉合并审理。合并审理这一程序制度本身的功能一方面在于保障当事人享受诉讼便利、便于纠纷的一次性解决，另一方面在于能够避免矛盾判决。

本条新增合并审理的规定是为了给法院作出更为明确的指引，直接指向《民事诉讼法》第143条，此时符合"第三人提出与本案有关的诉讼请求"这一情形，故而可以合并审理。

依《合同法解释（一）》第22条之规定，人民法院应当告知债务人向有管辖权的人民法院另行起诉，并未区分债务人对相对人提起的诉讼是否属于本院管辖，易造成"即便该诉仍属本院管辖，亦应告知债务人另行起诉"这样的误解。为避免与《民事诉讼法》第143条产生理解与适用上的张力，本条将"可以合并审理"写明，殊值肯定。

2. 正确理解本条关于诉讼中止的规定

我国法律规定的诉讼中止的事由或为当事人死亡、丧失诉讼行为能力等，或为一案须以另一案将来的审理结果为前提。本条"债务人对相对人的诉讼应当中止"之规定直接指向《民事诉讼法》第153条第1款第5项，即"本案必须以另一案的审理结果为依据，而另一案尚未审结的"这一事由。

与《合同法解释（一）》第22条之规定相比，本条关于中止审理的规定有两处变动。其一是将"受理债务人起诉的人民法院在代位权诉讼裁决发生法律效力以前，应当依法中止"改为"在代位权诉讼终结前，债务人对相对人的诉讼应当中止"，表述更加规范；其二是通过语序与分句的调整而实际阐明中止审理的前提性情形是不属于同一人民法院管辖，告知其向有管辖权的人民法院另行起诉，有管辖权的人民法院受理其诉讼之后，意即该条中规定的中止诉讼以不合并审理为前提（若合并审理即应一并审理、一并裁判），逻辑上更为顺畅。

由于债务人对次债务人所提起诉讼的审理会受到代位权诉讼判决结果的影

响，故在代位权诉讼终结前，债务人对相对人的诉讼应当中止。学理上往往将此时两个案件之间的关系称为先决关系，即代位权案件在法律关系上的认定对债务人与相对人间的案件具有先决关系。①

一方面，人民法院在审理代位权诉讼时，首先需要确认债权人与债务人、债务人与相对人之间的特定债权债务关系是否成立，其次需要确认债权债务关系的清偿状况。在前述"某投资集团有限公司与褚某强、熊某琳民间借贷纠纷案"②中，法院在审理代位权诉讼时，便首先就债权人供峰公司与第三人（债务人）某投资集团公司的债权债务关系以及第三人（债务人）某投资集团公司与相对人（次债务人）褚某强、熊某琳之间的债权债务关系成立与否进行了确认；其次就前述特定债权债务关系的履行状况进行了确认。

另一方面，在代位权诉讼成立的情形下，其裁判结果将是受理债务人对相对人所提起诉讼的法院进行审理的前提，审理代位权诉讼的法院对于债权人代位权请求数额支持与否、支持多少，均直接影响债务人与相对人的权利义务关系。本条规定代位权诉讼终结前债务人对相对人的诉讼应当中止，也是为了保障代位权诉讼的顺利进行及未来判决的顺利执行，有效保障债权人的合法利益。

他诉的裁判对本诉具有先决关系时中止诉讼这一程序制度本身的目的和价值在于降低司法成本、避免矛盾裁判、促进司法统一等。从本条以及《民事诉讼法》第 153 条的表述不难看出，此时应为当然中止，法院并无裁量余地。有学者认为，结合司法原理以及国外相关制度的规定来看，若诉讼中止可能严重影响本诉的审理，即无必要裁定中止或继续中止，以缓和独立审判与司法统一之间的紧张关系。③ 我们认为，仅就该条所指情形进行观察，尚未发现有中止债务人与相对人之诉可能严重影响该诉审理的情况及可能。

因此，在代位权诉讼终结前，债务人对相对人的诉讼应当中止。但由于诉讼中止毕竟会使发生争议的法律关系持续处于不稳定状态，故中止诉讼的原因消除后，即代位权诉讼审结后，应及时裁定恢复债务人对相对人的诉讼。

---

① 参见张卫平：《民事诉讼中止事由的制度调整》，载《北方法学》2018 年第 3 期，第 57-65 页。
② 参见江西省高级人民法院（2018）赣民终 214 号民事判决书。
③ 参见张卫平：《民事诉讼中止事由的制度调整》，载《北方法学》2018 年第 3 期，第 57-65 页。

> **第四十条 【代位权不成立的处理】**
>
> 代位权诉讼中，人民法院经审理认为债权人的主张不符合代位权行使条件的，应当驳回诉讼请求，但是不影响债权人根据新的事实再次起诉。
>
> 债务人的相对人仅以债权人提起代位权诉讼时债权人与债务人之间的债权债务关系未经生效法律文书确认为由，主张债权人提起的诉讼不符合代位权行使条件的，人民法院不予支持。

◆条文主旨

本条是关于代位权诉讼中法院审理发现债权人的主张不符合行使代位权条件时的处理规则的规定。

本条认为，债权人是否符合代位权行使的条件，必须经过法院实体审理才能确定。只要债权人的起诉符合法律规定的立案受理的条件，人民法院就应当受理。人民法院经审理发现债权人行使代位权的条件不成就的，应当驳回其实体诉讼请求。本条是区分诉讼成立要件和权利保护要件的应然结果，保障当事人的诉讼权利，满足当事人请求人民法院保护合法权益的司法需求，尽快处理当事人之间的实体争议，有效化解矛盾，避免案件久拖不决，提高审理效率。本条规定，人民法院经审理认为债权人的主张不符合代位权行使条件的，人民法院的处理方式为驳回诉讼请求。但应当注意的是，驳回的仅是代位权诉讼，如果债权人以债务人为被告另行起诉且符合《民事诉讼法》规定的起诉条件的，法院仍应当立案受理。同时，如果债权人此后又重新符合代位权行使的条件的，比如此前起诉时债权人的债权未到期，被驳回诉讼请求，此后债权到期的，仍然可以重新起诉。故但书规定不影响债权人根据新的事实再次起诉。

本条第 2 款对代位权行使条件作了细化规定，明确债权人行使代位权不需要主债权经生效法律文书确认。代位权诉讼中的主债权分为已决债权与未决债权。对于未决债权，若债权人主张代位权的债权未经生效法律文书确认，则在认定代位权是否成立时首先要对其合法性作出判断。代位权诉讼应先对债权人对债务人的债权债务关系审理认定，如经审理仍无法对是否存在债权债务关系或债权人的债权数额作出确定性判断，则对债务人与相对人的权利义务无须审理，即可驳回债权人诉请。即在债权人代位权诉讼中，人民法院应首先对主债权进行合法性和确定性判断，若形成的证据链足以认定主债权合法且确定，即使主债权未经生效裁判确认或债务人对此持异议，也不影响代位权的成立。

◆ **关联规定**

《中华人民共和国民法典》

第五百三十五条　因债务人怠于行使其债权或者与该债权有关的从权利，影响债权人的到期债权实现的，债权人可以向人民法院请求以自己的名义代位行使债务人对相对人的权利，但是该权利专属于债务人自身的除外。

代位权的行使范围以债权人的到期债权为限。债权人行使代位权的必要费用，由债务人负担。

相对人对债务人的抗辩，可以向债权人主张。

第五百三十六条　债权人的债权到期前，债务人的债权或者与该债权有关的从权利存在诉讼时效期间即将届满或者未及时申报破产债权等情形，影响债权人的债权实现的，债权人可以代位向债务人的相对人请求其向债务人履行、向破产管理人申报或者作出其他必要的行为。

《最高人民法院关于适用〈中华人民共和国民事诉讼法〉的解释》（法释〔2022〕11号）

第二百四十八条　裁判发生法律效力后，发生新的事实，当事人再次提起诉讼的，人民法院应当依法受理。

◆ 案例指引

1. 人民法院经审理认为不满足代位权行使条件的应当驳回诉讼请求而非裁定驳回起诉

▷庆丰农业生产资料集团有限责任公司、锦州渤海海洋实业有限公司债权人代位权纠纷案①

庆丰农业生产资料集团有限责任公司（以下简称庆丰集团）以宇丰公司怠于向锦州渤海海洋实业有限公司（以下简称渤海公司）行使到期债权、造成庆丰集团利益受损为由，以自身名义行使宇丰公司对渤海公司的债权，请求渤海公司代宇丰公司向庆丰集团清偿欠款 3.113 亿元。二审法院认为一审法院裁定驳回庆丰集团的起诉适用法律错误，因为代位权诉讼中，人民法院经审理认为债权人的主张不符合代位权行使条件的，属于对权利保护要件的实体审查，应当驳回诉讼请求，而非裁定驳回起诉。

首先，通过裁定驳回当事人起诉，混淆了诉讼成立要件和权利保护要件的区别。《民事诉讼法》（2017 年修正）第 119 条规定的起诉要件为诉讼成立要件，系判断当事人提起诉讼能否成立的形式要件。如果原告起诉不符合该条规定的起诉要件，人民法院应以原告之诉不合法为由，通过裁定形式驳回起诉。在代位权诉讼中，其诉讼标的是债权人超越合同相对性，为保全其债权而向次债务人主张权利。因此债权人与债务人之间存在债权关系是代位权行使的前提条件，此前提条件系代位权诉讼的成立要件而非代位权的主张能否获得支持的权利保护要件。如果该债权关系不存在，人民法院应当以起诉不合法为由，通过裁定的形式驳回起诉。前引《合同法解释（一）》第 18 条第 2 款对此已作明确规定。但是，就本案当事人之间的争议来看，债务人宇丰公司并未明确提出债权不存在的异议。在此情况下，人民法院需要基于债权保全的行使要求，既审查庆丰集团与宇丰公司之间的债权关系，又审查宇丰公司与渤海公司之间的债权关系。在宇丰公司并未明确提出异议，而渤海公司提出异议的情况下，人民法院在本案诉讼中的审理要件为渤海公司的抗辩能否成立。如果渤海公司的抗辩成立，则人民法院应根据

---

① 参见最高人民法院（2020）最高法民终 604 号民事判决书。

《合同法解释（一）》第18条第1款的规定，支持其抗辩主张。对此，这涉及庆丰集团的权利保护要件是否成立，应由人民法院在对案件进行实体审理之后加以判断。此种情况下对渤海公司所提抗辩的审理，系权利保护要件的判断；如果庆丰集团所提起的诉讼请求缺乏权利保护要件，即诉讼请求不能成立，则人民法院应以原告之诉不能得到支持为由，通过判决的形式驳回。因此，本案属于人民法院应审理渤海公司等被告的抗辩能否成立的范畴，应通过实体判决的形式加以判断，而不能以当事人并无诉权的形式加以判断。

其次，就本案纠纷的处理而言，一审法院裁定驳回起诉，剥夺当事人就本案起诉的权利，既直接影响当事人对一审法院实体处理提起上诉的权利，又直接限制了二审法院通过实体审理对一审裁判结果进行监督的权力行使。裁定驳回当事人的起诉，系人民法院认定当事人对于本案纠纷并无诉权，而否定当事人就本案争议提起诉讼的权利。这种处理结果实质上并未对当事人的请求和争议进行实体审理和裁判。针对当事人对于一审裁定驳回起诉提起的上诉，二审法院原则上只能认定当事人提起本案诉讼是否具有诉权，而不能直接对本案进行实体审理并进行纠正。否则，如果二审法院径行对案件进行实体审理，则根据《民事诉讼法》（2017年修正）第175条的规定，该实体处理结果即为终审裁判结果，由此剥夺了当事人通过启动二审程序对案件实体处理进行纠正的权利，不符合《民事诉讼法》第8条所规定的人民法院应当保障和便利当事人行使诉讼权利的原则要求。

最后，不当裁定驳回当事人起诉，将影响当事人请求人民法院保护合法权益的司法需求，导致案件审理效率低下。如果人民法院通过指令审理的方式要求一审法院审理本案，导致当事人需要重新开始一审案件的审理程序。此种诉讼程序救济，既变相延长了《民事诉讼法》关于审理期限的要求，又导致当事人之间的实体争议久拖不决，致使案件审理效率低下，直接影响人民法院公权力行使和人民群众向人民法院请求保护其合法权益的要求和期待。

一审法院对本案的裁判思路有人民法院基于为当事人节省诉讼费用、为当事人预留进一步寻求司法救济空间的司法关怀之考虑，但这种处理方式的价值顺位应次于当事人请求人民法院实质解决争议、有效化解矛盾的价值追求。而且，通过实体争议的处理，也有利于当事人尽快从争议中终局解放出来，重新进行投资和再生产，有利于其权益的更好实现和国家经济的更好发展。因此，一审法院对本案纠纷的处理思路既不符合《民事诉讼法》关于起诉条件的法律适用要求，也不符合《民事诉讼法》第 8 条规定的保障和便利当事人行使诉讼权利的原则要求，更不符合当事人对司法权力行使的要求和期待，适用法律错误，应予纠正。

2. 次债务未确定不影响代位权的行使

▷西安新竹防灾救生设备有限公司与中国联合网络通信有限公司山西省分公司等债权人代位权纠纷再审案①

代位权诉讼的条件是：（1）债权人对债务人的债权合法；（2）债务人怠于行使到期债权，对债权人造成损害；（3）债务人的债权已到期；（4）债务人的债权不是专属于债务人自身的债权。其中，要求债权人与债务人之间的债权必须合法、确定、已届清偿期，代位权诉讼本身并不解决债权人与债务人之间的债的关系。但是对于债务人与次债务人，并不要求双方的债权债务关系必须明确、到期，而此本应是在代位权诉讼中解决的问题，不能因债务人与次债务人之间债的关系未确定而驳回债权人的起诉。

◆ 理解与适用

本条由《合同法解释（一）》第 18 条的规定修改而来。《合同法解释（一）》第 18 条第 1 款是关于次债务人可向债权人主张的抗辩的规定，已被《民法典》第 535 条第 3 款吸收。《合同法解释（一）》第 18 条第 2 款被本条保留并作出了修改：本条将原《合同法解释（一）》第 18 条第 2 款规定的债务人在代位权诉讼中对债权人的债权提出异议，经审查异议成立的，人民法院应当"裁定驳回债权人的起诉"修改为应当"判决驳回债权人的诉讼请求"。

1. 不满足代位权行使条件时法院的裁判方式

理论和实践上对于代位权的行使条件究竟是实体条件还是诉讼条件，存在分歧。《合同法解释（一）》第 18 条第 2 款规定，债务人在代位权诉讼中对债权人的债权提出异议，经审查异议成立的，人民法院应当裁定驳回债权人的起诉。由此可以看出，《合同法解释（一）》将代位权的行使条件认定为诉讼条件，所以其规定的是驳回起诉，并不影响当事人再次提起诉讼。也有很多观点主张代位权

---

① 参见山西省高级人民法院（2013）晋民再字第 67 号民事判决书。

的行使条件应为实体条件，因此需要考虑与程序法的衔接，特别是与立案登记制度的衔接。本条认为，债权人是否符合代位权行使的条件，必须经过实体审理才能确定，所以不能在债权人起诉阶段，就认为债权人不符合代位权的行使条件而驳回债权人的起诉。只要债权人的起诉符合法律规定的立案受理的条件，人民法院就应当受理，在债权人行使代位权的条件经过实体审理发现不成就的，应当驳回其实体诉讼请求。

本条是对司法裁判实践观点的总结与固定，在债权人行使代位权诉讼案件中，法院需要经过实体审理再判断代位权行使条件是否成就，从而作出是否驳回债权人诉讼请求的判决，这种做法具有合理性：第一，尚未经过实体审理就裁定驳回债权人行使代位权的起诉，是未妥当区分诉讼成立要件和权利保护要件的表现。《民事诉讼法》第122条规定的起诉要件，是判断当事人是否满足提起诉讼的形式要件。在代位权诉讼中，债权人与债务人之间存在债权债务关系是代位权行使的前提条件，此前提条件系代位权诉讼的成立要件而非代位权的主张能否获得支持的权利保护要件。第二，裁定驳回当事人的起诉，这种处理方式实质上并未对当事人的请求和争议进行实体审理和裁判。既直接影响当事人对一审法院实体处理提起上诉的权利，又直接限制了二审法院通过实体审理对一审裁判结果进行监督的权力行使，不符合《民事诉讼法》第8条所规定的人民法院应当保障和便利当事人行使诉讼权利的原则要求。第三，不当裁定驳回当事人起诉，将影响当事人请求人民法院保护其合法权益的司法需求，导致当事人之间的实体争议久拖不决，使得案件审理效率低下，直接影响人民法院公权力行使和人民群众向人民法院请求保护其合法权益的要求和期待。第四，虽然裁定驳回起诉有基于为当事人节省诉讼费用、为当事人预留进一步寻求司法救济空间的司法关怀之考虑，但这种处理方式的价值顺位应次于当事人请求人民法院解决实体争议、有效化解纠纷的价值追求。而且通过实体争议的处理，也有利于当事人尽快从争议中终局解放出来，重新进行投资和再生产，有利于其权益的更好实现和交易市场的顺畅运行。

本条第1款规定当债权人提起代位权诉讼且不满足代位权行使条件的，法院的裁判方式应为驳回诉讼请求。但应当注意的是，驳回的仅是代位权诉讼，如果债权人以债务人为被告另行起诉且符合《民事诉讼法》规定的起诉条件的，法院仍应当立案受理。同时，如果债权人此后又满足了代位权行使的条件的，比如第一次起诉时债权人的债权尚未到期，因此被驳回了诉讼请求，而在提起代位权诉讼时，债权人的债权已经到期的，债权人仍然可以再次起诉。故本条但书规定债权人在代位权诉讼中被驳回诉讼请求，不影响债权人根据新的事实再次起诉。

2. 代位权的行使条件

本条第 2 款对代位权的行使条件作了细化规定，明确代位权的行使不需要主债权经生效法律文书确认。有观点将代位权诉讼中的主债权区分为已决债权与未决债权。对于未决债权，若债权人主张代位权的债权未经生效法律文书确认，则在认定代位权是否成立时要先对其合法性作出判断。代位权诉讼应先对债权人对债务人的债权债务关系审理认定，如经审理仍无法对是否存在债权债务关系或债权人的债权数额作出确定性判断，则对债务人与相对人的权利义务无须审理，即可驳回债权人的诉讼请求。因此，在债权人代位权诉讼中，人民法院应首先对主债权进行合法性和确定性判断，若形成的证据链足以认定主债权合法且确定，即使主债权未经生效裁判确认或债务人对此持异议，也不影响代位权的成立。

第四十一条　【代位权诉讼中债务人处分行为的限制】

债权人提起代位权诉讼后，债务人无正当理由减免相对人的债务或者延长相对人的履行期限，相对人以此向债权人抗辩的，人民法院不予支持。

◆ 条文主旨

本条是关于代位权诉讼中债务人的处分行为应当受到限制的规定。本条明确在债权人提起代位权诉讼后，若债务人无正当理由实施减少或者免除相对人的债务、延长相对人的履行期限等行为，相对人以此向债权人抗辩的，人民法院不予支持。

◆ 关联规定

《中华人民共和国民法典》

第五百三十五条　因债务人怠于行使其债权或者与该债权有关的从权利，影响债权人的到期债权实现的，债权人可以向人民法院请求以自己的名义代位行使债务人对相对人的权利，但是该权利专属于债务人自身的除外。

代位权的行使范围以债权人的到期债权为限。债权人行使代位权的必要费用，由债务人负担。

相对人对债务人的抗辩，可以向债权人主张。

第五百三十七条　人民法院认定代位权成立的，由债务人的相对人向债权人履行义务，债权人接受履行后，债权人与债务人、债务人与相对人之间相应的权利义务终止。债务人对相对人的债权或者与该债权有关的从权利被采取保全、执行措施，或者债务人破产的，依照相关法律的规定处理。

◆ 案例指引

代位权诉讼提起后债务人的处分行为应受到限制

▷深圳市歧嘉实业投资有限公司等诉许某某债权人代位权纠纷案①

代位权作为一项法定权利，债权人只能通过诉讼方式行使。为确保立法目的实现，代位权诉讼提起后，当事人对债权债务的处分应受必要限制，债务人不得对次债务人作出债务免除、延期等处分，以免妨碍代位权诉讼，不得接受次债务人清偿亦是题中之义。

▷中国农业银行汇金支行诉张家港涤纶厂代位权纠纷案②

进入代位权诉讼程序后，债务人即丧失了主动处分次债务人债权的权利。代位权行使的后果直接归属于债权人，次债务人如果履行义务，只能向代位权人履行，不能向债务人履行。工艺品公司在诉讼中主动清结债权债务，存在逃避诉讼，规避法律的故意。

◆ 理解与适用

在代位权诉讼中，债务人对相对人的债权的处分是否受到影响，或者说，是否应限制债务人的处分权，对此存在不同的观点。否定观点认为，代位权的行使，并非强制执行，在法律没有明确规定的情况下，不应剥夺债务人对其债权的

---

① 参见广东省深圳市中级人民法院（2015）深中法商终字第2822号民事判决书。
② 参见最高人民法院公报2004年第4期（总第90期）。

处分权。① 肯定观点则认为，代位权诉讼中若不限制债务人的处分权，允许债务人任意处分其财产，势必使债权人代位权制度的目的落空。②

本条持肯定观点，明确提出债权人提起代位权诉讼后，减少或者免除相对人的债务，延长相对人的履行期限，相对人以此向债权人抗辩的，人民法院原则上（除非有正当理由）不予支持。本条所确立的价值取向在于，代位权诉讼中任何可能妨碍代位权实现的行为，都应该予以限制。这主要是基于债权人代位权诉讼对代位权标的的保全功能。债权人提起代位权诉讼，本身就是债权保全措施之一，这是代位权程序价值的应有体现。③ 特别是，在《民法典》第537条第1句确立的债务人的相对人直接向债权人履行义务规则下，债权人代位权的目的即直接受偿，若允许债务人实施减少或者免除相对人的债务、延长相对人的履行期限等行为，将可能使债务人恶意处分其对相对人所享有的债权或者减缩其利益，债权人代位权制度的目的必然难以实现。④ 事实上，即便没有本条规定，债务人无正当理由减免相对人的债务或者延长相对人的履行期限，债权人也可行使债权人撤销权。本条规定具有简化程序的意义，避免债权人正当行使的权利被无端干扰。⑤

本条对于债权人代位权诉讼中债务人处分行为的限制，设定了两项前提。其一是时间前提，即"债权人提起代位权诉讼后"。⑥ 对于债权人提起代位权诉讼的判定，我们认为，应是自代位权诉讼的起诉状副本送达债务人之日起。⑦ 起诉状副本送达债务人，意味着债务人对债权人代位权诉讼已经知晓，其因此也不能以不知晓代位权诉讼为由作出抗辩。同理，自代位权诉讼的起诉状副本送达相对

① 参见黄立：《民法债编总论》，中国政法大学出版社2002年版，第479-480页。
② 参见韩世远：《合同法总论》（第四版），法律出版社2018年版，第448页。
③ 参见最高人民法院民法典贯彻实施工作领导小组主编：《中华人民共和国民法典合同编理解与适用（一）》，人民法院出版社2020年版，第506页。
④ 参见申卫星、傅雪婷：《论债权人代位权的构成要件与法律效果》，载《吉林大学社会科学学报》2022年第4期，第133页。
⑤ 参见龙俊：《债之保全和转让规则的发展与创新》，载《中国法律评论》2023年第6期。
⑥ 在债权人提起代位权诉讼前，债务人作出减免相对人的债务或者延长相对人的履行期限等处分行为是否能够对抗债权人？这事实上属于债务人不当处分财产的行为，是债权人撤销权所调整的对象。参见付永雄、杨红平：《债务人延长到期债权履行期时怠于行使到期债权的认定》，载《判解研究》2021年第4辑，第163-176页。
⑦ 根据本解释第37条，代位权诉讼中债务人应当作为第三人参加诉讼。

人之日起，其也不能再与债务人达成债务减免或延长履行期限的协议。①　其二是正当性前提，即在债权人提起代位权诉讼后，债务人不能减免相对人的债务或者延长相对人的履行期限的前提是"无正当理由"。因而，本条理解与适用的关键在于把握"无正当理由"的判断问题。对此，从主观意图层面而言，需要考量债务人是否具有损害债权人利益的恶意；从客观层面而言，需要考量债务人的处分行为是否属于交易中的正常行为以及是否存在合理的对价。②

> **第四十二条　【撤销权诉讼中明显不合理低价或者高价的认定】**
>
> 　　对于民法典第五百三十九条规定的"明显不合理"的低价或者高价，人民法院应当按照交易当地一般经营者的判断，并参考交易时交易地的市场交易价或者物价部门指导价予以认定。
>
> 　　转让价格未达到交易时交易地的市场交易价或者指导价百分之七十的，一般可以认定为"明显不合理的低价"；受让价格高于交易时交易地的市场交易价或者指导价百分之三十的，一般可以认定为"明显不合理的高价"。
>
> 　　债务人与相对人存在亲属关系、关联关系的，不受前款规定的百分之七十、百分之三十的限制。

◆ **条文主旨**

　　本条是关于《民法典》第539条中明显不合理低价或高价的认定规则。

　　本条第1款是关于《民法典》第539条债权人撤销权诉讼中明显不合理交易价格的判断标准的一般规定。基于交易安全等因素的考虑，在债务人有偿处分其

---

① 事实上，债权人提起代位权诉讼后，在债权人请求范围内相对人亦不能再向债务人履行给付，否则不能对抗债权人。参见最高人民法院民法典贯彻实施工作领导小组主编：《中华人民共和国民法典合同编理解与适用（一）》，人民法院出版社2020年版，第506页。

② 参见陈龙业：《代位权规则的细化完善与司法适用》，载《法律适用》2023年第12期，第13页。

责任财产时，需要通过相应的交易价格判断此种处分行为是否合理。在认定交易价格是否属于明显不合理的低价或者高价时，应当以交易当地的一般经营者作为判断基准，而非当事人或其他主体，在此过程中，还应当参考交易时交易地的市场交易价或者物价部门指导价，对可能影响交易价格认定的要素予以充分考量。

本条第2款规定了债权人撤销权诉讼中明显不合理交易价格的具体认定标准。在具体认定交易价格是否合理时，应当将当事人之间的转让价格、受让价格与交易时交易地的市场交易价或者指导价进行比较。若转让价格低于市场交易价或者指导价的70%或受让价格高于市场交易价或者指导价的30%，一般可以认定交易价格不合理。

本条第3款是对前款明显不合理交易价格具体认定标准的例外规定。本条第2款就一般交易情形下交易价格是否合理确立了具体的认定标准。但在特殊情形下，基于社会交往和交易习惯，相应的交易价格与一般市场价格存在区别，前者可能相对低于或高于一般市场价格。因此当债务人与相对人存在关联关系等情形时，交易价格的认定不受本条第2款规定的70%、30%的限制。

◆ 关联规定

《中华人民共和国民法典》

第五百三十九条 债务人以明显不合理的低价转让财产、以明显不合理的高价受让他人财产或者为他人的债务提供担保，影响债权人的债权实现，债务人的相对人知道或者应当知道该情形的，债权人可以请求人民法院撤销债务人的行为。

《最高人民法院关于适用〈中华人民共和国民法典〉物权编的解释（一）》（法释〔2020〕24号）

第十八条 民法典第三百一十一条第一款第二项所称"合理的价格"，应当根据转让标的物的性质、数量以及付款方式等具体情况，参考转让时交易地市场价格以及交易习惯等因素综合认定。

《全国法院贯彻实施民法典工作会议纪要》（法〔2021〕94号）

9. 对于民法典第五百三十九条规定的明显不合理的低价或者高价，人民法院应当以交易当地一般经营者的判断，并参考交易当时交易地的物价部门指导价或者市场交易价，结合其他相关因素综合考虑予以认定。

转让价格达不到交易时交易地的指导价或者市场交易价百分之七十的，一般可以视为明显不合理的低价；对转让价格高于当地指导价或者市场交易价百分之三十的，一般可以视为明显不合理的高价。当事人对于其所主张的交易时交易地的指导价或者市场交易价承担举证责任。

◆ 案例指引

1. 合理价格买卖

▷联大集团有限公司与安徽省高速公路控股集团有限公司股权转让纠纷上诉案①

对"明显不合理的低价"应当以交易当地一般经营者的判断，并参考交易当时交易地的物价部门指导价或者市场交易价，结合其他相关因素综合考虑予以确认。转让价格达不到交易时交易地的指导价或者市场交易价70%的，一般可以视为明显不合理的低价。本案中，安徽安联高速的总股本为7亿股，其49%的股权即3.43亿股，按4.5亿元的转让价计算，双方当事人在2003年4月30日约定的股权转让价格折合每股1.31元。联大集团有限公司对安徽省高速公路控股集团有限公司提供的相关审计报告、评估报告的真实性无异议，该证据证明安徽安联高速在2002年度亏损严重，即使到2006年，其股权价值也仅为每股1.94元左右，因此，股权转让协议约定的转让价格基本符合市场行情。

▷张家港港务集团有限公司船务分公司、张家港市久盛船业有限公司等债权人撤销权纠纷案②

张家港市久盛船业有限公司（以下简称久盛公司）对张家港港务集团有限公司船务分公司（以下简称港务公司）负有给付金钱义务，即港务公司系久盛公司的债权人。2015年7月，"佳士康35"轮注册船东联合公司（以下简称联合公司）与久盛公司订立船舶改建合同约定，久盛公司对"佳士康35"轮半成品船壳深加工改装，久盛公司为此以进料对口的贸易方式向海关申报进口"佳士康35"轮半成品船壳及配套机器。自久盛公司进口"佳士康35"轮半成品船壳及

① 参见最高人民法院（2013）民二终字第33号民事判决书。
② 参见湖北省高级人民法院（2021）鄂民终392号民事判决书。

配套机器时起，至其加工改装成铺管船出口给联合公司之前，"佳士康 35"轮归久盛公司所有。此后，久盛公司将未完工的"佳士康 35"轮出口，联合公司系第一取得人，即直接受益的第三人；此后，在"佳士康 35"轮的转售交易过程中，长宏船舶公司为间接受益的第三人或转得人。债权人港务公司认为相应的财产处分行为已经损害其合法债权，诉请法院撤销久盛公司与长宏船舶公司处分"佳士康 35"轮的行为。法院认为，久盛公司进口该半成品船壳及配套机器的总价值为25764980.6 美元，久盛公司以成交价 27264980.6 美元将尚未完工的船舶出口给联合公司，久盛公司并未以低价转让涉案船舶，也未因此给港务公司造成损害。长宏船舶公司虽然以 12735000 美元的价格购得涉案船舶，该价格低于联合公司的购买价格，但长宏船舶公司是按废钢船的价格从长宏发展公司购买，用以拆解回收钢材。综上，债务人久盛公司转让涉案船舶的行为不构成无偿转让财产或者以明显不合理的低价转让财产，债权人港务公司请求撤销债务人的转让行为，缺乏事实和法律依据。

2. 不合理价格买卖

▷史某某诉陈某某等债权人撤销权案[1]

债务人以明显不合理的低价转让财产，对债权人造成损害，并且受让人知道该情形的，债权人可以请求人民法院撤销债务人的行为。本案中，税务机关核定价格系行政机关为征税设置的最低标准，根据当地税务局《关于调整房屋、土地交易二级市场计税价格的通知》规定，税务机关核定的计税价格是在对房屋、土地二级市场交易申报计税价格低于同期同类房屋、土地二级市场价格又无正当理由时适用，因此，在正常情况下，房屋的市场交易价格应等于或高于核定的计税价格，而上诉人以 80 万元的价格买入本案讼争房屋未达到交易时计税价格的70%，故上述房屋买卖行为可认定已构成明显不合理低价转让。且从之后上诉人与原审被告追加 45 万元房款的行为看，双方明知本案讼争房屋价值不止 80 万元，却以 80 万元的价格予以出卖，即使就其自愿追加的房款看，也有 45 万元的价格差距，以交易当地一般经营者的判断，也已构成明显低价。

---

[1] 参见浙江省绍兴市中级人民法院 (2011) 浙绍商终字第 828 号民事判决书。

▷黄某某、深圳市京驰粤实业有限公司债权人撤销权纠纷案①

债权人马某某与借款人粤粮公司、连带担保人黄某某之间的债权债务真实存在，黄某某作为连带担保人，负有向马某某清偿债务的法律责任。2016 年 5 月，黄某某将其持有的基裕公司 50% 的股权作价 50 万元对外予以转让，其后，该份股权又发生多次转让。针对上述情况，马某某主张上述股权转让的交易价格明显低于市场合理价格，属于低价转让，故在本案中要求撤销上述行为。法院认为，黄某某转让其持有的 50% 的股权，并未对基裕公司的实际资产情况进行合法评估，其转让价 50 万元仅为基裕公司注册资本的一半价值，完全忽略了基裕公司 4 万余平方米土地使用权的实际价值和该公司的其他资产价值。因此，黄某某以 50 万元的价格转让其持有的股权，属于明显不合理的低价转让行为。而从本案的股权转让过程来看，股权转让款的支付时间、是否真实支付等事实，均存在诸多疑点。并且，转得人在受让及再次转让股权之时，均未对基裕公司的资产进行严格审查。上述事实因素，足以证明各股权转让人之间存在主观上的恶意。本案中，黄某某作为债务人，以明显不合理的低价转让其财产，减少责任财产，降低了其对债权人的实际清偿能力，对债权人造成了一定的损害，并且各转得人主观上存在恶意，明知存在上述诈害行为却仍为之。因此，马某某作为债权人，提起本案诉讼，要求撤销股权转让行为，理据充足，本院予以支持。债务人、转得人的行为被撤销后，其转让行为自始无效，应当恢复财产之原状。

3. 亲属间的特殊交易行为

▷姚某某与崔某某等债权人撤销权纠纷案②

债权人姚某某对债务人崔某某和徐某一享有合法债权。此后，崔某某和徐某一与徐某二、俞某之间签订房产买卖合同，将其所有的房屋予以出售，房屋成交价为 270000 元。债权人姚某某认为崔某某和徐某一以明显不合理的低价转让住房造成其债权损害而要求撤销其行为。法院认为，徐某一、崔某某与徐某二系父母女儿关系，俞某系徐某二的女儿徐某三的丈夫，四人为近亲属关系，与一般的交易主体之间的关系有所不同。崔某某、徐某一与徐某二、俞某的房屋成交价为 270000 元，虽然该价格略低于交易时交易地的指导价或市场交易价 70%，但考虑

---

① 参见广东省中山市中级人民法院（2017）粤 20 民终 6391 号民事判决书。
② 参见浙江省嘉兴市中级人民法院（2014）浙嘉商终字第 342 号民事判决书。

到该住房崔某某原本就要赠与徐某二的女儿用于其一家居住，因崔某某为了替儿子还债不再赠与而变成出让，故涉案房屋的买卖行为，并非单纯房屋买卖，涉及赠与转买卖等多方面因素，且崔某某、徐某一与徐谋二系父母女儿关系，故上述价格尚属合理合情范畴。综合考虑以上因素，法院认为，涉案房屋的买卖行为并不构成以明显不合理的低价转让财产。

◆ 理解与适用

债权人撤销权起源于罗马法并被后世诸多大陆法系国家所继受，因它是由罗马法务官保罗所创设的概念，故又称为保罗诉权，法国法将其称为废罢诉权。[①]债权人撤销权是债的保全方式之一，旨在通过撤销债务人实施的有害于债权的积极行为，恢复债务人自身的责任财产，进而保障债权人合法债权的有效实现。合同具有相对性，原则上合同之债仅在合同当事人之间产生法律效力，不对第三人产生效力。然而，由于债务人的责任财产是其履行债务的基础，构成全体债权人的一般担保，责任财产充足与否与债权能否实现息息相关，而债务人对责任财产的不当处分完全可能损害债权人的合法利益。对此，为平衡债权人、债务人和相对人之间的利益，法律在特别情形下允许债权人对债务人的财产处分自由予以干涉，并赋予债权人对债务人实施的特定诈害行为进行撤销的权利，以保障债权的实现，此即所谓的债权人撤销权。

以是否存在对待给付或取得对价为标准，被撤销之行为可以区分为有偿行为和无偿行为两种，相应的撤销权行使要件亦存在区别，典型的就是对不同性质行为行使撤销权时相应的主要要件存在差异，譬如，对有偿行为的撤销需满足相对人存在恶意这一主观要件。当然，在客观要件方面，有偿行为的认定标准也更为严格，债权人仅能就债务人以明显不合理的交易价格实施的财产处分行为予以撤销，包括债务人以明显不合理的低价转让财产或以明显不合理的高价受让他人财产等情形。原因在于，撤销权的制度初衷在于保全债务人的责任财产以防止其不当减少危及债权之实现，债务人无偿处分其财产通常将导致其责任财产的直接减少，对此予以撤销无可厚非；在有偿行为中，债务人处分其财产因取得相应的对

---

① 参见韩世远：《债权人撤销权研究》，载《比较法研究》2004 年第 3 期，第 34 页。

价并不必然减损其偿债资力，因此债权人只能就存在明显不合理交易对价的财产处分行为予以撤销，因为此种有偿行为同样是对债务人责任财产的不当减少并可能影响债权实现。此外，在第三人支付对价的场合，若对所有的财产处分行为任意撤销，难谓对第三人利益和交易安全予以妥当兼顾。① 因此，在判断债务人有偿处分其责任财产是否构成诈害行为时，核心问题是如何认定相应的财产处分行为是否合理，即"明显不合理的交易价格"的认定标准为何。

1. 不合理交易价格的判断基准

在判断对价是否合理时，有客观等值原则和主观等值原则之分，前者以客观的市场标准或理性之人的标准来判断当事人之间的给付与对待给付是否等值；后者以当事人的主观意愿来判断，只要当事人就价格达成真实的合意即可。② 本条第 1 款延续了《合同法解释（二）》的立场，采取了客观等值原则，即以客观的标准判断交易对价是否合理。原因在于，债权人撤销权行使的核心要件是债务人的财产处分行为影响债权人的债权实现。是否影响债权实现，通常以债务人有无资力为标准，即债务人在处分财产后有无足够资产清偿债权人的债权。③ 由此推之，财产处分行为是否合理，关键是看债务人在处分其财产后是否具有足够的资产清偿其债务。由于此时被处分的财产转化为交易对价，只有当交易对价与被处分之财产相对客观等值时，才不会导致债务人的责任财产减少进而危及债权实现。因此，这里的交易价格是否合理只能诉诸客观标准而非当事人的主观意愿，因为是否具有偿债能力是一个客观事实。

具体而言，第一，在认定交易价格是否合理时，应当以交易当地一般经营者为判断基准。一般经营者是指相关交易领域普通的理性经营人。一般经营者是认定交易价格的主体基准，即以在相同或类似的交易场景中一个理性的普通经营者对交易价格的认知为标准。一般经营者是一个抽象的概念，既非实际交易当事人，也不是法官，当然也排除了其他非经营者。就时空维度而言，这里的一般经营者是指交易发生时交易当地的经营者。基于财产性质、市场流通、交易成本等

---

① 参见郑玉波：《民法债编总论》（修订二版），陈荣隆修订，中国政法大学出版社 2003 年版，第 299 页。

② 参见崔建远：《论债权人撤销权的构成》，载《清华法学》2020 年第 3 期，第 141 页。

③ 参见茅少伟：《恶意串通、债权人撤销权及合同无效的法律后果——最高人民法院指导案例 33 号的实体法评释》，载《当代法学》2018 年第 2 期，第 21 页。

客观事实，同一商品在不同地域、不同时间段的价格存在一定的差异，以交易行为发生时和交易行为地作为交易价格合理与否的时空判定标准则更为客观与公平。此外，有偿处分财产以相对人存在主观恶意为前提，通常而言，相对人的主观心理状态也是以行为发生时为认定标准，与前述交易价格的判定标准相一致。

第二，在认定交易价格是否合理时，应当参考交易时交易地的市场交易价或者物价部门指导价。鉴于一般经营者标准的抽象性，在认定交易价格是否过低或过高时，仍需要借助一定的客观事实，以避免个别化、主观化之判断，交易时交易地的市场交易价或者物价部门指导价则是重要的参考标准。根据《价格法》第3条的规定，交易价格一般分为市场调节价、政府指导价和政府定价三类。前述标准中的市场交易价是指市场调节价，即由经营者自主制定，通过市场竞争形成的价格；物价部门指导价是指政府指导价，即由政府价格主管部门或者其他有关部门，按照定价权限和范围规定基准价及其浮动幅度，指导经营者制定的价格。这里的"参考"，意味着在判断交易价格是否合理时，相关标准并不具有绝对性，应当在个案中根据交易实际情况，结合相关因素作具体判断。①

2. 不合理交易价格的具体认定标准

本条第1款规定了判定交易价格合理与否的主体和时空标准，并将市场交易价或者物价部门指导价作为可资参考的重要标准。在此基础上，本条第2款具体明确了认定交易价格是否过低或过高的数额标准：转让价格未达到交易时交易地的市场交易价或者指导价70%的，一般可以认定为明显不合理的低价；受让价格高于交易时交易地的市场交易价或者指导价30%的，一般可以认定为明显不合理的高价。根据我国《民法典》第539条的规定，债务人所实施的有偿诈害行为的核心特征是以"明显不合理"的交易价格处分其财产进而影响债权人的债权实现。这意味着，不能简单地以实际交易对价与被处分财产的市场价值存在差异就认定这里的交易价格不合理，并且法律要求有偿处分财产时价格必须达到明显的不合理程度，也即允许实际交易价格存在合理的浮动空间，此既有利于维护当事人的意思自治，也避免了债权人对他人间合同关系的过度侵入。具体而言，在判断交易价格是否明显不合理时，以交易时交易地的市场交易价或者指导价为数额

① 参见黄薇主编：《中华人民共和国民法典合同编解读》（上册），中国法制出版社2020年版，第269页。

基准，将债务人与相对人交易中的实际价格与前述基准进行比较，若差额超过基础数额标准的30%则一般可以认定交易价格明显不合理；也即双方交易的实际价格低于市场交易价或者指导价70%则构成明显不合理的低价，高于市场交易价或者指导价30%则构成明显不合理的高价。

　　需要明确的是，由于市场经济和交易行为本身的复杂性，以及市场交易价格的波动和当事人的主观意愿等因素，往往难以以绝对统一的标准去判定某一特定交易中的对价是否合理。因此，前述数额标准是一个原则性的判断标准，或者说是一个参考示范标准，实践中不能将此绝对化而僵硬地予以适用。① 本条使用"一般可以认定"的措辞即表达了前述意旨。"一般"意味着在通常的市场交易情形下可以适用前述标准，而季节性产品或临期产品的甩卖，在市场疲软、有价无市、资金占用利息损失巨大时为挽回经营损失而作出的低价处理行为等特殊情形应当予以排除。② "可以"意味着此种标准不具有强制性，应当综合各种因素根据实际情况作个案具体判断。与此前的规定相比，这里采用了"认定"而非"视为"的表述，尽管从文义上讲本条并未采取直接的法律拟制用语，但从目的解释出发，由于此种标准并非绝对强制性标准，仅在于为法官提供合理的参照，因此也应当理解为是一种法律的推定，允许债务人、相对人提出相反的证据或事实进行推翻。

3. 明显不合理交易价格认定标准的例外情形

　　在一般交易情形下，法官可以参考前述市场交易价或者指导价70%、30%的数额标准，对明显不合理的交易价格予以认定。然而，当债务人与相对人存在一定的特殊关系时，如亲属关系、关联关系，相应的交易价格不完全是以市场价格为基础的，这也符合一般的社会认知与社会交往、交易习惯，进而以本条第2款规定的数额基准作为交易价格是否合理的判断标准则不尽合理，否则会导致法律对当事人财产处分自由的过度干预和介入。正如有论者所言，"对撤销权的成立应设定较高的门槛，在很多情况下，比如在关联交易中以低价或者高价交易的现

---

① 参见王利明：《合同法研究》（第三版）（第二卷），中国人民大学出版社2015年版，第136页。
② 参见最高人民法院民法典贯彻实施工作领导小组主编：《中华人民共和国民法典合同编理解与适用（一）》，人民法院出版社2020年版，第537页。

象大量发生，这也是行业的惯例，不能随意予以撤销"①。因此，本条第 3 款规定了明显不合理交易价格认定标准的例外情形，即当债务人与相对人存在亲属关系、关联关系等情形时，不受本条第 2 款规定的 70%、30% 的限制。例如，亲属间的买卖行为，基于亲情和家庭伦理关系的考虑，双方之间的交易价格完全可能略低于一般市场价格的 70%，但该交易价格是基于特殊的亲属关系而产生的，具有合理性，不能以一般的市场交易行为和交易对价对此予以简单评判，否则有悖基本的社会交往习惯和认知常识。

本条第 3 款主要列举了亲属关系、关联关系两类特殊社会关系。这里的亲属关系并不限于近亲属，但也不应当将其随意拓展至任何社会熟人关系，将亲属关系列为例外事由显然是考虑到亲属之间彼此的特殊身份关系，由于同为家庭成员因而具有血缘或情感上的特殊联系，故亲属之间的交易价格可能会低于一般的市场价格，这并不能说明此种交易就存在诈害债权人的恶意；司法解释的这一规定体现了其尊重家庭伦理的人文关怀。而关联关系一般强调交易双方之间存在特殊的利益关联性。《公司法》第 265 条第 4 项将公司法领域的关联关系定义为"公司控股股东、实际控制人、董事、监事、高级管理人员与其直接或者间接控制的企业之间的关系，以及可能导致公司利益转移的其他关系"。关联关系的双方当事人被称为关联方。《企业所得税法实施条例》第 109 条规定，《企业所得税法》第 41 条所称关联方，是指与企业有下列关联关系之一的企业、其他组织或者个人：（1）在资金、经营、购销等方面存在直接或者间接的控制关系；（2）直接或者间接地同为第三者控制；（3）在利益上具有相关联的其他关系。基于关联关系的交易属于关联交易，关联交易在市场经济活动中普遍存在，其能够通过将外部交易内部化，减少交易成本、优化资源配置、实现规模经济。② 因此，关联交易本身并不违法，法律仅仅是禁止利用关联关系损害他人合法权益的行为，而关联交易中的价格往往与一般市场交易价格存在差异，进而不能用普通市场交易价格去简单评判关联关系中的对价是否合理。

---

① 石佳友、刘欢、曾佳：《〈民法典〉合同编司法解释规则的优化与完善——"〈民法典合同编司法解释（草案）〉学术研讨会"综述》，载《法律适用》2021 年第 12 期，第 180-181 页。

② 参见林一英：《关联交易的差异化规范：方法和主体的视角》，载《中国政法大学学报》2022 年第 5 期，第 118 页。

　　此外，本条第3款使用了"等"的兜底表述，意味着当债务人与相对人存在类似于亲属关系、关联关系等其他特殊利益情形时也不受本条第2款确立的数额标准的限制，这要求法院在审理案件时，结合具体案件情形进行综合性判断，而不能以单一的价格因素进行简单机械的认定。

> **第四十三条　【其他不合理交易行为的认定】**
>
> 　　债务人以明显不合理的价格，实施互易财产、以物抵债、出租或者承租财产、知识产权许可使用等行为，影响债权人的债权实现，债务人的相对人知道或者应当知道该情形，债权人请求撤销债务人的行为的，人民法院应当依据民法典第五百三十九条的规定予以支持。

◆条文主旨

　　本条是关于债权人撤销债务人其他不合理的有偿处分财产行为的规定。除《民法典》第539条规定的债务人以明显不合理的低价转让财产、以明显不合理的高价受让他人财产或者为他人的债务提供担保三种类型外，本条规定，债务人实施其他有偿行为影响债权人的债权实现的，债权人有权请求撤销债务人的行为，此类行为包括债务人以明显不合理的低价或者高价实施互易财产、以物抵债、出租或者承租财产、知识产权许可使用等。

◆关联规定

《中华人民共和国民法典》

　　第五百三十九条　债务人以明显不合理的低价转让财产、以明显不合理的高价受让他人财产或者为他人的债务提供担保，影响债权人的债权实现，债务人的相对人知道或者应当知道该情形的，债权人可以请求人民法院撤销债务人的行为。

《中华人民共和国企业破产法》

　　第三十一条　人民法院受理破产申请前一年内，涉及债务人财产的下列行为，管理人有权请求人民法院予以撤销：

（一）无偿转让财产的；

（二）以明显不合理的价格进行交易的；

（三）对没有财产担保的债务提供财产担保的；

（四）对未到期的债务提前清偿的；

（五）放弃债权的。

《最高人民法院关于适用〈中华人民共和国企业破产法〉若干问题的规定（二）》（法释〔2020〕18 号）

第十三条　破产申请受理后，管理人未依据企业破产法第三十一条的规定请求撤销债务人无偿转让财产、以明显不合理价格交易、放弃债权行为的，债权人依据民法典第五百三十八条、第五百三十九条等规定提起诉讼，请求撤销债务人上述行为并将因此追回的财产归入债务人财产的，人民法院应予受理。

相对人以债权人行使撤销权的范围超出债权人的债权抗辩的，人民法院不予支持。

◈ 案例指引

1. 不合理价格的股权置换

▷国家开发银行与沈阳高压开关有限责任公司、新东北电气（沈阳）高压开关有限公司、新东北电气（沈阳）高压隔离开关有限公司、沈阳北富机械制造有限公司等借款合同、撤销权纠纷案①

沈阳高压开关有限责任公司（以下简称沈阳高开）以其在新东北电气（沈阳）高压隔离开关有限公司（原沈阳新泰高压电器有限公司，2005 年变更为现名称，以下简称新泰高压）74.4%的股权置换东北电气持有的沈阳添升 98.5%的股权是否存在价值严重不对等的情况，该股权置换行为是否对债权人的债权造成损害。各方当事人对于新泰高压 74.4%股权价值为 13000 万元均无异议，但对于沈阳添升 98.5%的股权价值争议很大。经查实，东北电气实际是以十台汽轮发电机组折价 13000 万元投资沈阳添升，持有沈阳添升 98.5%的股权，实际审计表

---

① 参见最高人民法院（2008）民二终字第 23 号民事判决书。

明，十台发电机组的账面价值仅为 2787.88 万元。最高人民法院认为，沈阳高开将其 13000 万元的资产与东北电气价值约 2787.88 万元的资产相置换，东北电气明知自己与沈阳高开交易支付的十台汽轮发电机组价值仅为 2787.88 万元，还仍然与沈阳高开进行股权置换，该交易行为严重损害了沈阳高开的债权人国家开发银行的利益，沈阳高开与东北电气有关新泰高压的股权交易合同应当依法撤销。

2. 不合理低价出租

▷李某某与某投资公司债权人撤销权纠纷案①

债务人以不合理低价出租房屋，势必导致债务人本应获得的正常收益遭受贬损，变相使得债务人将自己本应享有的相当的财产权利让渡至相对人处，进而对债权人的债权产生不利影响，涉案《租赁合同》属于债权人行使撤销权的对象。虽然通常在房屋租赁过程中，整租或分租方式以及租金缴纳方式的确会对租金价格产生影响；在商业活动中，也确实存在商业主体基于资金回笼、融资需求等目的，对商业行为作出各种安排的情况，但涉案《租赁合同》所确定的租金价格远低于正常水平，即使考虑租金趸交及融资成本因素，亦难以认定涉案《租赁合同》所确认之租金属于正常合理范畴。

3. 合理价格的以物抵债

▷杭州申瑞置业有限公司、朱某某房屋买卖合同纠纷案②

朱某某与杭州申瑞置业有限公司（以下简称申瑞公司）间存在民间借贷关系，申瑞公司因不能按约归还借款本息，双方当事人经对账协商，决定终止借款合同关系并建立商品房买卖合同关系，将对账确认的借款本息转变为已付购房款。法院认为，判断房屋价格是否过高或过低，既要参考同时同地段、同类型商品房价格，更要考虑出卖人当时的资信情况、信誉情况、楼盘的施工进度。申瑞公司在债务期间，经营状况严重恶化，作为被告的申瑞公司涉及多起诉讼，对已出售的商品房未能按期交房，虽已结顶，但对内部设施的安装无力为继，处于烂尾状态，已引发业主群体性上访、信访。申瑞公司以较大折扣将商品房出售给朱某某以抵销债务，符合当时的实际情况。申瑞公司的管理人以"明显不合理的低价"为由主张撤销买卖合同，缺乏事实与法律依据。

---

① 参见北京市第三中级人民法院（2021）京 03 民初 2038 号民事判决书。
② 参见浙江省嘉兴市中级人民法院（2018）浙 04 民终 365 号民事判决书。

◆ **理解与适用**

在债务人有偿处分其财产的情形下，若相对人支付合理对价，债务人的责任财产并未实质减少，不会影响债权人债权的实现，故债权人对存在合理交易价格的有偿行为一般不得撤销。因此，债权人对债务人有偿行为的撤销，核心是相应的财产处分行为不当减少了债务人的责任财产，并有害于债权人债权的实现。我国《合同法》第 74 条仅规定了"债务人以明显不合理的低价转让财产"一种有偿的诈害行为。《合同法解释（二）》第 19 条在此基础上增加了"债务人以明显不合理的高价收购他人财产"这一新的行为类型。此后，我国《民法典》第 539 条进一步将"为他人的债务提供担保"纳入撤销权的行使对象。与代位权相比，债权人撤销权更具"侵扰性"，其将直接接入并破坏债务人与相对人之间的法律关系，足以引起交易秩序的不稳定，[①] 因此应当严格限制债权人撤销权的行使对象。然而，这并不意味着债权人只能就明显不合理的低价或高价处分财产的行为进行撤销。撤销权根本上针对的是一切债务人积极实施的有害于债权人债权实现的不当的财产处分行为。尽管《民法典》第 539 条规定的三种不当的财产处分行为在司法实践中属于较为典型的可以被撤销的行为，但前述三类行为仍无法涵盖所有的有偿行为。

1. 其他不合理的财产处分行为

基于债权人撤销权之规范意旨和立法目的，本条进一步增加了其他与"明显不合理低价转让财产"等行为类似的可以被撤销的不合理的有偿财产处分行为类型，具体包括债务人以明显不合理的低价或者高价实施互易财产、以物抵债、出租或者承租财产、知识产权许可使用等行为。譬如，债务人以价值较高的资产与相对人价值较低的资产进行置换，债务人接受相对人明显低于原债务价值的实物进行抵债，债务人以明显不合理的高价取得用益物权，债务人以明显不合理的高价承租房屋等。在"王某、乐山市沙湾区沫鑫建材有限公司债权人撤销权纠纷案"[②] 中，债务人乐山市沙湾区沫鑫建材有限公司将其采区范围内的砂石资源作价 1683.32 万元，通过以物抵债的方式抵偿给相对人粟某，而根据交易发生时前

---

① 参见崔建远：《合同法》（第三版），北京大学出版社 2016 年版，第 180 页。
② 参见四川省乐山市中级人民法院（2018）川 11 民终 694 号民事判决书。

述砂石资源的市场总价高达 6000 余万元，实际交易价格明显低于市场交易价格的 70%，法院认定其系以低价不合理地转让其所有的砂石资源，遂撤销了相应的以物抵债行为。

此外，为避免挂一漏万，本条在列举互易财产、以物抵债、出租或者承租财产、知识产权许可使用的具体情形后，增加了"等行为"的兜底规定，保证了法律规范的开放性。在司法实践中，债务人实施了其他本条未具体列举但与已经明确规定的有偿行为类似的诈害行为时，债权人可以请求人民法院撤销债务人的行为。有论者认为，"可以成为债权人撤销权标的的行为不限于法律行为，能够发生法律上效果的适法行为，也包括在内。例如，债务承担的承认行为，可生时效中断效力的承认行为等。不仅如此，诉讼上的行为如兼有私法上行为性质者，如诉讼上和解、抵销、诉之撤回等，亦得撤销"①。需要明确的是，并非所有的影响债权人债权的行为都可以被撤销，债务人的行为须以财产为标的，如结婚、离婚、收养等身份行为，纵使债务人实施相应的行为会导致其责任财产的减少，债权人亦不得撤销，否则将侵害债务人的人格自由。此外，物之毁灭等事实行为因客观性质而无从撤销。赠与要约之拒绝、第三人债务承担之拒绝等财产上利得之拒绝属于债务人的行为自由范畴，② 债权人也不得撤销，且此种行为并未导致债务人既有责任财产的减少，不符合撤销权的行使要件。同理，以债务人提供劳务为标的之法律行为，只是间接地影响财产利益，债权人亦不得撤销。这是因为，撤销权的目的在于保持债务人的原有资力，而不在积极增加债务人之资力。③ 至于交易价格是否合理，仍需要结合《民法典》第 539 条和本解释第 42 条的相关规定予以合理认定。

2. 债务人的行为影响债权人债权的实现

撤销权的行使对象是债务人实施的特定诈害行为。"债务人实施使债权受有损害而不能获得完全清偿的行为，通称之为诈害债权的行为，或径称之为诈害行为。"④ 概言之，债务人不仅需要实施一定的财产处分行为，相应的行为还需要

---

① 申卫星：《论债权人撤销权的构成——兼评我国〈合同法〉74 条》，载《法制与社会发展》2000 年第 2 期，第 42 页。
② 参见史尚宽：《债法总论》，中国政法大学出版社 2000 年版，第 483 页。
③ 参见黄立：《民法债编总论》，中国政法大学出版社 2002 年版，第 488 页。
④ 崔建远：《合同法》（第三版），北京大学出版社 2016 年版，第 184 页。

具有"诈害性"。所谓的"诈害性"即害及债权，也就是债务人减少财产或增加债务，削减其资产，致陷于无清偿能力，或其清偿能力原已薄弱，因此益增困难，使债务人不能为完全给付。[①] 原因在于，撤销权旨在维持债务人的责任财产以保证债务人有足够的能力清偿债务，若债务人实施一定的财产处分行为后，其尚具备足够的偿债资力，则前述行为不会对债权人的债权造成影响，债权人自不得要求撤销。可见，诈害性是被撤销行为的根本特征。就实证法而言，我国《合同法》将诈害行为表述为"对债权人造成损害"，我国《民法典》将之修改为"影响债权人的债权实现"，修改后的表述更为完善和贴切，但实质理念并未根本改变。

何种程度之行为将影响债权人的债权实现，涉及诈害行为的判断标准问题，"无资力说"为当前理论之通说，并以"债务超过"为具体认定标准。[②] 申言之，只要债务人在实施了财产处分行为后，没有足够的资产清偿债务，则可以认为该行为有害于债权，债权人对此可予以撤销；反之，若相应的行为并不导致债务人责任财产的减少，或者责任财产的减少不影响其偿债能力，则不应认定其具有诈害性。可见，是否具备诈害性是一个客观的判断，应当以债务人的实际资力为准。就时间基准而言，通常要求债务人实施的财产处分行为在本人行为实施时和债权人撤销权行使时均具有诈害性。若债务人在行为实施时未影响债权的实现，即使此后债务人陷于无资力的状态，债权人也不得行使撤销权。若债务人在行为实施时害及债权的实现，但在撤销权行使时已经恢复了清偿能力，此前的财产处分行为也不得被撤销。根本在于，"债权人撤销权并非惩罚债务人的手段，而是债权保全制度"[③]。此外，债务人实施的诈害行为应当发生于债权人合法成立的债权之后，且债务人的行为应当与无资力状态的出现具有相当因果关系。

3. 有偿行为中相对人应当具有主观恶意

债权人撤销权的行为对象分为无偿行为和有偿行为。对无偿行为进行撤销，通常仅具备客观要件即可，即债务人实施了诈害行为；对有偿行为的撤销，除客

---

① 参见黄立：《民法债编总论》，中国政法大学出版社2002年版，第488页。

② 参见崔建远：《合同法》（第三版），北京大学出版社2016年版，第185页；王利明：《合同法研究》（第三版）（第二卷），中国人民大学出版社2015年版，第140页；韩世远：《合同法总论》（第四版），法律出版社2018年版，第465页。

③ 杨立新：《债法总论》，法律出版社2011年版，第281页。

观要件外，还须具备主观要件，即所谓的主观恶意。原因在于，"在无偿行为，因为受益人并未支付对价，纵为善意，权衡之下仍以债权人较值得保护，所以不再需要主观要件；在有偿行为，为了保障善意受益人，尚须有债务人及受益人为恶意之主观要件"①。学理上，通常要求债务人与相对人均具有恶意。就法律规定而言，我国《合同法》和《民法典》并未直接对债务人的主观恶意予以规定，但从法律文义、规范意旨出发，特别是对相对人的主观状态要求来看，一般认为债务人也需要具备恶意。只不过，债权人无须就债务人的主观恶意予以单独证明，其仅需要证明债务人实施了诈害债权之行为即可，债务人的恶意通过其行为而推定。至于何谓恶意，有希望主义和认识主义两种学说，前者要求对于其行为之有害债权，须有积极的希望；后者则不要求有积极的希望，仅有消极的认识为已足。② 通说认为，这里主观恶意不以积极的债权侵害意思为必要，只需当事人对行为有害于债权人之权利有认识即可。"换言之，诈害之认识系指债务人对于所为有偿行为，足致其责任财产发生不足清偿之情形，有所认识。"③ 对债务人而言，其仅需要就债务人所为之行为有害于债权具有认识即可，而债权人应当就相对人知道或者应当知道债务人实施的行为有害于债权的事实予以证明。我国《合同法》仅规定了"知道"这一主观明知的状态，我国《民法典》将债务人的恶意状态规定为"知道或者应当知道"，更具合理性。因为法谚有云，重大过失等同于故意，重大过失地不知亦为恶意，受益人应当知道诈害行为的后果却仍与债务人为之，属于重大过失，构成恶意。就恶意的判断时间点而言，应当以行为时为准，若行为时不知，即使此后认识到相关事实，亦不得认定为具有主观恶意。

---

① 黄立：《民法债编总论》，中国政法大学出版社 2002 年版，第 492 页。

② 参见郑玉波：《民法债编总论》（修订二版），陈荣隆修订，中国政法大学出版社 2003 年版，第 302 页。

③ 崔建远：《论债权人撤销权的构成》，载《清华法学》2020 年第 3 期，第 148 页。

第四十四条　【撤销权诉讼的当事人、管辖及合并审理】

债权人依据民法典第五百三十八条、第五百三十九条的规定提起撤销权诉讼的，应当以债务人和债务人的相对人为共同被告，由债务人或者相对人的住所地人民法院管辖，但是依法应当适用专属管辖规定的除外。

两个以上债权人就债务人的同一行为提起撤销权诉讼的，人民法院可以合并审理。

◆条文主旨

本条是对债权人撤销权诉讼中的相关程序问题的规定。债权人撤销权是对合同相对性的突破，并与第三人具有重大利害关系，法律要求债权人应当以自己的名义通过诉讼的方式行使，即债权人撤销权之诉。基于撤销权本身的法律性质，撤销权诉讼涉及形成之诉、给付之诉等多种形态，更涉及债务人、相对人等不同主体的诉讼地位，以及法院管辖、案件审理等一系列影响撤销权行使的重要程序法问题。有鉴于此，本条对前述重大的诉讼程序问题作出了明确。首先，就诉讼主体而言，债权人提起撤销权诉讼时，除专属管辖外，其应当以债务人和债务人的相对人为共同被告。其次，就管辖而言，债权人撤销权诉讼由债务人或者其相对人的住所地人民法院管辖。最后，多个债权人就债务人的同一行为提起撤销权诉讼的，为简化诉讼，人民法院可以对多个撤销权案件进行合并审理。

◆关联规定

《中华人民共和国民法典》

第五百三十八条　债务人以放弃其债权、放弃债权担保、无偿转让财产等方式无偿处分财产权益，或者恶意延长其到期债权的履行期限，影响债权人的债权实现的，债权人可以请求人民法院撤销债务人的行为。

第五百三十九条　债务人以明显不合理的低价转让财产、以明显不合理的高价受让他人财产或者为他人的债务提供担保，影响债权人的债权实现，债务人的相对人知道或者应当知道该情形的，债权人可以请求人民法院撤销债务人的行为。

《中华人民共和国民事诉讼法》

第五十五条　当事人一方或者双方为二人以上，其诉讼标的是共同的，或者诉讼标的是同一种类、人民法院认为可以合并审理并经当事人同意的，为共同诉讼。

共同诉讼的一方当事人对诉讼标的有共同权利义务的，其中一人的诉讼行为经其他共同诉讼人承认，对其他共同诉讼人发生效力；对诉讼标的没有共同权利义务的，其中一人的诉讼行为对其他共同诉讼人不发生效力。

《全国法院民商事审判工作会议纪要》（法〔2019〕254号）

120.【债权人能否提起第三人撤销之诉】第三人撤销之诉中的第三人仅局限于《民事诉讼法》第56条规定的有独立请求权及无独立请求权的第三人，而且一般不包括债权人。但是，设立第三人撤销之诉的目的在于，救济第三人享有的因不能归责于本人的事由未参加诉讼但因生效裁判文书内容错误受到损害的民事权益，因此，债权人在下列情况下可以提起第三人撤销之诉：

（1）该债权是法律明确给予特殊保护的债权，如《合同法》第286条规定的建设工程价款优先受偿权，《海商法》第22条规定的船舶优先权；

（2）因债务人与他人的权利义务被生效裁判文书确定，导致债权人本来可以对《合同法》第74条和《企业破产法》第31条规定的债务人的行为享有撤销权而不能行使的；

（3）债权人有证据证明，裁判文书主文确定的债权内容部分或者全部虚假的。

债权人提起第三人撤销之诉还要符合法律和司法解释规定的其他条件。对于除此之外的其他债权，债权人原则上不得提起第三人撤销之诉。

◆ 案例指引

1. 撒销权之诉的被告

▷上海英讯科技有限公司诉上海龙都实业发展有限公司等债权人撤销权纠纷案①

上海英讯科技有限公司（以下简称英讯公司）系上海龙都实业发展有限公司

---

① 参见上海市第二中级人民法院（2007）沪二中民三（商）初字第127号民事判决书。

（以下简称龙都公司）合法的债权人，龙都公司将其持有的龙都首立公司60%股权转让给宗成达公司，股权转让协议未约定转让款的支付时间，龙都公司未取得股权转让款，龙都公司涉及多起未清偿债务的诉讼，明显缺乏偿债资产，已危害到债权人的利益，根据法院查明的事实，作为讼争股权出让人的龙都公司与受让人宗成达公司均有危害债权人债权的故意，且其所实施的相关行为具有恶意。本案中，英讯公司遂以龙都公司和宗成达公司为共同被告，向法院提起债权人撤销权之诉。就当事人的诉讼地位而言，法院认为，宗成达公司系涉讼股权转让合同的受让人，其在债权人撤销权案件中的诉讼地位，按照原合同法司法解释的规定，若债权人未将其列为第三人的，法院可以追加其为第三人。本案中，原告英讯公司在起诉时已将宗成达公司列为共同被告，这是原告有权行使的诉讼权利，符合民事诉讼法的有关规定，也不影响其他当事人依法行使诉讼权利，因此本院对宗成达公司的诉讼地位不作变动。

2. 案件管辖

▷梁某某、林某某等债权人撤销权纠纷案①

本案系林某某提出其与合丰公司因居间合同纠纷一案，申请对该公司名下41套房产进行财产保全，梁某某与合丰公司通过设定抵押权的方式规避合丰公司财产不被强制执行，损害了林某某的利益，故林某某提起本案诉讼。据此，本案系债权人撤销权纠纷。《合同法解释（一）》第23条规定，债权人依照《合同法》第74条的规定提起撤销权诉讼的，由被告住所地人民法院管辖。原审被告之一合丰公司作为债务人，其住所地位于广州市越秀区，故原审法院对本案具有管辖权。

3. 案件合并审理

▷韩某某、穆某某等债权人撤销权纠纷案②

债权人石某某、张某某分别对韩某某享有合法有效的债权。此后，韩某某向穆某某以明显不合理低价转让了案涉房屋，该行为降低了韩某某的偿债能力，且此种状态持续到二原告行使撤销权时仍然存在，韩某某亦不能提供其他可供执行的财产清偿对石某某、张某某所负的债务，案涉房屋的受让人对前述情况也是知

① 参见广东省广州市中级人民法院（2022）粤01民辖终1298号民事裁定书。

② 参见内蒙古自治区兴安盟中级人民法院（2022）内22民终332号民事判决书。

悉的。本案的其中一个争议焦点为二原告作为共同原告起诉法院应否受理。韩某某辩称二原告与被告系两个独立的民事法律关系，二原告作为共同原告起诉不符合法律规定，不符合受理条件。法院认为，根据《合同法解释（一）》第 25 条第 2 款"两个或者两个以上债权人以同一债务人为被告，就同一标的提起撤销权诉讼的，人民法院可以合并审理"的规定，本院合并审理并无不妥。因此，法院判决撤销债务人的房屋转让行为。

◆ **理解与适用**

本条关于债权人撤销权诉讼的程序问题是在此前《合同法解释（一）》的基础上修订演变而来。其中，本条与《合同法解释（一）》的相同之处在于，两者均规定，多个债权人就债务人的同一行为提起撤销权诉讼的，人民法院可以合并审理；本解释除对原法条用语表述予以精简和完善外，并无实质性修改。本解释对原合同法司法解释的修订主要体现在两个方面。

其一，《合同法解释（一）》第 24 条规定，债权人可只以债务人为被告，在此情形下，若债权人未将受益人或者受让人列为第三人的，人民法院可以追加该受益人或者受让人为第三人。与此不同的是，本条明确规定，债权人撤销权诉讼应当以债务人和债务人的相对人为共同被告。这主要是考虑到债权人撤销权通常同时涉及债务人和相对人的法律利益，且撤销权之行使除对债务人的诈害行为进行撤销外，经常还涉及相对人对财产的返还问题。因此，将债务人和债务人的相对人作为债权人撤销权诉讼的共同被告，具有合理性。①

其二，《合同法解释（一）》第 23 条规定，债权人撤销权诉讼由被告住所地人民法院管辖，由于被告既可能是债务人也可能包括受益人或者受让人等相对人，因此这里的管辖地在不同案件中取决于债权人如何选择诉讼当事人。若债权人仅以债务人为被告，则撤销权诉讼由债务人住所地的人民法院管辖。若债权人以债务人和相对人为共同被告，理论上，由原告自由选择相应的当事人住所地的管辖法院进行起诉。相较于《合同法解释（一）》，本条就管辖问题进行了明确，债权人撤销权诉讼由债务人或者其相对人的住所地人民法院管辖，根本上是因为

① 参见朱广新、谢鸿飞主编：《民法典评注：合同编　通则》（2），中国法制出版社 2020 年版，第 46 页。

本条对债权人撤销权诉讼的被告进行了强制性规定。

1. 债权人撤销权诉讼中的当事人

撤销权诉讼是债权人就债务人实施的诈害行为申请法院撤销的诉讼。债权人是因自身债权受有损害而主张权利，因此其必须以自己的名义提起撤销权诉讼，撤销权诉讼的原告即债权受到影响的债权人，自不待言。在连带债权的场合，所有的债权人均可作为共同原告而提起诉讼，也可以由其中一个债权人作为原告主张撤销权。其他情形下，债权人为多数人时，即数个债权人向债务人主张撤销权时，债权人可以在保全自己债权的必要范围内单独提起诉讼。根据本条第 2 款的规定，多个债权人就债务人的同一行为提起撤销权诉讼的，人民法院也可以合并审理。

较为复杂的问题是如何确定债权人撤销权诉讼中的被告，学说争议较大。一般认为，撤销权诉讼的被告因对撤销权法律性质的不同认识而有所区别。首先，若将撤销权理解为形成权，则撤销权的主要目的在于使债务人和相对人之间的法律行为效力溯及既往地消灭，则撤销权之诉的被告应当是实施诈害行为的当事人，当诈害行为是单方行为时，被告应该是债务人，当诈害行为是双方行为时，被告应当是债务人和相对人。其次，若将撤销权理解为请求权，其意旨在于请求因债务人之财产处分行为而受有利益的相对人返还相应的财产，此时撤销权的被告则应当是债务人的相对人，即受益人或受让人。最后，若将撤销权理解为兼具形成权和请求权的综合性权利，则撤销权的被告应就具体诉讼之目的而确定。具体而言，"如果债权人主张撤销权之形成效果即得达成保全之目的，则分别债务人所为行为系单独行为抑或契约行为，以该行为之当事人为被告；若兼请求返还利益，则以该利益之取得人即受益人或转得人为被告"①。

我国学界通说认为，撤销权兼具形成权和请求权之双重性质，采折中说。②本条规定，债权人撤销权诉讼的被告为债务人和债务人的相对人，似较为接近撤销权双重性质之折中说观点。此种规定的合理性在于，撤销权的行使通常同时涉及债务人和相对人之重大利益，且在很多情况下，债权人在主张撤销诈害行为的同时也会主张相对人的财产利益返还，将债务人和相对人列为共同被告符合一般法理。

① 孙森焱：《民法债编总论》（下册），法律出版社 2006 年版，第 547 页。
② 参见崔建远：《合同法》（第三版），北京大学出版社 2016 年版，第 181 页。

此外，通过考察司法实践可以发现，"将债务人和相对人作为共同被告的诉讼形态是司法实务中的主流做法"，① 因此本条之规定也符合债权人的一般诉求。

2. 债权人撤销权诉讼的管辖

根据本条第 1 款的规定，债权人提起撤销权诉讼的，首先应当判断该案件是否涉及专属管辖问题。由于专属管辖具有强制性和优先性，若该案涉及专属管辖，则应当适用《民事诉讼法》中有关专属管辖的具体规定。例如，因不动产纠纷提起的诉讼，由不动产所在地人民法院管辖；因港口作业中发生纠纷提起的诉讼，由港口所在地人民法院管辖；因继承遗产纠纷提起的诉讼，由被继承人死亡时住所地或者主要遗产所在地人民法院管辖。

若撤销权案件不涉及专属管辖，则债权人应当以债务人和债务人的相对人为共同被告。根据民事诉讼管辖的一般原则，对公民提起的民事诉讼，由被告住所地人民法院管辖。同一诉讼的几个被告住所地、经常居住地在两个以上人民法院辖区的，各该人民法院都有管辖权。本条规定，撤销权诉讼由债务人或者其相对人的住所地人民法院管辖。这也意味着，在债权人撤销权诉讼中，由于债务人和债务人的相对人为共同被告，所以债务人和债务人的相对人的住所地人民法院对案件均享有管辖权，实际的案件管辖就应当由原告的起诉情况进行确定，这也符合司法实践中债权人提起撤销权诉讼的通常做法。需要说明的是，根据《民事诉讼法》的规定，被告住所地与经常居住地不一致的，由经常居住地人民法院管辖，撤销权的管辖也应当遵守前述规定。

此外，若两个或者两个以上债权人就债务人的同一行为提起撤销权诉讼，为简便诉讼程序，本条规定人民法院可以就该撤销权案件进行合并审理。此类案件由于当事人一方或者双方为二人以上，诉讼标的是共同的，或者诉讼标的是同一种类，满足我国民事诉讼法中共同诉讼的要件，因此人民法院可以合并审理。

---

① 夏志毅：《〈民法典〉时代债权人撤销之诉的解释论——以诉讼法视角为切入点》，载《烟台大学学报（哲学社会科学版）》2022 年第 6 期，第 25 页。

> **第四十五条 【撤销权的效力范围及"必要费用"的认定】**
>
> 在债权人撤销权诉讼中，被撤销行为的标的可分，当事人主张在受影响的债权范围内撤销债务人的行为的，人民法院应予支持；被撤销行为的标的不可分，债权人主张将债务人的行为全部撤销的，人民法院应予支持。
>
> 债权人行使撤销权所支付的合理的律师代理费、差旅费等费用，可以认定为民法典第五百四十条规定的"必要费用"。

◆ **条文主旨**

本条是关于债权人撤销权行使范围的规定。

《民法典》第540条规定，撤销权的行使范围以债权人的债权为限。概言之，债权人仅有权就债务人实施的影响自己债权实现部分的财产处分行为予以撤销，对超过债权范围的其他责任财产，债权人原则上不得主张撤销。当被撤销行为的标的大于债权人的债权数额时，涉及撤销权行使的具体范围问题。考虑到撤销权本身的效力范围、交易安全、标的分割的可能性以及分割对标的价值的影响等多种因素，本条以被撤销行为的标的是否可分为标准，将撤销权的行使范围进行类型化区分。若被撤销行为的标的可分，当事人仅可在受影响的债权范围内撤销债务人的行为；若被撤销行为的标的不可分，为有效回复债务人的责任财产，债权人可以主张将债务人的行为全部撤销。

《民法典》第540条同时规定，债权人行使撤销权的必要费用，由债务人负担。债权人行使撤销权的必要费用属于权利人主张和维护自身权利所支出的合理费用，该费用由债务人负担无可厚非，但立法者并未就"必要费用"的范围予以确定。本条第2款进一步明确，债权人行使撤销权所支付的合理的律师代理费、差旅费等费用可以认定为必要费用。

◆ **关联规定**

《中华人民共和国民法典》

第三百零四条 共有人可以协商确定分割方式。达不成协议，共有的不动产或者动产可以分割且不会因分割减损价值的，应当对实物予以分割；难以分割或者因分割会减损价值的，应当对折价或者拍卖、变卖取得的价款予以分割。

共有人分割所得的不动产或者动产有瑕疵的，其他共有人应当分担损失。

第五百四十条 撤销权的行使范围以债权人的债权为限。债权人行使撤销权的必要费用，由债务人负担。

《最高人民法院关于适用〈中华人民共和国企业破产法〉若干问题的规定（二）》（法释〔2020〕18号）

第十三条 破产申请受理后，管理人未依据企业破产法第三十一条的规定请求撤销债务人无偿转让财产、以明显不合理价格交易、放弃债权行为的，债权人依据民法典第五百三十八条、第五百三十九条等规定提起诉讼，请求撤销债务人上述行为并将因此追回的财产归入债务人财产的，人民法院应予受理。

相对人以债权人行使撤销权的范围超出债权人的债权抗辩的，人民法院不予支持。

◆ **案例指引**

1. 标的不可分

▷龚某某、王某某债权人撤销权纠纷案①

我国法律设置债权人撤销权制度的目的在于维持债务人的责任财产以备全体债权的清偿，体现了现代民法强化契约信赖以保护债权人利益的价值取向。同时，为防止债权人权利滥用，法律又明确撤销权的行使范围以债权人的债权为限。案涉原告债权数额与涉案车辆的价值相比，客观上虽有一定差距，但应注意的是，案涉财产为车辆，依物的经济性质以及价值和用途考虑，属于不可分物，债权人就案涉标的物的低价转让行使撤销权时无法根据其债权数额作出分割或部

---

① 参见河南省许昌市中级人民法院（2020）豫10民终3464号民事判决书。

分撤销。因此，法院认为王某某行使撤销权并未超过法律限度，其有权就龚某某以明显不合理的价格转让车辆的行为予以全部撤销。

▷沈某某、丁某某债权人撤销权纠纷案①

债务人以明显不合理的低价转让财产，对债权人造成损害，并且受让人知道该情形的，债权人可以请求人民法院撤销债务人的行为。陈某某、沈某某协议离婚时，陈某某在丁某某处尚有债务未清偿，却将夫妻共同财产——位于慈溪市的楼房一幢分割给沈某某，导致一审法院执行过程中陈某某履行债务不能，客观上对作为债权人的丁某某造成了损害。此外，债权人撤销权的行使范围以债权人的债权为限，丁某某未实现债权虽为150000元及相应利息，但因房地产系不可分割的财产，应一并予以撤销。综上，法院对丁某某要求撤销陈某某、沈某某离婚协议中房地产分割约定的诉请，予以支持。

2. 标的可分

▷王某某与友力建设集团有限公司等债权人撤销权纠纷案②

友力建设集团有限公司（以下简称友力公司）对红太阳公司享有合法债权，此后，红太阳公司与第三人王某某签订11份《浙江省商品房买卖合同》，约定将相应的商铺（建筑面积共计2488.09平方米）出售给第三人。法院认为，红太阳公司在明知拖欠友力公司工程款的情况下，将阳光公寓11套商铺以明显不合理的低价转让，该行为必然导致红太阳公司责任财产减少、偿债能力减弱，对友力公司的债权造成损害，且相对人对上述情形也知悉。关于友力公司行使撤销权的范围问题，法院进一步指出，行使撤销权应以债权人享有的债权为限，对于可分物，债权人享有对标的物的选择权，本案中友力公司选择行使撤销权的商铺编号连续，且经过评估后涉案的7套商铺的总价为1152万元，未超过友力公司的债权限额，不存在友力公司恶意选择的问题，友力公司确定的撤销权行使范围并无不当，应当予以支持。

◆ **理解与适用**

撤销权的行使，除满足相应的主客观要件外，还需要明确其具体的行使范

---

① 参见浙江省宁波市中级人民法院（2018）浙02民终4250号民事判决书。

② 参见浙江省台州市中级人民法院（2016）浙10民终2156号民事判决书。

围。理论上，存在绝对无效说和相对无效说之区分。就撤销权的行使范围而言，绝对无效说认为，债务人行为撤销后，对于任何人的全部行为视为自始无效；相对无效说认为，撤销的效力虽然为自始无效，但效力范围以保全债权人的权利范围为标准，超出其保全范围的部分仍然继续有效。[①] 我国《合同法》第74条规定，撤销权的行使范围以债权人的债权为限。我国《民法典》第540条对前述规定予以继受。可见，我国立法在撤销权的行使范围问题上采取了所谓的相对效力理论。然而，前述规定仍较为宏观，仅就撤销权的行使范围进行了原则性规定，要求以债权人的债权为基准，但是如何理解这里的"债权人"仍存在一定的争议。此外，当诈害行为的标的价值大于债权人的债权数额时，如何就此种财产处分行为予以撤销，也值得探究。为统一法律适用，本条在《民法典》相关规定的基础上，以被撤销行为的标的是否可分为标准，进一步就撤销权的行使范围进行了细化与完善。在具体理解本条规定时，应注意以下问题。

1. 撤销权的行使范围以撤销权人的债权为限

我国《民法典》第540条规定，撤销权的行使范围以债权人的债权为限。这里的"债权人"所指为何，从法条之文义上看，无法得出有效结论，理论上存在一定的争议。有学者主张，这里的"债权人"是指债务人的全体债权人。其理由在于，"撤销权的行使目的在于保全所有一般债权，因此其行使范围，不以保全行使撤销权的债权人享有的债权额为限，而应以保全全体一般债权人之全部债权为其限度"。[②] 更多的观点则认为，我国立法中的"债权人"是指撤销权人，即撤销权的行使范围应当以提起撤销权诉讼的特定债权人的债权为限度。其目的在于，尽可能降低撤销权的行使对交易安全的影响。[③] 根本上，撤销权系对合同相对性的重大突破，对债务人的财产处分自由、相对人的期待利益、交易安全有重要影响，若允许部分债权人对债务人的所有行为任意一体撤销，对整个交易秩序将造成严重冲击。从事实层面看，一般的债权人在行使撤销权时，通常也不可能知悉债务人的其他债权人，这也导致其无法对所有的债权额度予以举证，故以撤

---

① 参见杨立新：《债法总论》，法律出版社2011年版，第283页。

② 王家福主编：《民法债权》，中国社会科学出版社2015年版，第174页。

③ 参见崔建远：《合同法》（第三版），北京大学出版社2016年版，第183页；韩世远：《合同法总论》（第四版），法律出版社2018年版，第471页。

销权人本身的债权额为限度具有客观合理性，也符合法律的确定性要求。不仅如此，"不管从债权人撤销权性质的实体性还是程序性上讲，均应由作为权利人的债权人独立行使，其他债权人或人民法院都不可替代，否则违反了权利自由原则，没有提起撤销权之诉的其他债权人的债权不应纳入撤销权之诉审查范围"①。需要说明的是，即使以特定债权人的债权作为撤销权行使的范围限制，也并不与撤销权的制度目的相冲突，反而此种限制更有利于实现多方利益的平衡，也更便于司法实践的操作。这是因为，撤销权行使的目的在于保全一般债权人的共同担保，而债务人任何责任财产的恢复当然有助于实现前述目的。实际上，撤销权保障全体债权人的利益主要体现在撤销权行使的法律效果方面，基于债权的平等性，撤销权采取的是"入库规则"，即相关的财产归入债务人的责任财产，提起撤销权之诉的债权人也无法优先受偿。

2. 撤销权的行使以受影响的债权范围为限

撤销权的核心指向对象是债务人所实施的诈害行为，这是因为债务人对自身财产的不合理处分将造成其责任财产的减少，并可能导致其陷入无资力之状态，进而影响债权人债权的实现。反之，如果债权人的财产处分行为并未危及债权人的利益，则不符合撤销权的构成要件。由此推之，撤销权的行使尽管是以债权人的债权为限，但这里的债权应当作限缩解释，仅指因诈害行为而受有影响的债权，也是因债务人的不当财产处分行为导致债权人无法受偿的债权部分。若允许债权人对未受影响的债权部分所对应的债务人行为予以撤销，一是不符合撤销权中被撤销行为的"诈害性"要求，因为相应的财产处分行为并未有害于债权；二是可能对债务人的行为自由产生过度干预。

3. 以标的是否可分作为判断诈害行为的撤销范围

撤销权的行使范围以债权人的债权为限，此为撤销权行使的一般原则，撤销权的行使以实现债权人债权之保全目的为必要。概言之，"行使撤销权之范围，原则上以该撤销权人自己之债权额为标准，纵另有其他债权人之存在，亦不得超过自己之债权额"②。然而，在实际情况中，债权人的债权额度通常不可能与债

---

① 最高人民法院民法典贯彻实施工作领导小组主编：《中华人民共和国民法典合同编理解与适用（一）》，人民法院出版社 2020 年版，第 541 页。

② 郑玉波：《民法债编总论》（修订二版），陈荣隆修订，中国政法大学出版社 2003 年版，第 304 页。

务人财产的价值完全一致，若前者本身大于后者，则债务人的诈害行为应当被全部撤销，自不待言。问题在于，若被撤销行为的标的价值大于债权人的债权数额时，应如何处理？通说认为，应当进一步考察法律行为的标的，若标的物不可分，则可以突破撤销权行使范围的一般限制，对不可分物整体主张撤销。此外，此种理论见解也得到了部分比较法立法的支持。比如，《日本民法典》第424-8条就规定："债权人作出诈害行为撤销请求的情形，债务人所为行为的标的可分时，仅可以在自己债权额的限度内请求撤销该行为。"① 对此，本解释吸收了理论学说中的主流观点和借鉴比较法上的有益经验，以被撤销行为的标的是否可分，对诈害行为的撤销范围作进一步区分，以实现债权人债权保护和债务人行为自由维护之间的平衡。具体而言，在债权人撤销权诉讼中，一方面，被撤销行为的标的可分的，当事人可以主张在受影响的债权范围内撤销债务人的行为；另一方面，被撤销行为的标的不可分的，债权人可以主张将债务人的行为全部撤销。标的是否可分需要在个案中作具体判断，在我国司法实践中，法院一般根据标的物的经济性质以及价值和用途等因素作整体考量。② 一般而言，房屋、土地等不动产，汽车等动产通常属于不可分物。此外，也有法院认为债务人与相对人签订的债权转让协议中的项目转让款系不宜分割的债权，应全部撤销③；还有法院将具有财产价值的手机号码作为不可分物对待，并撤销了相应的处分行为。④ 当然，并非只要标的物不可分即需要撤销所有的财产处分行为，如在涉及多套房屋的买卖交易中，若撤销部分房屋的处分行为即可实现债权人债权之保全目的，则不必将债务人实施的全部行为予以撤销。

4. 债权人行使撤销权的必要费用的负担

债权人撤销权属于法定的由债权人享有的救济性权利，其旨在通过撤销债务人所实施的诈害行为维护自己债权在将来的可实现性。权利的行使必然伴随着相应的行使费用，该费用如何负担也是撤销权法律规则构造中的重要议题。我国《民法典》第540条规定："撤销权的行使范围以债权人的债权为限。债权人行使

---

① 刘士国、牟宪魁、杨瑞贺译：《日本民法典》，中国法制出版社2018年版，第95页。

② 参见河南省许昌市中级人民法院（2020）豫10民终3285号民事判决书。

③ 参见山东省潍坊市中级人民法院（2021）鲁07民终9082号民事判决书。

④ 参见云南省大理白族自治州中级人民法院（2018）云29民终1118号民事判决书。

撤销权的必要费用，由债务人负担。"撤销权针对的是债务人害及债权的不当财产处分行为，是法律赋予债权人进行权利救济的正当手段，因此《民法典》最终确定该费用由债务人承担符合公平正义的基本理念。为保证权利义务分配的合理性，《民法典》同时将债权人行使撤销权的费用限定为"必要费用"，也即只有债权人在行使撤销权过程中产生的必要费用才应当由债务人承担。

何谓"必要费用"，《民法典》并未予以明确。一般认为，这里的必要费用是指，债权人为维护自身债权而在行使撤销权过程中所支出的必需的且合理的费用。本条第2款通过开放式列举的方式对该必要费用的具体类型进行了一般性的司法指引，本条规定，债权人行使撤销权所支付的合理的律师代理费、差旅费等费用，可以认定为《民法典》第540条规定的"必要费用"。司法实践中，除了律师代理费、差旅费，其他为实现撤销权而支出的合理费用还包括保全费、公告费、调查费、取证费、评估费、鉴定费、诉讼费，等等。当然，并不是说前述费用一定会得到法院的支持，"可以认定"的表述本身就将最终的决定权交由司法裁判机关行使，是否认定并支持相应的费用，需要由法官在具体个案中结合案件事实等综合因素进行判断。

第四十六条 【撤销权行使的法律效果】

债权人在撤销权诉讼中同时请求债务人的相对人向债务人承担返还财产、折价补偿、履行到期债务等法律后果的，人民法院依法予以支持。

债权人请求受理撤销权诉讼的人民法院一并审理其与债务人之间的债权债务关系，属于该人民法院管辖的，可以合并审理。不属于该人民法院管辖的，应当告知其向有管辖权的人民法院另行起诉。

债权人依据其与债务人的诉讼、撤销权诉讼产生的生效法律文书申请强制执行的，人民法院可以就债务人对相对人享有的权利采取强制执行措施以实现债权人的债权。债权人在撤销权诉讼中，申请对相对人的财产采取保全措施的，人民法院依法予以准许。

◆ 条文主旨

本条是关于撤销权行使的法律效果的规定。

《民法典》规定，债务人影响债权人的债权实现的行为被撤销的，自始没有法律约束力。我国理论界和实务界一致认为，债权人撤销权兼具形成权和请求权的性质。据此，本条第 1 款规定，债权人不仅有权对债务人实施的诈害行为予以撤销，由于基础性法律关系的丧失，物权变动的法律效果亦丧失，债权人同时有权请求相对人返还因诈害行为取得的财产，若不能返还或者没有必要返还的，相对人应当折价补偿。

与此同时，若债权人与债务人之间的债权已届清偿期，且债权人撤销权案件的审理本就涉及对债权债务关系的合法性和有效性之判断，本条第 2 款规定，债权人可以请求在撤销权诉讼中一并审理其与债务人的债权债务关系，属于该人民法院管辖的，人民法院可以合并审理。

撤销权诉讼的目的是通过撤销债务人的不当财产处分行为而回复债务人的责任财产和清偿资力，并最终保障债权人债权的实现。为避免代位权诉讼与撤销权诉讼合并提起这一复杂的制度设计，不当增加债权人债权实现的诉累，本条赋予债权人通过强制执行程序实现债权的权利，债权人可以依据确认其与债务人的债权债务关系的生效法律文书、撤销权诉讼的生效法律文书向法院申请强制执行。债权人在撤销权诉讼中也可以对相对人的财产采取保全措施。由于撤销权行使遵循"入库规则"，债权人不享有优先受偿权，其他取得执行依据的债权人可通过强制执行程序中的参与分配规则或其他执行制度保障自身权益的实现。

◆ 关联规定

《中华人民共和国民法典》

第一百五十五条 无效的或者被撤销的民事法律行为自始没有法律约束力。

第一百五十七条 民事法律行为无效、被撤销或者确定不发生效力后，行为人因该行为取得的财产，应当予以返还；不能返还或者没有必要返还的，应当折价补偿。有过错的一方应当赔偿对方由此所受到的损失；各方都有过错的，应当各自承担相应的责任。法律另有规定的，依照其规定。

第五百四十二条　债务人影响债权人的债权实现的行为被撤销的，自始没有法律约束力。

《中华人民共和国企业破产法》

第二条　企业法人不能清偿到期债务，并且资产不足以清偿全部债务或者明显缺乏清偿能力的，依照本法规定清理债务。

企业法人有前款规定情形，或者有明显丧失清偿能力可能的，可以依照本法规定进行重整。

第一百一十三条　破产财产在优先清偿破产费用和共益债务后，依照下列顺序清偿：

（一）破产人所欠职工的工资和医疗、伤残补助、抚恤费用，所欠的应当划入职工个人账户的基本养老保险、基本医疗保险费用，以及法律、行政法规规定应当支付给职工的补偿金；

（二）破产人欠缴的除前项规定以外的社会保险费用和破产人所欠税款；

（三）普通破产债权。

破产财产不足以清偿同一顺序的清偿要求的，按照比例分配。

破产企业的董事、监事和高级管理人员的工资按照该企业职工的平均工资计算。

《最高人民法院关于适用〈中华人民共和国民事诉讼法〉的解释》（法释〔2022〕11号）

第五百零六条　被执行人为公民或者其他组织，在执行程序开始后，被执行人的其他已经取得执行依据的债权人发现被执行人的财产不能清偿所有债权的，可以向人民法院申请参与分配。

对人民法院查封、扣押、冻结的财产有优先权、担保物权的债权人，可以直接申请参与分配，主张优先受偿权。

第五百零八条　参与分配执行中，执行所得价款扣除执行费用，并清偿应当优先受偿的债权后，对于普通债权，原则上按照其占全部申请参与分配债权数额的比例受偿。清偿后的剩余债务，被执行人应当继续清偿。债权人发现被执行人有其他财产的，可以随时请求人民法院执行。

第五百一十一条　在执行中，作为被执行人的企业法人符合企业破产法第二条第一款规定情形的，执行法院经申请执行人之一或者被执行人同意，应当裁定中止对该被执行人的执行，将执行案件相关材料移送被执行人住所地人民法院。

第五百一十三条 被执行人住所地人民法院裁定受理破产案件的，执行法院应当解除对被执行人财产的保全措施。被执行人住所地人民法院裁定宣告被执行人破产的，执行法院应当裁定终结对该被执行人的执行。

被执行人住所地人民法院不受理破产案件的，执行法院应当恢复执行。

第五百一十四条 当事人不同意移送破产或者被执行人住所地人民法院不受理破产案件的，执行法院就执行变价所得财产，在扣除执行费用及清偿优先受偿的债权后，对于普通债权，按照财产保全和执行中查封、扣押、冻结财产的先后顺序清偿。

◆ 案例指引

1. 财产及收益返还

▷湖南浏阳河酒业发展有限公司、渤海银行股份有限公司长沙分行金融借款合同纠纷案①

债权人渤海银行股份有限公司长沙分行对湖南浏阳河酒业有限公司享有合法债权，渤海银行股份有限公司长沙分行在向酒业公司发放 2 亿元贷款后，酒业公司未能按照合同约定如期归还借款本金和利息。债权行为发生后，酒业公司将其所有的 47 涉案商标无偿转让给湖南浏阳河酒业发展有限公司。为此，渤海银行股份有限公司长沙分行要诉请撤销相关的转让行为，并要求湖南浏阳河酒业发展有限公司返还取得商标和知识产权后获得的收益。最高人民法院认为，因债务人放弃到期债权或者无偿转让财产，对债权人造成损害的，债权人可以请求法院撤销债务人的行为。本案中的商标系无偿转让的事实，已经他案生效民事判决确认。酒业公司在未向渤海银行股份有限公司长沙分行清偿案涉债权之前，无偿转让商标的行为造成其失去商标收益，显然因此降低了偿债能力，损害了渤海银行股份有限公司长沙分行债权的实现。转让行为被撤销后，因转让行为而取得的财产应予返还。对此，各方并无争议。返还的财产自应包括财产本身及其产生的经

---

① 最高人民法院（2018）最高法民终 675 号民事判决书。

济利益。湖南浏阳河酒业发展有限公司称收益不同于孳息，无需返还，没有依据，且明显不合理。此外，债权人撤销权之诉并非确认之诉，法院判决并不产生直接的确认效力，撤销后仍需当事人积极履行判决。现湖南浏阳河酒业发展有限公司并不能举证证明其已履行其他判决所要求的相关义务，将有关商标返还给酒业公司，故其仍应当对判决生效后占有商标期间的收益承担返还责任。

2. 财产登记变更

▷李某二、许某某债权人撤销权纠纷案①

债权人李某一对债务人李某二享有合法债权。2016 年 8 月，李某一申请强制执行，但李某二至今尚未偿还上述债务。2016 年 9 月，李某二与许某某签订《存量房买卖合同》，约定李某二将其位于莆田市荔城区房屋以 40 万元的价款转让给许某某。此后，双方办理了转移登记手续。另查明，许某某受让案涉房屋后又将该房屋抵押给福建莆田农村商业银行股份有限公司黄石支行。鉴于此，债权人诉请撤销债务人与相对人签订的《存量房买卖合同》，并要求将坐落于莆田市荔城区房屋权利人进行变更。法院认为，根据双方签订的《存量房买卖合同》以及纳税凭证，应认为案涉房屋转让款为 40 万元，折合 2755.20 元/㎡。该价款明显低于莆田市荔城区地方税务局《房产/土地使用权权属转移涉税证明》中载明的案涉房屋价款 740070 元，折合 5097.60 元/㎡；更低于李某二与许某某庭审时确认的案涉房屋市场价约 7000 元/㎡。由于李某二对李某一的债务尚未清偿，庭审时李某二亦确认其并无其他财产足以清偿对李某一的债务，故应认为李某二以明显不合理的低价转让案涉房屋后，损害了债权人李某一的利益。法院最终判决，（1）撤销李某二将其位于莆田市荔城区房屋转让给许某某的行为；（2）许某某应在本判决生效之日起十日内涤除莆田市荔城区房屋上设置的抵押，并自涤除抵押之日起十日内将莆田市荔城区房屋所有权变更登记至李某二。

▷吴某某、王某某等债权人撤销权纠纷案②

吴某某负有偿还李某某借款本金及利息的清偿责任，已经一审法院生效的民事调解书确认，双方之间债权债务合法有效。经一审法院强制执行后，吴某某无其他财产可供执行。在此情形下，虽吴某某的妻子王某某与吴某某的母亲吴香某

---

① 参见福建省莆田市中级人民法院（2018）闽 03 民终 1057 号民事判决书。
② 广东省汕尾市中级人民法院（2022）粤 15 民终 890 号民事判决书。

签订合同约定王某某将案涉房屋以 1000000 元的价格转让给吴香某，并已过户登记在吴香某名下，但吴香某并没有按合同约定将 1000000 元支付给王某某，考虑到吴香某与王某某系婆媳关系，王某某将其与吴某某的夫妻共同财产案涉房屋转让给吴香某的行为可认定为系无偿转让，该转让无疑客观上危及了债权人债权的实现，对债权人造成了损害，故债权人诉请行使撤销权的相关要件已经满足。法院进一步指出，吴香某与王某某无偿转让案涉房屋的行为应予以撤销，基于案涉房屋还继续登记在吴香某名下的事实，吴香某还应当返还基于无偿转让行为取得的案涉房屋，即案涉房屋的产权状态恢复至被无偿转让之前的状态。因此，吴香某应当与王某某到房地产主管部门将案涉房屋恢复登记至王某某名下。

◆ 理解与适用

民法以意思自治为原则，当事人得依照其个人意思自由形成法律关系并取得相应的法律效果，他人本无权干涉。但债权人撤销权则为前述意思自治之例外。"当债务人与第三人实施法律行为，使其作为债权担保的责任财产不当减少，害及债权人利益时，债权人可以请求法院撤销债务人与第三人的法律行为，恢复债务人的财产，保障债权的实现。"[1] 由此，撤销权的核心功能就在于回复作为全体债权人一般担保的债务人的责任财产，这实质上与撤销权的法律效力紧密关联。撤销权之诉的既判力固然因法院司法裁判的确定而产生，但实体法上撤销权的具体法律效果、当事人间的权利义务内容尚不清晰。有鉴于此，本条就债权人撤销权行使的法律效果予以细化和明确，以确保法律理解与适用的统一性。

1. 撤销权行使的法律效力

我国《民法典》规定，债务人影响债权人的债权实现的行为被撤销的，自始没有法律约束力。何谓"自始没有法律约束力"，学理上存在一定的争议，主要有相对无效和绝对无效两种学说。相对无效说认为，撤销权尽管具有溯及力，但相应的法律效果仅在特定当事人之间具有相对的效力，法律行为并非一律无效。也即是，诈害行为仅在共同担保保全的限度内，并在作为撤销权诉讼当事人的债权人与受益人或者转得人相对的关系上归于无效。撤销判决的既判力不仅不及于

---

[1] 申卫星：《合同保全制度三论》，载《中国法学》2000 年第 2 期，第 113 页。

没有参加撤销权诉讼的债务人，对于债务人与受益人、受益人与转得人之间的法律关系，亦不生任何之影响；恢复原状作为撤销的效果，仅在债权人与被告人之间相对的关系上发生，债务人并不因此而取得直接的权利，日本判例即采相对无效之学说。① 绝对无效说强调，债务人的不当财产处分行为一经撤销，即确定、绝对地发生溯及既往的效力，相应的法律行为不仅自始无效，且对任何人均视为无效。就此而言，债务人与相对人之法律关系就此消灭，相应的权利复归债务人享有，相对人负有返还原物或损害赔偿之义务，且此种撤销之效力得以对抗其他转得人。

就我国而言，自《合同法》时期开始，学者一般认为撤销权之行使具有绝对之效力。《合同法》相关司法解释规定，债务人之行为被撤销的，自始无效。王利明教授强调，此处的"自始无效"是指一经撤销，诈害行为从一开始就不发生效力，债务人与第三人之间的法律行为亦绝对无效。② 概言之，债务人之行为被撤销后，即溯及既往地失去法律拘束力，撤销权判决之既判力及于债务人、相对人和转得人。我国《民法典》明确规定，民事法律行为无效、被撤销或者确定不发生效力后，行为人因该行为取得的财产，应当予以返还；不能返还或者没有必要返还的，应当折价补偿。就具体的法律效果而言，债权人撤销权同时发生形成权和请求权的双重效力。对于债务免除等单方的行为，一经撤销，视为自始未被免除，债权复归于债务人。对于赠与、买卖等双方法律行为，一经撤销，相应的法律行为自始无效，债之关系消灭，相对人不得要求履行。若已经完成给付并进行物权移转的，当事人负有返还财产之义务，财产登记的应当撤销并变更登记，若标的物因毁损灭失等原因无法返还的，相对人应当折价补偿，债权人对此具有相应的请求权。对转得人等其他利害关系人而言，同样受到撤销权判决既判力的影响，利害关系人取得财产的，适用善意取得之规定，如为恶意，自应负返还义务。③

此外，在撤销权诉讼中，法院须对债权人与债务人之间的债权债务关系进行

① 参见韩世远：《债权人撤销权研究》，载《比较法研究》2004年第3期，第47页。
② 参见王利明：《合同法研究》（第三版）（第二卷），中国人民大学出版社2015年版，第151页。
③ 参见最高人民法院民法典贯彻实施工作领导小组主编：《中华人民共和国民法典合同编理解与适用（一）》，人民法院出版社2020年版，第552-553页。

审查，以满足撤销权行使时债权人享有合法有效的债权这一前提性要件的要求。进而，本条特别规定，债权人可以请求法院在撤销权诉讼中一并审理其与债务人的债权债务关系。与此同时，若债权人与债务人之间的债权债务已届清偿期，债权人在撤销权诉讼中可以请求债务人同时履行到期债务。

2. 债权人权益的法律实现方式

撤销权旨在恢复债务人的责任财产，以保全全体债权人之共同担保。前述规范目的之实现端赖于被处分财产的有效回复，而不仅是对法律行为的撤销。正因如此，本条第 1 款明确规定，债权人在撤销债务人行为的同时，可以请求相对人向债务人承担该行为被撤销后产生的返还财产、折价补偿、履行到期债务等法律后果。因而，在撤销权诉讼中，债权人既可依法撤销相应的诈害行为，同时可请求相对人返还已经取得的财产权益。

一般而言，债权人提起撤销之诉的根本目的在于保障其合法债权的实现，而我国《民法典》并未就债权人债权的实现路径予以明确。《民法典各分编（草案一次审议稿）》（2018 年 8 月 27 日稿）曾规定，债权人在行使撤销权后，可同时提起代位权诉讼。也有论者提出，在撤销权行使后，债权人想要终局性地解决问题还需借助债权人代位权制度，从而可以适用代位权制度中的一系列规则。[1]代位权与撤销权同时行使的确是债权人债权实现的一种路径，但仍存在一定的不足。一方面，尽管撤销权与代位权同属于债的保全方式，但两者的制度功能、适用对象、构成要件并不相同，往往难以同时行使。例如，代位权的行使要求债权人的债权已到期，但撤销权并不限于到期债权，这意味着即使诈害行为被撤销后，仍存在债权未到期的情形，这就不满足代位权的行使要件。再如，代位权行使的前提是债务人怠于行使权利，财产处分行为被撤销后，债务人也不一定会怠于行使要求相对人返还财产的权利。另外，代位权的适用对象并不限于金钱之债，也包括代位行使特定的行为。另一方面，从制度设计的功能来看，债权人撤销权是为了保护所有债权人的利益，恢复债务人的责任财产，撤销权采取的是入库原则，而代位权的效果是使行使代位权的债权人直接受偿，二者在法律效果上存在某种"倒挂"。[2]代位权针对的是债务人消极懈怠不行使债权的行为，而撤

---

[1] 参见龙俊：《民法典中的债之保全体系》，载《比较法研究》2020 年第 4 期，第 120 页。

[2] 参见王利明：《债权人代位权与撤销权同时行使之质疑》，载《法学评论》2019 年第 2 期，第 6 页。

销权所针对的是债务人恶意积极处分其财产的行为，债务人与第三人往往存在共同的诈害意图，因此，其行为更恶劣；但从法律效果来看，代位权中债权人可以直接受偿；而撤销权只能是入库①。但是，如果允许代位权的直接行使，将导致债权人享有优先受偿权，这就违背了撤销权的制度本意，也与债的平等性不符。

正因如此，本条规定了债权人通过强制执行程序实现债权的路径，也即，债权人依据确认其与债务人的债权债务关系的生效法律文书、撤销权诉讼的生效法律文书可以申请人民法院就债务人对相对人享有的权利采取强制执行措施以实现其债权。此种制度路径的优势较为明显，首先，债权人对债务人享有合法债权是撤销权行使的前提，法院在撤销权诉讼中也必须对债权人与债务人之间的债权债务关系进行审查，这并不增加法官裁判负担，本条第 2 款也明确赋予了债权人请求有管辖权的人民法院一并审理其与债务人的债权债务关系的权利。其次，通过强制执行将进一步简化债权的实现程序，减轻债权人诉累。债权人符合债权实现条件时，可通过一次性的执行程序满足其债权实现之诉求，省略了连环给付环节。否则在撤销权行使后，相对人必须先向债务人履行，债务人进而又向债权人履行，这其中还有可能出现撤销权判决本身的强制执行问题。最后，通过主债权判决、撤销权判决与执行程序的配合，债权人实质上是在诈害行为被撤销且责任财产回复于债务人后，依据此前的债权债务关系，合法主张其自身对债务人享有的债权，而非行使代位权，这并不违反民法理论与相关规定，也避免了撤销权和代位权同时行使带来的问题。与此同时，为保障债权人撤销权和债权的有效实现，债权人在撤销权诉讼中，可以申请对相对人的财产依法采取相应的保全措施。司法解释增设的这一制度有助于实现代位权和撤销权法律效果的统一。

3. 强制执行中的财产分配规则

在撤销权诉讼中，债权人满足债权实现条件的，可以直接申请法院采取强制执行措施，对相对人占有的财产予以执行以实现自身债权。若财产充足，债权人自可径行对执行财产予以合法处置以满足债权之需要。若债务人还有其他申请执行人，且相应的财产不足以实现全部申请执行人的权利的，则涉及执行财产的分

---

① 以法国为例，《法国民法典》第 1341-1 条规定债权人行使代位权（action oblique）的效果是入库；而第 1341-2 条规定债权人行使撤销权（action paulienne）则使得诈害行为对债权人无对抗力，债权人据此对交易标的可直接受偿。Christopne Lachièze, Droit des contrats, 5ᵉ éd., Ellipses, 2020, p. 200.

配问题。"从我国强制执行制度的实际情况看，其所采取的并不是单一的优先主义或平等主义，而是根据被执行人财产状况以及被执行人不同属性而区别对待的、二者兼而有之的混合主义。"① 首先，若债务人属于自然人或非法人组织，在被执行财产不足以清偿所有债权时，应当适用参与分配规则，各个已经取得执行依据的债权人可以向法院申请参与分配，除享有担保权等优先受偿权的债权人外，其余债权人则根据债权数额的比例平等受偿。其次，若债务人属于法人，且符合破产法与诉讼法规定的情形时，此时可以启动"执转破"程序，债权人应当通过破产程序进行债权申报，原则上，各个债权人按照债权比例平等受偿。最后，若债务人属于法人且未成功进入破产程序的，根据我国现有法律规定，执行法院就执行变价所得财产，在扣除执行费用及清偿优先受偿的债权后，对于普通债权，按照财产保全和执行中查封、扣押、冻结财产的先后顺序清偿。

---

① 陈韵希：《我国债权人撤销权制度的目标定位和法律效果》，载《求索》2020年第6期，第140页。

第六章　合同的变更和转让

◆ **本章概述**

　　本章是《合同编通则解释》的第六部分，名为"合同的变更和转让"，主要是对债权转让与债务加入中相关问题的规定。具体而言，本部分规定的内容包括：（1）债权债务转让纠纷的诉讼第三人（第 47 条）；（2）债权转让通知（第 48 条）；（3）表见让与、债务人确认债权存在（第 49 条）；（4）债权的多重转让（第 50 条）；（5）债务加入人的追偿权及其他权利（第 51 条）。

> **第四十七条　【债权债务转让纠纷的诉讼第三人】**
>
> 　　债权转让后，债务人向受让人主张其对让与人的抗辩的，人民法院可以追加让与人为第三人。
>
> 　　债务转移后，新债务人主张原债务人对债权人的抗辩的，人民法院可以追加原债务人为第三人。
>
> 　　当事人一方将合同权利义务一并转让后，对方就合同权利义务向受让人主张抗辩或者受让人就合同权利义务向对方主张抗辩的，人民法院可以追加让与人为第三人。

◆ **条文主旨**

　　本条是对债权转让纠纷中诉讼第三人的规定。根据本条第 1 款，债权转让后，债务人依据《民法典》第 548 条之规定向受让人主张其对让与人的抗辩的，人民法院可以将让与人追加为第三人参加诉讼。同理，根据本条第 2 款的规定，在债务移转的场合，新债务人依据《民法典》第 553 条之规定主张原债务人对债权人的抗辩的，人民法院也可以追加原债务人为第三人。《民法典》第556条规定："合同的权利和义务一并转让的，适用债权转让、债务转移的有关规定。"显然，根据该条规定，在合同权利义务概括移转的场合，合同受让方或者相对方可以向对方当事人主张抗辩。此时，法院也可以将合同转让方追加为第三人。

◆ **关联规定**

《中华人民共和国民法典》

第四百六十八条　非因合同产生的债权债务关系，适用有关该债权债务关系的法律规定；没有规定的，适用本编通则的有关规定，但是根据其性质不能适用的除外。

第五百四十八条　债务人接到债权转让通知后，债务人对让与人的抗辩，可以向受让人主张。

第五百五十三条　债务人转移债务的，新债务人可以主张原债务人对债权人的抗辩；原债务人对债权人享有债权的，新债务人不得向债权人主张抵销。

第五百五十五条　当事人一方经对方同意，可以将自己在合同中的权利和义务一并转让给第三人。

第五百五十六条　合同的权利和义务一并转让的，适用债权转让、债务转移的有关规定。

◆ **案例指引**

法院是否依职权追加相应的第三人，主要取决于查明案件事实的需要

▷大马实业有限责任公司与颜某某债权转让合同纠纷案[1]

颜某某主张其与新澳洋公司签订的《合作协议》并未解除，且该《合作协议》并未清算，故新澳洋公司对其不享有6000万元的债权，颜某某的该项主张即属于对债权人新澳洋公司的权利的抗辩。因此，为了查明新澳洋公司是否对颜某某享有6000万元的债权的事实，本案应当追加新澳洋公司为第三人。

---

[1]　参见海南省高级人民法院（2021）琼民终307号民事判决书。

▷伊犁永成农业装备制造集团有限公司与于某某债权转让合同纠纷案①

《合同法解释（一）》第27条规定："债权人转让合同权利后，债务人与受让人之间因履行合同发生纠纷诉至人民法院，债务人对债权人的权利提出抗辩的，可以将债权人列为第三人。"这一条文规定法院"可以"而非"应当"追加债权人作为第三人，故债权人并非必须参加诉讼的当事人。本案中，上诉人伊犁永成农业装备制造集团有限公司对高某某债权的真实性以及债权本金数额不持异议，本案的债权债务关系明晰，且高某某明确表示其已将债权转让给冯某某，其也未申请参加诉讼，高某某并无追加进入本案的必要。故伊犁永成农业装备制造集团有限公司主张一审法院漏列高某某的上诉理由不能成立，本院不予支持。

▷福建省顺嘉矿业开发有限公司、兴业银行股份有限公司三明列东支行金融借款合同纠纷案②

虽然《合同法解释（一）》第27条、第28条、第29条规定，合同转让纠纷，可以将出让方列为第三人。但在本案中，根据涉讼主合同、分合同、从合同等证据，以及兴业银行股份有限公司三明列东支行及主债务人的陈述等，可以对有关待证事实作出认定，没有必要追加兴业银行股份有限公司三钢支行作为第三人参加诉讼。原审未通知兴业银行股份有限公司三钢支行参加本案诉讼，不存在程序违法的情形。

◆ 理解与适用

本条主要解决的是人民法院在审理债权债务转让纠纷时让与人或者原债务人的诉讼地位问题。对此，《合同法解释（一）》第27条规定，债权人转让合同权利后，债务人与受让人之间因履行合同发生纠纷诉至人民法院，债务人对债权人的权利提出抗辩的，可以将债权人列为第三人；《合同法解释（一）》第28条规定，经债权人同意，债务人转移合同义务后，受让人与债权人之间因履行合同发生纠纷诉至人民法院，受让人就债务人对债权人的权利提出抗辩的，可以将债务人列为第三人；《合同法解释（一）》第29条规定，合同当事人一方经对方同意将其在合同中的权利义务一并转让给受让人，对方与受让人因履行合同发生纠纷

---

① 参见新疆维吾尔自治区高级人民法院伊犁哈萨克自治州分院（2022）新40民终12号民事判决书。

② 参见福建省高级人民法院（2018）闽民申252号民事裁定书。

诉至人民法院，对方就合同权利义务提出抗辩的，可以将出让方列为第三人。本条实际上是在上述三条规定的基础上修改、整合而来。

整体而言，相比于《合同法解释（一）》第27条至第29条，本条的变化主要体现为以下几点：第一，统一删除了当事人"因履行合同发生纠纷诉至人民法院"的表述。主要原因是，债权转让还是债务移转并非都是基于当事人的意定而发生，也存在法定的债权转让和债务移转。因此，保留前述表述可能会导致法院在法定债之移转的场合不能根据实际情况追加相应的第三人。第二，本条调整了《合同法解释（一）》第28条"受让人"之表述。"受让"一般是指获得某种财产或者权利，而第28条是关于债务移转之规定，"受让"的表述有所不妥。故本条根据《民法典》第553条的规定，采用了"原债务人""新债务人"的表述。第三，在合同权利义务概括移转的场合，《合同法解释（一）》第29条仅就受让人的相对方提出抗辩进行了规定，但受让人同样可能就合同权利义务向对方主张抗辩，因此，本条第3款对此进行了补充规定。在本条的适用过程中应注意以下几个问题：

1. 本条解决的是债权债务转让纠纷中让与人或原债务人的诉讼地位问题

以本条第1款为例，债权转让后，让与人既已脱离合同之束缚，按理说债务人与受让人发生纠纷，让与人本无须参与到诉讼中来。但是，如果债务人对受让人提出抗辩，受让人与债务人之间原本并无合同关系，其难以依据相关案件事实提出相应的再抗辩，这显然不利于受让人利益的保护。与此同时，债务人抗辩一旦成功，受让人败诉，不排除受让人依据债权转让合同另行起诉让与人，这也会间接地对让与人的利益产生影响。因此，在必要的情况下，将让与人列为诉讼中的第三人，本质上是为了查明案件的相关事实，妥善地解决当事人之间的纠纷，同时也在一定程度上维护了债权的流通价值。

2. 本条规定的第三人是否参加诉讼应由法院根据实际情况决定

《民事诉讼法》意义上的第三人包括有独立请求权的第三人和无独立请求权的第三人。前者由于对系争诉讼标的享有独立的请求权，故其诉讼地位实际上就是原告，须以起诉的方式参加诉讼。后者又可分为两种类型：一是辅助本诉一方当事人的无独立请求权第三人，即辅助型第三人；二是独立承担民事责任的无独立请求权的第三人，即被告型第三人。本条规定的第三人属于后者。被告型第三人是否参加诉讼由法院决定，其目的在于试图一次性解决纠纷，以提高纠纷的解决效率。即便该第三人主动申请参加诉讼，最后被判决承担民事责任，也应认为其在主观上意图作为辅助型第三人参加诉讼，但却转换为被告型第三人。[①] 譬如，在前揭案例中，法院基本上是根据查明案件事实的需要决定是否追加相关的第三人。

3. 本条第 3 款的适用范围可包括非基于合同产生的债权债务之移转

债之移转的标的既可以是意定之债，也可以是法定之债。从条文表述来看，《合同法解释（一）》第 27 条至第 29 条的适用对象都是合同的权利与义务，而本条前两款则将合同权利或义务相应修改为"债权"和"债务"，也即，本条第 1 款和第 2 款的适用范围可包括法定之债移转的情形。相比较之下，本条第 3 款的表述则依旧为"合同权利义务"。由此，进一步的问题是，本条第 3 款之规定可否适用于法定之债的情形？也就是说，在非因合同而产生的债权债务关系概括移转的场合，法院可否依据本条第 3 款之规定将转让方列为第三人？

从本条第 3 款的规范依据来看，其对应的是《民法典》第 555 条，而这两条系就合同权利义务概括移转所作的规定，原则上不能扩张适用于所有的债权债务。事实上，在《民法典》立法过程中，曾一度有观点主张第 555 条之规定不应局限于合同权利义务，而应针对所有债权债务进行规范设计，故应将该条"合同中的权利和义务"修改为"债权和债务"。不过，立法机关最终认为，合同权利义务通过约定一并转让，涉及与当事人地位联系在一起的撤销权、解除权等权利也随之转让，故有必要作出特别规定。而法定之债权债务虽然亦可通过约定一并转让，但相比于合同权利义务通过约定转让不具有如此显著的特殊性。因此，《民法典》第 555 条仍然保留了《合同法》的规定。[②] 但应当看到的是，《民法典》第 555 条虽然强调合同权利义务概括移转之特殊性，但这种特殊性并不针对诉讼中当事人的列明。本条的规范重心即在于债权债务移转纠纷中诉讼当事人的列明，与《民法典》第 555 条的立法本旨无涉。实践中，当事人一方将法定的债权债务一并转让，尽管不涉及撤销权、解除权等权利的转移，但相对方在诉讼中

---

① 参见张卫平：《民事诉讼法》（第五版），法律出版社 2019 年版，第 167 页。

② 参见黄薇主编：《中华人民共和国民法典合同编解读》（上册），中国法制出版社 2020 年版，第 313 页。

一样可能就债权债务提出抗辩，如时效经过的抗辩、债权消灭的抗辩等。此时，人民法院将让与人列为第三人是为了查明案件的相关事实，故将本条第 3 款的适用范围扩张至所有债权债务有其正当性和必要性。

第四十八条　【债权转让通知】

债务人在接到债权转让通知前已经向让与人履行，受让人请求债务人履行的，人民法院不予支持；债务人接到债权转让通知后仍然向让与人履行，受让人请求债务人履行的，人民法院应予支持。

让与人未通知债务人，受让人直接起诉债务人请求履行债务，人民法院经审理确认债权转让事实的，应当认定债权转让自起诉状副本送达时对债务人发生效力。债务人主张因未通知而给其增加的费用或者造成的损失从认定的债权数额中扣除的，人民法院依法予以支持。

◆ **条文主旨**

本条是关于债权转让通知的规定。

本条第 1 款规定了债务人在收到债权转让通知前和通知后向让与人履行债务的法律效果。债务人未收到债权转让通知而向让与人履行债务的，受让人无权再请求债务人履行；如果债务人已经接到有效的债权转让通知但依然向让与人履行债务，该履行对受让人不发生效力，受让人仍可请求债务人履行债务。

本条第 2 款就受让人以起诉的方式向债务人发出通知时的法律适用问题作出了解释。依据该款规定，当让与人未依照《民法典》第 546 条之规定向债务人发出通知时，受让人可以直接起诉要求债务人履行债务，在人民法院确认债权转让合法真实的基础上，起诉状副本送达即可发生债权转让通知的效力。但是，当因未通知而导致债务人履行费用增加或造成其他损失时，债务人有权请求在债权数额中扣除增加的费用或造成的损失。

◆ 关联规定

《中华人民共和国民法典》

第五百四十六条 债权人转让债权，未通知债务人的，该转让对债务人不发生效力。

债权转让的通知不得撤销，但是经受让人同意的除外。

第五百五十条 因债权转让增加的履行费用，由让与人负担。

第七百六十四条 保理人向应收账款债务人发出应收账款转让通知的，应当表明保理人身份并附有必要凭证。

◆ 案例指引

1. 在可以确定债权转让真实性的前提下，不应否认受让人通知的效力

▷重庆港务物流集团实业有限公司诉重庆冶金轧钢厂金融不良债权追偿纠纷案①

受让人重庆港务物流集团实业有限公司申请再审称，其受让债权后于 2007 年 11 月 25 日向债务人重庆冶金轧钢厂送达《债权转让及催收欠款通知书》，但被后者拒收。后又于 2009 年 1 月 15 日诉至法院要求重庆冶金轧钢厂履行债务。重庆港务物流集团实业有限公司认为，其起诉行为起到了通知债务人债权转让和中断诉讼时效的作用，故二审判决认定该次起诉不能产生诉讼时效中断错误。最高人民法院认为，《合同法》第 80 条第 1 款规定的"债权人转让权利的，应当通知债务人。未经通知，该转让对债务人不发生效力"，应当理解为，在债权转让通知未送达债务人时，债务人对债权转让人的清偿仍发生债务清偿之法律效果，但并不影响债权受让人取得受让债权。虽然该款法律规定的债权转让通知行为人，从文义上应理解为债权转让人，但在可以确认债权转让行为真实性的前提下，亦不应否定债权受让人该通知行为的法律效力。即应以债务人是否知晓债权转让事实作为认定债权转让通知法律效力之关键。故债权受让人直接向人民法院起诉，并借助人民法院送达起诉状的方式，向债务人送达债权转让通知，亦可以

---

① 参见最高人民法院（2016）最高法民申 3020 号民事裁定书。

发生通知转让之法律效力。

▷阜新盛金投资管理有限公司与沈阳克莱斯特国际置业第一有限公司、沈阳加州阳光花园房屋开发有限公司金融借款合同纠纷案①

最高人民法院认为，对于债权转让通知的形式，法律未作明确规定，债权人可自主选择通知形式，但应保证能够为债务人及时、准确地获知债权转让的事实。本案中，盛京民主支行在《沈阳晚报》刊登债权转让公告，该方式并不能确保债务人及时、准确地获知债权转让的事实。但是，从结果来看，沈阳克莱斯特国际置业第一有限公司已实际知悉了债权转让的事实，客观上达到了通知的效果。在此情况下，不应以债权人对通知义务不适当履行为由否定债权转让和申请执行人变更的法律效力。

▷陕西九州生物科技股份有限公司与陕西神州生物技术有限公司等借款合同纠纷案②

最高人民法院再次认为，法律规定债权转让未通知债务人的，该转让对债务人不发生效力。债权转让通知债务人的目的是避免债务人重复履行、错误履行或加重履行债务负担，对通知的形式并无具体法律规定。从避免发生纠纷的角度看，债权人如能书面通知并由债务人签字认可是最佳形式，但如果债权人以登报的方式通知债务人，亦不违反法律强制性规定，应视为履行了通知义务。

2. 受让人起诉亦可产生通知的效力

▷广西恒缆电线电缆有限公司、广西都安锐智创盛科技有限公司等债权转让合同纠纷案③

法院认为，债权转让通知是否须在提起诉讼前通过一定方式送达，抑或可以通过直接提起诉讼的方式进行"通知"，《民法典》并未作出明确规定。债权转让通知债务人的关键，在于保证债务人知晓债权转让之事实，避免债务人双重履行债务或者加重债务履行。就《民法典》第546条规定的"通知"，其形式并没有统一要件要求，因此不应排除受让人直接通过向法院起诉，并经由法院送达起诉状的方式通知债务人债权转让的通知方式，该方式对债务人权利并未造成实质影

---

① 参见最高人民法院（2016）最高法执复48号执行裁定书。
② 参见最高人民法院（2020）最高法执监244号执行裁定书。
③ 参见广西壮族自治区河池市中级人民法院（2022）桂12民终788号民事判决书。

响。如果转让人或受让人在向法院提起诉讼前没有将债权转让的事实通知债务人，而是直接由受让人向债务人提起债务清偿之诉时，亦应认定通知义务已经完成，该债权转让在相应诉讼材料送达债务人时对债务人发生法律效力。

▷郑州华晶金刚石股份有限公司与郑州元化企业管理咨询有限公司民间借贷纠纷案①

最高人民法院认为，农投金控与郑州元化企业管理咨询有限公司签订的《债权转让协议书》，是双方当事人真实意思表示，不违反法律、行政法规的强制性规定，合法有效。郑州元化企业管理咨询有限公司从农投金控处受让案涉债权后，通过诉讼的方式通知加速器公司、郑州华晶金刚石股份有限公司、河南华晶公司、郭某希债权转让事宜，符合原《合同法》第80条第1款"债权人转让权利的，应当通知债务人"的规定，属于有效通知，郑州元化企业管理咨询有限公司原告主体资格适格。

◆ 理解与适用

本条系新增规定，主要解决实务中围绕债权转让通知争议较大的两个问题：其一是债务人在收到债权转让通知前或者收到通知后向让与人履行的法律效果；其二是受让人可否向债务人发出通知。本条的适用应注意有关通知要件的具体内容。

1. 债权转让通知的对抗效力

一般认为，债权转让之所以要通知债务人始对其产生对抗效力，是为了保护债务人之利益，避免其作出错误清偿。② 对此，《合同法》第80条第1款规定："债权人转让权利的，应当通知债务人。未经通知，该转让对债务人不发生效力。"但该款"应当"之表述似乎将转让通知当作了让与人与受让人之间的法定义务，从而产生了不通知则债权转让行为在让与人和受让人之间亦不生效力的理解。因此，《民法典》第546条第1款删除了《合同法》第80条第1款中的"应当"之表述，并对条文表述进行了优化。这一立法表述的变化明确了我国《民法

---

① 参见最高人民法院（2021）最高法民申1575号民事裁定书。
② 参见徐涤宇：《〈合同法〉第80条（债权让与通知）评注》，载《法学家》2019年第1期，第177页。

典》对债权转让的效力采取了通知主义的立场。也即，在让与人与受让人之间一经达成债权转让之合意，债权即由让与人移转至受让人，债权转让通知仅系该转让行为对抗债务人之要件。即便债务人明知债权转让的事实，只要其未收到有效的债权转让通知，该转让行为亦对其不发生效力。

本条则通过司法解释的方式对上述立场进行了明确。一方面，在债权转让后债务人接到有效的债权转让通知之前，受让人虽然取得债权，但对于债务人而言，债权视为未转让，受让人无权请求其履行债务，其向让与人的清偿行为发生债务消灭的法律后果；另一方面，债务人接到有效的债权转让通知后，则其对受让人负有履行义务，并有权拒绝让与人的履行请求，此时，债务人对让与人的履行行为不发生债务消灭的法律后果，受让人仍有权请求债务人履行债务。应当认为，这一规定较为妥当地平衡了债权的流通价值与债务人利益之保护。

2. 如何理解受让人以起诉方式通知

如上所述，债权转让对债务人发生对抗效力取决于其是否收到有效的债权转让通知。这主要取决于谁是债权转让通知的适格主体，以及该主体应当通过何种形式向债务人发出通知。从前述案例来看，我国司法实务普遍认为《民法典》未对转让通知的形式作出具体要求，因此，问题的关键是受让人能否成为适格的通知主体。

从《民法典》第546条第1款的文义来看，应认为只有让与人才是适格的通知主体。但是，《民法典》第764条还规定，"保理人向应收账款债务人发出应收账款转让通知的，应当表明保理人身份并附有必要凭证"。这意味着，在保理合同的场合，保理人作为债权受让人在符合特定条件的情况下也可以向债务人发出通知。这与《民法典》第546条第1款的规定似乎有所出入。有观点认为，《民法典》第764条与第546条构成特别法与一般法的关系，换言之，在保理合同中允许受让人通知的确有其正当性，但受让人通知应仅限于保理合同之场合，于其他情形则仍应根据《民法典》第546条第1款由让与人通知。[①] 另有观点则强调，《民法典》第764条可被解释为最终是让与人发出通知，而非在一般意义上承认保理人作为受让人可以发出转让通知，故可认为是债权转让的一般规则，而非仅

---

① 参见谢鸿飞、朱广新主编：《民法典评注·合同编 典型合同与准合同（2）》，中国法制出版社2020年版，第547-549页。

是适用于保理合同的规则。① 事实上，受让人是否可以作为适格的通知主体在《民法典》立法过程中即有争议。《民法典合同编（草案）》"征求意见稿"第86条第2款曾试图规定："债权转让的通知可以由让与人或者受让人发出。受让人发出转让通知的，应当附债权转让的必要证据；未附必要证据的，债务人有权拒绝向受让人履行。"但考虑到由受让人通知将使债务人不得不承担审查债权转让真实合法性的义务，增加了债务人的负担，故《民法典》第546条最终删除了这一规定。故此，应当认为，在一般的债权转让场合，仅让与人是适格的通知主体。即便该债权转让通知实际上由受让人发出，其生效的前提亦是该通知可以被解释为是让与人通知。

然而，本条第2款实际上是认可了受让人可以起诉的方式进行通知。对此，反对观点主要认为，允许受让人以起诉的方式进行通知，会导致当事人怠于履行通知义务而直接起诉，并且，在无人通知的情形下，债务人如果败诉，由其承担诉讼费用增加了债务人的履行负担。但应当看到的是，首先，如上所述，向债务人发出通知并非债权转让当事人的法定义务，通知仅是对抗债务人的要件，如让与人与受让人一致同意不对外公开债权转让之事实，并就债务人错为清偿的风险负担作出了合理安排，法律自无不许之理。即便是让与人怠于通知，受让人提起诉讼的前提亦是债务已届清偿期，此时债务人本就负有履行义务。换言之，如果债务人不履行到期债务，即便未发生债权转让，债权人一样可能提起诉讼并使其承担诉讼费用。因此，不能认为债务人成为被告这一事实本身增加了债务人的负担。

其次，根据本条第2款的规定，受让人以起诉方式进行通知的，由人民法院对债权转让的真实合法性进行审查。一方面，表明债务人对受让人起诉之事实理由是否真实合法不具有举证义务；另一方面，由法院对相关事实进行审查，如法院追加让与人作为第三人参加诉讼，此时在解释上便不能全然认为是受让人通知，而可以解释为是让与人在发出通知。即便法院未追加让与人作为诉讼中的第三人，如果法院经审查认为该债权转让真实合法，亦不违反债权转让通知系为保

---

① 参见朱虎：《债权转让中对债务人的程序性保护：债权转让通知》，载《当代法学》2020年第6期，第74页。

护债务人而设之规范意旨。

最后,《民法典》第550条也规定,因债权转让增加的履行费用,由让与人承担。换言之,让与人与受让人因未通知债务人而造成的权利义务关系不明所产生的成本不应由债务人承担。本款在此基础上进一步规定,因未通知债务人而给其增加的履行费用或者造成的损失,可在认定债权数额时予以扣除。至于此处的费用或损失的范围,应包括诉讼费用。也就是说,在直接起诉通知的场合,无论债务人胜诉或者败诉,诉讼费用均首先由受让人承担。这是因为,债务人如果能够收到有效的债权转让通知,诉讼就本可避免。其他费用还包括因诉讼导致的债务人迟延履行所要支付的利息、迟延履行金等。还需要指出的是,在法院追加让与人作为第三人参加诉讼时,受让人可以直接主张诉讼费用由让与人承担,法院可据此直接作出判决。

第四十九条　【表见让与、债务人确认债权存在】

债务人接到债权转让通知后,让与人以债权转让合同不成立、无效、被撤销或者确定不发生效力为由请求债务人向其履行的,人民法院不予支持。但是,该债权转让通知被依法撤销的除外。

受让人基于债务人对债权真实存在的确认受让债权后,债务人又以该债权不存在为由拒绝向受让人履行的,人民法院不予支持。但是,受让人知道或者应当知道该债权不存在的除外。

◆条文主旨

本条就债权表见让与和债务人确认债权真实存在时的法律适用问题作出了规定。

本条第1款是关于债权表见让与的规定。债务人在接到有效的债权转让通知后,该转让行为即对债务人发生效力。此时,即便债权转让合同不成立、无效、被撤销或者确定不发生效力,债务人依然得基于有效的债权转让通知向受让人履行债务。当然,经债务人同意,让与人可以撤销转让通知。

根据本条第 2 款，除非受让人知道或者应当知道债权系虚构，否则债务人在向受让人确认了债权的真实性后，不得再以债权不存在为由对抗受让人。

◆ 关联规定

《中华人民共和国民法典》

第五百四十六条　债权人转让债权，未通知债务人的，该转让对债务人不发生效力。

债权转让的通知不得撤销，但是经受让人同意的除外。

第七百六十三条　应收账款债权人与债务人虚构应收账款作为转让标的，与保理人订立保理合同的，应收账款债务人不得以应收账款不存在为由对抗保理人，但是保理人明知虚构的除外。

第七百六十八条　应收账款债权人就同一应收账款订立多个保理合同，致使多个保理人主张权利的，已经登记的先于未登记的取得应收账款；均已经登记的，按照登记时间的先后顺序取得应收账款；均未登记的，由最先到达应收账款债务人的转让通知中载明的保理人取得应收账款；既未登记也未通知的，按照保理融资款或者服务报酬的比例取得应收账款。

《最高人民法院关于适用〈中华人民共和国民法典〉有关担保制度的解释》（法释〔2020〕28 号）

第六十六条　同一应收账款同时存在保理、应收账款质押和债权转让，当事人主张参照民法典第七百六十八条的规定确定优先顺序的，人民法院应予支持。

在有追索权的保理中，保理人以应收账款债权人或者应收账款债务人为被告提起诉讼，人民法院应予受理；保理人一并起诉应收账款债权人和应收账款债务人的，人民法院可以受理。

应收账款债权人向保理人返还保理融资款本息或者回购应收账款债权后，请求应收账款债务人向其履行应收账款债务的，人民法院应予支持。

◆ 案例指引

1. 债务人因信任转让通知而向受让人履行之行为有效

▷ 曾某某与李某某租赁合同纠纷案①

无论债权人曾某某与受让人邓某某是否达成债权转让协议，由于曾某某已将债权转让通知了债务人李某某、闫某某，即使实际上并未转让或者转让无效，对于债务人李某某、闫某某而言，债权转让通知已构成表见让与。由于债权转让通知表面上使李某某、闫某某相信债权已经转让，因此，债权转让通知应当有效。曾某某上诉认为债权转让通知因没有与邓某某达成接受债权的意思表示而应当认定无效的理据不成立，不予采纳。李某某、闫某某收到转让通知后并无异议，转让通知记载的内容足以证明曾某某对李某某、闫某某享有 62500 元债权，曾某某将该债权转让给邓某某。因此，如果李某某、闫某某依据转让通知的内容向表见受让人邓某某履行了债务，则可消灭债务，此履行不因债权未转让而无效，履行后，纵使债权人曾某某向债务人李某某、闫某某主张债权，李某某、闫某某也有权以债权已经消灭来对抗曾某某。另外，在"HF 公司与 WXJD 公司借款合同纠纷案"② 中，法院亦认为，债权转让通知本身既可以是书面通知，也可以是口头通知，甚至是诉讼中通知。债权转让的效力并不以债务人承诺为前提，且通知一到达债务人就发生法律效力。债权转让通知对债务的效力主要体现为表见让与，即由于债权转让通知，表面上使债务人相信债权已经转让，债务人即可向表见受让人履行债务，消灭债权。此履行不因债权未转让而无效。履行后，纵使原债权人向债务人主张债权，债务人有权以债权已经消灭来对抗原债权人。

▷ 浙江蓝天鹤舞控股有限公司与杭州炬日电器有限公司企业借贷纠纷、民间借贷纠纷案③

本案中郑某某作为债权让与通知中所指向的受让人虽然已向被告送达债权让与通知，也不同意撤销债权转让，但本院认为该债权让与通知对要求被告仍向原告履行原债务未构成影响。因为转让协议有效与否并不必然拘束债务人，因此有

---

① 参见广东省中山市中级人民法院（2018）粤 20 民终 4474 号民事判决书。
② 参见江苏省无锡市中级人民法院（2011）锡执异字第 0010 号执行裁定书。
③ 参见浙江省杭州市萧山区人民法院（2012）杭萧义商初字第 410 号民事判决书。

必要对被告作为债务人能否对债权转让的外观——债权转让通知产生合理信赖，构成表见让与进行认定。表见让与的构成要件有三：（1）债权让与未成立或未生效；（2）对债务人做出了有效的让与通知；（3）债务人为善意，即不知债权让与未生效力。

2. 让与人与债务人之间虚构应收账款不得对抗善意的受让人

▷北京首铁置业有限公司与北京华弘兴业科贸有限公司等合同纠纷案①

双方当事人通谋所为的虚伪意思表示，在当事人之间发生绝对无效的法律后果，但在虚伪表示的当事人与第三人之间，则应视该第三人是否知道或应当知道该虚伪意思表示而发生不同的法律后果。根据法律规定，只有在保理人明知存在虚构应收账款的情形时，债务人方可对抗保理人。本案中，北京首铁置业有限公司虽然未主张其与盛德公司之间存在通谋行为，但主张应收账款不存在。对此，出于对保理人的信赖保护，亦应当限定在善意无过失的情形下，即要求保理人就基础债权的真实性进行了必要的调查和核实，尽到了审慎的注意义务，有理由相信应收账款债权真实存在。在保理人善意无过失的情况下，应收账款债务人应当依其承诺的向保理人承担责任，而不得以应收账款不存在的理由对抗保理人。

◆ **理解与适用**

本条分别就债权表见让与、债务人确认债权真实存在情形下的法律适用问题作出了规定，下文试分述之。

1. 债权表见让与的规范基础及其具体适用

当债权人将债权转让的事实通知债务人后，即使债权转让并未发生或该转让无效或被撤销，债务人基于对转让通知的信赖而向受让人的履行行为仍然有效，债务人仍得以其对抗受让人的事由对抗让与人，此即债权的表见让与。② 我国《民法典》对债权表见让与未设定明文，但学说与实务对此则多有提及。如有学者认为，《合同法》未规定表见让与构成规范漏洞，应在后续的立法中予以明

---

① 参见北京市高级人民法院（2021）京民终325号民事判决书。
② 参见崔建远：《合同法总论（中卷）》（第二版），中国人民大学出版社2016年版，第505页。

确。① 也有学者认为《民法典》第546条第1款在解释上可容纳表见让与。② 然而，从前揭案例来看，实务部门多从第546条第2款延伸解释出表见让与制度。从本条第1款的规定来看，显然是延续了司法实务的一贯解释路径。具体而言，依该款规定，债务人收到债权转让通知后，即受该通知约束，非经受让人同意不得撤销。这既是对受让人利益的保护，同时也可延伸解释出债务人的免责抗辩。即债务人根据该通知向受让人履行的，其债务即认为已履行完毕，而不受债权转让协议不成立、无效、被撤销的影响。

关于债权表见让与的具体适用，须进一步明确如下两个问题：其一是受让人通知不能成立表见让与。从本条第1款的表述来看，其并未对表见让与的通知主体作出限定。在德国民法上，受让人向债务人出示让与人制作的让与证书或字据的，也可以产生表见让与的效力。③ 这一点与我国《民法典》之解释结论有所不同。我国原则上不承认受让人通知，只有在受让人之通知行为能够被解释为让与人通知时才可发生效力。因此，当受让人仅以自己名义向债务人发出通知时，不能产生表见让与的效力。其二是债务人恶意亦可适用表见让与。德国民法通说认为，即使债务人明知通知或证书不正确，其仍受保护。④ 因为"债务人不应就让与事实之存否有所认识而承担风险"。⑤ 但基于前述"浙江蓝天鹤舞控股有限公司与杭州炬日电器有限公司企业借贷纠纷、民间借贷纠纷案"可知，我国司法实务认为债务人须为善意方可成立表见让与，学界亦有观点主张应区分债务人善意与恶意分别认定表见让与的效力。⑥ 但结合本条第1款之"但书"之规定以及《民法典》第546条第2款可知，既然转让通知未经受让人同意而不得撤销，那么即便债务人嗣后知道或者应当知道债权转让之事实未发生等情形，其依然得基于有效的转让通知向受让人清偿而消灭债务。

---

① 参见朱广新：《合同法总则研究》（下册），中国人民大学出版社2018年版，第495页。
② 参见潘运华：《〈民法典〉中债权表见让与的解释空间及其构成要件》，载《北方法学》2021年第6期，第60—72页。
③ 参见李永锋、李昊：《债权让与中的优先规则与债务人保护》，载《法学研究》2007年第1期，第51页。
④ ［德］梅迪库斯：《德国民法总论》，杜景林、卢谌译，法律出版社2004年版，第561页。
⑤ 黄立：《民法债编总论》，元照出版有限公司2006年版，第647页。
⑥ 参见王利明：《债法总则研究》（第二版），中国人民大学出版社2018年版，第618页。

2. 让与人与债务人虚构债权时的法律适用

实践中，受让人受让债权之前往往会向债务人调查核实债权的真实情况，故有可能出现债务人向受让人确认债权真实存在后，又以债权不存在为由主张不履行债务。对于此一情形，我国《民法典》第763条规定："应收账款债权人与债务人虚构应收账款作为转让标的，与保理人订立保理合同的，应收账款债务人不得以应收账款不存在为由对抗保理人，但是保理人明知虚构的除外。"《民法典》第763条实际上是通谋虚伪表示无效不得对抗善意第三人的基本法理在保理合同中的体现，这一法理同样可适用于一般的债权转让之场合。申言之，让与人与债务人之间是否存在真实的债权债务关系，并不影响让与人与受让人之间债权转让合同的效力。故而，在一般债权转让之情形，受让人基于对债务人的信赖而受让债权后，债务人也不得以债权系虚构为由主张不承担债务。需要注意的是，本条规定的受让人善意，既包括受让人"明知"债权系虚构的情形，也包括"应知"的情形。

第五十条　【债权的多重转让】

让与人将同一债权转让给两个以上受让人，债务人以已经向最先通知的受让人履行为由主张其不再履行债务的，人民法院应予支持。债务人明知接受履行的受让人不是最先通知的受让人，最先通知的受让人请求债务人继续履行债务或者依据债权转让协议请求让与人承担违约责任的，人民法院应予支持；最先通知的受让人请求接受履行的受让人返还其接受的财产的，人民法院不予支持，但是接受履行的受让人明知该债权在其受让前已经转让给其他受让人的除外。

前款所称最先通知的受让人，是指最先到达债务人的转让通知中载明的受让人。当事人之间对通知到达时间有争议的，人民法院应当结合通知的方式等因素综合判断，而不能仅根据债务人认可的通知时间或者通知记载的时间予以认定。当事人采用邮寄、通讯电子系统等方式发出通知的，人民法院应当以邮戳时间或者通讯电子系统记载的时间等作为认定通知到达时间的依据。

◆ 条文主旨

本条是关于债权多重转让的规定。

本条第 1 款规定，当发生债权多重转让的情形时，如果债务人向最先通知的受让人履行债务即可宣告债务消灭。如果债务人明知其履行对象不是最先通知的债务人而仍向其履行，则此等履行对最先通知的债务人不生效力。此时，最先通知的受让人既可请求债务人向其履行债务，也可根据债权转让协议请求让与人承担违约责任。但是，最先通知的受让人无权请求接受履行的受让人返还财产，除非该接受履行的债务人明知其受让的债权已转让给其他受让人。

本条第 2 款主要对何谓"最先通知的受让人"进行了明确。最先通知的受让人是指最先到达债务人的转让通知中载明的受让人。其次则进一步明确如何判断通知到达时间，即法院不能全凭债务人认可的通知时间或转让通知载明的时间作为通知到达的时间，还应当结合通知的方式等因素进行综合判断。如果当事人采用邮寄、通讯电子系统等方式发出通知，法院则应当根据邮戳时间或者通讯电子系统记载的时间认定通知到达的时间。

◆ 关联规定

《中华人民共和国民法典》

第五百四十六条　债权人转让债权，未通知债务人的，该转让对债务人不发生效力。

债权转让的通知不得撤销，但是经受让人同意的除外。

第七百六十八条　应收账款债权人就同一应收账款订立多个保理合同，致使多个保理人主张权利的，已经登记的先于未登记的取得应收账款；均已经登记的，按照登记时间的先后顺序取得应收账款；均未登记的，由最先到达应收账款债务人的转让通知中载明的保理人取得应收账款；既未登记也未通知的，按照保理融资款或者服务报酬的比例取得应收账款。

◆ 案例指引

债权多重转让时应遵循"通知在先，权利在先"的规则

▷姜某某、威海凯华纺织股份有限公司合同纠纷案①

法院认为，首先，在债权多重转让时，已履行通知的受让人应优先于未履行通知的其他受让人。因债权转让只有在债权人履行通知义务后，其效力才及于债务人。而对于未通知的，因其债权转让仅发生在债权人与受让人之间，对债务人并没有发生法律效力，只是在债权人与受让人之间达成了债权转让的协议而已，只有履行通知义务，债权转让效力才对债务人产生约束力，受让人才可能完整受让债权。其次，在债权多重让与转让时，都已履行通知义务的，应按履行通知义务的时间先后确定受让人的优先权。通知在先的取得转让的债权，而通知在后的不能取得债权的受让权。因在第一个通知生效后，债权转让效力及于债务人，原债权人便脱离了原债权债务关系，相应地因其债权已转让，其本身已无债权，则其向第二受让人转让债权时已是客观履行不能。故应按通知的时间确定第一受让人，第一受让人取得债权后，第二受让人及以后的受让人都不得取得债权，避免债务人重复履行或加重履行的负担。

▷王某某与宋某、北京鑫畅路桥建设有限公司债权转让合同纠纷案②

法院认为，债权转让以转让人与受让人达成债权转让的合意，债权让与合同即告成立，同时在转让人和受让人之间发生法律效力。债权转让通知到达债务人时，对债务人发生效力。未经通知的，债权转让对债务人不发生效力。因此，债权转让在转让人与受让人之间形成合意时即生效，至于转让通知是否到达债务人，仅发生是否能够对债务人产生拘束力问题，并不影响债权转让是否有效问题。而且债权只有一个，原债权人将债权转让给先受让人后，其对债权即不再有处分权，即原债权人对债权的二次转让不能发生债权转让的效果。因此，在确定债权双重转让的法律后果时，应当依照"先来后到"的规则确认。但是，鉴于债权人转让权利的，应当通知债务人。未经通知，该转让对债务人不发生法律效力。因此，对于债务人来说，如果其在不知债权存在双重或多重让与的情况下，

---

① 参见山东省威海市中级人民法院（2022）鲁10执复105号执行裁定书。
② 参见北京市第三中级人民法院（2016）京03民终2737号民事判决书。

已经向先通知的后受让人履行了给付义务，那么此时债务人向后受让人的给付行为发生清偿的法律效力。

◆ **理解与适用**

债权多重转让的问题较为复杂。本条第 1 款着重解决两个问题：其一是如何确定债务人的履行对象；其二是如何保护其他受让人的利益。在确定债务人履行对象的问题上，本款奉行"通知在先，权利在先"的原则。即债务人应当向最先到达的转让通知载明的受让人履行债务，即便某受让人实际上在先受让债权，但如果该在先的转让未被通知，则该受让人仍无法取得债权。这是因为，首先，基于债的平等性的原则，只要不存在法定无效或者可撤销的情形，让与人与任一受让人签订的债权转让合同均属有效。其次，在债务人一侧而言，债权转让合同的约束力只在让与人和受让人之间，债务人只受债权转让通知的约束。当债权转让通知到达债务人并对其产生约束力后，后到达的转让通知若要生效，实际上意味着要撤销此前的通知。但根据《民法典》第 546 条第 2 款，除非经受让人同意，否则债权转让通知不得撤销。这实际上表明，债务人原则上只受第一次通知的约束。

当然，实践中也可能出现债务人明知其履行对象不是最先通知的受让人，而仍向其履行的情形。此时，由于最先的债权转让通知对债务人仍具有约束力，故最先通知的受让人仍可请求债务人履行债务。同时，最先通知的受让人也是因为让与人的行为而无法取得债权，即无法实现合同目的，故让与人的行为构成根本违约，该受让人也可以请求让与人承担违约责任。在其他受让人利益保护的问题上，本条遵循保护善意受让人的原则。具言之，由于接受履行的受让人与让与人之间也存在有效的债权转让协议，故通知在先的受让人无权请求接受履行的受让人返还财产。但是，当接受履行的受让人明知其受让的债权已经转让给其他受让人的除外。

值得注意的是，《民法典》第 768 条对同一应收账款多重保理的受偿原则作出了规定。依据该规定，应收账款多重保理受偿奉行"登记在先，权利在先"的原则。也即，已经登记的优先于未登记的受偿，均已登记的则按照登记的先后受偿。关键在于均未登记的情形，第 768 条规定"由最先到达应收账款债务人的转让通知中载明的保理人取得应收账款"。不难发现,《民法典》第 768 条此一规定与本条也是相一致的;由此也可以看出保理与一般债权转让之间的差别。

本条第 2 款进一步对如何认定"最先通知的受让人"作出了解释。总体而言,本款奉行实质主义的解释立场,即"最先通知的受让人"原则上是最先到达的债权转让通知中载明的受让人。在当事人对到达时间存在争议时,法院应结合债务人认可、转让通知载明的时间以及通知的方式等各种因素进行综合判断。如果当事人采取邮寄、通讯电子系统等方式发出通知,由于此类通知方式的时间具有较高的确切性,故法院一般应以邮戳时间或通讯电子系统记载的时间作为通知到达的时间。

第五十一条 【债务加入人的追偿权及其他权利】

第三人加入债务并与债务人约定了追偿权,其履行债务后主张向债务人追偿的,人民法院应予支持;没有约定追偿权,第三人依照民法典关于不当得利等的规定,在其已经向债权人履行债务的范围内请求债务人向其履行的,人民法院应予支持,但是第三人知道或者应当知道加入债务会损害债务人利益的除外。

债务人就其对债权人享有的抗辩向加入债务的第三人主张的,人民法院应予支持。

◆**条文主旨**

本条就债务加入人履行债务后的追偿问题作出了规定。

根据本条第 1 款,如果加入债务的第三人与债务人之间约定了追偿权,则该约定有效;如果两者未约定追偿权,则除非该第三人知道或者应当知道加入债务会损害债务人利益,否则其在向债权人履行债务的范围内,有权依照不当得利的有关规定请求债务人向其履行债务。

根据本条第 2 款,债务人对债权人的抗辩可以向加入债务的第三人主张。

◆ 关联规定

《中华人民共和国民法典》

第五百五十二条　第三人与债务人约定加入债务并通知债权人，或者第三人向债权人表示愿意加入债务，债权人未在合理期限内明确拒绝的，债权人可以请求第三人在其愿意承担的债务范围内和债务人承担连带债务。

◆ 案例指引

▷四川恒沧建设有限公司与李某某建设工程合同纠纷案①

法院认为，四川恒沧建设有限公司（以下简称四川恒沧公司）在 2021 年 6 月 29 日签订的《中新天津生态城建设管理中心农民工上访及处理情况登记表》中明确载明：“四川恒沧公司答应 7 月底前支付李某某 240000 元，支付刘某 40000 元，李某某、刘某尽量联系刘某某到工地结算工程款。”上述内容系四川恒沧公司对刘某某欠付李某某的工程款 240000 元作出承担的承诺，李某某亦签字确认接受。之后双方又进一步签订《工程款协议》，双方对欠付工程款的金额、履行的时间再次确认。综上，李某某与四川恒沧公司之间对债务承担达成合意，四川恒沧公司的行为构成债务加入。一审法院据此判令四川恒沧公司给付李某某工程款 240000 元并无不当，本院予以维持。本案中，李某某只起诉四川恒沧公司要求承担清偿责任，是否追加刘某某为当事人，不会对本案事实查明及责任承担产生影响。四川恒沧公司履行上述债务之后，可以依法向原债务人刘某某进行追偿。

◆ 理解与适用

本条第 1 款是针对《民法典》第 552 条并存的债务承担（也称债务加入）中，“第三人与债务人约定加入债务”的情形作出的解释。根据本款规定，在第三人与债务人约定加入债务的情形，只有二者同时约定追偿权时，第三人才对债务人享有追偿权。这一规定也表明，当第三人与债务人之间存在买卖、赠与、借

_____

① 参见天津市第三中级人民法院（2021）津 03 民终 7530 号号民事判决书。

款等其他基础法律关系时，实际上并无追偿权的存在。而当第三人未与债务人约定追偿权且又不存在其他基础法律关系时，考虑到债务加入提升了债权的安全性，对债务人而言具有增信功能，[①] 此时如果仅因未约定追偿权就否认第三人的求偿权，无疑会限制第三人加入债务的积极性，从而架空《民法典》第552条的规定。因此，本款还规定，在第三人与债务人未约定追偿权的场合，第三人仍可在其已向债权人履行债务的范围内向债务人追偿，此种追偿权在性质上属于不当得利之返还。需要强调的是，第三人根据本款规定向债务人请求不当得利返还的前提是，其与债务人不存在买卖、承揽等债务关系。此外，本款排除了第三人恶意，即知道或者应当知道加入债务会损害债务人利益时的不当得利返还请求权。

本条的适用还需要注意其与《民法典》第523条"由第三人履行的合同"之间的区别。两者的共同之处在于，都是债务人通过第三人向债权人履行债务以消灭自己的债务。两者的本质区别则在于，第三人的法律地位存在显著不同。申言之，在由第三人履行的合同中，第三人并非原债权债务的当事人，第三人可以依债务人的指示向债权人履行债务，也可以拒绝履行。当第三人拒绝向债权人履行债务人，债权人仅得请求债务人承担违约责任。也即，债权人对第三人不享有直接的请求权。而在并存的债务承担中，第三人依其与债务人之间的债务加入合同而成为原债权债务关系的当事人，第三人作为新的债务人与原债务人一同对债权人的债权承担连带责任，债权人也因此获得对第三人的请求权。

本条第2款明确债务人对债权人的抗辩可以向第三人主张，这主要是为了进一步保护债务人的利益。这是因为，第三人加入债务并向债权人履行债务的法律效果并非成立新的合同关系，而是发生法定的债权转让。第三人取代原债权人成为债务人新的债权人。因此，债务人基于原合同对原债权人享有的抗辩，也可以向新的债权人主张。

---

① 参见最高人民法院民法典贯彻实施工作领导小组主编：《中华人民共和国民法典合同编理解与适用（一）》，人民法院出版社2020年版，第581页。

第七章 合同的权利义务终止

◆ **本章概述**

　　本章是《合同编通则解释》的第七部分，名为"合同的权利义务终止"，主要是对合同解除、抵销权的行使等问题的规定。具体而言，本章规定的内容包括：（1）协商解除的法律适用（第52条）；（2）通知解除合同的审查（第53条）；（3）撤诉后再次起诉解除时合同解除时间的认定（第54条）；（4）抵销权行使的效力、抵销参照适用抵充规则、侵权行为人不得主张抵销的情形、已过诉讼时效债权的抵销（第55—58条）。

　　第五十二条　【协商解除的法律适用】

　　当事人就解除合同协商一致时未对合同解除后的违约责任、结算和清理等问题作出处理，一方主张合同已经解除的，人民法院应予支持。但是，当事人另有约定的除外。

　　有下列情形之一的，除当事人一方另有意思表示外，人民法院可以认定合同解除：

　　（一）当事人一方主张行使法律规定或者合同约定的解除权，经审理认为不符合解除权行使条件但是对方同意解除；

　　（二）双方当事人均不符合解除权行使的条件但是均主张解除合同。

　　前两款情形下的违约责任、结算和清理等问题，人民法院应当依据民法典第五百六十六条、第五百六十七条和有关违约责任的规定处理。

◆ 条文主旨

本条是关于协商解除的具体规定。根据《民法典》第 562 条第 1 款，当事人协商一致，可以解除合同。这是当事人合同自由和意思自治的必然要求，经过双方协商一致，当事人可以缔结合同，同样也可以解除合同。当事人协商解除合同时，即便未对合同解除后的违约责任、结算和清理等问题作出处理，也不影响协商解除的效力。另外，如一方主张行使法定解除权或约定解除权，即便不符合法定或约定的条件，如另一方当事人同意解除，或者双方都主张解除但不符合解除权行使条件，法院亦可认定合同解除，因为在这些场景下，双方虽然未就解除进行协商，合同解除系由一方提出但另一方接受，或者双方同时提出，因此，解除合同符合双方的意愿，法院可以认定合同解除。法院在认定合同解除后，有关违约责任、结算和清理等问题，依据《民法典》的相应条款处理。

◆ 关联规定

《中华人民共和国民法典》

第五百六十二条 当事人协商一致，可以解除合同。

当事人可以约定一方解除合同的事由。解除合同的事由发生时，解除权人可以解除合同。

第五百六十六条 合同解除后，尚未履行的，终止履行；已经履行的，根据履行情况和合同性质，当事人可以请求恢复原状或者采取其他补救措施，并有权请求赔偿损失。

合同因违约解除的，解除权人可以请求违约方承担违约责任，但是当事人另有约定的除外。

主合同解除后，担保人对债务人应当承担的民事责任仍应当承担担保责任，但是担保合同另有约定的除外。

第五百六十七条 合同的权利义务关系终止，不影响合同中结算和清理条款的效力。

◆**案例指引**

1. 协商解除的认定

▷霍尔果斯华域旅游投资有限公司、霍尔果斯圆梦影视文化传媒有限公司合同纠纷①

霍尔果斯圆梦影视文化传媒有限公司（以下简称圆梦公司）于 2021 年 7 月 9 日向霍尔果斯华域旅游投资有限公司（以下简称华域公司）发出解约通知函后是否发生合同解除的法律效力，应首先判断华域公司是否存在根本违约行为，圆梦公司是否具有法定或约定解除权……故圆梦公司不享有单方解除权，其向华域公司发出《解约告知函》的行为不产生合同解除的法律效果。

华域公司主张案涉《合作协议》及《〈合作协议〉补充协议》应于 2021 年 7 月 22 日其向圆梦公司发出《解约告知函》时解除。本院认为，华域公司在该告知函中主张案涉《合作协议》及《〈合作协议〉补充协议》无效，要求圆梦公司退回已付款项，并无解除合同的意思表示，其后又起诉请求解除合同，因此不能确认华域公司于 2021 年 7 月 22 日单方解除了合同。《民法典》第 562 条第 1 款规定，当事人协商一致，可以解除合同。本案中，华域公司向一审法院请求解除案涉《合作协议》及《〈合作协议〉补充协议》，圆梦公司对此亦无异议，故对华域公司要求解除合同的主张，本院予以支持。

2. 协商解除的时间

▷某控股集团公司、某化工公司等合同纠纷案②

双方当事人对案涉合同已经解除无异议，但对合同解除时间存在分歧。某工程公司认为，某化工公司于 2013 年 8 月 3 日向某工程公司送达解除通知，某工程公司对合同解除并无异议，故应当从通知送达某工程公司之日作为合同解除时间；某控股集团公司和某化工公司认为，双方属于协商解除，故解除时间应当从某工程公司 2013 年 8 月 28 日发函同意解除合同之日作为合同解除时间。重庆市高级人民法院认为，某化工公司发出解除合同的通知，虽无合同约定和法律规定

---

① 参见新疆维吾尔自治区高级人民法院伊犁哈萨克自治州分院（2022）新 40 民终 1032 号民事判决书。

② 参见重庆市高级人民法院（2016）渝民初 40 号民事判决书。

的解除权，但某工程公司通过其后的回函同意解除，并认可合同解除时间为某化工公司提出解除通知的 2013 年 8 月 3 日，且 2013 年 8 月 12 日的会议纪要也明确 8 月 3 日监理发出停工令作为合同清算时点，故认定案涉合同于 2013 年 8 月 3 日解除。

▷呼和浩特春华水务开发集团有限责任公司、北京金策国泰投资管理有限公司合同纠纷案①

北京金策国泰投资管理有限公司（以下简称金策国泰公司）于 2014 年 11 月至 2015 年 2 月期间多次向呼和浩特春华水务开发集团有限责任公司（以下简称春华水务公司）发函提出解约条件，春华水务公司于 2014 年 12 月 15 日召开董事会决议表明同意解除协议并退还其土地开发资金 2.9 亿元，但未完全同意金策国泰公司的解约条件，金策国泰公司于 2015 年 2 月 9 日再次发函重申解约底线条件。从以上事实看，金策国泰公司系以发函的方式与春华水务公司协商解除条件，虽然双方并未就合同解除条件达成合意，但金策国泰公司在函件中载明"我方现将解约底线条件申明如下……"，实际上表明了金策国泰公司通知春华水务公司解除合同的意思，至于当事人之间就合同解除条件未达成合意，并不影响金策国泰公司通知解除合同行为的效力。而且，合同订立至起诉时已逾五年之久，春华水务公司仍未完成土地整理，再结合春华水务公司在向呼和浩特市国资局发出请示函中所描述的"现因上述合作土地现行城市规划无法满足金策国泰公司的开发要求且暂时无法调整，同时部分土地存在补偿争议且短期内无法解决等情况"，以及春华水务公司内部董事会决议同意解除合同等情形，可以综合认定在金策国泰公司提起诉讼时春华水务公司仍未完成土地整理义务致使金策国泰公司的合同目的不能实现，已构成根本违约，故一审法院将金策国泰公司多份表达解除合同意思函件中的最后一份送达给春华水务公司的时间（2015 年 2 月 9 日）作为合同的解除时间，并无不当。

◆ **理解与适用**

根据《民法典》第 562 条第 1 款，当事人协商一致，可以解除合同。本条也被称为"合意解除"。② 基于合同自由原则，当事人经协商一致后，可以缔结合

---

① 参见最高人民法院（2018）最高法民终 183 号民事判决书。
② 姚明斌：《基于合意解除合同的规范构造》，载《法学研究》2021 年第 1 期，第 71 页。

同，也可以消灭已经有效成立的合同。同样基于合同自由原则，依法有效成立的合同，对当事人发生法律约束力；除非有法律规定，任何一方当事人不得单方变更或解除合同，否则即应承担违反合同的法律责任。由于合同是当事人意思自治的产物，经过当事人双方协商一致，双方同样可以解除尚未履行完毕的合同。由此，双方协商一致解除合同，应在合同预定存续期限届满、履行完毕之前进行；否则，合同因期限届满而终止，已无解除的必要和可能。另外，双方协商解除合同，须双方对合同解除经协商并达成一致。如发生争议，主张合同协商解除的当事人一方须负担举证责任，举证证明双方已就合同解除经协商并达成一致。

合同解除一般会涉及解除后的违约责任、结算和清理等问题；但若双方在协商后仅就合同解除达成一致，而对违约责任、结算和清理这些后续问题未进行协商或协商后未达成一致，并不影响双方协商解除合同的效力；也就是说，双方即便未就合同解除的后果协商一致，也不影响双方协商解除合同的效果。① 《民法典》第 566 条第 2 款规定："合同因违约解除的，解除权人可以请求违约方承担违约责任，但是当事人另有约定的除外。"因此，如合同系一方违约而解除，则双方协商解除合同后并不自动免除违约方的违约责任，除非双方另有约定。在违约解除的情况下，如还订有担保合同，则担保合同并不因主合同解除而自动解除，除非担保合同另有约定。《民法典》第 566 条第 3 款规定："主合同解除后，担保人对债务人应当承担的民事责任仍应当承担担保责任，但是担保合同另有约定的除外。"由此，在主合同因违约而解除的情况下，并不能自动适用担保合同的从属性原理得出担保合同相应解除的结论；反之，若担保合同约定担保人对主合同履行承担担保责任，则担保人应对债务人的违约承担担保责任，除非担保合同另有约定；因为担保权的设立往往是为了确保债权得到实现、防止债务人届期清偿不能的风险，只要这一风险仍然存在，担保权也应存续。②

另外，《民法典》第 557 条第 2 款规定："合同解除的，该合同的权利义务关系终止。"第 567 条规定："合同的权利义务关系终止，不影响合同中结算和清理条款的效力。"可见，合同中的结算和清理条款具有独立性，因为这些条款就其

① 薄燕娜、李钟：《论合同解除权的行使——〈民法典〉合同编第 565 条评释》，载《人民司法》2020 年第 32 期，第 56 页。

② 刘骏：《主合同无效后担保权存续论》，载《比较法研究》2021 年第 2 期，第 72 页。

性质而言针对的就是合同终止之后的善后问题，要解决的就是终止后的相应安排；因此，它们的性质类似于争议解决条款，并不因为合同被解除而失效。因此，合同解除后，合同的权利义务关系终止；但是，这不能影响合同中的结算和清理条款的效力，这些条款并不当然发生相应解除；反之，合同因解除而终止，可能正是触发这些条款发生效力的条件。

还需要注意的是，如当事人一方行使法定解除权或者约定解除权来解除合同，后经人民法院审理认为并不符合法定或约定解除权的行使条件，但若对方当事人同意解除合同，或者双方当事人均不符合解除权行使条件但是均主张解除合同的，人民法院应当认定合同解除。其原因在于，一方面，合同解除的主张由一方提出，虽然其并不符合法定或约定条件，但其解除合同的主张得到了另一方的同意，则可视为双方均同意解除合同；此种情况在性质上属于无效单方解除行为转换为合意解除要约①，其与双方协商解除合同类似，故人民法院可适用协商解除的相关规定。另一方面，因协议解除的性质为当事人双方合意"以第二次之契约终止原有之契约"，其行使本来就不以解除权的存在为必要前提②。同理，双方分别主张解除合同，虽然均不符合解除条件，但他们在解除合同这一问题上意见一致，双方均同意解除合同，因此，此时人民法院亦可适用双方协商解除合同的相关规定，认定合同解除。

> **第五十三条　【通知解除合同的审查】**
> 　　当事人一方以通知方式解除合同，并以对方未在约定的异议期限或者其他合理期限内提出异议为由主张合同已经解除的，人民法院应当对其是否享有法律规定或者合同约定的解除权进行审查。经审查，享有解除权的，合同自通知到达对方时解除；不享有解除权的，不发生合同解除的效力。

---

① 姚明斌：《基于合意解除合同的规范构造》，载《法学研究》2021年第1期，第85页。
② 王泽鉴：《债法原理》，北京大学出版社2013年版，第23页。

◆条文主旨

本条是关于一方发出解约通知后对方未在约定或合理期限内表达异议的法律效果的规定。一方面，一方当事人依通知单方面解除合同属于行使约定后法定解除权的情形，因此，合同最终是否依其单方通知而解除，须取决于该方当事人是否享有约定或法定解除权。因此，如双方就合同解除发生争议，人民法院或仲裁机构须对通知方是否享有约定或法定解除权进行审查。另一方面，根据《民法典》的规定，沉默只有在有法律规定、当事人约定或者符合当事人之间的交易习惯时，才可以视为意思表示。因此，收到通知的一方如未表示异议而保持沉默，不应据此推断其接受通知方解除合同的主张。

◆关联规定

《中华人民共和国民法典》

第一百四十条　行为人可以明示或者默示作出意思表示。

沉默只有在有法律规定、当事人约定或者符合当事人之间的交易习惯时，才可以视为意思表示。

第五百六十五条第一款　当事人一方依法主张解除合同的，应当通知对方。合同自通知到达对方时解除；通知载明债务人在一定期限内不履行债务则合同自动解除，债务人在该期限内未履行债务的，合同自通知载明的期限届满时解除。对方对解除合同有异议的，任何一方当事人均可以请求人民法院或者仲裁机构确认解除行为的效力。

《全国法院民商事审判工作会议纪要》（法〔2019〕254号）

46.【通知解除的条件】审判实践中，部分人民法院对合同法司法解释（二）第24条的理解存在偏差，认为不论发出解除通知的一方有无解除权，只要另一方未在异议期限内以起诉方式提出异议，就判令解除合同，这不符合合同法关于合同解除权行使的有关规定。对该条的准确理解是，只有享有法定或者约定解除权的当事人才能以通知方式解除合同。不享有解除权的一方向另一方发出解除通知，另一方即便未在异议期限内提起诉讼，也不发生合同解除的效果。人民法院在审理案件时，应当审查发出解除通知的一方是否享有约定或者法定的解除权来决定合同应否解除，不能仅以受通知一方在约定或者法定的异议期限届满内未起诉这一事实就认定合同已经解除。

◆ **案例指引**

1. 当事人不享有解除权时通知解除的法律效果

▷刘某某、伊犁锦华装饰发展有限公司租赁合同纠纷案①

关于案涉《厂房出租合同》的解除时间及欠付租赁费数额认定问题。根据《民法典》第 562 条第 2 款、第 563 条及第 565 条第 1 款的规定，只有享有约定或者法定解除权的当事人才能以通知方式解除合同。不享有解除权的一方向另一方发出解除通知，另一方即便未提出异议，也不发生合同解除的效果。本案中，刘某某虽于 2020 年 11 月 4 日通过微信通知伊犁锦华装饰发展有限公司法定代表人逯某某不再承租使用案涉木材厂，但其提供的证据并不足以证实其发出该通知时，其对案涉《厂房出租合同》享有约定或者法定解除权，故微信通知内容并不产生解除《厂房出租合同》的效果。

▷袁某某、卫某某等与公司有关的纠纷民事二审案②

袁某某、赵某某与卫某某、刘某某签订《协议书》是当事人的真实意思表示，合法有效。双方当事人应当依据合同约定和法律规定履行义务，不得擅自变更或解除。协议书未有当事人单方合同解除权的约定，在当事人对解除合同未达成合意的情况下，袁某某单方解除合同应当符合《合同法》第 94 条关于合同解除的规定。本案中，根据《协议书》约定，卫某某、刘某某已将公司公章、营业执照、账目移交给赵某某，赵某某予以认可。卫某某、刘某某已部分履行合同义务。袁某某未举证证明已按合同约定向卫某某、刘某某及时支付股权转让款，故原审认定袁某某不享有合同的单方解除权并无不当，袁某某解除合同不符合法律规定的解除条件。

---

① 新疆维吾尔自治区高级人民法院伊犁哈萨克自治州分院（2022）新 40 民终 108 号民事判决书。
② 参见河南省高级人民法院（2021）豫民终 394 号民事判决书。

▷吉林省霍家店房地产开发有限公司与沈阳天北建筑安装工程公司建设工程施工合同纠纷案①

本案中吉林省霍家店房地产开发有限公司的行为并不构成根本性违约，吉林省霍家店房地产开发有限公司亦不同意解除《补充协议》。因此，沈阳天北建筑安装工程公司单方发出的解除协议通知，并不能起到解除《补充协议》的法律效果。沈阳天北建筑安装工程公司上诉提出《补充协议》已解除，协议涉及的172套房屋和48个车库价值46832618元不应计入已付工程款总额的主张，本院不予支持。

▷辽源金刚水泥（集团）有限公司诉铁岭龙山水泥有限公司租赁合同纠纷案②

当事人约定的合同解除条件是否成就，本案是否符合《合同法》关于解除合同的规定，是解决上述焦点问题的关键所在。本案中当事人之间约定行使合同解除权的条件并未成就，亦不符合《合同法》规定的法定解除条件。辽源金刚水泥（集团）有限公司主张铁岭龙山水泥有限公司收到东辽县人民法院送达的辽源金刚水泥（集团）有限公司起诉状副本等诉讼文书的时间为解除《租赁协议》的时间，缺乏事实和法律依据，本院不予支持。

▷成都讯捷通讯连锁有限公司与四川蜀都实业有限责任公司、四川友利投资控股股份有限公司房屋买卖合同纠纷案③

根据《合同法》第93条、第94条之规定，合同的解除包括法定解除和约定解除两种情形。本案中，双方在《购房协议书》及其他相关书面文件中均未对单方解除合同的事项作出约定，故四川蜀都实业有限责任公司不享有约定解除权。而根据《购房协议书》，双方的主要合同义务是就达成房屋买卖合意进行诚信磋商，成都讯捷通讯连锁有限公司支付1000万元定金。成都讯捷通讯连锁有限公司已经支付了1000万元定金，并且就案涉房屋买卖一事一直在与四川蜀都实业有限责任公司进行协商，其在本案诉讼过程中亦明确表示有意愿、有能力履行支付全部购房款的义务，本案也不存在不可抗力致使不能实现合同目的的情形，因

---

① 参见最高人民法院（2018）最高法民终102号民事判决书。
② 参见最高人民法院（2014）民抗字第9号民事判决书。
③ 参见最高人民法院（2013）民提字第90号民事判决书。

此，本案不具备单方解除合同的法定解除情形。综上，四川蜀都实业有限责任公司主张其有权单方解除合同的理由不能成立。

▷泗洪高能环境生物质能有限公司与泗洪景泽环保科技有限公司合同纠纷二审民事判决书①

本案争议焦点在于涉案合同是否可以解除。泗洪高能环境生物质能有限公司主张其行使的合同解除权既依据合同所约定的因对方违约而享有，也依据法律规定而享有。本院经审查，认为泗洪高能环境生物质能有限公司书面通知解除系依据合同约定而行使解除权，因此涉案合同所约定的解除条件是否成就系本案的核心争议事实……双方在上述补救措施履行完毕后继续履行各自的合同义务，故上述违约情形不足以构成导致合同无法继续履行或合同目的无法实现的情形。因涉案合同第 10 条第 2 款所约定的"满足卫生和环保要求"较为概括笼统，未明确约定具体标准依据或内容参数，且在实际履约过程中，泗洪景泽环保科技有限公司车辆在发生溜车事故并采取补救措施后，在泗洪高能环境生物质能有限公司指挥下继续进入厂区范围作业，故在案证据尚不足以证明目前的履约情况构成合同约定解除权的行使条件。从充分保护合同履约稳定性及合同主体信赖利益的角度，一审法院认定涉案合同应继续履行不宜解除并无不当。

2. 当事人享有解除权时通知解除的法律效果

▷兖矿新陆建设发展有限公司、大同煤矿集团圣厚源煤业有限公司合同纠纷案②

在兖矿新陆建设发展有限公司迟迟不能达到安全生产所具备资质的情况下，其迟延履行义务已导致合同目的不能实现，对于陷入无法继续履行僵局的《采煤合作协议书》，大同煤矿集团圣厚源煤业有限公司可以要求解除合同。此外，大同煤矿集团圣厚源煤业有限公司现已通过招投标程序将其煤矿矿井整体托管，《采煤合作协议书》在法律上、事实上已经不能履行。综上，一审法院对兖矿新陆建设发展有限公司要求《解除〈采煤合作协议书〉通知》不发生效力、继续履行《采煤合作协议书》的请求不予支持，并无不当，故对兖矿新陆建设发展有限公司的该项上诉请求，本院不予支持。对于合作期间因停产造成的损失，一审法

① 参见北京市第一中级人民法院（2022）京 01 民终 10103 号民事判决书。
② 参见最高人民法院（2020）最高法民终 1246 号民事判决书。

院已告知当事人可另行主张，该处理亦无不当。

▷张家界百龙天梯旅游发展有限公司、赤水市人民政府合同纠纷二审民事判决书①

张家界百龙天梯旅游发展有限公司迟延履行《委托经营合同》约定的主要债务，经赤水市人民政府催告后在合理期限内仍未恰当履行，且无足够的履行抗辩权利。张家界百龙天梯旅游发展有限公司的迟延履行行为符合《委托经营合同》第7.1.2条约定的赤水市人民政府有权收回委托经营权，以及第12.2.2条约定的在张家界百龙天梯旅游发展有限公司逾期60日未支付旅游资源使用费、前期投入置换、省基建公司投入时赤水市人民政府有权终止合同的情形，赤水市人民政府据此享有约定解除权。因其通知对方当事人解除案涉协议，故一审判决认定《委托经营合同》于2012年10月12日被解除正确，应予维持。

◆ 理解与适用

2009年《合同法解释（二）》第24条曾规定："当事人对合同法第九十六条、第九十九条规定的合同解除或者债务抵销虽有异议，但在约定的异议期限届满后才提出异议并向人民法院起诉的，人民法院不予支持；当事人没有约定异议期间，在解除合同或者债务抵销通知到达之日起三个月以后才向人民法院起诉的，人民法院不予支持。"这一司法解释创设了异议期间制度，并规定未在异议期间提出异议并起诉的，期满后才向人民法院起诉的，人民法院不予支持。从司法实践来看，这一规定极容易被误解和滥用：从某种意义上来说，这一规定事实上为当事人设定了一项异议的义务；如果当事人在约定或者通知到达3个月内未提出异议，则对方之前所发出的解除通知将发生解除效力，无论其是否享有约定或法定解除权。这样的后果，就有可能使得本来具备约定或法定解除权的当事人发出解约通知之后，由于对方未在约定期限内或者通知到达3个月之内提出异议，则发出通知的一方可取得合同解除权，依通知单方解除合同；也就是说，按照前述司法解释条文，合同解除行为不以解除权的存在为必要。② 这种格局显然是不公平的。由此，2013年《最高人民法院研究室对〈关于适用《中华人民共

---

① 参见最高人民法院（2016）最高法民终772号民事判决书。
② 贺剑：《合同解除异议制度研究》，载《中外法学》2013年第3期，第590页。

和国合同法》若干问题的解释（二）》第 24 条理解与适用的请示的答复》称："当事人根据合同法第九十六条的规定通知对方要求解除合同的，必须具备合同法第九十三条或者第九十四条规定的条件，才能发生解除合同的法律效力。"根据这一文件，合同解除须具备法律规定的条件①；当事人无解除权而向相对人发送解除合同通知，不会发生合同解除的法律后果②；这显然是尝试纠偏的努力。

为消除上述可能发生的滥用，《民法典》第 565 条第 1 款规定："……对方对解除合同有异议的，任何一方当事人均可以请求人民法院或者仲裁机构确认解除行为的效力。"这里，异议是当事人的权利而非义务，异议的本质是对通知方解除合同主张的反对、否定和驳斥。但如果收到解约通知的当事人没有提出异议，那么，也并不能就此赋予通知方以合同解除权。如收到通知的一方对合同解除提出异议，那么，该方及通知方均可向人民法院起诉或者申请仲裁，请求确认解除行为是否有效。这也就是说，即使上述异议期间届满相对人未提出异议，法院仍然需要审查解除权是否存在，不享有解除权的一方向另一方发出解除通知，另一方即便未在异议期限内提起诉讼，也不发生合同解除的效果。③

据此，本条进一步明确，人民法院应当对通知方是否享有法律规定或者合同约定的解除权进行审查。经审查，享有解除权的，合同自通知到达对方时解除；不享有解除权的，不发生合同解除的效力。因此，在一方依通知主张解除合同的情形下，无论对方是否提出异议，人民法院或者仲裁机构都应该实质性地审查通知方是否真正享有约定或法定解除权；如享有，则确认合同依其通知发生解除；如经审查通知方不享有解除权，譬如，对方未构成根本违约，合同不存在无法实现目的的情形，那么，人民法院或者仲裁机构应确认通知方的解约通知不发生合同解除的效果。如其在发出通知后擅自中止其合同义务的履行，则构成违约行为，对方可以要求其承担相应的违约责任。

---

① 陈龙业、宋韦韦：《合同解除异议权制度适用中的争议问题探讨》，载《人民司法》2014 年第 15 期，第 35 页。

② 刘承题：《合同解除权行使规则解释论——兼评民法典第 565 条之规定》，载《比较法研究》2022 年第 2 期，第 123 页。

③ 朱虎：《解除权的行使和行使效果》，载《比较法研究》2020 年第 5 期，第 101 页。

> **第五十四条　【撤诉后再次起诉解除时合同解除时间的认定】**
> 　　当事人一方未通知对方，直接以提起诉讼的方式主张解除合同，撤诉后再次起诉主张解除合同，人民法院经审理支持该主张的，合同自再次起诉的起诉状副本送达对方时解除。但是，当事人一方撤诉后又通知对方解除合同且该通知已经到达对方的除外。

◆**条文主旨**

　　本条是关于一方当事人撤诉后再次起诉解除时，合同解除时间认定的规定。解除合同的方式分为通知解除与司法解除两种。一方当事人未通知对方而直接起诉主张解除合同，之后撤诉，后又再次起诉解除该合同，且解除主张获人民法院支持的，合同的解除时间溯及至再次起诉的起诉状副本送达对方时。但撤诉后当事人通知对方解除合同且该通知已到达对方的除外，在此情形下，合同自解除通知到达对方时解除。

◆ **关联规定**

《中华人民共和国民法典》

　　第五百六十五条　当事人一方依法主张解除合同的，应当通知对方。合同自通知到达对方时解除；通知载明债务人在一定期限内不履行债务则合同自动解除，债务人在该期限内未履行债务的，合同自通知载明的期限届满时解除。对方对解除合同有异议的，任何一方当事人均可以请求人民法院或者仲裁机构确认解除行为的效力。

　　当事人一方未通知对方，直接以提起诉讼或者申请仲裁的方式依法主张解除合同，人民法院或者仲裁机构确认该主张的，合同自起诉状副本或者仲裁申请书副本送达对方时解除。

《中华人民共和国民事诉讼法》

　　第一百四十八条　宣判前，原告申请撤诉的，是否准许，由人民法院裁定。

　　人民法院裁定不准许撤诉的，原告经传票传唤，无正当理由拒不到庭的，可以缺席判决。

《最高人民法院关于适用〈中华人民共和国民事诉讼法〉的解释》（法释〔2022〕11号）

第二百一十四条　原告撤诉或者人民法院按撤诉处理后，原告以同一诉讼请求再次起诉的，人民法院应予受理。

原告撤诉或者按撤诉处理的离婚案件，没有新情况、新理由，六个月内又起诉的，比照民事诉讼法第一百二十七条第七项的规定不予受理。

第三百三十六条　在第二审程序中，原审原告申请撤回起诉，经其他当事人同意，且不损害国家利益、社会公共利益、他人合法权益的，人民法院可以准许。准许撤诉的，应当一并裁定撤销一审裁判。

原审原告在第二审程序中撤回起诉后重复起诉的，人民法院不予受理。

第四百零八条　一审原告在再审审理程序中申请撤回起诉，经其他当事人同意，且不损害国家利益、社会公共利益、他人合法权益的，人民法院可以准许。裁定准许撤诉的，应当一并撤销原判决。

一审原告在再审审理程序中撤回起诉后重复起诉的，人民法院不予受理。

◆ 案例指引

1. 合同自再次起诉的起诉状副本送达对方时解除的前提是享有解除权的当事人在起诉前并未以通知方式行使解除权

▷山东齐风鲁韵电梯设备有限公司、刘某明买卖合同纠纷案①

山东齐风鲁韵电梯设备有限公司交付的电梯不符合合同约定，且致使买受人不能实现合同目的，刘某明享有法定合同解除权，并于2021年9月3日申请退款，但并未成功。因此，2021年11月2日，刘某明以产品责任纠纷为案由，向一审法院提起诉讼，于2021年11月30日撤回起诉。2022年3月1日，刘某明又以买卖合同纠纷为案由，向一审法院提起诉讼，于2022年4月15日撤回起诉。2022年7月1日，刘某明再次起诉，一审法院依法对其解除请求予以支持，合同解除时间为刘某明申请退款之日即2021年9月3日。二审法院对一审法院的判决

---

① 参见吉林省吉林市中级人民法院（2022）吉02民终1774号民事判决书。

予以维持。

2. 合同自再次起诉的起诉状副本送达对方时解除

▷李某新与姬某房屋买卖合同纠纷案①

2017年8月17日李某新提起诉讼，要求解除双方签订的合同，后撤回起诉。2018年8月17日李某新再次起诉，诉讼请求为返还已付购房款并支付利息、赔偿损失，姬某在庭审答辩时明确表示同意解除双方之间签订的合同，后李某新又于2019年8月5日撤回起诉。后李某新第三次起诉，一审法院认为：2018年李某新起诉的目的是解除双方之间的买卖合同，姬某也同意解除合同，因此应认定《楼房买卖协议》已经于此时解除。李某新不服此判决，提起上诉，二审法院认为：合同自起诉状副本送达对方时解除的前提条件必须是已经法院的裁判进行确认。原审法院对李某新起诉目的是解除合同的认定缺乏证据证明；且尽管姬某在庭审答辩时明确表示同意解除合同，但原告之后撤回起诉，法院并未确认双方是否已解除合同；因此，无法据此认定双方之间的房屋买卖协议已经于2018年解除。

▷宋某明与某建设公司、某投资管理公司商品房预售合同纠纷案②

虽然宋某明之父宋某某在本诉之前曾向法院提起过诉讼，可在法院依法判决前宋某某自愿申请撤诉并获准许，因此宋某明以前诉的起诉状副本送达某建设公司的时间作为商品房买卖合同及其补充协议的解除时间的主张于法无据，法院不予认可。法院认为，应以后诉的起诉状副本送达某建设公司之日即2020年6月24日作为合同解除的时间。

▷埠骥鑫再生资源有限公司、蚌埠市厚德再生资源开发有限公司租赁合同纠纷案③

原告多次起诉请求解除合同又撤诉——2020年8月，蚌埠市厚德再生资源开发有限公司（以下简称厚德公司）以埠骥鑫再生资源有限公司（以下简称骥鑫公司）转租、私建厂房、逾期不支付电费为由，诉至一审法院，要求解除合同。后厚德公司撤回起诉，一审法院裁定予以准许。2021年3月30日，厚德公司再次

---

① 参见山东省聊城市中级人民法院（2022）鲁15民终71号民事判决书。

② 参见四川省成都市高新技术产业开发区人民法院（2020）川0191民初4635号民事判决书。

③ 参见安徽省蚌埠市中级人民法院（2022）皖03民终3976号民事判决书。

起诉要求解除合同、支付租金等。一审法院受理后，骥鑫公司提起反诉，要求厚德公司赔偿损失，后双方又撤诉。2022 年，厚德公司又向一审法院提起诉讼，要求解除合同、支付租金等，骥鑫公司于 2022 年 2 月 9 日收到一审法院送达民事诉状、举证通知书等材料。经一审法院查明，骥鑫公司违约拖欠租金，厚德公司享有法定解除权，其解除厂房租赁合同的主张符合合同约定及法律规定，依法予以准许。解除时间为骥鑫公司收到一审法院送达民事诉状之日即 2022 年 2 月 9 日。二审法院认为，一审判决认定事实清楚，适用法律正确，应予维持。

3. 合同自首次起诉的起诉状副本送达对方时解除

▷北京京杨顺明建筑装饰工程有限公司与北京神来建筑器材租赁有限公司建筑设备租赁合同纠纷案①

由于北京京杨顺明建筑装饰工程有限公司（以下简称京杨公司）未按期给付租赁费，北京神来建筑器材租赁有限公司（以下简称神来公司）曾于 2019 年 7 月 18 日就案涉合同起诉至法院要求解除合同，法院于 2019 年 10 月 8 日将起诉情况告知了京杨公司，后神来公司申请撤回起诉。2021 年，神来公司再次起诉请求解除合同，一审法院认为当事人对租赁期限没有约定或者约定不明确，涉案合同为不定期租赁合同，当事人可以随时解除合同，故神来公司拥有解除权。当事人一方未通知对方，直接以提起诉讼或者申请仲裁的方式依法主张解除合同，人民法院或者仲裁机构确认该主张的，合同自起诉状副本或者仲裁申请书副本送达对方时解除。根据已经查明的事实，神来公司于 2019 年 7 月 23 日以起诉方式向京杨公司发出解除合同的通知，该案经法院电话沟通京杨公司已于 2019 年 10 月 8 日知晓神来公司起诉解除合同事宜，故法院认定案涉租赁合同解除时间为京杨公司知晓神来公司起诉解除合同之日，即 2019 年 10 月 8 日。二审法院表示支持。

4. 合同自法院判决生效之日起解除

▷某汽车部件公司与某电子商务公司计算机软件开发合同纠纷案②

某汽车部件公司曾于 2019 年 1 月 8 日提起诉讼，后申请撤诉并获法院准许。2021 年 1 月 18 日，某汽车部件公司再次起诉，经法院审理，某汽车部件公司与某电子商务公司在合同履行过程中均有过错违约行为，故某汽车部件公司合同解

---

① 参见北京市第一中级人民法院（2022）京 01 民终 5451 号民事判决书。
② 参见上海知识产权法院（2021）沪 73 知民初 153 号民事判决书。

除权不成立；但合同已无继续履行之基础，故法院依法解除。关于解除的时间，法院认为起诉状副本送达对方即发生解除效力的前提条件为通知解除一方当事人依法拥有合同解除权，某汽车部件公司因违约而并无解除权，因此涉案合同自法院判决生效之日起解除。

▷宜川三物农林科技农民专业合作社与吴某平房屋租赁合同纠纷案①

原告宜川三物农林科技农民专业合作社未能提供证据证明其所主张的涉案房屋存在质量问题且被告吴某平未按其要求对房屋进行维修，致使其无法达到合同目的的事实，因此被告吴某平并无违约，原告宜川三物农林科技农民专业合作社并不享有法定解除权。一审法院认为，原告宜川三物农林科技农民专业合作社于一审中要求解除该租赁合同，且被告吴某平表示同意，法院依法予以支持，故房屋租赁合同自判决生效之日起解除。二审法院认为一审判决认定事实清楚，适用法律正确，应予维持。

▷中国铝业股份有限公司重庆分公司等与重庆博达矿业有限公司招标投标买卖合同纠纷上诉案②

法院认为：尽管重庆博达矿业有限公司拥有法定解除权，但其并未通知对方当事人解除合同，而是向人民法院提起诉讼。因此，案涉合同能否解除，应由人民法院最终判定；何时解除，应以人民法院的判决生效为准，而不应认定合同于起诉状副本送达对方当事人时即告解除。

5. 当事人在起诉时未主张解除合同，后在诉讼过程中才新增解除之诉讼请求

▷周某河等清算责任纠纷案③

法院指出：注销后，广顺祥达公司无法继续进行经营活动，亦不再具有履行合同的主体资格，其违约行为致使周某河签订合同的目的无法实现，因此周某河有权解除案涉挂靠合同。周某河于 2022 年 9 月 26 日增加诉讼请求要求解除合同，当日一审法院组织召开庭前会议，广顺祥达公司的法定代表人岳某于庭前会议中收到周某河解除合同的通知并表示同意，故一审法院认定涉案挂靠合同于 2022 年 9 月 26 日解除符合法律规定。

---

① 参见陕西省延安市中级人民法院（2022）陕 06 民终 2738 号民事判决书。
② 参见最高人民法院（2019）最高法民终 511 号民事判决书。
③ 参见北京市第二中级人民法院（2022）京 02 民终 14849 号民事判决书。

▷张某国与刘某亚农村建房施工合同纠纷案①

由于张某国、刘某亚在履行合同过程中存在纠纷，刘某亚未完成建房工程，张某国亦另行找人施工，涉案合同已不具备继续履行的条件，合同目的亦无法实现，故一审法院依法对于刘某亚要求解除双方《合同书》的诉讼请求予以支持。由于刘某亚是在一审案件当日即 2022 年 1 月 27 日提出要求解除双方之间的《合同书》，故一审法院确定以 2022 年 1 月 27 日作为双方《合同书》的解除时间。二审法院认可上述判决。

◆ **理解与适用**

对于一方当事人撤诉后再次起诉解除合同时合同解除时间的认定，相较于"第一次起诉的起诉状副本送达时"这一时间点，本条规定更具合理性。一方面，合同解除后当事人需要根据履行的情况和合同性质恢复原状或采取其他补救措施，由于第一次撤诉至第二次起诉确认解除的期间并无限制，第一次撤诉后当事人很可能又有履行行为，若规定合同在第一次起诉状副本送达时就已经解除，则将造成不必要的恢复和补救成本。另一方面，若规定合同在第一次起诉状副本送达时解除，则受理第二次起诉的法院须对第一次起诉的材料进行审查，这无疑会使法院增加不必要的工作负担，也容易导致撤诉权利的滥用。

对于本条规定的理解与适用，首先，应当注意，在当事人一方撤诉后，对方同意继续履行合同的情况下，由于第一次起诉没有依法产生通知解除的效果，在第二次起诉时，人民法院仍应当依据《民法典》第 562 条至第 565 条的规定，对合同是否满足解除条件进行实质性审查，满足合同解除条件的，予以解除。

其次，以申请仲裁方式主张解除合同的情形可参照适用该条。即：当事人一方未通知对方，直接以提起诉讼或申请仲裁的方式主张解除合同，撤诉或撤回仲裁后，再次以起诉或申请仲裁的方式主张解除合同，人民法院或仲裁机构经审理支持该主张的，合同自再次起诉的起诉状副本或者再次申请仲裁的仲裁申请书副本送达对方时解除。但是，当事人一方撤诉或撤回仲裁后又通知对方解除合同且该通知已经到达对方的除外。

---

① 参见北京市第三中级人民法院（2022）京 03 民终 8535 号民事判决书。

最后，合同自再次起诉的起诉状副本送达时解除的前提条件有三。之一是当事人并未通知对方解除而径直起诉。若依法享有解除权的当事人在起诉前已发出解除通知并已送达对方，则合同自通知到达对方时或通知载明的期限届满时解除。若当事人随后就解除合同有异议的，则可根据《民法典》第 565 条第 1 款的规定提起诉讼或申请仲裁，经审理或仲裁确认解除的，合同自通知到达对方时或通知载明的期限届满时解除。此时当事人提起的乃确认之诉而非形成之诉，法院或仲裁机构是对原告关于合同关系存在或不存在的主张进行确认，是对通知解除这一行使形成权之单方法律行为的有效性进行确认，其判决或裁决并无变更既存的民事法律关系之形成力。因此，若经审理确认解除的，解除时间溯及至通知到达对方时或通知载明的期限届满时①，而非起诉状副本、仲裁申请书副本送达对方时或判决、裁决生效时。但上述情形的前提是当事人依法享有解除权。若法院或仲裁机构审理确认当事人并无解除权、通知解除不成立，但同时又认为合同依法应当解除的，合同解除时间需根据《民法典》与本解释有关规定另行确定。

另外，有必要厘清"未通知对方，直接以提起诉讼的方式主张解除合同"的概念，特别需要关注依法享有解除权的当事人在起诉时未主张解除合同，后在诉讼过程中才新增解除之诉讼请求的情形。譬如前述"周某河等清算责任纠纷案"中，周某河起诉时并未主张解除，在诉讼过程中才增加解除合同的请求，北京市第二中级人民法院认定合同自其新增解除合同之诉讼请求之日起解除，并在裁判文书中使用"岳某于庭前会议中收到周某河解除合同的通知"的表述，似乎是将新增解除之诉讼请求视为进行通知解除的一种方式。事实上，这种情形仍属于"未通知对方，直接以提起诉讼的方式主张解除合同"。因为若持新增解除合同之诉讼请求是进行通知解除的一种方式之观点，对待依法享有解除权的当事人在前诉过程中才新增解除请求，撤诉后再次起诉主张解除合同，并获人民法院支持的案件，合同解除时间将是前诉中当事人新增解除请求时。这将使得本解释第 54 条无法发挥出前述避免不必要的恢复与补救成本、减轻法院负担、防止撤诉权利滥用之作用。因此应当认为，依法享有解除权的当事人在起诉时未主张解除合同，后在诉讼过程中才新增解除之诉讼请求的情形，属于未通知对方而直接以提

---

① 参见前述山东齐风鲁韵电梯设备有限公司、刘某明买卖合同纠纷案。

起诉讼的方式主张解除合同，而并非通知解除的一种表现形式。这也提示我们，应当灵活理解"起诉状送达对方时"，把握好其本质是解除权人的解除意思到达对方之时，面对解除权人于诉讼过程中才提出解除请求的情况，应将合同解除的时间认定为新增解除请求之情况使对方当事人知晓时。具体到解除权人在撤诉后再起诉，第二次诉讼起诉时并未主张解除合同，后在诉讼过程中才新增解除之诉讼请求，并获法院支持的情形，合同解除的时间应为第二次诉讼中新增解除请求之情况使对方知晓时。

合同自再次起诉的起诉状副本送达时即告解除的前提条件之二是（法院经审理认可）主张解除合同的当事人依法享有解除权。前述"宜川三物农林科技农民专业合作社与吴某平房屋租赁合同纠纷案"① 中，虽双方都不享有法定解除权，但双方在庭审过程中协商一致同意解除，故合同自判决生效之日解除。又如"浙江勤昌盛汽车部件有限公司与上海全配电子商务有限公司计算机软件开发合同纠纷案"② 中，原告曾诉请解除又撤诉，再次起诉后法院经审理认为双方在履约过程中均有过错违约行为，故勤昌盛公司合同解除权不成立，涉案合同自法院判决生效之日起解除。可见，在法院最终支持解除请求的案件中，可能出现双方都没有法定解除权，只是由于庭审中协商一致或者法院综合考虑各因素认为合同继续履行的基础已不复存在，依法判决解除的情形。此时因当事人无法定解除权，其所谓的解除通知因缺乏解除权而不具备形成力，起诉状副本也并未承载合法解除权人的解除意思，因此合同解除的时间无法当然溯及至自（再次起诉的）起诉状副本送达时，而需根据《民法典》与本解释的有关规定另行确定。

合同自再次起诉的起诉状副本送达时即告解除的前提条件之三是再次起诉中，人民法院经审理支持其解除主张，否则无法产生通知解除的效果。

① 参见陕西省延安市中级人民法院（2022）陕06民终2738号民事判决书。
② 参见上海知识产权法院（2021）沪73知民初153号民事判决书。

> **第五十五条　【抵销权行使的效力】**
>
> 当事人一方依据民法典第五百六十八条的规定主张抵销，人民法院经审理认为抵销权成立的，应当认定通知到达对方时双方互负的主债务、利息、违约金或者损害赔偿金等债务在同等数额内消灭。

◆条文主旨

本条是关于抵销权行使的效力规定。

首先，本条规定了抵销的范围，明确双方互负的债务数额，是各自负有的包括主债务、利息、违约金、损害赔偿金等在内的全部债务数额。

其次，本条规定行使抵销权的方式为广义上的通知，具体包括起诉前的通知、起诉、反诉以及在诉讼中的抗辩等。

最后，本条规定了抵销效果发生的时间，明确抵销权的行使不能溯及至抵销条件成就时，而是自通知到达对方当事人时发生抵销的法律效果。因此，本条采取了抵销无溯及力说，相对于此前所流行的抵销具有溯及力的通说，本条是一项重大的转向。另外，本条需与本解释第58条关联起来作整体的体系解释。

◆关联规定

《中华人民共和国民法典》

第五百二十条　部分连带债务人履行、抵销债务或者提存标的物的，其他债务人对债权人的债务在相应范围内消灭；该债务人可以依据前条规定向其他债务人追偿。

部分连带债务人的债务被债权人免除的，在该连带债务人应当承担的份额范围内，其他债务人对债权人的债务消灭。

部分连带债务人的债务与债权人的债权同归于一人的，在扣除该债务人应当承担的份额后，债权人对其他债务人的债权继续存在。

债权人对部分连带债务人的给付受领迟延的，对其他连带债务人发生效力。

第五百四十九条　有下列情形之一的，债务人可以向受让人主张抵销：

（一）债务人接到债权转让通知时，债务人对让与人享有债权，且债务人的债权先于转让的债权到期或者同时到期；

（二）债务人的债权与转让的债权是基于同一合同产生。

第五百五十三条　债务人转移债务的，新债务人可以主张原债务人对债权人的抗辩；原债务人对债权人享有债权的，新债务人不得向债权人主张抵销。

第五百五十七条　有下列情形之一的，债权债务终止：

（一）债务已经履行；

（二）债务相互抵销；

（三）债务人依法将标的物提存；

（四）债权人免除债务；

（五）债权债务同归于一人；

（六）法律规定或者当事人约定终止的其他情形。

合同解除的，该合同的权利义务关系终止。

第五百六十八条　当事人互负债务，该债务的标的物种类、品质相同的，任何一方可以将自己的债务与对方的到期债务抵销；但是，根据债务性质、按照当事人约定或者依照法律规定不得抵销的除外。

当事人主张抵销的，应当通知对方。通知自到达对方时生效。抵销不得附条件或者附期限。

第五百六十九条　当事人互负债务，标的物种类、品质不相同的，经协商一致，也可以抵销。

第七百零二条　债务人对债权人享有抵销权或者撤销权的，保证人可以在相应范围内拒绝承担保证责任。

《中华人民共和国企业破产法》

第四十条　债权人在破产申请受理前对债务人负有债务的，可以向管理人主张抵销……

《最高人民法院关于人民法院办理执行异议和复议案件若干问题的规定》（法释〔2020〕21号）

第十九条　当事人互负到期债务，被执行人请求抵销，请求抵销的债务符合下列情形的，除依照法律规定或者按照债务性质不得抵销的以外，人民法院应予支持：

（一）已经生效法律文书确定或者经申请执行人认可；

（二）与被执行人所负债务的标的物种类、品质相同。

◆ 案例指引

1. 抵销权的行使方式

▷某科技公司与某实业公司合同纠纷案①

某科技公司于庭审过程中明确提出抵销的意见，法院认为当事人当庭提出抵销的，应认定抵销通知当庭到达对方时抵销生效。本案中，某科技公司实质是以反诉方式行使抵销权。

▷江苏新兴建设工程有限公司、安徽盛仁投资有限公司建设工程施工合同纠纷案②

首先，因案涉建设工程施工合同归于无效，伟基建设公司在进场施工前向安徽盛仁投资有限公司交付的履约保证金1000万元，应由安徽盛仁投资有限公司返还伟基建设公司。其次，安徽盛仁投资有限公司已经支付工程款数额为49200000元，伟基建设公司实际应得工程款为40111058.63元，安徽盛仁投资有限公司已超付工程款9088941.37元，伟基建设公司对该部分款项应予返还。综上，双方互负债务数额已经确定，为同一建设工程施工合同法律关系项下发生的款项，标的物种类、品质相同，且均已到期。人民法院认为，行使抵销权是一种单方法律行为，只要具备法律构成要件，依据权利人单方意思表示即能发生权利义务变更或消灭的法律效力。对于抵销权的行使，既可以在诉讼中也可以在诉讼之外而为抵销的意思表示。但在诉讼中的抵销，是否要求抵销抗辩或者反诉抵销，并无法律明确规定，需要人民法院根据具体情况进行确认。本案中，安徽盛仁投资有限公司作为一审被告，在诉讼中选择以抗辩的方式行使抵销权，要求以其超额支付的工程款抵销其应返还伟基建设公司的保证金债务，符合法律规定抵销权行使的构成要件，而无需被告以提起反诉的方式主张抵销。

---

① 福建省厦门市思明区人民法院（2021）闽0203民初2178号民事判决书。

② 参见最高人民法院（2018）最高法民终305号民事判决书。

▷遵义启宏房地产开发有限公司、重庆天奇地产集团有限公司借款合同纠纷案①

遵义启宏房地产开发有限公司与重庆天奇地产集团有限公司之间互负的债务具有同质性，且均已至清偿期限。人民法院认为，抵销权的行使方式并无严格限制。一方面，抵销权是形成权，抵销在本质上是单方法律行为，只要一方意思表示到达对方即发生法律效力；另一方面，根据《合同法》第99条关于抵销的规定，并没有要求抵销权人必须以诉讼的方式行使，不以独立的诉的形式而是以抗辩的形式行使抵销权，实质上是当事人民事权利的延伸。因此，即便遵义启宏房地产开发有限公司未提起反诉，其主张抵销的抗辩亦属于本案的审理范围。

▷光大财富（北京）投资基金管理有限公司等与姚某等纠纷案②

人民法院依据《九民纪要》第43条的规定认为，抵销的意思表示既可以通过通知的方式行使，也可通过提出抗辩或者反诉的方式行使。该案中，光大财富（北京）投资基金管理有限公司在一审庭审中就该笔800万元借款提出过抵销的抗辩，应当认定其已经行使了抵销权。故该笔800万元借款应当从光大财富（北京）投资基金管理有限公司需向中盐公司返还的借款本金中抵销。

2. 效力溯及至抵销条件成就之日③

▷余某东、长春来宝建筑工程有限公司建设工程施工合同纠纷案④

余某东于2013年8月23日向陈某强出具的《欠条》载明：余某东欠陈某强470万元，期限至2013年12月31日，如逾期按二分计算利息。而案涉一期工程于2013年10月中旬实际投入使用，于2016年5月18日竣工验收，中天公司应自2013年10月中旬起给付余某东相应工程价款。双方当事人在诉讼中对于案涉工程价款与470万元借款抵销没有异议。最高人民法院认为，抵销的意思表示自到达对方时生效，抵销一经生效，其效力溯及自抵销条件成就之时，双方互负的

① 参见最高人民法院（2019）最高法民终477号民事判决书。
② 参见北京市高级人民法院（2019）京民终1524号民事判决书。
③ 本解释没有采取抵销的效果溯及至抵销条件成就之时的观点，明确了抵销权的行使不能溯及至抵销条件成就时，而是自通知到达对方当事人时发生抵销的法律效果。摘取这些案例旨在让读者了解本解释颁布前就抵销效果发生时间这一问题的司法实践观点以及本解释关于抵销效果发生的时间之前后变化。
④ 参见最高人民法院（2020）最高法民申3725号民事裁定书。

债务在同等数额内消灭。因此余某东对中天公司的工程价款债权一旦到期（2013年10月中旬）即可与案涉470万元借款债权抵销，且该470万元借款债权被抵销后不再产生利息。二审法院认定抵销时间为2017年10月31日，该借款从2014年1月1日起至2017年10月31日止产生利息432.4万元，进而以该利息抵销中天公司尚欠余某东的工程价款，存在认定基本事实缺乏证据证明和适用法律错误的问题。

▷天津天资棉纺织品物流有限公司、天津市九鼎实业发展有限公司委托合同纠纷案①

人民法院认为，抵销的意思表示既可以通知的方式行使，也可通过提出抗辩或者反诉的方式行使。该案中，天津天资棉纺织品物流有限公司先是于诉讼前向天津市九鼎实业发展有限公司发送抵销通知，后又在本案诉讼中提出抵销的抗辩，尽管其在提出反诉后又撤诉，但在其并未明示撤回抵销意思表示的情况下，应当认定其已经行使了抵销权。因此人民法院认为，天津市九鼎实业发展有限公司关于天津天资棉纺织品物流有限公司撤回反诉即表示放弃行使抵销权的主张于法无据，不予支持。其次，关于抵销效果发生的时间，人民法院认为，抵销的意思表示一经到达对方，其效力就溯及自抵销条件成就之日，故应当认定本案中双方互负的债务于主动债权履行期限届满之日即2017年7月20日起抵销。

▷朱某平与宿迁经济开发区申拾农村小额贷款有限公司债权转让合同纠纷案②

朱某平与华伟公司于2015年2月2日结算确认华伟公司欠朱某平货款210万元，并约定利息从2015年2月1日起计算；另根据一、二审法院认定，朱某平实际承包经营至2017年6月30日，故朱某平的承包费债务在2017年6月30日已经到期。据此，华伟公司与朱某平互负到期债务，符合抵销条件的时间是2017年6月30日，朱某平在本案中主张抵销，符合法律规定，发生法律效力。关于抵销的时间，人民法院认为，抵销的意思表示自到达对方时生效，抵销一经生效，其效力溯及自抵销条件成就之时，双方互负的债务在同等数额内消灭。因此原审判决以截至2017年6月30日的债务数额进行计算、抵销，于法有据。

---

① 参见最高人民法院（2019）最高法民再12号民事判决书。
② 参见江苏省高级人民法院（2019）苏民申2060号民事裁定书。

3. 主张抵销权时，主动债权已超过诉讼时效期间

▷某实业公司与刘某前房屋买卖合同纠纷案①

某实业公司主张其对刘某前享有的两笔债权应与其对刘某前所负的交付租金义务相互抵销，不适用诉讼时效的规定。而法院认为，主张用以抵销的债权应当是未超过诉讼时效的债权，如果主张抵销的债权已经超过诉讼时效，则不能与对方尚未超过诉讼时效的债权进行抵销。而该案中，某实业公司未能举证证明其债权存在诉讼时效中止、中断事由；同时根据《民法典》第 188 条的规定，当事人向人民法院请求保护民事权利的诉讼时效期间为 3 年；该两笔债权中除刘某前支付定金时超付的 50 万元外，其余 550 万元已经超过诉讼时效。根据《民法典》第 568 条第 2 款规定，当事人主张抵销的，应当通知对方。通知自到达对方时生效。抵销不得附条件或者附期限。某实业公司未在其债权的诉讼时效期间内主张抵销，当庭才提出抵销，因此抵销（应当）发生法律效力时已经超过了债权的诉讼时效，最终不能发生抵销的法律后果。

▷吴某泉等诉广东省航盛建设集团有限公司建设工程施工合同案②

广东省航盛建设集团有限公司（以下简称航盛公司）应分别自 1996 年 6 月 25 日和 1996 年 12 月 1 日起向东港公司支付清淤费用和吹填改车填增加的费用，而东港公司应自 1997 年 7 月 11 日起履行对航盛公司所负债务。因此，自 1997 年 7 月 11 日起至东港公司上述债权的诉讼时效期间届满时，东港公司与航盛公司互负到期金钱债务。法院认为：东港公司的上述债权虽然超过了诉讼时效期间，但在上述债权未超过诉讼时效期间时，东港公司和航盛公司双方互负的债务符合抵销的条件，适于抵销。因此，虽然东港公司的上述债权已经超过了诉讼时效，但其抵销债务的主张应当得到支持。该案中，法院在事实上认为，当事人并不因超过诉讼时效而丧失抵销权，而应根据抵销条件达成时间系在主动债权诉讼时效届满之前或之后区别对待：对于在诉讼时效届满之前，已经取得抵销权的，诉讼时效届满之后也可以主张抵销；抵销事由系诉讼时效届满之后产生的，则已经超过诉讼时效的一方当事人，不得主动主张债务抵销。

---

① 参见重庆市沙坪坝区人民法院（2021）渝 0106 民初 6875 号民事判决书。
② 参见广东省高级人民法院（2007）粤高法民四终字第 261 号民事调解书。

◆ 理解与适用

罗马法采取自动抵销规则，即抵销适状时，自动发生抵销法律后果，无须抵销权人行使抵销权。① 大陆法系是在罗马法的直接影响下发展起来的。《法国民法典》第 1347 条第 2 款规定："抵销，于其具备各项条件之日发生，但以主张抵销为限。"②《德国民法典》第 389 条明确规定抵销具有溯及力，"抵销发生如下效力：在双方的债权彼此一致的范围内，在适合于抵销而互相对待之时，双方的债权视为已消灭"。③《日本民法典》第 506 条就规定："（一）抵销，以一方当事人对相对人的意思表示进行。在此情形，该意思表示不得附条件或者期限。（二）前款的意思表示，溯及至双方债务相互适于抵销时，发生效力。"④ 我国台湾地区在立法上也明确规定抵销具有溯及力。视野转向英美法系，英美法系原则上否认抵销的溯及力，只是基于衡平等因素的考量，例外承认抵销的溯及力。⑤ 承认抵销有溯及力的立法模式下，抵销往往采取当然主义自动发生效力，甚至在双方不知情的情况下亦可发生抵销（如《法国民法典》原第 1290 条）。但评论认为这种自动主义和当然生效模式可能是源于对优士丁尼《法学阶梯》中抵销"依据法律（ipso jure）"发生效力这一表述的误读：优氏著述的本来意图是赋予抵销以基于法律规定而独立发生效力，因为在此前抵销只能在诉讼中（in limine litis）作为诈欺抗辩事由被援引；后世的一些立法对此形成了曲解，强调抵销的效力纯粹只基于法律规定，与当事人的意志无涉。但这一做法后来逐渐得到纠正，一些判例强调抵销须由当事人主张，法官不得依职权适用；因此《法国民法典》现第 1347 条强调抵销须由当事人主张，但仍维持抵销具有溯及力的模式，强调抵销自其条件成就之时（即使后来债权发生被强制执行、破产或时效届满等情况）而非当事人主张之日发生效力。⑥

---

① 参见黄右昌：《罗马法与现代》，何佳馨点校，中国方正出版社 2006 年版，第 320 页。
② 罗结珍译：《法国民法典》，北京大学出版社 2023 年版，第 709 页。
③ 陈卫佐译注：《德国民法典》（第五版），法律出版社 2020 年版，第 157 页。
④ 刘士国、牟宪魁、杨瑞贺译：《日本民法典》，中国法制出版社 2018 年版，第 124 页。
⑤ 杨勇：《法定抵销溯及力的反思与限缩》，载《华东政法大学学报》2023 年第 6 期，第 178-192 页。
⑥ François Terré, Philippe Simler, Yves Lequette et François Chénedé, Droit civil, Les obligations, 12ᵉ éd., Dalloz, 2019, pp. 1762-1763.

自 20 世纪 90 年代以来，主张抵销不具有溯及力的观点的影响力有所增加。比较法上开始转向规定抵销自通知生效时发生使债务消灭的效力，出现了从限制到抛弃抵销溯及力规则的立法趋势。新《荷兰民法典》不再沿用《法国民法典》自动抵销模式，转而采用了通知抵销模式，仅部分采纳了抵销溯及效力。而合同领域三大国际示范法文件《国际商事合同通则》《欧洲合同法原则》《欧洲示范民法典草案》中全部弃用抵销溯及力规则，采用通知主义。具体为，《国际商事合同通则》第 8.5 条（抵销的效力）第 3 项规定，抵销自通知之时起生效。《欧洲合同法原则》第 13：106 条（抵销的效力）规定：从通知之时起算通过抵销可清偿双方当事人彼此共存的债务①。《欧洲示范民法典草案》第 III-6：105 条同样认为，依通知而抵销，抵销依通知对方当事人而生效。②

我国学界主流观点此前倾向于认为抵销具有溯及力，这种观点的理由主要是基于简化清偿、公平清偿以及担保功能，其中简化清偿和公平清偿是我国学界支持抵销溯及力的主要理由。简化清偿系抵销最基本的功能，即通过抵销，双方当事人不必亲自履行各自的债务即可达到清偿债务之效果，从而避免了当事人双方分别请求以及分别履行所带来的不便，同时也节省了履行费用，降低了交易成本。③ 而公平清偿系由于当事人在双方债权的抵销条件成就时往往认为可随时抵销，并因此常常怠于作出抵销的意思表示，所以若否认抵销的溯及力而仅令其向将来发生效力，就容易产生不公平的结果，尤其在两债权的迟延损害赔偿金的比率不同的场合。④ 此外，公平还体现在对抵销期待的保护，即一旦抵销条件成就，即使当事人没有积极行权、作出抵销意思表示，也应当保护其对抵销已经发生的期待。⑤

近年来，学界否认抵销具有溯及力的呼声愈涨。否认抵销具有溯及力主要原因在于：一是损害交易安全。法不溯及既往是基本原则，法律行为原则上仅向将

---

① Ole Lando and Hugh Beale（eds.），Principles of European Contract Law，Parts I and II，Hague：Kluwer Law International，2000.

② ［德］克里斯蒂安·冯·巴尔等主编：《欧洲示范民法典草案：欧洲私法的原则、订立和示范规则》（第 1—3 卷），高圣平等译，法律出版社 2012 年版。

③ 参见韩世远：《合同法总论》（第四版），法律出版社 2018 年版，第 696 页。

④ 崔建远、陈进著：《债法总论》，法律出版社 2021 年版，第 312 页。

⑤ 韩世远著：《合同法总论》（第四版），法律出版社 2018 年版，第 710 页；王洪亮著：《债法总论》，北京大学出版社 2016 年版，第 181 页。

来发生法律效力。对于抵销权人而言，及早行使抵销权有利于明确双方之间的法律关系，消除不确定性，提高交易安全，降低交易成本，而抵销具有溯及力则会纵容抵销权人怠于行使权利，不利于早日确定双方之间的权利义务关系，进而有损交易安全，特别是合同当事人已接收相关给付而因抵销具有溯及力导致仍需返还的情况，极大地破坏了交易安全，更增加了交易成本。二是抵销溯及力将导致与现行相关制度的冲突。抵销溯及力将导致与清偿、诉讼时效等相关规则不能融洽衔接，进而产生相关制度冲突。其一，抵销虽与清偿同为债消灭的原因，但若抵销具有溯及力的情况下，则会出现抵销优于清偿消灭债的法律效力。其二，承认抵销具有溯及力将与诉讼时效制度相冲突。在主动债权行使抵销的情形下，不论主动债权诉讼时效届满多久，只要主动债权与被动债权曾经满足抵销要件便可以行使抵销。这显然与设置诉讼时效制度的初衷相去甚远。有学者就指出，鉴于债权人对时效届满之前产生的抵销适状于时效届满后依然可得行使并无值得保护的合理信赖，而且允许其主动抵销将与抵销制度之功能相抵牾，并将导致诉讼时效的制度目的落空，已过时效债权不得主动抵销。①

此外，我国《企业破产法》第 40 条规定了债权人的抵销权，但并未明确抵销的溯及效力。《破产法解释（二）》第 42 条第 1 款（"管理人收到债权人提出的主张债务抵销的通知后，经审查无异议的，抵销自管理人收到通知之日起生效。"）则明确抵销自管理人收到通知之日起生效。自此，我国司法解释在破产法领域内否认了法定抵销的溯及力。② 基于以上背景，我国学术界及实务界亦逐渐开始接受抵销不具有溯及力的观点。在我国《民法典》编纂过程中，学术界和实务界很多意见支持不具有溯及力的观点。主要考虑是：

第一，从历史解释的角度来看，抵销权的行使没有溯及力是我国立法的本意和传统。如王利明教授认为，从《合同法》到《民法典》，通知始终是抵销权行使的必经程序，我国立法一直以通知到达作为抵销效果发生的前提。③

第二，这一观点同诉讼时效制度与超过诉讼时效债权不得抵销的规定是协调

---

① 夏昊晗：《〈民法典〉中抵销权与时效抗辩权的冲突及其化解》，载《暨南学报》（哲学社会科学版）2021 年第 5 期，第 32-44 页。

② 杨勇：《法定抵销溯及力的反思与限缩》，载《华东政法大学学报》2023 年第 6 期，第 178-192 页。

③ 王利明：《罹于时效的主动债权可否抵销？》，载《现代法学》2023 年第 1 期，第 14 页。

一致的，符合体系解释的要求。抵销要求双方当事人应当互负有效的债务、互享有效的债权，对于附有抗辩权的债权，不得将之作为主动债权用于抵销，否则即为剥夺相对人的时效抗辩权。① 因此，由于超过诉讼时效的债权已使债务人产生时效抗辩权，债权人不得主张抵销。② 这实际上就否定了抵销的溯及力问题。若采抵销具有溯及力的观点，则自抵销条件成就时起发生变化，比如，主动债权罹于诉讼时效，不妨碍抵销权人主张抵销。此时，若债权人仅仅主张清偿，则债务人可以诉讼时效抗辩；若债权人主张抵销，则可以得到支持，债务人的时效抗辩权被剥夺。可见，认可抵销的溯及力，实际上将放任债权人怠于行使债权、行使抵销权，显然缺乏正当性，也并不公平。而其支持论者所担忧的不公平结果产生的根本原因，正是债权人怠于行使抵销权。因此，认为赋予抵销以溯及力将避免不公平结果之观点其实存在矛盾；不如否认抵销之溯及力，相信法律对当事人行为选择的引导作用，使当事人摒弃"可随时抵销"之观念，激励其及时行权，避免不公平结果的发生。

第三，在我国不采取当然抵销主义而要求以通知方式行使抵销权的背景下，当事人自抵销条件成就时起即可随时主张抵销，而且并不要求抵销通知采取特定形式，更不要求在诉讼中提起，若抵销权人仍怠于主张，证明其所谓"对抵销已经发生的期待"并不值得通过抵销溯及力给予格外保护，而应当自行承担相应后果。③

第四，承认抵销具有溯及力会产生较大的弊端。详言之，其一，承认抵销具有溯及力很可能不符合当事人的意思，有违私法自治与权利自由行使的原则。抵销权的行使具有溯及力将导向抵销当然主义，在符合抵销的要件时，当然发生抵销的后果。然而，在抵销适状而当事人没有实际行使抵销权时，只是表明抵销符合法定条件，双方的债权债务关系不应就此当然消灭，否则将会造成较大的混乱。而且，当事人可能处于其他考虑而暂时不愿意抵销甚至希望放弃抵销，尤其

---

① 黄薇主编：《中华人民共和国民法典合同编解读》（上册），中国法制出版社 2020 年版，第 349 页。

② 福建省高级人民法院在（2014）闽民终字第 898 号民事判决书中指出："工程款请求权与逾期完工违约金请求权是分别独立的请求权，且诉讼时效应分别起算。同时，由于诉讼时效是当事人向人民法院请求保护民事权利的期间，故双方当事人在诉讼中以互有债权进行抵销时，不能以超过诉讼时效的债权主张抵销对方的债权，否则无异于剥夺对方的时效抗辩权而强迫对方履行自然债务。"

③ 张保华：《抵销溯及力质疑》，载《环球法律评论》2019 年第 41 卷，第 101-116 页。

在商业交易上，如果当事人没有行使抵销权，就表明当事人排斥了抵销具有溯及力。① 因此，是否愿意通过抵销以实现债权债务关系的消灭，最终应当由当事人进行决定，并通过行使抵销权的方式表示出来。如果承认抵销有溯及力，反而干涉了权利人自由不行使权利这一状态，不符合私法自治的原则。其二，承认抵销溯及力的最大弊病是带来债权债务的不确定性。一方面，承认溯及力会产生许多新的疑问。② 另一方面，由于抵销条件成就这一时间点并不具备通知送达这样的外观显示，若认可抵销具有溯及力，将使抵销权行使前的债权债务完全处于不确定状态，不仅损害当事人之间的合理信赖，也会损害债务人的其他被动债权人的合理信赖。其三，抵销权的溯及力还可能导致抵销权人与债务人的其他债权人之间受偿的不平等。如果被动债权人进入了破产程序或强制执行程序，由于抵销权可以获得类似单独优先受偿的效果，此时罹于时效的债权人将取得比具有完整效力的债权人更为优越的地位，这首先会对被动债权人的其他债务人造成不利，进而会使已经申报的债权极具不确定性，比如一些第三人可能基于抵销的溯及力提出自动抵销，并可能诱发恶意逃避债务行为的发生。其四，赋予抵销以溯及力将造成与不当得利制度的冲突。按照抵销溯及力规则，自抵销条件成就之时起，就消灭的债务不再产生利息债务及迟延履行责任，若债务人实际支付了利息或迟延履行违约金，可依不当得利请求返还；但与此同时，债务人其实可以选择清偿本金，且这将导致抵销适状被消灭，抵销不能发生，不得请求返还利息或违约金。可见，抵销溯及力理论对债务本金与利息、违约金采取了区别对待的做法——按照抵销的基本原理，自抵销条件成就时起，不仅是利息债务以及迟延履行责任，主债务也在一定数额内互相消灭，债务人按理无法对已经消灭部分的主债务进行清偿；而实际上又允许债务人在抵销条件成就后清偿主债，这实际上就意味着主债务并未像利息或违约金般发生消灭的效果。这种区别对待与该理论所持的"抵销条件成就后的变化不妨碍抵销"这一基本规则是互相矛盾的。实际上，这

---

① See Reinhard Zimmermann, Comparative Foundations of a European Law of Set-off and Prescription, Cambridge University Press, 2002, p. 39.

② 例如，如何判断抵销的条件是否成就？如何确定抵销的条件从何时开始已经成就？即便一方愿意抵销，而另一方因具有其他的商业上的安排等原因已不愿自动抵销，是否应当强迫其接受自动抵销的效果？即便主债权是确定的，但利息、迟延损害赔偿、违约金等如何计算？违约金数额约定过高时能否减少？等等。

种冲突根本是由于该观点忽视了当事人在抵销之外可以选择实际履行的权利，违背当事人意思自治的自由。其五，由于通知成本很低，遵循通知到达规则并不会显著增加抵销制度的运行成本。其六，要求法官从现在的权利状态倒推之前的权利状态确定抵销条件的成就时间，无疑具有很大的判断难度与裁量空间，增加司法诉讼结果的不确定性。

需要指出的是，本条司法解释的适用范围为法定抵销权的行使，合意抵销（或称约定抵销）遵从当事人意思自治，不适用本条司法解释。

第五十六条　【抵销参照适用抵充规则】

行使抵销权的一方负担的数项债务种类相同，但是享有的债权不足以抵销全部债务，当事人因抵销的顺序发生争议的，人民法院可以参照民法典第五百六十条的规定处理。

行使抵销权的一方享有的债权不足以抵销其负担的包括主债务、利息、实现债权的有关费用在内的全部债务，当事人因抵销的顺序发生争议的，人民法院可以参照民法典第五百六十一条的规定处理。

◆条文主旨

本条是关于抵销参照适用清偿抵充规则的规定。

本条第 1 款规定了抵销权人享有的主动债权不足以抵销其所负担的数项同种类债务且当事人就抵销顺序存在争议时的抵充顺序。由于此时本质上与清偿抵充相同，故规定可以参照《民法典》第 560 条的清偿抵充顺序，即除当事人另有约定外，由债务人在清偿时指定其履行的债务。债务人未作指定的，应当优先履行已经到期的债务；数项债务均到期的，优先履行对债权人缺乏担保或者担保最少的债务；均无担保或者担保相等的，优先履行债务人负担较重的债务；负担相同的，按照债务到期的先后顺序履行；到期时间相同的，按照债务比例履行。

本条第 2 款规定了抵销权人享有的债权不足以抵销其所负担的包括主债务、

利息、实现债权的有关费用在内的全部债务且当事人就抵销顺序存在争议时，可以参照《民法典》第 561 条的抵充相关规则处理。

需要说明的是，适用《民法典》第 561 条的前提是一方的给付不足以清偿全部债务。尽管抵销是相互清偿债务，但在其需要参照抵充规则时，应当是债权总额较小的一方以其债权总额，按照费用、利息、债务的顺序清偿；而债权总额较大的一方不满足不足以清偿全部债务这一前提条件，故不存在抵充顺序问题。例如，一方享有 100 万元本金，10 万元利息，对方享有 50 万元本金，3 万元利息。则对方以其全部债权总额 53 万元，先抵充 10 万元利息，再抵充 43 万元本金，剩余 57 万元本金。而不是以利息抵充利息，以本金抵充本金。

◆ 关联规定

《中华人民共和国民法典》

第五百六十条　债务人对同一债权人负担的数项债务种类相同，债务人的给付不足以清偿全部债务的，除当事人另有约定外，由债务人在清偿时指定其履行的债务。

债务人未作指定的，应当优先履行已经到期的债务；数项债务均到期的，优先履行对债权人缺乏担保或者担保最少的债务；均无担保或者担保相等的，优先履行债务人负担较重的债务；负担相同的，按照债务到期的先后顺序履行；到期时间相同的，按照债务比例履行。

第五百六十一条　债务人在履行主债务外还应当支付利息和实现债权的有关费用，其给付不足以清偿全部债务的，除当事人另有约定外，应当按照下列顺序履行：

（一）实现债权的有关费用；

（二）利息；

（三）主债务。

第五百六十八条　当事人互负债务，该债务的标的物种类、品质相同的，任何一方可以将自己的债务与对方的到期债务抵销；但是，根据债务性质、按照当事人约定或者依照法律规定不得抵销的除外。

当事人主张抵销的，应当通知对方。通知自到达对方时生效。抵销不得附条件或者附期限。

◆ 案例指引

1. 适用前提：行使抵销权的一方享有的债权不足以抵销全部债务

▷ 梁某武、吴某培其他案由执行复议案①

人民法院根据《民法典》第561条认为，行使抵销权一方享有的债权不足以抵销全部债务数额，当事人对抵销顺序又没有特别约定的，应当根据实现债权的费用、利息、主债务的顺序进行抵销。本案中，梁某武作为行使抵销权的一方，其享有的债权足以抵销其对吴某培的全部债务数额，不属于需要适用上述法律规定的债务抵销法定顺序的情况，因此本院抵销方案中确定的抵销顺序合理有据，并无不妥。异议人认为该债务抵销顺序有违法律规定和公平公正原则的主张于法无据，法院不予支持。

2. 不足以抵销数项种类相同的债务

▷ 万某财、李某生与某房地产开发有限公司建设工程施工合同纠纷案②

原告万某财向被告某房地产开发有限公司借款及购房，而原告除承包被告附属工程外，还转承包被告消防工程及外墙漆工程，且有工程款未支付，故原被告互负到期债务。庭审中被告提出抗辩，请求抵销本案工程款；但原告提出异议，认为应先抵销消防工程及外墙漆工程款。人民法院认为，债务人的给付不足以清偿其对同一债权人所负的数项相同种类的全部债务，应当优先抵充已经到期的债务；几项债务均到期的，优先抵充对债权人缺乏担保或者担保数额最少的债务；担保数额相同的，优先抵充债务负担较重的债务；负担相同的，按到期先后顺序抵充；到期时间相同的，按比例抵充。但是，债权人与债务人对清偿的债务或者清偿顺序有约定的除外。该案中，原被告没有约定债务清偿或清偿顺序，且原告承包的消防工程及外墙漆工程均未结算，而本案工程款已经结算，故本案工程款先到期，原告借款应先抵销本案工程款，对被告主张个人借款抵本案工程款的主张予以支持。

---

① 参见广东省江门市中级人民法院（2022）粤07执复16号执行裁定书。
② 参见江西省余干县人民法院（2021）赣1127民初2158号民事判决书。

▷湖南强兴人防房地产开发有限公司、中铁二十三局集团第四工程有限公司建设工程施工合同纠纷案①

法院认为，关于湖南强兴人防房地产开发有限公司主张计算提前返还质保金1380658元的利息不应当支持。双方约定若一年内无质量问题，应在质保期到期后5日内将质保金支付给中铁二十三局集团第四工程有限公司。案涉工程存在借款抵销工程款情形，借款中部分约定了利息，部分未约定利息，按照先清偿负担重的债务为原则，本案先抵销有利息约定的借款。故质保金抵销借款，即便是提前抵销了借款，该提前返还的质保金也在无约定利息的范围内，无需计息。因此，湖南强兴人防房地产开发有限公司要求中铁二十三局集团第四工程有限公司支付其提前返还质保金的利息不能支持。

3. 不足以抵销包括主债务、利息和实现债权的有关费用在内的全部债务

▷天津天资棉纺织品物流有限公司与天津市九鼎实业发展有限公司委托合同纠纷案②

人民法院认为，天津天资棉纺织品物流有限公司据以行使抵销权的债权不足以抵销其对天津市九鼎实业发展有限公司负有的全部债务，参照《合同法解释（二）》第21条的规定，应当按照实现债权的有关费用、利息、主债务的顺序进行抵销，即天津天资棉纺织品物流有限公司对天津市九鼎实业发展有限公司享有的8296517.52元，先用于抵销其对天津市九鼎实业发展有限公司负有的5000万元债务中的利息，然后再用于抵销本金。天津天资棉纺织品物流有限公司有关8296517.52元先用于抵销5000万元本金的再审请求缺乏事实和法律依据，法院不予支持。

▷广西泰硕信息科技有限公司与北京知感科技有限公司买卖合同纠纷案③

法院认为，双方所互负债务均为金钱债务，且截至2020年12月15日时均已到期，因此北京知感科技有限公司所欠广西泰硕信息科技有限公司的10万元债务可以抵销广西泰硕信息科技有限公司欠北京知感科技有限公司的35.2万元债务中的一部分。由于行使抵销权的一方即广西泰硕信息科技有限公司对北京知感

---

① 参见湖南省高级人民法院（2020）湘民终755号民事判决书。
② 参见最高人民法院（2019）最高法民再12号民事判决书。
③ 参见北京市海淀区人民法院（2022）京01民终7888号民事判决书。

科技有限公司享有的债权不足以抵销其对北京知感科技有限公司所负债务的全部数额，而双方对于抵销的顺序又无约定，本院根据违约金及主债务的顺序进行抵销，抵销后广西泰硕信息科技有限公司欠北京知感科技有限公司货款 25.2 万元。

▷连某灿、张某龙民间借贷纠纷案①

2013 年 8 月 26 日，张某龙因资金周转向连某灿借款 20000 元，双方约定月利率 2%。2015 年 2 月 12 日，张某龙向连某灿支付 10000 元。同时，因张某龙还欠余某春 20000 元工程款，而余某春欠连某灿 20000 元借款债务未偿还，故经连某灿、余某春、张某龙协商，2015 年 2 月 16 日三方同意余某春对连某灿的 20000 元借款债务，由张某龙承担，张某龙因此向连某灿出具载有"今向连某灿借到人民币贰万元整（20000 元），每月利息肆佰整"的借条一张。2021 年 10 月 30 日，张某龙向连某灿支付 10000 元。连某灿主张张某龙两次支付的 10000 元应当首先抵扣利息，而张某龙对此抗辩认为支付的 10000 元全系本金。就第一笔借款，法院认为，根据双方月利率 2%约定，2013 年 8 月 26 日至 2015 年 2 月 11 日，张某龙应支付连某灿利息 7133 元，而张某龙于 2015 年 2 月 12 日支付连某灿 10000 元，因张某龙未提交证据证明其支付的 10000 元全系本金的抗辩意见，故法院对此意见不予采纳，但其支付差额 2867 元应折抵本金。关于第二笔借款，法院认为，根据双方 400 元的利息约定及连某灿主张的 1.2%利率标准，该笔借款自 2015 年 2 月 16 日至 2020 年 8 月 19 日期间的利息应为 26827 元（以借款本金 20000 元为基数，按月利率 2%计算）；自 2020 年 8 月 20 日至 2022 年 10 月 20 日的利息应为 10560 元。综上，张某龙应就第二笔借款分别支付连某灿两笔利息 38580 元（2015 年 2 月 16 日至 2020 年 8 月 19 日）与 15988 元（2020 年 8 月 20 日至 2022 年 10 月 20 日）。因张某龙未提交证据证明其 2021 年 10 月 30 日支付的 10000 元系偿还本金，故该 10000 元应先抵扣相应期间利息，抵扣后张某龙还需支付利息 2480 元。

▷李某国、李某利民间借贷纠纷案②

被告因建房需要先后向原告借款计 100000 元，并于 2018 年 7 月 18 日向原告出具借条一份，确定借款 100000 元及月利息 1%。2019 年 1 月 3 日，被告因建房

① 参见福建省明溪县人民法院（2022）闽 0421 民初 1216 号民事判决书。
② 参见浙江省台州市椒江区人民法院（2023）浙 1002 民初 893 号民事判决书。

需要再次向原告借款 20000 元，因 2018 年出具借条前被告尚欠原告借款利息 6000 元，故合并出具借条一份，确定借款 26000 元及月利息 1%。同时被告对原告享有运输费 10200 元债权，并主张抵销上诉部分借款。被告认为其享有的债权应当优先抵销其所欠借款本金，而原告认为抵销的顺序应为利息、本金。法院认为，被告当庭提出抵销要求，已经将抵销通知原告，该抵销已生效。但被告享有的债权不足以抵销全部债务数额，且双方当事人对抵销顺序未能达成一致意见，故应当根据利息、主债务的顺序进行抵销。截至 2019 年 1 月 3 日，被告应当支付的利息为 11500 元（以本金 100000 元为基数，自 2018 年 7 月 19 日至 2019 年 1 月 3 日按月利率 1% 计算的利息加上 2019 年借条包含的前期利息 6000 元），与被告享有的债权 10200 元抵销后，被告尚欠利息 1300 元。被告未及时返还借款本息，行为构成违约，应当承担相应的违约责任。

4. 当事人另有约定

▷ 某融资租赁公司与于某雷融资租赁合同纠纷案①

原告与被告签订了编号为 CON×××80 的《汽车融资租赁合同（售后回租）》及一系列附属法律文件。根据《汽车融资租赁合同（售后回租）》约定，被告基于自己的选择和判断，自主选定出卖方及案涉车辆，原告根据承租人的选定与要求向出卖方购买案涉车辆，并融资租赁给被告使用。《汽车融资租赁合同（售后回租）》第 12 条第 4 款约定，被告所支付的款项应按照以下顺序清偿所欠原告的债务："各项费用（包括但不仅限于向被告追索因履行或保护本合同项下原告权利而产生的费用），违约金，欠付租金利息，租金。"合同签署后，于某雷已依约取得融资本金及租赁车辆，但拖欠租金和留购价款，已构成违约，某融资租赁公司因此提起诉讼，请求法院判决于某雷支付到期租金、留购价款、保险费、到期租金迟延付款滞纳金与某融资租赁公司为实现债权所支出的费用。法院经审理后支持上述请求，并认为某融资租赁公司请求用于某雷已支付的保证金 10000 元以抵销其在融资租赁合同项下应付未付款项，冲抵顺序为保险费滞纳金、保险费、实现债权费用、留购价、到期租金迟延付款滞纳金、到期租金的主张，符合合同约定及法律规定，依法予以支持。

---

① 参见上海市徐汇区人民法院（2022）沪 0104 民初 22176 号民事判决书。

▷某融资租赁公司与某医疗集团公司等融资租赁合同纠纷案①

某医疗集团公司与某眼科医院公司到期未付租金为第 42 期至第 60 期共 19 期租金，合计 4159136.75 元；同时按照合同约定计算的因逾期付款产生的迟延罚金为 786201.14 元。双方签订的《融资租赁协议》第 15 条约定，出租人有权在承租人发生违约事件或本协议因不可归责于出租人的原因被解除后，将保证金的任何部分用于行使救济，并按照其他应付款项、迟延罚金、应付租金的顺序进行抵销。因此，法院对原告某融资租赁公司以保证金抵扣合同到期日的迟延罚金、未付租金的主张予以支持，并判决被告应于本判决生效之日起 10 日内，向原告支付保证金 1106300 元按迟延罚金、未付租金的顺序抵扣后尚欠付的租金共 3839037.89 元。

▷某融资租赁公司诉某船舶工程公司、郑某萍、张某旺船舶融资租赁合同纠纷案②

原告和被告某船舶工程公司在《主合同补充协议一》中共同确认：截至 2013 年 1 月 15 日，被告某船舶工程公司累计拖欠原告租金 6 期，共计人民币 10905392.62 元，可以视为原告认可被告某船舶工程公司先前分 3 次交付的人民币 4830335.77 元是租金而非违约金，但原告和某船舶工程公司并未约定实际交付租金的抵销方式。兼顾公平原则，被告某船舶工程公司实际交付的租金应从《主合同补充协议一》约定的第 6 期开始抵销，依次抵销第 5 期。由于在 2013 年 11 月 21 日开庭时，原告同意以扣除垫付和解款及其利息的预付租金人民币 9303645 元抵销未付租金，参照《主合同补充协议二》之约定：被告某船舶工程公司所付款项不足以支付全部欠款项时，按照费用、违约金、损害赔偿金、租金、留购价款的顺序予以清偿；兼顾公平原则，剩余的预付租金从《主合同补充协议一》约定的第 11 期租金开始抵销，依次抵销第 10 期、第 9 期。

---

① 参见上海市浦东新区人民法院（2022）沪 0115 民初 29590 号民事判决书。
② 参见天津海事法院（2013）津海法商初字第 246 号民事判决书。

▷上诉人营口嘉晨燃化有限公司与被上诉人大连沙河口银丰小额贷款有限公司、一审被告营口钢铁有限公司、嘉晨集团有限公司、辽宁嘉晨控股集团有限公司、营口国立进出口有限公司借款合同纠纷案①

关于诉讼过程中营口嘉晨燃化有限公司（以下简称嘉晨燃化）主张其多支付的利息应首先予以冲抵本金的问题，因本案至诉讼时已经产生律师代理费90万元、一审诉讼费496300元，且自嘉晨燃化于2016年12月9日给付最后一笔债务利息至2017年2月27日主张抵销权期间，又有新的利息债务产生；因此就上述应由嘉晨燃化承担的债务，根据《借款合同》第3条第3款的约定，大连沙河口银丰小额贷款有限公司有权选择归还费用、利息和本金的先后顺序，嘉晨燃化主张行使抵销权不能违反双方在《借款合同》中的上述约定。故大连沙河口银丰小额贷款有限公司不同意嘉晨燃化关于优先抵充债务本金的主张，符合合同约定和当事人自治原则，一审判决依据大连沙河口银丰小额贷款有限公司的主张将嘉晨燃化超出年利率36%支付的利息首先充抵债权人大连沙河口银丰小额贷款有限公司为实现债权的费用，并无不当，依法予以维持。

◆ **理解与适用**

抵销是使清偿简化，节省给付的交换。② 因此，抵销的基本功能之一是起到清偿效果，而且是在明显降低交易成本的同时起到与清偿相当的效果。正因如此，抵销面临着与清偿相类似的抵充问题。例如，如果存在多个适于抵销的被动债权，而主动债权不足以抵销这些被动债权的全部债权额，就会发生抵销的抵充问题。如果抵销人明确说明抵销涉及哪项具体的债务，则该项债务因抵销的抵充而消灭。但如果抵销人仅作出抵销的意思表示，并未指明具体抵销哪项债务，也不影响抵销的发生——只要其有消灭二人互负债务的意思即成立有效的抵销，并不要求被抵销债务必须具体明确。在此情形下，应通过法定抵充的规则确定被抵销的债务，且须遵循首先抵销费用、其次抵销利息、最后抵销主债务的顺序。③

---

① 参见辽宁省高级人民法院（2017）辽民终697号民事判决书。
② 崔建远、陈进著：《债法总论》，法律出版社2021年版，第300页。
③ 黄文煌：《清偿抵充微探 法释〔2009〕5号第20条和第21条评析》，载《中外法学》2015年第4期，第1000页。

本条吸收了《九民纪要》第 43 条规定的精神，但与部分大陆法系国家民法规定在具体细节上有所不同。例如，《德国民法典》第 396 条就规定，"一方当事人或另一方当事人有两项以上适合于抵销的债权的，进行抵销的一方当事人可以指定应互相抵销的债权。不经此种指定而表示抵销，或另一方当事人不迟延地提出异议的，准用第 366 条第 2 款的规定。除主给付外，进行抵销的一方当事人向另一方当事人负担利息和费用的，准用第 367 条的规定"。① 可见，《德国民法典》规定了当行使抵销权的一方当事人有数项主动债权、足以清偿抵销其负担的债务时，其自身数项债权的抵充顺序。而我国目前尚未考虑此情形，仅针对行使抵销一方当事人享有的主动债权不足以抵销其所负担的数项同种类债务之情形作出了明文规定。对此，可以采用体系解释的方式，类推适用于上述未考虑到的情形。

《日本民法典》第 512 条也规定，行使抵销权的债权人负担数个债务，但享有的债权不足以消灭其负担的全部债务，而当事人又未达成特别合意时，参照该法典第 488 条第 2 项至第 4 项的规定。《日本民法典》第 488 条的独特之处在于其第 2 项规定：进行清偿的人未依前款规定进行指定时，受领清偿的人可以在其受领时指定该清偿应抵充的债务，但进行清偿的人对其指定直接提出异议的除外。② 即行使抵销权一方指定优先，另一方当事人指定其次，继而才适用法定抵充顺序。我国法律并未规定若行使抵销权一方未指定所抵销的债务，另一方当事人享有指定清偿顺序的权利。在法定清偿顺序的设计上，《日本民法典》第 488 条第 4 项规定，当事人未作指定时，应当优先履行已经到期的债务；数项债务均到期或均未到期的，优先履行债务人因清偿获益最多的债务；债务人因清偿获益相等时，按照债务到期的先后顺序履行；债务人因清偿获益相等且到期时间也相同的，按照债务比例履行。③ 对比而言，我国立法遗漏了对"债务均未到期"情形的考虑，对此可以采用体系解释的方式，将"均到期"的债务抵充之规定类推适用于"均未到期"的债务之间的抵充。④

---

① 陈卫佐译注：《德国民法典》（第五版），法律出版社 2020 年版，第 158 页。

② 刘士国、牟宪魁、杨瑞贺译：《日本民法典》，中国法制出版社 2018 年版，第 119 页。

③ 刘士国、牟宪魁、杨瑞贺译：《日本民法典》，中国法制出版社 2018 年版，第 119 页。

④ 黄文煌：《清偿抵充微探 法释〔2009〕5 号第 20 条和第 21 条评析》，载《中外法学》2015 年第 4 期，第 1001 页。

我国在数项债务均到期的情况下，优先履行对债权人缺乏担保或者担保最少的债务，均无担保或者担保相等的，才优先履行债务人负担较重的债务，可见我国关于清偿抵充顺序的规则考虑到了债务的担保情况，相较日本和法国的规定更加注重对债权人的保护。但如果仅从文义解释上看"担保数额最少的债务"之表述，其并不区分担保的类型，而仅以债务所受担保数额的多少来判断抵充顺位，对债权的保障是相当有限的。按照文义解释适用该条，可能会造成以下情形：一项数额较少而由银行提供全额保证的债务优先于一项数额较大而由个人提供全额保证的债务而获得抵充，这有悖于其所体现出的保护债权人利益之规范目的。因此，有学者认为在适用上应对其进行目的性扩张解释，即除了要考虑担保债务的数额之外，还应考虑担保的类型、担保人的信用等因素，综合判断应先予抵充的债务。① 例如，有保证的债务较之有物的担保的债务往往应先抵充，② 而以抵押权担保的债务相较于由一家大银行提供保证的债务也应先抵充。③

第五十七条　【侵权行为人不得主张抵销的情形】

因侵害自然人人身权益，或者故意、重大过失侵害他人财产权益产生的损害赔偿债务，侵权人主张抵销的，人民法院不予支持。

◆**条文主旨**

本条是关于因侵权产生的损害赔偿债务抵销的规定，禁止抵销的理由是基于维护公共秩序的需要。侵权产生的损害赔偿债务能否抵销，应当区别讨论。因侵害自然人人身权益而产生的损害赔偿债务，不得作为主动债务抵销；而因侵害财产权益而产生的损害赔偿债务，应当根据侵权人的过错程度予以区别：故意或重大过失的，不得作为主动债务抵销；一般过失或无过错的，可以作为主动债务抵销。

---

① 黄文煌：《清偿抵充微探 法释〔2009〕5 号第 20 条和第 21 条评析》，载《中外法学》2015 年第 4 期，第 1002 页。
② 孙森焱：《民法债编总论》（下册），法律出版社 2006 年版，第 871 页。
③ ［德］迪特尔·梅迪库斯：《德国债法总论》，杜景林、卢谌译，法律出版社 2004 年版，第 190 页。

◆ 关联规定

《中华人民共和国民法典》

第五百六十八条 当事人互负债务，该债务的标的物种类、品质相同的，任何一方可以将自己的债务与对方的到期债务抵销；但是，根据债务性质、按照当事人约定或者依照法律规定不得抵销的除外。

当事人主张抵销的，应当通知对方。通知自到达对方时生效。抵销不得附条件或者附期限。

《最高人民法院关于人民法院办理执行异议和复议案件若干问题的规定》（法释〔2020〕21号）

第十九条 当事人互负到期债务，被执行人请求抵销，请求抵销的债务符合下列情形的，除依照法律规定或者按照债务性质不得抵销的以外，人民法院应予支持：

（一）已经生效法律文书确定或者经申请执行人认可；

（二）与被执行人所负债务的标的物种类、品质相同。

◆ 案例指引

1. 因侵害自然人人身权益而产生的损害赔偿债务是专属于自身的债权，因而属于依照法律规定或者按合同性质不得抵销的债权

▷某生物制药公司与舒某民间借贷纠纷案①

人民法院认为，根据《合同法解释（一）》第12条，合同法第73条第1款规定的专属于债务人自身的债权，是指基于扶养关系、抚养关系、赡养关系、继承关系所产生的给付请求权和劳动报酬、退休金、养老金、抚恤金、安置费、人寿保险、人身伤害赔偿请求权等权利。而该案中，被告舒某提交的书面抵销通知所涉及的债权债务，涵盖了其主张的关于自身的劳动报酬、社会保障费用等专属于自身的债权，根据《合同法》第99条的规定，该债权系依照法律规定或者按合同性质不得抵销的债权，故对被告主张的抵销，法院不予支持。

---

① 参见四川省乐山市市中区人民法院（2018）川1102民初6857号民事判决书。

2. 不得以因侵害财产权益而产生的损害赔偿债务抵销提供劳务的债务，而应当另行主张

▷ 匡某与许某千船员劳务合同纠纷案①

原告匡某受被告许某千的雇请，在许某千实际经营的"海兴166"轮工作。后许某千出具欠款条，确认尚欠匡某42500元工资报酬未付。匡某据此向武汉海事法院提起诉讼，请求判令许某千向其支付拖欠的工资款。许某千认为，欠条记载内容不完整，匡某在任职期间造成"海兴166"轮损失，在欠条中已经明确记载要另行处理，同时匡某在履职期间，未充分履职，造成船舶和货物损失，许某千保留向匡某索赔的权利。许某千主张以其对匡某追索损害赔偿的债权抵销其支付劳务报酬的债务。武汉海事法院认定，匡某与许某千形成事实上的船员劳务合同关系，该法律关系合法有效。匡某依约提供了劳务，许某千作为雇主理应支付相应的报酬，雇主不能以船员在从事雇佣活动中给其造成损失为由拒付工资，如果雇主认为船员因故意或者重大过失造成其损失，可另行主张赔偿权利。遂判决支持了匡某要求许某千给付劳动报酬42500元的诉讼请求；因匡某履职不当给其造成损失，许某千可依法另行主张权利。

▷ 李某与某公司追索劳动报酬纠纷案②

申请人李某原系被申请人某公司员工。2019年4月26日，李某向公司提出辞职申请，并于次日离职。2019年5月26日，李某申请劳动仲裁，主张该公司未支付其2019年4月份工资，要求公司向其支付工资4800元。该公司答辩称，李某作为公司业务骨干，双方于2019年4月初商定李某代表公司赴美国参加展会，李某向公司提交了护照等资料，公司为其办理出境手续及购买机票已向代理公司实际支出22000元，因李某辞职更换人员给公司造成重大经济损失。为此，公司扣除了李某4月份工资以抵扣所受损失。该公司为证明主张提交了代理公司出具的展会费用说明及汇款单等有关证据。仲裁委认为劳动报酬权应与普通债权区别看待，用人单位无权将其实际损失和劳动者的劳动报酬自行抵销。对于劳动者给用人单位造成的损失赔偿，除劳动者自愿将工资全部用于冲抵的情形外，用

---

① 参见武汉海事法院（2018）鄂72民初562号民事判决书。
② 参见山东省高级人民法院、山东省人力资源和社会保障厅联合公布全省劳动人事争议十个典型案例之八。

人单位无权直接将工资全部扣除。本案系劳动报酬纠纷，某公司并未就损失申请劳动仲裁，故其损失赔偿问题不属于本案的审理范畴，某公司可以通过另行追偿的方式维护自身权益。在双方调解不成的情况下，支持劳动者主张的劳动报酬并建议用人单位对损失另案主张更为恰当。

3. 不得以因侵害财产权益而产生的损害赔偿债务抵销具有人身专属性的抚养费

▷张某珍申请抚养费不予抵销案①

双方都申请强制执行：在张某珍申请执行李某彬离婚纠纷案中，张某珍申请执行的标的包含双方婚生女儿李某抚养费 21492 元；而在另外一个执行案件中，李某彬是申请执行人，向被执行人张某珍主张返还房屋，并赔偿房屋租金损失。文峰区法院认为，李某彬与张某珍互负债务，应当相互抵销，抵销后张某珍应付赔偿款的数额高于李某彬在本案中应支付抚养费的数额，因此裁定终结该案执行。张某珍不服该裁定，并向该院提出执行异议，认为两个执行案件不能相互抵销，李某彬应当支付双方婚生女儿的抚养费。文峰区法院审查后认为：两个执行案件中，一方申请执行的是对方应当给付双方婚生女儿的抚养费，另一方申请执行的是对方应当给付的房租损失，单从表面来看都是金钱债务的执行，但两者的性质却迥然不同——前者的权利主体实际上是双方婚生女儿，如果允许对方对抚养费行使抵销权，伤害的将是双方婚生女儿的切身利益。据此，应当对作为未成年人的双方婚生女儿给予特殊、优先保护，限制对方对具有人身专属性质的抚养费行使抵销权。文峰区法院最终作出裁定，撤销该院终结本案执行的执行裁定。李某彬不服，向安阳中院申请复议，安阳中院裁定予以驳回。

4. 因侵害财产权益而产生的损害赔偿债务与借款债务不是种类、品质相同的债务，不得抵销

▷中邦服务有限公司、萍乡市人民政府财产损害赔偿纠纷案②

1992 年 8 月 20 日，原告与江西发动机总厂（1993 年 12 月变更为江发集团公司）签订了《合资经营合同书》，约定双方在江西省萍乡市共同投资建设生产和销售农用车及其配件的合资经营企业裕昌农用车有限公司。合同签订后，中邦服

---

① 参见河南省高级人民法院发布 6 起贯彻善意文明理念执行审查典型案例之五。
② 参见江西省高级人民法院（2018）赣民终 539 号民事判决书。

务有限公司依约出资 81.2 万美元（折合人民币 898.88 万元），江西发动机总厂出资 121.8 万美元。1993 年 9 月 6 日，中邦服务有限公司与江西发动机总厂签订了《关于合资经营的补充协议》，约定合资企业由江发集团公司独立承包经营管理，中邦服务有限公司只投入资金，不参与经营管理，并保证中邦服务有限公司 4 年内收回投资款项 81.2 万美金，同时约定江发集团公司每年向中邦服务有限公司交付 120 万元利润。补充协议签订后，江发集团公司并没有履行合同和补充协议的约定。

1995 年 11 月，江发集团公司依据萍转机发（1995）1、4 号文件规定并征得该办同意，将合资公司共同购买的农用车模具及其相关设备全部划归萍乡市农用车制造总厂。1995 年 11 月 29 日，萍乡市农用车制造总厂的主管部门萍乡市机械电子工业局将合资企业的模具设备以及其他该厂资产共同作为该厂总资产上报萍乡市国有资产管理部门进行产权登记确认。1995 年 12 月 5 日萍乡市国有资产管理局经审验，确定上述资产为国有资产。由此，中外合资经营企业裕昌农用车有限公司名存实亡，并于 2000 年 12 月 12 日被工商行政管理部门依法吊销营业执照。中邦服务有限公司为此自 1996 年起至今，就萍乡市人民政府及江发集团公司将农用车模具及其配件划转的事实向有关部门进行投诉，要求解决侵权问题。

另外，在合资经营期间，1993 年 7 月 9 日，中邦服务有限公司向江发集团公司借用人民币 100 万元。中邦服务有限公司主张该 100 万元是江发集团公司提前支付的利润，而江发集团公司主张 100 万元是借款，双方对该款性质存在争议，二审法院认为此与本案属不同法律关系，本应当另行处理。但一审法院对此认为，该 100 万元是中邦服务有限公司向江发集团公司的借款，而 898.88 万元是对中邦服务有限公司投资本金损失的赔偿款，并根据《合同法》第 99 条规定，认为双方当事人互负到期债务，且该债务的标的物种类、品质相同，不属于依照法律规定或者按照合同性质不得抵销的债务，任何一方可以将自己的债务与对方的债务抵销，因此双方债务在 898.88 万元的范围内抵销。对此，二审法院认为，借款与赔偿款不是种类、品质相同的债务，一审法院认定 100 万元借款从 898.88 万元赔偿款中予以抵销属于适用法律错误，予以纠正。

▷某商贸公司与某工程公司财产损害赔偿纠纷案①

某工程公司未予准许和配合某商贸公司的物料和设备及时退场，造成某商贸公司损失，某商贸公司因此起诉要求赔偿。某工程公司辩称，即使某工程公司需要承担赔偿责任，因某工程公司已为某商贸公司大量垫付工人工资、向某商贸公司出借款项，双方互负金钱之债，本案形成的债务也应优先与某工程公司持有的某商贸公司债权进行抵扣，而非直接赔偿。

法院认为，当事人互负债务，该债务的标的物种类、品质相同的，任何一方可以将自己的债务与对方的到期债务抵销；但是，根据债务性质、按照当事人约定或者依照法律规定不得抵销的除外。本案中，某工程公司对某商贸公司所负债务系侵权之债，而某商贸公司对某工程公司有可能存在的债务系合同之债，两者不属于同一种类的债务，且后者尚未确定，故相互不能抵销。

▷史某峰、韩城市河渎建材有限公司民间借贷纠纷案②

史某峰原系韩城市河渎建材有限公司的法定代表人。2022年3月25日，因银行还贷急需资金临时周转，韩城市河渎建材有限公司法定代表人吴某飞及其工作人员熊某某与史某峰开会，吴某飞提出"公司因还银行贷款，急需50万元，部分还贷款，部分用于周转。大家筹备些资金，把利息认上。利息按1分计算"。熊某某与史某峰均无异议，与会三人均在会议记录上签名。由此，史某峰分别于2022年3月25日向公司当时的出纳史某甲转账10万元，2022年4月25日向韩城市河渎建材有限公司在深圳前海微众银行开设的企业贷款专用户转账25万元。上述款项至今未还，史某峰因此提起诉讼。

二审法院认为，史某峰向韩城市河渎建材有限公司的企业贷款专用户转账25万元，替韩城市河渎建材有限公司清偿了该期的贷款，双方客观上进行了资金融通，应认定为双方发生了民间借贷关系。韩城市河渎建材有限公司主张史某峰任职韩城市河渎建材有限公司法定代表人期间损害公司利益，应承担侵权赔偿责任，其转账的款项应属其支付的赔偿款项。对该主张，上诉人在诉讼中未提供双方就此赔偿达成的协议，应承担举证不能的法律后果。同时，公司高级管理人员损害公司利益属侵权之诉，所产生的侵权之债与本案债务性质不同，不能直接进

① 参见北京市门头沟区人民法院（2022）京0109民初3263号民事判决书。
② 参见陕西省渭南市中级人民法院（2023）陕05民终780号民事判决书。

行抵销，上诉人可另行主张。

5. 因侵权而产生的损害赔偿债务可以抵销

▷某铝轮毂仪征公司、某电镀科技公司财产损害赔偿纠纷案①

法院认为，留置权人负有妥善保管留置财产的义务，因保管不善致使留置财产毁损、灭失的，应当承担赔偿责任。本案中，因原告欠被告加工费，被告有权留置其合法占有的原告的轮毂，并有权就该轮毂优先受偿。因原告已进入破产程序，管理人对被告享有的加工费债权及留置优先受偿权予以了确认，被告有权就留置的轮毂折价或者拍卖、变卖后所得价款优先受偿。

现因被告保管不善导致留置财产毁损，应向原告承担相应的赔偿责任，但因原告管理人确认被告对原告享有的债权金额已超出留置财产的价值，且该债权系优先债权，被告有权根据《合同法》第99条规定将其应承担的赔偿责任与其对原告享有的加工费债权抵销，不受《企业破产法》第40条债权人主张抵销的债务应在破产申请受理前负有的限制。

▷襄阳市汉水泉燃化有限责任公司、单某延财产损害赔偿纠纷案②

单某延和佟某串通，虚构襄阳市汉水泉燃化有限责任公司和华电襄阳公司交易，利用中行襄阳分行"融易达"业务，由襄阳市汉水泉燃化有限责任公司直接实施了套取3900万元贷款的行为，逾期未偿还，导致华电襄阳公司被中行襄阳分行划扣3900万元，侵犯了华电襄阳公司的合法权益，符合侵权行为的构成要件，单某延与襄阳市汉水泉燃化有限责任公司是共同侵权人，应当承担损害赔偿责任。

之后，单某延提出通过案外人永发公司向华电襄阳公司供煤，购煤款用于抵销襄阳市汉水泉燃化有限责任公司和单某延所负侵权之债。在运作一段时间后，华电襄阳公司、永发公司和襄阳市汉水泉燃化有限责任公司三方签订了《债权债务转移协议书》。

法院认为，《债权债务转移协议书》是华电襄阳公司在遭受损失之后采取的自力救济行为，拟通过新设合同之债与本案侵权之债相互抵销挽回损失。从运作模式分析，《债权债务转移协议书》本质上是以物抵债协议，襄阳市汉水泉燃化

---

① 参见江苏省仪征市人民法院（2021）苏1081民初5037号民事判决书。
② 参见湖北省高级人民法院（2017）鄂民终1852号民事判决书。

有限责任公司通过永发公司向华电襄阳公司供煤获得新的债权，与之前所负的侵权之债相抵销。实际上根据襄阳市汉水泉燃化有限责任公司提供的，由华电襄阳公司出具的《情况说明》，华电襄阳公司自认"截至 12 月 31 日，襄阳市汉水泉燃化有限责任公司通过永发公司向我公司发运煤炭近 6 万吨，该煤款价值 1100 余万元"就是按照此模式运作。依照《合同法》第 100 条的规定，侵权之债与合同之债虽然法律性质不同，但在本案中标的物均为金钱，且均无人身专属性，可以通过当事人合意抵销。

▷高某、李某某等医疗损害责任纠纷案①

患者因疾患去院方就诊，被诊断为"直肠息肉、直肠癌早期"，并进行直肠癌根治切除术治疗，在医患双方形成医疗服务合同关系。由于院方原因，患者术后出现"直肠阴道瘘"并构成伤残等级五级的医疗责任事故，由此双方发生侵权损害赔偿法律关系，院方应承担侵权损害赔偿责任。

医疗损害事故发生后，医患双方为更好解决术后发生"直肠阴道瘘"治疗问题，达成由院方"在治疗直肠阴道瘘"过程中垫付全部费用的"直肠阴道瘘"治疗及相关事宜"协议"。自 2017 年 4 月 13 日至 2021 年 7 月 16 日向受害人提供治疗及其他资金支出 932299.3 元。至 2021 年 12 月 1 日患者故去止，医患双方达成的治疗"直肠阴道瘘"协议的权利义务关系终止。

法院认为，依照《民法典》第 557 条"有下列情形之一的，债权债务终止：……（二）债务相互抵销；……"之规定，以及双方协议书中"……甲方有义务配合乙方善后工作……"的约定，赔偿权利人截至患者故去事实原因出现时即抵销条件成就之时，双方应在请求项与院方为患者治疗支付的费用等额范围内予以抵销，即针对赔偿权利人的诸项诉讼请求应取得利益与院方为患者治疗过程中垫付资金抵销，不支持赔偿权利人不同意抵销的意见。

▷瑞克麦斯热那亚航运公司、瑞克麦斯轮船公司与 CS 海运株式会社船舶碰撞损害赔偿纠纷案②

原告瑞克麦斯热那亚航运公司是马绍尔群岛籍"瑞克麦斯热那亚（Rickmers Genoa）"轮（以下简称"热那亚"轮）的登记船东，原告瑞克麦斯轮船公司是

---

① 参见吉林省乾安县人民法院（2021）吉 0723 民初 1967 号民事判决书。

② 参见上海市高级人民法院（2009）沪高民四（海）终字第 239 号民事判决书。

"热那亚"轮的光船承租人。2005年3月8日，"热那亚"轮在连云港外海域与被告CS海运株式会社租的韩国籍"重阳（Sun Cross）"轮（以下简称"重阳"轮）发生碰撞事故。双方因此各自产生了财产损失与人身伤亡，分别起诉、反诉要求对方赔偿，并就在责任限制中双方的财产损失和人身伤亡损失如何抵销这一问题存在争议。

法院认为，根据《海商法》第210条之规定，海事赔偿责任限制中的人身伤亡的赔偿请求与非人身伤亡的赔偿请求是两类性质不同的海事赔偿请求，两类海事赔偿请求的单位责任限额也是不一样的，人身伤亡的赔偿请求的单位责任限额要大大高于非人身伤亡的赔偿请求，几乎是非人身伤亡赔偿请求的单位责任限额的一倍，而且该法还对人身伤亡的赔偿请求与非人身伤亡的赔偿请求在已受限制的海事赔偿责任中，分别规定了不同的受偿顺序，人身伤亡的赔偿请求优于非人身伤亡的赔偿请求受偿。因此，原判关于"两类赔偿请求只能分别抵销，分别适用不同的海事赔偿责任限额"的认识，更符合海商法的立法本意，原判对于本案中涉及的人身伤亡赔偿请求与非人身伤亡赔偿请求采取分类抵销，再适用不同种类的海事赔偿责任限额的做法，法院予以认可。上诉人瑞克麦斯热那亚航运公司和瑞克麦斯轮船公司关于本案人身伤亡的赔偿请求与非人身伤亡的赔偿请求应各自先合并，再限制赔偿责任的主张，缺乏法律依据，法院不予采纳。

◆ **理解与适用**

由上述案例可以发现，由于没有明确规定关于侵权产生的损害赔偿债务的抵销规则，司法实践中出现了不同的裁判思路和观点，甚至常常有意忽视对侵害财产权益而产生的损害赔偿债务的性质分析，单一地分析另一债务是否属于不得抵销的债务。因此，本条解释针对侵权行为产生的债务能否抵销进行明确，区分为侵害人身权益所产生的债务与侵害财产权益所产生的债务两种情形进行处理，主要限制的是侵权人主张抵销，即侵权损害赔偿债务作为主动债务（或称侵权损害赔偿债权作为被动债权）的情形。

首先，对于侵害人身权益所产生的债务，我国台湾地区"民法"第338条规定，故意侵权所产生的债务限于不得作为主动债务抵销；《日本民法典》第509

条则规定，因侵害人的生命或身体的损害赔偿债务之债务人，不得以抵销对抗债权人。① 我国与日本规定相类似，规定因侵害人身权益而产生的债务，不论侵权人的过错状态，不得作为主动债务抵销，突出体现了对人身权的充分尊重与优先保护。

其次，关于侵害财产权益所产生的债务，《日本民法典》第 509 条将不得抵销的范围限定在恶意侵害财产权益而产生的债务，② 而我国则规定故意和重大过失情形下不得作为主动债务抵销，这与我国《民法典》第 506 条关于因故意或者重大过失造成对方财产损失情形下免责条款无效的规定相一致，符合体系解释的要求。值得注意的是，《日本民法典》第 509 条对抵销侵权之债的限制在债权人自他人处受让债权时解除，③ 而我国民法目前对侵权之债能否转让，转让后能否抵销的问题都尚未有明确规定，给予了法官一定的裁量空间。

这样禁止或者限制侵权损害赔偿之债作为主动债务抵销的理由主要有二：一是保障受害人能得到现实且及时的损害赔偿；二是限制侵权人享有抵销的好处，防止诱发侵权行为。如果没有限制抵销侵权之债的规定，不能收回债权的债权人就有可能试图殴打债务人，以便能够以自己本来就无法收回的债权与债务人的损害赔偿请求权抵销。④

需要注意的是，本条并未限制被侵权人主张抵销——即侵权损害赔偿债务作为被动债务（或称侵权损害赔偿债权作为主动债权）的情形。基于法无禁止即自由的原则，应当认为被侵权人有权主张抵销其享有的侵权损害赔偿权，不受被侵害权益之性质或侵权人过错情况的影响。由此，本条解释即形成了侵权人与被侵权人抵销权的区别规则，充分彰显了对被侵权人的保护。

---

① 参见刘士国、牟宪魁、杨瑞贺译：《日本民法典》，中国法制出版社 2018 年版，第 124 页。
② 参见刘士国、牟宪魁、杨瑞贺译：《日本民法典》，中国法制出版社 2018 年版，第 124 页。
③ 参见刘士国、牟宪魁、杨瑞贺译：《日本民法典》，中国法制出版社 2018 年版，第 124 页。
④ 崔建远：《论中国民法典上的抵销》，载《国家检察官学院学报》2020 年第 4 期，第 25 页。

> **第五十八条　【已过诉讼时效债权的抵销】**
>
> 当事人互负债务，一方以其诉讼时效期间已经届满的债权通知对方主张抵销，对方提出诉讼时效抗辩的，人民法院对该抗辩应予支持。一方的债权诉讼时效期间已经届满，对方主张抵销的，人民法院应予支持。

◆ 条文主旨

本条是关于已过诉讼时效债务的抵销的规定。本条须与本解释第 55 条关联起来作整体的体系性解读。

本条第 1 句规定，债权人以已过诉讼时效的债权作为主动债权主张抵销，是否发生抵销的法律效果，取决于对方当事人是否提出诉讼时效抗辩——对方未提出诉讼时效抗辩的，发生抵销的法律效果；对方主张时效抗辩的，其抗辩应当得到支持，不能发生抵销的法律效果。本条第 2 句规定，已过诉讼时效的债权可以作为被动债权抵销，当然发生抵销的法律效果。

◆ 关联规定

《中华人民共和国民法典》

第一百九十二条　诉讼时效期间届满的，义务人可以提出不履行义务的抗辩。

诉讼时效期间届满后，义务人同意履行的，不得以诉讼时效期间届满为由抗辩；义务人已经自愿履行的，不得请求返还。

第五百六十八条　当事人互负债务，该债务的标的物种类、品质相同的，任何一方可以将自己的债务与对方的到期债务抵销；但是，根据债务性质、按照当事人约定或者依照法律规定不得抵销的除外。

当事人主张抵销的，应当通知对方。通知自到达对方时生效。抵销不得附条件或者附期限。

《最高人民法院关于审理民事案件适用诉讼时效制度若干问题的规定》（法释〔2020〕17 号）

第二条 当事人未提出诉讼时效抗辩，人民法院不应对诉讼时效问题进行释明。

◆ 案例指引

1. 主动债权已超过诉讼时效，仍可抵销

▷厦门源昌房地产开发有限公司与海南悦信集团有限公司委托合同纠纷案①

厦门源昌房地产开发有限公司（以下简称源昌公司）与海南悦信集团有限公司（以下简称悦信公司）互负金钱债务。尽管源昌公司行使抵销权之时已超出诉讼时效，但本案中双方互负的 2000 万元债务在（2012）闽民初字第 1 号案中源昌公司将债务抵销的举证证明目的告知悦信公司时即已抵销。原判决以源昌公司主张抵销时已经超过诉讼时效，以及悦信公司的债权在海南高院作出（2016）琼民终 154 号民事判决之前不确定等理由认定不适于抵销，缺乏理据。原因如下：第一，作为形成权的抵销权的行使不受诉讼时效限制。因抵销关系之双方均对对方承担债务，在某种程度上对己方之债权具有担保作用，故我国《合同法》未对抵销权的行使设置除斥期间，而是规定抵销权人行使抵销权后，对方可以在一定期间内提出异议。第二，本案中源昌公司行使抵销权并无不合理的迟延。本案中，悦信公司与源昌公司在 2005 年末几乎同时发生数额相同的金钱债务。在长达 6 年的时间里，双方均未提出相应主张。直至 2011 年悦信公司向福建高院提起（2012）闽民初字第 1 号公司盈余分配之诉后，源昌公司随即在该案中提出债务抵销之主张，当属在合理期限内主张权利，难谓其怠于行使抵销权。此外，从实体公平的角度看，若以源昌公司诉讼时效届满为由认定其不能行使抵销权，不仅违背抵销权的立法意旨，且有悖于民法之公平原则。综上，源昌公司在另案诉讼中行使抵销权并无不当，双方债权已经抵销。

---

① 参见最高人民法院（2018）最高法民再 51 号民事判决书。

▷江苏通州基础工程有限公司与泰州金泰环保热电有限公司建设工程施工合同纠纷案①

根据《合同法》第 99 条关于抵销的规定，不论债务是否超过诉讼时效，只要其满足标的物种类、品质相同、已届清偿期的情形，且不属于依照法律规定或者按照合同性质不得抵销的债务，都属于依法可抵销的债务，包括超过诉讼时效的自然债务，任何一方可以将自己的债务与对方的债务抵销。因此该案中，尽管泰州金泰环保热电有限公司就工期违约主张的违约之债已经超过诉讼时效，但其就此提出的反诉请求系行使法定抵销权，依法可以抵销，法院对江苏通州基础工程有限公司提出的泰州金泰环保热电有限公司就工期违约提起的反诉请求超过诉讼时效的上诉理由不予支持。

▷上海练定混凝土制品有限公司诉上海善胜建筑材料有限公司买卖合同纠纷案②

抗辩权是对抗请求权的一种权利，当事人对债权请求权可提出诉讼时效的抗辩，上海善胜建筑材料有限公司对上海练定混凝土制品有限公司享有水泥款债权已过诉讼时效，故上海练定混凝土制品有限公司可以在上海善胜建筑材料有限公司主张其水泥款债权时行使诉讼时效抗辩权以阻碍其请求权的行使，从而使上海善胜建筑材料有限公司丧失胜诉权。但该案中上海善胜建筑材料有限公司要求用水泥款来抵销赔偿款，行使的是抵销权，而抵销权是一种形成权，非请求权，故上海练定混凝土制品有限公司无法以时效抗辩权来阻碍上海善胜建筑材料有限公司的抵销权。上海善胜建筑材料有限公司的自然之债仅在其行使请求权时发生障碍，但权利本身并不消灭，且此债权不属于依照法律规定或者按照合同性质不得抵销的，故法院支持上海善胜建筑材料有限公司的相应抗辩意见，对上海善胜建筑材料有限公司享有的债权 408200.58 元的水泥款在其应承担的赔偿款 180 万元中予以抵销。

---

① 参见江苏省高级人民法院（2015）苏民终字第 00272 号民事判决书。
② 参见上海市第一中级人民法院（2018）沪 01 民终 2220 号民事判决书。

2. 主动债权已超过诉讼时效，不可抵销

▷成都制药一厂与四川鼎鑫置业有限责任公司合资、合作开发房地产合同纠纷案①

依据《民法通则》第135条、第138条的规定，超过诉讼时效期间的债权法院不予保护，当事人自愿履行的，不受诉讼时效限制。根据成都市中级人民法院作出且已经生效的第231号民事判决，四川鼎鑫置业有限责任公司所主张的3051万元债权已经超过诉讼时效期间，债务人成都制药一厂并未提出自愿履行的意思表示，人民法院也不能强制其履行，如果允许以超过诉讼时效的债权行使抵销权，无异于赋予超出诉讼时效债权法律强制力，不符合抵销权和诉讼时效制度的法律精神。因此，二审法院不支持四川鼎鑫置业有限责任公司债务抵销的诉讼主张，适用法律并无不当。

▷晋城农村商业银行股份有限公司、王某山等借记卡纠纷案②

法定抵销权本身是形成权，依主动债权单方的意思表示即可产生债务抵销的法律效力，抵销权本身不适用诉讼时效的规定。但关于超过诉讼时效的债务能否被抵销，应当区分被动债权与主动债权，由于法定抵销对被动债权具有强制性，因此已过诉讼时效的债权不得作为主动债权主张抵销，否则将产生被动债权被强制履行自然债务的后果，与法律对自然之债的规定相悖。该案中，晋城农村商业银行股份有限公司主张行使法定抵销权，但其未能提供2010年之后向王某山催收过贷款的证据，其债权的诉讼时效已经届满。因此，晋城农村商业银行股份有限公司作为主动债权方，其抵销主张不能得到支持。

▷某实业有限公司与刘某前房屋买卖合同纠纷案③

某实业有限公司主张其对刘某前享有的两笔债权应与其对刘某前所负的交付租金义务相互抵销，不适用诉讼时效的规定。而法院认为，主张用以抵销的债权应当是未超过诉讼时效的债权，如果主张抵销的债权已经超过诉讼时效，则不能与对方尚未超过诉讼时效的债权进行抵销。而该案中，某实业有限公司未能举证证明其债权存在诉讼时效中止、中断事由；同时根据《民法典》第188条的规

---

① 参见最高人民法院（2017）最高法民申854号民事裁定书。
② 参见山西省高级人民法院（2021）晋民申381号民事裁定书。
③ 参见重庆市沙坪坝区人民法院（2021）渝0106民初6875号民事判决书。

定，当事人向人民法院请求保护民事权利的诉讼时效期间为 3 年；该两笔债权中除刘某前支付定金时超付的 50 万元外，其余 550 万元已经超过诉讼时效。根据《民法典》第 568 条第 2 款规定，当事人主张抵销的，应当通知对方。通知自到达对方时生效。抵销不得附条件或者附期限。某实业有限公司未在其债权的诉讼时效期间内主张抵销，当庭才提出抵销，因此抵销（应当）发生法律效力时已经超过了债权的诉讼时效，最终不能发生抵销的法律后果。

▷张某明与江苏民丰农村商业银行股份有限公司郑楼支行储蓄存款合同纠纷案①

债权属于请求权，债权人有请求债务人履行给付的权利，债务人负有向债权人履行给付的义务。超过诉讼时效的债权，债务人行使诉讼时效抗辩权后，法院不再保护债权人请求债务人履行给付义务的权利，即该债权便不再受法律保护，债务人在法律上不再负有履行给付义务，该债权变为自然债务——债务人不履行时，债权人不能请求法院强制执行，债务人自愿履行，则履行有效。因此，《合同法》第 99 条关于抵销的规定的适用，应以到期的债务均受法律保护为前提。超过诉讼时效债权为自然之债，不得主张抵销。另外，因诉讼时效抗辩权产生于诉讼时效期间的经过，故诉讼时效抗辩权行使的效力应该溯及诉讼时效期间届满之日，即债务人自诉讼时效期间届满之日起就不再负有给付义务。该案中，张某明向原审法院请求判令江苏民丰农村商业银行股份有限公司郑楼支行向其支付存款，江苏民丰农村商业银行股份有限公司郑楼支行原审主张张某明欠其借款，张某明遂才反驳称该借款已超过诉讼时效；但诉讼时效抗辩权乃消极的、被动的、防御性的权利，其具体行使有赖于债权人主张债权；因此应当认定张某明的反驳为其行使了诉讼时效抗辩权的表现。该行为的后果为自 2010 年 9 月 16 日起，江苏民丰农村商业银行股份有限公司郑楼支行对张某明的债权丧失胜诉权，不再受法律保护。因此，江苏民丰农村商业银行股份有限公司郑楼支行无权依据《合同法》第 99 条规定行使抵销权。

---

① 参见江苏省宿迁市人民法院（2016）苏 13 民终 609 号民事判决书。

▷江苏中天电气有限公司、中国银行股份有限公司扬中支行财产损害赔偿纠纷案①

本案中，中国银行股份有限公司扬中支行于 2016 年 3 月 18 日扣划江苏中天电气有限公司账户存款 19000 元，主张行使抵销权不应返还。江苏中天电气有限公司认为该笔债权已超过诉讼时效，无权抵销。经查，案涉债权形成于 1994 年至 1996 年期间，但中国银行股份有限公司扬中支行仅提交了其于 2010 年、2011 年、2013 年、2015 年向原中建厂送达借款催收通知书的邮寄凭证，至本院再审阶段其仍未能提交 2010 年之前的催收证据，故应认定案涉债权已超过诉讼时效，不得作为主动债权进行抵销。中国银行股份有限公司扬中支行应将已扣划的江苏中天电气有限公司 19000 元予以返还。

3. 根据抵销条件达成时间系在主动债权诉讼时效届满之前或之后区别处理

▷吴某泉等诉广东省航盛建设集团有限公司建设工程施工合同案②

广东省航盛建设集团有限公司应分别从 1996 年 6 月 25 日和 1996 年 12 月 1 日起向东港公司支付清淤费用和吹填改车填增加的费用，而东港公司应自 1997 年 7 月 11 日起履行对广东省航盛建设集团有限公司所负债务。因此，自 1997 年 7 月 11 日起至东港公司上述债权的诉讼时效期间届满时，东港公司与广东省航盛建设集团有限公司互负到期金钱债务。法院认为：东港公司的上述债权虽然超过了诉讼时效期间，但在上述债权未超过诉讼时效期间时，东港公司和广东省航盛建设集团有限公司双方互负的债务符合抵销的条件，适于抵销。因此，虽然东港公司的上述债权已经超过了诉讼时效，但其抵销债务的主张应当得到支持。该案中，法院在事实上认为，当事人并不因超过诉讼时效而丧失抵销权，而应根据抵销条件达成时间系在主动债权诉讼时效届满之前或之后区别对待：对于在诉讼时效届满之前，已经取得抵销权的，诉讼时效届满之后也可以主张抵销；抵销事由系诉讼时效届满之后产生的，则已经超过诉讼时效的一方当事人，不得主动主张债务抵销。

---

① 参见江苏省高级人民法院（2020）苏民再 261 号民事判决书。
② 参见广东省高级人民法院（2007）粤高法民四终字第 261 号民事调解书。

◆理解与适用

根据《民法典》第 568 条的规定，抵销是单方法律行为，主张抵销一方只要为抵销的意思表示，就发生抵销的法律效力，故对被抵销的一方而言，抵销具有强制性。因此，若法律允许一方用自然之债抵销对方的债权，则将产生强制履行自然之债的结果，这实际上赋予了自然之债务以强制执行力的保护，剥夺了对方的诉讼时效抗辩权，违反了《民法典》第 192 条第 1 款关于诉讼时效期间届满时义务人可以提出不履行义务的抗辩的规定，造成法律体系内部的冲突。因此，本条解释第 1 句规定，债权人以已过诉讼时效的债权作为主动债权主张抵销，对方主张时效抗辩的，其抗辩应当得到支持，不能发生抵销的法律效果。不过值得注意的是，根据《民法典》第 192 条第 2 款与《审理民事案件适用诉讼时效规定》第 2 条，诉讼时效期间届满后，当事人未提出诉讼时效抗辩，人民法院不应对诉讼时效问题进行释明及主动适用诉讼时效的规定进行裁判。义务人同意履行的，不得以诉讼时效期间届满为由抗辩，即适用诉讼时效规定必须以当事人主张为前提。因此本条解释第 1 句强调"对方提出诉讼时效抗辩"这一前提，若对方并未抗辩，则以已过诉讼时效的债权作为主动债权主张抵销也能发生抵销的法律效果。同时，根据《民法典》第 192 条第 2 款的规定，债务人放弃诉讼时效利益为法律所允许。因此，本条解释第 2 句规定，已过诉讼时效的债权可以作为被动债权抵销，此时可认为自然之债的债务人放弃了时效利益。

本条也与本解释第 55 条规定相互印证。在赞成抵销具有溯及力、抵销溯及至抵销条件成就时发生效力的传统观点下，一般认为在诉讼时效届满前已经符合抵销条件的，应当允许当事人抵销。如上述"吴某泉等诉广东省航盛建设集团有限公司建设工程施工合同案"中，法院正是基于抵销具有溯及力的立场，进而认为在案涉东港公司债权未超过诉讼时效期间时，东港公司和广东航盛建设集团有限公司双方互负的债务符合抵销的条件，适于抵销。抵销权系形成权而非请求权，因此当事人并不因超过诉讼时效而丧失抵销权，并应根据抵销条件达成时间系在主动债权诉讼时效届满前或后区别对待：对于在诉讼时效届满之前，已经取得抵销权的，诉讼时效届满之后也可以主张抵销；抵销事由系诉讼时效届满之后产生的，则已经超过诉讼时效的一方当事人，不得主动主张债务抵销。① 而本解释第 55 条所采取的是抵销不具有溯及力、抵销仅向通知到达之未来发生效力的观点，因此规定已过诉讼时效的债权不得抵销是符合体系一致性的做法。

有学者指出，支持当事人对已过诉讼时效的债权的抵销提出的抗辩，符合公平原则与信赖利益保护原则。② 首先，既然抵销已经适状，那么抵销权人完全可以在其所享有债权的诉讼时效届满前行使抵销权，而其在主动债权时效期间届满后才行使，说明主张抵销的一方当事人未及时行使权利，其行为本身具有非正当性，应当遭受对其不利的后果，若设置溯及力规则对其进行特别保护，允许当事人在诉讼时效期间届满后抵销在诉讼时效届满前已经符合抵销条件的债权，则将放任债权人怠于行使债权和抵销权，使债权债务关系长期处于不确定的状态。而且由于抵销的效果类似于优先受偿，允许超过诉讼时效期间的债权作为主动债权抵销，将会使得怠于行使权利的债务人不仅免于时效抗辩、得到保护，而且比其他没有超过诉讼时效的债权人更优先获得了保护，形成抵销权人与债务人的其他债权人之间受偿的不平等，这无疑是不公平的。③ 其次，既然在抵销已经适状、诉讼时效期间尚未届满时，权利人不主动行使抵销权，则另一方已经有合理的理由相信其不愿抵销，其已经对此产生合理信赖，这种信赖当然应当受到保护，如果要通过溯及力规则对不行使抵销权的一方予以特别保护，实际上就破坏了这种信赖，不符合公平原则要求。

从域外法的发展趋势上看，抵销不具有溯及力逐渐成为共识。而如果抵销采取不具有溯及力的立场，则必然要求已过诉讼时效期间的债权作为主动债权时，对方当事人可以主张诉讼时效抗辩。如《国际商事合同通则》第 10.10 条就规定：债权人可以行使抵销权，除非债务人主张时效期间已届满。

尽管抵销权是形成权而并非请求权，仅依一方的意思表示即可发生法律权利义务关系的变动，但抗辩权对抵销权发生抗辩作用，并不违背法理。因为抵销权产生的基础是债权请求权，拥有债权请求权，才可能有抵销权。正是因为行使抵

① 参见广东省高级人民法院（2007）粤高法民四终字第 261 号民事调解书。
② 王利明：《罹于时效的主动债权可否抵销？》，载《现代法学》2023 年第 1 期，第 15 页。
③ 巩轩竹：《对法定抵销制度的反思——"源昌公司诉悦信公司案"判决评释》，载《西部学刊》2020 年第 5 期，第 120 页。

销权一方具有对被抵销的对方当事人的债之请求权，才能够以该债之请求权抵销对方对其债之请求权。如果债权请求权出现瑕疵或者效力不完整，如不可强制执行，于法理上很难推出抵销权的产生。这也正是为什么即使在承认抵销具有溯及力的国家中，一般仍然认为抵销条件成就前主动债权的诉讼时效期间就已届满的情形下，无法发生抵销的效果。这表明其本质上认可抵销权产生的基础是债权请求权，若在抵销权产生前，债权请求权就受到了阻却和限制，则抵销权产生的基础出现瑕疵，债务无法强制执行，抵销权无法产生。[1]

　　需要指出的是，本条在本解释第 55 条基础上（即抵销不具有溯及力），考虑到诉讼时效的抗辩系需当事人主张的抗辩权，且抵销通常仅关涉个人利益，故司法充分尊重当事人意思自治，根据当事人是否提出诉讼时效抗辩，进而规定不同的法律效果。

---

[1]　王思思：《探析超过诉讼时效期间的债权能否抵销》，载《企业导报》2016 年第 7 期，第 92 页。

第八章 违约责任

◆本章概述

本章是《合同编通则解释》的第八部分，名为"违约责任"，主要是对违约后合同终止的时间、违约损害赔偿的确定方式、违约金与定金的适用规则等内容的规定。具体而言：本章规定的内容包括：（1）合同终止的时间（第59条）；（2）违约损失赔偿额的确定，包含可得利益损失的计算、持续性定期合同中可得利益的赔偿、无法确定可得利益时的赔偿、违约损害赔偿数额的确定（第60—63条）；（3）请求调整违约金的方式和举证责任、违约金的司法酌减、违约金调整的释明与改判（第64—66条）；（4）定金规则与定金罚则的法律适用（第67—68条）。

> **第五十九条 【合同终止的时间】**
>
> 当事人一方依据民法典第五百八十条第二款的规定请求终止合同权利义务关系的，人民法院一般应当以起诉状副本送达对方的时间作为合同权利义务关系终止的时间。根据案件的具体情况，以其他时间作为合同权利义务关系终止的时间更加符合公平原则和诚信原则的，人民法院可以以该时间作为合同权利义务关系终止的时间，但是应当在裁判文书中充分说明理由。

◆条文主旨

本条明确了《民法典》第580条第2款规定的合同权利义务终止的时间认定问题。原则上，应当以起诉状副本送达对方的时间作为合同权利义务关系终止的时间，此时法官直接适用本条解释；但若以其他时间作为合同权利义务关系终止的时间更加符合公平原则和诚信原则之要求时，允许法院基于公平原则和诚信原则，综合考虑案件具体情况、行使裁量权而例外以该时间作为合同终止的时间，但此时法院有充分说明突破原则之理由的义务。

◆ 关联规定

《中华人民共和国民法典》

第五百六十三条　有下列情形之一的，当事人可以解除合同：

（一）因不可抗力致使不能实现合同目的；

（二）在履行期限届满前，当事人一方明确表示或者以自己的行为表明不履行主要债务；

（三）当事人一方迟延履行主要债务，经催告后在合理期限内仍未履行；

（四）当事人一方迟延履行债务或者有其他违约行为致使不能实现合同目的；

（五）法律规定的其他情形。

以持续履行的债务为内容的不定期合同，当事人可以随时解除合同，但是应当在合理期限之前通知对方。

第五百六十四条　法律规定或者当事人约定解除权行使期限，期限届满当事人不行使的，该权利消灭。

法律没有规定或者当事人没有约定解除权行使期限，自解除权人知道或者应当知道解除事由之日起一年内不行使，或者经对方催告后在合理期限内不行使的，该权利消灭。

第五百六十五条　当事人一方依法主张解除合同的，应当通知对方。合同自通知到达对方时解除；通知载明债务人在一定期限内不履行债务则合同自动解除，债务人在该期限内未履行债务的，合同自通知载明的期限届满时解除。对方对解除合同有异议的，任何一方当事人均可以请求人民法院或者仲裁机构确认解除行为的效力。

当事人一方未通知对方，直接以提起诉讼或者申请仲裁的方式依法主张解除合同，人民法院或者仲裁机构确认该主张的，合同自起诉状副本或者仲裁申请书副本送达对方时解除。

第五百八十条　当事人一方不履行非金钱债务或者履行非金钱债务不符合约

定的，对方可以请求履行，但是有下列情形之一的除外：

（一）法律上或者事实上不能履行；

（二）债务的标的不适于强制履行或者履行费用过高；

（三）债权人在合理期限内未请求履行。

有前款规定的除外情形之一，致使不能实现合同目的的，人民法院或者仲裁机构可以根据当事人的请求终止合同权利义务关系，但是不影响违约责任的承担。

《全国法院民商事审判工作会议纪要》（法〔2019〕254号）

48.【违约方起诉解除】违约方不享有单方解除合同的权利。但是，在一些长期性合同如房屋租赁合同履行过程中，双方形成合同僵局，一概不允许违约方通过起诉的方式解除合同，有时对双方都不利。在此前提下，符合下列条件，违约方起诉请求解除合同的，人民法院依法予以支持：

（1）违约方不存在恶意违约的情形；

（2）违约方继续履行合同，对其显失公平；

（3）守约方拒绝解除合同，违反诚实信用原则。

人民法院判决解除合同的，违约方本应当承担的违约责任不能因解除合同而减少或者免除。

◆ 案例指引

1. 前提是享有解除权一方并未行使解除权

▷吴某水、中山市中灯物业管理有限公司房屋租赁合同纠纷案①

人民法院认为，合同解除权是形成权，违约方不具有形成权性质的依自己单方意思表示即可使合同关系解除的实体权利，故吴某水于2021年1月15日以埃涅阿斯门市部的名义向中山市中灯物业管理有限公司发出结业通知书，宣布即日起结业，在中山市中灯物业管理有限公司未予同意的情况下，并不产生解除合同的法律效果。吴某水主张其已结业，若强制履行合同会导致吴某水亏损加剧，其情况属于不适于强制履行或者履行费用过高，合同不具备继续履行的条件，其有

① 参见广东省中山市中级人民法院（2021）粤20民终10103号民事判决书。

权依据《民法典》第 580 条起诉请求解除合同，但该行为的性质是行使诉权，而非行使合同解除权。而其停止交租、擅自退场的行为，构成根本违约，作为守约方的中山市中灯物业管理有限公司依法享有合同解除权。中山市中灯物业管理有限公司于 2021 年 2 月 5 日向吴某水发出《解约及处置商铺遗留物品的通知》，该通知载明"自本函发出之日起（以邮戳记载日期起算）第四日即为双方租赁合同关系解除日"，故涉案租赁合同应于 2021 年 2 月 8 日解除。一审法院脱离通知的具体内容，直接按通知送达日认定涉案租赁合同的解除时间有误，二审法院依法予以纠正。

2. 自起诉状副本送达时终止

▷北京因联科技有限公司、广东豪特曼智能机器有限公司计算机软件开发合同纠纷案①

人民法院认为广东豪特曼智能机器有限公司依据《民法典》第 580 条第 2 款的规定请求解除，行使的是合同解除请求权。该权利的性质仅仅是一种程序法上的请求权，而非实体法上的合同解除权，亦不是形成权，最终能否实现解除合同的实体效果，取决于司法机关依据整体案件事实的裁判。该案属于人民法院依照《民法典》第 580 条第 2 款，根据当事人的请求而解除合同的情形，故应依照《民法典》第 565 条第 2 款的规定，以主张解除合同一方当事人的起诉状副本送达对方的时间作为合同解除的时间。本案中，广东豪特曼智能机器有限公司在原审反诉中提出解除涉案合同，反诉起诉状副本于 2020 年 3 月 24 日送达因联公司，故涉案合同自该日起解除。原审判决涉案合同于 2019 年 10 月 11 日，即广东豪特曼智能机器有限公司的解除合同通知送达北京因联科技有限公司时解除，应予以纠正。

▷北京航天斯达科技有限公司与安徽安盛石化设备有限公司买卖合同纠纷案②

一审法院认为，首先，北京航天斯达科技有限公司并未主张安徽安盛石化设备有限公司的违约行为致使合同目的无法实现，合同亦未约定北京航天斯达科技有限公司在市场变化的情况下享有单方解除权，故本案不满足产生和行使法定解

---

① 参见最高人民法院（2020）最高法知民终 1911 号民事判决书。
② 参见北京市第二中级人民法院（2022）京 02 民终 2652 号民事判决书。

除权的前提条件，也不存在约定解除的事由。其次，从合同目的及履行条件考虑：由于其内部上级单位限制，北京航天斯达科技有限公司无法经营案涉合同项下内容，而合同约定北京航天斯达科技有限公司需下达"供货通知单"后安徽安盛石化设备有限公司才能生产和供货；现北京航天斯达科技有限公司明确表示不再下达"供货通知单"，设备亦未实际投入生产，合同目的已无法实现，合同履行已经陷入僵局，如不允许解除合同，则双方可能会引发更多纠纷。因此一审法院依法支持北京航天斯达科技有限公司要求解除涉案合同的诉请，并依法确认合同解除时间为安徽安盛石化设备有限公司收到一审起诉状之日，即北京航天斯达科技有限公司与安徽安盛石化设备有限公司于 2016 年 9 月 26 日签署的《XAB 总成式防爆撬装加油装置》合同（合同标的额为 364 万元）于 2021 年 11 月 12 日解除。二审法院认为一审判决无误，予以维持。

▷天津米范文化传媒有限公司、天津中冶名泰置业有限公司房屋租赁合同纠纷案①

天津米范文化传媒有限公司（以下简称米范传媒公司）主张其于 2020 年 7 月 20 日向天津中冶名泰置业有限公司（以下简称中冶置业公司）寄送了撤场申请，提出解除合同，双方于该日解除合同。经查，米范传媒公司提出的解除合同申请因交纳 3 个月租金和物业费问题未能与中冶置业公司协商一致，不发生约定解除的效力；且米范传媒公司解除合同理由并不符合法定解除条件，不发生法定解除的效力。因此人民法院认为，米范传媒公司主张双方租赁合同于 2020 年 7 月 31 日解除，没有事实依据和法律依据。但考虑到米范传媒公司经营办公地点位于北京市，撤场时间已久，不适于强制履行且强制履行的费用较高，故依照《民法典》第 580 条规定，对米范传媒公司要求解除双方之间租赁合同的反诉请求，予以支持；解除时间以米范传媒公司提交的反诉状副本送达中冶置业公司时即 2021 年 7 月 23 日解除。二审法院认为上述判决无误，依法予以支持。

3. 自判决生效之日起终止

▷北京某旅游公司诉北京某村民委员会等合同纠纷案②

法院认为，北京某旅游公司已撤场，且明确表示不再对经营范围进行民宿及

---

① 参见天津市第二中级人民法院（2022）津 02 民终 5950 号民事判决书。
② 参见最高人民法院发布第二批 16 起人民法院贯彻实施民法典典型案例之七。

旅游资源开发，要求解除或终止合同；而北京某村民委员会不同意解除或终止合同，要求北京某旅游公司继续履行合同。双方经营期间长达 50 年，北京某村民委员会承担房屋腾退、电力维护等方面义务，北京某旅游公司承担支付合作费等方面义务，且协议就后期旅游收益进行了分成约定，系具有合作性质的长期性合同。同时根据协议内容，北京某旅游公司是否对民宿及旅游资源进行开发建设必将影响北京某村民委员会后期收益，北京某旅游公司的开发建设既属权利，也是义务，该不履行属不履行非金钱债务情形，且该债务标的不适合强制履行。另外，长期性合作合同须以双方自愿且相互信赖为前提，在涉案经营协议已丧失继续履行的现实可行性情形下，如不允许双方权利义务终止，既不利于充分发挥土地等资源的价值利用，又不利于双方利益的平衡保护。综上，涉案经营协议履行已陷入僵局，故对当事人依据《民法典》第 580 条请求终止合同权利义务关系的主张，人民法院依法予以支持。一审法院于 2021 年 8 月 26 日作出民事判决书，判决北京某旅游公司与北京某村民委员会、北京某经济合作社签订的《北京某村旧址改造及旅游经营协议》中的权利义务于本判决生效之日终止。

4. 综合考虑确定合同终止时间

▷烟台仙客居酒店有限公司与烟台奎富汽车部件有限公司房屋租赁合同纠纷案①

双方签订《房屋租赁合同》，租赁期限 5 年，自 2021 年 4 月 1 日起至 2026 年 3 月 31 日止。合同第 3.1 条约定，每期支付时间为每年 3 月 31 日前支付上半年的租金，每年 9 月 30 日之前支付下半年的租金；合同第 9.3 条约定，经双方协商意见达成一致，承租人方可提前一个月书面通知出租人终止合同，合同履行过程中，烟台仙客居酒店有限公司（以下简称仙客居公司）于 2021 年 8 月 17 日以微信方式向烟台奎富汽车部件有限公司（以下简称奎富公司）发送《房屋租赁合同终止通知书》，奎富公司于 2021 年 8 月 18 日书面回复不同意解除。一审法院认为，仙客居公司在未与奎富公司协商一致的情况下，单方发出解除合同的通知，不能发生解除合同的法律效力，仙客居公司未按合同约定履行，已构成违约。但对于奎富公司主张继续履行合同的请求，因继续履行合同的请求包括继续依约接

---

① 参见山东省烟台市中级人民法院（2022）鲁 06 民终 5475 号民事判决书。

收并使用房屋等持续性的行为，显然难以强制履行。且租赁合同的履行具有相当程度的人合性，有赖于双方之间的信任关系，而本案中双方之间的信任基础已然丧失，继续履行合同的基础显然已不复存在，故对奎富公司继续履行合同的请求，不予支持。但判决仙客居公司应依约向奎富公司支付其请求的自2021年4月1日至2022年3月31日期间的租金共268800元。仙客居公司上诉主张，既然一审法院认定租赁合同已经无法履行，则租赁合同也应当在确定日期终止合同权利义务，但一审法院仍支持仙客居公司支付奎富公司租金至2022年3月31日，租金支付截止日期是与前述事实认定相矛盾的，仙客居公司认为租金截止日期应当为仙客居公司单方解除之日即2021年9月17日。二审法院认为，仙客居公司单方解除合同的通知，不能发生解除合同的法律效力。仙客居公司主张租金支付截止时间应当为2021年9月7日，无事实和法律依据，不予支持。另查明，奎富公司分别于2021年6月17日、2021年9月30日开具2021年4月1日至2021年9月30日及2021年10月1日至2022年3月31日租金发票，发票标明的租金合计268800元，仙客居公司未给付奎富公司该租金，故一审法院判令仙客居公司支付2021年4月1日至2022年3月31日期间的租金268800元正确，予以维持。

▷北京京港物业发展有限公司、北京首商集团股份有限公司租赁合同纠纷案①

法院认为，北京京港物业发展有限公司2016年1月23日向北京首商集团股份有限公司发出的《关于交接工作的函》的内容表明，双方为解决交接问题，已于2016年1月22日针对涉案房屋进行了现场核验。交接系合同解除后的行为，且根据《合同法》第93条第1款的规定，当事人协商一致，可以解除合同。北京京港物业发展有限公司以北京首商集团股份有限公司拖欠租金为由主张解除合同，北京首商集团股份有限公司以房屋存在权利和建筑瑕疵致无法正常使用为由主张解除合同。因双方已经开始合同解除后的交接工作，故原判决推定双方已经就解除合同协商一致，确认2016年1月22日为合同解除之日并无不当。

---

① 参见最高人民法院（2019）最高法民终378号民事判决书。

▷北京网田科技发展有限公司、北京谷东网科技有限公司计算机软件开发合同纠纷案①

法院认为，一方面，根据现有证据，仅能认定北京网田科技发展有限公司至迟于 2016 年 5 月 3 日完成了开发成果的交付，虽然其在 5 月 25 日通知解除合同，但北京谷东网科技有限公司尚未延迟付款超过 30 日，约定解除的条件尚未成就，该通知不能发生解除合同的法律效力，2016 年 6 月 3 日后北京网田科技发展有限公司亦未再单方通知北京谷东网科技有限公司解除合同。另一方面，在北京网田科技发展有限公司发出解约通知之后至当年 6 月初，双方仍在就合同继续履行进行磋商，北京网田科技发展有限公司也作出了愿意继续履行合同的意思表示。综合上述情况，原审法院以 2016 年 10 月 21 日北京网田科技发展有限公司在原审当庭提出的反诉请求中包含解除合同的意思表示为由，认定涉案合同于 2016 年 10 月 21 日起解除并无不当。北京网田科技发展有限公司所提涉案合同应于 2016 年 5 月 25 日解除的上诉理由不能成立，本院不予支持。

◆ 理解与适用

关于不享有解除权的当事人（含违约方与非违约方）依据《民法典》第 580 条第 2 款请求终止合同并获法院支持的情形下该如何确定合同终止的时间，存在三种观点。

第一种观点认为当法院支持诉讼请求时，合同权利义务关系自判决生效之日终止。原因是合同终止并非当事人行使形成权的结果，而是人民法院适用《民法典》第 580 条第 2 款所作出的形成判决的效果，故合同应当自判决生效时终止。② 但以司法判决发生效力的时间为合同终止时间，具有较强的主观干预因素，对当事人不一定公平。一方面，司法实践中往往会出现各种原因导致判决生效时间具有较大不确定性，合同权利义务关系自判决生效之日才终止过于迟延，于实现合同终止制度本意无利。③ 另一方面，以判决生效时间作为终止时间，会给一方利用诉讼技巧拖延诉讼谋利提供机会，同时也会给法官提供权力寻租空间。

---

① 参见最高人民法院（2019）最高法知民终 256 号民事判决书。
② 武腾：《民法典实施背景下合同僵局的化解》，载《法学》2021 年第 3 期，第 93 页。
③ 徐博翰：《论违约方解除权的交易学构造》，载《南大法学》2021 年第 1 期，第 82 页。

第二种观点认为应当参照《民法典》第 565 条第 2 款的规定，以起诉状副本送达的时间为合同权利义务关系终止的时间。一方面，合同终止时间较为明确，避免法官作出不合理的裁量，减少当事人因不服判决而上诉或产生后续的纠纷。另一方面，确定的规则能给予各方当事人明确的预期，可以鼓励当事人及时申请司法终止。还有观点认为，起诉状也是行使解除权的方式，因此可以起诉状副本送达的时间为合同权利义务关系终止时间。[1] 但《民法典》第 580 条第 2 款实际上是司法终止，当事人享有的只是解除请求权，而不是真正的解除权，不具有形成权的性质。因此，依据《民法典》第 580 条第 2 款而判决终止合同的情形下，终止的时间点不应照搬《民法典》第 565 条关于法定解除权的规定、一律以主张终止一方起诉状副本送达时间为合同权利义务终止时间，从而可能引起对该款所规定的解除请求权之性质的误解。同时，在请求解除方并不享有解除权的情况下，能否解除合同必须由法院经过实体审理才能认定，一律将起诉状副本送达时间作为解除时间的规则与形成力来源于判决而非解除请求权或起诉状副本的事实存在一定冲突，较难被接受。另外，以起诉状副本送达时间为终止时间难免过于机械，可能无法应对实践中的复杂情况。

因此出现了第三种观点，即认为对于合同终止时间不宜作统一规定，而是应当由法官在实体审理过程中综合考虑多重因素，行使自由裁量权，确定合同能否终止与合同终止的时间点并在判项中明确。[2]

本条解释所采取的观点是对上述第二种与第三种观点的结合与折中，实现了确定性与灵活性的平衡。由于此类案件中往往涉及复杂的案件事实认定问题，为避免法官的自由裁量权过大，影响案件裁判的可接受性，[3] 本条解释首先确立了以起诉状副本送达对方的时间作为合同权利义务关系终止的时间的原则，以确定的原则规则鼓励当事人及时申请司法中止、减少当事人不服判决的可能。[4] 同时，为避免一律以起诉状副本送达对方的时间为准可能导致的性质误解、接受难题、

[1] 刘承题：《论演艺经纪合同的解除》，载《清华法学》2019 年第 4 期，第 143 页。
[2] 朱晓喆：《〈民法典〉合同法定解除权规则的体系重构》，载《财经法学》2020 年第 5 期，第 31 页。
[3] 孙良国：《违约方合同解除的理论争议、司法实践与路径设计》，载《法学》2019 年第 7 期，第 52 页。
[4] 但本条规定将违约方请求解除合同情形下合同终止的时间认定，直接移植《民法典》第 565 条第 2 款守约方以诉讼方式行使法定解除权的规定（合同自起诉状副本送达时解除），将当事人告知解除的时点作为认定合同解除的时间，而未考虑该方当事人是否具有过错，这一做法是否完全妥当也值得观察与思考。

过于机械等问题，本条解释规定了例外，允许法院基于公平原则和诚信原则，综合考虑案件具体情况、行使裁量权而例外以该时间作为合同终止的时间，但法院有充分说明突破原则之理由的义务。在这一裁量过程中，法官应当充分考虑案件中的各项具体因素，包括但不限于《民法典》第 580 条第 1 款所列情形发生的时间、当事人之间的协商情况、合同权利义务关系终止给对方造成的损失等，才能保证说理的充分性，增强裁判的说服力，落实公平和诚信原则：考虑到《民法典》第 580 条第 1 款所列情形发生的时间，是因为法院裁量首先必须基于合同陷于履行不能的时间与债权人怠于行权的情况等客观事实，必须以事实为依据作出判决；考虑当事人之间的协商情况，则有利于实现对当事人意思自治的尊重与定分止争的根本目标；考虑合同权利义务关系终止给对方造成的损失，有利于避免因双方当事人谈判力量悬殊等各种原因而形成以强凌弱的不公平的自由，充分平衡双方利益，维护公平正义。

必须注意的是，适用本条解释的前提是案涉情形属于违约方或者不享有、已丧失解除权的非违约方依据《民法典》第 580 条第 2 款规定请求终止合同权利义务关系。《民法典》第 580 条第 2 款仅规定当事人有权请求终止合同权利义务关系，未区分该当事人是否违约方。从体系解释的角度来看，由于非违约方一般享有法定解除权，《民法典》第 580 条第 2 款应当侧重解决违约方申请司法终止的问题；但从文义解释出发，该条并未排除非违约方的申请司法终止权。特别是考虑到以下两种情形：一是虽然违约方构成根本违约，但根据《民法典》第 564 条，守约方的解除权已经因除斥期间经过而丧失时，守约方仍然有申请司法终止的需要。二是起诉时双方均为非违约方，双方均未构成根本违约，因此没有任何一方享有法定解除权，但后续合同预计将陷入履行不能，当事人提前请求终止后续合同关系。但是，如果非违约方本身享有解除权，则其申请司法终止的实质是以司法方式行使《民法典》第 563 条规定的法定解除权，此时不能适用本条解释而应适用《民法典》第 565 条确定合同终止的时间：即如果起诉前已经通知解除，仅因对方有异议而起诉的，自通知到达对方时或通知载明的期限届满时解除；如果直接以起诉或申请仲裁的方式主张的，合同自起诉状副本或仲裁申请书副本送达对方时终止。

第六十条 【可得利益损失的计算】

人民法院依据民法典第五百八十四条的规定确定合同履行后可以获得的利益时，可以在扣除非违约方为订立、履行合同支出的费用等合理成本后，按照非违约方能够获得的生产利润、经营利润或者转售利润等计算。

非违约方依法行使合同解除权并实施了替代交易，主张按照替代交易价格与合同价格的差额确定合同履行后可以获得的利益的，人民法院依法予以支持；替代交易价格明显偏离替代交易发生时当地的市场价格，违约方主张按照市场价格与合同价格的差额确定合同履行后可以获得的利益的，人民法院应予支持。

非违约方依法行使合同解除权但是未实施替代交易，主张按照违约行为发生后合理期间内合同履行地的市场价格与合同价格的差额确定合同履行后可以获得的利益的，人民法院应予支持。

◆条文主旨

本条是针对违约可得利益计算的规定。《民法典》第584条规定，当事人一方不履行合同义务或者履行合同义务不符合约定，造成对方损失的，损失赔偿额应当相当于因违约所造成的损失，包括合同履行后可以获得的利益。这就是关于可得利益的规定。本条司法解释对此予以了进一步细化。本条第1款规定计算可得利益时，应扣除非违约方为订立、履行合同支出的费用等合理成本，因为这些属于实际支出的费用，而不属于可以获得的预期利益。在扣除非违约方合理成本后，按照非违约方能够获得的生产利润、经营利润或者转售利润等计算可得利益。本条第2款规定替代交易情形下可得利益的计算，即以替代交易价格与合同价格的差额作为依据。第3款规定未实施替代交易情况下，可以市场价与合同价格的差额作为计算依据。

◆ 关联规定

《中华人民共和国民法典》

第五百八十一条 当事人一方不履行债务或者履行债务不符合约定，根据债务的性质不得强制履行的，对方可以请求其负担由第三人替代履行的费用。

第五百八十四条 当事人一方不履行合同义务或者履行合同义务不符合约定，造成对方损失的，损失赔偿额应当相当于因违约所造成的损失，包括合同履行后可以获得的利益；但是，不得超过违约一方订立合同时预见到或者应当预见到的因违约可能造成的损失。

《中华人民共和国农业法》

第七十六条 农业生产资料使用者因生产资料质量问题遭受损失的，出售该生产资料的经营者应当予以赔偿，赔偿额包括购货价款、有关费用和可得利益损失。

《中华人民共和国种子法》

第四十五条 种子使用者因种子质量问题或者因种子的标签和使用说明标注的内容不真实，遭受损失的，种子使用者可以向出售种子的经营者要求赔偿，也可以向种子生产者或者其他经营者要求赔偿。赔偿额包括购种价款、可得利益损失和其他损失。属于种子生产者或者其他经营者责任的，出售种子的经营者赔偿后，有权向种子生产者或者其他经营者追偿；属于出售种子的经营者责任的，种子生产者或者其他经营者赔偿后，有权向出售种子的经营者追偿。

《最高人民法院关于审理买卖合同纠纷案件适用法律问题的解释》 （法释〔2022〕17号）

第二十二条 买卖合同当事人一方违约造成对方损失，对方主张赔偿可得利益损失的，人民法院在确定违约责任范围时，应当根据当事人的主张，依据民法典第五百八十四条、第五百九十一条、第五百九十二条、本解释第二十三条等规定进行认定。

《关于当前形势下审理民商事合同纠纷案件若干问题的指导意见》 （法发〔2009〕40号）

9. 在当前市场主体违约情形比较突出的情况下，违约行为通常导致可得利益损失。根据交易的性质、合同的目的等因素，可得利益损失主要分为生产利润损失、经营利润损失和转售利润损失等类型。生产设备和原材料等买卖合同违约中，因出卖人违约而造成买受人的可得利益损失通常属于生产利润损失。承包经营、租赁经营合同以及提供服务或劳务的合同中，因一方违约造成的可得利益损失通常属于经营利润损失。先后系列买卖合同中，因原合同出卖方违约而造成其后的转售合同出售方的可得利益损失通常属于转售利润损失。

10. 人民法院在计算和认定可得利益损失时，应当综合运用可预见规则、减损规则、损益相抵规则以及过失相抵规则等，从非违约方主张的可得利益赔偿总额中扣除违约方不可预见的损失、非违约方不当扩大的损失、非违约方因违约获得的利益、非违约方亦有过失所造成的损失以及必要的交易成本。存在合同法第一百一十三条第二款规定的欺诈经营、合同法第一百一十四条第一款规定的当事人约定损害赔偿的计算方法以及因违约导致人身伤亡、精神损害等情形的，不宜适用可得利益损失赔偿规则。

◆ 案例指引

1. 非违约方为订立、履行合同支出的费用等合理成本不属于可得利益

▷文某某、四川通瑞矿业有限责任公司合同纠纷案①

文某某向四川通瑞矿业有限责任公司主张投资回报的逻辑前提是文某某基于顺利履行案涉《承包经营合同》而获取的可得利益，而按照《承包经营合同》及其《补充协议》的约定，承包款是文某某履行《承包经营合同》所必须支付的履约成本。因此，在支持文某某投资回报诉求的同时，对四川通瑞矿业有限责任公司主张的承包款一并予以支持，既符合双方合同约定，也更符合公平原则。虽然文某某主张在本案诉讼前，四川通瑞矿业有限责任公司从未向其主张过承包款，但是，四川通瑞矿业有限责任公司也从未明示过放弃该权利，四川通瑞矿业有限责任公司仍然可以在本案诉讼中主张权利。且根据《清算协议书》第6条关于"有争议的事项待后议"的约定可以看出，双方确实存在尚未协商一致的有争议的事项，而该500万元承包款应当属于该条约定的双方存有争议的事项。因此，

---

① 参见四川省高级人民法院（2019）川民终200号民事判决书。

一审法院以案涉《承包经营合同》未履行来判令文某某不支付承包款系认定事实错误，本院对此予以纠正，对四川通瑞矿业有限责任公司主张的500万元承包款在其应向文某某支付投资回报时予以扣除。

▷元亮科技有限公司、贵州皓天光电科技有限公司买卖合同纠纷案①

关于元亮科技有限公司的可得利益损失问题。元亮科技有限公司在本案中所主张的可得利益损失4128.6万元，系因贵州皓天光电科技有限公司根本违约而导致其所蒙受的生产利润损失。就该可得利益的计算依据，元亮科技有限公司陈述其设备制作成本每台95万元（其中炉体70万元、钨钼材料25万元）、加工组装成本每台1.5万元、人工成本每台1.35万元、管理成本每台3万元，以上成本合计100.85万元，以合同约定的设备单台价格150万元减去成本100.85万元，乘以84台，可得利益的数额为4128.6万元。诉讼中贵州皓天光电科技有限公司虽然不同意元亮科技有限公司的上述计算方法，但并未提供相反的证据加以反驳，故本院对元亮科技有限公司单台设备的制作成本予以采信。但本院同时注意到，元亮科技有限公司关于可得利益的估算并未考虑税收、销售费用、固定资产摊销等因素，本院将酌情予以扣除。

2. 可得利益损失可以替代交易价格与合同价格的差额计算

▷青海省大柴旦大华化工有限公司与江苏绿陵润发化工有限公司买卖合同纠纷案②

本案上诉的焦点在于青海省大柴旦大华化工有限公司给江苏绿陵润发化工有限公司的赔偿数额是否过重。根据案件事实，青海省大柴旦大华化工有限公司无正当理由不履行合同约定的供销12000吨氯化钾的义务，导致江苏绿陵润发化工有限公司只能以更高的价格从他处购买氯化钾，从而造成经济损失，对此青海省大柴旦大华化工有限公司理应承担赔偿责任。原审法院以青海省大柴旦大华化工有限公司未履行的供货数量12000吨为基础，根据合同约定价格与江苏绿陵润发化工有限公司从他人第一次购买氯化钾时的合同价格的差额，计算江苏绿陵润发化工有限公司的经济损失，符合法律规定。

---

① 参见最高人民法院（2015）民二终字第296号民事判决书。
② 参见最高人民法院（2009）民二终字第91号民事判决书。

▷刘某某、江西致诚聚福投资发展有限公司房屋租赁合同纠纷案①

刘某某主张以江西致诚聚福投资发展有限公司明确不履行合同时的租赁市场价格，减去案涉《商铺租赁合同》约定的价格，即是租金差价损失，应当由江西致诚聚福投资发展有限公司赔偿。本院认为，首先，刘某某主张的损失属于履行利益损失的范畴。除返还因合同取得的财产外，生效合同解除后的损害赔偿涉及履行利益的赔偿。履行利益的赔偿的结果，是让守约方处于如同合同依约履行的状态，受领和保持合同正常履行情况所应得的利益。本案如果依约履行，刘某某应该获得案涉租赁物 15 年的使用权。经评估该租赁物的市场租赁价格，明显高于案涉合同约定的价格，两者之间的差价，则是刘某某所应得的利益。现因江西致诚聚福投资发展有限公司违约，使刘某某丧失了该利益。如江西致诚聚福投资发展有限公司赔偿该利益，则使刘某某的利益状态恢复至如同合同依约履行的状态，符合履行利益赔偿的特征。其次，评估结果符合市场客观情况。评估报告经法定程序、由有资质的专业机构、按照《房地产估价规范》（GB/T50291-2015）作出，江西致诚聚福投资发展有限公司对其真实性、合法性予以认可，且根据该评估结果核算，与江西致诚聚福投资发展有限公司《2017 年 4 月 11 日合同》的价格基本相符，能体现评估时点的市场价格的客观情况。最后，评估时点为 2016 年 11 月 15 日，是江西致诚聚福投资发展有限公司向刘某某发送《律师函》正式表明不履行合同义务的时点，选择江西致诚聚福投资发展有限公司违约时间为评估时点较为合理。因此，本院认可刘某某赔偿履行利益的主张以及损失的计算方法。

▷上海同在国际贸易有限公司与远东电缆有限公司买卖合同纠纷上诉案②

关于可得利益部分。本案中，上海同在国际贸易有限公司（以下简称同在公司）的可得利益就是远东电缆有限公司（以下简称远东公司）如果适当履行合同，同在公司可以获得的利益。同在公司与远东公司签订的是一份远期商品购销合同。由于合同标的阴极铜的价格双方已经确定，因此，在履行合同中，如果未来阴极铜市场价格上涨，超出合同价格部分的利益就是远东公司可以获得的利

① 参见江西省高级人民法院（2020）赣民终 32 号民事判决书。
② 参见最高人民法院（2011）民二终字第 55 号民事判决书。

益，同时也就是同在公司需要承担的风险；相反，如果未来价格下跌，低于合同价格部分的利益就是同在公司的可得利益，同时也是远东公司需要承担的风险。实际已经履行完毕的阴极铜板购销合同也是按照上述盈利模式进行结算的。追求商业利润是双方签订《远期商品购销合同书》的目的，双方应当获得上述商业利润并承担相应风险是由该合同的性质决定的，是双方当事人签订该合同时就预见到的。远东公司应当预见到由于铜价上涨或者下跌使交易双方可能得到的利益和承担的风险，应当预见到由于自己的违约可能对同在公司造成的损失，因此，远东公司应当赔偿同在公司的可得利益损失。关于可得利益的计算方法。同在公司的可得利益就是《谅解补充协议》约定的应提货数额乘以合同价格与市场价格的差价。根据远东公司如果履行合同，同在公司可以得到的预期利益来计算，依据《谅解补充协议》的约定，远东公司共计应提货 4232.768 吨，若同在公司从当时的长江现货市场采购阴极铜，并按照合同确定的时间、数量、价格供货给远东公司，经计算，该部分可得利益总额约为 1 亿元。相应地，远东公司也可以获得等额的违约利益。

▷青海富恒实业有限公司等与青海夏都旅游产品开发有限责任公司合同纠纷案[1]

原审判决在酌定青海富恒实业有限公司的损失时，还考虑了涉案房屋所处地理位置、商场用途特点、市场背景、维持目前状况使用可发挥的价值等因素；考虑了签订合同时房屋市场价格、房屋市场价格的升值、变化及签订合同时青海富恒实业有限公司可预见到或者应当预见到的预期利益的合理空间，将华德公司赔偿青海富恒实业有限公司的损失数额酌定为该房屋市场价格的 50%，该裁量在合理的裁量范围之内，但认定应当减去因涉及第三方权利应由青海富恒实业有限公司自行承担的损失数额 18203932.02 元没有事实和法律依据，本院予以纠正。故青海富恒实业有限公司的损失应当为：涉案房屋市场价格 350136228 元减去合同约定的房屋购买价格 5100 万元的 50%，即 149568114 元。在按照"实际损失"承担违约责任的情况下，青海富恒实业有限公司同时要求适用合同违约金条款没有法律依据。

---

① 参见最高人民法院（2017）最高法民终 68 号民事判决书。

▷新疆金兰通润供应链管理有限公司、阿克苏寰一油脂有限责任公司买卖合同纠纷案①

当事人应当按照约定全面履行自己义务，阿克苏寰一油脂有限责任公司按新疆金兰通润供应链管理有限公司采购计划确认的毛棉籽数量10000吨履行了预付（回购保证金）3000000元款项义务，新疆金兰通润供应链管理有限公司却未按约定时间履行给付棉籽义务，其行为已构成违约，应当承担违约责任。一审参考卓创资讯关于新疆北疆地区棉籽市场行情快报提供的2020年12月21日毛棉籽价格，并结合阿克苏寰一油脂有限责任公司向案外人益融生物公司转账9500000元的事实，认定阿克苏寰一油脂有限责任公司的实际损失为1380400元，符合事实，本院予以确认。律师代理费系双方合同中明确约定，对新疆金兰通润供应链管理有限公司律师费过高的主张，本院不予支持。

3. 违约方推翻鉴定机构对可得利益损失的鉴定结论应提交相应证据

▷山东正大菱花生物科技有限公司与济宁德聚化工有限公司买卖合同纠纷再审案②

对于可得利益损失533万元，系山东正大菱花生物科技有限公司与济宁德聚化工有限公司共同选定的资产评估公司鉴定得出，鉴定机构具备相应的鉴定资质，且有关鉴定证据和材料已在鉴定时经过了双方质证。此外，一审依法组织了双方当事人对鉴证报告书进行了质证，有关鉴定人员也出庭接受了当事人的质询，对当事人所提问题进行了解释和说明，二审就可得利益计算的有关问题再次向鉴定机构进行了调查。鉴定机构就法院询问的鉴定依据问题作出书面说明，二审又组织双方当事人发表意见，山东正大菱花生物科技有限公司没有提交推翻鉴证报告书的证据，基于此，鉴定机构作出的鉴定结论，原再审对此予以认定并无不当。

◆ 理解与适用

首先，在计算合同履行后可以获得的利益时，应当扣除非违约方为订立、履行合同支出的费用等合理成本。一方面，合同订立和履行期间这些必要的费用和支出，属于所实际发生的损失；另一方面，这些费用是在合同正常履行情况下亦

---

① 参见新疆维吾尔自治区高级人民法院伊犁哈萨克自治州分院（2022）新40民终22号民事判决书。
② 参见最高人民法院（2017）最高法民再16号民事判决书。

会支付的履行费用。因此，它们不属于可得利益的范畴。

其次，如果非违约方解除合同并实施了替代交易，主张按照替代交易价格与合同价格的差额确定合同履行后可以获得的利益的，法院应当予以支持。如果与原合同相比替代交易的价款不利于债权人，承担违约损害赔偿责任并且引发了替代交易的债务人应就两个合同的差额负赔偿责任。譬如，在一房两卖的情况下，由于出卖人违约，买受人被迫从第三方处购买房屋①，为此多支出了费用。这些额外支付的费用可以向违约的出卖人主张赔偿。但如违约方有证据证明替代交易价格明显偏离替代交易发生时当地的市场价格，主张按照市场价格与合同价格的差额确定合同履行后可以获得的利益的，法院依法应予以支持。如果替代交易价格明显高于市场价格，说明买受人未尽到交易上必要的谨慎与注意义务具有过错。"适格替代交易要求必须采取合理方式，合理方式的内容广泛，主要包括价格合理以及时间合理"。② 如替代交易价格不合理，应当排除买受人所主张的替代交易价格，转而采取市场价格，以其与合同价格的差额作为买受人的可得利益损失。但这一方法亦可能有例外：我们认为，如果非违约方能够证明不进行替代交易将导致损失扩大的除外。其原因在于，在一些紧急情况下，如果守约方不进行替代交易将会导致损失明显扩大，违反减损义务，因此守约方可能没有更多的时间去了解市场价格；此种情况下，守约方仍然可以以替代交易价格作为参照，以其与合同价格的差额作为可得利益。

最后，如非违约方解除合同但并未实施替代交易，主张按照其知道或者应当知道违约行为发生后合理期间内合同履行地的市场价格与合同价格的差额确定合同履行后可以获得的利益的，法院应当予以支持。在违约方发生根本违约后，守约方解除合同，但是否实施替代交易是守约方的权利而非其义务③。如果守约方随后未实施替代交易，仍然可以主张市场价格与合同价格的差额作为可得利益。仍然以一房两卖为例，如果卖方违约，买方未从第三方处购买房屋，仍然可以以房屋的市场价格为基准，以其与合同价格的差额来主张可得利益的赔偿。

① 张金海：《论作为违约损害赔偿计算方法的替代交易规则》，载《法学》2017 年第 9 期，第 144 页。
② 王怡聪、孙良国：《作为违约损害赔偿计算方法的替代交易研究》，载《中国人民大学学报》2021 年第 2 期，第 139 页。
③ 张梓萱：《替代交易与继续履行请求权》，载《南大法学》2022 年第 1 期，第 46 页。

第六十一条 【持续性定期合同中可得利益的赔偿】

在以持续履行的债务为内容的定期合同中，一方不履行支付价款、租金等金钱债务，对方请求解除合同，人民法院经审理认为合同应当依法解除的，可以根据当事人的主张，参考合同主体、交易类型、市场价格变化、剩余履行期限等因素确定非违约方寻找替代交易的合理期限，并按照该期限对应的价款、租金等扣除非违约方应当支付的相应履约成本确定合同履行后可以获得的利益。

非违约方主张按照合同解除后剩余履行期限相应的价款、租金等扣除履约成本确定合同履行后可以获得的利益的，人民法院不予支持。但是，剩余履行期限少于寻找替代交易的合理期限的除外。

◆ **条文主旨**

本条系针对持续性定期合同中可得利益的赔偿。对于持续性的定期合同，如果一方无法履行付款义务，则当事人可以请求法院依据《民法典》第580条第2款判决解除（终止）合同。基于减损义务，长期性合同中的守约方有寻求替代交易的义务，而不能坐等合同剩余的期限届满，放任损失继续扩大。因此，持续性合同终止后，法院合理确定守约方寻找替代交易的合理期限，按照该期限对应的价款、租金等扣除守约方应当支付的相应履约成本后，来确定合同履行后可以获得的利益。守约方不得主张全部剩余履行期限相应的租金、价款或者报酬等扣除履约成本确定其可得利益。但是，若剩余期限不足以让守约方寻找到替代交易则除外。

◆ **关联规定**

《中华人民共和国民法典》

第五百六十三条 有下列情形之一的，当事人可以解除合同：

（一）因不可抗力致使不能实现合同目的；

（二）在履行期限届满前，当事人一方明确表示或者以自己的行为表明不履行主要债务；

（三）当事人一方迟延履行主要债务，经催告后在合理期限内仍未履行；

（四）当事人一方迟延履行债务或者有其他违约行为致使不能实现合同目的；

（五）法律规定的其他情形。

以持续履行的债务为内容的不定期合同，当事人可以随时解除合同，但是应当在合理期限之前通知对方。

第五百七十九条 当事人一方未支付价款、报酬、租金、利息，或者不履行其他金钱债务的，对方可以请求其支付。

第五百八十条 当事人一方不履行非金钱债务或者履行非金钱债务不符合约定的，对方可以请求履行，但是有下列情形之一的除外：

（一）法律上或者事实上不能履行；

（二）债务的标的不适于强制履行或者履行费用过高；

（三）债权人在合理期限内未请求履行。

有前款规定的除外情形之一，致使不能实现合同目的的，人民法院或者仲裁机构可以根据当事人的请求终止合同权利义务关系，但是不影响违约责任的承担。

第五百九十一条 当事人一方违约后，对方应当采取适当措施防止损失的扩大；没有采取适当措施致使损失扩大的，不得就扩大的损失请求赔偿。

当事人因防止损失扩大而支出的合理费用，由违约方负担。

《关于当前形势下审理民商事合同纠纷案件若干问题的指导意见》（法发〔2009〕40 号）

9. 在当前市场主体违约情形比较突出的情况下，违约行为通常导致可得利益损失。根据交易的性质、合同的目的等因素，可得利益损失主要分为生产利润损失、经营利润损失和转售利润损失等类型。生产设备和原材料等买卖合同违约中，因出卖人违约而造成买受人的可得利益损失通常属于生产利润损失。承包经营、租赁经营合同以及提供服务或劳务的合同中，因一方违约造成的可得利益损失通常属于经营利润损失。先后系列买卖合同中，因原合同出卖方违约而造成其后的转售合同出售方的可得利益损失通常属于转售利润损失。

《全国法院贯彻实施民法典工作会议纪要》（法〔2021〕94号）

11. 民法典第五百八十五条第二款规定的损失范围应当按照民法典第五百八十四条规定确定，包括合同履行后可以获得的利益，但不得超过违约一方订立合同时预见到或者应当预见到的因违约可能造成的损失……

《全国法院民商事审判工作会议纪要》（法〔2019〕254号）

48.【**违约方起诉解除**】违约方不享有单方解除合同的权利。但是，在一些长期性合同如房屋租赁合同履行过程中，双方形成合同僵局，一概不允许违约方通过起诉的方式解除合同，有时对双方都不利。在此前提下，符合下列条件，违约方起诉请求解除合同的，人民法院依法予以支持：

（1）违约方不存在恶意违约的情形；

（2）违约方继续履行合同，对其显失公平；

（3）守约方拒绝解除合同，违反诚实信用原则。

人民法院判决解除合同的，违约方本应当承担的违约责任不能因解除合同而减少或者免除。

◆ 案例指引

非违约方寻找替代交易的合理期限的确定

▷北京金利来源投资集团有限责任公司与北京毛线厂房屋租赁合同纠纷再审案①

关于损失承担问题。本院认为，首先，关于北京金利来源投资集团有限责任公司主张的损失。本案系北京金利来源投资集团有限责任公司的根本违约导致《商厦租赁合同》的解除，北京毛线厂在履行过程中虽存在过错及履行瑕疵，但该过错及瑕疵在本院认定北京金利来源投资集团有限责任公司所支付的违约金时已综合评判认定，故其再审主张北京毛线厂承担相应损失无事实及法律依据，本院不予支持。其次，关于北京毛线厂主张的租金损失。本案所涉房屋性质为商厦，从本案已查明的事实可知，北京毛线厂系以出租该房屋收取租金的方式取得相应收入，而案涉《商厦租赁合同》解除以及北京金利来源投资集团有限责任公

---

① 参见最高人民法院（2017）最高法民再53号民事判决书。

司腾退房屋后，北京毛线厂仍需重新对外出租，存在其寻租期间无法取得租金收入的客观实际，而该期间北京毛线厂应得租金收入即属其因合同解除所遭受的租金损失范畴。本院综合案件事实、案涉房屋所处位置及市场需求等因素，酌定给付北京毛线厂一个月的寻租期限，并由北京金利来源投资集团有限责任公司参照双方约定的租金标准给付北京毛线厂该期间所遭受的租金损失即 212.85 万元。本案二审法院给付北京毛线厂 3 个月的过渡期，并判令北京金利来源投资集团有限责任公司赔付相应损失欠妥，本院再审予以纠正。

▷周某某、炊某某房屋租赁合同纠纷案①

关于周某某的损失认定问题，炊某某单方违约给周某某带来的损失主要是租金收益损失。周某某主张炊某某应赔偿其剩余租赁期内的全部租金损失，至少应当赔偿自炊某某违约终止合同起至商铺再次出租成功止的租金损失。本院认为，首先，涉案《商铺租赁合同》终止后，未实际履行的剩余租赁期间的租金损失属于出租人的期待可得利益损失，如若不考虑炊某某在提前终止合同后已将房屋移交周某某、周某某亦在收房后立即对外招租等客观事实，而将剩余租赁期的租金全部认定为周某某的损失，让炊某某承担赔偿责任亦将有失公平。其次，本案中，虽然炊某某在 2019 年 9 月告知周某某将不再租用商铺，但周某某并未表示同意炊某某提前终止合同，在双方未协商一致解除合同的情况下，炊某某于 2019 年 10 月仍然以实际行动不再履行合同，结合本案剩余租赁期较长、涉案商铺仍处于空置状态等事实，本院认为炊某某应承担一定的赔偿责任。炊某某认为双方已经协商一致解除合同的主张不能成立，本院不予支持。鉴于炊某某在终止合同前一个月已告知周某某将不再租用涉案商铺，已为周某某预留了重新招租准备的时间，后续其亦积极移交了商铺，加之炊某某已经承担了 80000 元违约责任，在此情况下，一审法院酌定炊某某赔偿周某某一个月的租金损失并无不当。

▷上海驿居酒店管理有限公司诉宜昌晶品物业管理有限公司租赁合同纠纷再审案②

关于解除合同后租赁物空置期损失（六个月租金）。房屋租赁关系中，如合同如约履行，出租方可以在租赁合同到期前寻找新租户，以避免房屋空置；而当

---

① 参见广西壮族自治区高级人民法院（2020）桂民终 1540 号民事判决书。
② 参见湖北省高级人民法院（2017）鄂民再 391 号民事判决书。

承租方违约造成合同终止时，由于出租方事先无法寻找新租户，将造成房屋空置，其本可收取的租金无法收取，从而产生了损失。本案截止到合同解除，双方约定的租期仍有十余年，但基于房屋租赁市场的开放性和流动性，即使承租人提前解除合同，在房屋退还给出租人后，出租人在一定期限内完全有可能找到其他的承租人。对于房屋再次出租前的空置期内的损失，可以认定为出租人的实际损失。结合本案租赁房屋的面积、用途、结构以及重新招租、发租需要的宽限期期限，酌情认定空置期为6个月较为合理。根据双方当事人约定的2016年度年租金226.5万元，空置期损失应为113.25万元。

▷德州中泰国际大酒店有限公司与格林豪泰酒店（中国）有限公司房屋租赁合同纠纷案①

根据本案的实际情况，一审法院酌情确定德州中泰国际大酒店有限公司寻找新的租户所可能产生的必要的空置期损失为自解除合同次日起一年的租金1865224元，即格林豪泰酒店（中国）有限公司应支付的解约违约金，本院认为并无不当。格林豪泰酒店（中国）有限公司主张一审认定的违约金数额过高，并未提交证据证明，对其这一主张，本院不予支持。

▷蔡某某与周大生珠宝股份有限公司房屋租赁合同纠纷案②

因合同解除系周大生珠宝股份有限公司违约造成，周大生珠宝股份有限公司应当赔偿合同解除后房屋闲置期间的租金损失。蔡某某作为守约方在收回房屋后也有义务根据实际情况和商业房屋租赁市场行情采取适当措施将闲置房屋重新出租，比如，到房屋中介机构挂牌招租、向潜在的承租人发出邀约、要求周大生珠宝股份有限公司提供替代承租人或者通过媒体刊登招租广告等方式寻求出租机会，以防止闲置时间延长造成租金损失扩大。本案中虽然蔡某某提交了其于2013年3月将房屋重新出租的合同，但此时距离蔡某某接收房屋已近两年，蔡某某未提交任何证据证明其在近两年的时间里为减少房屋闲置时间采取了何种适当措施。根据二审庭审查明事实，蔡某某在近两年的时间里未告知周大生珠宝股份有限公司房屋闲置情况，也未要求周大生珠宝股份有限公司寻求替代承租人。本案中唯一能反映蔡某某为招租房屋采取的措施是周大生珠宝股份有限公司一审期间

---

① 参见山东省高级人民法院（2016）鲁民终1445号民事判决书。

② 参见江西省高级人民法院（2014）赣民一终字第65号民事判决书。

提交的一张房屋一楼门面的照片，该照片中有一个招租广告贴在一楼玻璃橱窗中。该证据显然不足以证明蔡某某在近两年的时间里为减少房屋闲置时间作出了合理努力，采取了适当措施。近两年的闲置时间显然也已经超出了一般租赁合同中承租人在订立房屋租赁合同时所能预见的解除合同后房屋正常情况下可能闲置的时间。因而，原审法院将周大生珠宝股份有限公司应承担赔偿责任的房屋闲置期间酌情确定为 6 个月并无不妥，本院对原审法院的认定予以确认，对蔡某某的该项上诉请求不予支持。

◆ 理解与适用

首先，在以持续履行的债务为内容的定期合同中，一方不履行支付价款、租金等金钱债务，当事人请求解除合同权利义务关系，人民法院经审理认为合同应当依法解除的，可以判决解除合同。[①] 其依据是参考《民法典》第 580 条第 2 款，但该条的适用前提是当事人一方不履行非金钱债务或者履行非金钱债务不符合约定，因此其适用对象是非金钱债务。实际上，本条是扩张了《民法典》第 580 条第 2 款的适用范围，将其从非金钱债务扩张至支付价款、租金等金钱债务。这一扩张的正当性依据在于，如果认为履行不能的本质是债务人在客观上已经没有履行能力，给付的本旨已难以实现，在这个意义上，金钱债务也同样可能构成广义上的履行不能；关于其法律效果的规则与非金钱债务具有相通之处，金钱债务同样也存在所谓"合同僵局"的问题[②]。

其次，前述情形下，如法院判决解除合同，可以根据当事人的主张，参考合同主体、交易类型、市场价格变化、剩余履行期限等因素确定守约方寻找替代交易的合理期限，并按照该期限对应的价款、租金等扣除非违约方应当支付的相应履约成本后确定合同履行后可以获得的利益。需要明确的是，对于继续性合同，如果在履行完毕之前发生合同终止，守约方负有减损义务，必须寻求替代交易，而不能放任损害的持续扩大。如守约方未采取合理的减损措施，则法院应参考合

---

① 此处的"解除"是指司法解除，《民法典》第 580 条第 2 款采纳了"终止"的表述。根据《民法典》第 557 条，合同解除是合同终止的一种情形。

② 石佳友：《履行不能与合同终止——以〈民法典〉第 580 条第 2 款为中心》，载《现代法学》2021 年第 4 期，第 44 页。

同主体、交易类型、市场价格变化、剩余履行期限等因素确定非违约方寻找替代交易的合理期限。以美国法为例，传统观点认为，租赁的本质是让与一段时间的财产权。如果说在不动产买卖中，买受人未能使用或转售标的物，出卖人不负替代交易的减损义务，那么在租赁合同中，出租人也不应负寻找替代承租人的减损义务。不过，现代观点已改弦更张，认为租赁的本质乃是合同，承租人抛弃租赁物，乃是将其返还给出租人。为贯彻避免浪费的价值，出租人应当寻找替代承租人以减轻损失。因此，出租人仅得就租金与合理之替代租赁交易间的价差损失，请求承租人赔偿。① 就我国而言，我国司法实践在处理商铺租赁合同纠纷时，认为受害人应当寻找"同类型"场地减损。我国司法实践一般将承租方违约，出租方重新出租这段时间的租金损失视为可得利益。②

再次，在确定了守约方寻求替代交易的合理期限后，可按照该期限对应的价款、租金等扣除守约方应当支付的相应履约成本后确定合同履行后可以获得的利益。根据损益相抵规则，守约方在主张可得利益损失的时候，其中应扣除因对方违约而使自己所获得的利益或者所避免的支出；因此，应该从寻求替代交易期限所对应的价金中扣除守约方应当支付的相应履约成本。

最后，守约方如主张按照合同权利义务关系解除后剩余履行期限相应的租金、价款或者报酬等扣除履约成本确定合同履行后可以获得的利益的，人民法院不予支持。鉴于守约方的减损义务，其应积极寻找替代交易，其寻求替代交易的必要期限属于可以赔偿的损失期间。显然，替代交易的履行期间可能不同于原合同。③ 寻求替代交易的归责适用应当考虑违约的实际情况，诸如违约方恶意、市场变动等因素。④ 以租赁合同为例，如果承租人提前退租，出租人不能主张全部剩余期间的空置损失，其应当积极寻找新的租户，寻找新租户的合理期间的空置损失方为可赔偿的损失。但是，如果合同剩余履行期限少于寻找替代交易的合理期限的，则可允许出租人主张合同剩余期间的租金损失。

---

① 张梓萱：《替代交易与继续履行请求权》，载《南大法学》2022 年第 1 期，第 52 页。
② 张红、裴显鹏：《〈民法典〉之可得利益赔偿规则》，载《南昌大学学报（人文社会科学版）》2022 年第 4 期，第 64 页。
③ 张金海：《论作为违约损害赔偿计算方法的替代交易规则》，载《法学》2017 年第 9 期，第 141 页。
④ 王怡聪、孙良国：《作为违约损害赔偿计算方法的替代交易研究》，载《中国人民大学学报》2021 年第 2 期，第 144 页。

> **第六十二条　【无法确定可得利益时的赔偿】**
>
> 　　非违约方在合同履行后可以获得的利益难以根据本解释第六十条、第六十一条的规定予以确定的，人民法院可以综合考虑违约方因违约获得的利益、违约方的过错程度、其他违约情节等因素，遵循公平原则和诚信原则确定。

◆ 条文主旨

　　本条旨在解决无法确定可得利益时的赔偿问题。如人民法院依据可得利益的规则仍然难以确定可得利益，应在公平原则和诚信原则的指导下，综合考虑违约方因违约获得的利益、违约方的过错程度、违约情节等因素，来酌定非违约方在合同履行后可以获得的利益。

◆ 关联规定

《中华人民共和国民法典》

　　第一千一百八十二条　侵害他人人身权益造成财产损失的，按照被侵权人因此受到的损失或者侵权人因此获得的利益赔偿；被侵权人因此受到的损失以及侵权人因此获得的利益难以确定，被侵权人和侵权人就赔偿数额协商不一致，向人民法院提起诉讼的，由人民法院根据实际情况确定赔偿数额。

　　《最高人民法院关于审理买卖合同纠纷案件适用法律问题的解释》 （法释〔2020〕17号）

　　第二十二条　买卖合同当事人一方违约造成对方损失，对方主张赔偿可得利益损失的，人民法院在确定违约责任范围时，应当根据当事人的主张，依据民法典第五百八十四条、第五百九十一条、第五百九十二条、本解释第二十三条等规定进行认定。

　　《关于当前形势下审理民商事合同纠纷案件若干问题的指导意见》 （法发〔2009〕40号）

　　10. 人民法院在计算和认定可得利益损失时，应当综合运用可预见规则、减损规则、损益相抵规则以及过失相抵规则等，从非违约方主张的可得利益赔偿总额中扣除违约方不可预见的损失、非违约方不当扩大的损失、非违约方因违约获得的利益、非违约方亦有过失所造成的损失以及必要的交易成本。存在合同法第一百一十三条第二款规定的欺诈经营、合同法第一百一十四条第一款规定的当事人约定损害赔偿的计算方法以及因违约导致人身伤亡、精神损害等情形的，不宜适用可得利益损失赔偿规则。

《关于依法妥善审理涉新冠肺炎疫情民事案件若干问题的指导意见（二）》（法发〔2020〕17号）

3. 出卖人与买受人订立防疫物资买卖合同后，将防疫物资高价转卖他人致使合同不能履行，买受人请求将出卖人所得利润作为损失赔偿数额的，人民法院应予支持。因政府依法调用或者临时征用防疫物资，致使出卖人不能履行买卖合同，买受人请求出卖人承担违约责任的，人民法院不予支持。

◆ 案例指引

1. 违约方因违约获得的利益可视为非违约方可得利益

▷海口万诺投资开发有限公司与三亚亿泰投资有限公司等合资、合作开发房地产合同纠纷再审案[1]

海口万诺投资开发有限公司（以下简称万诺公司）"一地二卖"的违约行为，导致三亚亿泰投资有限公司（以下简称亿泰公司）合同目的无法实现，从而使亿泰公司丧失了开发案涉土地所能获取的预期利益，根据前述法律规定，亿泰公司理应获得可得利益损失赔偿。万诺公司在与后手铭润公司的转售中，差价利润高达3500万元，可作为可得利益损失赔偿的计算基础。原审法院判决万诺公司赔偿亿泰公司可得利益损失3500万元，并无不当。万诺公司关于合同无法履行未超出亿泰公司预期，其不应赔偿亿泰公司可得利益损失3500万元的申请再审理由不能成立。

---

[1] 参见最高人民法院（2018）最高法民申5153号民事裁定书。

▷锡林浩特市胜达房地产开发有限公司诉宋某某房屋拆迁安置补偿合同纠纷再审案①

根据双方在《房屋产权调换协议书》中约定，宋某某的房屋单价为5000元/平方米，宋某某被拆迁的房屋为137.5平方米，因此其已经支付的房款为5000×137.5平方米＝687500元。所以锡林浩特市胜达房地产开发有限公司应当返还宋某某购房款687500元。锡林浩特市胜达房地产开发有限公司在2013年将房屋以9153元/平方米的价格卖给孟某某，该价格与宋某某购房款的差价571037.5元［1258537.5元（9153元×137.5平方米）－687500元］就是锡林浩特市胜达房地产开发有限公司给宋某某造成的损失，锡林浩特市胜达房地产开发有限公司应当予以赔偿。此外，宋某某属于房屋回迁，是产权置换而非普通的房屋买卖，锡林浩特市胜达房地产开发有限公司的故意违约行为侵害的是宋某某的房屋所有权而非债权，因此其在赔偿宋某某损失后，还应当承担宋某某购房款一倍即687500元的惩罚性赔偿责任。以上三项共计1946037.5元。

2. 人民法院可综合考量相关因素后对可得利益进行酌定

▷怀化市神龙房地产开发有限公司、芷江侗族自治县自然资源局建设用地使用权出让合同纠纷再审案②

根据原审查明的事实，芷江自然资源局另行出让44.56亩土地的均价为110.37万元/亩，怀化市神龙房地产开发有限公司取得案涉土地的单价为26万元/亩，各方对此均未提出异议，则芷江自然资源局另行出让44.56亩土地的溢价收益约为3759.53万元［（110.37万元/亩－26万元/亩）×44.56亩］，此属合同履行后可获利益范畴。怀化市神龙房地产开发有限公司至今未交纳44.56亩土地的出让金，亦没有取得国有土地使用权证和进行开发建设。一审法院结合本案的具体情况以及过错程度，酌定芷江自然资源局按获得利益40%的范围承担违约赔偿责任，并无不当，本院予以维持。故，芷江自然资源局对于解除44.56亩土地部分对应的《出让合同》，应向怀化市神龙房地产开发有限公司赔偿损失为1503.81万元（3759.53万元×40%）。

---

① 参见内蒙古自治区高级人民法院（2017）内民再25号民事判决书。
② 参见最高人民法院（2020）最高法民再230号民事判决书。

▷吴某某诉连云港市房屋建设开发有限公司商品房销售合同纠纷再审案①

连云港市房屋建设开发有限公司将案涉房屋卖与他人致使吴某某丧失了在相同地段以《申购单》载明的价格购买相同面积房屋的机会，由此造成吴某某的现实损失，该损失即连云港市房屋建设开发有限公司将案涉房屋一房二卖的差价283323.6元。连云港市房屋建设开发有限公司与吴某某对该损失的发生均存在过错，按照双方的过错程度，本院酌定吴某某承担30%责任，连云港市房屋建设开发有限公司承担70%责任，连云港市房屋建设开发有限公司应赔偿吴某某198326.52元。

◆ **理解与适用**

本条针对无法确定可得利益的情形，允许法官在一定范围内引入"获利返还（disgorgement）"规则，并参考违约方的过错程度、违约情节等因素，综合酌定守约方在合同履行后可以获得的利益。

获利返还制度应用的目的在于剥夺不法行为人的获利，以彻底消除其通过违法行为来逐利的动机，具有显而易见的惩罚性。《民法典》第1182条规定了侵害人格利益造成财产损失情况下的获利返还规则。而《著作权法》第54条第1款也规定：侵犯著作权或者与著作权有关的权利的，侵权人应当按照权利人因此受到的实际损失或者侵权人的违法所得给予赔偿②。就现状来看，我国现有民法体系所采取的特别条款规定模式业已基本覆盖了获利返还可能适用的领域，如除侵权法之外的《信托法》《证券法》《反不正当竞争法》等领域。从根本上来看，获利返还请求权很难被完全归于民法任一传统体系当中，而最多只能作为侵权法、不当得利法、无因管理法任一部分的延长或作为独立的责任基础存在。③ 例如，奥地利著名侵权法学者考茨欧认为，获利返还制度是处在侵权责任法与不当

① 参见江苏省高级人民法院（2016）苏民再365号民事判决书。
② 庄雨晴：《侵害知识产权中返还侵权获利救济的定位及适用》，载《电子知识产权》2022年第11期，第27-28页。
③ 石佳友、郑衍基：《侵权法上的获利返还制度——以〈民法典〉第1182条为中心》，载《甘肃政法大学学报》2020年第6期，第28-29页。

得利法两个法律领域都未调整的中间过渡地带①。如同有论者所指出的，解释论应当将获利返还制度的适用范围限定在加害人违反信义义务的情形中，并且对受害人所受侵害的利益和加害人所获得的利益之间的关联性作出综合评价。②

就比较法而言，获利返还是源自英美法上的制度，大陆法的大部分国家尚未接纳这一制度而用其他制度来解决，例如，瑞士法按照不法无因管理来处理。获利返还规则的适用范围也仍然限于侵权法。③英国在一般意义上承认获利返还，但其适用要件仍交由侵权法调整。而欧盟《共同参考框架》在第六卷"造成他人损害的非合同责任"中的第VI-6：101条将获利返还规定为救济手段的一种，并赋予了受害人选择救济方式的权利，但此选择权须"在合理的情况下"方得行使，即受害人本可通过与侵权人同样的方式利用被侵害权益并获得相当的经济利益的情况下，仅当法官判断完全不符合此情形时，其才可以滥用为由拒绝受害人的这一主张。

就比较法而言，在合同法领域引入获利返还规则显然并未成为趋势。其原因在于，首先，违约损害赔偿的原则仍然是期待利益，期待利益的赔偿可以覆盖守约方的合理损失，无必要另行引入获利返还。其次，若守约方能举证违约方的得利，其实就已经能举证证明其损失，因为违约方的得利基本就能反映出市场的价格；此时通过期待利益赔偿就能够解决问题。此外，违约方的获利可能与违约方自身的能力、信息、机遇或额外的精力投入（例如积极寻找出价更高者）等主观因素有关，具有偶然性，与违约行为本身并不见得具有必然的因果关系；例如，美国著名学者芬思沃斯（Farnsworth）就认为违约行为只是违约方得利的"远因（remote cause）"；④而亦有论者认为允许守约方主张违约方获利返还，其实是允许其获得某种不公平的意外收获（undue windfall）。因此，美国合同法上目前也并未系统和一般性地承认守约方可以主张获益返还利益（disgorgement inter-

---

① ［奥地利］海尔姆特·库奇奥：《侵权责任法的基本问题（第一卷）：德语国家的视角》，朱岩译，北京大学出版社2017年版，第45页。

② 冯德淦：《获利返还制度的法理研究》，载《法制与社会发展》2023年第1期，第202页。

③ 冯德淦：《获利返还制度的法理研究》，载《法制与社会发展》2023年第1期，第192页。

④ E. Allan Farnsworth, "Your Loss or My Gain? The Dilemma of the Disgorgement Principle in Breach of Contract", 94 YALE L. J. 1339 (1985).

ests）；① 根据美国《合同法第二次重述》第 344 节，合同法保护的范围包括：期待利益，信赖利益及返还利益。获利返还在合同法中典型的适用范围就是"一物二卖"场合，即第二买主出价高于第一买主的所谓"高价范式（Overbidder Paradigm）"场合，尤其针对违约方恶意毁约且守约方无法主张实际履行救济的情形（例如，出卖人已与第二买主完成了物权变动的必要流程，导致出卖人与第一买主的合同陷入事实上的履行不能）；这也是"效率违约"理论的典型应用场景。考虑到违约责任赔偿的可预见性规则，即使允许主张返还得利，也应限于缔约时双方已经合理预见到的范围之内；否则，贸然在合同法中引入侵权法的获利返还规则，对于合同法的立法与理论框架容易带来颠覆性的冲击。另外，违约损害赔偿仍然以补偿性作为主要目的，而获利返还具有明显的惩罚性，不宜在合同法中称为具有一般意义的规则。

正是基于上述考虑，本条的措辞相对于此前所公布的"征求意见稿"版本作了较大幅度的调整与优化，强调法官必须综合考虑违约方因违约获得的利益、违约方的过错程度、违约情节等因素。这其中，违约方的过错程度及违约情节，需要考虑其是否为基于获取额外利益所导致的恶意抛弃合同（普通法上有所谓 repudiation），其获利是否是导致其毁约的主要动机。如违约方的违约并非出于恶意及逐利的动因，则不应对其适用获利返还。另外，我们认为，除本条明确列举的考量因素外，还可考虑违约方的资质信誉、专业技术能力对其获利的作用；因为在很多情况下，违约方的获利是基于其个人的特定职业、专业技能或者信息来源所致，与其违约的事实及守约方所遭受的损失之间并无必然的因果关联。在这样的情况下，就难以认定守约方的损失与违约方的得利之间存在法律上的因果关系，守约方要求主张追夺违约方的得利就缺乏足够的正当性。反之，如果违约方的得利并非源于违约方本身的特定资质信誉、专业技术能力，那么，法官就可以考虑酌情支持守约方的获利返还请求。

---

① Melvin A. Eisenberg, The Disgorgement Interest in Contract Law, 105 MICH. L. REV. 597-598（2006）.

> **第六十三条　【违约损害赔偿数额的确定】**
>
> 　　在认定民法典第五百八十四条规定的"违约一方订立合同时预见到或者应当预见到的因违约可能造成的损失"时，人民法院应当根据当事人订立合同的目的，综合考虑合同主体、合同内容、交易类型、交易习惯、磋商过程等因素，按照与违约方处于相同或者类似情况的民事主体在订立合同时预见到或者应当预见到的损失予以确定。
>
> 　　除合同履行后可以获得的利益外，非违约方主张还有其向第三人承担违约责任应当支出的额外费用等其他因违约所造成的损失，并请求违约方赔偿，经审理认为该损失系违约一方订立合同时预见到或者应当预见到的，人民法院应予支持。
>
> 　　在确定违约损失赔偿额时，违约方主张扣除非违约方未采取适当措施导致的扩大损失、非违约方也有过错造成的相应损失、非违约方因违约获得的额外利益或者减少的必要支出的，人民法院依法予以支持。

◆**条文主旨**

　　本条旨在确定违约损害赔偿数额。

　　本条第 1 款规定在确定违约损失范围时要接受可预见性规则的检验。该款对"违约一方订立合同时预见到或者应当预见到的因违约可能造成的损失"作出了解释，旨在合理限制违约赔偿的责任范围。具体来说，在可预见的考量因素上，本条列明了人民法院应根据当事人订立合同的目的，综合考虑相关因素，包括：合同主体（个人或者企业）、合同内容（单务或者双务）、交易类型（民事或者商事）、交易习惯（行业或特定当事人）、磋商过程等；在可预见的主体和时间点上，应当是与违约方处于相同情况的民事主体在订立合同时所能预见到的。

　　本条第 2 款明确除可得利益损失外还有其他因违约所造成的损失，经审理认为该损失系违约一方订立合同时预见到或者应当预见到的，也应当予以赔偿。

本条第 3 款对违约损害赔偿数额作出了规定，即要综合运用损益相抵规则、与有过失规则、防止损失扩大规则等确定违约方最终应当承担的违约损害赔偿数额。

◆ 关联规定

《中华人民共和国民法典》

第五百八十四条 当事人一方不履行合同义务或者履行合同义务不符合约定，造成对方损失的，损失赔偿额应当相当于因违约所造成的损失，包括合同履行后可以获得的利益；但是，不得超过违约一方订立合同时预见到或者应当预见到的因违约可能造成的损失。

《最高人民法院关于审理买卖合同纠纷案件适用法律问题的解释》 （法释〔2020〕17 号）

第二十二条 买卖合同当事人一方违约造成对方损失，对方主张赔偿可得利益损失的，人民法院在确定违约责任范围时，应当根据当事人的主张，依据民法典第五百八十四条、第五百九十一条、第五百九十二条、本解释第二十三条等规定进行认定。

《关于当前形势下审理民商事合同纠纷案件若干问题的指导意见》 （法发〔2009〕40 号）

10. 人民法院在计算和认定可得利益损失时，应当综合运用可预见规则、减损规则、损益相抵规则以及过失相抵规则等，从非违约方主张的可得利益赔偿总额中扣除违约方不可预见的损失、非违约方不当扩大的损失、非违约方因违约获得的利益、非违约方亦有过失所造成的损失以及必要的交易成本。存在合同法第一百一十三条第二款规定的欺诈经营、合同法第一百一十四条第一款规定的当事人约定损害赔偿的计算方法以及因违约导致人身伤亡、精神损害等情形的，不宜适用可得利益损失赔偿规则。

11. 人民法院认定可得利益损失时应当合理分配举证责任。违约方一般应当承担非违约方没有采取合理减损措施而导致损失扩大、非违约方因违约而获得利益以及非违约方亦有过失的举证责任；非违约方应当承担其遭受的可得利益损失总额、必要的交易成本的举证责任。对于可以预见的损失，既可以由非违约方举证，也可以由人民法院根据具体情况予以裁量。

◆ 案例指引

1. 可预见性规则的适用

▷鞍山锅炉厂有限公司、鸡东宝泉无烟煤炭有限责任公司等买卖合同纠纷案①

案涉锅炉没有被正确安装，因安装公司的安装过错导致锅炉出现故障并进行修理，且燃煤差价损失不在供货合同约定的索赔范围之内，故鞍山锅炉厂有限公司主张燃煤差价损失超出了其订立合同时预见或者应当预见到的因违约可能造成的损失范围。

▷阳江市齐某工贸有限公司、东莞市浩鑫硅材料有限公司买卖合同纠纷案②

违约损失赔偿需综合衡量可预见性与填补性，可预见性包括违约方签订合同时已经预见和应当预见但由于个体认知能力差异等因素所致而未预见的损失，应当预见是主观标准，不以违约方的客观认知能力为考量，而以正常第三人在同等条件下的预见认知能力为标准。市场价格瞬息万变，这是商事主体应当预见的市场风险，东莞市浩鑫硅材料有限公司违约后，齐某工贸有限公司请求的损失158250元，属于直接损失，是另行向第三人购置的货值与合同的差价，这与东莞市浩鑫硅材料有限公司一审庭审中确认通过微信方式已经告知齐某工贸有限公司价格翻倍的事实相符，本院采信齐某工贸有限公司提交的与案外人肇庆宏盛硅材料有限公司、东莞市品晟有机硅科技有限公司签订的两份买卖合同并支付货款的证据，东莞市浩鑫硅材料有限公司的违约行为与损失之间存在因果关系，即违约行为是损失的原因，损失是违约行为的后果，东莞市浩鑫硅材料有限公司因价格波动，拒绝履行合同有过错，东莞市浩鑫硅材料有限公司应赔偿齐某工贸有限公司违约损失158250元。

---

① 参见黑龙江省鸡西市中级人民法院（2022）黑03民终1223号民事判决书。
② 参见广东省东莞市中级人民法院（2022）粤19民终10937号民事判决书。

▷上海博强重工集团有限公司与安徽省腾达航运股份有限公司航次租船合同纠纷案①

安徽省腾达航运股份有限公司（以下简称腾达公司）使用一艘套牌船舶履行涉案货物运输，对该套牌船舶在运输过程中随时可能因遭到海事部门处理而影响正常运输进程的情况应当能够预见，对托运人因此可能遭受的损失也应当有所预见。腾达公司长期运输涉案类型货物，清楚货物系用于江面风场的设备，在被运至张家港码头后需转船继续运输至作业水域。故腾达公司在订约时对如果"苏连云港货1668"轮运输迟延、卸货迟延导致货物无法及时转驳于上海博强重工集团有限公司（以下简称博强公司）事先租用的转运船舶，博强公司需另行租用其他转运船舶并可能因此遭受损失的后果应当可以预见。但通常情况下因货物原因导致承租人无法履行其与转运船舶之间的航次租船合同，承租人采用向转运船舶支付违约金，再另行签订租船合同进行转运，即承租人遭受的通常是违约金损失。而像本案，承租人租用原转运船舶"建扬诚祥"轮的合同照常履行，运费也未因大部分货物未实际装船运输而减少，后又另行租用"大件通运"轮运输迟延卸港的货物，且另行租船的运费金额（80万元）远高于与前船租船合同项下违约金金额（40.8万元）的情况，作为违约方的出租人通常无法预见。

▷喀什鹏舒商贸有限公司、新疆紫金锌业有限公司买卖合同纠纷案②

原审庭审中喀什鹏舒商贸有限公司认可双方当事人签订合同时水泥市场价格亦有小幅浮动，其作为建筑材料的销售企业对水泥价格的涨跌趋势应具备一定的预见能力，但涉案《普通硅酸盐水泥买卖合同》未对价格是否浮动进行约定，表明其自愿承担由此产生的价格浮动风险，故原审法院并未加重喀什鹏舒商贸有限公司对于预见价格波动的责任。因喀什鹏舒商贸有限公司要求终止其与新疆紫金锌业有限公司的水泥买卖合同关系，新疆紫金锌业有限公司要求喀什鹏舒商贸有限公司赔偿损失，其提交与乌恰天山水泥有限责任公司、新疆宏丰泰商贸有限公司签订的《普通硅酸盐水泥买卖合同》可以证明新疆紫金锌业有限公司因向案外人购买剩余6838.64吨水泥，每吨包含运费、税费的单价为575元，比新疆紫金锌业有限公司与喀什鹏舒商贸有限公司约定的水泥单价每吨多支付19元，共计

---

① 参见上海市高级人民法院（2020）沪民终539号民事判决书。
② 参见新疆维吾尔自治区高级人民法院（2022）新民申1986号民事裁定书。

129934.16 元，该损失并未超过喀什鹏舒商贸有限公司在订立合同时能够预见到违约造成的损失。

2. 确定违约损害赔偿范围的其他限制规则

▷ 王某与北京红秀坊科技文化有限公司合同纠纷案①

北京红秀坊科技文化有限公司所主张违约金的数额是依据其可得利益损失数额计算的。但是，在计算可得利益损失时，应当综合运用可预见规则、减损规则、损益相抵规则以及过失相抵规则等，从非违约方主张的可得利益赔偿总额中扣除违约方不可预见的损失、非违约方不当扩大的损失、非违约方因违约获得的利益、非违约方亦有过失所造成的损失以及必要的交易成本。综上，法院在考虑北京红秀坊科技文化有限公司损失的基础上，综合考虑双方合同履行情况、当事人过错程度、正常商业交易的风险预估及预期利益等因素，兼顾公平原则和诚实信用原则，依法酌定王某应向北京红秀坊科技文化有限公司支付违约金 10 万元。

▷ 无锡海岸新城投资有限公司、袁某房屋租赁合同纠纷案②

商铺长期闲置，出租人却可依据租赁合同持续主张租金，本质上是出租人放任损失扩大，此时应由法律规定的减损规则予以调整，即出租人应尽到合理的减损义务。袁某于 2021 年 5 月 28 日向无锡海岸新城投资有限公司发函表示不履行合同，无锡海岸新城投资有限公司应尽到合理的减损义务，在租赁市场上，出租方的常见减损措施为收回商铺、另行出租。需要指出的是，出租方的减损义务并非自承租人表示不履行合同时立即产生，而应结合出租人对合同能够继续履行的合理期待、合同继续履行的可能性及双方的磋商情况等因素综合衡量减损义务的产生时间。

▷ 三亚高峰洪胜草羊养殖农民专业合作社、山东鹏翔农业机械有限公司买卖合同纠纷案③

案涉《购车协议》中并未约定三亚高峰洪胜草羊养殖农民专业合作社（以下简称高峰合作社）购买案涉机械是为获取政府的补贴，高峰合作社亦未提交相关证据证明在合同订立时已向山东鹏翔农业机械有限公司（以下简称鹏翔公司）说

---

① 参见北京市第三中级人民法院（2023）京 03 民终 9281 号民事判决书。
② 参见江苏省无锡市中级人民法院（2023）苏 02 民终 490 号民事判决书。
③ 参见山东省菏泽市中级人民法院（2022）鲁 17 民终 5351 号民事判决书。

明为获得政府补贴而购买涉案机械，且购买青储机是为获得政府补贴一般也难以预见到，因此该150000元亦不属于鹏翔公司在订立合同时预见到或者应当预见到的因违约可能造成的损失，且在鹏翔公司违约后，高峰合作社应采取适当措施防止损失的扩大，没有采取适当措施致使损失扩大的，不得就扩大的损失请求赔偿。因此高峰合作社要求鹏翔公司赔偿经济损失150000元的诉讼请求不符合法律规定，法院依法不予支持。

▷马某飞、乳山市中高置业有限公司商品房预售合同纠纷案①

虽然案涉房屋因不符合约定和法定条件而被确认为非有效交付，但马某飞作为买房人接收且居住使用了案涉房屋，确已获得实际使用利益，其所受损失与开发商未交付房屋导致买房人不能居住使用而给买房人造成的损失应有所区别。在确认乳山市中高置业有限公司承担违约责任的前提下，适当扣减马某飞因实际使用而获取的相应利益。

▷无锡八方汇商业经营管理有限公司、叶某军房屋租赁合同纠纷案②

当事人一方违约后，对方应当采取适当措施防止损失的扩大；没有采取适当措施致使损失扩大的，不得就扩大的损失要求赔偿。债务人违约的，债权人不能无动于衷，任凭损失的扩大，而应当积极采取适当的措施，防止损失的扩大，这样有助于激励债权人采取措施减少损失，有助于增进整体效益。本案中，叶某军于2019年7月向无锡八方汇商业经营管理有限公司递交了退租、撤铺申请，并于此后停止经营，该事实表明双方已经失去继续履行合同的合作基础，案涉租赁合同事实上已经无法继续履行，在此情况下，无锡八方汇商业经营管理有限公司应当知道因叶某军违反义务所导致的自身损失的发生，故应当按照诚信原则的要求尽自己的努力及时采取适当措施以避免损失扩大。结合疫情期间另行出租的合理期限、剩余租期、承租人过错等因素，法院酌定叶某军应赔偿4个月的租金、商业服务费、物业费损失。

◆ **理解与适用**

违约损害赔偿数额的确定受多重因素影响。根据《民法典》第584条的规

---

① 参见山东省威海市中级人民法院（2023）鲁10民终564号民事判决书。
② 参见江苏省无锡市中级人民法院（2022）苏02民终3815号民事判决书。

定，损害赔偿不得超过违约一方订立合同时预见到或者应当预见到的因违约可能造成的损失。以此为基础，本条对《民法典》第 584 条的适用条件作出了进一步细化。在具体的理解与适用方面，需注意以下问题：

1. 可预见规则的适用

作为合同违约损害赔偿的限制规则，可预见性规则是指违约方承担损害赔偿责任的范围不得超过其订立合同时预见或应当预见的损失。除可得利益损失外还有其他因违约所造成的损失，经审理认为该损失系违约一方订立合同时预见到或者应当预见到的，也应当予以赔偿。采用可预见规则的原因在于，一方面，无法预见的损失不在合同计划范围之内，如果让违约方赔偿不可预见的损失，违背了当事人的意思自治；另一方面，当事人难以就超出预见范围的损害事先防范，可预见规则有助于保障交易活动的正常进行。

（1）可预见的标准。本条第 1 款确立了可预见规则的客观标准或称"一般理性人"标准，即以一般理性人处于违约方的地位是否能够预见为标准来判断违约方是否"应当预见到"。对于可预见标准的具体考量因素，考虑到可预见规则蕴含着效率、公平、交易安全、意思自治等多重功能价值，每种价值都衍生出影响可预见标准的判断因素，因此，可预见规则的判断应采取动态复合的思维。具体来说，认定违约方是否"预见到或者应当预见到"，应以合同主体、合同目的、合同内容为基础，结合交易类型、交易习惯、磋商过程等因素，即通过考察合同主体是个人或者企业、合同是单务或者双务、交易类型属于民事或者商事、交易习惯、磋商过程等，来确定违约方的预见能力和预见范围。

（2）可预见的主体。预见的主体应为违约一方当事人，而非守约方。这是因为可预见规则限制的是违约损害赔偿的范围，即违约方承担不利益的限制。

（3）可预见的时点。合同当事人预见的时间应为"订立合同时"，而非"债务不履行之时"。合同的订立是当事人基于缔约时的情况对合同风险的分配过程，如果将订立合同后发生的情况加之于合同当事人，会使当事人难以就风险作出适当安排，不符合公平原则。[1] 在合同订立之时可预见的损害，当事人才有可能采取相应的防范措施。

---

[1]　参见韩世远：《合同法总论》（第四版），法律出版社 2018 年版，第 796 页。

（4）可预见的内容。可预见的内容存在两种不同主张，一种是仅要求预见损害的类型或种类，无须预见损害的程度或数额。[①] 理由在于，其一，《民法典》第 584 条并未明确可预见的具体对象，不宜解释为损害类型和数额；其二，要求当事人在订立合同时精确预见损害数额不具有现实可行性，反而会导致违约方因此减轻或逃避赔偿责任等不公平现象。另一种是要求损害的类型和程度均需要可预见。[②] 其理由主要包括：其一，根据《民法典》第 584 条的语词和表述，不得超过违约一方订立合同时预见到或者应当预见到的因违约可能造成的损失，限制的是该条前半句的"损失赔偿额"，因此预见内容应解释为损失类型和损失程度。其二，预见损害的程度并不意味着要求当事人预见精确数额，而是在损害类型下的大致范围。司法实践中，既有生效判决明确反对[③]和支持[④]可预见内容包含损失数额的观点均有。考虑到两种意见的分歧较大，本条未明确预见的具体内容，仅以"损失"加以概括。

2. 确定违约损害赔偿范围的其他限制规则

除了可预见性规则外，减损规则、损益相抵规则以及过失相抵规则也是限制违约损害赔偿范围的规则。（1）为了鼓励当事人积极采取行动，避免社会资源的浪费，减损规则要求作为受害人的守约方采取合理措施减少损害，如果其未采取适当措施防止因违约造成的损失扩大，不能就扩大部分的损害请求违约方赔偿。减损规则属于一项反对性规范，违约方可以通过证明守约方未履行减损义务对损害赔偿进行抗辩。（2）基于公平原则和诚信原则的考虑，《民法典》第 592 条规定了与有过失规则。当守约方自己的行为也是造成违约的部分原因，即守约方对违约损害的发生也存在一定过错，且其过错行为助成或者促进损失的发生或扩大时，可以减轻违约方的赔偿责任。[⑤] 当违约损害部分可归责于守约方时，法院应综合比较权衡当事人双方的具体情事，衡量守约方行为导致损失发生的程度，进

---

① 参见崔建远：《合理预见规则的解释论》，载《东方法学》2022 年第 4 期，第 176 页。

② 参见郝丽燕：《违约可得利益损失赔偿的确定标准》，载《环球法律评论》2016 年第 2 期，第 55 页。

③ 例如最高人民法院（2017）最高法民终 387 号民事判决书、北京市高级人民法院（2021）京民再 67 号民事判决书、江苏省无锡市中级人民法院（2020）苏 02 民终 2838 号民事判决书。

④ 例如浙江省高级人民法院（2018）浙民申 3170 号民事裁定书、广东省高级人民法院（2017）粤民申 9348 号民事裁定书、江苏省高级人民法院（2013）苏商终字第 0226 号民事判决书。

⑤ 参见韩世远：《履行障碍法的体系》，法律出版社 2006 年版，第 266 页。

而在损害赔偿额中按照一定比例扣除守约方过失所造成的损失数额。（3）违约损害赔偿的目的在于填补守约方因违约遭受的损失，而非使守约方因损害赔偿获得的利益比之前更优。因此，当事人一方基于损害发生的同一违约行为享有利益时，其所受利益应在赔偿数额中予以扣除，以确定违约的"净损失"，① 这便是违约损害赔偿中的损益相抵规则。譬如，在卖方给付的产品有缺陷，买方请求违约损害赔偿时，应当扣除该产品的残存价值。同时，因无须继续履行合同而免于支出的进一步费用也应扣除。

第六十四条　【请求调整违约金的方式和举证责任】

当事人一方通过反诉或者抗辩的方式，请求调整违约金的，人民法院依法予以支持。

违约方主张约定的违约金过分高于违约造成的损失，请求予以适当减少的，应当承担举证责任。非违约方主张约定的违约金合理的，也应当提供相应的证据。

当事人仅以合同约定不得对违约金进行调整为由主张不予调整违约金的，人民法院不予支持。

◆ **条文主旨**

本条是关于请求调整违约金的方式和举证责任的规定。

本条第 1 款是关于请求调整违约金的方式的规定，直接来源于《合同法解释（二）》第 27 条②，旨在说明当事人依《民法典》第 585 条第 2 款提出违约金调整"请求"的方式亦包含反诉或抗辩。

本条第 2 款是关于请求调整违约金的举证责任分配规则的规定，并未突破"谁主张、谁举证"的原则，直接来源于《审理民商事合同纠纷案件指导意见》

---

① 参见崔建远：《论损益相抵规则》，载《法学杂志》2022 年第 6 期，第 14 页。
② 该条规定："当事人通过反诉或者抗辩的方式，请求人民法院依照合同法第一百一十四条第二款的规定调整违约金的，人民法院应予支持。"

第8条,贯彻该指导意见所言"妥当解决违约金纠纷"的精神,有助于正确确定举证责任。

本条第3款是关于判断"预先放弃调整违约金条款"之效力的规定,结合比较法经验采"无效说"的立场,旨在平衡保护当事人的合法权益,维护公平正义,避免"预先放弃调整违约金条款"成为"标配",使违约金的司法控制失去抓手。

◆ 关联规定

《中华人民共和国民法典》

第五百八十五条 当事人可以约定一方违约时应当根据违约情况向对方支付一定数额的违约金,也可以约定因违约产生的损失赔偿额的计算方法。

约定的违约金低于造成的损失的,人民法院或者仲裁机构可以根据当事人的请求予以增加;约定的违约金过分高于造成的损失的,人民法院或者仲裁机构可以根据当事人的请求予以适当减少。

当事人就迟延履行约定违约金的,违约方支付违约金后,还应当履行债务。

《关于当前形势下审理民商事合同纠纷案件若干问题的指导意见》 (法发〔2009〕40号)

5. 现阶段由于国内宏观经济环境的变化和影响,民商事合同履行过程中违约现象比较突出。对于双方当事人在合同中所约定的过分高于违约造成损失的违约金或者极具惩罚性的违约金条款,人民法院应根据合同法第一百一十四条第二款和最高人民法院《关于适用中华人民共和国合同法若干问题的解释(二)》(以下简称《合同法解释(二)》)第二十九条等关于调整过高违约金的规定内容和精神,合理调整违约金数额,公平解决违约责任问题。

8. 为减轻当事人诉累,妥当解决违约金纠纷,违约方以合同不成立、合同未生效、合同无效或者不构成违约进行免责抗辩而未提出违约金调整请求的,人民法院可以就当事人是否需要主张违约金过高问题进行释明。人民法院要正确确定举证责任,违约方对于违约金约定过高的主张承担举证责任,非违约方主张违约金约定合理的,亦应提供相应的证据。合同解除后,当事人主张违约金条款继续有效的,人民法院可以根据合同法第九十八条的规定进行处理。

《全国法院民商事审判工作会议纪要》（法〔2019〕254号）

50. 【违约金过高标准及举证责任】认定约定违约金是否过高，一般应当以《合同法》第113条规定的损失为基础进行判断，这里的损失包括合同履行后可以获得的利益。除借款合同外的双务合同，作为对价的价款或者报酬给付之债，并非借款合同项下的还款义务，不能以受法律保护的民间借贷利率上限作为判断违约金是否过高的标准，而应当兼顾合同履行情况、当事人过错程度以及预期利益等因素综合确定。主张违约金过高的违约方应当对违约金是否过高承担举证责任。

◆ **案例指引**

1. 当事人通过反诉或者抗辩的方式，请求调整违约金的，人民法院依法予以支持

▷吴某明诉深圳市好运来物业管理有限公司房屋租赁合同案①

虽然原告并未明确被告主张的违约金过高，但根据《合同法解释（二）》第27条的规定，当事人通过反诉或者抗辩的方式，请求人民法院依照《合同法》第114条第2款的规定调整违约金的，人民法院应予支持。在综合履行状况、损失程度等因素后，法院认为该合同关于违约金的约定标准过高，予以适当调低至中国人民银行同期同类贷款利率的标准。

2. 违约方对于违约金约定过高故请求酌减的主张承担举证责任，非违约方主张约定的违约金合理的，亦应提供相应的证据

▷安顺蓝博惠民实业有限公司、安顺市春天商贸有限公司买卖合同纠纷案②

被告诉称，据原告提交的关于资金占用费（钢材潜在增值费）详细的计算清单，以及（2019）最高法民再380号民事判决书，能够非常客观地证实违约金过高（高于24%），根据《审理民商事合同纠纷案件指导意见》第8条的规定，原告依法应当举证证明其实际损失，以及其主张的违约金是合理的。对此法院认为，安顺市春天商贸有限公司在已支付完毕大部分货款的情况下，抗辩违约金约定过高，安顺蓝博惠民实业有限公司主张违约金合理的，亦应提供相应证据。安顺蓝博惠民实业有限公司未举证其损失，故其损失实为安顺市春天商贸有限公司

---

① 广东省深圳市宝安区人民法院（2009）深宝法民三初字第1204号民事判决书。
② 参见贵州省安顺市中级人民法院（2021）黔04民终2487号民事判决书。

逾期付款造成的资金占用损失。

3. 当事人仅以合同约定不得对违约金进行调整为由主张不予调整违约金的，人民法院不予支持

▷汪某平与南通银基房地产开发有限公司股权出资纠纷上诉案①

当事人可以对违约金的数额或因违约产生的赔偿额计算方法进行约定，且具有请求法院予以撤销相应违约金条款或请求法院在违约金过高时予以调整的权利。尽管合同法领域遵循当事人意思自治、契约自由为一般原则，当事人有约定的依约定，但为消除契约自由所带来的不公正后果、维护契约正义，法律亦规定允许当事人对约定的违约金请求调整，以体现公权力对市场行为的适度干预。该权利为当事人在诉讼中的法定权利，当事人在诉讼中如放弃请求调整违约金的抗辩，则法院不主动适用，此因抗辩权系当事人私权，可以放弃。但当事人提出请求或抗辩，法院则必须进行审查。故该规定具有对世的绝对效力，具有强制性，不得预先放弃，否则通过法律规定对市场主体加以规制的意图将落空。因此，案涉合作协议中约定"各股东承诺不以赔偿额过高而行使撤销本协议书约定的权利；也不以是否给公司造成损失或造成损失的数额来衡量其应承担的赔偿责任"，违反了法律强制性规定，按照《合同法》第 52 条第 5 项之规定，当属无效。

◆ **理解与适用**

本条整体上由对《合同法解释（二）》第 27 条与《审理民商事合同纠纷案件指导意见》第 8 条的吸收、合并、改造而来。第 1 款与《合同法解释（二）》第 27 条相比，仅有一处变化，即将"应予支持"修改为"依法予以支持"，理由在于当事人提出请求后，人民法院需要经过具体审理以确定是否支持该项调整请求，故为表述严谨，作此修改，殊值肯定。本条在具体的理解与适用方面，需注意以下问题：

1. 正确理解当事人请求调整违约金时的举证责任分配规则

违约方主张约定的违约金过分高于违约造成的损失请求予以适当减少，或者非违约方主张约定的违约金低于违约造成的损失请求予以增加的，理论上依《民

---

① 参见江苏省南通市中级人民法院（2014）通中商终字第 0029 号民事判决书。

事诉讼法》第 67 条第 1 款 "当事人对自己提出的主张，有责任提供证据" 之规定就自己的主张承担举证责任，自不待言。本条虽未写明，但非违约方主张约定的违约金低于违约造成的损失请求予以增加的，依法应就违约金的额度、计算方法、实际损失范围等事项承担证明责任，否则应承担不利的诉讼后果。如在 "向某琪与广西丰华房地产开发有限公司商品房预售合同纠纷案"① 中，法院认为非违约方未能提交相关证据证明其因此遭受损失的具体数额，亦未能证明约定的违约金计算标准确实过低，故未支持其关于增加违约金的请求。

但是在违约方主张违约金过高请求酌减时，关于其应作何种程度的证明以及非违约方是否应承担一定的举证责任，素有争议。争议产生的核心原因在于衡量违约金是否过高的最重要标准是违约造成的损失，守约方因更了解违约造成损失的事实和相关证据而具有较强的举证能力。② 因此，信息不对称的劣势会对请求酌减的违约方构成较大的负担。实践中早有法院考虑到这一因素，因非违约方未就违约方关于违约金过高的主张提出的异议进行举证，故支持违约方的诉讼请求而酌减违约金。例如在 "盐城金业化工有限公司与上海昆泰贸易有限公司买卖合同纠纷上诉案"③ 中，法院认为被上诉人在审理中未提供损失的相关依据，只是认为上诉人的违约造成了被上诉人商业信誉和经济上的损失，未能证明与外商签订的出口合同的交货时间，是否交货逾期等相关事实。最终对违约金进行了酌减。

在《合同法解释（二）》的起草过程中，最高人民法院即认为违约方基于证据掌握情况不可能举出非违约方损失全部证据等因素，认为守约方因更了解违约造成损失的事实和相关证据而具有较强的举证能力，因此，违约方的举证责任也不能绝对化。④ 本条实际沿袭了该立场，违约方需要提供足以让法官对违约金约定公平性产生怀疑的证据，守约方主张约定的违约金合理的，也应当提供相应的证据。

2. 预先放弃请求调整违约金权利的条款无效

实践中，当事人双方可能会在合同中约定预先放弃请求法院调整违约金的权

---

① 参见广西壮族自治区南宁市中级人民法院（2012）南市民一终字第 1534 号民事判决书。
② 参见最高人民法院民法典贯彻实施工作领导小组主编：《中华人民共和国民法典合同编理解与适用（二）》，人民法院出版社 2020 年版，第 782 页。
③ 参见上海市第二中级人民法院（2010）沪二中民四（商）终字第 713 号民事判决书。
④ 参见最高人民法院民法典贯彻实施工作领导小组主编：《中华人民共和国民法典合同编理解与适用（二）》，人民法院出版社 2020 年版，第 782 页。

利，关于该类条款的效力问题，理论上和实践中均存在不同看法。学理上，有效说认为，该类条款是当事人处分自身实体权利的体现，是意思自治的结果，故不存在认定其无效的理由；无效说则认为，过高违约金的司法酌减规则，不完全是一个任意性规范。如果认定这种事先放弃的条款有效，可能会导致以后成为违约金条款的"标配"，那么，对不合理的高违约金的司法控制就失去了抓手。① 在审判实践中，法院的观点亦存在分歧，例如在"湖北省盛合投资担保有限公司与宜都帝元食品有限公司追偿权纠纷案"②中，法院认为："合同法规定的违约金调整请求权属合同当事人的法定权利，当事人不能以约定方式加以排除，故尽管本案所涉《委托担保合同》明确约定宜都帝元食品有限公司自愿放弃违约金调整请求权，如履约保证金条款与违约金条款并用时过分高于湖北省盛合投资担保有限公司的实际损失，宜都帝元食品有限公司仍有权请求调整。"而在"北京百朋索奇科技有限公司诉北京昆仑联通科技发展股份有限公司买卖合同纠纷案"③中，法院认为合同同时约定违约方放弃针对违约金过高的所有抗辩权，故对于北京昆仑联通科技发展股份有限公司提出的违约金过高的意见不予采信。

本条在总结裁判经验的基础上，充分吸收了学理意见，采取"无效说"的立场，明确规定仅以合同约定的不得对违约金调整的条款为依据主张不予调整违约金的，人民法院不予支持。一方面，过分强调合同自由，完全可能使事前放弃违约金调整条款成为合同的标配，架空《民法典》第585条第2款，导致高昂的违约金，甚至成为压榨对方的手段，造成极为不公的后果，损害公共利益；④ 另一方面，从比较法上看，《荷兰民法典》第6：94条⑤、《国际商事合同通则》第

---

① 参见王长军等：《事前放弃违约金调整请求权之合同条款的效力——民法典第五百八十五条第二款之适用》，载《人民司法》2021年第13期，第103-111页。

② 参见湖北省宜昌市中级人民法院（2014）鄂宜昌中民二初字第00114号民事判决书。

③ 参见北京市海淀区人民法院（2016）京0108民初38773号民事判决书。该案二审中法院撤销了一审判决，支持了当事人调整违约金的请求。

④ 更为学理性的讨论，可参见叶名怡：《论事前弃权的效力》，载《中外法学》2018年第2期，第327-346页。

⑤ 该条规定：（1）如果公平原则有明显要求，法官可以根据债务人的请求减少约定违约金；但是，法官不得判给债权人少于因债务不履行而依法应得的损失赔偿。（2）如果公平原则有明显要求，法官可以根据债权人的请求判给补充性补偿；该补充性赔偿是在取代法定赔偿的约定违约金之外的增加额。（3）违反本条第1款的约定无效。

7.4.13 条①等均规定阻碍法官对明显丧失公平的违约金条款进行调整的约定为无效。

第六十五条　【违约金的司法酌减】

当事人主张约定的违约金过分高于违约造成的损失，请求予以适当减少的，人民法院应当以民法典第五百八十四条规定的损失为基础，兼顾合同主体、交易类型、合同的履行情况、当事人的过错程度、履约背景等因素，遵循公平原则和诚信原则进行衡量，并作出裁判。

约定的违约金超过造成损失的百分之三十的，人民法院一般可以认定为过分高于造成的损失。

恶意违约的当事人一方请求减少违约金的，人民法院一般不予支持。

◆ 条文主旨

本条整体上旨在明确违约金数额司法酌减的基本规则，以便于人民法院在实践中当事人依《民法典》第 585 条请求酌减违约金时，判断应否予以酌减以及酌减幅度为何。

本条主体内容源于《合同法解释（二）》第 29 条②。若当事人依法请求酌减违约金，法院应以其实际损失为基础，将计算出的损失额与违约金数额相比较。此处违约损失意指在可预见性规则限制下，包含可得利益的损失。

"百分之三十"的计算标准有助于为人民法院提供具体化指引，但不应机械

---

① 该条规定：（1）如果合同约定不履行方就不履行向受损害方支付一笔约定的金额，则受损害方不管其实际损害如何，均有权获得该笔金额。（2）但是，如果约定金额相对于该不履行所导致的损害以及相对于其他情况严重过高，则可将该约定金额减少至一个合理的数目，而不管是否有任何与此相反的约定。

② 该条规定："当事人主张约定的违约金过高请求予以适当减少的，人民法院应当以实际损失为基础，兼顾合同的履行情况、当事人的过错程度以及预期利益等综合因素，根据公平原则和诚实信用原则予以衡量，并作出裁决。当事人约定的违约金超过造成损失的百分之三十的，一般可以认定为合同法第一百一十四条第二款规定的'过分高于造成的损失'。"

适用，应结合多项因素，判断是否应酌减违约金以及酌减至多少。相较于《合同法解释（二）》，该条增加了合同主体、交易类型、履约背景等考量因素，丰富了考量维度，更有助于避免简单地采用固定比例等"一刀切"的做法，防止机械司法而可能造成的实质不公平。

本条第 3 款是关于恶意违约情形下不予酌减的规定，旨在维护诚实信用原则，对于严重违背诚信原则的违约行为予以惩罚。

◆ 关联规定

《中华人民共和国民法典》

第五百八十四条 当事人一方不履行合同义务或者履行合同义务不符合约定，造成对方损失的，损失赔偿额应当相当于因违约所造成的损失，包括合同履行后可以获得的利益；但是，不得超过违约一方订立合同时预见到或者应当预见到的因违约可能造成的损失。

第五百八十五条 当事人可以约定一方违约时应当根据违约情况向对方支付一定数额的违约金，也可以约定因违约产生的损失赔偿额的计算方法。

约定的违约金低于造成的损失的，人民法院或者仲裁机构可以根据当事人的请求予以增加；约定的违约金过分高于造成的损失的，人民法院或者仲裁机构可以根据当事人的请求予以适当减少。

当事人就迟延履行约定违约金的，违约方支付违约金后，还应当履行债务。

《关于当前形势下审理民商事合同纠纷案件若干问题的指导意见》（法发〔2009〕40 号）

5. 现阶段由于国内宏观经济环境的变化和影响，民商事合同履行过程中违约现象比较突出。对于双方当事人在合同中所约定的过分高于违约造成损失的违约金或者极具惩罚性的违约金条款，人民法院应根据合同法第一百一十四条第二款和最高人民法院《关于适用中华人民共和国合同法若干问题的解释（二）》（以下简称《合同法解释（二）》）第二十九条等关于调整过高违约金的规定内容和精神，合理调整违约金数额，公平解决违约责任问题。

6. 在当前企业经营状况普遍较为困难的情况下，对于违约金数额过分高于违约造成损失的，应当根据合同法规定的诚实信用原则、公平原则，坚持以补偿性为主、以惩罚性为辅的违约金性质，合理调整裁量幅度，切实防止以意思自治为由而完全放任当事人约定过高的违约金。

7. 人民法院根据合同法第一百一十四条第二款调整过高违约金时，应当根据案件的具体情形，以违约造成的损失为基准，综合衡量合同履行程度、当事人的过错、预期利益、当事人缔约地位强弱、是否适用格式合同或条款等多项因素，根据公平原则和诚实信用原则予以综合权衡，避免简单地采用固定比例等"一刀切"的做法，防止机械司法而可能造成的实质不公平。

《全国法院民商事审判工作会议纪要》（法〔2019〕254号）

50.【**违约金过高标准及举证责任**】认定约定违约金是否过高，一般应当以《合同法》第113条规定的损失为基础进行判断，这里的损失包括合同履行后可以获得的利益。除借款合同外的双务合同，作为对价的价款或者报酬给付之债，并非借款合同项下的还款义务，不能以受法律保护的民间借贷利率上限作为判断违约金是否过高的标准，而应当兼顾合同履行情况、当事人过错程度以及预期利益等因素综合确定。主张违约金过高的违约方应当对违约金是否过高承担举证责任。

《最高人民法院关于审理商品房买卖合同纠纷案件适用法律若干问题的解释》（法释〔2020〕17号）

第十二条 当事人以约定的违约金过高为由请求减少的，应当以违约金超过造成的损失30%为标准适当减少；当事人以约定的违约金低于造成的损失为由请求增加的，应当以违约造成的损失确定违约金数额。

《最高人民法院关于审理买卖合同纠纷案件适用法律问题的解释》（法释〔2020〕17号）

第二十条 买卖合同因违约而解除后，守约方主张继续适用违约金条款的，人民法院应予支持；但约定的违约金过分高于造成的损失的，人民法院可以参照民法典第五百八十五条第二款的规定处理。

◆ **案例指引**

1. 违约金酌减应兼顾多方面因素进行综合衡量

▷上海熊猫互娱文化有限公司诉李某、昆山播爱游信息技术有限公司合同纠纷案①

法院考虑到主播李某在游戏直播行业中享有很高的人气和知名度的实际情况，结合其收益情况、合同剩余履行期间、双方违约及各自过错大小、上海熊猫互娱文化有限公司能够量化的损失、上海熊猫互娱文化有限公司已对约定违约金作出的减让、上海熊猫互娱文化有限公司平台的现状等情形，认为根据公平与诚实信用原则以及考虑直播平台与主播个人的利益平衡，应酌情将违约金调整为260万元。

2. 违约金酌减应以《民法典》第584条规定的损失为基础

▷上海同在国际贸易有限公司与远东电缆有限公司买卖合同纠纷上诉案②

案件的核心争议焦点之一即"关于违约金数额与实际损失及可得利益是否相当的问题"，此为判断确定违约金是否过高、应否以及如何予以酌减的基础。对此，法院根据一审、二审查明的事实，分别确定实际损失（在期货市场备货370手，准备现货199.168吨，与金创利公司签订《阴极铜购销合同书》12000吨）以及可得利益损失（合同标的阴极铜市场价格的上涨），并以上述损失额为基础，根据合同的实际履行情况及过错责任，依据公平原则及诚实信用原则，对上海同在国际贸易有限公司请求赔偿1.9亿余元的请求部分予以支持，确定远东电缆有限公司向同在公司支付违约金1.28亿元。

3. 当事人约定的违约金超过造成的损失的30%的，一般可以认定为"过分高于造成的损失"

▷国基建设集团有限公司、国基建设集团有限公司防城港分公司买卖合同纠纷案③

依照《合同法解释（二）》第29条之规定，当事人约定的违约金超过造成

---

① 参见上海市第二中级人民法院（2020）沪02民终562号民事判决书。
② 参见最高人民法院（2011）民二终字第55号民事判决书。
③ 参见广西壮族自治区防城港市中级人民法院（2020）桂06民终746号民事判决书。

的损失的 30% 的，一般可以认定为"过分高于造成的损失"。本案鑫和公司并未提供证据证明国基建设集团有限公司未按时支付货款造成其的实际损失，其损失应为利息损失。因本案合同约定的违约金远远超过利息损失，故国基建设集团有限公司及国基建设集团有限公司防城港分公司请求对违约金进行调整，于法有据，予以支持。

◆ **理解与适用**

依本条第 1 款与第 2 款，在当事人请求酌减违约金后，法院首先应依《民法典》第 584 条之规定确定当事人的实际损失，将计算出的损失额与违约金数额相比较；其次应参照量化指引与应考量因素，判断是否应酌减违约金以及酌减至多少。所谓"应考量因素"，意指第 1 款列明之"兼顾合同主体、交易类型、合同的履行情况、当事人的过错程度、履约背景等因素，遵循公平原则和诚信原则进行衡量"；所谓"量化指引"，意指第 2 款所规定的"超过造成损失的百分之三十的，人民法院一般可以认定为过分高于造成的损失"。

该条制定过程中，曾有观点认为列明的诸因素属于在没有办法适用 30% 的标准时采取的判断标准，应将 30% 标准置于第 1 款，将各项应考虑的因素置于第 2 款。本条并未采纳这一观点，第 1 款实际并未改变《合同法解释（二）》第 29 条以综合衡量思路为先、30% 标准为后的顺序安排，这样的处理殊值肯定，利于避免司法僵化，仅仅拘泥于 30% 的具体标准。在具体案件的审理过程中，应结合量化指引与应考量因素进行综合考量、作出判断。具体而言，若未超过 30% 标准，原则上不予酌减，除非综合衡量认为应予酌减；若超过 30% 标准，原则上应予酌减，除非综合衡量认为不应予以酌减。[1]

该条在制定过程中，还有过是否应对酌减幅度设置量化指引的讨论，即是否应规定"根据当事人的请求将违约金调整至造成的损失的百分之一百三十"等类似的酌减幅度标准。有观点认为，限定酌减幅度为 130%，旨在应对违约金仅稍稍高于造成的损失的 30%，却被大幅度酌减，导致最后确定的违约金数额远低于仅稍稍低于造成的损失的 30% 而不用被酌减的违约金的情形。这样的担忧不无道

---

[1] 参见姚明斌：《违约金论》，中国法制出版社 2018 年版，第 314 页。

理，但试图采取"限定酌减幅度"这样一劳永逸的方式统一裁判尺度的做法易致机械司法，导致司法僵化。更为合理的方式应为结合多项因素进行综合判断，根据个案的特殊情况进行科学衡量。最高人民法院在"韶关市汇丰华南创展企业有限公司与广东省环境工程装备总公司广东省环境保护工程研究设计院合同纠纷案"①中，详细阐述了不应机械司法的裁判观点："对于前述司法解释中'当事人约定的违约金超过造成损失的百分之三十'的规定应当全面、正确地理解。一方面，违约金约定是否过高应当根据案件具体情况，以实际损失为基础，兼顾合同的履行情况、当事人的过错程度以及预期利益等综合因素，根据公平原则和诚实信用原则综合予以判断，30%并不是一成不变的固定标准；另一方面，前述规定解决的是认定违约金是否过高的标准，不是人民法院适当减少违约金的标准。因此，在审理案件中，既不能机械地将'当事人约定的违约金超过造成损失的百分之三十'的情形一概认定为《合同法》第114条第2款规定的'过分高于造成的损失'，也不能在依法'适当减少违约金'数额时，机械地将违约金数额减少至实际损失的130%。"本条在具体的理解与适用方面，还应注意以下问题：

1. 违约损失的计算

本条采纳了《九民纪要》的表述，将"以实际损失为基础"改为"以民法典第五百八十四条规定的损失为基础"，删除了《合同法解释（二）》第29条中的"预期利益"。当然，关于违约损失的计算方法并未改变，为在可预见性规则限制下，包含可得利益的损失。

将此处"损失"视为实际损失与可得利益的总和，在最高人民法院的审判实践中常有体现。例如在前述"上海同在国际贸易有限公司与远东电缆有限公司买卖合同纠纷上诉案"中，法院将"关于违约金数额与实际损失及可得利益是否相当的问题"作为案件争议焦点之一予以论证。②

2. 关于各项考量因素

（1）合同主体、交易类型

本条列明"合同主体、交易类型"为违约金酌减的考量因素，旨在回应主张

---

① 参见《最高人民法院公报》2011年第9期（总第179期）。
② 参见最高人民法院（2011）民二终字第55号民事判决书。还可参见最高人民法院（2019）最高法民终949号民事判决书。

区分民事与商事主体，认识二者区别的意见。具体而言，虽然我国采"民商合一"模式，并未在相关制度中区分商事主体和民事主体，但基于二者在交易经验、缔约能力、交易模式、业务内容等方面的差异，有必要将"合同主体、交易类型"作为考量因素之一，由法官进行个案裁量。

例如在"中青旅山水酒店投资管理（北京）有限公司与国色添香酒店（大连）有限公司合同纠纷案"①中，法院认为双方为商事主体进行商事行为，合同签订的前提是上诉人认可且同意，并对此商事行为的预期利益进行判断后签订的，结合当事人的过错程度以及预期利益等综合因素衡量判断上诉人依约承担 26 万元的违约金并无不当，不应予以减少。②

（2）合同的履行情况

合同的履行情况所指的主要情形应理解为合同履行与否、是否部分履行、履行适当与否。1995 年 1 月的《合同法（建议草案）》第 148 条曾规定"已经履行部分合同债务的，应相应减少违约金"，③ 本条列明"合同的履行情况"这一考量因素，提示法官结合合同是否全部履行、部分履行、全部未履行等具体情况，进行个案裁量。如在"天水嘉和商贸有限责任公司等与汪某保项目转让合同纠纷上诉案"④中，法院即认为双方《补充协议》约定的全部财产及权利移交届满后被告履行了绝大部分义务，只有少部分未履行，如按照双方《经营场所转让合同书》第 9 条第 1 款及《补充协议》第 7 条的约定，被告应向原告承担的违约金总额为 210 万元，违约金数额明显过高。

（3）过错程度

在司法酌减中重视债务人的过错程度，可以缓解责任成立环节不问过错所可能引发的消极后果，有效维护公平正义；⑤ 在司法酌减中考虑债权人的过错程度，

---

① 参见辽宁省大连市中级人民法院（2022）辽 02 民终 5401 号民事判决书。

② 同样提及当事人为商事主体并依此认定其过错程度，进而确定酌减后违约金数额的案件，可参见江苏省无锡市中级人民法院（2022）苏 02 民终 4452 号民事判决书。

③ 参见全国人大常委会法工委研究室编写组：《中华人民共和国合同法释义》，人民法院出版社 1999 年版，第 41 页。

④ 参见甘肃省天水市中级人民法院（2012）天民二终字第 00015 号民事判决书。

⑤ 参见姚明斌：《违约金论》，中国法制出版社 2018 年版，第 325 页。将当事人的过错作为违约金酌减的考量因素的案例，可参见最高人民法院（2019）最高法民终 949 号民事判决书、北京市朝阳区人民法院（2010）朝民初字第 34903 号民事判决书。

是与有过失规则在该领域的具体运用。

判断当事人有无过错及过错程度如何需要结合其他案件事实，往往与其他考量因素融合，譬如部分履行时，其过错程度当然相较完全不履行更低；部分适当履行时，其过错程度当然相较部分瑕疵履行更低；积极尝试履行时，其过错程度当然相较消极不尝试时更低。再如，相同事实情境下，对缔约能力与预见能力更强的商事主体而言，应认为其过错程度一般较缺乏交易经验的民事主体更高。

（4）履约背景

依《审理民商事合同纠纷案件指导意见》的表述，现阶段由于国内宏观经济环境的变化和影响，民商事合同履行过程中违约现象比较突出，在当前企业经营状况普遍较为困难的情况下，对于违约金数额过分高于违约造成损失的，应当根据合同法规定的诚实信用原则、公平原则，坚持以补偿性为主、以惩罚性为辅的违约金性质，合理调整裁量幅度，切实防止以意思自治为由而完全放任当事人约定过高的违约金。故本条吸收了前述意见，并将"宏观经济形势"改为覆盖面更广的"履约背景"，在后疫情时代的经济社会背景下，殊值肯定。①

3. 恶意违约情形下不支持减少违约金的请求

有学者指出，在故意甚或恶意的情况下，通常即不再酌减违约金，因为恶意或故意行为的侵害人不值得免受严格惩罚的保护。② 在第 166 号指导案例——"北京隆昌伟业贸易有限公司诉北京城建重工有限公司合同纠纷案"中，法院因"一方当事人依约申请人民法院解除保全措施后，另一方当事人违反诚实信用原则不履行和解协议"而不予支持其减少违约金的请求。

本条第 3 款乃对上述理论观点与裁判经验的总结归纳，在征求意见过程中并未采纳关于主张删除该款的意见，旨在保留对于严重违背诚信原则的违约行为的惩罚手段，值得肯定。

---

① 将"宏观经济形势"作为违约金数额确定因素的，可参见江苏省南通市中级人民法院（2014）通中商终字第 0029 号民事判决书。

② 参见王洪亮：《违约金酌减规则论》，载《法学家》2015 年第 3 期，第 150 页。

> **第六十六条　【违约金调整的释明与改判】**
>
> 当事人一方请求对方支付违约金，对方以合同不成立、无效、被撤销、确定不发生效力、不构成违约或者非违约方不存在损失等为由抗辩，未主张调整过高的违约金的，人民法院应当就若不支持该抗辩，当事人是否请求调整违约金进行释明。第一审人民法院认为抗辩成立且未予释明，第二审人民法院认为应当判决支付违约金的，可以直接释明，并根据当事人的请求，在当事人就是否应当调整违约金充分举证、质证、辩论后，依法判决适当减少违约金。
>
> 被告因客观原因在第一审程序中未到庭参加诉讼，但是在第二审程序中到庭参加诉讼并请求减少违约金的，第二审人民法院可以在当事人就是否应当调整违约金充分举证、质证、辩论后，依法判决适当减少违约金。

◆ 条文主旨

本条是关于人民法院针对违约金过高行使释明权的规则。实践中，当事人往往将辩论主张集中于其不构成违约、非违约方不存在损失或者合同效力存在瑕疵。基于民事诉讼基本原理，法官此时仅对当事人是否构成违约进行裁判，被告只能从法官最后作出的判决书中得知法官对其抗辩所持的态度。[1] 为节约司法成本，减轻当事人诉累，避免其后的违约金调整相关上诉与申诉，本条规定人民法院应在违约金过高时向当事人释明。

本条第 1 款源于对《买卖合同司法解释（2020）》第 21 条的吸收和改造。依相关规定，仅在当事人请求调整，并且违约金确实低于或过分高于违约行为给当事人造成的损失时，人民法院才能进行调整。为避免绝对当事人主义之弊端，平衡当事人之间的利益关系，故该两款明确了违约金调整释明权的适用情形与行

---

[1]　参见张海燕：《论法官对民事实体抗辩的释明》，载《法律科学（西北政法大学学报）》2017 年第 3 期，第 186 页。

使规则。

本条第 2 款明确了实践中被告因客观原因一审中未到庭参加诉讼，二审中仍有请求减少违约金的权利。若违约方一审不到庭应诉是出于客观原因，则其与一审到庭参加诉讼的当事人相比，在二审时行使请求调减违约金的权利并无阻碍。

◆ **关联规定**

《中华人民共和国民法典》

第五百八十五条 当事人可以约定一方违约时应当根据违约情况向对方支付一定数额的违约金，也可以约定因违约产生的损失赔偿额的计算方法。

约定的违约金低于造成的损失的，人民法院或者仲裁机构可以根据当事人的请求予以增加；约定的违约金过分高于造成的损失的，人民法院或者仲裁机构可以根据当事人的请求予以适当减少。

当事人就迟延履行约定违约金的，违约方支付违约金后，还应当履行债务。

《最高人民法院关于审理买卖合同纠纷案件适用法律问题的解释》（法释〔2020〕17 号）

第二十一条 买卖合同当事人一方以对方违约为由主张支付违约金，对方以合同不成立、合同未生效、合同无效或者不构成违约等为由进行免责抗辩而未主张调整过高的违约金的，人民法院应当就法院若不支持免责抗辩，当事人是否需要主张调整违约金进行释明。

一审法院认为免责抗辩成立且未予释明，二审法院认为应当判决支付违约金的，可以直接释明并改判。

《关于当前形势下审理民商事合同纠纷案件若干问题的指导意见》（法发〔2009〕40 号）

8. 为减轻当事人诉累，妥当解决违约金纠纷，违约方以合同不成立、合同未生效、合同无效或者不构成违约进行免责抗辩而未提出违约金调整请求的，人民法院可以就当事人是否需要主张违约金过高问题进行释明。人民法院要正确确定举证责任，违约方对于违约金约定过高的主张承担举证责任，非违约方主张违约金约定合理的，亦应提供相应的证据。合同解除后，当事人主张违约金条款继续有效的，人民法院可以根据合同法第九十八条的规定进行处理。

◆ **案例指引**

1. 人民法院应当就若不支持当事人提出的抗辩，当事人是否请求调整违约金进行释明

▷鲁某军、无锡市智贤科技有限公司买卖合同纠纷案①

该案中，一审庭审中，被告鲁某军提出"价格不准"的抗辩，主张自己的行为并不构成违约，后经一审法院释明，鲁某军提出调整过高的违约金的请求。法院经审理认为被告鲁某军收货后未按约及时支付价款，已构成违约，应负相应的违约责任，但将违约金由每日总货款的千分之三调整至以 90320 元为基数的逾期付款利息［自 2021 年 11 月 8 日起至实际付款之日止，按中国人民银行授权全国银行间同业拆借中心公布的一年期贷款市场报价利率（LPR）标准为基础，加计50%计算］。

2. 一审认为抗辩成立且未予释明，二审认为应当判决支付违约金的，可以直接释明，并根据当事人的请求依法判决适当减少违约金

▷新疆中超新能源电力科技有限公司、新疆旭成房地产开发有限公司买卖合同纠纷案②

一审法院认为，新疆旭成房地产开发有限公司（以下简称旭成房地产公司）抗辩称新疆中超新能源电力科技有限公司（以下简称中超新能源公司）亦存在延迟交货，且中超新能源公司未提供有效证据证实其按期交货……双方在合同履行过程中均存在瑕疵，故中超新能源公司要求旭成房地产公司承担违约金的诉讼请求不予支持。二审法院则认为，旭成房地产公司存在迟延付款的行为，其行为构成违约，应当向中超新能源公司支付违约金……旭成房地产公司提出约定违约过高要求调整……截至本判决作出之日，中超新能源公司的资金占用的实际损失不到 1 万元，与约定的违约金相比过分高于实际损失，本院对于违约金予以适当调整。

---

① 参见江苏省无锡市中级人民法院（2023）苏 02 民终 2163 号民事判决书。
② 参见新疆维吾尔自治区高级人民法院伊犁哈萨克自治州分院（2022）新 40 民终 1186 号民事判决书。

◆ **理解与适用**

　　违约金酌减规则是应对违约金数额过高而产生的特殊规则，赋予了法官自由裁量权，法院可以对当事人达成的协议进行干预，这是契约自由的一个例外，其目的在于恢复契约实质自由。[①] 关于违约金酌减机制的启动主要存在两种立法例，依是否须经当事人申请而不同：第一种即法官可依职权调整违约金数额，或直接写明法官可依职权调整，[②] 或未明确规定须由当事人申请；[③] 第二种即违约金酌减机制须经当事人的申请而启动，法院不能依职权主动启动。[④]

　　《民法典》第 585 条第 2 款规定"约定的违约金过分高于造成的损失的，人民法院或者仲裁机构可以根据当事人的请求予以适当减少"，即原则上为"当事人申请"模式。审判实践中，最高人民法院亦表达了此立场，例如在 2008 年第 3 期公报案例"山西嘉和泰房地产开发有限公司与太原重型机械（集团）有限公司土地使用权转让合同纠纷案"[⑤]中，最高人民法院即认为"人民法院对于当事人在合同中约定的违约金的数额，只有在当事人请求调整，并确实低于或过分高于违约行为给当事人造成的损失时，才能进行调整"，并据此纠正了一审判决。

　　"当事人申请"模式的优势在于充分尊重当事人意思自治，值得肯定，这也体现出当事人中心主义的立场。然而，基于我国社会经济状况及法治发展水平，2009 年发布的《审理民商事合同纠纷案件指导意见》指出法院可就违约金过高向当事人进行释明，其后《买卖合同司法解释（2012）》更是明确规定法院应当就前述事项向当事人释明。对此，最高人民法院给出如下理由："我国当前的民事诉讼模式可谓正处于由职权主义诉讼模式向当事人主义诉讼模式转换的过程中，因此在违约金过高的调整问题上引入法官释明权，不仅可以保证我们不矫枉

[①]　参见最高人民法院民法典贯彻实施工作领导小组主编：《中华人民共和国民法典合同编理解与适用（二）》，人民法院出版社 2020 年版，第 777 页。

[②]　以法国为代表，《法国民法典》在第 1231-5 条第 2 款规定，"但是，如果约定的违约金数额明显过高或者微不足道，法官可以，甚至依职权，减少或增加其数额"。参见罗结珍译：《法国民法典》，北京大学出版社 2023 年版，第 661 页。

[③]　我国台湾地区"民法"第 252 条规定，"约定之违约金过高者，法院得减至相当之数额"。

[④]　以德国为代表，《德国民法典》在第 343 条中规定，"已发生失权的违约金数额过巨的，可以根据债务人的申请，以判决减至适当数额"。参见陈卫佐译注：《德国民法典》（第五版），法律出版社 2020 年版，第 139 页。

[⑤]　参见最高人民法院（2007）民一终字第 62 号民事判决书。

过正，有效避免绝对当事人主义之弊端，而且有利于人民法院公平公正地处理纠纷，平衡当事人之间的利益关系，更能提高审判效率，减轻当事人诉累并节约司法成本。"①

曾有反对观点认为释明违约金调减规则违背法院应当保持的中立立场，并称法院在违约金调减规则上应当与其处理诉讼时效问题时一样保持中立性，因为不论是"请求调减违约金"还是"主张时效抗辩"均属当事人的私权，两者理应保持一致。②

然而，从法理上讲：首先，"诉讼时效抗辩"的释明与"违约金调减申请"的释明并非完全一致，根据事实抗辩和权利抗辩的区分理论，当事人主张的违约金过高调整抗辩从性质上属于事实抗辩，法官应当对其进行释明；③ 其次，如果否定法官释明，将当事人没有提起调减程序直接视为调减权的放弃，恰恰可能构成对处分原则的违背和意思自治的侵害。④

再者，从功能上讲：首先，法官对违约金过高调整问题进行释明，能够通过建构被告的二元化抗辩防御体系实现民事纠纷的一次性解决，既能避免对被告造成裁判突袭，又有利于诉讼效率的提高，实现公平和效率价值的双赢；其次，可以平等保护双方当事人以维护程序公正，并有利于在此基础上发现案件事实进而实现实体公正。

因此，违约金释明规则的存在具有相当的必要性，能够发挥重要的制度价值。本条在《买卖合同司法解释（2020）》第 21 条的基础上进行吸收改造，将违约金过高时法院应当释明的规则予以确立，以便适用于广泛的合同领域，殊值肯定。本条在具体的理解与适用方面，还应关注以下问题：

1. 释明后充分尊重当事人的处分权

实践中人民法院就违约金过高向当事人释明的主动性并不低，并且在人民法

---

① 最高人民法院民事审判第二庭编著：《最高人民法院关于买卖合同司法解释理解与适用》，人民法院出版社 2016 年版，第 434 页。

② 参见石冠彬：《民法典合同编违约金调减制度的立法完善——以裁判立场的考察为基础》，载《法学论坛》2019 年第 6 期，第 64 页。

③ 参见张海燕：《论法官对民事实体抗辩的释明》，载《法律科学（西北政法大学学报）》2017 年第 3 期，第 187 页。

④ 参见谭启平、张海鹏：《违约金调减权及其行使与证明》，载《现代法学》2016 年第 3 期，第 44 页。

院就违约金酌减事项向当事人释明后，一般当事人均会提起违约金酌减请求。[1]但亦有部分当事人会拒绝主张减少违约金。例如在"佳木斯市惠农谷物专业合作社与曹县谷丰粮食购销有限公司合同纠纷上诉案"[2]中，当事人双方约定违约方应向对方支付 500 万元违约金。审理过程中，法院就违约金是否过高问题向违约方佳木斯市惠农谷物专业合作社予以释明，但佳木斯市惠农谷物专业合作社以不存在违约为由并未提出调整的申请。[3]故法院判决佳木斯市惠农谷物专业合作社拒不履行涉案合同，构成违约，给曹县谷丰粮食购销有限公司造生了较大的损失，佳木斯市惠农谷物专业合作社应支付曹县谷丰粮食购销有限公司违约金数额为 500 万元。

在《买卖合同司法解释（2012）》制定及修订过程中，最高人民法院一直秉持的观点为："尊重当事人处分权原则。法官的释明权的适用只是程序控制之需要，并非通过干预诉讼影响当事人的实体权利。在阐明有关事项后，只能由当事人在了解相关法律的基础上作出自己的判断和决定，当事人拥有充分的、完全的对自己的实体权利和诉讼权利的处分自由。"[4] 意即若当事人经法院释明后仍不主张酌减违约金，应依双方当事人的约定进行判决。

当然，若依约定违约金标准判决将严重违反公序良俗原则、诚信原则和公平原则并导致利益严重失衡的，最高人民法院认为受案法院可依《民法典》第 585 条第 2 款的规定进行调整。[5] 这实际是为维护公平正义，此时调整依据在于民法的基本原则，而非司法酌减规则，故不存在依职权调整而违反《民法典》第 585 条第 2 款的问题，但应限于极端情况才能适用。[6] 如在"高某飞、枣庄美康智能装备有限公司买卖合同纠纷案"[7]中，法院认为：双方合同约定的违约金每年高达本金的 365 倍，对违约方显失公平、有违公平原则，一审法院有权依据诚实信

① 参见姚明斌：《违约金论》，中国法制出版社 2018 年版，第 310 页。
② 参见最高人民法院（2014）民二终字第 135 号民事判决书。类似的案件还可参见北京市朝阳区人民法院（2010）朝民初字第 34903 号民事判决书。
③ 可见当事人拒绝申请酌减违约金的原因在于其认为自己并不构成违约。
④ 最高人民法院民事审判第二庭编著：《最高人民法院关于买卖合同司法解释理解与适用》，人民法院出版社 2016 年版，第 435 页。
⑤ 最高人民法院民法典贯彻实施工作领导小组主编：《中华人民共和国民法典合同编理解与适用（二）》，人民法院出版社 2020 年版，第 782 页。
⑥ 参见姚明斌：《违约金论》，中国法制出版社 2018 年版，第 313 页。
⑦ 参见山东省枣庄市中级人民法院（2022）鲁 04 民终 1836 号民事判决书。

用原则和公平原则酌情调整违约金。

2. 正确理解本条第 2 款之规定

本款旨在说明一审因客观原因未到庭参加诉讼的当事人在二审中仍有请求调减违约金的权利，结合前款，对该款应作如下理解：在一审程序中被告因客观原因未到庭参加诉讼情形下，二审法院可直接释明并根据当事人的请求依法判决适当减少违约金数额。意即若违约方一审不到庭应诉是出于客观原因，则其与一审到庭参加诉讼的当事人相比，在二审时行使请求调减违约金的权利并无阻碍，二审法院对违约金过分高于损失的处理方式亦应与当事人一审到庭应诉的情形相同（即可以直接释明并根据当事人的请求就是否应当调整违约金充分举证、质证、辩论后，依法判决适当减少违约金），这有助于实现同案同判。

总体来讲，在各国民事诉讼更多强调法官与当事人共同推进诉讼进行之宏观背景下，释明越来越成为一种实现诉讼主体之间的真正合作并进而达至实体权利和程序利益动态平衡的有效手段。① 应正确理解与适用本条，发挥违约金调减释明规则的功能。

第六十七条　【定金规则】

当事人交付留置金、担保金、保证金、订约金、押金或者订金等，但是没有约定定金性质，一方主张适用民法典第五百八十七条规定的定金罚则的，人民法院不予支持。当事人约定了定金性质，但是未约定定金类型或者约定不明，一方主张为违约定金的，人民法院应予支持。

当事人约定以交付定金作为订立合同的担保，一方拒绝订立合同或者在磋商订立合同时违背诚信原则导致未能订立合同，对方主张适用民法典第五百八十七条规定的定金罚则的，人民法院应予支持。

---

① 参见张海燕：《论法官对民事实体抗辩的释明》，载《法律科学（西北政法大学学报）》2017 年第 3 期，第 188 页。

当事人约定以交付定金作为合同成立或者生效条件，应当交付定金的一方未交付定金，但是合同主要义务已经履行完毕并为对方所接受的，人民法院应当认定合同在对方接受履行时已经成立或者生效。

当事人约定定金性质为解约定金，交付定金的一方主张以丧失定金为代价解除合同的，或者收受定金的一方主张以双倍返还定金为代价解除合同的，人民法院应予支持。

◆ 条文主旨

本条是关于定金的规定。《民法典》将关于定金的规定置于"违约责任"章，无论从体系解释的角度还是从第 587 条的文义来看，其性质均应属违约定金，旨在担保债之履行。由于《民法典有关担保制度解释》并未就不同类型的定金进行进一步的规定，而之前的《担保法解释》则较为系统地补充了《合同法》及《担保法》缺失的各类定金的适用规则，故本条通过吸收改造《担保法解释》第 115 条至第 118 条①之规定，旨在完善现行法中关于定金的规则，构建较完备的定金规范体系。

本条第 1 款规定了定金的识别与认定，即认定当事人所作的约定是否为定金以及识别当事人约定定金为何种性质的定金，该款旨在为人民法院认定合同的性质以及定金的具体种类提供指引。

由于当事人之间约定的定金大部分情况下均属违约定金，故本条第 2 款至第 4 款分别规定了立约定金、成约定金、解约定金的适用规则，以为人民法院处理

---

① 第 115 条："当事人约定以交付定金作为订立主合同担保的，给付定金的一方拒绝订立主合同的，无权要求返还定金；收受定金的一方拒绝订立合同的，应当双倍返还定金。"第 116 条："当事人约定以交付定金作为主合同成立或者生效要件的，给付定金的一方未支付定金，但主合同已经履行或者已经履行主要部分的，不影响主合同的成立或者生效。"第 117 条："定金交付后，交付定金的一方可以按照合同的约定以丧失定金为代价而解除主合同，收受定金的一方可以双倍返还定金为代价而解除主合同。对解除主合同后责任的处理，适用《中华人民共和国合同法》的规定。"第 118 条："当事人交付留置金、担保金、保证金、订约金、押金或者订金等，但没有约定定金性质的，当事人主张定金权利的，人民法院不予支持。"

各种情形下定金合同的相关问题提供指引。

◆ 关联规定

《中华人民共和国民法典》

第五百八十六条   当事人可以约定一方向对方给付定金作为债权的担保。定金合同自实际交付定金时成立。

定金的数额由当事人约定；但是，不得超过主合同标的额的百分之二十，超过部分不产生定金的效力。实际交付的定金数额多于或者少于约定数额的，视为变更约定的定金数额。

第五百八十七条   债务人履行债务的，定金应当抵作价款或者收回。给付定金的一方不履行债务或者履行债务不符合约定，致使不能实现合同目的的，无权请求返还定金；收受定金的一方不履行债务或者履行债务不符合约定，致使不能实现合同目的的，应当双倍返还定金。

第五百八十八条   当事人既约定违约金，又约定定金的，一方违约时，对方可以选择适用违约金或者定金条款。

定金不足以弥补一方违约造成的损失的，对方可以请求赔偿超过定金数额的损失。

《最高人民法院关于审理商品房买卖合同纠纷案件适用法律若干问题的解释》（法释〔2020〕17号）

第四条   出卖人通过认购、订购、预订等方式向买受人收受定金作为订立商品房买卖合同担保的，如果因当事人一方原因未能订立商品房买卖合同，应当按照法律关于定金的规定处理；因不可归责于当事人双方的事由，导致商品房买卖合同未能订立的，出卖人应当将定金返还买受人。

◆ 案例指引

1. 当事人交付订金等款项，但未约定定金性质

▷陈某与闻某等委托合同纠纷案①

该案中，双方当事人在《马来西亚房屋代购协议》第 3 条约定陈某首付总金额 5% 定金，第 6 条又约定收到陈某订金汇款后代交，在闻某出具的收条中表述为收到陈某购房款订金 109336 元。法院认为，从上述情况看，双方当事人使用了定金和订金两种表述，且实际收条中表述为订金，双方也没有约定定金性质，因此对陈某要求双倍返还定金的主张不予支持。

2. 关于立约定金的效力

▷张家界粤江酒店有限公司、湖南省轻工盐业集团有限公司张家界分公司与何某远商品房预约合同纠纷案②

该案中，何某远与湖南省轻工盐业集团有限公司张家界分公司（以下简称张家界轻工盐业公司）签订《张家界北站农贸水产市场定购书》后，何某远支付了定金 50000 元，并交纳了购房款 172196 元，同时该定金数额没有超总价款的 20%，符合法律规定。法院认为，张家界粤江酒店有限公司、张家界轻工盐业公司作为接收定金的一方，未按照《张家界北站农贸水产市场定购书》约定的期限签订《商品房买卖合同》及交房，致使合同目的无法实现，其行为构成违约。虽然何某远与张家界粤江酒店有限公司、张家界轻工盐业公司达成退还房款的合意，但双方并未对定金的处理另行约定，故张家界粤江酒店有限公司、张家界轻工盐业公司应当承担双倍返还定金的责任。

3. 关于成约定金的效力

▷陕西太白雪岭生态农业发展有限公司与陕西省森工建筑设计室建设工程设计合同纠纷案③

法院认为，案涉《建设工程设计合同》虽然约定了交付定金生效的条款，但是从本案合同的实际履行情况看，陕西太白雪岭生态农业发展有限公司（以下简

---

① 参见北京市第四中级人民法院（2019）京 04 民初 267 号民事判决书。
② 参见湖南省张家界市中级人民法院（2023）湘 08 民终 72 号民事判决书。
③ 参见陕西省高级人民法院（2020）陕民申 3261 号民事裁定书。

称雪岭公司）向陕西省森工建筑设计室（以下简称森工设计）提交了地质勘查报告，且森工设计已按合同约定按期交付了施工蓝图，雪岭公司的工作人员樊某升亦签收了图纸。由于森工设计已经交付设计成果，实际已经履行了合同的主要义务，因此，原审认定案涉合同成立并生效正确，并无不当。

4. 关于解约定金的效力

▷北京益融视达科技有限公司与北京全能通信息技术有限公司买卖合同纠纷案①

双方当事人在《合同书》中约定，合同生效后，甲方单方要求解除合同，乙方有权扣除部分或全部定金。法院认为，前述约定系北京全能通信息技术有限公司（以下简称全能通公司）以丧失定金为代价可以解除合同的约定，后续全能通公司的告知函中虽然没有明确说明系以丧失定金为代价而主张解除《合同书》，但是其中有关终止合同，将10万元定金作为经济补偿的表述，可以视为全能通公司单方行使了以丧失解约定金为代价的解除权。

◆ **理解与适用**

定金，乃"一缔约人向他缔约人，因缔结契约及确保契约履行所为之给付"。② 由于其具备担保债权实现等功能，在社会经济活动中发挥着重要作用。基于当事人约定定金时的不同意旨，实践中定金条款可能发挥不同的作用，理论上可将定金大致分为证约定金、违约定金、成约定金、立约定金以及解约定金五种。其中，仅在极个别的情况下证约定金才具备价值，故本条并未规定证约定金。③ 本条在具体的理解与适用方面，应注意以下问题：

1. 正确理解及适用本条第1款定金的识别与认定规则

（1）合同性质的认定：当事人所作的约定是否为定金合同

基于意思表示解释的一般规则以及定金的性质，若当事人使用"定金"一词，且相关约定符合某类定金特征，或者当事人使用"定金"一词，但相关约定

---

① 参见北京市第一中级人民法院（2021）京01民终9518号民事判决书。
② 黄立：《民法债编总论》，中国政法大学出版社2002年版，第504页。
③ 关于证约定金功能的有限性之论述，可参见邹海林、常敏：《债权担保的理论与实务》，社会科学文献出版社2005年版，第378页。

与任何一类定金特征均不符合，自然依当事人之间的约定，或适用对应的定金规则，或按非定金合同处理即可。① 若当事人使用"定金"一词，但无任何对该"定金"含义的具体表述，由于定金是专门法律术语，应先支持主张订立了定金合同的一方，除非他方能够证明"定金"一词为误用。② 若当事人未使用"定金"一词，但其相关约定完全符合定金特征，则应认定为定金，适用定金规则。③

而对于当事人未使用"定金"一词，且相关约定内容并不符合定金性质的情形，对于交付的款项如何认定，是否能够适用定金罚则，本条第1款作出了规定，即"当事人交付留置金、担保金、保证金、订约金、押金或者订金等，但是没有约定定金性质，一方主张适用民法典第五百八十七条规定的定金罚则的，人民法院不予支持"。

所谓"没有约定定金性质"，意指未约定该笔款项具备担保性质，未约定适用定金罚则不予退还或双倍返还。例如在"凡某庆与中国农业银行榆林市榆阳区支行、陕西开源拍卖有限公司拍卖纠纷案"④中，法院认为：关于凡某庆交纳的20万元参拍保证金在成交后是否转为定金以及能否适用定金罚责的问题，由于在违约责任条款中并未约定20万元保证金适用定金罚责双倍返还的内容，根据《担保法解释》第118条之规定，20万元保证金不应认定为定金，故凡某庆要求双倍返还20万元定金的请求依法不予支持。再例如在"王某华与安某定金合同纠纷案"⑤中，法院认为：王某华仅向安某出具收条载明收到库房定金2万元，双方并未明确约定该2万元具有签订库房租赁合同的担保性质，即王某华并未明确告知安某租赁库房该定金不退。后安某未实际租赁王某华的库房，根据前述法

---

① 如在"襄阳永生金属制品有限公司等诉湖北三江航天江北机械工程有限公司定金合同纠纷案"中，针对当事人"双方于2011年3月18日共同签署的《买卖合同》所剩余的预付款2756146.3元作为本合同的定金，每批次货款抵扣定金"这样的约定，法院认为："上述款项题名为'定金'，但其不属于定金担保，其法律特性实为预付款。"参见最高人民法院（2015）民申字第469号民事裁定书。

② 参见张金海：《定金制度论》，中国法制出版社2020年版，第94~95页。

③ 如在"李某与朱某宇定金合同纠纷案"中，法院认为"虽然双方签订的协议名称为房款订金，但由于协议中约定'双方如有违约双倍赔偿（买方违约定金不返还）'，因该部分协议内容包含定金字样，且具有担保债务履行和惩罚违约的功能，故一审法院认定该1万元为定金而非预付款性质的订金并无不当"。参见辽宁省锦州市中级人民法院（2022）辽07民终2228号民事判决书。

④ 参见陕西省高级人民法院（2007）陕民二终字第032号民事判决书。

⑤ 参见北京市第二中级人民法院（2022）京02民终7924号民事判决书。

律规定，王某华无权主张定金权利，其应当向安某返还该笔款项。王某华没有证据证明涉案2万元系双方明确约定的具有担保性质的定金，其上诉主张安某违约、无权请求返还定金，没有事实和法律依据，本院不予支持。

（2）定金种类的识别：当事人约定定金为何种性质的定金

一般认为，当事人对定金性质另有特约的，应依该特约确定定金的性质；如当事人对定金性质未作约定，则应依定金的基本性质来推定当事人的意思。① 基于定金本身的担保功能以及实践中的适用状况，《民法典》在"违约责任"部分规定定金，将违约定金作为我国现行法中定金的核心类型，不难得出的结论是我国法上定金概念系以违约定金为核心，以其他类型的定金为特例。

本条第1款规定："当事人约定了定金性质，但是未约定定金类型或者约定不明，一方主张为违约定金的，人民法院应予支持。"意即若合同当事人约定定金条款时未明确定金性质的，一方主张为违约定金的，应解释为违约定金；明确约定定金性质或从约定内容能够直接判断出定金性质的，定金性质从其约定。②

2. 正确适用本条第2款关于立约定金的规定

立约定金在我国的商品房预售实践中广泛发挥着其作用，通过在预约当中约定及交付立约定金以担保当事人订立本约，为此，《商品房买卖合同解释》第4条规定"因当事人一方原因未能订立商品房买卖合同，应当按照法律关于定金的规定处理"，此处"关于定金的规定"系指《担保法解释》第115条。因此，本条第2款吸收《担保法解释》第115条之规定，对立约定金作了规定，重申立约定金的性质以及其可如违约定金般适用《民法典》第587条之定金罚则。主要的改变在于将"收受定金的一方拒绝订立合同的"变更为"一方拒绝订立合同或者在磋商订立合同时违背诚信原则导致未能订立合同"，表述更为完善。

当然，需注意适用定金罚则的前提是"一方拒绝订立合同或者在磋商订立合同时违背诚信原则导致未能订立合同"。例如在"赵某勇、包某天定金合同纠纷案"③中，法院认为，赵某勇与艺安居公司签订的《装修定金协议》，是为了预定

① 参见高圣平：《民法典担保制度及其配套司法解释理解与适用》，中国法制出版社2021年版，第1075页。
② 最高人民法院民事审判第二庭编著：《最高人民法院关于买卖合同司法解释理解与适用》，人民法院出版社2016年版，第442页。
③ 参见新疆维吾尔自治区高级人民法院（2022）新民申2054号民事裁定书。

艺安居公司开展营销活动所提供的优惠价格席位,进一步与之订立装修合同。艺安居公司因注销事由将案涉装修业务转交水晶公司,后水晶公司告知赵某勇装修业务转交的事实,赵某勇对此未提出异议。此后,赵某勇与水晶公司多次就赵某勇交付定金、协商装修项目及价款的事项进行交涉,双方均有订立装修合同的积极意愿与行为,装修合同最终未能订立之原因在于双方不能就优惠套餐项目清单之外的服务项目及价款的相关条款达成一致意见,并非水晶公司无故恶意拒绝订立合同,故本案不应适用定金罚则。

3. 正确适用本条第 3 款关于成约定金的规定

本条第 3 款是对成约定金的规定,来源于《担保法解释》第 116 条,将"主合同已经履行或者已经履行主要部分的"修改为"合同主要义务已经履行完毕并为对方所接受的",表述更为完善。

成约定金,即当事人约定将交付定金作为主合同成立或生效要件。然而,当事人关于定金为合同的成立或生效要件的约定并不具有绝对意义。[1] 成约定金即便并未交付,若合同主要义务已履行完毕并为对方所接受,则合同已成立或生效,主合同任何一方当事人不再有权以约定的成约定金未给付而宣称主合同不成立或不生效。例如在"湖北鹏程规划建筑设计有限公司、荆州市荆州区弥市镇人民政府承揽合同纠纷案"[2]中,法院认为:签订案涉合同系双方真实意思表示,合同内容亦不违反法律、行政法规效力性、强制性规定,属于有效合同。合同中虽然约定支付定金、合同生效的条款,但未明确约定定金金额,并且合同已经履行,不影响合同的成立和生效。据此,《城乡规划编制合同》自成立起生效。

另需注意的是,本条还有一处改动即规定"人民法院应当认定合同在对方接受履行时已经成立或者生效",即存在成约定金的情形下,应以债权人接受履行作为判断合同成立或生效的时点。因此若前案发生于本解释施行后,则应改为"《城乡规划编制合同》自债务人将合同主要义务履行完毕并为对方所接受时成立并生效",即"接受主要义务的履行"替代"交付成约定金"成为合同成立或生效的标志。

---

[1] 参见高圣平:《民法典担保制度及其配套司法解释理解与适用》,中国法制出版社 2021 年版,第 1076 页。

[2] 参见湖北省荆州市中级人民法院 (2021) 鄂 10 民再 18 号民事判决书。

4. 正确适用本条第 4 款关于解约定金的规定

本条第 4 款是关于解约定金的规定，来源于《担保法解释》第 117 条。主流观点认为解约定金即以定金为保留解除权的代价，其功能在于以遭受适用定金罚则带来的不利益为代价赋予当事人以解除权，行使解除权不需要理由，因而可以说基于解除定金的解除权"无条件，有代价"。① 立法机关亦认为解约定金可以被认为是一种约定解除权。②

由于当事人对定金性质另有特约的，应依该特约确定定金的性质，故当事人须明确约定该笔定金为解约定金。如在"高某飞、枣庄美康智能装备有限公司买卖合同纠纷案"③中，当事人约定付款方式为"合同签订后付解约定金 13800元"，此即满足本款规定的适用前提，即"当事人约定定金性质为解约定金"。另外，既将解约定金视为一种约定解除权，则在以丧失或双倍返还解约定金为代价解除合同后，对于合同解除后果的处理，适用《民法典》相关规定自不待言。

> ### 第六十八条　【定金罚则的法律适用】
>
> 双方当事人均具有致使不能实现合同目的的违约行为，其中一方请求适用定金罚则的，人民法院不予支持。当事人一方仅有轻微违约，对方具有致使不能实现合同目的的违约行为，轻微违约方主张适用定金罚则，对方以轻微违约方也构成违约为由抗辩的，人民法院对该抗辩不予支持。
>
> 当事人一方已经部分履行合同，对方接受并主张按照未履行部分所占比例适用定金罚则的，人民法院应予支持。对方主张按照合同整体适用定金罚则的，人民法院不予支持，但是部分未履行致使不能实现合同目的的除外。

---

① 参见张金海：《定金制度论》，中国法制出版社 2020 年版，第 89 页；高圣平：《民法典担保制度及其配套司法解释理解与适用》，中国法制出版社 2021 年版，第 1078 页。

② 参见黄薇主编：《中华人民共和国民法典合同编解读》（上册），中国法制出版社 2020 年版，第 450页。

③ 参见山东省枣庄市中级人民法院（2022）鲁 04 民终 1836 号民事判决书。

> 因不可抗力致使合同不能履行，非违约方主张适用定金罚则的，人民法院不予支持。

◆ 条文主旨

本条是关于定金罚则适用的规定。《民法典》已经在第587条明确了定金罚则只适用于履行债务不符合约定致使不能实现合同目的的情形，明确表达了违约定金罚则仅适用于根本违约的观点。然而，面对实践中可能就非根本违约情形下关于定金罚则产生的争议，有必要将《担保法解释》的相关规定精神予以沿用，本条即是对《担保法解释》第115条、第120条、第122条①等规定的吸收改造的成果。

本条第1款是关于双方违约情形下能否适用定金罚则的规定。由于定金具有制裁性，旨在制裁违约方当事人。当双方均构成根本违约时，适用定金罚则便失去了其正当性与必要性，此时应各自承担相应的责任。

本条第2款是部分履行情形下如何适用定金罚则的规定。若部分不履行债务亦完全适用定金罚则，似有违公平原则，故部分履行依履行部分所占比例适用定金罚则。

本条第3款吸收了《担保法解释》第122条的规定，以与《民法典》形成统一，在司法实践中具有指导价值。该款删除了《担保法解释》第122条中的"意外事件"，与民法典仅将不可抗力作为违约免责事由的处理作了统一。

◆ 关联规定

《中华人民共和国民法典》

第五百八十六条 当事人可以约定一方向对方给付定金作为债权的担保。定

---

① 第115条："当事人约定以交付定金作为订立主合同担保的，给付定金的一方拒绝订立主合同的，无权要求返还定金；收受定金的一方拒绝订立合同的，应当双倍返还定金。"第120条："因当事人一方迟延履行或者其他违约行为，致使合同目的不能实现，可以适用定金罚则。但法律另有规定或者当事人另有约定的除外。当事人一方不完全履行合同的，应当按照未履行部分所占合同约定内容的比例，适用定金罚则。"第122条："因不可抗力、意外事件致使主合同不能履行的，不适用定金罚则。因合同关系以外第三人的过错，致使主合同不能履行的，适用定金罚则。受定金处罚的一方当事人，可以依法向第三人追偿。"

金合同自实际交付定金时成立。

定金的数额由当事人约定；但是，不得超过主合同标的额的百分之二十，超过部分不产生定金的效力。实际交付的定金数额多于或者少于约定数额的，视为变更约定的定金数额。

第五百八十七条 债务人履行债务的，定金应当抵作价款或者收回。给付定金的一方不履行债务或者履行债务不符合约定，致使不能实现合同目的的，无权请求返还定金；收受定金的一方不履行债务或者履行债务不符合约定，致使不能实现合同目的的，应当双倍返还定金。

《全国法院民商事审判工作会议纪要》（法〔2019〕254号）

49.【合同解除的法律后果】合同解除时，一方依据合同中有关违约金、约定损害赔偿的计算方法、定金责任等违约责任条款的约定，请求另一方承担违约责任的，人民法院依法予以支持。

◆ 案例指引

1. 双方违约不适用定金罚则

▷安阳市金纶房地产开发有限公司、王某智房屋买卖合同纠纷案①

该案中，王某智与安阳市金纶房地产开发有限公司（以下简称金纶公司）签订定购书后，王某智未按照约定付清首付款，金纶公司未按照承诺将商铺进行出租，法院据此认为双方互相违约，故本案不适用定金罚则，不予支持金纶公司关于定金应不予退还的主张。

2. 部分履行依履行部分所占比例适用定金罚则

▷燕某、宜兴市俊标机械设备有限公司买卖合同纠纷案②

法院认为，未履行部分的2台设备价款为34万元，占合同总价43.59%，该部分的定金应为43590元，根据定金罚则，宜兴市俊标机械设备有限公司应双倍返还定金87180元。

---

① 河南省安阳市中级人民法院（2022）豫05民终3622号民事判决书。
② 江苏省无锡市中级人民法院（2022）苏02民终3572号民事判决书。

3. 不可抗力致使合同不能履行，不适用定金罚则

▷广东茂名市威宇投资有限公司、钟某等租赁合同纠纷案①

法院认为广东茂名市威宇投资有限公司、茂名市茂南嘉浚皮业有限公司签订租赁合同的目的不能实现，是由于涉案茂名市茂南区皮革加工行业转型升级项目的环评报告未能得到广东省环境保护厅的批准，这是不可归责于广东茂名市威宇投资有限公司、茂名市茂南嘉浚皮业有限公司双方的事由，因此，本案不适用定金罚则。

◆ **理解与适用**

《民法典》第587条的规定在《合同法》基础上增加了"致使不能实现合同目的"的条件，表述更加严谨，更鲜明地表达了立法机关认为仅在根本违约情形下才能够适用违约定金罚则的观点。② 申言之，只有在债务人不履行合同义务或者履行不符合约定而构成根本违约时，才能适用定金罚则。更具体而言，即完全不履行，或部分履行、迟延履行、瑕疵履行已构成根本违约的情况下，③ 才能适用定金罚则。立法机关采纳"根本违约说"的理由在于定金罚则体现了对违约一方当事人的制裁，且适用定金罚则并不影响违约责任的承担，即当事人还可能承担支付违约金、赔偿损失、继续履行等责任。限缩定金罚则的适用范围，将其限定在根本违约的情形下，而非轻微违约即需适用定金罚则，有利于避免违约方承受过于沉重的经济负担，利于其继续履行合同，并且与法律上的诚实信用原则相符合。④

另需注意的是，确认违约定金罚则的适用以债务人成立根本违约为前提，该根本违约的判断标准应当与作为法定解除权发生事由的根本违约一致。如此一来，既没有增加法律概念，也可以借助在合同解除的语境中已经得到较多讨论的

---

① 广东省茂名市中级人民法院（2021）粤09民终637号民事判决书。

② 参见黄薇主编：《中华人民共和国民法典合同编解读》（上册），中国法制出版社2020年版，第452页。

③ 迟延履行在实践中相当常见，关于迟延履行致使不能实现合同目的，从而适用定金罚则的案例，可参见新疆维吾尔自治区哈密地区中级人民法院（2022）新22民终481号民事判决书、浙江省宁波市宁海县人民法院（2010）甬宁商初字第406号民事判决书。

④ 参见王利明：《合同法研究（第二卷）》（第三版），中国人民大学出版社2015年版，第735页。

根本违约的认定标准处理适用定金罚则的违约定金案件。①

尽管《民法典》第 587 条已经明确了定金罚则的适用前提，但为回应实践中产生的问题，《担保法解释》关于定金罚则适用的相关规定仍有价值，故本条吸收《担保法解释》相关规定的精神，形成问题导向明确的三款。

1. 双方违约不适用定金罚则

本条第 1 款是关于双方违约情形下能否适用定金罚则的规定。

由于定金具有制裁性，旨在制裁违约方当事人。当双方均构成根本违约时，适用定金罚则便失去了其正当性与必要性，此时应各自承担相应的责任。如在"罗某全与杨某跃合同纠纷案"② 中，法院即认为双方当事人均存在违约行为，不能要求对方对自己承担违约责任，故本案不适用定金罚则。③

当然，本款中的双方违约意指双方均构成根本违约，若存在一方根本违约而一方轻微违约的情况，对于根本违约方仍有惩罚必要，若根本违约方主张因双方违约而不适用定金罚则，人民法院应依本款不予支持。例如在"郭某、钱某兰诉宋某健、谢某房屋买卖合同纠纷案"④ 中，法院认为："原告的行为仅构成迟延履行，在合同未有明确约定的情形下，该迟延履行尚未达到无法实现协议目的的程度，被告方可追究其迟延付款责任，但不得单方解除合同没收定金或拒绝履行……而被告先答复推迟 1—2 年成交，后又答复不能确定履行时间甚至暂不出售、不会出售房屋，其行为已超出正当维权的界限，有违诚信，应当认定拒绝履行合同义务，构成根本违约。故两原告要求解除合同，双倍返还定金，于法有据，本院予以支持。"

2. 部分履行依履行部分所占比例适用定金罚则

本条第 2 款源于《担保法解释》第 120 条第 2 款之规定："当事人一方不完全履行合同的，应当按照未履行部分所占合同约定内容的比例，适用定金罚则。"部分履行情形下也应适用定金罚则，这是因为部分履行仍与违约定金的担保功能相悖。⑤ 然而，完全不履行债务的，直接适用定金罚则，若部分不履行债务亦完

---

① 参见张金海：《定金制度论》，中国法制出版社 2020 年版，第 225–226 页。
② 参见云南省文山壮族苗族自治州中级人民法院（2022）云 26 民终 2047 号民事判决书。
③ 类似的处理还可参见湖南省郴州市中级人民法院（2022）湘 10 民终 2307 号民事判决书。
④ 参见江苏省南通市崇川区人民法院（2016）苏 0602 民初 755 号民事判决书。
⑤ 参见张金海：《定金制度论》，中国法制出版社 2020 年版，第 232 页。

全适用定金罚则，似有违公平原则，故部分履行情形下一律完全适用定金罚则的观点并不可取。① 因此，本款吸收了《担保法解释》第120条第2款之规定，继续肯定其适用价值。当然，依履行比例部分适用定金罚则的前提是主合同本身的履行能够区分比例，《民法典》第632条和第633条规定标的物可分情况下可就部分标的物解除合同，对定金的部分适用有参考意义。

早有学者肯定《担保法解释》该条规定，认为合同部分履行时，对未履行部分应当以占合同标的总额的比例，作为丧失或者双倍返还的计算比例。合同标的的性质决定合同不能部分履行的，应以全部定金适用定金罚则。②

实践中，一般而言，不论现实履行比例如何，债务为金钱债务抑或非金钱债务，只要部分履行不致合同目的无法实现，法院即会依履行比例适用定金罚则。如在"傅某雷等诉扬州星宇木业有限公司技术服务合同、侵犯商业秘密纠纷案"③ 中，法院即认为：傅某雷在服务两个多月完成了合同约定的设备改造后即自行离开扬州星宇木业有限公司，不再履行其余的义务，属不完全履行合同。傅某雷应当按照其未履行部分的比例适用定金罚则。④

3. 关于不可抗力免责

本条第3款吸收了《担保法解释》第122条的规定，删除了"意外事件"，与《民法典》仅将不可抗力作为违约免责事由的处理作了统一。该规定与《民法典》不冲突，但在司法实践中具有指导价值，且未纳入《民法典有关担保制度解释》中，故有必要在本解释中予以规定。本条适用时的关键与适用民法不可抗力免责规则相同，还是在于对是否确为不可抗力的判断。兹举几例展示法院在审判实践中的判断标准：

（1）在"乌审旗长庆物流服务有限责任公司、湖北四通专用汽车有限公司买

---

① 参见高圣平：《民法典担保制度及其配套司法解释理解与适用》，中国法制出版社2021年版，第1094页。

② 参见李国光等：《〈关于适用《中华人民共和国担保法》若干问题的解释〉理解与适用》，吉林人民出版社2000年版，第42页。

③ 参见江苏省高级人民法院（2003）苏民三终字第068号民事判决书。

④ 类似的处理还可参见广东省佛山市中级人民法院（2022）粤06民终1816号民事判决书、湖北省荆门市中级人民法院（2021）鄂08民终1645号民事判决书、广东省东莞市中级人民法院（2021）粤19民终9975号民事判决书、江西省抚州地区（市）中级人民法院（2021）赣10民终1248号民事判决书。

卖合同纠纷案"① 中，法院认为：上诉人与被上诉人签订的《汽车销售合同》约定的涉案车辆属于改装车，车辆底盘部分由底盘生产厂家负责。湖北四通专用汽车有限公司在签订合同后按照上诉人的要求向陕汽公司订购陕汽 M3000 底盘，并按照合同约定制作罐体，在合同履行过程中因陕汽公司执行国家交通运输行业安全技术标准，涉案车辆陕汽 M3000 底盘需进行安全技术升级无法下线生产，可能存在按照合同约定无法按时交付车辆的情况……湖北四通专用汽车有限公司在发生上述不能避免的情况，及时通知乌审旗长庆物流服务有限责任公司并提出各种减损方案，本案不适用定金罚则。

（2）在"陈某连、东莞市润龙成科技有限公司与汕头市欧莱雅化妆品有限公司买卖合同纠纷案"② 中，一审法院认为双方当事人签订合同时，疫情已经暴发，并非双方当事人没有预见到的情形；二审法院认为东莞市润龙成科技有限公司关于其在涉案合同履行中因存在疫情影响而不构成违约的主张，没有提交相关证据予以证明。从而认为本案不构成不可抗力。

（3）在前述"广东茂名市威宇投资有限公司、钟某等租赁合同纠纷案"③ 中，法院将涉案茂名市茂南区皮革加工行业转型升级项目的环评报告未能得到广东省环境保护厅的批准认为是"不可归责于广东茂名市威宇投资有限公司、茂名市茂南嘉浚皮业有限公司双方的事由"，故而认为本案不适用定金罚则。

---

① 参见湖北省随州市中级人民法院（2021）鄂 13 民终 1567 号民事判决书。
② 参见广东省汕头市中级人民法院（2021）粤 05 民终 307 号民事判决书。
③ 参见广东省茂名市中级人民法院（2021）粤 09 民终 637 号民事判决书。

第九章 附 则

◆ **本章概述**

本章是《合同编通则解释》的第九部分，名为"附则"，主要对本解释的生效时间及其溯及力进行了规定（第 69 条）。

> **第六十九条 【本解释生效时间】**
> 本解释自 2023 年 12 月 5 日起施行。
> 民法典施行后的法律事实引起的民事案件，本解释施行后尚未终审的，适用本解释；本解释施行前已经终审，当事人申请再审或者按照审判监督程序决定再审的，不适用本解释。

◆ **条文主旨**

本条第 1 款明确了本解释的施行时间为 2023 年 12 月 5 日。本条第 2 款就本解释的溯及力进行了规定。由于本解释是对于《民法典》合同编通则相关规范的解释，故相关案件能够适用本解释的前提是能够适用《民法典》。故而，本条第 2 款采取了有限溯及的基本立场，明确本解释适用于《民法典》施行后的法律事实引起的民事案件，即溯及适用至 2021 年 1 月 1 日（《民法典》施行之日）；同时，为确保司法裁判的确定性与公信力，本条第 2 款同时规定，除满足法律事实须发生在《民法典》施行后这一条件外，适用本解释还须满足"相关民事案件在本解释施行后尚未终审"这一条件。同理，若本解释施行前相关民事案件已经终审，当事人申请再审或者按照审判监督程序决定再审的，不能适用本解释。需要指出的是，《民法典时间效力规定》就法律事实发生在《民法典》施行前仍能适用

《民法典》的相关情形进行了规定，故本条还需结合《民法典时间效力规定》予以展开。

◆ 关联规定

《最高人民法院关于适用〈中华人民共和国民法典〉时间效力的若干规定》（法释〔2020〕15 号）

第一条 民法典施行后的法律事实引起的民事纠纷案件，适用民法典的规定。

民法典施行前的法律事实引起的民事纠纷案件，适用当时的法律、司法解释的规定，但是法律、司法解释另有规定的除外。

民法典施行前的法律事实持续至民法典施行后，该法律事实引起的民事纠纷案件，适用民法典的规定，但是法律、司法解释另有规定的除外。

第二条 民法典施行前的法律事实引起的民事纠纷案件，当时的法律、司法解释有规定，适用当时的法律、司法解释的规定，但是适用民法典的规定更有利于保护民事主体合法权益，更有利于维护社会和经济秩序，更有利于弘扬社会主义核心价值观的除外。

第三条 民法典施行前的法律事实引起的民事纠纷案件，当时的法律、司法解释没有规定而民法典有规定的，可以适用民法典的规定，但是明显减损当事人合法权益、增加当事人法定义务或者背离当事人合理预期的除外。

第五条 民法典施行前已经终审的案件，当事人申请再审或者按照审判监督程序决定再审的，不适用民法典的规定。

第八条 民法典施行前成立的合同，适用当时的法律、司法解释的规定合同无效而适用民法典的规定合同有效的，适用民法典的相关规定。

第九条 民法典施行前订立的合同，提供格式条款一方未履行提示或者说明义务，涉及格式条款效力认定的，适用民法典第四百九十六条的规定。

第十条 民法典施行前，当事人一方未通知对方而直接以提起诉讼方式依法主张解除合同的，适用民法典第五百六十五条第二款的规定。

第二十条 民法典施行前成立的合同，依照法律规定或者当事人约定该合同的履行持续至民法典施行后，因民法典施行前履行合同发生争议的，适用当时的法律、司法解释的规定；因民法典施行后履行合同发生争议的，适用民法典第三编第四章和第五章的相关规定。

◆ **案例指引**

1. 《民法典》施行前的法律事实引起的民事纠纷案件，适用当时法律、司法解释的规定

▷郑某某与谯城区李某某祖传油坊买卖合同纠纷案①

一审法院认为，关于本案法律适用问题，依据《民法典时间效力规定》第1条第2款"民法典施行前的法律事实引起的民事纠纷案件，适用当时的法律、司法解释的规定，但是法律、司法解释另有规定的除外"之规定，本案买卖的法律事实发生在2020年12月，故本案应适用《民法典》实施前的法律、司法解释。二审法院对此予以了支持。

2. 《民法典》施行前的法律事实持续至《民法典》施行后，适用《民法典》及相关司法解释

▷广州江淮运动科技有限公司、广州市花海物业管理服务有限公司房屋租赁合同纠纷案②

《民法典时间效力规定》第1条第3款规定："民法典施行前的法律事实持续至民法典施行后，该法律事实引起的民事纠纷案件，适用民法典的规定，但是法律、司法解释另有规定的除外。"本案中，相关的案件事实持续至《民法典》施行后，故本案适用民法典及司法解释的规定。

3. 《民法典》施行后法律事实引起的民事纠纷案件，适用《民法典》及相关司法解释

▷广州世纪旭华酒店管理有限公司、安途生（广州）科技有限公司等房屋租赁合同纠纷案③

本案租赁双方均确认合同解除时间为2022年7月26日，即2021年1月1日《民法典》施行后。根据《民法典时间效力规定》第1条第1款规定，本案适用

---

① 参见安徽省亳州市中级人民法院（2021）皖16民终3479号民事判决书。
② 参见广东省广州市中级人民法院（2023）粤01民终28961号民事判决书。
③ 参见广东省广州市中级人民法院（2023）粤01民终23713号民事判决书。

《民法典》规定。

4.《民法典》的有利溯及

▷第九师白桦林养殖专业合作社与上海农科种子种苗有限公司买卖合同纠纷案①

依照《民法典时间效力规定》第2条规定："民法典施行前的法律事实引起的民事纠纷案件，当时的法律、司法解释有规定，适用当时的法律、司法解释的规定，但是适用民法典的规定更有利于保护民事主体合法权益，更有利于维护社会和经济秩序，更有利于弘扬社会主义核心价值观的除外。"本案的事实发生在2019年，为《民法典》施行前的法律事实引起的民事纠纷，但适用《民法典》的规定更有利于保护民事主体合法权益，更有利于维护社会和经济秩序，更有利于弘扬社会主义核心价值观，故本案适用《民法典》的规定更为适宜。

5.《民法典》的空白溯及

▷广东珏珍堂药业有限公司、陈某某等合同纠纷案②

本案中，陈某某与广东珏珍堂药业有限公司签订的《九珍堂品牌辣木珍源素合作协议书》约定陈某某以书面方式向广东珏珍堂药业有限公司订货，广东珏珍堂药业有限公司确认后向陈某某发货，该合同没有买卖合同的一般内容，广东珏珍堂药业有限公司主张该合同为买卖合同，与前述法律规定不符，本院不予采纳。因《九珍堂品牌辣木珍源素合作协议书》签订当时的法律、司法解释没有规定预约合同而《民法典》有规定，根据《民法典时间效力规定》第3条规定，可以适用《民法典》关于预约合同的规定。

6.《民法典》施行前已经终审的案件再审不适用《民法典》的规定

▷高某某、广州市莱鑫装饰设计有限公司装饰装修合同纠纷案③

本案为再审并发回审理的案件，一审法院根据《民法典时间效力规定》第5条的规定认定本案应适用当时的法律、司法解释的规定并无不当，本院予以认同。

---

① 参见新疆生产建设兵团第（农）九师中级人民法院（2023）兵09民终65号民事判决书。
② 参见广东省广州市中级人民法院（2023）粤01民终28306号民事判决书。
③ 参见广东省广州市中级人民法院（2023）粤01民终21089号民事判决书。

◆ **理解与适用**

在司法解释中明确规定其施行时间，是司法解释制定过程中的必要事项。2019 年最高人民法院办公厅发布的《关于司法解释施行日期问题的通知》（法办发〔2019〕2 号）规定，司法解释的施行日期是司法解释时间效力的重要内容，司法解释应当在主文作出明确规定："本解释（规定或者决定）自×年×月×日起施行"。有鉴于此，本条第 1 款明确规定了本解释自 2023 年 12 月 5 日起施行。除明确本解释的施行时间外，本条第 2 款还就本解释的溯及力问题进行了规定。

1. 本解释溯及力的一般规定

所谓溯及力，是指新的法律规范溯及既往的效力。若新的法律颁布后对它生效以前所发生的事件和行为能够适用，就具有溯及力，反之则没有溯及力。① 在新法的溯及力问题上，《立法法》第 104 条②明确了有利溯及的原则，《刑法》第 12 条③明确了从旧兼从轻的溯及原则。在民事领域，法的时间效力冲突的问题却并没有一种普遍认可的通说，④ 究其原因，在于民法规范调整的社会关系的特殊性，民事诉讼是平等主体之间的对抗，在诉争的民事权益上呈现此消彼长的博弈关系，无论适用哪一种标准裁判，在对一方当事人有利时，却经常对另一方不利。⑤ 但为有助于《民法典》在施行过渡期的科学适用，最高人民法院于 2020 年 12 月 29 日发布了《民法典时间效力规定》，就《民法典》溯及力相关问题进行了规定。本条第 2 款也正是在《民法典时间效力规定》的基础之上制定的。

---

① 参见沈宗灵：《法理学》（第二版），高等教育出版社 2004 年版，第 370 页。
② 《立法法》第 104 条："法律、行政法规、地方性法规、自治条例和单行条例、规章不溯及既往，但为了更好地保护公民、法人和其他组织的权利和利益而作的特别规定除外。"
③ 《刑法》第 12 条："中华人民共和国成立以后本法施行以前的行为，如果当时的法律不认为是犯罪的，适用当时的法律；如果当时的法律认为是犯罪的，依照本法总则第四章第八节的规定应当追诉的，按照当时的法律追究刑事责任，但是如果本法不认为是犯罪或者处刑较轻的，适用本法。本法施行以前，依照当时的法律已经作出的生效判决，继续有效。"
④ 参见贺栩栩：《法的时间效力界限与法的稳定性——以德国民法为研究对象》，载《环球法律评论》2011 年第 5 期，第 69 页。
⑤ 参见熊丙万：《论〈民法典〉的溯及力》，载《中国法学》2021 年第 2 期，第 22 页。

对于《民法典》溯及力的基准时①，《民法典时间效力规定》第 1 条明确为"法律事实发生时"；本条第 2 款也明确规定，《民法典》施行后的法律事实引起的民事案件，本解释施行后尚未终审的，适用本解释。因而，在《民法典》施行（2021 年 1 月 1 日）前的法律事实引起的民事案件，因原则上不能适用《民法典》，自然原则上不能适用本解释。除须法律事实发生在《民法典》施行后，本条第 2 款还明确将"本解释施行后尚未终审"作为适用本解释的条件。因而，即便是《民法典》施行后的法律事实引起的民事案件，若在本解释施行前已经终审的，自然不能适用本解释；同时，本解释施行前已经终审的，即便该案件进入再审程序，同样不能适用本解释。这主要是为了贯彻"既判力优于溯及力"原则，② 否则相关判决毫无稳定性可言，不利于维护司法裁判的权威性和公信力。事实上，《民法典时间效力规定》第 5 条也对此予以了明确规定："民法典施行前已经终审的案件，当事人申请再审或者按照审判监督程序决定再审的，不适用民法典的规定。"

本条第 2 款以"法律事实发生时"作为本解释溯及力的基准时，但司法实践中存在跨越《民法典》施行这一时间点前后的法律事实。此种法律事实引起的民事案件能否适用本解释？对此，《民法典时间效力规定》第 1 条第 3 款规定："民法典施行前的法律事实持续至民法典施行后，该法律事实引起的民事纠纷案件，适用民法典的规定，但是法律、司法解释另有规定的除外。"因而，对于《民法典》施行前的法律事实持续至《民法典》后，该法律事实引起的民事案件，本解释施行后尚未终审的，适用本解释。但需特别注意的是，对于履行跨越《民法典》施行前后的合同（即继续性合同）纠纷案件，应适用《民法典时间效力规定》第 20 条。《民法典时间效力规定》第 20 条规定："民法典施行前成立的合同，依照法律规定或者当事人约定该合同的履行持续至民法典施行后，因民法典施行前履行合同发生争议的，适用当时的法律、司法解释的规定；因民法典施行后履行合同发生争议的，适用民法典第三编第四章和第五章的相关规定。"这就

---

① 溯及力基准时是指规范对既往行为和事件发生效力的时间节点，以该节点分界，规范对之前的行为和事件不发生效力，仅对此后的行为和事件发生效力。参见刘哲玮：《论民事司法解释的时间效力规则——以〈民间借贷司法解释〉的两次修订展开》，载《现代法学》2021 年第 2 期，第 65 页。

② 参见最高人民法院研究室编著：《最高人民法院民法典时间效力司法解释理解与适用》，人民法院出版社 2021 年版，第 74 页。

意味着，对于履行行为持续至《民法典》施行后的合同，因《民法典》施行后履行合同发生争议的，且本解释施行后尚未终审的，可以适用《民法典》第三编（合同编）第四章（合同的履行）和第五章（合同的保全）以及其在本解释中的相关规定。

2. 本解释溯及力的例外情形

根据本条第 2 款，在《民法典》施行前的法律事实引起的民事案件，原则上不能适用本解释，但结合《民法典时间效力规定》的相关规定仍能得出相应的例外情形。究其原因，在于本解释是对于《民法典》合同编通则部分相关规范的解释，若《民法典》合同编通则部分相关规范能够被溯及适用，本解释在符合一定条件的情况下也能被溯及适用。

例如，《民法典时间效力规定》第 8 条规定："民法典施行前成立的合同，适用当时的法律、司法解释的规定合同无效而适用民法典的规定合同有效的，适用民法典的相关规定。"对于符合《民法典时间效力规定》第 8 条规定情形适用《民法典》相关规定的，若在本解释施行后尚未终审的，可以适用本解释有关合同效力的相关规定。又如，《民法典时间效力规定》第 9 条规定："民法典施行前订立的合同，提供格式条款一方未履行提示或者说明义务，涉及格式条款效力认定的，适用民法典第四百九十六条的规定。"对于符合《民法典时间效力规定》第 9 条规定情形适用《民法典》相关规定的，若在本解释施行后尚未终审的，可以适用本解释关于格式条款效力认定的相关规定。再如，《民法典时间效力规定》第 10 条规定："民法典施行前，当事人一方未通知对方而直接以提起诉讼方式依法主张解除合同的，适用民法典第五百六十五条第二款的规定。"对于符合《民法典时间效力规定》第 10 条规定情形适用《民法典》相关规定的，若在本解释施行后尚未终审的，可以适用本解释相关规定。

当然，本解释溯及力的例外情形不仅限于上述列举的情况。总体而言，对于《民法典》施行前法律事实引起的民事案件，若根据《民法典时间效力规定》能够溯及适用《民法典》相关规定的，且本解释施行后该民事案件尚未终审的，可以适用本解释。

附　录

最高人民法院民二庭、研究室负责人
就民法典合同编通则司法解释答记者问①

（2023 年 12 月 5 日）

民法典颁布后，最高人民法院废止了根据原合同法制定的《合同法解释一》和《合同法解释二》，司法实践急需出台关于民法典合同编通则的司法解释。为此，最高人民法院在清理相关司法解释的基础上，结合审判实践中遇到的疑难问题，制定了《关于适用〈中华人民共和国民法典〉合同编通则若干问题的解释》（以下简称解释），于 2023 年 12 月 5 日公告公布，并自公布之日起施行。为准确理解解释的内容，记者采访了最高人民法院民二庭、研究室负责人。

问：能否请您简要介绍一下解释的起草背景、指导思想和过程？

答：2020 年 5 月 28 日民法典颁布。5 月 29 日，中共中央政治局就"切实实施民法典"举行第二十次集体学习。习近平总书记强调，要充分认识颁布实施民法典的重大意义，推动民法典实施，以更好推进全面依法治国、建设社会主义法治国家，更好保障人民权益。最高人民法院为贯彻落实习近平总书记的重要讲话精神，对当时有效的 591 件司法解释进行了清理，废止 116 件，修改 111 件，继续有效适用 364 件。废止的 116 件司法解释中，包括根据原合同法制定的《合同法解释一》和《合同法解释二》。考虑到这两件废止的司法解释中的一些内容对统一裁判尺度仍有指导意义，一些内容需要根据民法典的新的规定作出调整，特别是民法典合同编通则规定的有些内容在审判实践中仍需细化标准，最高人民法

---

① 《最高人民法院民二庭、研究室负责人就民法典合同编通则司法解释答记者问》，载最高人民法院网站，https://www.court.gov.cn/zixun/xiangqing/419402.html。

院决定制定解释。解释的制定，以习近平新时代中国特色社会主义思想为指导，深入学习贯彻习近平法治思想及习近平总书记关于切实实施民法典的重要讲话精神，紧密结合人民法院审判工作实际，广泛征求各方面意见特别是全国人大常委会法工委意见，反复研究论证，力争形成最大共识，保证解释的条文既符合立法原意，又能解决审判实践中的问题，还与学界通说吻合。

解释起草的过程是，2020 年 6 月，根据最高人民法院党组的统一部署，我们开展了《合同法解释一》《合同法解释二》等司法解释的清理工作，并通过在杭州、武汉等地进行调研，形成了初稿。此后，我们先后在上海、成都、南通、深圳、北京等地进行调研，并在清华大学、中国人民大学、中国社科院法学所召开了专家讨论会，在进一步充实初稿的基础上形成了司法解释草案。为确保起草工作的科学性，我们就司法解释草案又书面征求了十个高院有关业务庭室的意见，在国家法官学院召开了由部分地方法院法官参加的座谈会，与中华全国律协联合举行了由各地律师代表参加的座谈会，与中国法学会民法学研究会联合举办了由知名学者和实务专家参加的研讨会，充分听取了实务界、理论界和立法机关的意见。

2022 年 10 月，我们结合立法机关、司法实务部门和法学理论界的意见，对司法解释草案进行了逐条研究，再次对草案进行了全面修改，形成了征求意见稿，同时向中央政法委、最高人民检察院、国务院有关部门、全国各高院征求意见。在此基础上，我们于 2022 年 11 月向全社会征求意见，共收到各方面意见2000 余条。与此同时，我们还委托了二十多家法学院校和科研机构就征求意见稿进行研究并提出意见。2022 年 12 月至 2023 年 2 月，在充分吸收各方面意见的基础上，我们又先后两次向全国人大常委会法工委书面征求意见，并在此基础上形成了提请最高人民法院审判委员会讨论的解释。此后，经最高人民法院审判委员会第 1889 次会议审议，解释获得通过。

问：请问制定该司法解释遵循了哪些工作思路？

答：为做好起草工作，确保调研充分，接地气、有实效，我们采取了以下工作思路：

一是尊重立法原意。起草工作始终将准确理解贯彻民法典的立法意图作为最高标准，特别注重听取吸收全国人大常委会法工委民法室有关同志的意见，坚决避免规则设计偏离立法原意。严格依照立法法赋予的司法解释制定权限，坚守不创设新规则的基本立场，坚决做到根据民商事审判执行工作的实际需要作配套补充细化，确保民法典合同编的优秀制度设计在司法审判中准确落实落地。例如民法典相对于原合同法，进一步强化了债的保全制度，其目的是防止债务人"逃废债"，即通过赋予债权人代位权和撤销权，防止债务人的责任财产该增加的不增加，不该减少的却人为减少。为充分保障这一制度功能的实现，解释针对实践中存在的疑难问题，就代位权诉讼、撤销权诉讼的管辖、当事人等作了大量具体操作性规定。特别是对理论界、实务界热切期盼解决的代位权诉讼与仲裁协议的关系、撤销权行使的法律效果等问题作了明确回应，进一步统一了法律适用标准。

二是坚持问题导向。党的二十大报告在谈到"开辟马克思主义中国化时代化新境界"时指出，"必须坚持问题导向"。这一指导思想同样适用于司法解释的制定。在司法解释的起草过程中，我们始终坚持以问题为导向，在内容上要求所有条文必须具有针对性，要有场景意识，致力于解决实际问题，所提出的方案要具有可操作性。在形式上不追求大而全，尽可能做到小而精。例如，预约合同是运用较多的一类特殊合同，虽然民法典吸收原《买卖合同司法解释》的规定，对预约合同的内涵和外延都作出了明确规定，但实践中的问题还是很多，涉及预约合同的认定（包括预约和交易意向的区分、预约与本约的区分）、违反预约合同的认定以及违反预约合同的违约责任等。为此，解释在"合同的订立"部分，将预约合同作为重点予以规定，而没有对要约、承诺等一般规则再作具体规定。又如，民法典合同编通则部分就无权代理所订合同的效力作了规定，但实践中较为突出的问题是法人或者非法人组织的工作人员（如项目经理）在以法人或者非法人组织的名义订立合同时，何时构成职务代理，何时构成无权代理，常常发生认识上的分歧。为此，解释就职务代理的认定进行了规定。再如，关于抵销有无溯及效力的问题，司法实践中形成两种截然相反的裁判观点，亟需统一裁判尺度。为此，解释综合实务界、理论界的多数意见并征求全国人大常委会法工委意见后，明确抵销自通知到达时发生效力，有助于从根本上解决自原合同法施行以来长期困扰司法实践的难题。

三是保持司法政策的延续性。在起草司法解释的过程中，对于原《合同法解释一》《合同法解释二》《担保法解释》中与民法典并无冲突且仍然行之有效的规定，尽可能保留或者在适当修改后予以保留。此外，对于《全国法院民商事审判工作会议纪要》《最高人民法院关于当前形势下审理民商事合同纠纷案件若干问题的指导意见》等的相关规定，也根据实施情况及时总结经验，将被实践证明既符合民法典精神又切实可行的规定上升为司法解释，从而对实践发挥更重要的指导作用。例如在违约金、定金等法律适用问题上，解释尽量做到保持司法政策的延续性，原则上保留了原司法解释或者司法政策性文件的基本精神，并根据时代发展作出相应调整。

四是坚持系统观念和辩证思维。党的二十大报告指出："万事万物是相互联系、相互依存的。只有用普遍联系的、全面系统的、发展变化的观点观察事物，才能把握事物发展规律。"在司法解释的起草过程中，我们始终坚持系统观念，重视制度之间的联系，做到全面解决问题。例如，无权处分所订合同效力问题就涉及与民法典物权编的衔接与适用，债务加入则涉及与保证合同和不当得利等制度之间的协调。在司法解释的起草过程中，我们还十分注意辩证思维的运用。例如，关于格式条款的认定以及格式条款提供方对格式条款的提示义务和说明义务，就涉及平等保护和倾斜保护的辩证关系；"阴阳合同"和"名实不符"的认定与处理，则要求法官在民商事审判过程中要做到透过现象看本质；此外，在认定价格变化是否构成情势变更以及合同是否因违反强制性规定或者违背公序良俗而无效时，都涉及从量变到质变的辩证关系。

问：在较为复杂的交易中，当事人先签订意向书再签订正式合同的情况较为常见。实践中，人民法院对于各种各样的意向书、备忘录等究竟是交易的意向还是预约合同，往往难以作出判断，解释就预约合同的认定是否提供了更加明确的裁判规则？此外，实践中究竟应如何判断当事人是否违反预约合同？当事人一方违反预约合同，对方是否有权请求强制其订立本约合同？

答：民法典第 495 条第 1 款规定了预约合同及其表现形式，但这并不意味着所有认购书、订购书、预订书等都能构成预约合同。预约合同为合同的一种，自应具备合同的一般成立要件，即内容具体确定且表明当事人受意思表示的约束。关于内容具体确定的程度，考虑到预约合同是为将来订立本约而订立的合同，不能完全以本约内容的具体明确程度来要求预约的内容。因此，如果能够确定将来所要订立合同的主体、标的等内容，即可认定意思表示的内容已经具体确定。此外，如果当事人在协议中明确约定不受意思表示的约束，或者明确约定该文件不具有法律约束力，则即使当事人意思表示的内容具体确定，也不能认为构成预约合同。从实践的情况看，意向书、备忘录等通常情形下仅仅表明当事人有订立合同的意向，不构成预约合同。但是，如果意向书、备忘录等具备前述预约合同的成立要件，也应认定构成预约合同。此外，当事人虽然没有签订认购书、订购书、预订书、意向书、备忘录等书面文件，但为将来订立合同交付了定金，也应认为当事人之间已经成立预约合同关系。

当事人之所以先订立预约而不直接订立本约，是因为当事人一方面想将阶段化的谈判成果固定下来并赋予其法律约束力，另一方面又想将未能协商一致的内容留待将来进一步磋商，从而保留最终是否完成交易的决策权。尽管当事人对是否将交易推进到订立本约享有决策权，但预约合同生效后，当事人一方拒绝订立本约合同或者在磋商订立本约合同时违背诚信原则导致未能订立本约合同，都属于违反预约合同，应承担违反预约合同的违约责任。至于如何判断当事人在磋商订立本约合同时是否违背诚信原则导致未能订立本约合同，则应当综合考虑该当事人在磋商订立本约合同时提出的条件是否明显背离预约合同的内容以及是否已尽合理努力进行协商等因素。

关于违反预约合同的违约责任，历来存在"应当磋商说"和"必须缔约说"两种不同的观点。前者旨在落实意思自治，认为预约合同仅产生继续磋商义务，不能强制当事人订立本约；后者则旨在防止不诚信行为，认为预约合同可产生意定强制缔约的效力，可由法院的判决代替当事人的意思表示，并赋予强制执行的效力。解释仅规定当事人一方违反预约合同须承担损失赔偿的责任，没有规定当事人违反预约合同是否可以采取强制履行的救济方式，主要是考虑到民事强制执行法仍在起草过程中，现行法并无对意思表示进行强制执行的规定，且既然当事人在签订预约合同后仍然保留了对是否订立本约的决策权，从合同自由的原则出发，也不应以法院判决的方式来代替当事人的意思表示。如果今后通过的民事强制执行法对此有新的规定，当然按新的规定处理，自不待言。

问：违反强制性规定哪些情形下导致合同无效，哪些情形下合同仍然有效，是一直困扰司法实践的疑难问题。解释对民法典第 153 条第 1 款规定是如何解释的？

答： 这一问题是民商法学界公认的世界性难题。起草小组在院领导带领下对此问题进行了 30 多次专题讨论。继原合同法第 52 条将影响合同效力的强制性规定严格限定为法律、行政法规的强制性规定后，原《合同法解释二》第 14 条又进一步将导致合同无效的强制性规定限制在效力性强制性规定。这对于确立违反法律、行政法规的强制性规定并不必然导致合同无效的观念具有重要意义。民法典第 153 条第 1 款虽然没有采用效力性强制性规定的表述，但在规定法律行为因违反法律、行政法规的强制性规定而无效的同时，明确规定"但是，该强制性规定不导致该民事法律行为无效的除外"。在解释的起草过程中，考虑到效力性强制性规定的表述已被普遍接受，不少同志建议继续将效力性强制性规定作为判断合同是否因违反强制性规定而无效的标准。经过反复研究并征求各方面的意见，解释没有继续采用这一表述。一是因为，虽然有的强制性规定究竟是效力性强制性规定还是管理性强制性规定十分清楚，但是有的强制性规定的性质却很难区分。问题出在区分的标准不清晰，没有形成共识，特别是没有形成简便易行、务实管用的可操作标准，导致审判实践中有时裁判尺度不统一。二是因为，在有的场合，合同有效还是无效，是裁判者根据一定的因素综合进行分析的结果，而不是其作出判决的原因。三是因为，自效力性强制性规定的概念提出以来，审判实践中出现了望文生义的现象，即大量公法上的强制性规定被认为属于管理性强制性规定，不是效力性强制性规定。根据民法典第 153 条第 1 款的表述，我们没有采取原《合同法解释二》第 14 条将强制性规定区分为效力性强制性规定和管理性强制性规定的做法，而是采取了直接对民法典第 153 条第 1 款规定的"但书"进行解释的思路，回应广大民商事法官的现实需求。

需要指出的是，解释这样规定，不妨碍民商法学界继续对效力性强制性规定和管理性强制性规定区分标准的研究。我们也乐见优秀研究成果服务审判实践，共同解决这一世界难题，共同助力司法公正。

解释具体列举了违反强制性规定不影响合同效力的五种情形：

其一，强制性规定虽然旨在维护社会公共秩序，但是合同的实际履行对社会公共秩序造成的影响显著轻微，且认定合同无效将导致案件处理结果有失公平公正。这是比例原则在民法上的适用，也与刑法第 13 条关于"情节显著轻微危害不大的，不认为是犯罪"的规定具有内在的一致性。

其二，强制性规定旨在维护政府的税收、土地出让金等国家利益或者其他民事主体的合法利益而非合同当事人的民事权益，认定合同有效不会影响该规范目的的实现。例如，开发商违反城市房地产管理法第39条第1款规定未按照出让合同约定已经支付全部土地使用权出让金即签订转让土地使用权的协议。该规定并非为了保护当事人的民事权益而是为了维护政府的土地出让金利益，且即使认定合同有效，通常也不会影响这一规范目的的实现。

其三，强制性规定旨在要求当事人一方加强风险控制、内部管理等，对方无能力或者无义务就合同是否违反强制性规定进行审查，认定合同无效将使其承担不利后果。例如银行违反商业银行法第39条规定的资产负债比例发放贷款，因该规定旨在要求银行加强内部管理和风险控制，借款人无从获知银行是否违反该规定，自然不应仅因银行违反该规定就认定合同无效，否则借款人的交易安全将无法获得有效保障。

其四，当事人一方虽然在订立合同时违反强制性规定，但是在合同订立后其已经具备补正违反强制性规定的条件却违背诚信原则不予补正。例如开发商未取得预售许可证明即签订商品房买卖合同，但在合同订立后，其已经具备申请预售许可证明的条件却违背诚信原则不向行政管理部门提交申请，而是因房价上涨受利益的驱动主张合同无效，就不应获得支持。

其五，法律、司法解释规定的其他情形。例如当事人订立房屋租赁合同后，未依法办理备案登记，依据民法典第706条的规定，不应影响房屋租赁合同的效力。

问：民法典第533条规定了情势变更原则。实践中，较难处理的是如何区分情势变更与商业风险。在很多人看来，凡是价格的波动都应该认定为商业风险而不能认定为情势变更。这种观点对不对？此外，在发生情势变更的情况下，人民法院究竟是变更合同还是解除合同？当事人事先能否约定排除情势变更原则的适用？

答：根据民法典第533条的规定，情势变更是不同于商业风险的重大变化。一般认为，正常的价格变动是商业风险，但因政策变动或者供求关系的异常变动导致价格发生当事人在订立合同时无法预见的涨跌，按照原定价格履行合同将带来显失公平的结果，则应当认定发生了情势变更。这里有一个从量变到质变的过程。正常的价格变动是量变，是商业风险，但如果超出了量的积累，达到了质的变化，则应当认定为情势变更。所谓质的变化，要求价格的变化必须异常，从而使当事人一方依照合同的约定履行将导致明显不公平。当然，合同涉及市场属性活跃、长期以来价格波动较大的大宗商品以及股票、期货等风险投资型金融产品的除外。另外，根据民法典第533条的规定，在发生情势变更的情形下，人民法院可以根据当事人的请求变更或者解除合同。问题是，如果当事人请求变更合同，人民法院能否解除合同；如果当事人请求解除合同，人民法院能否变更合同？对此，解释规定，当事人请求变更合同的，人民法院不得解除合同；当事人一方请求变更合同，对方请求解除合同的，或者当事人一方请求解除合同，对方请求变更合同的，人民法院应当结合案件的实际情况，根据公平原则判决变更或者解除合同。人民法院依据情势变更原则变更或者解除合同，不同于当事人一方行使合同变更权或者解除权导致合同变更或者解除，而是通过裁判来变更或者解除合同。因此，在确定具体的变更或者解除合同的时间时，人民法院应综合考量合同基础条件发生重大变化的时间、当事人重新协商的情况以及因合同变更或者解除给当事人造成的损失等因素确定。最后，情势变更原则体现了国家通过司法权对合同自由的干预，因此，当事人事先约定排除情势变更原则适用的约定应被认定无效。

问：合同的保全制度对于维护债权人利益，防止债务人不当减少财产具有重要作用。我们注意到，解释第五部分以较大篇幅对合同的保全问题作了规定，能否具体介绍一下本部分的主要考虑？

答：民法典合同编通则第五章"合同的保全"完善了债权人代位权、撤销权制度，进一步强化对债权人的保护。解释第五部分紧扣民法典的立法精神，在传承原《合同法解释一》《合同法解释二》既有规则的基础上对合同的保全制度作了配套、补充、细化。本部分的主要考虑是：

一是贯彻产权保护政策精神，为债权人合法权益提供更加充分的保护。例如，民法典适当扩大了代位权的行使范围，因此解释第33条对原《合同法解释一》第13条作了修改，对于债权人可以代位行使的债务人的债权不再限定为"具有金钱给付内容的到期债权"，同时根据民法典的规定相应增加"与该债权有关的从权利"为可以代位行使的权利。又如，解释第41条规定，债权人提起代位权诉讼后，债务人对其债权的处分行为应当受到相应限制，如不能无正当理由减免相对人的债务等；第43条在民法典第539条规定的基础上进一步补充了债权人可以行使撤销权的不合理交易的类型，包括以明显不合理的价格实施互易财产、以物抵债等。这些规定有利于进一步织密防止债务人"逃废债"的法网，指导司法实践更好地贯彻产权保护政策要求，使民法典的制度价值通过司法审判充分转化为保护产权的治理效能。

二是统一裁判尺度，积极回应合同保全制度法律适用中的突出问题。原《合同法解释一》《合同法解释二》施行以来，人民法院在适用合同保全制度时遇到了一些新的突出问题。典型例子是，债务人与相对人订有仲裁协议时债权人能否对相对人提起代位权诉讼。解释紧扣"公正与效率"的工作主题，综合各方意见，对这些新问题作了回应。对于前述例子，解释第36条规定，债务人或者其相对人不能以双方之间的债权债务关系订有仲裁协议为由对法院主管提出异议，但是债务人或者其相对人在首次开庭前申请仲裁的，人民法院可以依法中止代位权诉讼。这一规定既有利于统一裁判尺度，又能满足债权人保护的需求，最大限度尊重仲裁协议，兼顾各方利益。

三是坚持为人民司法，尽可能方便债权人行使代位权和撤销权。便利人民群众进行诉讼，是本章起草时的一个重要考虑因素。例如，本章总体延续了原《合同法解释一》中有关管辖、合并审理等程序性规则，原因在于：民法典规定代位权和撤销权应当通过诉讼方式行使，只有设置相应的配套程序规则，做好实体法与程序法的衔接，才能保证民法典赋予的权利有效实现。同时，沿用这些规则也有利于保持司法政策延续性，方便法官和人民群众找法用法，并尽可能减少诉累，促进纠纷一次性解决。又如，如何实现撤销权诉讼的胜诉权益，是各方普遍关注的问题。为此，解释第46条规定通过执行程序实现债权人的胜诉权益，有利于让债权人少"走程序"，更加快捷地获得救济。

问：解释在合同的变更和转让部分重点解决了哪些问题？体现了什么价值导向？

答：解释第六部分主要针对司法实践中以下三个方面的问题进行规定：

一是债权债务转让纠纷的诉讼第三人问题。原《合同法解释一》第27条至第29条规定了债权债务转让纠纷中诉讼第三人的列明问题。这一规定有利于人民法院准确查明案件事实，依法作出公正裁判。因此，解释沿用了上述规则，并根据民法典的规定作了修改完善，分 3 款在第 47 条中规定。

二是债权转让中的有关法律适用问题。解释重点针对债权转让中的债务人保护和受让人保护问题作了规定。对于前者，解释明确：债务人在接到转让通知前向债权人履行的，可以产生债务消灭效果；债务人接到转让通知后，让与人不能以债权转让合同无效等为由要求债务人向其履行；多重转让情形下，债务人已经向最先通知的受让人履行的，产生债务消灭效果。对于后者，解释明确：未经通知受让人直接起诉债务人的，债权转让自起诉状副本送达时对债务人发生效力；债务人确认债权真实存在后不能再以债权不存在为由进行抗辩。由于缺乏有效公示方法，债权转让在实践中容易出现多重转让，影响债务人、受让人利益，引发纠纷后往往成为人民法院适用法律的难点问题，亟需明确相关处理规则。对此，起草小组在院领导带领下进行了 10 多次专题研究，并广泛征求专家学者意见，最终就已经达成共识的债务人已经履行的情形做出了规定。对于债务人尚未履行的情形，考虑到未完全形成共识，暂不作规定，留待司法实践进一步积累经验，必要时可通过指导性案例等形式解决。

三是债务加入的细化适用问题。民法典第 552 条新增了债务加入规则，实践中对债务加入人履行债务后能否向债务人追偿问题认识不完全统一。解释第 51 条对此予以明确，即约定了追偿权或者符合民法典有关不当得利等规定的，人民法院应当支持债务加入人的求偿请求，旨在充分发挥债务加入制度的增信功能。

总体而言，本部分鲜明体现了以下指导思想：一是贯彻诚信原则，依法保护善意当事人权益。二是维护交易安全，避免债务人因债权转让承受不合理负担，避免债务人、受让人因多重转让蒙受不测风险。三是促进纠纷解决，通过细化规则确保民法典的制度功能经由司法实践充分释放，有效定分止争。这些指导思想，最终都统一于为市场主体提供更加充分司法保护，为优化营商环境提供更加有力司法支持的政策导向。

问：合同的权利义务终止是合同法律制度的重要组成部分，请问解释在该部分就哪些问题统一了裁判思路？

答：解释在第七部分"合同的权利义务终止"中重点规定合同解除和抵销两方面内容。其中第 52 条至第 54 条是关于合同解除的规定，第 55 条至第 58 条是关于抵销的规定。这些规定系针对司法实践中认识不一致的突出问题而作出，主要目的是进一步统一法律适用标准，为打造稳定公平透明、可预期的法治化营商环境提供更加有力的司法保障。

在合同解除部分，解释重点作了以下规定：一是细化协商解除的法律适用问题。包括协商解除是否应当对结算、清理等问题达成一致，不享有解除权的一方主张解除合同在何种条件下构成协商解除。二是明确通知解除合同欲发生解除合同的效果，需以通知方享有解除权为前提。因此，不论对方是否在约定或者合理期限内提出异议，人民法院均应当对通知方是否享有解除权进行审查。三是明确当事人在撤诉后再次起诉解除合同的，合同自再次起诉的起诉状副本送达对方当事人时解除。

在债的抵销部分，解释重点作了以下规定：一是规定抵销自通知到达时发生效力，有利于解决司法实践中长期存在的抵销是否具有溯及力的认识分歧。二是明确债权不足以抵销全部债务时，可以参照适用民法典有关清偿抵充的规定，补充完善了抵销的法律适用规则。三是规定了侵权行为人不得主张抵销的情形，有利于加强对自然人人身权益的保护，打击故意或者重大过失的侵权。四是明确已过诉讼时效的债权作为主动债权主张抵销时，对方可以援引诉讼时效抗辩，有利于平息司法实践中对此问题的争议。

问：违约损害赔偿的认定是合同纠纷案件中经常遇到的问题。能否介绍一下有关情况？

答：解释第八部分是关于违约责任的规定，共计 10 条，主要涉及四个方面的内容。其中，第 59 条是关于合同司法终止的时间的规定，第 60 条至第 63 条是关于违约损害赔偿的计算规则，第 64 条至第 66 条是关于违约金司法调整的规定，第 67 条、第 68 条是关于定金的规定。

在解释的起草过程中，我们对违约损害赔偿的计算问题进行了重点调研，目的是深入贯彻以习近平同志为核心的党中央提出的关于"以保护产权、维护契约、统一市场、平等交换、公平竞争、有效监管为导向"的政策要求，通过完善违约损害赔偿计算规则，强化对守约方的保护，旗帜鲜明地体现保护交易安全、弘扬契约精神、促进公平交易的工作思路。解释第 60 条至第 63 条以 2009 年《最高人民法院关于当前形势下审理民商事合同纠纷案件若干问题的指导意见》中的相应内容为基础，针对司法实践中急需解决的突出问题，综合吸收司法案例、学术观点、域外经验等，从三个层次健全完善违约损害赔偿的计算规则：第一，确定违约损失范围。解释积极弘扬诚信精神，贯彻完全赔偿原则，明确非违约方因违约所造成的损失的计算方式为可得利益损失加其他损失。其中，第 60 条规定可得利益损失可以采取利润法、替代交易法、市场价格法等方法进行计算。第 63 条第 2 款明确除可得利益损失外还有其他因违约所造成的损失，经审理认为该损失系违约一方订立合同时预见到或者应当预见到的，也应当予以赔偿。第二，适用可预见性规则。第 63 条第 1 款对可预见性规则的适用作了进一步细化，引导法官在根据前述方法确定违约损失范围时要接受可预见性规则的检验。第三，确定违约损害赔偿金额。第 63 条第 3 款进一步规定要综合运用损益相抵规则、与有过失规则、防止损失扩大规则等确定违约方最终应当承担的违约损害赔偿数额。

问：我们注意到，最高人民法院在公布解释的同时，还配套发布了十个典型案例，能否简要谈谈此次配套发布的典型案例的情况？

答：制定解释和发布典型案例，都是最高人民法院指导全国法院正确适用法律，统一裁判尺度的重要抓手。典型案例更加生动、形象、直观，能够很好地发挥指引、评价、示范作用，与解释具有很强的互补性。因此，我们在公布解释的同时，还配套发布了十个典型案例，从而形成指导合同纠纷审判实践的"组合拳"。具体而言，配套发布典型案例可以发挥两个方面的作用：

一是帮助大家更好地理解解释的具体规定。解释涉及合同纠纷案件审判实践中的大量疑难复杂问题，配发相应的典型案例，可使相关裁判规则更加具体、形象地呈现在社会公众面前，从而帮助大家准确理解掌握规则的含义。同时，这些案例的生效裁判都是在解释发布前就已经作出，是我们制定解释的重要参考。因此，发布这些案例也可以帮助大家更好地了解我们制定相应规则的主要目的。例如，案例二的裁判要点不仅明确了预约和本约的区分标准，而且明确当事人签订预约合同后，已经实施交付标的物或者支付价款等履行行为的，应当认定其以行为方式订立了本约。该案例对于帮助大家正确理解适用本解释第 6 条具有积极意义。

二是可以和解释确定的裁判规则形成有效互补。合同纠纷的具体情况纷繁复杂，解释确定的裁判规则不可能完全涵盖所有情形，只能针对司法实践中更为典型、突出的问题进行规定。通过配发相关典型案例，对类似情形的处理进行指引，就可以起到相互配合、相得益彰的效果。例如，本解释第 61 条明确，持续性定期合同解除后，非违约方主张按照合同解除后剩余履行期限相应的价款、租金等扣除履约成本确定合同履行后可以获得的利益的，人民法院原则上不予支持。实践中，对于持续性定期合同，除依法解除外，还存在人民法院判决终止的情形。对于后者，原则上也不能按照合同终止后剩余履行期限相应的价款、租金等扣除履约成本来确定合同履行后可以获得的利益。考虑到有关司法终止的一些问题在理论上还未完全形成共识，但在司法实践中又确实存在，故解释暂时只对解除的情形作出规定，而对于司法判决终止的情形，我们选择了案例十作为配套案例，供司法实践参考。

需要说明的是，为了突出典型案例的针对性，我们在发布这些典型案例时对案件事实和判决理由都进行了简化处理，仅将涉及解释具体规定且与解释具体规定没有冲突的案件事实和判决理由予以保留。这就意味着，只有保留下来的案件事实和判决理由具有典型意义，未保留下来的案件事实和判决理由并不当然具有典型意义。

最高人民法院发布《关于适用〈中华人民共和国民法典〉合同编通则若干问题的解释》相关典型案例①

案例一

某物业管理有限公司与某研究所房屋租赁合同纠纷案

【裁判要点】

招投标程序中，中标通知书送达后，一方当事人不履行订立书面合同的义务，相对方请求确认合同自中标通知书到达中标人时成立的，人民法院应予支持。

【简要案情】

2021 年 7 月 8 日，某研究所委托招标公司就案涉宿舍项目公开发出投标邀请。2021 年 7 月 28 日，某物业管理有限公司向招标公司发出《投标文件》，表示对招标文件无任何异议，愿意提供招标文件要求的服务。2021 年 8 月 1 日，招标公司向物业管理公司送达中标通知书，确定物业管理公司为中标人。2021 年 8 月 11 日，研究所向物业管理公司致函，要求解除与物业管理公司之间的中标关系，后续合同不再签订。物业管理公司主张中标通知书送达后双方租赁合同法律关系成立，研究所应承担因违约给其造成的损失。研究所辩称双方并未签订正式书面租赁合同，仅成立预约合同关系。

① 《最高人民法院发布民法典合同编通则司法解释相关典型案例》，载最高人民法院网站，https://www.court.gov.cn/zixun/xiangqing/419392.html。

【判决理由】

法院生效裁判认为，从合同法律关系成立角度，招投标程序中的招标行为应为要约邀请，投标行为应为要约，经评标后招标人向特定投标人发送中标通知书的行为应为承诺，中标通知书送达投标人后承诺生效，合同成立。预约合同是指约定将来订立本约合同的合同，其主要目的在于将来成立本约合同。《中华人民共和国招标投标法》第四十六条第一款规定："招标人和中标人应当自中标通知书发出之日起三十日内，按照招标文件和中标人的投标文件订立书面合同。招标人和中标人不得再行订立背离合同实质性内容的其他协议。"从该条可以看出，中标通知书发出后签订的书面合同必须按照招投标文件订立。本案中招投标文件对租赁合同内容已有明确记载，故应认为中标通知书到达投标人时双方当事人已就租赁合同内容达成合意。该合意与主要目的为签订本约合同的预约合意存在区别，应认为租赁合同在中标通知书送达时成立。中标通知书送达后签订的书面合同，按照上述法律规定其实质性内容应与招投标文件一致，因此应为租赁合同成立后法律要求的书面确认形式，而非新的合同。由于中标通知书送达后租赁合同法律关系已成立，故研究所不履行合同义务，应承担违约责任。

【司法解释相关条文】

《最高人民法院关于适用〈中华人民共和国民法典〉合同编通则若干问题的解释》第四条

案例二

某通讯公司与某实业公司
房屋买卖合同纠纷案

【裁判要点】

判断当事人之间订立的合同是本约还是预约的根本标准应当是当事人是否有意在将来另行订立一个新的合同，以最终明确双方之间的权利义务关系。即使当事人对标的、数量以及价款等内容进行了约定，但如果约定将来一定期间仍须另行订立合同，就应认定该约定是预约而非本约。当事人在签订预约合同后，已经实施交付标的物或者支付价款等履行行为，应当认定当事人以行为的方式订立了本约合同。

【简要案情】

2006年9月20日，某实业公司与某通讯公司签订《购房协议书》，对买卖诉争房屋的位置、面积及总价款等事宜作出约定，该协议书第三条约定在本协议原则下磋商确定购房合同及付款方式，第五条约定本协议在双方就诉争房屋签订房屋买卖合同时自动失效。通讯公司向实业公司的股东某纤维公司共转款1000万元，纤维公司为此出具定金收据两张，金额均为500万元。次年1月4日，实业公司向通讯公司交付了诉争房屋，此后该房屋一直由通讯公司使用。2009年9月28日，通讯公司发出《商函》给实业公司，该函的内容为因受金融危机影响，且房地产销售价格整体下调，请求实业公司将诉争房屋的价格下调至6000万元左右。当天，实业公司发函给通讯公司，要求其在30日内派员协商正式的房屋买卖合同。通讯公司于次日回函表示同意商谈购房事宜，商谈时间为同年10月9日。2009年10月10日，实业公司发函致通讯公司，要求通讯公司对其拟定的《房屋买卖合同》作出回复。当月12日，通讯公司回函对其已收到上述合同文本作出确认。2009年11月12日，实业公司发函给通讯公司，函件内容为双方因对买卖合同的诸多重大问题存在严重分歧，未能签订《房屋买卖合同》，故双方并未成立买卖关系，通讯公司应支付场地使用费。通讯公司于当月17日回函，称双方已实际履行了房屋买卖义务，其系合法占有诉争房屋，故无需支付场地占用费。2010年3月3日，实业公司发函给通讯公司，解除其与通讯公司签订于2006年9月20日的《购房协议书》，且要求通讯公司腾出诉争房屋并支付场地使用费、退还定金。通讯公司以其与实业公司就诉争房屋的买卖问题签订了《购房协议书》，且其已支付1000万元定金，实业公司亦已将诉争房屋交付给其使用，双方之间的《购房协议书》合法有效，且以已实际履行为由，认为其与实业公司于2006年9月20日签订的《购房协议书》已成立并合法有效，请求判令实业公司向其履行办理房屋产权过户登记的义务。

【判决理由】

法院生效裁判认为，判断当事人之间订立的合同系本约还是预约的根本标准应当是当事人的意思表示，即当事人是否有意在将来订立一个新的合同，以最终明确在双方之间形成某种法律关系的具体内容。如果当事人存在明确的将来订立本约的意思，那么，即使预约的内容与本约已经十分接近，且通过合同解释，从预约中可以推导出本约的全部内容，也应当尊重当事人的意思表示，排除这种客观解释的可能性。不过，仅就案涉《购房协议书》而言，虽然其性质应为预约，但结合双方当事人在订立《购房协议书》之后的履行事实，实业公司与通讯公司之间已经成立了房屋买卖法律关系。对于当事人之间存在预约还是本约关系，不能仅凭一份孤立的协议就简单地加以认定，而是应当综合审查相关协议的内容以及当事人嗣后为达成交易进行的磋商甚至具体的履行行为等事实，从中探寻当事人的真实意思，并据此对当事人之间法律关系的性质作出准确的界定。本案中，双方当事人在签订《购房协议书》时，作为买受人的通讯公司已经实际交付了定金并约定在一定条件下自动转为购房款，作为出卖人的实业公司也接受了通讯公司的交付。在签订《购房协议书》的三个多月后，实业公司将合同项下的房屋交付给了通讯公司，通讯公司接受了该交付。而根据《购房协议书》的预约性质，实业公司交付房屋的行为不应视为对该合同的履行，在当事人之间不存在租赁等其他有偿使用房屋的法律关系的情形下，实业公司的该行为应认定为系基于与通讯公司之间的房屋买卖关系而为的交付。据此，可以认定当事人之间达成了买卖房屋的合意，成立了房屋买卖法律关系。

【司法解释相关条文】

《最高人民法院关于适用〈中华人民共和国民法典〉合同编通则若干问题的解释》第六条

案例三

某甲银行与某乙银行合同纠纷案

【裁判要点】

案涉交易符合以票据贴现为手段的多链条融资交易的基本特征。案涉《回购协议》是双方虚假意思表示，目的是借用银行承兑汇票买入返售的形式为某甲银行向实际用资人提供资金通道，真实合意是资金通道合同。在资金通道合同项下，各方当事人的权利义务是，过桥行提供资金通道服务，由出资银行提供所需划转的资金并支付相应的服务费，过桥行无交付票据的义务，但应根据其过错对出资银行的损失承担相应的赔偿责任。

【简要案情】

票据中介王某与某甲银行票据部员工姚某等联系以开展票据回购交易的方式进行融资，2015 年 3 月至 12 月间，双方共完成 60 笔交易。交易的模式是：姚某与王某达成票据融资的合意后，姚某与王某分别联系为两者之间的交易提供资金划转服务的银行即过桥行，包括某乙银行、某丙银行、某丁银行等。所有的交易资金最终通过过桥行流入由王某控制的企业账户中；在票据的交付上，王某从持票企业收购票据后，通过其控制的村镇银行完成票据贴现，并直接向某甲银行交付。资金通道或过桥的特点是过桥行不需要见票、验票、垫资，没有资金风险，仅收取利差。票据回购到期后，由于王某与姚某等人串通以虚假票据入库，致使某甲银行的资金遭受损失，王某与姚某等人亦因票据诈骗、挪用资金等行为被判处承担刑事责任。之后，某甲银行以其与某乙银行签订的《银行承兑汇票回购合同》（以下简称《回购合同》）为据，以其与某乙银行开展票据回购交易而某乙银行未能如期交付票据为由提起诉讼，要求某乙银行承担回购合同约定的违约责任。

【判决理由】

生效判决认为：《回购合同》系双方虚假合意，该虚假合意隐藏的真实合意是由某乙银行为某甲银行提供资金通道服务，故双方之间的法律关系为资金通道合同法律关系。具体理由为：第一，某甲银行明知以票据回购形式提供融资发生在其与王某之间，亦明知是在无票据作为担保的情况下向王某融出资金，而某乙银行等过桥行仅凭某甲银行提供的票据清单开展交易，为其提供通道服务。因此，本案是以票据贴现为手段，以票据清单交易为形式的多链条融资模式，某甲银行是实际出资行，王某是实际用资人，某乙银行是过桥行。第二，某甲银行与某乙银行之间不交票、不背书，仅凭清单交易的事实可以证明，《回购合同》并非双方当事人的真实合意。第三，案涉交易存在不符合正常票据回购交易顺序的倒打款，进一步说明《回购合同》并非双方的真实意思表示。《回购合同》表面约定的票据回购系双方的虚假意思而无效；隐藏的资金通道合同违反了金融机构审慎经营原则，且扰乱了票据市场交易秩序、引发金融风险，因此双方当事人基于真实意思表示形成的资金通道合同属于违背公序良俗、损害社会公共利益的合同，依据《中华人民共和国民法总则》第一百五十三条第二款及《中华人民共和国合同法》第五十二条第四项的规定，应为无效。在《回购合同》无效的情形下，某甲银行请求某乙银行履行合同约定的义务并承担违约责任，缺乏法律依据，但某乙银行应根据其过错对某甲银行的损失承担相应的赔偿责任。

【司法解释相关条文】

《最高人民法院关于适用〈中华人民共和国民法典〉合同编通则若干问题的解释》第十五条

案例四

某旅游管理公司与某村村民
委员会等合同纠纷案

【裁判要点】

当事人签订具有合作性质的长期性合同，因政策变化对当事人履行合同产生影响，但该变化不属于订立合同时无法预见的重大变化，按照变化后的政策要求予以调整亦不影响合同继续履行，且继续履行不会对当事人一方明显不公平，该当事人不能依据《中华人民共和国民法典》第五百三十三条请求变更或者解除合同。该当事人请求终止合同权利义务关系，守约方不同意终止合同，但双方当事人丧失合作可能性导致合同目的不能实现的，属于《中华人民共和国民法典》第五百八十条第一款第二项规定的"债务的标的不适于强制履行"，应根据违约方的请求判令终止合同权利义务关系并判决违约方承担相应的违约责任。

【简要案情】

2019年初，某村村委会、村股份经济合作社（甲方）与某旅游管理有限公司（乙方）就某村村域范围内旅游资源开发建设签订经营协议，约定经营期限50年。2019年底，某村所在市辖区水务局将经营范围内河沟两侧划定为城市蓝线，对蓝线范围内的建设活动进行管理。2019年11月左右，某旅游管理有限公司得知河沟两侧被划定为城市蓝线。2020年5月11日，某旅游管理有限公司书面通知要求解除相关协议。经调查，经营协议确定的范围绝大部分不在蓝线范围内，且对河道治理验收合格就能对在蓝线范围内的部分地域进行开发建设。

【判决理由】

生效判决认为，双方约定就经营区域进行民宿与旅游开发建设，因流经某村村域的河道属于签订经营协议时既有的山区河道，不属于无法预见的重大变化，城市蓝线主要是根据江、河、湖、库、渠和湿地等城市地标水体来进行地域界线划定，主要目的是为了水体保护和控制，某旅游管理有限公司可在履行相应行政手续审批或符合政策文件的具体要求时继续进行开发活动，故城市蓝线划定不构成情势变更。某村村委会、村股份经济合作社并不存在违约行为，某旅游管理有限公司明确表示不再对经营范围进行民宿及旅游资源开发，属于违约一方。某旅游管理有限公司以某村村委会及村股份经济合作社根本违约为由要求解除合同，明确表示不再对经营范围进行民宿及旅游资源开发，某村村委会及村股份经济合作社不同意解除合同或终止合同权利义务，双方已构成合同僵局。考虑到双方合同持续履行长达50年，须以双方自愿且相互信赖为前提，如不允许双方权利义务终止，既不利于充分发挥土地等资源的价值利用，又不利于双方利益的平衡保护，案涉经营协议已丧失继续履行的现实可行性，合同权利义务关系应当终止。

【司法解释相关条文】

《最高人民法院关于适用〈中华人民共和国民法典〉合同编通则若干问题的解释》第三十二条

案例五

某控股株式会社与某利公司
等债权人代位权纠纷案

【裁判要点】

在代位权诉讼中，相对人以其与债务人之间的债权债务关系约定了仲裁条款为由，主张案件不属于人民法院受理案件范围的，人民法院不予支持。

【简要案情】

2015 年至 2016 年，某控股株式会社与某利国际公司等先后签订《可转换公司债发行及认购合同》及补充协议，至 2019 年 3 月，某利国际公司欠付某控股株式会社款项 6400 余万元。2015 年 5 月，某利公司与其母公司某利国际公司签订《贷款协议》，由某利国际公司向某利公司出借 2.75 亿元用于公司经营。同年 6 月，某利国际公司向某利公司发放了贷款。案涉《可转换公司债发行及认购合同》及补充协议、《贷款协议》均约定了仲裁条款。某控股株式会社认为某利国际公司怠于行使对某利公司的债权，影响了某控股株式会社到期债权的实现，遂提起代位权诉讼。一审法院认为，虽然某控股株式会社与某利公司之间并无直接的仲裁协议，但某控股株式会社向某利公司行使代位权时，应受某利公司与某利国际公司之间仲裁条款的约束。相关协议约定的仲裁条款排除了人民法院的管辖，故裁定驳回某控股株式会社的起诉。某控股株式会社不服提起上诉。二审法院依据《最高人民法院关于适用〈中华人民共和国合同法〉若干问题的解释（一）》第十四条的规定，裁定撤销一审裁定，移送被告住所地人民法院审理。

【判决理由】

生效裁判认为，虽然案涉合同中均约定了仲裁条款，但仲裁条款只约束签订合同的各方当事人，对合同之外的当事人不具有约束力。本案并非债权转让引起的诉讼，某控股株式会社既非《贷款协议》的当事人，亦非该协议权利义务的受让人，一审法院认为某控股株式会社行使代位权时应受某利公司与某利国际公司之间仲裁条款的约束缺乏依据。

【司法解释相关条文】

《最高人民法院关于适用〈中华人民共和国民法典〉合同编通则若干问题的解释》第三十六条

案例六

周某与丁某、薛某债权人撤销权纠纷案

【裁判要点】

在债权人撤销权诉讼中，债权人请求撤销债务人与相对人的行为并主张相对人向债务人返还财产的，人民法院依法予以支持。

【简要案情】

周某因丁某未能履行双方订立的加油卡买卖合同，于 2020 年 8 月提起诉讼，请求解除买卖合同并由丁某返还相关款项。生效判决对周某的诉讼请求予以支持，但未能执行到位。执行中，周某发现丁某于 2020 年 6 月至 7 月间向其母亲薛某转账 87 万余元，遂提起债权人撤销权诉讼，请求撤销丁某无偿转让财产的行为并同时主张薛某向丁某返还相关款项。

【判决理由】

生效裁判认为，丁某在其基于加油卡买卖合同关系形成的债务未能履行的情况下，将名下银行卡中的款项无偿转账给其母亲薛某的行为客观上影响了债权人周某债权的实现。债权人周某在法定期限内提起撤销权诉讼，符合法律规定。丁某的行为被撤销后，薛某即丧失占有案涉款项的合法依据，应当负有返还义务，遂判决撤销丁某的行为、薛某向丁某返还相关款项。

【司法解释相关条文】

《最高人民法院关于适用〈中华人民共和国民法典〉合同编通则若干问题的解释》第四十六条第一款

案例七

孙某与某房地产公司合资、
合作开发房地产合同纠纷案

【裁判要点】

合同一方当事人以通知形式行使合同解除权的，须以享有法定或者约定解除权为前提。不享有解除权的一方向另一方发出解除通知，另一方即便未在合理期限内提出异议，也不发生合同解除的效力。

【简要案情】

2014 年 5 月，某房地产开发有限公司（以下简称房地产公司）与孙某签订《合作开发协议》。协议约定：房地产公司负有证照手续办理、项目招商、推广销售的义务，孙某承担全部建设资金的投入；房地产公司拟定的《项目销售整体推广方案》，应当与孙某协商并取得孙某书面认可；孙某投入 500 万元（保证金）资金后，如果销售额不足以支付工程款，孙某再投入 500 万元，如不到位按违约处理；孙某享有全权管理施工项目及承包商、施工场地权利，房地产公司支付施工方款项必须由孙某签字认可方能转款。

同年 10 月，房地产公司向孙某发出协调函，双方就第二笔 500 万元投资款是否达到支付条件产生分歧。2015 年 1 月 20 日，房地产公司向孙某发出《关于履行的通知》，告知孙某 5 日内履行合作义务，向该公司支付 500 万元投资款，否则将解除《合作开发协议》。孙某在房地产公司发出协调函后，对其中提及的需要支付的工程款并未提出异议，亦未要求该公司提供依据，并于 2015 年 1 月 23 日向该公司发送回复函，要求该公司近日内尽快推出相关楼栋销售计划并取得其签字认可，尽快择期开盘销售，并尽快按合同约定设立项目资金管理共同账户。房地产公司于 2015 年 3 月 13 日向孙某发出《解除合同告知函》，通知解除《合作开发协议》。孙某收到该函后，未对其形式和内容提出异议。2015 年 7 月 17 日，孙某函告房地产公司，请该公司严格执行双方合作协议约定，同时告知"销售已近半月，望及时通报销售进展实况"。后孙某诉至法院，要求房地产公司支付合作开发房地产收益分红总价值 3000 万元；房地产公司提出反诉，要求孙某给付违约金 300 万元。一审、二审法院认为，孙某收到解除通知后，未对通知的形式和内容提出异议，亦未在法律规定期限内请求人民法院或者仲裁机构确认解除合同的效力，故认定双方的合同已经解除。孙某不服二审判决，向最高人民法院申请再审。

【判决理由】

生效裁判认为，房地产公司于 2015 年 3 月 13 日向孙某发送《解除合同告知函》，通知解除双方签订的《合作开发协议》，但该《解除合同告知函》产生解除合同的法律效果须以该公司享有法定或者约定解除权为前提。从案涉《合作开发协议》的约定看，孙某第二次投入 500 万元资金附有前置条件，即房地产公司应当对案涉项目进行销售，只有在销售额不足以支付工程款时，才能要求孙某投入第二笔 500 万元。结合《合作开发协议》的约定，能否认定房地产公司作为守约方，享有法定解除权，应当审查该公司是否依约履行了己方合同义务。包括案涉项目何时开始销售，销售额是否足以支付工程款；房地产公司在房屋销售前后，是否按照合同约定，将《项目销售整体推广方案》报孙某审批；工程款的支付是否经由孙某签字等一系列事实。一审、二审法院未对上述涉及房地产公司是否享有法定解除权的事实进行审理，即以孙某"未在法律规定期限内请求人民法院或者仲裁机构确认解除合同的效力"为由，认定《合作开发协议》已经解除，属于认定事实不清，适用法律错误。

【司法解释相关条文】

《最高人民法院关于适用〈中华人民共和国民法典〉合同编通则若干问题的解释》第五十三条

案例八

某实业发展公司与

某棉纺织品公司委托合同纠纷案

【裁判要点】

据以行使抵销权的债权不足以抵销其全部债务，应当按照实现债权的有关费用、利息、主债务的顺序进行抵销。

【简要案情】

2012 年 6 月 7 日，某实业发展公司与某棉纺织品公司签订《委托协议》，约定某实业发展公司委托某棉纺织品公司通过某银行向案外人某商贸公司发放贷款 5000 万元。该笔委托贷款后展期至 2015 年 6 月 9 日。某商贸公司在贷款期间所支付的利息，均已通过某棉纺织品公司支付给某实业发展公司。2015 年 6 月 2 日，某商贸公司将 5000 万元本金归还某棉纺织品公司，但某棉纺织品公司未将该笔款项返还给某实业发展公司，形成本案诉讼。另，截至 2015 年 12 月 31 日，某实业发展公司欠某棉纺织品公司 8296517.52 元。某棉纺织品公司于 2017 年 7 月 20 日向某实业发展公司送达《债务抵销通知书》，提出以其对某实业发展公司享有的 8296517.52 元债权抵销案涉 5000 万元本金债务。某实业发展公司以某棉纺织品公司未及时归还所欠款项为由诉至法院，要求某棉纺织品公司归还本息。在本案一审期间，某棉纺织品公司又以抗辩的形式就该笔债权向一审法院提出抵销，并提起反诉，后主动撤回反诉。

【判决理由】

生效裁判认为，某棉纺织品公司据以行使抵销权的债权不足以抵销其对某实业发展公司负有的全部债务，参照《最高人民法院关于适用〈中华人民共和国合同法〉若干问题的解释（二）》第二十一条的规定，应当按照实现债权的有关费用、利息、主债务的顺序进行抵销，即某棉纺织品公司对某实业发展公司享有的 8296517.52 元债权，先用于抵销其对某实业发展公司负有的 5000 万元债务中的利息，然后再用于抵销本金。某棉纺织品公司有关 8296517.52 元先用于抵销 5000 万元本金的再审申请缺乏事实和法律依据，故不予支持。

【司法解释相关条文】

《最高人民法院关于适用〈中华人民共和国民法典〉合同编通则若干问题的解释》第五十六条第二款

案例九

某石材公司与某采石公司买卖合同纠纷案

【裁判要点】

非违约方主张按照违约行为发生后合理期间内合同履行地的市场价格与合同价格的差额确定合同履行后可以获得的利益的，人民法院依法予以支持。

【简要案情】

某石材公司与某采石公司签订《大理石方料买卖合同》，约定自某采石公司在某石材公司具备生产能力后前两年每月保证供应石料 1200 立方米至 1500 立方米。合同约定的大理石方料收方价格根据体积大小，主要有两类售价：每立方米 350 元和每立方米 300 元。自 2011 年 7 月至 2011 年 9 月，某采石公司向某石材公司供应了部分石料，但此后某采石公司未向某石材公司供货，某石材公司遂起诉主张某采石公司承担未按照合同供货的违约损失。某采石公司提供的评估报告显示荒料单价为每立方米 715.64 元。

【判决理由】

生效裁判认为，某采石公司提供的评估报告显示的石材荒料单价每立方米 715.64 元，是某石材公司在某采石公司违约后如采取替代交易的方法再购得每立方米同等质量的石料所需要支出的费用。以该价格扣除合同约定的供货价每立方米 350 元，即某石材公司受到的单位损失。

【司法解释相关条文】

《最高人民法院关于适用〈中华人民共和国民法典〉合同编通则若干问题的解释》第六十条第三款

案例十

柴某与某管理公司房屋租赁合同纠纷案

【裁判要点】

当事人一方违约后，对方没有采取适当措施致使损失扩大的，不得就扩大的损失请求赔偿。承租人已经通过多种途径向出租人作出了解除合同的意思表示，而出租人一直拒绝接收房屋，造成涉案房屋的长期空置，不得向承租人主张全部空置期内的租金。

【简要案情】

2018 年 7 月 21 日，柴某与某管理公司签订《资产管理服务合同》，约定：柴某委托某管理公司管理运营涉案房屋，用于居住；管理期限自 2018 年 7 月 24 日起至 2021 年 10 月 16 日止。合同签订后，柴某依约向某管理公司交付了房屋。某管理公司向柴某支付了服务质量保证金，以及至 2020 年 10 月 16 日的租金。后某管理公司与柴某协商合同解除事宜，但未能达成一致，某管理公司向柴某邮寄解约通知函及该公司单方签章的结算协议，通知柴某该公司决定于 2020 年 11 月 3 日解除《资产管理服务合同》。柴某对某管理公司的单方解除行为不予认可。2020 年 12 月 29 日，某管理公司向柴某签约时留存并认可的手机号码发送解约完成通知及房屋密码锁的密码。2021 年 10 月 8 日，法院判决终止双方之间的合同权利义务关系。柴某起诉请求某管理公司支付 2020 年 10 月 17 日至 2021 年 10 月 16 日房屋租金 114577.2 元及逾期利息、违约金 19096.2 元、未履行租期年度对应的空置期部分折算金额 7956.75 元等。

【判决理由】

生效裁判认为，当事人一方违约后，对方应当采取适当措施防止损失的扩大；没有采取适当措施致使损失扩大的，不得就扩大的损失请求赔偿。合同终止前，某管理公司应当依约向柴某支付租金。但鉴于某管理公司已经通过多种途径向柴某表达解除合同的意思表示，并向其发送房屋密码锁密码，而柴某一直拒绝接收房屋，造成涉案房屋的长期空置。因此，柴某应当对其扩大损失的行为承担相应责任。法院结合双方当事人陈述、合同实际履行情况、在案证据等因素，酌情支持柴某主张的房屋租金至某管理公司向其发送电子密码后一个月，即 2021 年 1 月 30 日，应付租金为 33418.35 元。

【司法解释相关条文】

《最高人民法院关于适用〈中华人民共和国民法典〉合同编通则若干问题的解释》第六十一条第二款、第六十三条第三款

后　记

本书的写作分工如下（以撰写条文先后为序）：

庞伟伟（河南大学法学院校聘副教授，法学博士）：第1、5、6、7、8、9、10条

高郦梅（中国政法大学民商经济法学院师资博士后，法学博士）：第2、20、21、22、26、63条

李晶晶（中国人民大学民商法专业博士研究生）：第3、4、16、17、18、29条

付一耀（中国人民大学法学院博士后研究人员）：第11、24、25、33、34、35、36、37、38、41、69条

刘　欢（中国人民大学民商法专业博士研究生）：第12、13、14、47、48、49、50、51条

石佳友（中国人民大学法学院教授、博士生导师，民商事法律科学研究中心执行主任）：第15、32、52、53、60、61、62条

曾　佳（中国人民大学民商法专业博士研究生）：第19、23、27、28、30、31、40条

康令煊（中国人民大学民商法专业博士研究生）：第39、64、65、66、67、68条

刘忠炫（四川大学法学院助理研究员，法学博士）：第42、43、44、45、46条

王　英（北京德恒律师事务所合伙人，法学博士）：第54、55、56、57、58、59条

全书由石佳友、付一耀统稿。

本书撰稿人衷心感谢中国法制出版社及编辑秦智贤老师的宝贵信任和耐心细致的编辑工作。

图书在版编目（CIP）数据

民法典合同编通则司法解释释评与案例指引／石佳
友，付一耀主编．—北京：中国法制出版社，2024.1
ISBN 978-7-5216-3611-6

Ⅰ．①民… Ⅱ．①石… ②付… Ⅲ．①合同法-法律
适用-中国②合同法-案例-中国 Ⅳ．①D923.05

中国国家版本馆 CIP 数据核字（2023）第 102954 号

责任编辑：秦智贤（qinzhixian@ zgfzs.com）　　　　　　　　　　　封面设计：李　宁

民法典合同编通则司法解释释评与案例指引

MINFADIAN HETONGBIAN TONGZE SIFA JIESHI SHIPING YU ANLI ZHIYIN

主编／石佳友　付一耀

经销／新华书店

印刷／三河市国英印务有限公司

开本/710 毫米×1000 毫米　16 开　　　　　　　印张/ 35.25　字数/ 504 千

版次/2024 年 1 月第 1 版　　　　　　　　　　2024 年 1 月第 1 次印刷

中国法制出版社出版

书号 ISBN 978-7-5216-3611-6　　　　　　　　　　　　定价：118.00 元

北京市西城区西便门西里甲 16 号西便门办公区

邮政编码：100053　　　　　　　　　　　　　　　　传真：010-63141600

网址：http：//www. zgfzs.com　　　　　　　　　　**编辑部电话：010-63141798**

市场营销部电话：010-63141612　　　　　　　　　　**印务部电话：010-63141606**

（如有印装质量问题，请与本社印务部联系。）